令和4年版

図解
財産評価

吉瀬唯史 編

一般財団法人 大蔵財務協会

は　し　が　き

　相続税及び贈与税の課税価格の計算の基礎となる各種の財産の価額については、相続税法及び財産評価基本通達にその評価方法が定められていますが、これらの財産を評価するためには、専門的知識を必要とする事項も多く含まれていることから、納税者の皆様や税務に携わる方々から様々な御質問が寄せられています。

　本書は、こうした御質問や御要望に応えられるように、特に評価する機会の多い土地等や取引相場のない株式等を中心として、基本的な事項をできる限り平易に記述し、評価の手順をフローチャートにするとともに、路線価図の見方や評価明細書の記載例を掲載することにより、図解による「財産評価のガイドブック」となるように心掛けて編集しました。また、財産の評価に当たり注意すべき点や評価方法の具体例について、「チェックポイント」、「設例」及び「誤りやすい事例」として掲載しました。

　本書が、税務に携わる実務家の方々はもとより、広く一般の納税者の皆様方のお役に立てれば幸いに存じます。

　今後とも、より一層充実したものに改めてまいりたいと考えておりますので、読者の皆様からのきたんのない御意見を出版社編集部までお寄せくださるようお願いいたします。

　なお、本書は、東京国税局課税第一部資産評価官の職員が休日等を利用して執筆したものであり、文中意見にわたる部分は、個人的見解であることを念のため申し添えます。

　最後に、本書刊行の機会を与えていただくとともに、刊行に御協力いただいた一般財団法人大蔵財務協会の諸氏に心から感謝申し上げます。

　令和4年7月

吉瀬　唯史

〔凡　　　例〕

相法………………相続税法

措法………………租税特別措置法

相令………………相続税法施行令

相規………………相続税法施行規則

相基通……………相続税法基本通達

評基通……………財産評価基本通達

措通………………租税特別措置法（相続税法の特例関係）の取扱いについて（法
　　　　　　　　　令解釈通達）

特定非常災害通達…特定非常災害発生日以後に相続等により取得した財産の評価
　　　　　　　　　について（法令解釈通達）

法基通……………法人税基本通達

（注）　本書は原則として、令和4年7月1日現在の法令、通達によっています。

〔目　　次〕

相続税・贈与税における財産評価のあらまし……………………………… 1

　1　時価とは…………………………………………………………………… 1

　2　個別評価…………………………………………………………………… 2

　3　相続税や贈与税が課税される財産……………………………………… 2

第1章　土地及び土地の上に存する権利

第1　評価の手順……………………………………………………………… 5

　1　評価物件の特定…………………………………………………………… 6

　2　資料の収集………………………………………………………………… 6

　3　地積の確定………………………………………………………………… 8

　4　地目の判定………………………………………………………………… 8

　5　評価単位の判定…………………………………………………………… 8

　　チェックポイント1　共有地の評価……………………………………… 8

第2　土地及び土地の上に存する権利の評価上の区分………………… 9

　1　土地の評価上の区分……………………………………………………… 9

　　チェックポイント2　地目の判定………………………………………… 10

　　【設例　1】　地目の異なる土地が一体として利用されている場合

　　　　の評価(1)………………………………………………………………… 12

　　【設例　2】　地目の異なる土地が一体として利用されている場合

　　　　の評価(2)………………………………………………………………… 13

　　【設例　3】　地目の異なる土地を一団として評価する場合…………… 14

　2　土地の上に存する権利の評価上の区分………………………………… 16

第3　宅地の評価……………………………………………………………… 17

　1　宅地の評価の概要………………………………………………………… 17

　2　路線価図の見方…………………………………………………………… 20

　3　評価倍率表の見方………………………………………………………… 22

　4　宅地の評価単位…………………………………………………………… 26

　　チェックポイント3　遺産の分割が行われた場合の評価単位の判定… 37

　5　路線価方式による評価例………………………………………………… 40

　　(1)　間口距離の求め方……………………………………………………… 40

— 1 —

目　次

(2)　奥行価格補正の仕方······································42

(3)　一路線に面している宅地································46

　　【設例　4】　宅地が2以上の地区にまたがる場合の画地調整············51

(4)　角地（正面と側方が路線に面している宅地）··············52

　　チェックポイント4　奥行価格補正後の価額が同額となる場合
　　　　　　　　　の正面路線の判定································55

　　　　　　　　　地区が異なる場合の正面路線の判定··············55

　　【設例　5】　地区の異なる2以上の路線に接する宅地の評価············58

　　【設例　6】　路線価の高い路線の影響を受ける度合いが著しく少ない
　　　　　　　　場合の評価····································59

(5)　準角地（正面と側方が一系統の路線に面している宅地）··············60

(6)　角地（側方路線に宅地の一部が接している場合）··············66

(7)　正面と裏面が路線に面している宅地················72

　　【設例　7】　正面路線の判定································78

(8)　三路線に面している宅地　（側方・裏面路線）··············80

(9)　三路線に面している宅地　（側方路線のみ）··············86

(10)　四路線に面している宅地································92

(11)　間口が狭小で奥行が長大な宅地····················98

(12)　路地状部分を含む宅地································104

　　チェックポイント5　想定整形地の取り方························112

(13)　不整形な宅地①······································114

　　【設例　8】　不整形地の評価——不整形地としての評価を行わ
　　　　　　　　ない場合····································122

(14)　不整形な宅地②（奥行距離の異なるごとに区分できる場合）··········124

(15)　不整形な宅地③（角地の場合(1)）·················132

(16)　不整形な宅地④（角地の場合(2)）·················140

　　チェックポイント6　側方路線に宅地の一部が接している場合
　　　　　　　　　の評価····································149

(17)　地積規模の大きな宅地の評価····················150

　　チェックポイント7　地積規模の大きな宅地の評価の概要··········159

　　チェックポイント8　地積規模の大きな宅地の適用要件①··········160

　　チェックポイント9　地積規模の大きな宅地の適用要件②··········160

　　チェックポイント10　地積規模の大きな宅地の適用要件③··········161

　　チェックポイント11　地積規模の大きな宅地の適用要件④··········161

— 2 —

目　　次

チェックポイント12　　地積規模の大きな宅地の適用要件⑤・・・・・・・・・・・161

⒅　路線価の設定されていない道路のみに接している宅地・・・・・・・・・・・・・166

⒆　私道の用に供されている宅地・・・・・・・・・・・・・・・・・・・・・・・・・・・・・・・・・174

チェックポイント13　　特定路線価の付されている私道の評価・・・・・・・・178

【設例　9】　私道の用に供されている宅地の評価・・・・・・・・・・・・・・・・・・・180

【設例　10】　不特定多数の者の通行の用に供されている私道・・・・・・・・・181

⒇　無道路地・・182

【設例　11】　接道義務を満たしていない宅地の評価・・・・・・・・・・・・・・・・・190

【設例　12】　河川を隔てて道路がある宅地の評価・・・・・・・・・・・・・・・・・・・192

(21)　がけ地等を有する宅地・・・・・・・・・・・・・・・・・・・・・・・・・・・・・・・・・・・・・194

【設例　13】　がけ地等を有する宅地の評価――南東を向いている場合・・・201

チェックポイント14　　がけ地補正率を適用するがけ地等を有する
　　　　　　　　　　　　宅地・・・・・・・・・・・・・・・・・・・・・・・・・・・・・・・・・・・・202

【設例　14】　がけ地等を有する宅地の評価―― 2 方向にがけ地部分を
　　　　　　　有する場合・・・・・・・・・・・・・・・・・・・・・・・・・・・・・・・・・・・203

(22)　土砂災害特別警戒区域内にある宅地・・・・・・・・・・・・・・・・・・・・・・・・・・204

【設例　15】　土砂災害特別警戒区域内にある宅地でがけ地等を有する
　　　　　　　宅地の評価・・・・・・・・・・・・・・・・・・・・・・・・・・・・・・・・・・・211

チェックポイント15　　1 　倍率地域に所在する土砂災害特別警戒区
　　　　　　　　　　　　　　域内にある宅地の評価・・・・・・・・・・・・・・・・・212

　　　　　　　　　　　　2 　土砂災害特別警戒区域内にある市街地農
　　　　　　　　　　　　　　地等の評価・・・・・・・・・・・・・・・・・・・・・・・・・・212

　　　　　　　　　　　　3 　土砂災害特別警戒区域内にある市街化区
　　　　　　　　　　　　　　域内の雑種地の評価・・・・・・・・・・・・・・・・・・・212

(23)　容積率の異なる 2 以上の地域にわたる宅地・・・・・・・・・・・・・・・・・・・・214

チェックポイント16　　指定容積率と基準容積率・・・・・・・・・・・・・・・・・・・219

チェックポイント17　　1 画地の宅地が容積率の異なる 2 以上の地域
　　　　　　　　　　　　にわたる場合の減額調整の適用範囲・・・・・・・・・・・222

(24)　土地区画整理事業施行中の宅地・・・・・・・・・・・・・・・・・・・・・・・・・・・・・224

(25)　造成中の宅地・・・225

(26)　セットバックを必要とする宅地・・・・・・・・・・・・・・・・・・・・・・・・・・・・・226

チェックポイント18　　建築基準法第42条第 2 項の道路のセット
　　　　　　　　　　　　バック・・・・・・・・・・・・・・・・・・・・・・・・・・・・・・・・・231

(27)　都市計画道路予定地の区域内にある宅地・・・・・・・・・・・・・・・・・・・・・・234

— 3 —

目　　　次

チェックポイント19　都市計画道路予定地の区域内にある宅地

の評価……………………………………238

【設例　16】　容積率の異なる2以上の地域にわたる宅地の一部が都市

計画道路予定地である場合の評価………………………241

6　倍率方式による評価……………………………………………242

(1)　宅地の評価………………………………………………242

チェックポイント20　実際の地積と登記簿上の地積が異なる場合……242

チェックポイント21　倍率方式により評価する土地に固定資産税評

価額が付されていない場合………………………244

倍率方式により評価する土地等が不整形地等

である場合………………………………………244

(2)　「地積規模の大きな宅地」に該当する場合の評価方法………………245

第4　宅地の上に存する権利の評価………………………………………248

1　宅地の上に存する権利の評価の概要…………………………248

2　宅地の上に存する権利の評価例………………………………248

(1)　普通借地権………………………………………………248

【設例　17】　借地権の及ぶ範囲………………………………251

(誤りやすい事例1)　一時使用のための借地権の評価………………251

チェックポイント22　相当の地代を支払っている場合等の借地権等

についての相続税及び贈与税の取扱いについて‥252

(2)　定期借地権（権利金等の授受がある場合）……………………255

チェックポイント23　定期借地権等の範囲…………………………258

(3)　定期借地権（保証金等の授受がある場合）……………………259

(4)　地上権………………………………………………262

(5)　区分地上権………………………………………………264

(6)　区分地上権に準ずる地役権……………………………266

チェックポイント24　区分地上権に準ずる地役権…………………268

3　土地の上に存する権利が競合する場合の土地の上に存する権利の

評価例…………………………………………………………269

(1)　借地権とトンネルの所有を目的とする区分地上権とが競合している

場合の借地権の価額………………………………………269

チェックポイント25　倍率地域にある区分地上権の目的となってい

る宅地の評価………………………………………270

― 4 ―

目　　次

(2)　借地権とトンネルの所有を目的とする区分地上権とが競合している

場合の区分地上権の価額‥‥‥‥‥‥‥‥‥‥‥‥‥‥‥‥‥‥‥‥272

(3)　区分地上権に準ずる地役権と借地権とが競合している場合の借地権

の価額‥‥‥‥‥‥‥‥‥‥‥‥‥‥‥‥‥‥‥‥‥‥‥‥‥‥‥‥273

チェックポイント26　倍率地域にある区分地上権に準ずる地役権の

目的となっている宅地の評価‥‥‥‥‥‥‥‥274

(4)　区分地上権に準ずる地役権と借地権とが競合している場合の区分地

上権に準ずる地役権の価額‥‥‥‥‥‥‥‥‥‥‥‥‥‥‥‥‥‥276

第5　貸家建付地・貸宅地等の評価‥‥‥‥‥‥‥‥‥‥‥‥‥‥‥‥‥‥277

1　貸家建付地（アパート等の敷地）‥‥‥‥‥‥‥‥‥‥‥‥‥‥‥277

チェックポイント27　1　賃貸割合‥‥‥‥‥‥‥‥‥‥‥‥‥279

2　借家人が立ち退いた後空き家となってい

る家屋（独立家屋）の敷地‥‥‥‥‥‥279

3　従業員社宅の敷地‥‥‥‥‥‥‥‥‥280

4　賃貸している構築物の敷地‥‥‥‥‥280

（誤りやすい事例2）　使用借権が設定されている貸家の敷地の評価‥‥281

（誤りやすい事例3）　貸家の目的で建築中の家屋の敷地の評価‥‥‥‥282

2　貸宅地‥‥‥‥‥‥‥‥‥‥‥‥‥‥‥‥‥‥‥‥‥‥‥‥‥‥283

(1)　普通借地権の目的となっている宅地‥‥‥‥‥‥‥‥‥‥‥‥‥283

(2)　一般定期借地権の目的となっている宅地（普通借地権の割合が30％

〜70％の地域にあって課税上弊害のない場合）‥‥‥‥‥‥‥‥‥285

（誤りやすい事例4）　一般定期借地権の目的となっている宅地の評価‥289

(3)　定期借地権〔権利金等の授受がある場合〕の目的となっている

宅地（普通借地権の割合が30％〜70％の地域以外の場合又は課税

上弊害がある場合）‥‥‥‥‥‥‥‥‥‥‥‥‥‥‥‥‥‥‥‥290

(4)　定期借地権〔保証金等の授受がある場合〕の目的となっている

宅地（普通借地権の割合が30％〜70％の地域以外の場合又は課税

上弊害がある場合）‥‥‥‥‥‥‥‥‥‥‥‥‥‥‥‥‥‥‥‥296

(5)　高圧線下の宅地（区分地上権に準ずる地役権の目的となっている承

役地）‥‥‥‥‥‥‥‥‥‥‥‥‥‥‥‥‥‥‥‥‥‥‥‥‥‥301

チェックポイント28　高圧線の架設による建築制限‥‥‥‥‥‥302

倍率地域にある区分地上権に準ずる地役権の

目的となっている宅地の評価‥‥‥‥‥‥302

— 5 —

目　　次

　　(6)　地下鉄のトンネルが通っている宅地（区分地上権の目的となっている宅地）……………………………………………………………304

　　　　チェックポイント29　　倍率地域にある区分地上権の目的となっている宅地の評価…………………………………………305

　3　土地の上に存する権利が競合する場合の宅地の評価………………307

　　(1)　借地権とトンネルの所有を目的とする区分地上権とが競合する場合‥307

　　　　【設例　18】　区分地上権の目的となっている貸家建付地の評価………310

　　(2)　高圧線下の宅地（区分地上権に準ずる地役権の目的となっている宅地）で借地権の目的となっている場合………………………………311

第6　農地及び農地の上に存する権利の評価……………………………314

　1　宅地比準方式による評価……………………………………………316

　　(1)　路線価地域内にある農地……………………………………………316

　　　　チェックポイント30　　市街地農地等を宅地比準方式で評価する場合の形状による条件差………………………319

　　(2)　倍率地域内にある農地………………………………………………324

　　（誤りやすい事例5）　市街地農地等の評価……………………………328

　　　　チェックポイント31　　農地の転用許可を受けた後に贈与された土地の評価………………………328

　　　　チェックポイント32　　「地積規模の大きな宅地の評価」（評基通20−2）の適用対象となる市街地農地の評価……………330

　　　　【設例　19】　市街地農地の場合………………………………………331

　2　倍率方式による評価…………………………………………………332

　3　耕作権の目的となっている農地の評価……………………………334

　4　耕作権の評価…………………………………………………………336

　5　生産緑地の評価………………………………………………………338

　　　　チェックポイント33　　耕作権の目的となっている生産緑地の評価……339
　　　　　　　　　　　　　　　　生産緑地に係る主たる従事者が死亡した場合の生産緑地の評価……………………339

　　（誤りやすい事例6）　生産緑地の評価と規模格差補正率……………340

第7　山林及び山林の上に存する権利の評価……………………………341

　1　宅地比準方式による評価……………………………………………342

　　(1)　路線価地域内にある山林……………………………………………342

　　(2)　倍率地域内にある市街地山林………………………………………348

— 6 —

目　　次

2　倍率方式による評価……………………………………………352

3　近隣純山林比準方式……………………………………………354

(1)　宅地化が見込めない市街地山林の判定……………………354

(2)　市街地（周辺）農地、市街地原野等への準用……………354

4　分収林契約に基づいて貸し付けられている山林の評価………356

　チェックポイント34　分収林契約の意義……………………………358

第8　雑種地及び雑種地の上に存する権利の評価………………………359

1　比準方式による評価……………………………………………360

(1)　路線価地域内にある雑種地…………………………………360

(2)　倍率地域内にある雑種地（宅地に状況が類似する場合）……364

　チェックポイント35　市街化調整区域内の雑種地…………………367

2　ゴルフ場用地等の評価…………………………………………368

(1)　市街化区域及びそれに近接する地域にあるゴルフ場用地等………368

　チェックポイント36　ゴルフ場用地の評価…………………………370

(2)　その他のゴルフ場用地等（倍率方式）……………………370

3　雑種地の賃借権の評価…………………………………………371

(1)　地上権に準ずる賃借権………………………………………371

(2)　地上権に準ずる賃借権以外の賃借権………………………372

　チェックポイント37　契約期間が1年以下の賃借権の評価…………372

4　貸し付けられている雑種地の評価……………………………373

(1)　地上権に準ずる賃借権の設定されている雑種地…………373

　チェックポイント38　賃借人が造成工事を行っている場合の貸し付
　　　　　　　　　　　けられているゴルフ場用地の評価……………375

(2)　地上権に準ずる賃借権以外の賃借権が設定されている雑種地………376

　チェックポイント39　土地の所有者が、その土地を月極め等の貸駐
　　　　　　　　　　　車場として利用している場合…………………377

第2章　家屋及び構築物の評価

1　自用の家屋の評価………………………………………………379

2　貸家の評価………………………………………………………381

　チェックポイント40　課税価格に算入しない借家権…………………381
　　　　　　　　　　　構築物の賃借人の権利の評価…………………381

目　次

| チェックポイント41 | 増改築等に係る家屋の状況に応じた固定資産 |
| | 税評価額が付されていない家屋の評価・・・・・・・・・382 |

3　建築中の家屋の評価・・・・・・・・・・・・・・・・・・・・・・・・・・・・・・・・・・383

4　附属設備等の評価・・・・・・・・・・・・・・・・・・・・・・・・・・・・・・・・・・・・384

 ⑴　家屋と構造上一体となっている設備・・・・・・・・・・・・・・・・・・384

 ⑵　門、塀等の設備・・・・・・・・・・・・・・・・・・・・・・・・・・・・・・・・・・384

 ⑶　庭園設備（庭木、庭石、あずまや、庭池等）・・・・・・・・・・・・・385

5　構築物・・385

| チェックポイント42 | 構築物の例・・・・・・・・・・・・・・・・・・・・・・・385 |

第3章　株式及び出資の評価

第1　株式の評価の概要・・・・・・・・・・・・・・・・・・・・・・・・・・・・・・・・・・・387

第2　上場株式の評価・・・・・・・・・・・・・・・・・・・・・・・・・・・・・・・・・・・・・390

1　原則的な評価方法・・・・・・・・・・・・・・・・・・・・・・・・・・・・・・・・・・・390

| チェックポイント43 | 2以上の金融商品取引所に上場されている銘 |
| | 柄の株式を評価する場合の金融商品取引所の選択・・392 |

| チェックポイント44 | 1　東京証券取引所の市場区分の再編・・・・・・・393 |
| | 2　名古屋証券取引所の市場名称の変更・・・・・・393 |

2　負担付贈与又は個人間の対価を伴う取引により取得した場合・・・・・・394

3　課税時期の最終価格の特例・・・・・・・・・・・・・・・・・・・・・・・・・・・・394

4　権利落があった場合の最終価格の月平均額の特例・・・・・・・・・・・・・・396

| チェックポイント45 | 最終価格の月平均額の特例の概要・・・・・・・・・・・・・・401 |

（誤りやすい事例7）　配当落があった場合の最終価格の月平均額・・・・・・402

第3　気配相場等のある株式の評価・・・・・・・・・・・・・・・・・・・・・・・・・・・・403

1　登録銘柄・店頭管理銘柄の評価・・・・・・・・・・・・・・・・・・・・・・・・・403

 ⑴　原則的な評価方法・・・・・・・・・・・・・・・・・・・・・・・・・・・・・・・403

 ⑵　負担付贈与又は個人間の対価を伴う取引により取得した場合・・・・404

 ⑶　課税時期の取引価格の特例・・・・・・・・・・・・・・・・・・・・・・・・・404

| チェックポイント46 | 1　登録銘柄・・・・・・・・・・・・・・・・・・・・・・・407 |
| | 2　店頭管理銘柄・・・・・・・・・・・・・・・・・・・・407 |

2　公開途上にある株式の評価・・・・・・・・・・・・・・・・・・・・・・・・・・・・407

 ⑴　株式の上場等に際して公募等が行われる場合・・・・・・・・・・・・・407

 ⑵　株式の上場等に際して公募等が行われない場合・・・・・・・・・・・・407

— 8 —

目　　次

第4　取引相場のない株式の評価……………………………………408

1　取引相場のない株式の評価上の区分と評価方式の判定……………408

2　株主の判定…………………………………………………………409

(1)　同族株主のいる会社、同族株主のいない会社の区分………………409

(2)　同族株主のいる会社の株主及び評価方式の判定………………413

チェックポイント47　中心的な同族株主の定義…………………………414

役員の定義…………………………………414

(3)　同族株主のいない会社の株主及び評価方式の判定………………416

チェックポイント48　中心的な株主の定義………………………………416

(4)　同族株主及び評価方式の判定例…………………………………417

チェックポイント49　議決権………………………………………………426

(5)　議決権制限株式等の種類株式を発行している場合の議決権総数等……427

3　会社規模（Lの割合）の判定……………………………………431

(1)　従業員数の定義…………………………………………………432

チェックポイント50　従業員数の判定の留意事項………………………433

(2)　総資産価額（帳簿価額）の定義………………………………433

(3)　取引金額の定義…………………………………………………433

(4)　「卸売業」、「小売・サービス業」又は「卸売業、小売・サービス業
以外」の業種の判定……………………………………………434

チェックポイント51　日本標準産業分類…………………………………434

4　大会社の株式の評価………………………………………………434

チェックポイント52　Ⓑ、Ⓒ、Ⓓが端数処理で０円となる場合………435

Ⓒ、Ⓓが負数の場合…………………………435

5　中会社の株式の評価………………………………………………436

6　小会社の株式の評価………………………………………………437

7　類似業種比準価額…………………………………………………438

チェックポイント53　１株当たりの配当金額（Ⓑ）……………………445

１株当たりの利益金額（Ⓒ）……………………445

直後期末の方が課税時期に近い場合……………445

（誤りやすい事例8）　類似業種比準方式で株式を評価する場合の
「A（株価）」の適用について……………………448

8　評価会社の業種の判定……………………………………………448

チェックポイント54　類似業種比準価額の修正…………………………453

9　純資産価額…………………………………………………………454

— 9 —

目　次

チェックポイント55	著しく低額で受け入れた現物出資等	458
チェックポイント56	純資産価額の算定	459
チェックポイント57	割賦販売引当金（繰延割賦売上利益）	470
チェックポイント58	評価差額に対する法人税額等相当額の計算	470
（誤りやすい事例9）	評価会社が有する取引相場のない株式	470
（誤りやすい事例10）	「無償返還届出書」を提出している場合の評価	471

（誤りやすい事例11）　課税時期前3年以内に取得等した土地建物等の
評価 ………………………………………………… 472

チェックポイント59　自己株式を有している場合の1株当たりの
純資産価額の計算 …………………………………… 472

10　特定の評価会社 ………………………………………………… 473
　⑴　比準要素数1の会社の株式 ……………………………… 473

チェックポイント60　Ⓒ＞0でⒸ＝0の場合 ……………………… 479
　　　　　　　　　　Ⓑ、Ⓒ、Ⓓが端数処理で0円となる場合 …… 479

　⑵　株式等保有特定会社の株式 ……………………………… 479
　　【設例　20】　株式、出資及び新株予約権付社債の範囲 ………… 484
　⑶　土地保有特定会社の株式 ………………………………… 486

チェックポイント61　土地保有特定会社の株式に該当するかどうか
の判定を行う場合において不動産販売会社がた
な卸資産として所有する土地等の取扱い ……… 487

　⑷　開業後3年未満の会社等の株式 ………………………… 487
　⑸　開業前、休業中又は清算中の会社の株式 ……………… 488
　　【設例　21】　長期間清算中の会社 ………………………………… 491

チェックポイント62　特定の評価会社の判定の順序 ……………… 492

11　配当還元方式 …………………………………………………… 493
　（誤りやすい事例12）　配当還元方式 ……………………………… 494

チェックポイント63　配当金額の計算 ……………………………… 495
チェックポイント64　株式の割当てを受ける権利等の発生している
株式の価額の修正 ………………………………… 495

12　種類株式に関する具体的な評価方法 ………………………… 496
13　取引相場のない株式（出資）の評価明細書の記載方法等 …… 512

第5　出資の評価 ……………………………………………………… 541
　1　持分会社の出資の評価 ……………………………………… 541

— 10 —

目　　次

　　(1)　持分の払戻しを受ける場合‥‥‥‥‥‥‥‥‥‥‥‥‥‥‥‥‥‥541

　　(2)　持分を承継する場合‥‥‥‥‥‥‥‥‥‥‥‥‥‥‥‥‥‥‥‥‥541

　2　医療法人の出資の評価‥‥‥‥‥‥‥‥‥‥‥‥‥‥‥‥‥‥‥‥‥542

　　(1)　分類‥‥‥‥‥‥‥‥‥‥‥‥‥‥‥‥‥‥‥‥‥‥‥‥‥‥‥‥542

　　(2)　出資の評価方法‥‥‥‥‥‥‥‥‥‥‥‥‥‥‥‥‥‥‥‥‥‥543

　　　チェックポイント65　医療法人に対する出資の評価‥‥‥‥‥‥‥‥544

第6　株式等に関する権利の評価‥‥‥‥‥‥‥‥‥‥‥‥‥‥‥‥‥‥545

　1　株式の割当てを受ける権利の評価‥‥‥‥‥‥‥‥‥‥‥‥‥‥‥545

　　(1)　一般の場合‥‥‥‥‥‥‥‥‥‥‥‥‥‥‥‥‥‥‥‥‥‥‥‥545

　　(2)　上場株式で新株式について発行日決済取引が行われている場合‥‥‥545

　2　株主となる権利の評価‥‥‥‥‥‥‥‥‥‥‥‥‥‥‥‥‥‥‥‥545

　　(1)　会社設立の場合‥‥‥‥‥‥‥‥‥‥‥‥‥‥‥‥‥‥‥‥‥‥546

　　(2)　上記(1)以外の場合‥‥‥‥‥‥‥‥‥‥‥‥‥‥‥‥‥‥‥‥546

　3　株式無償交付期待権の評価‥‥‥‥‥‥‥‥‥‥‥‥‥‥‥‥‥‥546

　　(1)　一般の場合‥‥‥‥‥‥‥‥‥‥‥‥‥‥‥‥‥‥‥‥‥‥‥‥546

　　(2)　上場株式で課税時期において発行日決済取引が行われている場合‥‥‥546

　4　配当期待権の評価‥‥‥‥‥‥‥‥‥‥‥‥‥‥‥‥‥‥‥‥‥‥547

　　　チェックポイント66　課税時期と配当期待権等の評価との関係‥‥‥‥548

　5　ストックオプションの評価‥‥‥‥‥‥‥‥‥‥‥‥‥‥‥‥‥‥549

　　　チェックポイント67　ストックオプションの評価の適用範囲‥‥‥‥550

　6　上場新株予約権の評価‥‥‥‥‥‥‥‥‥‥‥‥‥‥‥‥‥‥‥‥550

　　(1)　新株予約権が上場期間内にある場合‥‥‥‥‥‥‥‥‥‥‥‥‥550

　　(2)　上場廃止後権利行使可能期間内にあるものの場合‥‥‥‥‥‥‥551

第4章　公社債等の評価

　1　公社債等の評価方法の概要‥‥‥‥‥‥‥‥‥‥‥‥‥‥‥‥‥‥553

　2　利付公社債の評価‥‥‥‥‥‥‥‥‥‥‥‥‥‥‥‥‥‥‥‥‥‥554

　3　割引発行の公社債の評価‥‥‥‥‥‥‥‥‥‥‥‥‥‥‥‥‥‥‥555

　4　個人向け国債の評価‥‥‥‥‥‥‥‥‥‥‥‥‥‥‥‥‥‥‥‥‥556

　　　【設例　22】　個人向け国債の評価の具体的計算‥‥‥‥‥‥‥‥‥559

　5　転換社債型新株予約権付社債の評価‥‥‥‥‥‥‥‥‥‥‥‥‥‥561

　6　元利均等償還が行われる公社債の評価‥‥‥‥‥‥‥‥‥‥‥‥‥563

　7　貸付信託受益証券の評価‥‥‥‥‥‥‥‥‥‥‥‥‥‥‥‥‥‥‥563

― 11 ―

| 8 | 証券投資信託受益証券の評価······················564 |
| 9 | 上場不動産投資信託証券の評価······················565 |

第5章　その他の財産の評価

1　預貯金の評価······················567

　チェックポイント68　既経過利子の額を算定する場合の利率等·······567

2　貸付金債権の評価······················567

3　ゴルフ会員権の評価······················568

　チェックポイント69　評価しないゴルフ会員権······················569

4　抵当証券の評価······················571

　チェックポイント70　金融商品取引業者等が破綻した場合············571

5　生命保険契約に関する権利の評価······················571

6　果樹等の評価······················572

7　立竹木の評価······················573

8　特許権、実用新案権、意匠権及び商標権の評価······················580

9　著作権の評価······················581

10　営業権の評価······················582

　チェックポイント71　評価しない営業権······················583

　チェックポイント72　超過利益金額の算式における「⑦平均利益

　　　　　　　　　　　金額」欄及び「⑨総資産価額」欄···············583

11　定期金に関する権利の評価······················584

　チェックポイント73　解約返戻金······················586

　　　　　　　　　　　予定利率······················586

　　　　　　　　　　　平均余命······················586

　　　　　　　　　　　複利年金現価率······················587

　　　　　　　　　　　複利年金終価率······················587

　　　　　　　　　　　複利終価率······················587

　チェックポイント74　生存条件付の定期金に関する権利の評価方法···589

　　　　　　　　　　　保証期間付の終身定期金に関する権利の評価

　　　　　　　　　　　方法······················589

12　一般動産の評価······················590

13　たな卸商品等の評価······················590

14　牛馬等の評価······················592

15　書画骨とう品の評価······················592

16　船舶の評価‥‥‥‥‥‥‥‥‥‥‥‥‥‥‥‥‥‥‥‥‥‥‥‥‥592

17　配偶者居住権等の評価‥‥‥‥‥‥‥‥‥‥‥‥‥‥‥‥‥‥‥593

　　チェックポイント75　　耐用年数‥‥‥‥‥‥‥‥‥‥‥‥‥‥‥‥594

　　　　　　　　　　　　　経過年数‥‥‥‥‥‥‥‥‥‥‥‥‥‥‥‥594

　　　　　　　　　　　　　存続年数‥‥‥‥‥‥‥‥‥‥‥‥‥‥‥‥594

　　　　　　　　　　　　　平均余命‥‥‥‥‥‥‥‥‥‥‥‥‥‥‥‥595

　　　　　　　　　　　　　存続年数に応じた法定利率による複利現価率‥‥595

　　　　　　　　　　　　　法定利率‥‥‥‥‥‥‥‥‥‥‥‥‥‥‥‥595

　　チェックポイント76　　一次相続等で居住建物等を取得した相続人が

　　　　　　　　　　　　　亡くなり、二次相続等により当該相続人の相続

　　　　　　　　　　　　　人が居住建物等を取得した場合の評価方法‥‥‥‥596

　　【設例　23】　配偶者居住権の評価‥‥‥‥‥‥‥‥‥‥‥‥‥‥‥597

第6章　災害が発生した場合の財産評価

第1　特定土地等及び特定株式等に係る相続税及び贈与税の課税価格
　　の計算の特例‥‥‥‥‥‥‥‥‥‥‥‥‥‥‥‥‥‥‥‥‥‥‥601

　1　特例の概要‥‥‥‥‥‥‥‥‥‥‥‥‥‥‥‥‥‥‥‥‥‥‥‥601

　　⑴　相続税‥‥‥‥‥‥‥‥‥‥‥‥‥‥‥‥‥‥‥‥‥‥‥‥601

　　チェックポイント77　　贈与により取得した特定土地等又は特定株式

　　　　　　　　　　　　　等‥‥‥‥‥‥‥‥‥‥‥‥‥‥‥‥‥‥601

　　⑵　贈与税‥‥‥‥‥‥‥‥‥‥‥‥‥‥‥‥‥‥‥‥‥‥‥‥602

　　チェックポイント78　　特定非常災害‥‥‥‥‥‥‥‥‥‥‥‥‥‥602

　　　　　　　　　　　　　特定非常災害の発生直後の価額‥‥‥‥‥‥‥602

　2　特定土地等‥‥‥‥‥‥‥‥‥‥‥‥‥‥‥‥‥‥‥‥‥‥‥‥603

　　【設例　24】　一方の路線に面する宅地の場合‥‥‥‥‥‥‥‥‥604

　　【設例　25】　二方の路線に面する宅地の場合‥‥‥‥‥‥‥‥‥606

　　【設例　26】　倍率地域に存する宅地の評価‥‥‥‥‥‥‥‥‥‥607

　　【設例　27】　路線価地域に存する農地等の評価‥‥‥‥‥‥‥‥609

　3　特定株式等‥‥‥‥‥‥‥‥‥‥‥‥‥‥‥‥‥‥‥‥‥‥‥‥614

　　チェックポイント79　　特定株式等の判定‥‥‥‥‥‥‥‥‥‥‥‥614

　　チェックポイント80　　類似業種比準価額の評価方式‥‥‥‥‥‥‥617

　　【設例　28】　特定株式等の純資産価額方式による評価‥‥‥‥‥621

第2　課税時期が特定非常災害発生日以降である場合の取扱い‥‥‥‥‥624

— 13 —

目　　次

1 特定地域内にある土地等の評価‥‥‥‥‥‥‥‥‥‥‥‥‥‥‥‥‥624

2 物理的な損失が生じている土地等に係る評価方法等‥‥‥‥‥‥‥624

3 被災した家屋等‥‥‥‥‥‥‥‥‥‥‥‥‥‥‥‥‥‥‥‥‥‥‥627

【設例　29】 被災家屋について修理、改修等を行っている場合の

家屋の評価‥‥‥‥‥‥‥‥‥‥‥‥‥‥‥‥‥‥‥629

4 特定地域内に保有する資産の割合が高い法人の株式等‥‥‥‥‥‥631

〈通達〉・「令和3年分の基準年利率について」の一部改正について

(法令解釈通達)(令和4年1月7日付)‥‥‥‥‥‥‥‥‥‥635

複利表‥‥‥‥‥‥‥‥‥‥‥‥‥‥‥‥‥‥‥‥‥‥‥636

・令和4年分の基準年利率について(法令解釈通達)

(令和4年5月24日付)‥‥‥‥‥‥‥‥‥‥‥‥‥‥‥‥‥639

複利表‥‥‥‥‥‥‥‥‥‥‥‥‥‥‥‥‥‥‥‥‥‥‥640

・「令和3年分の類似業種比準価額計算上の業種目及び業種目

別株価等について」の一部改正について(法令解釈通達)

(令和4年1月14日付)‥‥‥‥‥‥‥‥‥‥‥‥‥‥‥‥‥641

・令和4年分の類似業種比準価額計算上の業種目及び業種目

別株価等について(法令解釈通達)

(令和4年6月6日付)‥‥‥‥‥‥‥‥‥‥‥‥‥‥‥‥‥671

・「一般定期借地権の目的となっている宅地の評価に関する取

扱いについて」の一部改正について(法令解釈通達)

(平成11年7月26日付)‥‥‥‥‥‥‥‥‥‥‥‥‥‥‥‥‥701

・特定非常災害発生日以後に相続等により取得した財産の

評価について(法令解釈通達)(平成29年10月30日付)‥‥‥‥705

〈参考〉・類似業種比準価額計算上の業種目及び類似業種の株価等の

計算方法等について(情報)抜粋‥‥‥‥‥‥‥‥‥‥‥‥‥709

・(別表)日本標準産業分類の分類項目と類似業種比準価額

計算上の業種目との対比表(平成29年分)‥‥‥‥‥‥‥‥‥712

・「財産評価基本通達の一部改正について」通達等のあらまし

について(情報)(平成29年10月3日付)‥‥‥‥‥‥‥‥‥725

・「財産評価基本通達の一部改正について」通達のあらましに

ついて(情報)(平成30年12月13日付)‥‥‥‥‥‥‥‥‥‥741

・相続税法基本通達の一部改正について(法令解釈通達)の

あらまし(情報)(令和2年2月21日付)‥‥‥‥‥‥‥‥‥747

・「財産評価基本通達等の一部改正について」通達のあらましに

ついて(情報)(令和2年6月30日付)‥‥‥‥‥‥‥‥‥‥768

・「財産評価基本通達の一部改正について」通達のあらましにつ

いて(情報)(令和3年6月24日付)‥‥‥‥‥‥‥‥‥‥‥773

— 14 —

目　　次

・「財産評価基本通達の一部改正について」通達等のあらましについて（情報）（令和 3 年 7 月 6 日付）……………………………777
・公共用地の取得に伴う損失補償基準細則（抜粋）………………784

索　　引………………………………………………………………791

相続税・贈与税における財産評価のあらまし

　相続、遺贈（死因贈与を含みます。以下同じです。）又は贈与によって財産を取得した場合には、取得した財産の価額を課税標準として相続税や贈与税が課税されます。

　このため、相続税及び贈与税においては、相続、遺贈又は贈与により取得した財産の価額（価値）を把握すること、つまり「財産評価」が極めて重要です。

　ところで、相続税や贈与税の課税対象となる財産は、土地、家屋などの不動産をはじめとして、動産、無体財産権、株式、公社債など多種多様であり、これら各種の財産の価額を的確に把握することは容易なことではありません。

　相続税法では、第23条から第26条にかけて、地上権（借地権を除きます。）、永小作権、配偶者居住権等、定期金に関する権利及び立木についての評価方法を規定しているほか、第22条で「相続、遺贈又は贈与により取得した財産の価額は、当該財産の取得の時における時価により、当該財産の価額から控除すべき債務の金額は、その時の現況による。」と評価の原則を規定して、その時価の具体的内容は法解釈に委ねられています。

　そこで、国税庁では、財産の評価に関する取扱方法の全国的な統一を図るため、各財産の評価方法に共通する原則や各種の財産の評価単位ごとの具体的な評価方法を「財産評価基本通達」により定めています。

　（注）「評価対象の不動産に適用される評価通達の定める評価方法が適正な時価を算定する方法として一般的な合理性を有するものであり、かつ、当該不動産の贈与税の課税価格がその評価方法に従って決定された場合には、上記課税価格は、その評価方法によっては適正な時価を適切に算定することのできない特別の事情の存しない限り、贈与時における当該不動産の客観的な交換価値としての適正な時価を上回るものではないと推認するのが相当である（最高裁平成24年（行ヒ）第79号同25年7月12日第2小法廷判決・民集67巻6号1255頁参照）。」（東京高裁平成27年12月17日判決）

1　時価とは

　財産評価基本通達では、財産の価額は、時価によるものとし、時価とは、課税時期（相続等により財産を取得した日若しくは相続税法の規定により相続、遺贈又は贈与により取得したものとみなされた財産のその取得の日をいいます。）において、それぞれの財産の現況に応じ、不特定多数の当事者間で自由な取引が行われる場合に通常成立すると認められる価額をいい、その価額は、この通達の定めによって評価した価額

による（評基通1(2)）旨定めています。

　言い換えますと、相続税法が規定する時価とは、課税時期を評価時点とした価額であり、その価額は、いわゆる売り急ぎや買い進みなどの特殊な事情の下で成立した価額ではなく、また、取得原価や処分価額とも異なるもので、その価額ならばいつでも正常な状態で他の財貨と交換できる価額、すなわち客観的な交換価値を示す価額ということになります。

2　個別評価

　財産の価額及び債務の金額は、個々の評価単位ごとに評価し、その評価額の合計額をもってその有する財産の価額又は債務の金額とするいわゆる個別評価方法を原則としています。例えば、家屋とその敷地及び株式、公社債を評価する場合には、家屋は原則として1棟の家屋ごとに評価し、宅地は利用の単位となっている1区画の宅地ごとに評価し、株式は銘柄の異なるごとに1株ごとに評価し、公社債は銘柄の異なるごとに券面額100円当たりの価額を基として評価することになっています。

　なお、例外として、鉱業用財産など一部のものについては総合評価方法により評価することになっています。

3　相続税や贈与税が課税される財産

　相続税法基本通達では、「財産」とは、金銭に見積もることができる経済的価値のあるすべてのものをいう（相基通11の2-1）旨定めており、その種類は、次表「相続税・贈与税が課税される財産の種類及び細目」に掲げるとおりです。

－2－

〔相続税・贈与税が課税される財産の種類及び細目〕

財 産	
種 類	細 目
土　　　地	田（耕作権及び永小作権を含みます。）
	畑（耕作権及び永小作権を含みます。）
	宅地（借地権を含みます。）
	山林（地上権及び賃借権を含みます。）
	その他の土地（地上権等を含みます。）
家　　　屋	家屋、構築物
事業（農業）用財産	機械、器具、農機具、その他の減価償却資産
	商品、製品、半製品、原材料、農産物等
	売掛金
	その他の財産
有　価　証　券	取引相場のない株式、出資
	上記以外の株式、出資
	公債、社債
	貸付信託受益証券、証券投資信託受益証券等
現金、預貯金等	
家庭用財産	
その他の財産	生命保険金等
	退職手当金等
	立　　　木
	そ　の　他

第1章　土地及び土地の上に存する権利

第1　評価の手順

　土地の価額は、原則として、宅地、農地などの地目別に評価単位ごとに評価します。そして、その評価単位の判定方法や評価の方式はそれぞれの地目ごとに異なっており、おおむね次の手順にしたがって評価します。
　ただし、たな卸資産に該当するものの価額は、たな卸商品等の定めに準じて評価します（評基通4－2）。

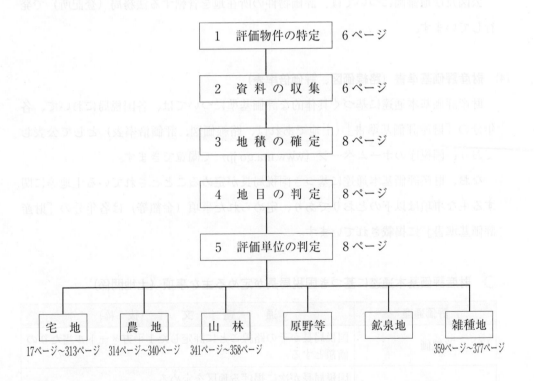

第1章　土地及び土地の上に存する権利

1　評価物件の特定

住宅地図、公図等により、評価する土地の所在地等を確認し、評価物件を特定します。

2　資料の収集

(1)　固定資産評価証明書

評価物件の所在地を管轄する市（区）役所又は町村役場（東京都区内は都税事務所）で発行しています。

(2)　登記事項証明書

評価物件の所在地を管轄する法務局（登記所）又は最寄りの法務局で発行しています。

(3)　実測図、公図、地籍図

公図及び地籍図については、評価物件の所在地を管轄する法務局（登記所）で発行しています。

(4)　財産評価基準書（路線価図、評価倍率表）

財産評価基本通達に基づく具体的な評価基準については、各国税局において、各年分の「財産評価基準書」（土地であれば、路線価図、評価倍率表）として公表しており、国税庁のホームページ（www.nta.go.jp）で閲覧できます。

なお、財産評価基本通達に基づき国税局長が定めることとされている土地等に関する主な事項は以下のとおりであり、定められた事項（金額等）は各年分の「財産評価基準書」に掲載されています。

○　財産評価基本通達に基づき国税局長が定める主な事項（土地関係）

評価通達	通　達　文　（抜　粋）
14　路線価	国税局長がその路線ごとに評定した1平方メートル当たりの価額とする
14－2　地区	国税局長が次に掲げる地区を定める (1)ビル街地区　(2)高度商業地区　(3)繁華街地区 (4)普通商業・併用住宅地区　(5)普通住宅地区 (6)中小工場地区　(7)大工場地区

21	倍率方式（倍率）	国税局長が一定の地域ごとにその地域の実情に即するように定める倍率を乗じて計算した金額によって評価する方式
22-3	大規模工場用地の路線価及び倍率	大規模工場用地の評価の「路線価」及び「倍率」は、……国税局長が定める
27	借地権の評価（借地権割合）	地域ごとに国税局長の定める割合を乗じて計算した金額によって評価する
37	純農地の評価	地域ごとに……国税局長の定める倍率を乗じて計算した金額によって評価する
38	中間農地の評価	地域ごとに……国税局長の定める倍率を乗じて計算した金額によって評価する
40	市街地農地の評価	宅地であるとした場合の1平方メートル当たりの価額から……地域ごとに国税局長の定める金額を控除
		地域ごとに……国税局長の定める倍率を乗じて計算した金額によって評価することができる
47	純山林の評価	地域ごとに……国税局長の定める倍率を乗じて計算した金額によって評価する
48	中間山林の評価	地域ごとに……国税局長の定める倍率を乗じて計算した金額によって評価する
49	市街地山林の評価	宅地であるとした場合の1平方メートル当たりの価額から……地域ごとに国税局長の定める金額を控除
		地域ごとに……国税局長の定める倍率を乗じて計算した金額によって評価することができる
58	純原野の評価	地域ごとに……国税局長の定める倍率を乗じて計算した金額によって評価する
58-2	中間原野の評価	地域ごとに……国税局長の定める倍率を乗じて計算した金額によって評価する
58-3	市街地原野の評価	宅地であるとした場合の1平方メートル当たりの価額から……地域ごとに国税局長の定める金額を控除
		地域ごとに……国税局長の定める倍率を乗じて計算した金額によって評価することができる
82	雑種地の評価	状況の類似する地域ごとに……国税局長の定める倍率を乗じて計算した金額によって評価することができる
83	ゴルフ場の用に供されている土地の評価	(1)造成費に相当する金額として国税局長の定める金額……を控除
		(2)地域ごとに……国税局長の定める倍率を乗じて計算した金額によって評価する

3　地積の確定

地積は、課税時期における実際の面積によることとされている（評基通8）ことから、登記簿上の地積（公簿上の地積）と異なる場合には、実際の地積により土地の価額を決定することになります。

なお、倍率方式で評価する場合において、実際の地積と登記簿上の地積が異なる場合の取扱いについては242ページを参照してください。

4　地目の判定

地目は、課税時期の現況により判定することとされています（評基通7）。

したがって、登記簿上の地目と一致しない場合があります。

5　評価単位の判定

土地の価額は、原則として、宅地、農地などの地目の別に、それぞれの地目ごとに定められた評価単位ごとに評価することとされています(評基通7、7－2)（9～15ページ参照）。

ただし、一体として利用されている一団の土地が2以上の地目からなる場合には、その一団の土地は、そのうちの主たる地目からなるものとして、その一団の土地ごとに評価します（評基通7）。

チェックポイント1

共有地の評価

評価しようとする土地が共有となっている場合には、その共有地全体の価額に共有持分の割合を乗じて、各人の持分の価額を算出します(評基通2)。したがって、共有地全体の価額が1億円の宅地を甲が4分の3、乙が4分の1の割合で共有している場合には、甲の持分の価額は7,500万円（1億円×3/4）、乙の持分の価額は2,500万円（1億円×1/4）となります。

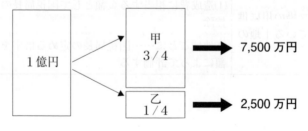

第2　土地及び土地の上に存する権利の評価上の区分

1　土地の評価上の区分

　土地の価額は、原則として宅地、田、畑、山林、原野、牧場、池沼、鉱泉地、雑種地の別に評価します。この場合の地目は登記簿上の地目にかかわらず、課税時期における土地の現況によって判定します。ただし、一体として利用されている一団の土地が2以上の地目からなる場合には、その一団の土地は、そのうちの主たる地目からなるものとして、その一団の土地ごとに評価します。また、市街化調整区域以外の都市計画区域（市街化区域及びいわゆる無指定区域）で市街地的形態を形成する地域において、宅地比準方式で評価する市街地農地（314ページ参照）、市街地山林（341ページ参照）、市街地原野（341ページ参照）又は、宅地と状況が類似する雑種地のいずれか2以上の地目の土地が隣接しており、その形状、地積の大小、位置等からみてこれらを一団として評価することが合理的と認められる場合には、その一団の土地ごとに評価します（評基通7）。

○　土地の評価上の区分と原則的な評価単位

地　目（概　要）		評　価　単　位
宅　　　地	建物の敷地及びその維持若しくは効用を果たすために必要な土地	1画地の宅地（利用の単位となっている1区画の宅地）26ページ参照
農地(田・畑)	田……農耕地で用水を利用して耕作する土地 畑……農耕地で用水を利用しないで耕作する土地	1枚の農地(耕作の単位となっている1区画の農地)
山　　　林	耕作の方法によらないで竹木の生育する土地	1筆の山林
原　　　野	耕作の方法によらないで雑草、かん木類の生育する土地	1筆の原野
牧　　　場	家畜を放牧する土地	1筆の牧場
池　　　沼	かんがい用水でない水の貯留池	1筆の池沼
鉱　泉　地	鉱泉（温泉を含みます。）の湧出口及びその維持に必要な土地	1筆の鉱泉地
雑　種　地	上記のいずれにも該当しない土地	利用の単位となっている（同一の目的に供されている）一団の雑種地

－ 9 －

第1章　土地及び土地の上に存する権利

チェックポイント2

地目の判定

　地目の区分は、不動産登記事務取扱手続準則（平成17年2月25日付民二第456号法務省民事局長通達）第68条及び第69条に準じて判定しますが、同準則第68条の「⒇　保安林」は「山林」に含まれ、また、「⑿　墓地」から「⒇　雑種地」まで（「⒇　保安林」を除きます。）は「雑種地」に含まれます。

（注）　不動産登記事務取扱手続準則第68条及び第69条は次のとおりです。

　　（地目）

　　第68条　次の各号に掲げる地目は、当該各号に定める土地について定めるものとする。この場合には、土地の現況及び利用目的に重点を置き、部分的にわずかな差異の存するときでも、土地全体としての状況を観察して定めるものとする。

　　⑴　田　農耕地で用水を利用して耕作する土地

　　⑵　畑　農耕地で用水を利用しないで耕作する土地

　　⑶　宅地　建物の敷地及びその維持若しくは効用を果すために必要な土地

　　⑷　学校用地　校舎、附属施設の敷地及び運動場

　　⑸　鉄道用地　鉄道の駅舎、附属施設及び路線の敷地

　　⑹　塩田　海水を引き入れて塩を採取する土地

　　⑺　鉱泉地　鉱泉（温泉を含む。）の湧出口及びその維持に必要な土地

　　⑻　池沼　かんがい用水でない水の貯留池

　　⑼　山林　耕作の方法によらないで竹木の生育する土地

　　⑽　牧場　家畜を放牧する土地

　　⑾　原野　耕作の方法によらないで雑草、かん木類の生育する土地

　　⑿　墓地　人の遺体又は遺骨を埋葬する土地

　　⒀　境内地　境内に属する土地であって、宗教法人法（昭和26年法律第126号）第3条第2号及び第3号に掲げる土地（宗教法人の所有に属しないものを含む。）

　　⒁　運河用地　運河法（大正2年法律第16号）第12条第1項第1号又は第2号に掲げる土地

　　⒂　水道用地　専ら給水の目的で敷設する水道の水源地、貯水池、ろ水場又は水道線路に要する土地

　　⒃　用悪水路　かんがい用又は悪水はいせつ用の水路

　　⒄　ため池　耕地かんがい用の用水貯留池

　　⒅　堤　防水のために築造した堤防

　　⒆　井溝　田畝又は村落の間にある通水路

　　⒇　保安林　森林法（昭和26年法律第249号）に基づき農林水産大臣が保安林として指定した土地

　　(21)　公衆用道路　一般交通の用に供する道路（道路法（昭和27年法律第180号）による道路であるかどうかを問わない。）

　　(22)　公園　公衆の遊楽のために供する土地

　　(23)　雑種地　以上のいずれにも該当しない土地

（地目の認定）

第69条　土地の地目は、次に掲げるところによって定めるものとする。

(1)　牧草栽培地は、畑とする。

(2)　海産物を乾燥する場所の区域内に永久的設備と認められる建物がある場合には、その敷地の区域に属する部分だけを宅地とする。

(3)　耕作地の区域内にある農具小屋等の敷地は、その建物が永久的設備と認められるものに限り、宅地とする。

(4)　牧畜のために使用する建物の敷地、牧草栽培地及び林地等で牧場地域内にあるものは、すべて牧場とする。

(5)　水力発電のための水路又は排水路は、雑種地とする。

(6)　遊園地、運動場、ゴルフ場又は飛行場において、建物の利用を主とする建物敷地以外の部分が建物に附随する庭園に過ぎないと認められる場合には、その全部を一団として宅地とする。

(7)　遊園地、運動場、ゴルフ場又は飛行場において、一部に建物がある場合でも、建物敷地以外の土地の利用を主とし、建物はその附随的なものに過ぎないと認められるときは、その全部を一団として雑種地とする。ただし、道路、溝、堀その他により建物敷地として判然区分することができる状況にあるものは、これを区分して宅地としても差し支えない。

(8)　競馬場内の土地については、事務所、観覧席及びきゅう舎等永久的設備と認められる建物の敷地及びその附属する土地は宅地とし、馬場は雑種地とし、その他の土地は現況に応じてその地目を定める。

(9)　テニスコート又はプールについては、宅地に接続するものは宅地とし、その他は雑種地とする。

(10)　ガスタンク敷地又は石油タンク敷地は、宅地とする。

(11)　工場又は営業場に接続する物干場又はさらし場は、宅地とする。

(12)　火葬場については、その構内に建物の設備があるときは構内全部を宅地とし、建物の設備のないときは雑種地とする。

(13)　高圧線の下の土地で他の目的に使用することができない区域は、雑種地とする。

(14)　鉄塔敷地又は変電所敷地は、雑種地とする。

(15)　坑口又はやぐら敷地は、雑種地とする。

(16)　製錬所の煙道敷地は、雑種地とする。

(17)　陶器かまどの設けられた土地については、永久的設備と認められる雨覆いがあるときは宅地とし、その設備がないときは雑種地とする。

(18)　木場（木ぼり）の区域内の土地は、建物がない限り、雑種地とする。

【設例 1】
地目の異なる土地が一体として利用されている場合の評価 (1)

(問) 甲は、次の図のように自己の所有するＡ土地に隣接するＢ土地を乙から賃借し、資材置場として利用しています。この場合の甲の所有するＡ土地の価額は、どのように評価するのでしょうか。

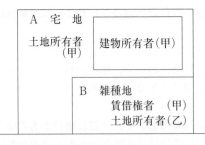

※ Ｂ土地に設定された賃借権の内容は、資材置場として一時的に使用することを目的とするもので、契約期間は１年間で地代の授受はありますが権利金の授受はありません。

(答) 所有する土地に隣接する土地を賃借して所有する土地と一体として利用している場合には、原則として、所有する土地と賃借権の設定されている土地を一団の土地（１画地の宅地）として評価した価額を基礎として、所有する土地と賃借権の価額を計算することになりますが、賃貸借期間が短いことによりその賃借権の価額を評価しない場合には、所有する土地のみを１画地の宅地として評価します。

したがって、図の場合には、甲の所有するＡ土地のみを１画地の宅地として評価します。

これは、一時的、臨時的な賃借権については、その経済的価値が極めて小さいものと考えられることから、その価額は評価せず、またその一方、賃借権の目的となっている雑種地の価額は自用地価額で評価するためです。

【設例 2】
地目の異なる土地が一体として利用されている場合の評価 (2)

（問） 甲は、次の図のように建物の敷地部分は乙から、駐車場部分は丙からそれぞれ賃借しています。この場合の甲の有する借地権と賃借権はどのように評価するのでしょうか。

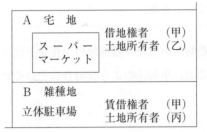

※ B土地は、甲が賃借権の登記を行い、2階建立体駐車場（構築物）を設け、スーパーマーケットの買物客の駐車場として利用しています。

（答） B土地は、スーパーマーケットの買物客の駐車場としてA土地と一体として利用されていることから、A、B土地を一団の土地（宅地）として評価し、その価額をそれぞれの土地の地積の割合に応じあん分してA土地とB土地の価額を求め、さらに、A土地の価額に借地権割合を、B土地の価額に賃借権割合をそれぞれ乗じて借地権及び賃借権を評価します。

なお、乙の貸宅地（底地）の価額を評価する場合には、A土地を1画地の宅地として評価し、丙の貸し付けている雑種地を評価する場合には、B土地を一団の雑種地として評価します。

（理由）
　一体として利用されている一団の土地が2以上の地目からなる場合には、その一団の土地は、そのうちの主たる地目からなるものとして、その一団の土地ごとに評価するものとします（評基通7）。
　また、一団の土地の上に存する権利が借地権及び賃借権と異なっていても、それらの権利に基づき一の者が一団の土地を一体として利用しており、その者にとって一団の土地の価額に差異は生じないものと認められることから、一団の土地の価額をそれぞれの地積の割合に応じてあん分し、借地権及び賃借権の評価の基礎となる土地（自用地）の価額を計算します。

【設例　3】

地目の異なる土地を一団として評価する場合

(問)　市街化調整区域以外の都市計画区域で市街地的形態を形成する地域において、市街地農地、市街地山林、市街地原野及び宅地と状況が類似する雑種地のいずれか2以上の地目が隣接しており、全体を一団として評価することが合理的と認められる場合とは、具体的にはどのような場合でしょうか。

(答)　以下の事例①～④のような場合に、農地、山林及び雑種地の全体を一団として評価することが合理的と認められます。なお、事例⑤のような場合はそれぞれを地目の別に評価します。

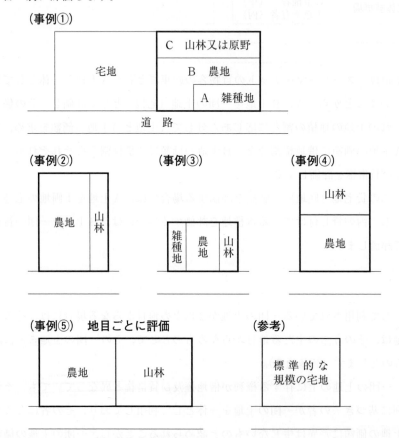

(理由)

宅地化が進展している地域においては、市街地農地等や宅地と状況が類似する雑種地といった異なる地目の土地が隣接しており、その規模、形状、位置関係等からこれらの土地を一団の土地として価格形成がなされるものもあります。これらの土

— 14 —

地は、近隣の宅地の価額の影響を強く受けるため、原則としていわゆる宅地比準方式により評価することとしており、基本的な評価方法はいずれも同一であることから、地目の別に評価する土地の評価単位の例外として、その形状、地積の大小、位置等からみて一団として評価することが合理的と認められる場合には、その一団の土地ごとに評価します。

（**事例①**）の場合、標準的な宅地規模を考えた場合にはＡ土地は地積が小さく、形状を考えた場合には、Ｂ土地は単独で評価するのではなくＡ土地と合わせて評価するのが妥当と認められます。また、位置を考えた場合には、Ｃ土地は道路に面していない土地となり、単独で評価するのは妥当でないと認められることから、Ａ、Ｂ及びＣ土地全体を一団の土地として評価することが合理的であると認められます。

（**事例②**）の場合、山林のみで評価することとすると、形状が間口狭小、奥行長大な土地となり、また、山林部分のみを宅地として利用する場合には、周辺の標準的な宅地と比較した場合に宅地の効用を十分に果たし得ない土地となってしまいます。同様に（**事例③**）では、各地目の地積が小さいこと、（**事例④**）では山林部分が道路に面していないことから、やはり宅地の効用を果たすことができない土地となります。これらのような場合には、土地取引の実情からみても、隣接の地目を含めて一団の土地を構成しているものとみるのが妥当であることから、全体を一団の土地として評価します。

しかし、（**事例⑤**）のように農地と山林をそれぞれ別としても、その形状、地積の大小、位置等からみても宅地の効用を果たすと認められる場合には、一団としての評価は行いません。

第1章　土地及び土地の上に存する権利

2　土地の上に存する権利の評価上の区分

　土地の上に存する権利の価額は、地上権（区分地上権及び借地権に該当するものを除きます。）、区分地上権、永小作権、区分地上権に準ずる地役権、借地権（定期借地権等に該当するものを除きます。）、定期借地権等、耕作権、温泉権（引湯権を含みます。）、賃借権（借地権、定期借地権等、耕作権、温泉権を除きます。）及び占用権の別に評価します（評基通9）。

区　分	概　要
借地権（定期借地権等を除きます。）	建物の所有を目的とする地上権又は土地の賃借権
定期借地権等	借地借家法第22条から第25条に規定する借地権及び一時使用目的の借地権であり、借地契約の更新がなく契約終了により確定的に借地関係が消滅するもの
区分地上権	建物、トンネル、道路、橋梁等の所有を目的として、土地の一定層（空中又は地中）のみを客体として設定される地上権
地上権（借地権・区分地上権を除きます。）	他人の土地において工作物又は竹木を所有するためにその土地を使用する権利
区分地上権に準ずる地役権	特別高圧架空電線の架設等の目的のため、地下又は空中について上下の範囲を定めて設定される地役権で建造物の設置を制限するもの
賃借権（借地権等を除きます。）	賃貸借契約に基づき、賃借人が目的物である土地を使用収益することができる権利（借地権、定期借地権等、耕作権、温泉権を除きます。）
永小作権	小作料を支払って他人の土地で耕作又は牧畜をする権利で民法に規定された物権
耕作権	賃借権に基づいて土地を耕作することができる権利
温泉権	鉱泉地において温泉を排他的に利用することができる権利
引湯権	鉱泉地の所有者又は温泉権者から温泉を引湯することができる権利
占用権	河川占用許可や道路占用許可等に基づく経済的利益を生ずる権利等

— 16 —

第3　宅地の評価

1　宅地の評価の概要

　宅地の価額は、利用の単位となっている1区画の宅地、すなわち1画地ごとに評価することとされています（評基通7－2(1)）。

　この宅地の評価方式には、路線価方式と倍率方式があります（評基通11）。

　路線価方式は、路線ごとに付された路線価を基に奥行価格補正率等の画地調整をした価額によって評価する方式です（評基通13）。

　これに対して、倍率方式は、固定資産税評価額に各地域ごとに定められた倍率を乗じて評価する方式です（評基通21）。

　なお、評価しようとしている宅地が路線価方式で評価されるのか、あるいは倍率方式で評価されるのかについては、毎年、各国税局長が定めて公表している財産評価基準書（路線価図、評価倍率表）により確認します。財産評価基準書は、国税庁ホームページ（www.nta.go.jp）等で閲覧できます。

— 17 —

○ 路線価方式

○ 倍率方式

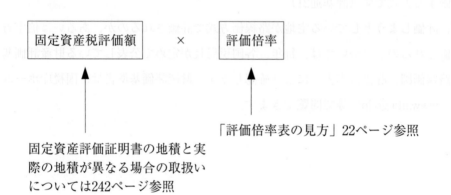

第3 宅地の評価

《宅地の評価方法》

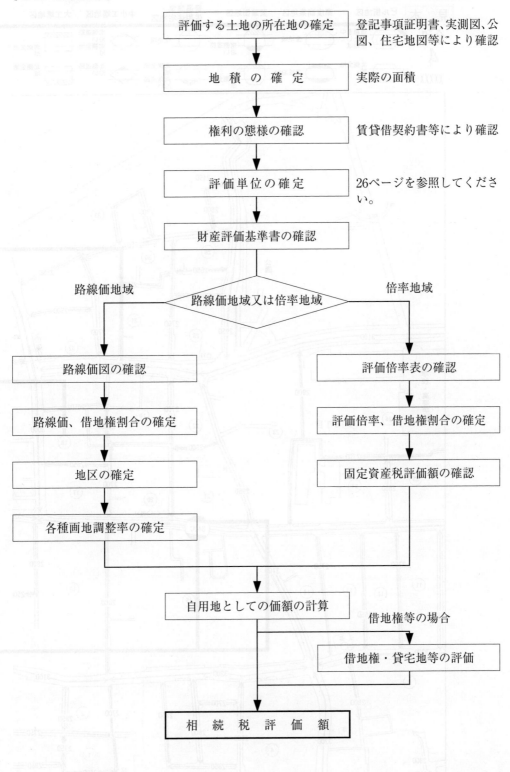

2 路線価図の見方

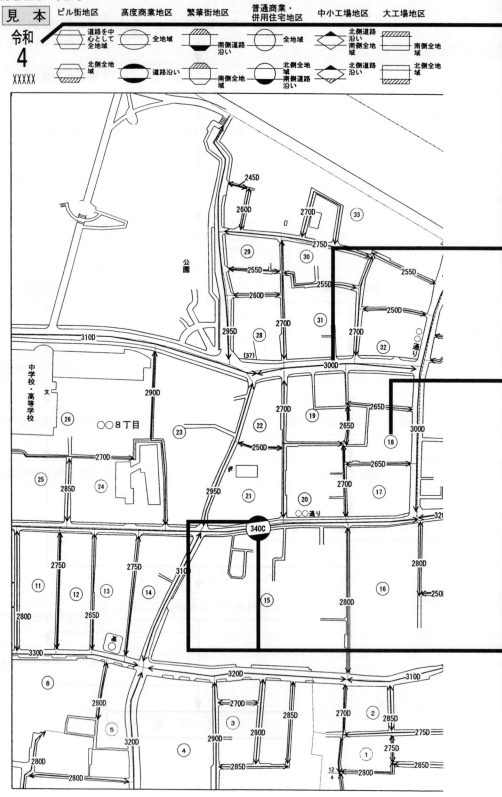

第3 宅地の評価

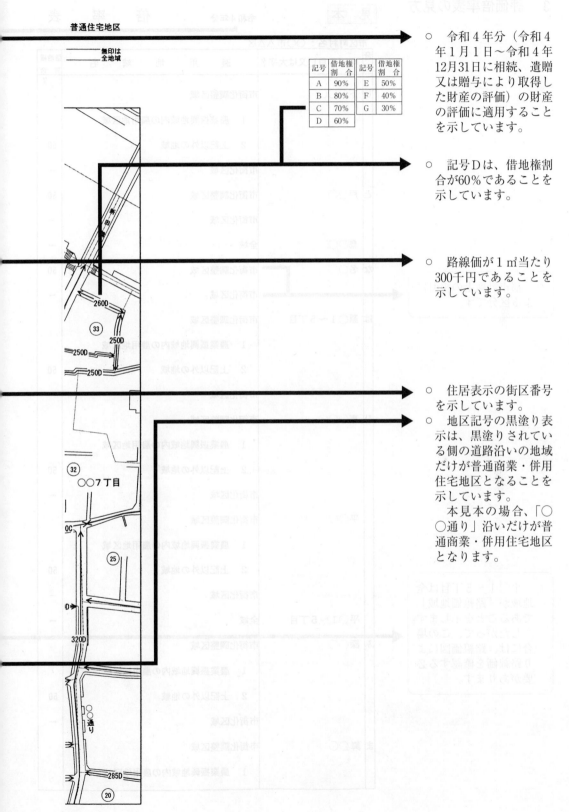

○ 令和4年分（令和4年1月1日～令和4年12月31日に相続、遺贈又は贈与により取得した財産の評価）の財産の評価に適用することを示しています。

○ 記号Dは、借地権割合が60%であることを示しています。

○ 路線価が1㎡当たり300千円であることを示しています。

○ 住居表示の街区番号を示しています。

○ 地区記号の黒塗り表示は、黒塗りされている側の道路沿いの地域だけが普通商業・併用住宅地区となることを示しています。
　本見本の場合、「○○通り」沿いだけが普通商業・併用住宅地区となります。

3 評価倍率表の見方

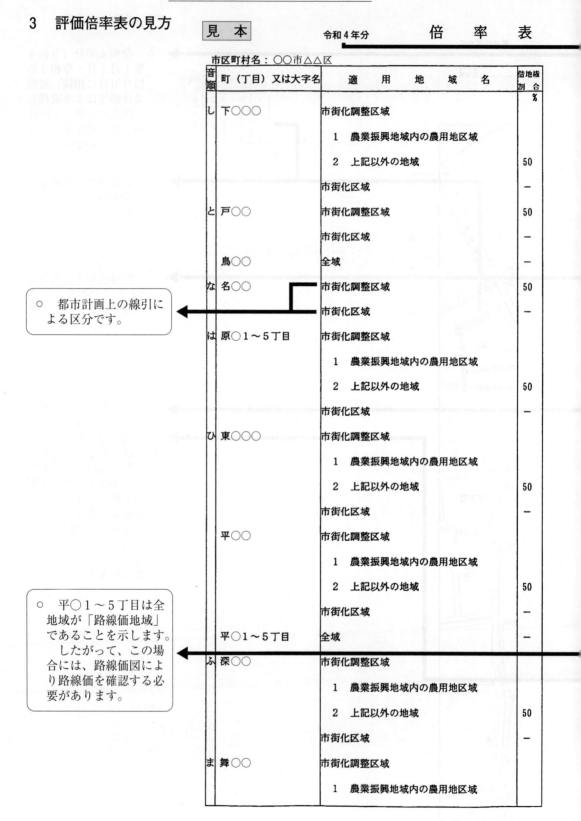

第3 宅地の評価

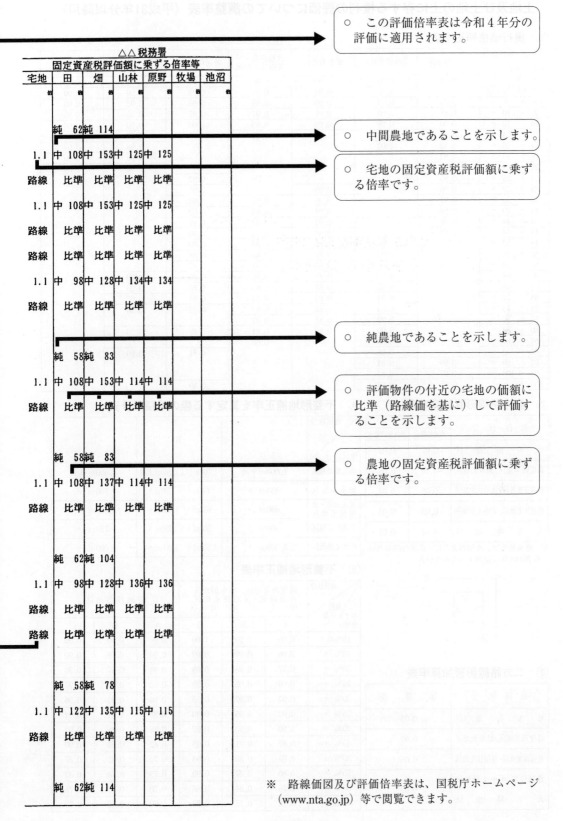

第1章　土地及び土地の上に存する権利

土地及び土地の上に存する権利の評価についての調整率表（平成31年分以降用）

① 奥行価格補正率表

地区区分 奥行距離 m	ビル街地区	高度商業地区	繁華街地区	普通商業・併用住宅地区	普通住宅地区	中小工場地区	大工場地区
4 未満	0.80	0.90	0.90	0.90	0.90	0.85	0.85
4 以上 6 未満		0.92	0.92	0.92	0.92	0.90	0.90
6 〃 8 〃	0.84	0.94	0.95	0.95	0.95	0.93	0.93
8 〃 10 〃	0.88	0.96	0.97	0.97	0.97	0.95	0.95
10 〃 12 〃	0.90	0.98	0.99	0.99	1.00	0.96	0.96
12 〃 14 〃	0.91	0.99	1.00	1.00		0.97	0.97
14 〃 16 〃	0.92	1.00				0.98	0.98
16 〃 20 〃	0.93					0.99	0.99
20 〃 24 〃	0.94					1.00	1.00
24 〃 28 〃	0.95				0.97		
28 〃 32 〃	0.96		0.98		0.95		
32 〃 36 〃	0.97		0.96	0.97	0.93		
36 〃 40 〃	0.98		0.94	0.95	0.92		
40 〃 44 〃	0.99		0.92	0.93	0.91		
44 〃 48 〃	1.00		0.90	0.91	0.90		
48 〃 52 〃		0.99	0.88	0.89	0.89		
52 〃 56 〃		0.98	0.87	0.88	0.88		
56 〃 60 〃		0.97	0.86	0.87	0.87		
60 〃 64 〃		0.96	0.85	0.86	0.86	0.99	
64 〃 68 〃		0.95	0.84	0.85	0.85	0.98	
68 〃 72 〃		0.94	0.83	0.84	0.84	0.97	
72 〃 76 〃		0.93	0.82	0.83	0.83	0.96	
76 〃 80 〃		0.92	0.81	0.82			
80 〃 84 〃		0.90	0.80	0.81	0.82	0.93	
84 〃 88 〃		0.88		0.80			
88 〃 92 〃		0.86			0.81	0.90	
92 〃 96 〃	0.99	0.84					
96 〃 100 〃	0.97	0.82					
100 〃	0.95	0.80			0.80		

② 側方路線影響加算率表

地区区分	加算率（角地の場合）	加算率（準角地の場合）
ビル街地区	0.07	0.03
高度商業地区、繁華街地区	0.10	0.05
普通商業地区・併用住宅地区	0.08	0.04
普通住宅地区、中小工場地区	0.03	0.02
大工場地区	0.02	0.01

※ 準角地とは、次図のように一系統の路線の屈折部の内側に位置するものをいう。

③ 二方路線影響加算率表

地区区分	加算率
ビル街地区	0.03
高度商業地区、繁華街地区	0.07
普通商業地区・併用住宅地区	0.05
普通住宅、中小工場地区 大工場地区	0.02

④ 不整形地補正率を算定する際の地積区分表

地区区分＼地積区分	A	B	C
高度商業地区	1,000㎡未満	1,000㎡以上 1,500㎡未満	1,500㎡以上
繁華街地区	450㎡ 〃	450㎡ 〃 700㎡ 〃	700㎡ 〃
普通商業・併用住宅地区	650㎡ 〃	650㎡ 〃 1,000㎡ 〃	1,000㎡ 〃
普通住宅地区	500㎡ 〃	500㎡ 〃 750㎡ 〃	750㎡ 〃
中小工場地区	3,500㎡ 〃	3,500㎡ 〃 5,000㎡ 〃	5,000㎡ 〃

⑤ 不整形地補正率表

かげ地割合	高度商業地区、繁華街地区、普通商業・併用住宅地区、中小工場地区 A	B	C	普通住宅地区 A	B	C
10%以上	0.99	0.99	1.00	0.98	0.99	0.99
15% 〃	0.98	0.99	0.99	0.96	0.98	0.99
20% 〃	0.97	0.98	0.99	0.94	0.97	0.98
25% 〃	0.96	0.98	0.99	0.92	0.95	0.97
30% 〃	0.94	0.97	0.98	0.90	0.93	0.96
35% 〃	0.92	0.95	0.98	0.88	0.91	0.94
40% 〃	0.90	0.93	0.97	0.85	0.88	0.92
45% 〃	0.87	0.91	0.95	0.82	0.85	0.90
50% 〃	0.84	0.89	0.93	0.79	0.82	0.87
55% 〃	0.80	0.87	0.90	0.75	0.78	0.83
60% 〃	0.76	0.84	0.86	0.70	0.73	0.78
65% 〃	0.70	0.75	0.80	0.60	0.65	0.70

第3 宅地の評価

⑥ 間口狭小補正率表

地区区分 / 間口距離 m	ビル街地区	高度商業地区	繁華街地区	普通商業・併用住宅地区	普通住宅地区	中小工場地区	大工場地区
4 未満	—	0.85	0.90	0.90	0.90	0.80	0.80
4 以上 6 未満	—	0.94	1.00	0.97	0.94	0.85	0.85
6 〃 8 〃	—	0.97		1.00	0.97	0.90	0.90
8 〃 10 〃	0.95	1.00			1.00	0.95	0.95
10 〃 16 〃	0.97					1.00	0.97
16 〃 22 〃	0.98						0.98
22 〃 28 〃	0.99						0.99
28 〃	1.00						1.00

⑦ 奥行長大補正率表

地区区分 / 奥行距離÷間口距離	ビル街地区	高度商業地区	繁華街地区	普通商業・併用住宅地区	普通住宅地区	中小工場地区	大工場地区
2 以上 3 未満	1.00		1.00		0.98	1.00	1.00
3 〃 4 〃			0.99		0.96	0.99	
4 〃 5 〃			0.98		0.94	0.98	
5 〃 6 〃			0.96		0.92	0.96	
6 〃 7 〃			0.94		0.90	0.94	
7 〃 8 〃			0.92			0.92	
8 〃			0.90			0.90	

⑧ 規模格差補正率を算定する際の表

イ 三大都市圏に所在する宅地

地区区分 / 地積㎡ / 記号	普通商業・併用住宅地区、普通住宅地区 ⑧	⑥
500以上 1,000未満	0.95	25
1,000 〃 3,000 〃	0.90	75
3,000 〃 5,000 〃	0.85	225
5,000 〃	0.80	475

ロ 三大都市圏以外の地域に所在する宅地

地区区分 / 地積㎡ / 記号	普通商業・併用住宅地区、普通住宅地区 ⑧	⑥
1,000以上 3,000未満	0.90	100
3,000 〃 5,000 〃	0.85	250
5,000 〃	0.80	500

⑨ がけ地補正率表

がけ地の方位 / がけ地地積÷総地積	南	東	西	北
0.10以上	0.96	0.95	0.94	0.93
0.20 〃	0.92	0.91	0.90	0.88
0.30 〃	0.88	0.87	0.86	0.83
0.40 〃	0.85	0.84	0.82	0.78
0.50 〃	0.82	0.81	0.78	0.73
0.60 〃	0.79	0.77	0.74	0.68
0.70 〃	0.76	0.74	0.70	0.63
0.80 〃	0.73	0.70	0.66	0.58
0.90 〃	0.70	0.65	0.60	0.53

⑩ 特別警戒区域補正率表

特別警戒区域の地積÷総地積	補正率
0.10以上	0.90
0.40 〃	0.80
0.70 〃	0.70

4　宅地の評価単位

　宅地の価額は、1画地の宅地ごとに評価することとされています。

　「1画地の宅地」とは、利用の単位（自用、貸付けの用、貸家の敷地の用）となっている1区画の宅地のことで、必ずしも1筆（土地課税台帳、土地補充課税台帳及び登記事項証明書等に登録された1筆をいいます。）の宅地であるとは限らず、2筆以上の宅地である場合もあり、また、1筆の宅地が2画地以上の宅地として利用されている場合もあります（評基通7－2(1)）。

　これは、宅地の上に存する権利についても同様です。

　なお、相続、遺贈又は贈与（この第1章から第5章まで、以下「相続等」といいます。）により取得した宅地については、原則としてその取得した宅地ごとに判定することとなります。

　具体的な1画地の宅地の判定例は、次のとおりです。

自ら使用している場合

居住の用か事業の用かにかかわらず、その全体を1画地の宅地として評価します。

(例)

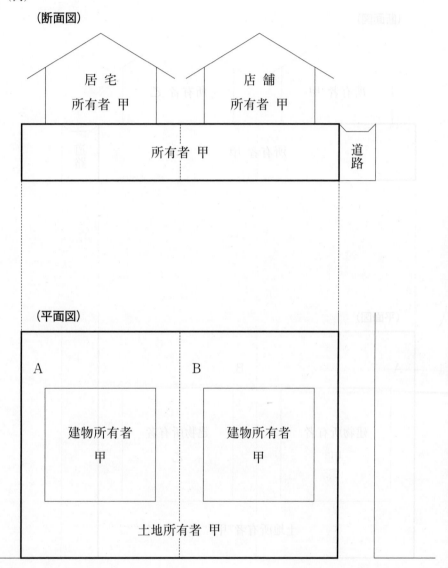

ＡＢ全体を１画地の宅地として評価します。

一部を使用貸借により貸し付けている場合

所有する宅地の一部を自己が使用し、他の部分を使用貸借により貸し付けている場合には、その全体を1画地の宅地として評価します。

(例)

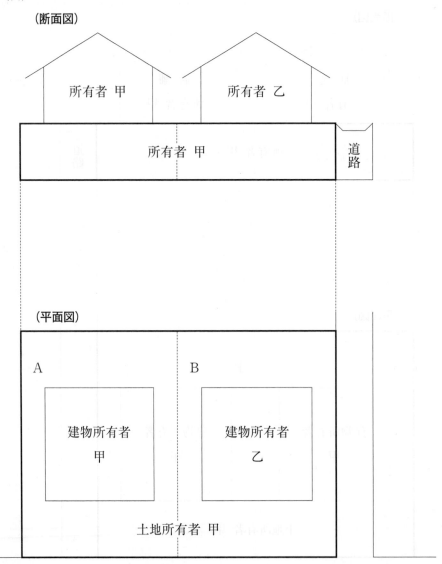

ＡＢ全体を１画地の宅地として評価します。

隣接する宅地を使用貸借により借り受けている場合

　自己の所有する宅地に隣接する宅地を使用貸借により借り受け、自己の所有する宅地と一体として利用している場合には、所有する土地のみを1画地の宅地として評価します。

（例）

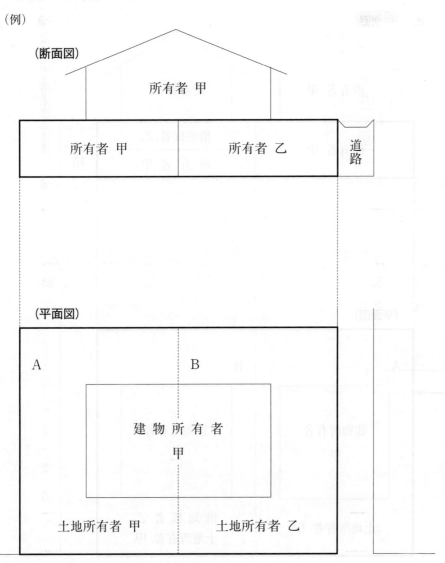

　A土地、B土地それぞれを1画地の宅地として評価します。
　なお、甲の財産を評価する場合にはA土地を、乙の財産を評価する場合にはB土地を、それぞれ自用地として評価します。

宅地の一部に借地権を設定させている場合

　所有する宅地の一部について借地権を設定させ、他の部分を自己が使用している場合には、それぞれの部分を1画地の宅地として評価します。

（例）

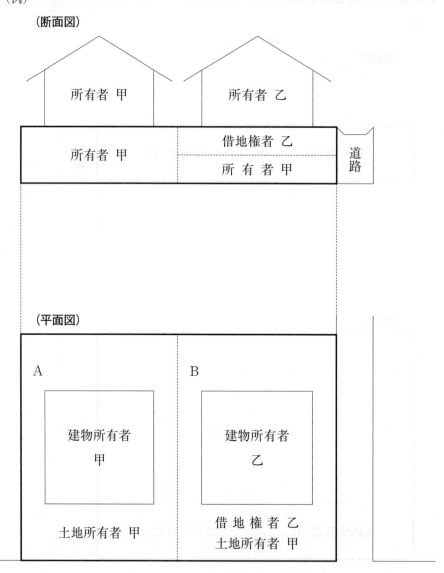

　A土地、B土地それぞれを1画地の宅地として評価します。
　なお、甲の財産を評価する場合には、A土地は自用地、B土地は貸宅地とし、乙の財産を評価する場合には、B土地の借地権のみを評価します。

宅地の一部を貸家の敷地としている場合

　宅地の一部を貸家の敷地、他の部分を自己が使用している場合には、それぞれの部分を1画地の宅地として評価します。

（例）

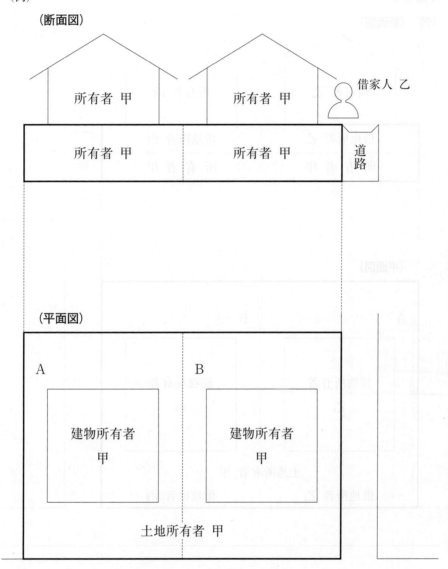

　A土地、B土地それぞれを1画地の宅地として評価します。
　なお、甲の財産を評価する場合には、A土地は自用地、B土地は貸家建付地として評価します。

複数の者に借地権を設定させている場合

　借地権の目的となっている宅地を評価する場合において、貸付先が複数であるときには、同一人に貸し付けられている部分ごとに1画地の宅地として評価します。

(例)

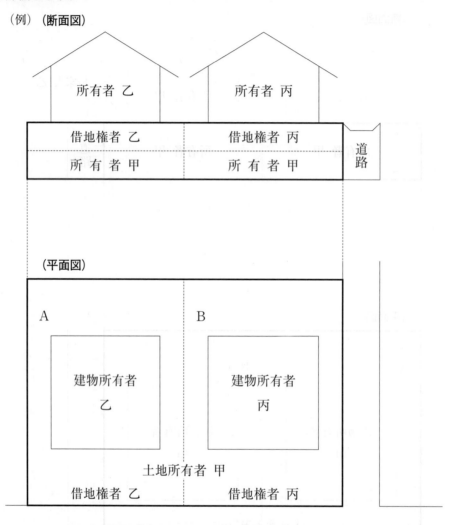

　A土地、B土地それぞれを1画地の宅地として評価します。
　なお、甲の財産を評価する場合には、A土地、B土地それぞれを貸宅地として評価し、乙の財産を評価する場合にはA土地の借地権のみについて、丙の財産を評価する場合には、B土地の借地権のみについて、それぞれ評価します。

数棟の貸家の敷地としている場合

　貸家建付地を評価する場合において、貸家が数棟あるときには、原則として、各棟の敷地ごとに１画地の宅地として評価します。

（例）

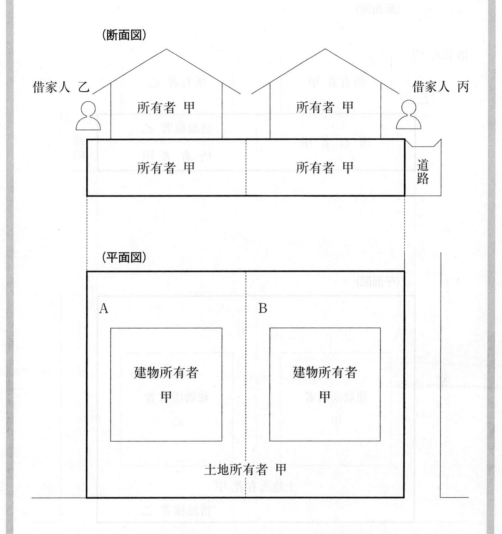

　Ａ土地、Ｂ土地それぞれを１画地の宅地として評価します。

　なお、甲の財産を評価する場合には、Ａ土地、Ｂ土地それぞれを貸家建付地として評価します。

一部に借地権を設定させ、一部を貸家の敷地としている場合

所有する宅地の一部について借地権を設定させ、他の部分を貸家の敷地の用に供している場合には、それぞれの部分を1画地の宅地として評価します。

(例)

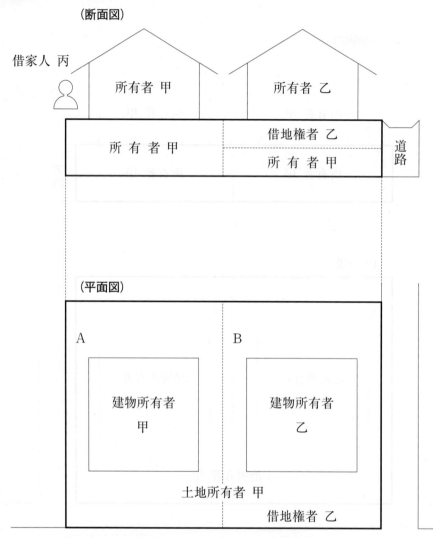

　A土地、B土地それぞれを1画地の宅地として評価します。

　なお、甲の財産を評価する場合には、A土地は貸家建付地、B土地は貸宅地として評価し、乙の財産を評価する場合には、B土地の借地権のみについて評価します。

隣接する宅地を借地している場合

2以上の者から隣接している土地を借りて、これを一体として利用している場合には、その借主の借地権の評価に当たっては、その全体を1画地として評価し、貸主側の貸宅地の評価に当たっては、各貸主の所有する部分ごとに区分して、それぞれを1画地の宅地として評価します。

(例) (断面図)

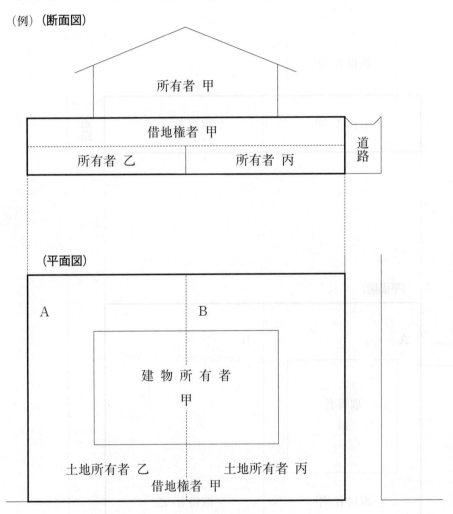

甲の借地権の評価に当たっては、A土地、B土地全体を1画地として評価します。

また、乙の貸宅地の評価に当たってはA土地を、丙の貸宅地の評価に当たってはB土地を、それぞれ1画地の宅地として評価します。

宅地を分割して取得した場合

相続、遺贈又は贈与により宅地を分割して取得した場合には、原則としてその取得した宅地ごとに評価単位を判定することになります。

(例)

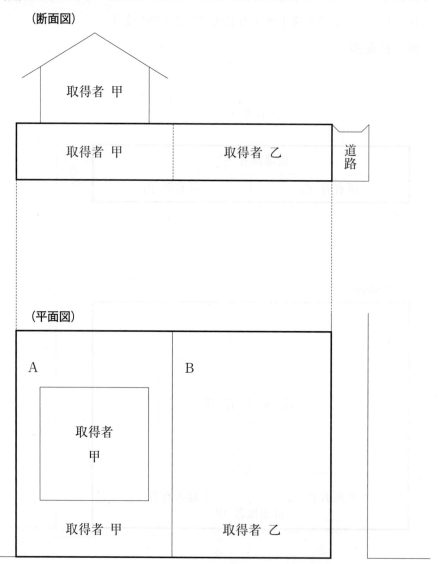

A土地、B土地それぞれを1画地の宅地として評価します。

なお、宅地の分割が不合理分割に当たる場合（次ページ参照）には、分割前の画地を1画地の宅地として評価します。

第3　宅地の評価

> チェックポイント3　遺産の分割が行われた場合の評価単位の判定
>
> 　「1画地の宅地」の判定に当たっては、遺産の分割、贈与等による宅地の分割が親族間等で行われた場合において、例えば、分割後の画地が宅地として通常の用途に供することができないなど、その分割が著しく不合理であると認められるときは、その分割前の画地を1画地の宅地として評価します（評基通7－2(1)注書）。
>
> 　この場合、分割後の画地が「著しく不合理であると認められるとき」としては、次のような場合が考えられます。
>
> 1　無道路地又は帯状地となる場合
> 2　その地域における標準的な宅地の面積からみて著しく狭あいな宅地となる場合
> 3　現在のみならず、将来においても有効な土地利用が図られないと認められる場合
>
> 　したがって、分割後の画地がたとえ不整形地となる場合であっても、その地域における標準的な宅地面積を有していて、そのような分割をしたことに妥当性がある場合には、分割後の宅地を1画地の宅地として評価することができると考えられます。

［判定例］

　遺産の分割、贈与等により宅地を分割して取得した場合の評価単位の判定例は、次のとおりです。

〈相続による分割の例〉

①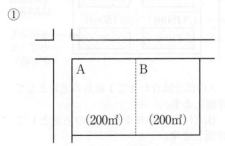

○　A、Bそれぞれを1画地の宅地として評価します。

②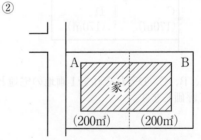

○　A、Bを合わせて1画地の宅地として評価します。

③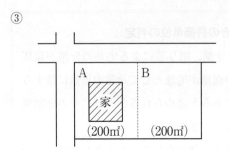
○ A、Bそれぞれを1画地の宅地として評価します。

④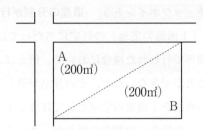
○ A、Bを合わせて1画地の宅地として評価します。

⑤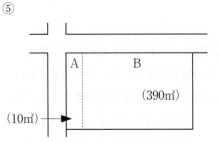
○ A、Bを合わせて1画地の宅地として評価します。

⑥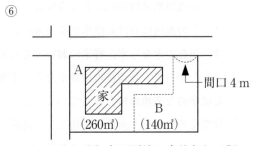
○ A、Bそれぞれを1画地の宅地として評価します。

⑦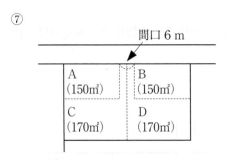
○ A、B、C、Dそれぞれを1画地の宅地として評価します。

⑧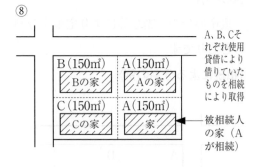
○ Aの部分は合わせて1画地の宅地として評価します。
○ B、Cはそれぞれを1画地の宅地として評価します。

〈贈与による例〉

①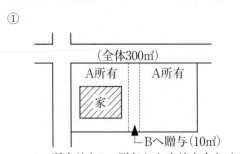
○ Aの所有地とBへ贈与した宅地を合わせて1画地の宅地として評価します。

②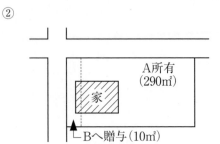
○ Aの所有地とBへ贈与した宅地を合わせて1画地の宅地として評価します。

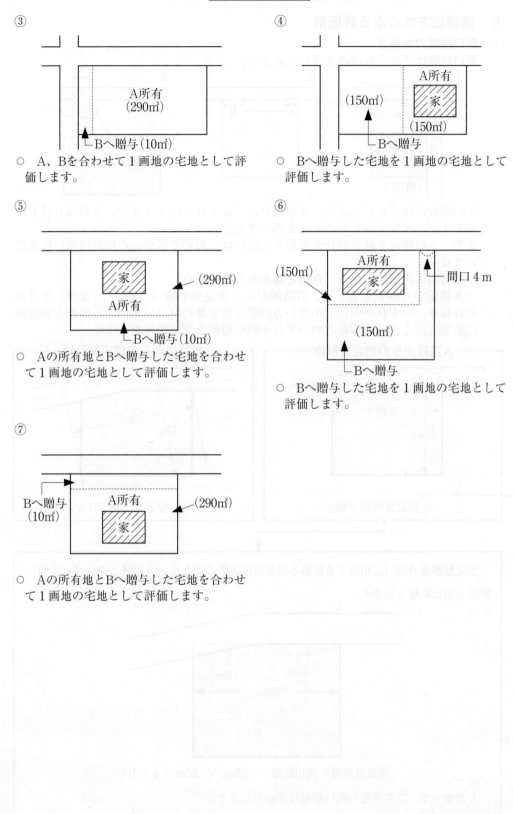

5　路線価方式による評価例
(1) 間口距離の求め方
間口距離はそれぞれ次のように求めます。

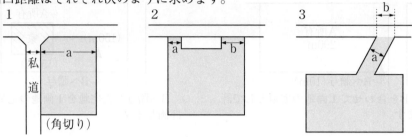

1の場合には「a」により、2の場合は「a + b」によります。3の場合はbによりますが、aによっても差し支えありません。

また、1の場合で私道部分を評価する際には、角切で広がった部分は間口距離に含めません。

① 屈折路に内接する場合（角地と認められない場合）

A路線からの想定整形地、B路線からの想定整形地（112ページ参照）をそれぞれ描き、いずれか面積の小さい方の想定整形地の間口に相当する距離と屈接路に実際に面している距離とのいずれか短い距離を間口距離とします。

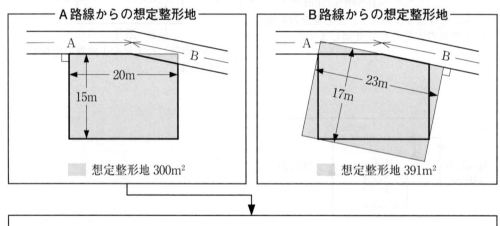

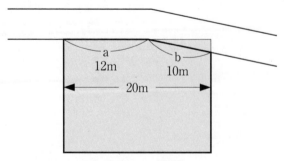

したがって、この宅地の間口距離は20mとします。

— 40 —

② 屈折路に外接する場合

A路線からの想定整形地、B路線からの想定整形地、A路線に接する点X及びB路線に接する点Yを結ぶ直線を基にした想定整形地を描き、これらのうち最も面積が小さいものの想定整形地の間口に相当する距離と屈折路に実際に面している距離とのいずれか短い距離を間口距離とします。

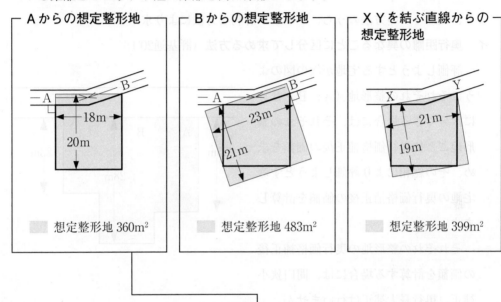

想定整形地の間口に相当する距離と屈折路に実際に面している距離とのいずれか短い距離を間口距離とします。

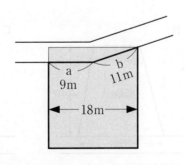

想定整形地の間口距離　　18m ＜ 20m（a＋b）

したがって、この宅地の間口距離は18mとします。

(2) 奥行価格補正の仕方

　一方のみが路線に接する整形地については、正面路線に対し垂直な奥行距離を測定し、その数値を奥行価格補正率表に当てはめて奥行価格補正率を求め、その率を路線価に乗じて奥行価格補正後の価額を求めます（評基通15）。

　奥行距離が一様でない不整形地の奥行価格補正後の価額は、不整形地の形状等により、次の4つの方法のうち、いずれか有利な方法により求めます。

イ　奥行距離の異なるごとに区分して求める方法（評基通20(1)）

　評価しようとする宅地が次の図のようにそれぞれの整形地（A、B、C）に区分できる場合には、それぞれの整形地ごとに奥行価格補正後の価額を求め、その総和により評価しようとする宅地の奥行価格補正後の価額を計算します。

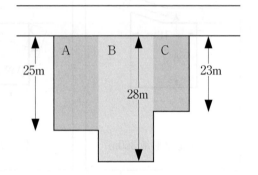

　それぞれの整形地の奥行価格補正後の価額を計算する場合には、間口狭小補正、奥行長大補正は行いません。

ロ　計算上の奥行距離による方法（評基通20(2)）

　不整形地に係る想定整形地の奥行距離を限度として、その不整形地の面積をその実際の間口距離で除して得た数値（計算上の奥行距離）を奥行価格補正率表に当てはめて、求めた奥行価格補正率を路線価に乗じて奥行価格補正後の価額を計算します。

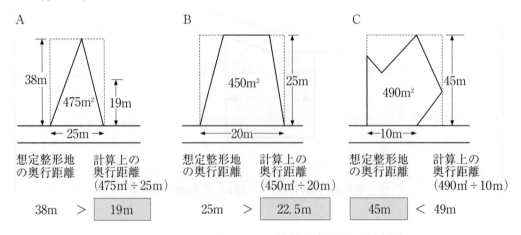

第3　宅地の評価

① 屈折路に内接する場合

　A路線からの想定整形地、B路線からの想定整形地をそれぞれ描き、いずれか面積の小さい方を想定整形地とします。

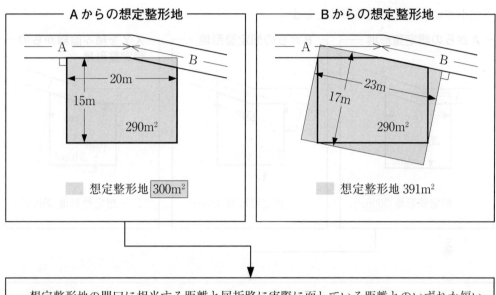

　想定整形地の間口に相当する距離と屈折路に実際に面している距離とのいずれか短い距離を間口距離とします。

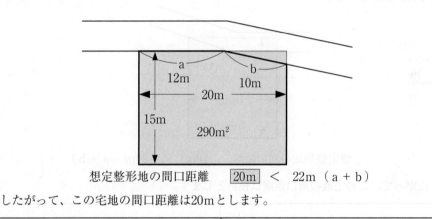

したがって、この宅地の間口距離は20mとします。

　奥行距離は、想定整形地の奥行距離を限度として、その不整形地の面積を間口距離で除した数値とします。

　　　　面積　　　間口距離　　　計算上の奥行距離　　　想定整形地の奥行距離
　　　　290㎡ ÷ 　20m　 ＝ 　　　14.5m　　　 ＜ 　　　　15m

したがって、この宅地の奥行距離は14.5mとします。

② 屈折路に外接する場合

　A路線からの想定整形地、B路線からの想定整形地、A路線に接する点X及びB路線に接する点Yを結ぶ直線を基にした想定整形地を描き、これらのうち最も面積が小さいものを想定整形地とします。

Aからの想定整形地	Bからの想定整形地	XYを結ぶ直線からの想定整形地
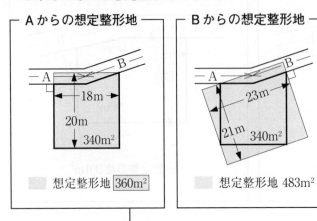		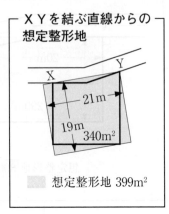
想定整形地 360m²	想定整形地 483m²	想定整形地 399m²

　想定整形地の間口に相当する距離と屈折路に実際に面している距離とのいずれか短い距離を間口距離とします。

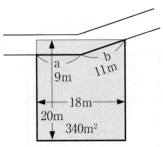

　　　　　想定整形地の間口距離　　18m　＜　20m（a＋b）

したがって、この宅地の間口距離は18mとします。

　奥行距離は、想定整形地の奥行距離を限度として、その不整形地の面積を間口距離で除した数値とします。

　　　面積　　間口距離　　計算上の奥行距離　　想定整形地の奥行距離
　　　340m²　÷　18m　＝　　18.8m　　　＜　　　20m

したがって、この宅地の奥行距離は18.8mとします。

ハ 近似整形地を求めて、その設定した近似整形地を基として評価する方法（評基通20(3)）

　不整形地に近似する整形地（近似整形地）を求めることができるものについては、その近似整形地の奥行距離により、奥行価格補正率を求め、その率を路線価に乗じて、奥行価格補正後の価額を計算します。

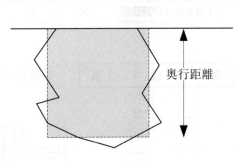

　近似整形地は、近似整形地からはみ出す不整形地の部分の地積と近似整形地に含まれる不整形地以外の部分の地積がおおむね等しく、かつ、その合計地積ができるだけ小さくなるように求めます。

ニ 隣接する整形地と合わせて全体の整形地の価額を求め、その価額から隣接する整形地の価額を差し引いて計算する方法（評基通20(4)）

　下図のような不整形地Aについては、図のB部分（隣接する整形地）と合わせて全体の整形地の価額を計算し、その価額からB部分の価額を控除して、不整形地Aの奥行価格補正後の価額を計算します。

　B部分の価額を計算する場合において、奥行距離Yが短いために奥行価格補正率が1.00未満となる場合には、奥行価格補正率表に掲げる率によらずに1.00として計算します。

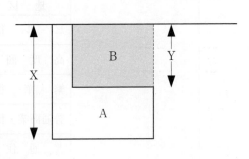

　ただし、Xの距離が短いため奥行価格補正率が1.00未満となる場合には、Bの価額を計算する場合の奥行価格補正率はXの距離に対する奥行価格補正率によります。

— 45 —

(3) 一路線に面している宅地

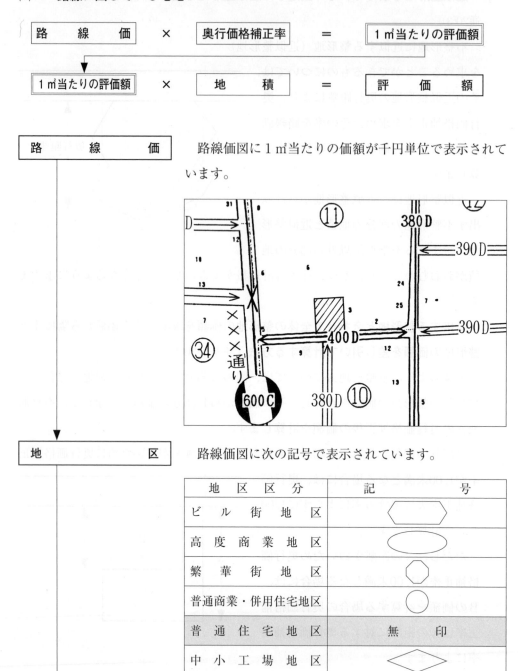

第3　宅地の評価

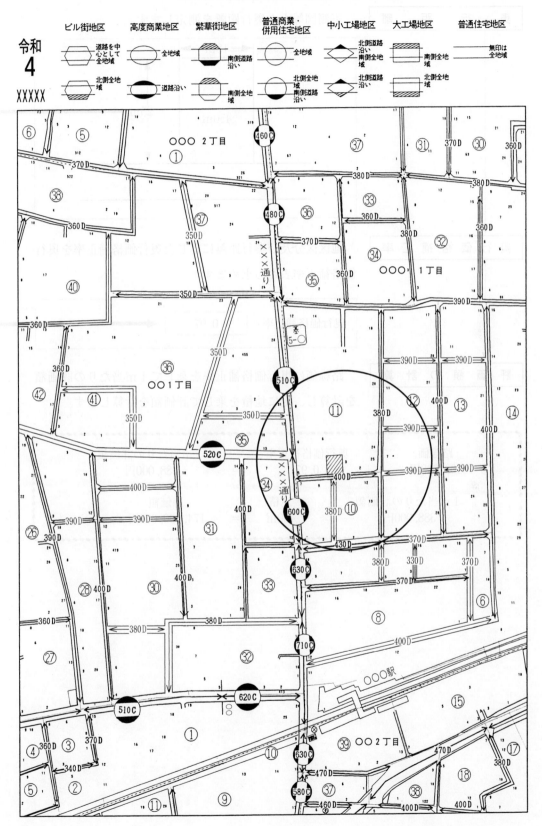

| 奥 行 距 離 | 実測図等から奥行距離を測定します。 |

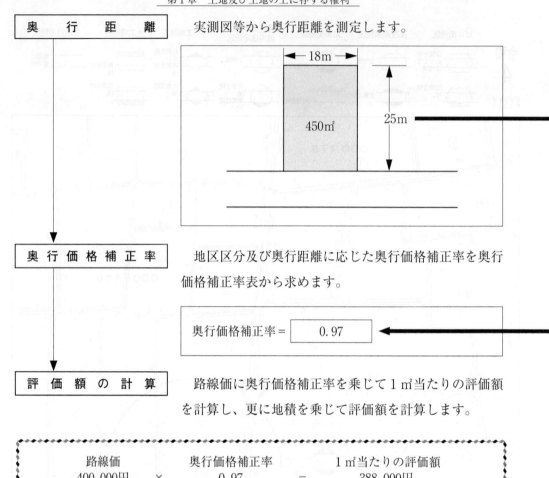

| 奥行価格補正率 | 地区区分及び奥行距離に応じた奥行価格補正率を奥行価格補正率表から求めます。 |

奥行価格補正率 ＝ 0.97

| 評 価 額 の 計 算 | 路線価に奥行価格補正率を乗じて１㎡当たりの評価額を計算し、更に地積を乗じて評価額を計算します。 |

```
   路線価         奥行価格補正率      １㎡当たりの評価額
 400,000円    ×      0.97      ＝     388,000円

 １㎡当たりの評価額       地積          評価額
    388,000円    ×    450㎡    ＝   174,600,000円
```

第3　宅地の評価

奥行価格補正率表

地区区分／奥行距離 m	ビル街地区	高度商業地区	繁華街地区	普通商業・併用住宅地区	普通住宅地区	中小工場地区	大工場地区
4 未満	0.80	0.90	0.90	0.90	0.90	0.85	0.85
4 以上 6 未満		0.92	0.92	0.92	0.92	0.90	0.90
6 〃 8 〃	0.84	0.94	0.95	0.95	0.95	0.93	0.93
8 〃 10 〃	0.88	0.96	0.97	0.97	0.97	0.95	0.95
10 〃 12 〃	0.90	0.98	0.99	0.99	1.00	0.96	0.96
12 〃 14 〃	0.91	0.99	1.00	1.00		0.97	0.97
14 〃 16 〃	0.92	1.00				0.98	0.98
16 〃 20 〃	0.93					0.99	0.99
20 〃 24 〃	0.94					1.00	1.00
24 〃 28 〃	0.95				0.97		
28 〃 32 〃	0.96		0.98		0.95		
32 〃 36 〃	0.97		0.96	0.97	0.93		
36 〃 40 〃	0.98		0.94	0.95	0.92		
40 〃 44 〃	0.99		0.92	0.93	0.91		
44 〃 48 〃	1.00		0.90	0.91	0.90		
48 〃 52 〃		0.99	0.88	0.89	0.89		
52 〃 56 〃		0.98	0.87	0.88	0.88		
56 〃 60 〃		0.97	0.86	0.87	0.87		
60 〃 64 〃		0.96	0.85	0.86	0.86	0.99	
64 〃 68 〃		0.95	0.84	0.85	0.85	0.98	
68 〃 72 〃		0.94	0.83	0.84	0.84	0.97	
72 〃 76 〃		0.93	0.82	0.83	0.83	0.96	
76 〃 80 〃		0.92	0.81	0.82			
80 〃 84 〃		0.90	0.80	0.81	0.82	0.93	
84 〃 88 〃		0.88		0.80			
88 〃 92 〃		0.86			0.81	0.90	
92 〃 96 〃	0.99	0.84					
96 〃 100 〃	0.97	0.82					
100 〃	0.95	0.80			0.80		

第1章　土地及び土地の上に存する権利

土地及び土地の上に存する権利の評価明細書（第1表）

			○○ 局(所) ×× 署	4 年分 ×××ページ

（住居表示）	（××区○○○1-11-3）	住　所 （所在地）	××区○○○3-36-3	使用者	住　所 （所在地）	同左
所在地番	××区○○○1-15	所有者 氏　名 （法人名）	大手 一郎		氏　名 （法人名）	同左

地　　目	地　積	路　　　　線　　　　価	地形図及び参考事項
（宅地）山林 田　雑種地 畑（　　）	450 ㎡	正面 400,000 円　側方 円　側方 円　裏面 円	25m ←18m→

間口距離	18 m	利用区分	（自用地）私　　道 貸宅地　貸家建付借地権 貸家建付地　転貸借地権 借地権（　　）	地区区分	ビル街地区　普通住宅地区 高度商業地区　中小工場地区 繁華街地区　大工場地区 普通商業・併用住宅地区	
奥行距離	25 m					

			（1㎡当たりの価額）円	
自用地1平方メートル当たりの価額	1　一路線に面する宅地 　（正面路線価）　　　　（奥行価格補正率） 　400,000 円 ×　0.97		388,000	A
	2　二路線に面する宅地 　（A）　　　［側方・裏面 路線価］（奥行価格補正率）　［側方・二方 路線影響加算率］ 　　　円 ＋ （　　円 ×　　×　0.　）		（1㎡当たりの価額）円	B
	3　三路線に面する宅地 　（B）　　　［側方・裏面 路線価］（奥行価格補正率）　［側方・二方 路線影響加算率］ 　　　円 ＋ （　　円 ×　　×　0.　）		（1㎡当たりの価額）円	C
	4　四路線に面する宅地 　（C）　　　［側方・裏面 路線価］（奥行価格補正率）　［側方・二方 路線影響加算率］ 　　　円 ＋ （　　円 ×　　×　0.　）		（1㎡当たりの価額）円	D
	5-1　間口が狭小な宅地等 　（AからDまでのうち該当するもの）（間口狭小補正率）（奥行長大補正率） 　　　（　×　　　）		（1㎡当たりの価額）円	E
	5-2　不整形地 　（AからDまでのうち該当するもの）　不整形地補正率※ 　　　円 ×　0. 　※不整形地補正率の計算 　　（想定整形地の間口距離）（想定整形地の奥行距離）（想定整形地の地積） 　　　m ×　　m ＝　　㎡ 　　（想定整形地の地積）（不整形地の地積）（想定整形地の地積）（かげ地割合） 　　（　㎡ －　㎡）÷　㎡ ＝　% 　　（不整形地補正率表の補正率）（間口狭小補正率）（小数点以下2位未満切捨て） 　　0.　×　　＝ 0.　① 　　（奥行長大補正率）（間口狭小補正率） 　　　×　　＝ 0.　② 　　　［不整形地補正率（①、②のいずれか低い率、0.6を下限とする。）］0.		（1㎡当たりの価額）円	F
	6　地積規模の大きな宅地 　（AからFまでのうち該当するもの）　規模格差補正率※ 　　　円 ×　0. 　※規模格差補正率の計算 　　（地積（Ⓐ））（Ⓑ）（ⓒ）（地積（Ⓐ））（小数点以下2位未満切捨て） 　　｛（　㎡×　＋　）÷　㎡｝× 0.8 ＝ 0.		（1㎡当たりの価額）円	G
	7　無　道　路　地 　（F又はGのうち該当するもの）　　　（※） 　　　円 × （ 1 － 0.　） 　※割合の計算（0.4を上限とする。） 　　（正面路線価）（通路部分の地積）（F又はGのうち該当するもの）（評価対象地の地積） 　　（　円 ×　㎡）÷ （　円 ×　㎡）＝ 0.		（1㎡当たりの価額）円	H
	8-1　がけ地等を有する宅地　［南 、 東 、 西 、 北 ］ 　（AからHまでのうち該当するもの）（がけ地補正率）		（1㎡当たりの価額）円	I
	8-2　土砂災害特別警戒区域内にある宅地 　（AからHまでのうち該当するもの）　特別警戒区域補正率※ 　　　円 ×　0. 　※がけ地補正率の適用がある場合の特別警戒区域補正率の計算（0.5を下限とする。） 　　　　　　　　　［南 、 東 、 西 、 北 ］ 　　（特別警戒区域補正率表の補正率）（がけ地補正率）（小数点以下2位未満切捨て） 　　0.　×　0.　＝ 0.		（1㎡当たりの価額）円	J
	9　容積率の異なる2以上の地域にわたる宅地 　（AからJまでのうち該当するもの）（控除割合（小数点以下3位未満四捨五入）） 　　　円 × （ 1 － 0.　）		（1㎡当たりの価額）円	K
	10　私　　道 　（AからKまでのうち該当するもの） 　　　円 × 0.3		（1㎡当たりの価額）円	L

自用地の評価額	自用地1平方メートル当たりの価額 （AからLまでのうちの該当記号） （ A ）388,000 円	地　積 450 ㎡	総　額 （自用地1㎡当たりの価額）×（地積） 174,600,000 円	M

（注）1　5-1の「間口が狭小な宅地等」と5-2の「不整形地」は重複して適用できません。
　　2　5-2の「不整形地」の「AからDまでのうち該当するもの」欄の価額について、AからDまでの欄で計算できない場合には、（第2表）の「備考」欄等で計算してください。
　　3　「がけ地等を有する宅地」であり、かつ、「土砂災害特別警戒区域内にある宅地」である場合については、8-1の「がけ地等を有する宅地」欄ではなく、8-2の「土砂災害特別警戒区域内にある宅地」欄で計算してください。

（資4-25-1-A4統一）

— 50 —

第3 宅地の評価

【設例 4】

宅地が２以上の地区にまたがる場合の画地調整

（問） 次の図のように、正面路線に２以上の路線価が付されている宅地の価額は、どのように評価しますか。

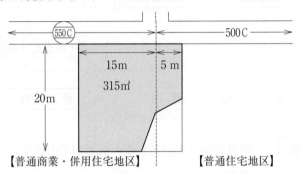

（答） 宅地が２以上の地区にまたがる場合には、原則として、地区ごとの宅地の面積等により、いずれか一の地区を判定し、判定した地区区分に係る画地調整率を用いて評価します。

問の場合には普通商業・併用住宅地区の画地調整率を用いて次のように評価することになります。

整形地とした場合の１㎡当たりの価額

（加重平均による）路線価　　　　　　奥行距離15.75mに応ずる
　　　　　　　　　　　　　　　　　　普通商業・併用住宅地区の
　　　　　　　　　　　　　　　　　　奥行価格補正率（※１）

$\dfrac{550,000円 \times 15m + 500,000円 \times 5m}{20m}$ × 1.00 ＝ 537,500円……①

※１　上図のように奥行距離が一定でない宅地の奥行距離は、地積を間口距離で除して計算します。

（この場合の奥行距離は、想定整形地の奥行距離を限度とします。）

315㎡÷20m＝15.75m＜20m

不整形地補正率を乗じて全体の価額を計算します（114ページ以下を参照）。

　　　　　　　　　　　　　不整形地
　　①の価額　　　　　　　補正率（※２）
　　537,500円　　× 　315㎡　×　0.97　＝　164,233,125円

※２
　　不整形地補正率　0.97（普通商業・併用住宅地区の補正率）

　　　　　　　　　　　　想定整形地の地積　不整形地の地積

・かげ地割合　＝　$\dfrac{400㎡ - 315㎡}{400㎡}$　≒　21.3%　　地積区分A

(4) 角地（正面と側方が路線に面している宅地）（評基通16）

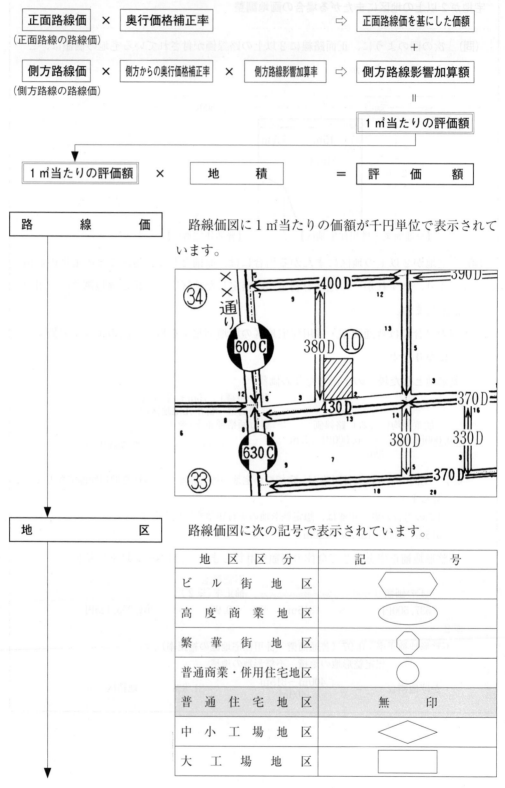

第3 宅地の評価

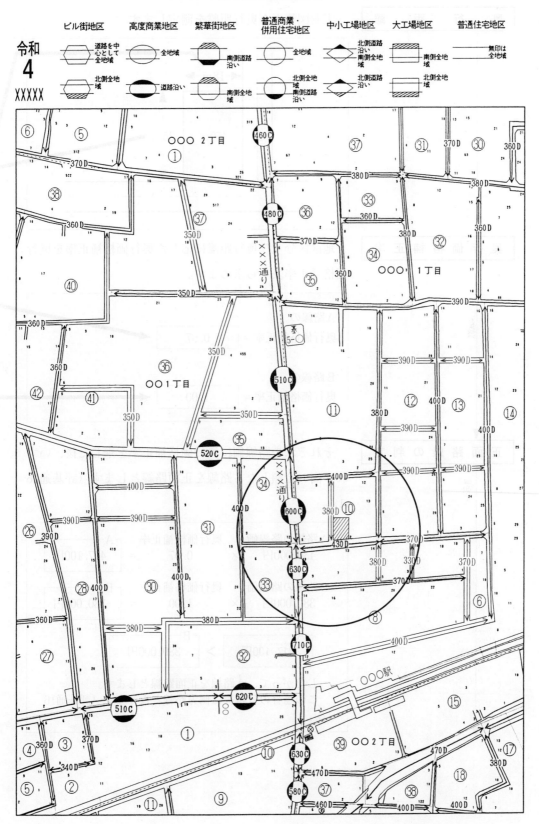

第1章　土地及び土地の上に存する権利

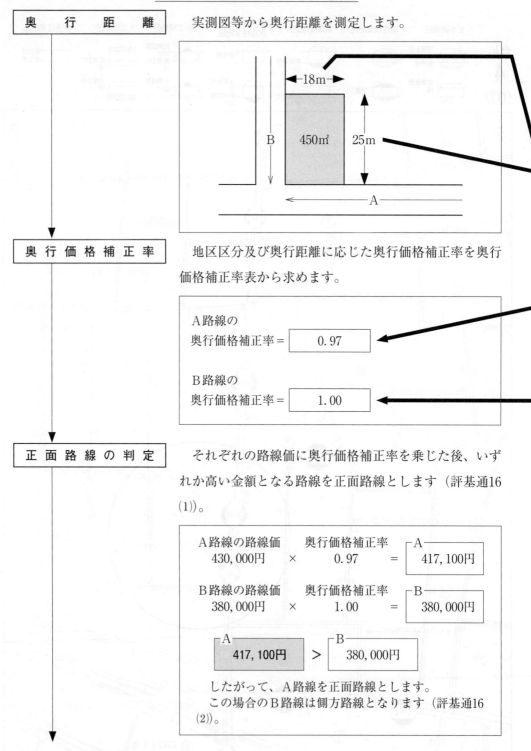

奥行距離	実測図等から奥行距離を測定します。
奥行価格補正率	地区区分及び奥行距離に応じた奥行価格補正率を奥行価格補正率表から求めます。 A路線の奥行価格補正率＝ 0.97 B路線の奥行価格補正率＝ 1.00
正面路線の判定	それぞれの路線価に奥行価格補正率を乗じた後、いずれか高い金額となる路線を正面路線とします（評基通16(1)）。 A路線の路線価　奥行価格補正率 430,000円 × 0.97 ＝ A 417,100円 B路線の路線価　奥行価格補正率 380,000円 × 1.00 ＝ B 380,000円 A 417,100円 ＞ B 380,000円 したがって、A路線を正面路線とします。 この場合のB路線は側方路線となります（評基通16(2)）。

— 54 —

第3　宅地の評価

奥行価格補正率表

地区区分 奥行距離 m	ビル街地区	高度商業地区	繁華街地区	普通商業・併用住宅地区	普通住宅地区	中小工場地区	大工場地区
4 未満	0.80	0.90	0.90	0.90	0.90	0.85	0.85
4 以上 6 未満		0.92	0.92	0.92	0.92	0.90	0.90
6 〃 8 〃	0.84	0.94	0.95	0.95	0.95	0.93	0.93
8 〃 10 〃	0.88	0.96	0.97	0.97	0.97	0.95	0.95
10 〃 12 〃	0.90	0.98	0.99	0.99	1.00	0.96	0.96
12 〃 14 〃	0.91	0.99	1.00	1.00		0.97	0.97
14 〃 16 〃	0.92	1.00				0.98	0.98
16 〃 20 〃	0.93					0.99	0.99
20 〃 24 〃	0.94					1.00	1.00
24 〃 28 〃	0.95				0.97		
28 〃 32 〃	0.96		0.98		0.95		
32 〃 36 〃	0.97		0.96	0.97	0.93		
36 〃 40 〃	0.98		0.94	0.95	0.92		
40 〃 44 〃	0.99		0.92	0.93	0.91		
44 〃 48 〃	1.00		0.90	0.91	0.90		
48 〃 52 〃		0.99	0.88	0.89	0.89		
52 〃 56 〃		0.98	0.87	0.88	0.88		
56 〃 60 〃		0.97	0.86	0.87	0.87		
60 〃 64 〃		0.96	0.85	0.86	0.86	0.99	
64 〃 68 〃		0.95	0.84	0.85	0.85	0.98	
68 〃 72 〃		0.94	0.83	0.84	0.84	0.97	
72 〃 76 〃		0.93	0.82	0.83	0.83	0.96	
76 〃 80 〃		0.92	0.81	0.82			
80 〃 84 〃		0.90	0.80	0.81	0.82	0.93	
84 〃 88 〃		0.88		0.80			
88 〃 92 〃		0.86			0.81	0.90	
92 〃 96 〃	0.99	0.84					
96 〃 100 〃	0.97	0.82					
100 〃	0.95	0.80			0.80		

チェックポイント4

奥行価格補正後の価額が同額となる場合の正面路線の判定

　それぞれの路線価に各路線の地区に適用される奥行価格補正率を乗じて計算した金額が同額となる場合には、原則として、路線に接する距離が長い方の路線を正面路線とします。

地区が異なる場合の正面路線の判定

　正面路線を判定する場合に適用する奥行価格補正率は、各路線の地区区分に適用される奥行価格補正率によります。

　ただし、具体的な評価額の計算に当たって、側方路線影響加算額等を計算する場合の奥行価格補正率等は、判定した正面路線の地区区分に適用される奥行価格補正率等となります。

正面路線価を基とした価額の計算

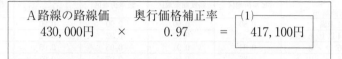

側方路線影響加算率

正面路線の地区区分に応じた側方路線影響加算率を側方路線影響加算率表から求めます。

側方路線影響加算率表

地区区分	加算率 角地の場合	加算率 準角地の場合
ビル街地区	0.07	0.03
高度商業地区、繁華街地区	0.10	0.05
普通商業・併用住宅地区	0.08	0.04
普通住宅地区、中小工場地区	0.03	0.02
大工場地区	0.02	0.01

※ 準角地とは、次図のように一系統の路線の屈折部の内側に位置するものをいいます。

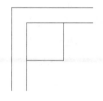

側方路線影響加算額の計算

側方路線価に奥行価格補正率（正面路線の地区に応じた率）を乗じて計算した金額に側方路線影響加算率を乗じて計算します。

B路線の路線価　奥行価格補正率　側方路線影響加算率　(2)
380,000円 ×　1.00　×　0.03　=　11,400円

評価額の計算

正面路線価を基とした価額（(1)の金額）に側方路線影響加算額（(2)の金額）を加算した金額に地積を乗じて評価額を計算します。

第3 宅地の評価

土地及び土地の上に存する権利の評価明細書（第1表）

〇〇 局(所) ×× 署　4 年分　×××ページ

（平成三十一年一月分以降用）

（住居表示）	（××区〇〇〇3-10-3）	所有者	住　所 （所在地）	××区〇〇〇3-10-3	使用者	住　所 （所在地）	同左
所在地番	××区〇〇〇3-15		氏　名 （法人名）	大手 一郎		氏　名 （法人名）	同左

地　目	地　積	路　　　線　　　価				地形図及び参考事項

地目	㎡	正面	側方	側方	裏面
(宅地) 山林 田 雑種地 畑 ( )	450	430,000 円	380,000 円	円	円

↑18m→　25m

間口距離	18 m	利用区分	（自用地 私　道 貸宅地 貸家建付借地権 貸家建付地 転貸借地権 借地権 （ ）	地区区分	ビル街地区 （普通住宅地区） 高度商業地区 中小工場地区 繁華街地区 大工場地区 普通商業・併用住宅地区
奥行距離	25 m				

					(1㎡当たりの価額)	
自 用 地 1 平 方 メ ー ト ル 当 た り の 価 額	1 一路線に面する宅地 　　（正面路線価）　　　　　　（奥行価格補正率） 　　430,000 円 × 0.97				417,100 円	A
	2 二路線に面する宅地 　（A）　　　（側方）裏面 路線価）　（奥行価格補正率）　（側方）二方 路線影響加算率） 　417,100 円 ＋ （ 380,000 円 × 1.00 × 0.03 ）				428,500 円	B
	3 三路線に面する宅地 　（B）　　　（側方・裏面 路線価）　（奥行価格補正率）　（側方・二方 路線影響加算率） 　　　　円 ＋ （ 　　円 × ． × 0. ）				円	C
	4 四路線に面する宅地 　（C）　　　（側方・裏面 路線価）　（奥行価格補正率）　（側方・二方 路線影響加算率） 　　　　円 ＋ （ 　　円 × ． × 0. ）				円	D
	5-1 間口が狭小な宅地等 　（AからDまでのうち該当するもの）　（間口狭小補正率）（奥行長大補正率） 　　　　円 × （ ． × ． ）				円	E
	5-2 不整形地 　（AからDまでのうち該当するもの）　　不整形地補正率※ 　　　　円 × 0. 　※不整形地補正率の計算 　（想定整形地の間口距離）（想定整形地の奥行距離）（想定整形地の地積） 　　　　m × 　　m ＝ 　　㎡ 　（想定整形地の地積）（不整形地の地積）（想定整形地の地積）（かげ地割合） 　（ 　㎡ － 　㎡） ÷ 　㎡ ＝ % 　（不整形地補正率表の補正率）（間口狭小補正率）（小数点以下2位未満切捨て） 　0. × ． ＝ 0. ① 　（奥行長大補正率）　（間口狭小補正率） 　0. × ． ＝ 0. ② 　〔不整形地補正率（①、②のいずれか低い率、0.6を下限とする。）〕 0.				円	F
	6 地積規模の大きな宅地 　（AからFまでのうち該当するもの）　規模格差補正率※ 　　　　円 × 0. 　※規模格差補正率の計算 　（地積（⑭））　（⑧）　　（©）　（地積（⑭））（小数点以下2位未満切捨て） 　｛（ 　㎡× 　 ＋ ） ÷ 　㎡｝× 0.8 ＝ 0.				円	G
	7 無 道 路 地 　（F又はGのうち該当するもの）　　　　（※） 　　　　円 × （ 1 － 0. ） 　※割合の計算（0.4を上限とする。） 　（正面路線価）（通路部分の地積）（F又はGのうち該当するもの）（評価対象地の地積） 　（ 　円 × 　㎡） ÷ （ 　円 × 　㎡） ＝ 0.				円	H
	8-1 がけ地等を有する宅地　〔 南 、 東 、 西 、 北 〕 　（AからHまでのうち該当するもの）（がけ地補正率） 　　　　円 × 0.				円	I
	8-2 土砂災害特別警戒区域内にある宅地 　（AからHまでのうち該当するもの）　特別警戒区域補正率※ 　　　　円 × 0. 　※がけ地補正率の適用がある場合の特別警戒区域補正率の計算（0.5を下限とする。） 　　〔 南 、東、西、北 〕 　（特別警戒区域補正率表の補正率）（がけ地補正率）（小数点以下2位未満切捨て） 　0. × ． ＝ 0.				円	J
	9 容積率の異なる2以上の地域にわたる宅地 　（AからJまでのうち該当するもの）　　　（控除割合（小数点以下3位未満四捨五入）） 　　　　円 × （ 1 － 0. ）				円	K
	10 私　　道 　（AからKまでのうち該当するもの） 　　　　円 × 0.3				円	L

自用地の評価額	自用地1平方メートル当たりの価額 （AからLまでのうちの該当記号）	地　積	総　　　　額 （自用地1㎡当たりの価額）×（地 積）	
	（ B ）　428,500 円	450 ㎡	192,825,000 円	M

（注）1 5-1の「間口が狭小な宅地等」と5-2の「不整形地」は重複して適用できません。
　　　2 5-2の「不整形地」の「AからDまでのうち該当するもの」欄の価額について、AからDまでの欄で計算できない場合には、（第2表）の「備考」欄等で計算してください。
　　　3 「がけ地等を有する宅地」であり、かつ、「土砂災害特別警戒区域内にある宅地」である場合については、8-1の「がけ地等を有する宅地」欄ではなく、8-2の「土砂災害特別警戒区域内にある宅地」欄で計算してください。

（資4-25-1-A4統一）

— 57 —

【設例　5】

地区の異なる2以上の路線に接する宅地の評価

(問)　次の図のように、地区の異なる2の路線に接する宅地の価額は、高度商業地区、普通商業・併用住宅地区のいずれの地区の奥行価格補正率を適用しますか。

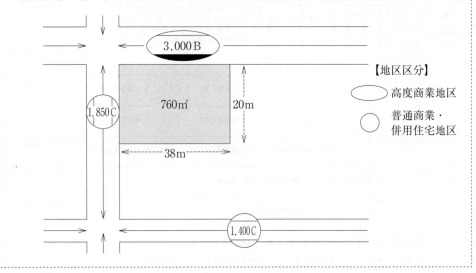

(答)　正面路線の地区区分の奥行価格補正率を適用して評価します。

1　正面路線の判定（正面路線の判定の際は、それぞれの地区の奥行価格補正率を適用します。）

3,000,000円 × 1.00 = 3,000,000円 ＞ 1,850,000円 × 0.95 = 1,757,500円

　　　　↓　　　　　　　　　　　　　　　　　　　　　　↓
高度商業地区の奥　　　　　　　　　　　　　　普通商業・併用住宅地
行距離20mに応ず　　　　　　　　　　　　　　区の奥行距離38mに応
る奥行価格補正率　　　　　　　　　　　　　　ずる奥行価格補正率

したがって、高度商業地区の奥行価格補正率を適用します。

2　側方路線影響加算額についても正面路線の地区、すなわち高度商業地区の奥行価格補正率及び側方路線影響加算率を適用して計算します。

(計算例)　　　　　高度商業地　　　　　　　　　　高度商業地　　高度商業地区
　　　　　　　　　区の奥行価　　側方　　　　　　区の奥行価　　の側方路線影
　　　正面路線価　格補正率　　　路線価　　　　　格補正率　　　響加算率　　　地積
　　(3,000,000円 × 1.00　 + 1,850,000円 × 1.00　 × 0.10　) × 760㎡
　　　　　　　　　　　　　　　　　　　　　　　　　　　　　　= 2,420,600,000円

第3　宅地の評価

【設例　6】

路線価の高い路線の影響を受ける度合いが著しく少ない場合の評価

（問）　次の図のように、路線価の高い方の路線の影響を受ける度合いが著しく少ない場合も、その路線価の高い路線を正面路線として評価するのですか。

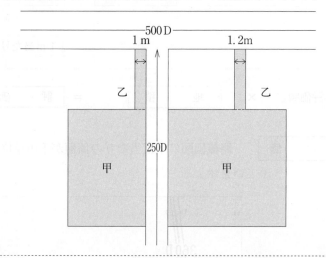

（答）　正面路線とは、原則として、路線価に奥行価格補正率を乗じて計算した金額の最も高い路線をいいます。しかし、図のように間口が狭小で接道義務を満たさないなど正面路線の影響を受ける度合いが著しく低い立地条件にある宅地については、その宅地が影響を受ける度合いが最も高いと認められる路線を正面路線として差し支えありません。

したがって、図の場合の正面路線は、いずれも250Ｄの路線となります。

なお、図のように帯状部分を有する土地は、帯状部分（乙）とその他の部分（甲）に分けて評価した価額の合計額により評価し、不整形地としての評価は行いません。

(5) 準角地（正面と側方が一系統の路線に面している宅地）（評基通16）

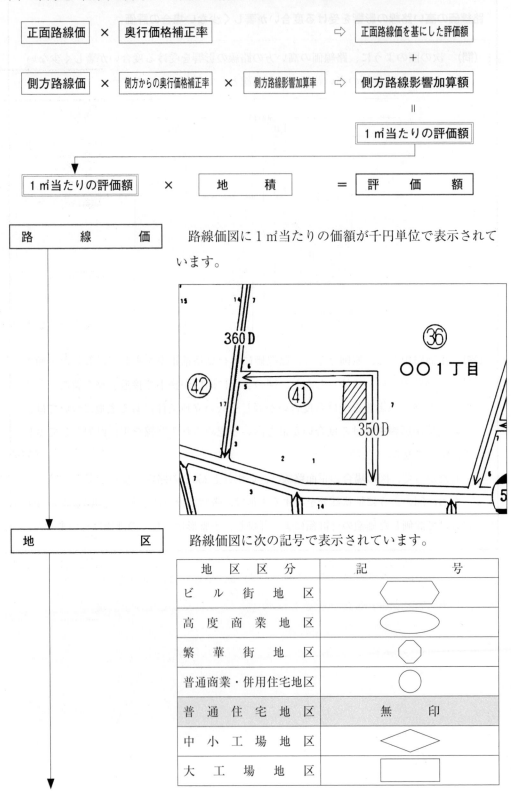

第3　宅地の評価

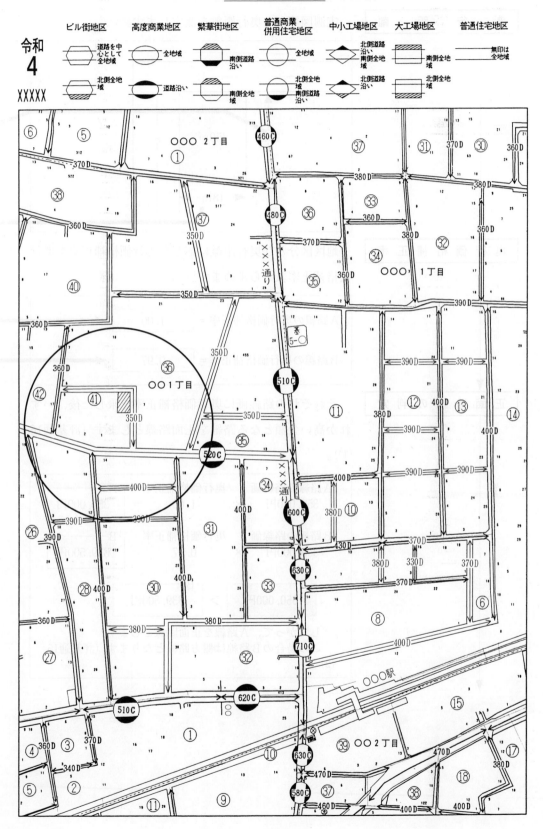

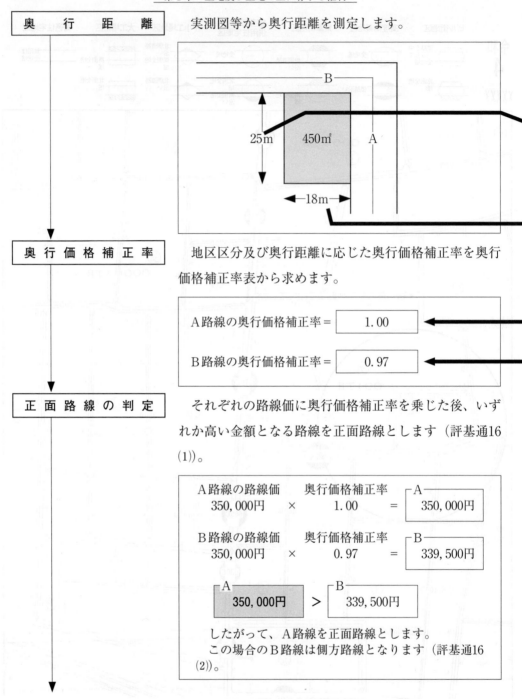

第3 宅地の評価

奥行価格補正率表

奥行距離 m（地区区分）	ビル街地区	高度商業地区	繁華街地区	普通商業・併用住宅地区	普通住宅地区	中小工場地区	大工場地区
4 未満	0.80	0.90	0.90	0.90	0.90	0.85	0.85
4 以上 6 未満		0.92	0.92	0.92	0.92	0.90	0.90
6 〃 8 〃	0.84	0.94	0.95	0.95	0.95	0.93	0.93
8 〃 10 〃	0.88	0.96	0.97	0.97	0.97	0.95	0.95
10 〃 12 〃	0.90	0.98	0.99	0.99	1.00	0.96	0.96
12 〃 14 〃	0.91	0.99	1.00	1.00		0.97	0.97
14 〃 16 〃	0.92	1.00				0.98	0.98
16 〃 20 〃	0.93					0.99	0.99
20 〃 24 〃	0.94					1.00	1.00
24 〃 28 〃	0.95				0.97		
28 〃 32 〃	0.96		0.98		0.95		
32 〃 36 〃	0.97		0.96	0.97	0.93		
36 〃 40 〃	0.98		0.94	0.95	0.92		
40 〃 44 〃	0.99		0.92	0.93	0.91		
44 〃 48 〃	1.00		0.90	0.91	0.90		
48 〃 52 〃		0.99	0.88	0.89	0.89		
52 〃 56 〃		0.98	0.87	0.88	0.88		
56 〃 60 〃		0.97	0.86	0.87	0.87		
60 〃 64 〃		0.96	0.85	0.86	0.86	0.99	
64 〃 68 〃		0.95	0.84	0.85	0.85	0.98	
68 〃 72 〃		0.94	0.83	0.84	0.84	0.97	
72 〃 76 〃		0.93	0.82	0.83	0.83	0.96	
76 〃 80 〃		0.92	0.81	0.82			
80 〃 84 〃		0.90	0.80	0.81	0.82	0.93	
84 〃 88 〃		0.88		0.80			
88 〃 92 〃		0.86			0.81	0.90	
92 〃 96 〃	0.99	0.84					
96 〃 100 〃	0.97	0.82					
100 〃	0.95	0.80			0.80		

— 63 —

第1章 土地及び土地の上に存する権利

正面路線価を基とした価額の計算

```
A路線の路線価    奥行価格補正率    ─(1)─
350,000円    ×    1.00    =    350,000円
```

側方路線影響加算率

正面路線の地区区分に応じた側方路線影響加算率（準角地の場合）を側方路線影響加算率表により求めます。

側方路線影響加算率表

地区区分	加算率 角地の場合	加算率 準角地の場合
ビル街地区	0.07	0.03
高度商業地区、繁華街地区	0.10	0.05
普通商業・併用住宅地区	0.08	0.04
普通住宅地区、中小工場地区	0.03	0.02
大工場地区	0.02	0.01

※ 準角地とは、次図のように一系統の路線の屈折部の内側に位置するものをいいます。

側方路線影響加算額の計算

側方路線価に奥行価格補正率（正面路線の地区に応じた率）を乗じて計算した金額に準角地の場合の側方路線影響加算率を乗じて計算します。

```
B路線の路線価  奥行価格補正率  側方路線影響加算率    ─(2)─
350,000円  ×    0.97    ×    0.02    =    6,790円
```

評価額の計算

正面路線価を基とした価額（(1)の金額）に側方路線影響加算額（(2)の金額）を加算した金額に地積を乗じて評価額を計算します。

1㎡当たりの評価額
((1) 350,000円 + (2) 6,790円) × 地積 450㎡ = 評価額 160,555,500円

第3 宅地の評価

土地及び土地の上に存する権利の評価明細書（第1表）

〇〇 局(所) ×× 署 4 年分 ××××ページ

（平成三十一年一月分以降用）

（住居表示）	（××区〇〇1-41-3）	所有者	住 所 （所在地）	××区〇〇1-41-3	使用者	住 所 （所在地）	同左
所在地番	××区〇〇1-15		氏 名 （法人名）	大手 一郎		氏 名 （法人名）	同左

地 目	地 積		路 線 価				地形図及び参考事項

地目	地積	正 面	側 方	側 方	裏 面
（宅地） 田 畑 山林 雑種地 （　）	450 ㎡	350,000 円	350,000 円	円	円

間口距離	25 m	利用区分	（自用地） 私 道 貸宅地 貸家建付借地権 貸家建付地 転貸借地権 借地権 （　　　）	地区区分	ビル街地区 （普通住宅地区） 高度商業地区 中小工場地区 繁華街地区 大工場地区 普通商業・併用住宅地区	25m ←18m→
奥行距離	18 m					

			（1㎡当たりの価額）	
自 用 地 1 平 方 メ ー ト ル 当 た り の 価 額	1 一路線に面する宅地 　　（正面路線価）　　　　　　　　（奥行価格補正率） 　　　350,000 円 ×　　　1.00		350,000 円	A
	2 二路線に面する宅地 　　（A）　　　　　　（側方）裏面 路線価　（奥行価格補正率）　（側方）二方 路線影響加算率 　350,000 円 ＋ （ 350,000円 × 0.97 × 0.02 ）		356,790 円	B
	3 三路線に面する宅地 　　（B）　　　　　［側方・裏面 路線価］　（奥行価格補正率）　［側方・二方 路線影響加算率］ 　　　　円 ＋ （　　　　円 ×　　．　　× 0.　　）		円	C
	4 四路線に面する宅地 　　（C）　　　　　［側方・裏面 路線価］　（奥行価格補正率）　［側方・二方 路線影響加算率］ 　　　　円 ＋ （　　　　円 ×　　．　　× 0.　　）		円	D
	5-1 間口が狭小な宅地等 　　（AからDまでのうち該当するもの）　（間口狭小補正率）　（奥行長大補正率） 　　　　円 × （　　．　　×　　．　　）		円	E
	5-2 不 整 形 地 　　（AからDまでのうち該当するもの）　　不整形地補正率※ 　　　　円 ×　　　0. 　※不整形地補正率の計算 　　（想定整形地の間口距離）　（想定整形地の奥行距離）　（想定整形地の地積） 　　　　　　m ×　　　　　　m ＝　　　　　㎡ 　　（想定整形地の地積）　（不整形地の地積）　（想定整形地の地積）　（かげ地割合） 　　（　　　㎡ －　　　㎡）÷　　　㎡ ＝　　　％ 　　（不整形地補正率表の補正率）（間口狭小補正率）　（小数点以下2位未満切捨て）　［不整形地補正率 　　　0.　　×　　．　　＝ 0.　　①　　①、②のいずれか低い 　　（奥行長大補正率）　（間口狭小補正率）　　　　　　　　　　　率、0.6を下限とする。］ 　　　0.　　×　　．　　＝ 0.　　②		円	F
	6 地積規模の大きな宅地 　　（AからFまでのうち該当するもの）　規模格差補正率※ 　　　　円 ×　　　0. 　※規模格差補正率の計算 　　（地積（Ⓐ））　　（Ⓑ）　　（Ⓒ）　　（地積（Ⓐ））　　（小数点以下2位未満切捨て） 　　｛（　　㎡ ×　　　＋　　　）÷　　㎡｝× 0.8 ＝ 0.		円	G
	7 無 道 路 地 　　（F又はGのうち該当するもの）　　　　　　（※） 　　　　円 × （ 1 －　　0.　　） 　※割合の計算（0.4を上限とする。）　　　　　F又はGのうち 　　（正面路線価）　（通路部分の地積）　該当するもの　　（評価対象地の地積） 　　（　　円 ×　　㎡）÷ （　　円 ×　　㎡）＝ 0.		円	H
	8-1 がけ地等を有する宅地　〔南 、 東 、 西 、 北〕 　　（AからHまでのうち該当するもの）　　（がけ地補正率） 　　　　円 ×　　　0.		円	I
	8-2 土砂災害特別警戒区域内にある宅地 　　（AからHまでのうち該当するもの）　　特別警戒区域補正率※ 　　　　円 ×　　　0. 　※がけ地補正率の適用がある場合の特別警戒区域補正率の計算（0.5を下限とする。） 　　　　　　　　　　　〔南 、東、西、北〕 　　（特別警戒区域補正率表の補正率）　（がけ地補正率）　（小数点以下2位未満切捨て） 　　　0.　　×　　　0.　　＝ 0.		円	J
	9 容積率の異なる2以上の地域にわたる宅地 　　（AからJまでのうち該当するもの）　　（控除割合（小数点以下3位未満四捨五入）） 　　　　円 × （ 1 －　　0.　　）		円	K
	10 私 道 　　（AからKまでのうち該当するもの） 　　　　円 ×　　　0.3		円	L

自用地の評価額	自用地1平方メートル当たりの価額 （AからLまでのうちの該当記号） （ B ）　356,790 円	地 積 450 ㎡	総 額 （自用地1㎡当たりの価額）×（地積） 160,555,500 円	M

（注） 1 5-1の「間口が狭小な宅地等」と5-2の「不整形地」は重複して適用できません。
　　　 2 5-2の「不整形地」の「AからDまでのうち該当するもの」欄の価額について、AからDまでの欄で計算できない場合には、（第2表）の「備考」欄等で計算してください。
　　　 3 「がけ地等を有する宅地」であり、かつ、「土砂災害特別警戒区域内にある宅地」である場合については、8-1の「がけ地等を有する宅地」欄ではなく、8-2の「土砂災害特別警戒区域内にある宅地」欄で計算してください。

（資4-25-1-A4統一）

(6) 角地（側方路線に宅地の一部が接している場合）（評基通16）

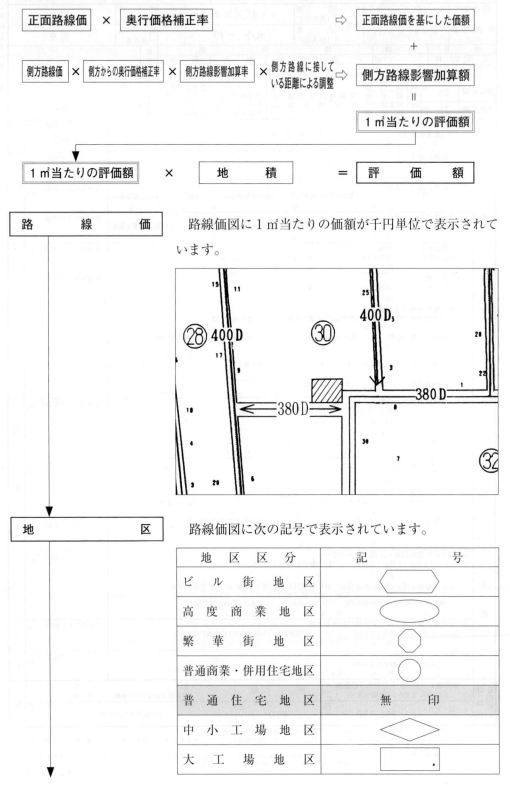

第3 宅地の評価

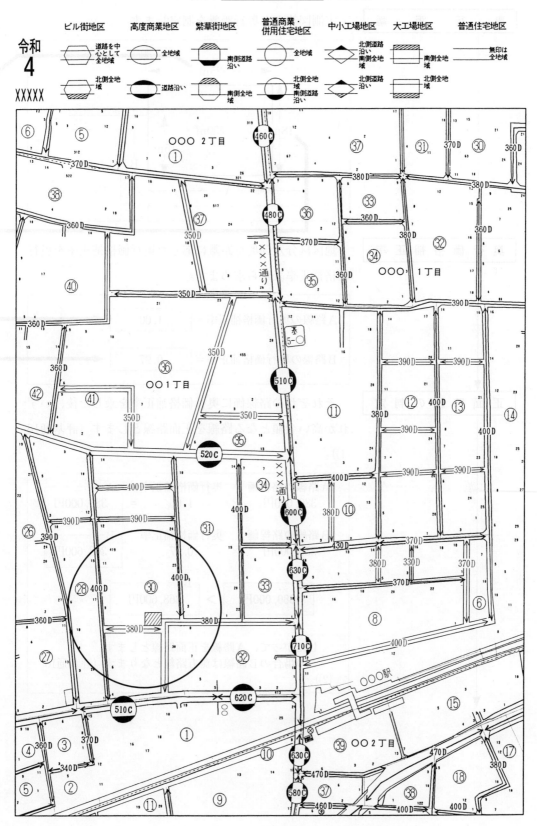

第1章　土地及び土地の上に存する権利

| 奥 行 距 離 | 実測図等から奥行距離を測定します。 |

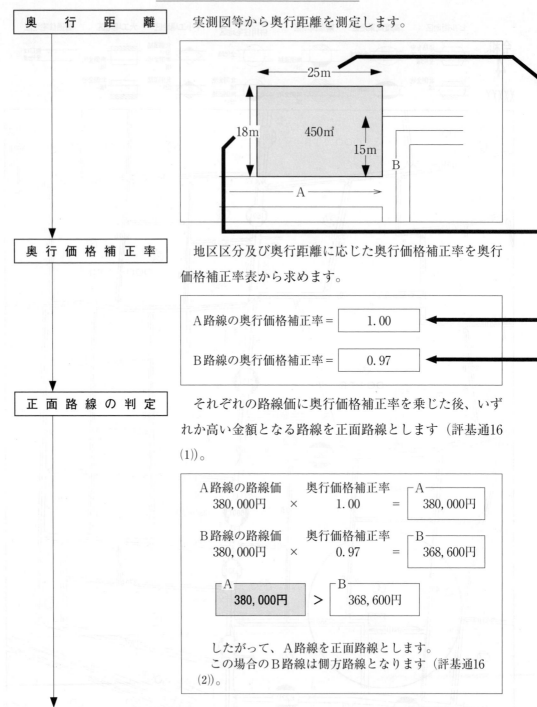

| 奥 行 価 格 補 正 率 | 地区区分及び奥行距離に応じた奥行価格補正率を奥行価格補正率表から求めます。 |

A路線の奥行価格補正率 ＝ 1.00

B路線の奥行価格補正率 ＝ 0.97

| 正 面 路 線 の 判 定 | それぞれの路線価に奥行価格補正率を乗じた後、いずれか高い金額となる路線を正面路線とします（評基通16(1)）。 |

A路線の路線価　　奥行価格補正率　　　A
380,000円　　×　　1.00　　＝　380,000円

B路線の路線価　　奥行価格補正率　　　B
380,000円　　×　　0.97　　＝　368,600円

A　380,000円　＞　B　368,600円

したがって、A路線を正面路線とします。
この場合のB路線は側方路線となります（評基通16(2)）。

第3　宅地の評価

奥行価格補正率表

奥行距離 m ＼ 地区区分	ビル街地区	高度商業地区	繁華街地区	普通商業・併用住宅地区	普通住宅地区	中小工場地区	大工場地区
4 未満	0.80	0.90	0.90	0.90	0.90	0.85	0.85
4 以上　6 未満		0.92	0.92	0.92	0.92	0.90	0.90
6 〃　8 〃	0.84	0.94	0.95	0.95	0.95	0.93	0.93
8 〃　10 〃	0.88	0.96	0.97	0.97	0.97	0.95	0.95
10 〃　12 〃	0.90	0.98	0.99	0.99	1.00	0.96	0.96
12 〃　14 〃	0.91	0.99	1.00	1.00		0.97	0.97
14 〃　16 〃	0.92	1.00				0.98	0.98
16 〃　20 〃	0.93					0.99	0.99
20 〃　24 〃	0.94					1.00	1.00
24 〃　28 〃	0.95				0.97		
28 〃　32 〃	0.96		0.98		0.95		
32 〃　36 〃	0.97		0.96	0.97	0.93		
36 〃　40 〃	0.98		0.94	0.95	0.92		
40 〃　44 〃	0.99		0.92	0.93	0.91		
44 〃　48 〃	1.00		0.90	0.91	0.90		
48 〃　52 〃		0.99	0.88	0.89	0.89		
52 〃　56 〃		0.98	0.87	0.88	0.88		
56 〃　60 〃		0.97	0.86	0.87	0.87		
60 〃　64 〃		0.96	0.85	0.86	0.86	0.99	
64 〃　68 〃		0.95	0.84	0.85	0.85	0.98	
68 〃　72 〃		0.94	0.83	0.84	0.84	0.97	
72 〃　76 〃		0.93	0.82	0.83	0.83	0.96	
76 〃　80 〃		0.92	0.81	0.82			
80 〃　84 〃		0.90	0.80	0.81	0.82	0.93	
84 〃　88 〃		0.88		0.80			
88 〃　92 〃		0.86			0.81	0.90	
92 〃　96 〃	0.99	0.84					
96 〃　100 〃	0.97	0.82					
100 〃	0.95	0.80			0.80		

— 69 —

第1章　土地及び土地の上に存する権利

| 正面路線価を基とした価額の計算 |

$$\underset{380,000}{\text{A路線の路線価}} \times \underset{1.00}{\text{奥行価格補正率}} = \boxed{380,000\text{円}}^{(1)}$$

| 側方路線影響加算率 |

　正面路線の地区区分に応じた側方路線影響加算率を側方路線影響加算率表から求めます。

側方路線影響加算率表

地区区分	加算率 角地の場合	加算率 準角地の場合
ビル街地区	0.07	0.03
高度商業地区、繁華街地区	0.10	0.05
普通商業・併用住宅地区	0.08	0.04
普通住宅地区、中小工場地区	0.03	0.02
大工場地区	0.02	0.01

| 側方路線影響加算額の計算 |

　側方路線価に奥行価格補正率（正面路線の地区区分に応じた率）を乗じて計算した金額に側方路線影響加算率を乗じ、更に、正面路線から見た奥行距離のうち側方路線に実際に接する距離により調整します。

$$\underset{380,000円}{\text{B路線の路線価}} \times \underset{0.97}{\text{奥行価格補正率}} \times \underset{0.03}{\text{側方路線影響加算率}} \times \frac{15\text{m}}{18\text{m}} = \boxed{9,215\text{円}}^{(2)}$$

| 評価額の計算 |

　正面路線価を基とした価額（(1)の金額）に側方路線影響加算額（(2)の金額）を加算した金額に地積を乗じて評価額を計算します。

1㎡当たりの評価額
$$\left(\boxed{380,000円}^{(1)} + \boxed{9,215円}^{(2)}\right) \times \underset{450㎡}{\text{地積}} = \underset{175,146,750円}{\text{評価額}}$$

第3 宅地の評価

土地及び土地の上に存する権利の評価明細書（第1表）

○○ 局(所) ×× 署　4 年分　×××ページ

(住居表示)	(××区○○1-30-3)	住　所 (所在地)	××区○○1-30-3	使用者	住　所 (所在地)	同左
所在地番	××区○○1-3-15	氏　名 (法人名)	大手 一郎		氏　名 (法人名)	同左

地　目	地　積		路　　線　　価			
(宅地) 山林 田　雑種地 畑 ( )	450 ㎡	正　面	側　方	側　方	裏　面	地形図及び参考事項
		380,000 円	380,000 円	円	円	

間口距離	25 m	利用区分	(自用地) 貸家建付地 借地権 ( )	私道 貸家建付借地権 転貸借地権	地区区分	ビル街地区　普通住宅地区 高度商業地区　中小工場地区 繁華街地区　大工場地区 普通商業・併用住宅地区
奥行距離	18 m		貸宅地 貸家建付地 借地権			

地形図: ←25m→　18m / 15m

自用地1平方メートル当たりの価額				
1 一路線に面する宅地 　　(正面路線価)　　　　　(奥行価格補正率) 　　380,000 円 × 1.00			(1㎡当たりの価額) 380,000 円	A
2 二路線に面する宅地 　　(A)　　　[側方・裏面 路線価]　(奥行価格補正率)　[側方・二方 路線影響加算率] 　380,000 円 + (380,000 円 × 0.97 × 0.03 × $\frac{15m}{18m}$)			(1㎡当たりの価額) 389,215 円	B
3 三路線に面する宅地 　　(B)　　　[側方・裏面 路線価]　(奥行価格補正率)　[側方・二方 路線影響加算率] 　　　円 + (円 × . × .)			(1㎡当たりの価額) 円	C
4 四路線に面する宅地 　　(C)　　　[側方・裏面 路線価]　(奥行価格補正率)　[側方・二方 路線影響加算率] 　　　円 + (円 × . × .)			(1㎡当たりの価額) 円	D
5-1 間口が狭小な宅地等 　(AからDまでのうち該当するもの)　(間口狭小補正率)　(奥行長大補正率) 　　　円 × (. × .)			(1㎡当たりの価額) 円	E
5-2 不整形地 　(AからDまでのうち該当するもの)　　不整形地補正率※ 　　　　　　　　　　　　　　　　　0. ※不整形地補正率の計算 (想定整形地の間口距離)　(想定整形地の奥行距離)　(想定整形地の地積) 　　　m × 　　　m = 　　　㎡ (想定整形地の地積)　(不整形地の地積)　(想定整形地の地積)　(かげ地割合) (　　　㎡ − 　　　㎡) ÷ 　　　㎡ = 　　　% (不整形地補正率表の補正率)(間口狭小補正率)　(小数点以下2位未満切捨て) 　0. × 　. = 0. ①　[不整形地補正率 (奥行長大補正率)　(間口狭小補正率)　　　　　　　①、②のいずれか低い 　0. × 　. = 0. ②　率、0.6を下限とする。]			(1㎡当たりの価額) 	F
6 地積規模の大きな宅地 　(AからFまでのうち該当するもの)　規模格差補正率※ 　　　円 × 0. ※規模格差補正率の計算 (地積(Ⓐ))　　(Ⓑ)　　(Ⓒ)　(地積(Ⓐ))　(小数点以下2位未満切捨て) {(　　㎡× 　　 + 　　) ÷ 　　㎡} × 0.8 = 0.			(1㎡当たりの価額) 円	G
7 無 道 路 地 　(F又はGのうち該当するもの)　　　　　　(※) 　　　円 × (1 − 0.) ※割合の計算 (0.4を上限とする。) (正面路線価)　(通路部分の地積)　(F又はGのうち該当するもの)　(評価対象地の地積) (　円 × 　㎡) ÷ (　円 × 　㎡) = 0.			(1㎡当たりの価額) 円	H
8-1 がけ地等を有する宅地 〔 南 、 東 、 西 、 北 〕 　(AからHまでのうち該当するもの)　(がけ地補正率) 　　　円 × 0.			(1㎡当たりの価額) 円	I
8-2 土砂災害特別警戒区域内にある宅地 　(AからHまでのうち該当するもの)　特別警戒区域補正率※ 　　　円 × 0. ※がけ地補正率の適用がある場合の特別警戒区域補正率の計算 (0.5を下限とする。) 〔 南 、東、西、 北 〕 (特別警戒区域補正率表の補正率)　(がけ地補正率)　(小数点以下2位未満切捨て) 　0. × 　0. = 0.			(1㎡当たりの価額) 円	J
9 容積率の異なる2以上の地域にわたる宅地 　(AからJまでのうち該当するもの)　(控除割合 (小数点以下3位未満四捨五入)) 　　　円 × (1 − 0.)			(1㎡当たりの価額) 円	K
10 私 道 　(AからKまでのうち該当するもの) 　　　円 × 0.3			(1㎡当たりの価額) 円	L

自用地の評価額	自用地1平方メートル当たりの価額 (AからLまでのうちの該当記号)	地　積	総　　　額 (自用地1㎡当たりの価額) × (地　積)	
	(B)　389,215 円	450 ㎡	175,146,750 円	M

(注) 1　5-1の「間口が狭小な宅地等」と5-2の「不整形地」は重複して適用できません。
　　 2　5-2の「不整形地」の「AからDまでのうち該当するもの」欄の価額について、AからDまでの欄で計算できない場合には、(第2表)の「備考」欄等で計算してください。
　　 3　「がけ地等を有する宅地」であり、かつ、「土砂災害特別警戒区域内にある宅地」である場合については、8-1の「がけ地等を有する宅地」欄ではなく、8-2の「土砂災害特別警戒区域内にある宅地」欄で計算してください。

(資4−25−1−A4統一)

(平成三十一年一月分以降用)

(7) 正面と裏面が路線に面している宅地 （評基通17）

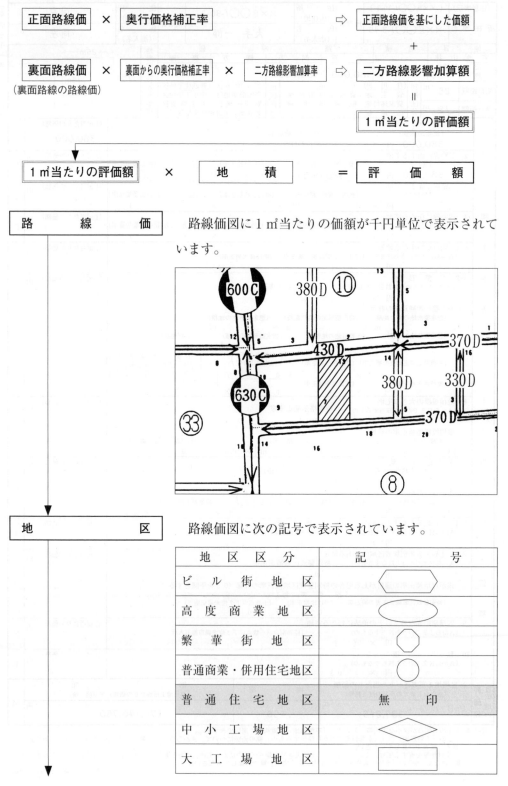

第3　宅地の評価

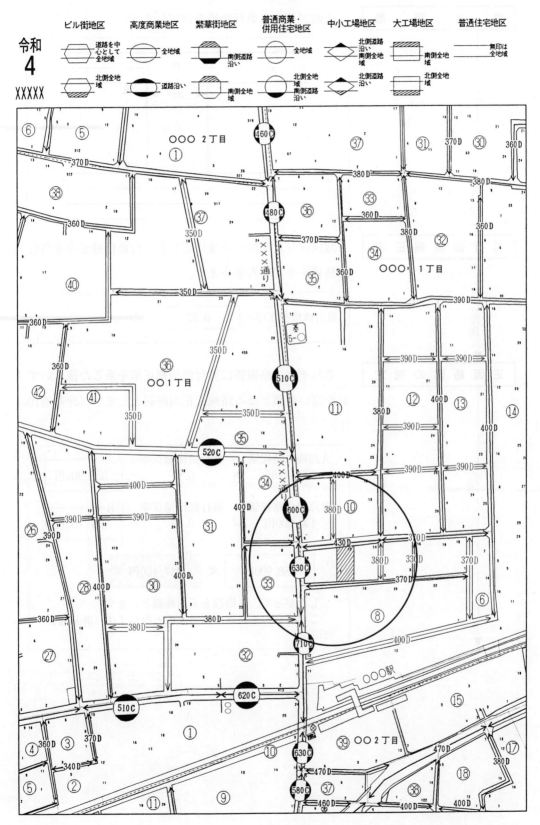

第1章　土地及び土地の上に存する権利

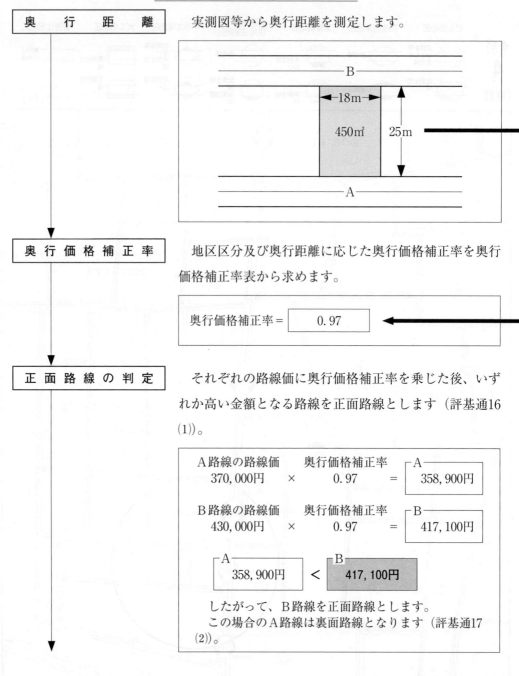

第3　宅地の評価

奥行価格補正率表

奥行距離 m ＼ 地区区分	ビル街地区	高度商業地区	繁華街地区	普通商業・併用住宅地区	普通住宅地区	中小工場地区	大工場地区
4 未満	0.80	0.90	0.90	0.90	0.90	0.85	0.85
4 以上 6 未満		0.92	0.92	0.92	0.92	0.90	0.90
6 〃 8 〃	0.84	0.94	0.95	0.95	0.95	0.93	0.93
8 〃 10 〃	0.88	0.96	0.97	0.97	0.97	0.95	0.95
10 〃 12 〃	0.90	0.98	0.99	0.99	1.00	0.96	0.96
12 〃 14 〃	0.91	0.99	1.00	1.00		0.97	0.97
14 〃 16 〃	0.92	1.00				0.98	0.98
16 〃 20 〃	0.93					0.99	0.99
20 〃 24 〃	0.94					1.00	1.00
24 〃 28 〃	0.95				0.97		
28 〃 32 〃	0.96		0.98		0.95		
32 〃 36 〃	0.97		0.96	0.97	0.93		
36 〃 40 〃	0.98		0.94	0.95	0.92		
40 〃 44 〃	0.99		0.92	0.93	0.91		
44 〃 48 〃	1.00		0.90	0.91	0.90		
48 〃 52 〃		0.99	0.88	0.89	0.89		
52 〃 56 〃		0.98	0.87	0.88	0.88		
56 〃 60 〃		0.97	0.86	0.87	0.87		
60 〃 64 〃		0.96	0.85	0.86	0.86	0.99	
64 〃 68 〃		0.95	0.84	0.85	0.85	0.98	
68 〃 72 〃		0.94	0.83	0.84	0.84	0.97	
72 〃 76 〃		0.93	0.82	0.83	0.83	0.96	
76 〃 80 〃		0.92	0.81	0.82	0.82		
80 〃 84 〃		0.90	0.80	0.81	0.82	0.93	
84 〃 88 〃		0.88		0.80			
88 〃 92 〃		0.86			0.81	0.90	
92 〃 96 〃		0.84					
96 〃 100 〃		0.82					
100 〃		0.80			0.80		

— 75 —

| 正面路線価を基とした価額の計算 |

B路線の路線価　奥行価格補正率　　―(1)―
430,000円　×　　0.97　　＝　417,100円

| 二方路線影響加算率 |

正面路線の地区区分に応じた二方路線影響加算率を二方路線影響加算率表から求めます。

二方路線影響加算率表

地　区　区　分	加　算　率
ビル街地区	0.03
高度商業地区、繁華街地区	0.07
普通商業・併用住宅地区	0.05
普通住宅地区、中小工場地区、大工場地区	0.02

| 二方路線影響加算額の計算 |

裏面路線価に奥行価格補正率（正面路線の地区区分に応じた率）を乗じて計算した金額に二方路線影響加算率を乗じて計算します。

A路線の路線価　奥行価格補正率　二方路線影響加算率　―(2)―
370,000円 ×　　0.97　　×　　0.02　　＝　7,178円

| 評　価　額　の　計　算 |

正面路線価を基とした価額（(1)の金額）に二方路線影響加算額（(2)の金額）を加算した金額に地積を乗じて評価額を計算します。

1 ㎡当たりの評価額
　―(1)―　　　　　―(2)―　　　　　地積　　　評価額
（417,100円　＋　7,178円）　×　450㎡　＝　190,925,100円

第3 宅地の評価

土地及び土地の上に存する権利の評価明細書（第1表）

| | | | | ○○ 局(所) ×× 署 | 4 年分 | ×××ページ |

（住居表示）	（×× 区○○○1-9-3）	所有者	住 所（所在地）	×× 区○○○1-9-3	使用者	住 所（所在地）	同左
所在地番	×× 区○○○1-15		氏 名（法人名）	大手 一郎		氏 名（法人名）	同左

（平成三十一年一月分以降用）

地 目	地 積	路 線 価				地形図及び参考事項
㊀宅地 山林 田 畑 雑種地（ ）	450 ㎡	正面 430,000 円	側方 円	側方 円	裏面 370,000 円	←18m→ 25m

間口距離	18 m	利用区分	㊀自用地 私 道 貸 宅 地 貸家建付借地権 貸家建付地 転貸借地権 借 地 権（ ）	地区区分	ビル街地区 ㊤普通住宅地区 高度商業地区 中小工場地区 繁華街地区 大工場地区 普通商業・併用住宅地区
奥行距離	25 m				

				（1㎡当たりの価額）	
自用地1平方メートル当たりの価額	1 一路線に面する宅地 （正面路線価） （奥行価格補正率） 430,000 円 × 0.97			417,100 円	A
	2 二路線に面する宅地 （A） ［側方・㊤裏面 路線価］ （奥行価格補正率） ［側方・㊤二方 路線影響加算率］ 417,100円 + （ 370,000 円 × 0.97 × 0.02 ）			424,278 円	B
	3 三路線に面する宅地 （B） ［側方・裏面 路線価］ （奥行価格補正率） ［側方・二方 路線影響加算率］ 円 + （ 円 × . × 0. ）			円	C
	4 四路線に面する宅地 （C） ［側方・裏面 路線価］ （奥行価格補正率） ［側方・二方 路線影響加算率］ 円 + （ 円 × . × 0. ）			円	D
	5-1 間口が狭小な宅地等 （AからDまでのうち該当するもの） （間口狭小補正率） （奥行長大補正率） 円 × （ . × . ）			円	E
	5-2 不整形地 （AからDまでのうち該当するもの） 不整形地補正率※ 円 × 0. ※不整形地補正率の計算 （想定整形地の間口距離） （想定整形地の奥行距離） （想定整形地の地積） m × m = ㎡ （想定整形地の地積） （不整形地の地積） （想定整形地の地積） （かげ地割合） （ ㎡ － ㎡） ÷ ㎡ = ％ （不整形地補正率表の補正率） （間口狭小補正率） （小数点以下2位未満切捨て） ［不整形地補正率 ①、②のいずれか低い 率、0.6を下限とする。］ 0. × . = ① （奥行長大補正率） （間口狭小補正率） 0. × . = ②			円	F
	6 地積規模の大きな宅地 （AからFまでのうち該当するもの） 規模格差補正率※ 円 × 0. ※規模格差補正率の計算 （地積（Ⓐ）） （Ⓑ） （Ⓒ） （地積（Ⓐ）） （小数点以下2位未満切捨て） ｛（ ㎡× + ） ÷ ㎡｝× 0.8 = 0.			円	G
	7 無 道 路 地 （F又はGのうち該当するもの） （※） 円 × （ 1 － 0. ） ※割合の計算（0.4を上限とする。） （正面路線価） （通路部分の地積） （F又はGのうち該当するもの） （評価対象地の地積） （ 円 × ㎡） ÷ （ 円 × ㎡） = 0.			円	H
	8-1 がけ地等を有する宅地 〔 南 、 東 、 西 、 北 〕 （AからHまでのうち該当するもの） （がけ地補正率） 円 × 0.			円	I
	8-2 土砂災害特別警戒区域内にある宅地 （AからHまでのうち該当するもの） 特別警戒区域補正率※ 円 × 0. ※がけ地補正率の適用がある場合の特別警戒区域補正率の計算（0.5を下限とする。） 〔 南 、東 、西 、北 〕 （特別警戒区域補正率表の補正率） （がけ地補正率） （小数点以下2位未満切捨て） 0. × 0. = 0.			円	J
	9 容積率の異なる2以上の地域にわたる宅地 （AからJまでのうち該当するもの） （控除割合（小数点以下3位未満四捨五入）） 円 × （ 1 － 0. ）			円	K
	10 私 道 （AからKまでのうち該当するもの） 円 × 0.3			円	L

自用地の評価額	自用地1平方メートル当たりの価額 （AからLまでのうちの該当記号）	地 積	総 額 （自用地1㎡当たりの価額）×（地 積）	
	（ B ） 424,278 円	450 ㎡	190,925,100 円	M

（注） 1 5-1の「間口が狭小な宅地等」と5-2の「不整形地」は重複して適用できません。
2 5-2の「不整形地」の「AからDまでのうち該当するもの」欄の価額について、AからDまでの欄で計算できない場合には、（第2表）の「備考」欄等で計算してください。
3 「がけ地等を有する宅地」であり、かつ、「土砂災害特別警戒区域内にある宅地」である場合については、8-1の「がけ地等を有する宅地」欄ではなく、8-2の「土砂災害特別警戒区域内にある宅地」欄で計算してください。

（資4-25-1-A4統一）

【設例　7】

正面路線の判定

（問）　次のような不整形地甲は、いずれの路線が正面路線となりますか。

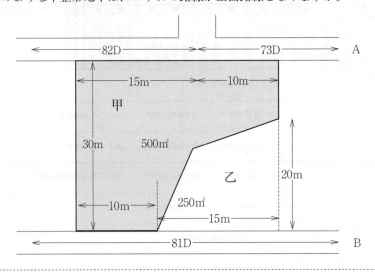

（答）　正面路線は、原則として、その宅地の接する路線の路線価（一路線に2以上の路線価が付されている場合には、路線に接する距離により加重平均した価額）に奥行価格補正率を乗じて計算した金額の高い方の路線となります。

　この奥行価格補正率を適用する際の奥行距離は、不整形地の場合には、その不整形地に係る想定整形地の奥行距離を限度として、不整形地の面積を間口距離で除して得た数値とします。したがって、問の場合には、A路線からみた場合の奥行距離は20m（500㎡÷25m＝20m＜30m）、B路線からみた場合の奥行距離は30m（500㎡÷10m＝50m＞30m）となります。

　これらのことから、問の場合には、次のとおりA路線を正面路線と判定することになります。

(計算例)

A路線　$\dfrac{82,000円 \times 15m + 73,000円 \times 10m}{25m}$（加重平均による）路線価　×　1.00（奥行距離20mに応ずる奥行価格補正率）　＝78,400円

B路線　①甲、乙を合わせた全体の整形地の奥行価格補正後の価額

　　　正面路線価　　奥行距離30mに応ずる奥行価格補正率　　甲＋乙の地積
　　　　81,000円　×　　0.95　　×　　750㎡　＝57,712,500円

第3　宅地の評価

② 乙の部分の奥行価格補正後の価額

$$\underset{\text{正面路線価}}{81,000円} \times \underset{\substack{\text{奥行距離16.6mに応}\\\text{ずる奥行価格補正率}}}{1.00} \times \underset{\text{乙の地積}}{250㎡} = 20,250,000円$$

※　乙の奥行距離……地積を間口距離で除して計算します。

$$\underset{\text{乙の地積}}{250㎡} \div \underset{\text{乙の間口距離}}{15m} \fallingdotseq \underset{\text{乙の奥行距離}}{16.6m} \quad \underset{\text{乙の想定整形地の奥行距離}}{(<20m)}$$

③ 宅地甲の奥行価格補正後の1㎡当たりの価額

$$(\underset{\text{甲、乙を合わせた価額}}{57,712,500円} - \underset{\text{乙の部分の価額}}{20,250,000円}) \div \underset{\text{甲の地積}}{500㎡} = \underline{74,925円}$$

正面路線の判定（いずれか高い方）

A路線　78,400円　＞　B路線　74,925円

(8) 三路線に面している宅地（側方・裏面路線）（評基通18）

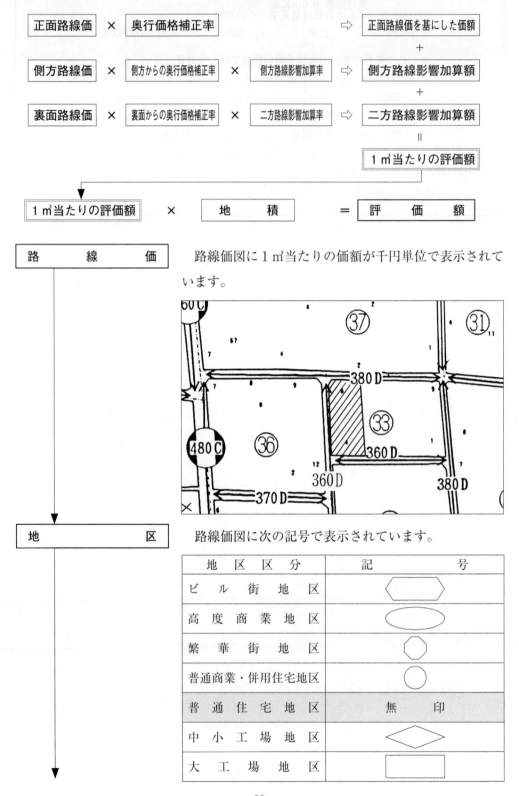

第3 宅地の評価

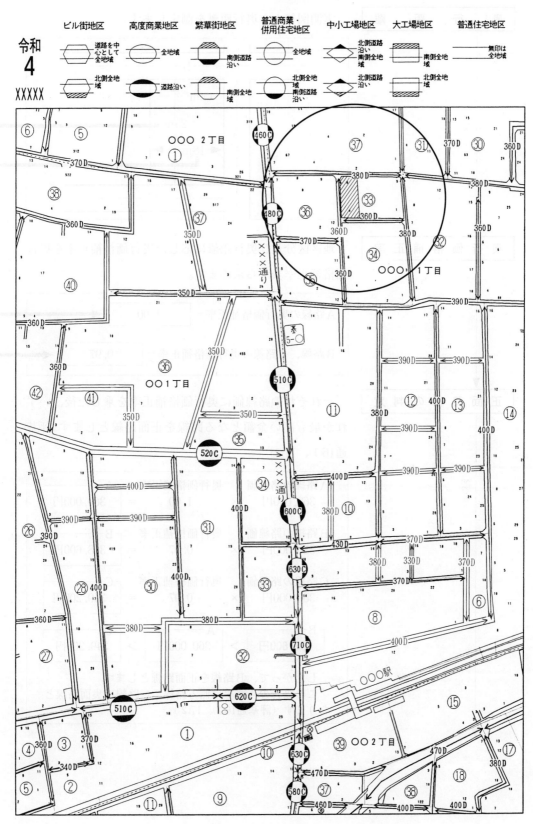

第1章　土地及び土地の上に存する権利

| 奥 行 距 離 | 実測図等から奥行距離を測定します。|

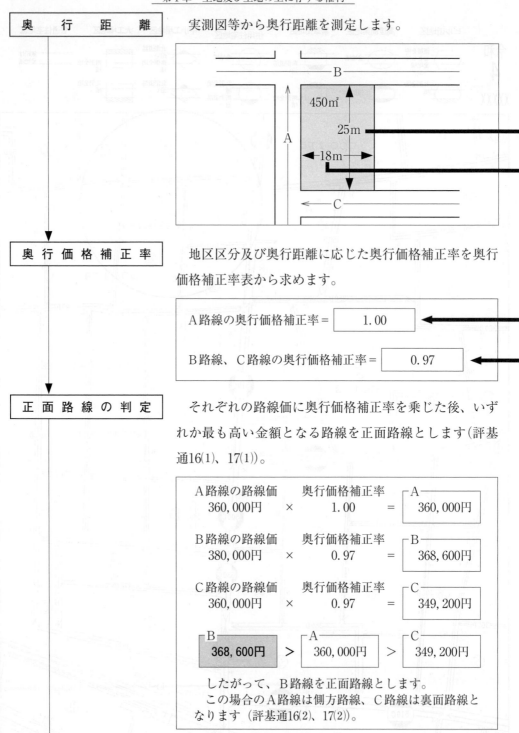

| 奥行価格補正率 | 地区区分及び奥行距離に応じた奥行価格補正率を奥行価格補正率表から求めます。|

A路線の奥行価格補正率＝ 1.00

B路線、C路線の奥行価格補正率＝ 0.97

| 正面路線の判定 | それぞれの路線価に奥行価格補正率を乗じた後、いずれか最も高い金額となる路線を正面路線とします（評基通16(1)、17(1)）。|

A路線の路線価　奥行価格補正率　　A
360,000円　　×　　1.00　　＝　360,000円

B路線の路線価　奥行価格補正率　　B
380,000円　　×　　0.97　　＝　368,600円

C路線の路線価　奥行価格補正率　　C
360,000円　　×　　0.97　　＝　349,200円

B　368,600円　＞　A　360,000円　＞　C　349,200円

したがって、B路線を正面路線とします。
この場合のA路線は側方路線、C路線は裏面路線となります（評基通16(2)、17(2)）。

— 82 —

第3 宅地の評価

奥行価格補正率表

地区区分 奥行距離 m	ビル街地区	高度商業地区	繁華街地区	普通商業・ 併用住宅地区	普通住宅地区	中小工場地区	大工場地区
4 未満	0.80	0.90	0.90	0.90	0.90	0.85	0.85
4 以上 6 未満		0.92	0.92	0.92	0.92	0.90	0.90
6 〃 8 〃	0.84	0.94	0.95	0.95	0.95	0.93	0.93
8 〃 10 〃	0.88	0.96	0.97	0.97	0.97	0.95	0.95
10 〃 12 〃	0.90	0.98	0.99	0.99	1.00	0.96	0.96
12 〃 14 〃	0.91	0.99	1.00	1.00		0.97	0.97
14 〃 16 〃	0.92	1.00				0.98	0.98
16 〃 20 〃	0.93					0.99	0.99
20 〃 24 〃	0.94					1.00	1.00
24 〃 28 〃	0.95				0.97		
28 〃 32 〃	0.96		0.98		0.95		
32 〃 36 〃	0.97		0.96	0.97	0.93		
36 〃 40 〃	0.98		0.94	0.95	0.92		
40 〃 44 〃	0.99		0.92	0.93	0.91		
44 〃 48 〃	1.00		0.90	0.91	0.90		
48 〃 52 〃		0.99	0.88	0.89	0.89		
52 〃 56 〃		0.98	0.87	0.88	0.88		
56 〃 60 〃		0.97	0.86	0.87	0.87		
60 〃 64 〃		0.96	0.85	0.86	0.86	0.99	
64 〃 68 〃		0.95	0.84	0.85	0.85	0.98	
68 〃 72 〃		0.94	0.83	0.84	0.84	0.97	
72 〃 76 〃		0.93	0.82	0.83	0.83	0.96	
76 〃 80 〃		0.92	0.81	0.82			
80 〃 84 〃		0.90	0.80	0.81	0.82	0.93	
84 〃 88 〃		0.88		0.80			
88 〃 92 〃		0.86			0.81	0.90	
92 〃 96 〃	0.99	0.84					
96 〃 100 〃	0.97	0.82					
100 〃	0.95	0.80			0.80		

チェックポイント4 参照（55ページ）

— 83 —

第1章　土地及び土地の上に存する権利

| 正面路線価を基とした価額の計算 |

　　　B路線の路線価　　奥行価格補正率　　　―(1)―
　　　　380,000円　　×　　　0.97　　　　＝　368,600円

| 側方路線影響加算率 |

正面路線の地区区分に応じた側方路線影響加算率を側方路線影響加算率表により求めます。

側方路線影響加算率表

地区区分	加算率	
	角地の場合	準角地の場合
ビル街地区	0.07	0.03
高度商業地区、繁華街地区	0.10	0.05
普通商業・併用住宅地区	0.08	0.04
普通住宅地区、中小工場地区	0.03	0.02
大工場地区	0.02	0.01

※　準角地とは、次図のように一系統の路線の屈折部の内側に位置するものをいいます。

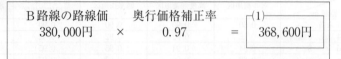

| 側方路線影響加算額の計算 |

側方路線価に奥行価格補正率（正面路線の地区区分に応じた率）を乗じて計算した金額に側方路線影響加算率を乗じて計算します。

　　A路線の路線価　奥行価格補正率　側方路線影響加算率　―(2)―
　　　360,000円　×　　1.00　　×　　　0.03　　　　＝　10,800円

| 二方路線影響加算率 |

正面路線の地区区分に応じた二方路線影響加算率を二方路線影響加算率表から求めます。

二方路線影響加算率表

地区区分	加算率
ビル街地区	0.03
高度商業地区、繁華街地区	0.07
普通商業・併用住宅地区	0.05
普通住宅地区、中小工場地区、大工場地区	0.02

第3　宅地の評価

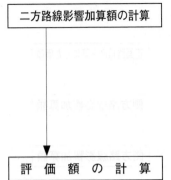

二方路線影響加算額の計算

裏面路線価に奥行価格補正率（正面路線の地区区分に応じた率）を乗じて計算した金額に二方路線影響加算率を乗じて計算します。

```
C路線の路線価　奥行価格補正率　二方路線影響加算率    ─(3)─
360,000円 ×    0.97    ×    0.02    =    6,984円
```

評　価　額　の　計　算

正面路線価を基とした価額（(1)の金額）に側方路線影響加算額（(2)の金額）、二方路線影響加算額（(3)の金額）を加算した金額に地積を乗じて評価額を計算します。

```
　　　　　　　　1㎡当たりの評価額
　─(1)─           ─(2)─          ─(3)─         地積       評価額
( 368,600円   +  10,800円   +  6,984円 ) × 450㎡ = 173,872,800円
```

(注)　1　5-1の「間口が狭小な宅地等」と5-2の「不整形地」は重複して適用できません。
　　　2　5-2の「不整形地」の「AからDまでのうち該当するもの」欄の価額について、AからDまでの欄で計算できない場合には、(第2表)の「備考」欄等で計算してください。
　　　3　「がけ地等を有する宅地」であり、かつ、「土砂災害特別警戒区域内にある宅地」である場合については、8-1の「がけ地等を有する宅地」欄ではなく、8-2の「土砂災害特別警戒区域内にある宅地」欄で計算してください。

(資4-25-1-A4統一)

(9) 三路線に面している宅地（側方路線のみ）（評基通18）

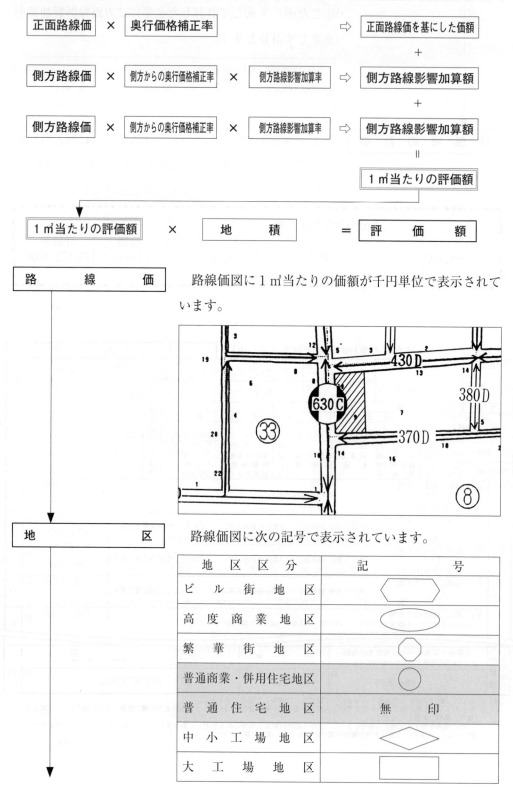

第3 宅地の評価

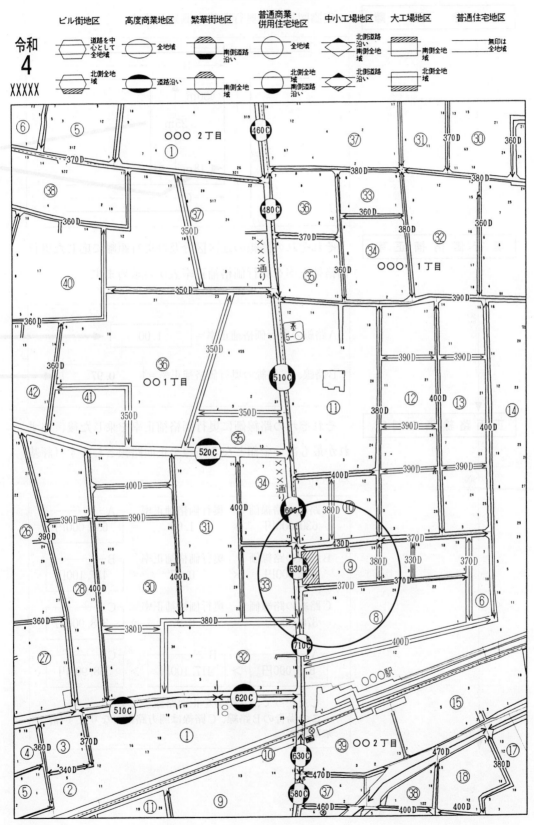

第1章　土地及び土地の上に存する権利

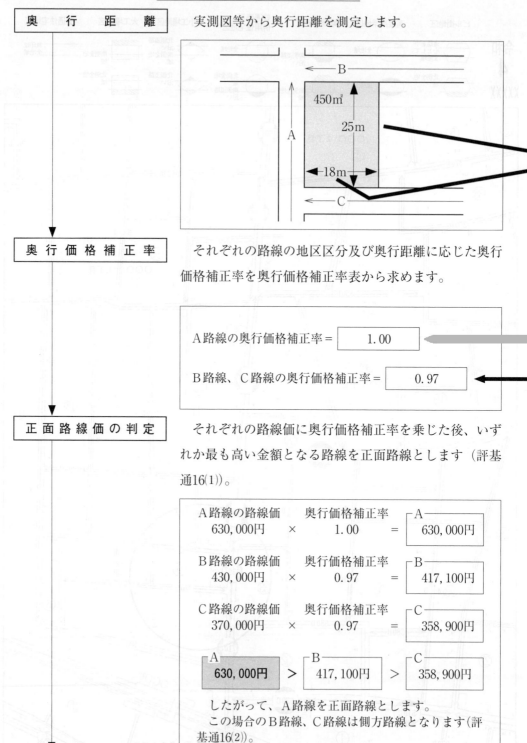

第3 宅地の評価

奥行価格補正率表

奥行距離 m（地区区分）	ビル街地区	高度商業地区	繁華街地区	普通商業・併用住宅地区	普通住宅地区	中小工場地区	大工場地区
4 未満	0.80	0.90	0.90	0.90	0.90	0.85	0.85
4 以上 6 未満		0.92	0.92	0.92	0.92	0.90	0.90
6 〃 8 〃	0.84	0.94	0.95	0.95	0.95	0.93	0.93
8 〃 10 〃	0.88	0.96	0.97	0.97	0.97	0.95	0.95
10 〃 12 〃	0.90	0.98	0.99	0.99	1.00	0.96	0.96
12 〃 14 〃	0.91	0.99	1.00	1.00		0.97	0.97
14 〃 16 〃	0.92	1.00				0.98	0.98
16 〃 20 〃	0.93					0.99	0.99
20 〃 24 〃	0.94					1.00	1.00
24 〃 28 〃	0.95				0.97		
28 〃 32 〃	0.96		0.98		0.95		
32 〃 36 〃	0.97		0.96	0.97	0.93		
36 〃 40 〃	0.98		0.94	0.95	0.92		
40 〃 44 〃	0.99		0.92	0.93	0.91		
44 〃 48 〃	1.00		0.90	0.91	0.90		
48 〃 52 〃		0.99	0.88	0.89	0.89		
52 〃 56 〃		0.98	0.87	0.88	0.88		
56 〃 60 〃		0.97	0.86	0.87	0.87		
60 〃 64 〃		0.96	0.85	0.86	0.86	0.99	
64 〃 68 〃		0.95	0.84	0.85	0.85	0.98	
68 〃 72 〃		0.94	0.83	0.84	0.84	0.97	
72 〃 76 〃		0.93	0.82	0.83	0.83	0.96	
76 〃 80 〃		0.92	0.81	0.82			
80 〃 84 〃		0.90	0.80	0.81	0.82	0.93	
84 〃 88 〃		0.88		0.80			
88 〃 92 〃		0.86			0.81	0.90	
92 〃 96 〃	0.99	0.84					
96 〃 100 〃	0.97	0.82					
100 〃	0.95	0.80			0.80		

チェックポイント4 参照（55ページ）

— 89 —

第1章　土地及び土地の上に存する権利

| 正面路線価を基とした価額の計算 |

A路線の路線価　　奥行価格補正率　　　　(1)
630,000円　　×　　　1.00　　　　＝　630,000円

↓

| 側方路線影響加算率 |

正面路線の地区区分に応じた側方路線影響加算率を側方路線影響加算率表から求めます。

側方路線影響加算率表

地区区分	加算率	
	角地の場合	準角地の場合
ビル街地区	0.07	0.03
高度商業地区、繁華街地区	0.10	0.05
普通商業・併用住宅地区	0.08	0.04
普通住宅地区、中小工場地区	0.03	0.02
大工場地区	0.02	0.01

※　準角地とは、次図のように一系統の路線の屈折部の内側に位置するものをいいます。

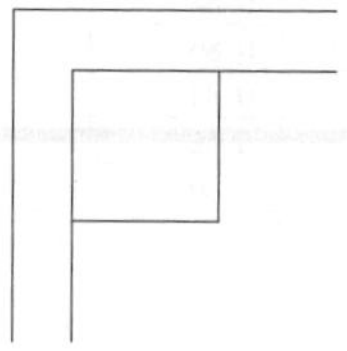

↓

| 側方路線影響加算額の計算 |

側方路線価に奥行価格補正率（正面路線の地区区分に応じた率）を乗じて計算した金額に側方路線影響加算率を乗じて計算します。

B路線の路線価　　奥行価格補正率　　側方路線影響加算率　　(2)
430,000円　×　　　1.00　　　×　　　0.08　　　＝　34,400円

C路線の路線価　　奥行価格補正率　　側方路線影響加算率　　(3)
370,000円　×　　　1.00　　　×　　　0.08　　　＝　29,600円

↓

| 評　価　額　の　計　算 |

正面路線価を基とした価額（(1)の金額）に側方路線影響加算額（(2)及び(3)の金額）を加算した金額に地積を乗じて評価額を計算します。

1㎡当たりの評価額
((1) 630,000円　＋　(2) 34,400円　＋　(3) 29,600円)　×450㎡　＝　312,300,000円

― 90 ―

第3 宅地の評価

土地及び土地の上に存する権利の評価明細書（第1表）

				○○ 局(所) ×× 署		4 年分	××××ページ		

（住居表示）	（××区○○○1-9-3）	所有者	住 所（所在地）	××区○○○1-9-3	使用者	住 所（所在地）	同左	
所在地番	××区○○○1-9-15		氏 名（法人名）	大手 一郎		氏 名（法人名）	同左	

（平成三十一年一月分以降用）

地 目		地 積	路 線 価				地形図及び参考事項
㊀宅 地 山 林 田 雑種地 畑 （ ）		450 ㎡	正 面 630,000 円	側 方 430,000 円	側 方 370,000 円	裏 面 円	

間口距離	25 m	利用区分	㊀自用地 私 道 貸 宅 地 貸家建付借地権 貸家建付地 転 貸 借 地 権 借 地 権 （ ）	地区区分	ビル街地区 普通住宅地区 高度商業地区 中小工場地区 繁華街地区 大工場地区 ㊀普通商業・併用住宅地区	
奥行距離	18 m					

地形図: 25m／18m

			（1㎡当たりの価額）	
自用地1平方メートル当たりの価額	1 一路線に面する宅地 （正面路線価） （奥行価格補正率） 630,000 円 × 1.00		630,000 円	A
	2 二路線に面する宅地 （A） ［側方 裏面 路線価］ （奥行価格補正率） ［側方 二方 路線影響加算率］ 630,000 円 ＋ （ 430,000 円 × 1.00 × 0.08 ）		664,400 円	B
	3 三路線に面する宅地 （B） ［側方 裏面 路線価］ （奥行価格補正率） ［側方 二方 路線影響加算率］ 664,400 円 ＋ （ 370,000 円 × 1.00 × 0.08 ）		694,000 円	C
	4 四路線に面する宅地 （C） ［側方・裏面 路線価］ （奥行価格補正率） ［側方・二方 路線影響加算率］ 円 ＋ （ 円 × × ）		円	D
	5-1 間口が狭小な宅地等 （AからDまでのうち該当するもの） （間口狭小補正率） （奥行長大補正率） 円 × （ ． × ． ）		円	E
	5-2 不整形地 （AからDまでのうち該当するもの） 不整形地補正率※ 円 × 0.		円	F
	※不整形地補正率の計算 （想定整形地の間口距離） （想定整形地の奥行距離） （想定整形地の地積） m × m = ㎡ （想定整形地の地積） （不整形地の地積） （想定整形地の地積） （かげ地割合） （ ㎡ － ㎡） ÷ ㎡ ＝ ％ （不整形地補正率表の補正率） （間口狭小補正率） （小数点以下2位未満切捨て） ［不整形地補正率］ 0. × ． ＝ ． ① ①、②のいずれか低い （奥行長大補正率） （間口狭小補正率） 率、0.6を下限とする。 ． × ． ＝ ． ② 0.			
	6 地積規模の大きな宅地 （AからFまでのうち該当するもの） 規模格差補正率※ 円 × 0.		円	G
	※規模格差補正率の計算 （地積（Ⓐ）） （Ⓑ） （Ⓒ） （地積（Ⓐ）） （小数点以下2位未満切捨て） ｛（ ㎡× ＋ ） ÷ ㎡｝× 0.8 ＝			
	7 無 道 路 地 （F又はGのうち該当するもの） （※） 円 × （ 1 － 0. ）		円	H
	※割合の計算（0.4を上限とする。） （正面路線価） （通路部分の地積） （F又はGのうち該当するもの） （評価対象地の地積） 円 × ㎡ ÷ （ 円 × ㎡） ＝ 0.			
	8-1 がけ地等を有する宅地 ［ 南 、 東 、 西 、 北 ］ （AからHまでのうち該当するもの） （がけ地補正率） 円 × 0.		円	I
	8-2 土砂災害特別警戒区域内にある宅地 （AからHまでのうち該当するもの） 特別警戒区域補正率※ 円 × 0.		円	J
	※がけ地補正率の適用がある場合の特別警戒区域補正率の計算（0.5を下限とする。） ［ 南 、 東 、 西 、 北 ］ （特別警戒区域補正率表の補正率） （がけ地補正率） （小数点以下2位未満切捨て） 0. × 0. ＝ 0.			
	9 容積率の異なる2以上の地域にわたる宅地 （AからJまでのうち該当するもの） （控除割合（小数点以下3位未満四捨五入）） 円 × （ 1 － 0. ）		円	K
	10 私 道 （AからKまでのうち該当するもの） 円 × 0.3		円	L

自用地の評価額	自用地1平方メートル当たりの価額 （AからLまでのうちの該当記号）	地 積	総 額 （自用地1㎡当たりの価額）×（地 積）	
	（ C ） 694,000 円	450 ㎡	312,300,000 円	M

（注） 1 5-1の「間口が狭小な宅地等」と5-2の「不整形地」は重複して適用できません。
2 5-2の「不整形地」の「AからDまでのうち該当するもの」欄の価額について、AからDまでの欄で計算できない場合には、（第2表）の「備考」欄等で計算してください。
3 「がけ地等を有する宅地」であり、かつ、「土砂災害特別警戒区域内にある宅地」である場合については、8-1の「がけ地等を有する宅地」欄ではなく、8-2の「土砂災害特別警戒区域内にある宅地」欄で計算してください。

（資4-25-1-A4統一）

— 91 —

(10) 四路線に面している宅地（評基通18）

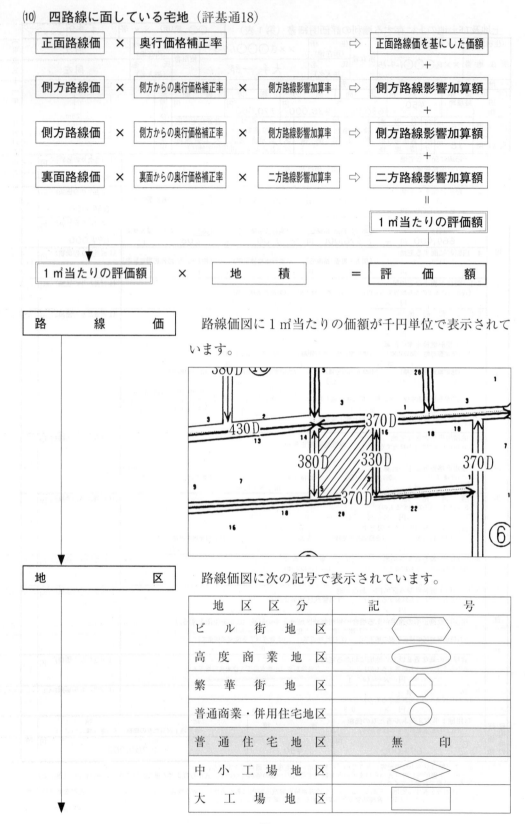

第3 宅地の評価

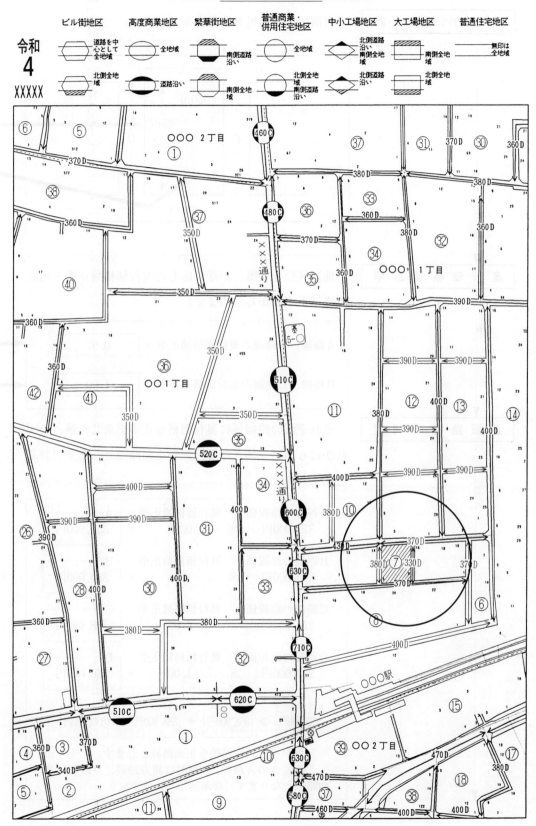

| 奥 行 距 離 | 実測図等から奥行距離を測定します。 |

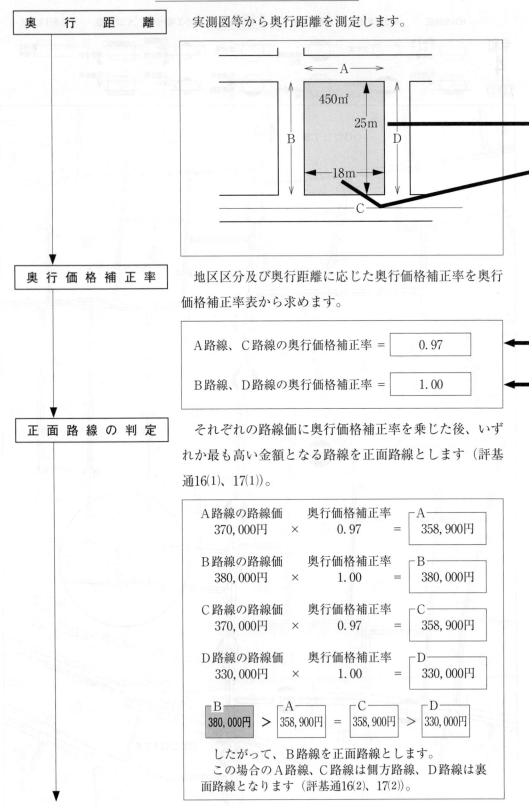

| 奥行価格補正率 | 地区区分及び奥行距離に応じた奥行価格補正率を奥行価格補正率表から求めます。 |

A路線、C路線の奥行価格補正率 ＝ 0.97

B路線、D路線の奥行価格補正率 ＝ 1.00

| 正面路線の判定 | それぞれの路線価に奥行価格補正率を乗じた後、いずれか最も高い金額となる路線を正面路線とします（評基通16(1)、17(1)）。 |

A路線の路線価　　　奥行価格補正率　　─A─
370,000円　　×　　　0.97　　＝　358,900円

B路線の路線価　　　奥行価格補正率　　─B─
380,000円　　×　　　1.00　　＝　380,000円

C路線の路線価　　　奥行価格補正率　　─C─
370,000円　　×　　　0.97　　＝　358,900円

D路線の路線価　　　奥行価格補正率　　─D─
330,000円　　×　　　1.00　　＝　330,000円

─B─　　　　　─A─　　　　　─C─　　　　　─D─
380,000円　＞　358,900円　＝　358,900円　＞　330,000円

したがって、B路線を正面路線とします。
この場合のA路線、C路線は側方路線、D路線は裏面路線となります（評基通16(2)、17(2)）。

第3 宅地の評価

奥行価格補正率表

地区区分／奥行距離 m	ビル街地区	高度商業地区	繁華街地区	普通商業・併用住宅地区	普通住宅地区	中小工場地区	大工場地区
4 未満	0.80	0.90	0.90	0.90	0.90	0.85	0.85
4 以上 6 未満		0.92	0.92	0.92	0.92	0.90	0.90
6 〃 8 〃	0.84	0.94	0.95	0.95	0.95	0.93	0.93
8 〃 10 〃	0.88	0.96	0.97	0.97	0.97	0.95	0.95
10 〃 12 〃	0.90	0.98	0.99	0.99	1.00	0.96	0.96
12 〃 14 〃	0.91	0.99	1.00	1.00		0.97	0.97
14 〃 16 〃	0.92	1.00				0.98	0.98
16 〃 20 〃	0.93					0.99	0.99
20 〃 24 〃	0.94					1.00	1.00
24 〃 28 〃	0.95				0.97		
28 〃 32 〃	0.96		0.98		0.95		
32 〃 36 〃	0.97		0.96	0.97	0.93		
36 〃 40 〃	0.98		0.94	0.95	0.92		
40 〃 44 〃	0.99		0.92	0.93	0.91		
44 〃 48 〃	1.00		0.90	0.91	0.90		
48 〃 52 〃		0.99	0.88	0.89	0.89		
52 〃 56 〃		0.98	0.87	0.88	0.88		
56 〃 60 〃		0.97	0.86	0.87	0.87		
60 〃 64 〃		0.96	0.85	0.86	0.86	0.99	
64 〃 68 〃		0.95	0.84	0.85	0.85	0.98	
68 〃 72 〃		0.94	0.83	0.84	0.84	0.97	
72 〃 76 〃		0.93	0.82	0.83	0.83	0.96	
76 〃 80 〃		0.92	0.81	0.82			
80 〃 84 〃		0.90	0.80	0.81	0.82	0.93	
84 〃 88 〃		0.88		0.80			
88 〃 92 〃		0.86			0.81	0.90	
92 〃 96 〃	0.99	0.84					
96 〃 100 〃	0.97	0.82					
100 〃	0.95	0.80			0.80		

第1章　土地及び土地の上に存する権利

正面路線価を基とした価額の計算

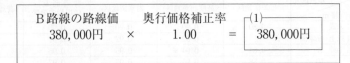

B路線の路線価　奥行価格補正率　　　(1)
380,000円　×　　1.00　　＝　380,000円

側方路線影響加算率

正面路線の地区区分に応じた側方路線影響加算率を側方路線影響加算率表から求めます。

側方路線影響加算率表

地区区分	加算率	
	角地の場合	準角地の場合
ビル街地区	0.07	0.03
高度商業地区、繁華街地区	0.10	0.05
普通商業・併用住宅地区	0.08	0.04
普通住宅地区、中小工場地区	0.03	0.02
大工場地区	0.02	0.01

※　準角地とは、次図のように一系統の路線の屈折部の内側に位置するものをいいます。

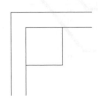

側方路線影響加算額の計算

側方路線価に奥行価格補正率（正面路線の地区区分に応じた率）を乗じて計算した金額に側方路線影響加算率を乗じて計算します。

A路線の路線価　奥行価格補正率　側方路線影響加算率　　(2)
370,000円　×　　0.97　　×　　0.03　　＝　10,767円

C路線の路線価　奥行価格補正率　側方路線影響加算率　　(3)
370,000円　×　　0.97　　×　　0.03　　＝　10,767円

二方路線影響加算率

正面路線の地区区分に応じた二方路線影響加算率を二方路線影響加算率表から求めます。

二方路線影響加算率表

地区区分	加算率
ビル街地区	0.03
高度商業地区、繁華街地区	0.07
普通商業・併用住宅地区	0.05
普通住宅地区、中小工場地区、大工場地区	0.02

第3 宅地の評価

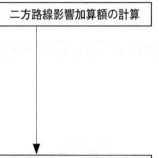

裏面路線価に奥行価格補正率（正面路線の地区区分に応じた率）を乗じて計算した金額に二方路線影響加算率を乗じて計算します。

```
D路線の路線価  奥行価格補正率  二方路線影響加算率    (4)
330,000円  ×   1.00    ×    0.02   =  6,600円
```

評価額の計算

正面路線価を基とした価額（(1)の金額）に側方路線影響加算額（(2)及び(3)の金額）、二方路線影響加算額（(4)の金額）を加算した金額に地積を乗じて評価額を計算します。

$$\underbrace{\left(\underbrace{380{,}000円}_{(1)} + \underbrace{10{,}767円}_{(2)} + \underbrace{10{,}767円}_{(3)} + \underbrace{6{,}600円}_{(4)} \right)}_{1㎡当たりの評価額} × 450㎡ = 183{,}660{,}300円$$

（注）
1　5-1の「間口が狭小な宅地等」と5-2の「不整形地」は重複して適用できません。
2　5-2の「不整形地」の「AからDまでのうち該当するもの」欄の価額について、AからDまでの欄で計算できない場合には、（第2表）の「備考」欄等で計算してください。
3　「がけ地等を有する宅地」であり、かつ、「土砂災害特別警戒区域内にある宅地」である場合については、8-1の「がけ地等を有する宅地」欄ではなく、8-2の「土砂災害特別警戒区域内にある宅地」欄で計算してください。

（資4-25-1-A4統一）

— 97 —

(11) 間口が狭小で奥行が長大な宅地（評基通20－4）

路線価 × 奥行価格補正率 × 間口狭小補正率 × 奥行長大補正率 ＝ 1㎡当たりの評価額

1㎡当たりの評価額 × 地積 ＝ 評価額

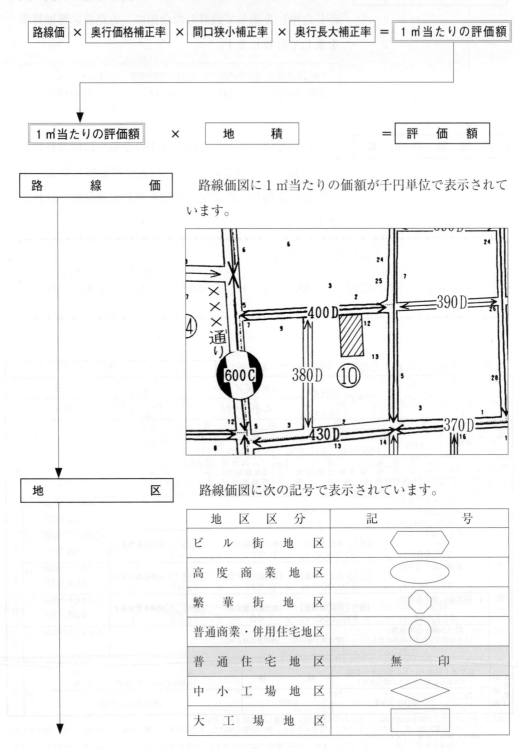

第3 宅地の評価

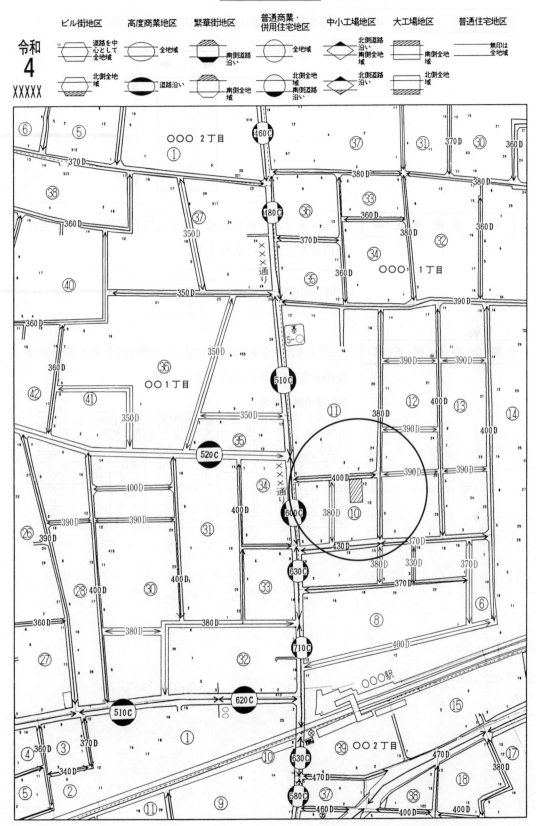

第1章 土地及び土地の上に存する権利

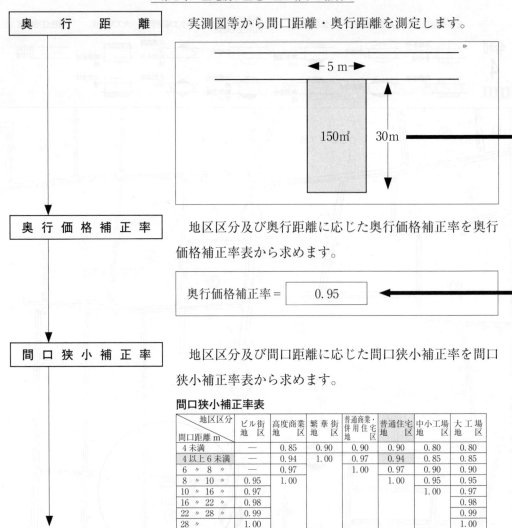

| 奥行距離 | 実測図等から間口距離・奥行距離を測定します。 |

| 奥行価格補正率 | 地区区分及び奥行距離に応じた奥行価格補正率を奥行価格補正率表から求めます。 |

奥行価格補正率 = 0.95

| 間口狭小補正率 | 地区区分及び間口距離に応じた間口狭小補正率を間口狭小補正率表から求めます。 |

間口狭小補正率表

地区区分 間口距離 m	ビル街地区	高度商業地区	繁華街地区	普通商業・併用住宅地区	普通住宅地区	中小工場地区	大工場地区
4 未満	—	0.85	0.90	0.90	0.90	0.80	0.80
4 以上 6 未満	—	0.94	1.00	0.97	0.94	0.85	0.85
6 〃 8 〃	—	0.97		1.00	0.97	0.90	0.90
8 〃 10 〃	0.95	1.00			1.00	0.95	0.95
10 〃 16 〃	0.97					1.00	0.97
16 〃 22 〃	0.98						0.98
22 〃 28 〃	0.99						0.99
28 〃	1.00						1.00

— 100 —

第3　宅地の評価

奥行価格補正率表

地区区分／奥行距離 m	ビル街地区	高度商業地区	繁華街地区	普通商業・併用住宅地区	普通住宅地区	中小工場地区	大工場地区
4未満	0.80	0.90	0.90	0.90	0.90	0.85	0.85
4以上 6未満		0.92	0.92	0.92	0.92	0.90	0.90
6 〃 8 〃	0.84	0.94	0.95	0.95	0.95	0.93	0.93
8 〃 10 〃	0.88	0.96	0.97	0.97	0.97	0.95	0.95
10 〃 12 〃	0.90	0.98	0.99	0.99	1.00	0.96	0.96
12 〃 14 〃	0.91	0.99	1.00	1.00		0.97	0.97
14 〃 16 〃	0.92	1.00				0.98	0.98
16 〃 20 〃	0.93					0.99	0.99
20 〃 24 〃	0.94					1.00	1.00
24 〃 28 〃	0.95				0.97		
28 〃 32 〃	0.96		0.98		0.95		
32 〃 36 〃	0.97		0.96	0.97	0.93		
36 〃 40 〃	0.98		0.94	0.95	0.92		
40 〃 44 〃	0.99		0.92	0.93	0.91		
44 〃 48 〃	1.00		0.90	0.91	0.90		
48 〃 52 〃		0.99	0.88	0.89	0.89		
52 〃 56 〃		0.98	0.87	0.88	0.88		
56 〃 60 〃		0.97	0.86	0.87	0.87		
60 〃 64 〃		0.96	0.85	0.86	0.86	0.99	
64 〃 68 〃		0.95	0.84	0.85	0.85	0.98	
68 〃 72 〃		0.94	0.83	0.84	0.84	0.97	
72 〃 76 〃		0.93	0.82	0.83	0.83	0.96	
76 〃 80 〃		0.92	0.81	0.82			
80 〃 84 〃		0.90	0.80	0.81	0.82	0.93	
84 〃 88 〃		0.88		0.80			
88 〃 92 〃		0.86			0.81	0.90	
92 〃 96 〃	0.99	0.84					
96 〃 100 〃	0.97	0.82					
100 〃	0.95	0.80			0.80		

— 101 —

第1章　土地及び土地の上に存する権利

| 奥 行 長 大 補 正 率 |

　地区区分及び間口距離に対する奥行距離の比率に応じた奥行長大補正率を奥行長大補正率表から求めます。

$$\frac{奥行距離}{間口距離} \Rightarrow \frac{30m}{5\,m} = \boxed{6}$$

奥行長大補正率表

地区区分 奥行距離 間口距離	ビル街地区	高度商業地区	繁華街地区	普通商業・併用住宅地区	普通住宅地区	中小工場地区	大工場地区
2以上3未満	1.00		1.00		0.98	1.00	1.00
3 〃 4 〃			0.99		0.96	0.99	
4 〃 5 〃			0.98		0.94	0.98	
5 〃 6 〃			0.96		0.92	0.96	
6 〃 7 〃			0.94		0.90	0.94	
7 〃 8 〃			0.92			0.92	
8 〃			0.90			0.90	

| 評 価 額 の 計 算 |

　路線価に奥行価格補正率、間口狭小補正率及び奥行長大補正率を乗じて計算した金額に地積を乗じて評価額を計算します。

1 ㎡当たりの評価額

路線価　奥行価格補正率　間口狭小補正率　奥行長大補正率　　地積　　評価額
400,000円×　0.95　×　0.94　×　0.90　×150㎡＝48,222,000円

第3　宅地の評価

土地及び土地の上に存する権利の評価明細書（第1表）

○○ 局(所) ×× 署	4 年分 ×××ページ

（住居表示）	（××区○○○1-10-3）	所有者	住所（所在地）	××区○○○1-10-3	使用者	住所（所在地）	同左
所在地番	××区○○○1-10-15		氏名（法人名）	大手 一郎		氏名（法人名）	同左

（平成三十一年一月分以降用）

地目	地積	路線価				地形図及び参考事項
（宅地）山林 田 雑種地 畑（　）	150 ㎡	正面 400,000 円	側方 円	側方 円	裏面 円	5m ← → 30m

間口距離	5 m	利用区分	（自用地）私道 貸宅地 貸家建付借地権 貸家建付地 転貸借地権 借地権（　）	地区区分	ビル街地区　（普通住宅地区） 高度商業地区　中小工場地区 繁華街地区　大工場地区 普通商業・併用住宅地区
奥行距離	30 m				

	自用地1平方メートル当たりの価額		
自 用 地 1 平 方 メ ー ト ル 当 た り の 価 額	**1** 一路線に面する宅地 （正面路線価）　　　　　　　（奥行価格補正率） 　　400,000 円 ×　　0.95	（1㎡当たりの価額） 　　380,000 円	A
	2 二路線に面する宅地 （A）　　　　［側方・裏面 路線価］（奥行価格補正率）［側方・二方 路線影響加算率］ 　　　円 ＋ （　　　円 ×　　.　　　　0.　　　）	（1㎡当たりの価額） 　　　円	B
	3 三路線に面する宅地 （B）　　　　［側方・裏面 路線価］（奥行価格補正率）［側方・二方 路線影響加算率］ 　　　円 ＋ （　　　円 ×　　.　　　　0.　　　）	（1㎡当たりの価額） 　　　円	C
	4 四路線に面する宅地 （C）　　　　［側方・裏面 路線価］（奥行価格補正率）［側方・二方 路線影響加算率］ 　　　円 ＋ （　　　円 ×　　.　　　　0.　　　）	（1㎡当たりの価額） 　　　円	D
	5-1 間口が狭小な宅地等 （AからDまでのうち該当するもの）（間口狭小補正率）（奥行長大補正率） 　　380,000 円 × （　0.94 ×　0.90 　）	（1㎡当たりの価額） 　　321,480 円	E
	5-2 不整形地 （AからDまでのうち該当するもの）　不整形地補正率※ 　　　円 ×　　0. ※不整形地補正率の計算 （想定整形地の間口距離）（想定整形地の奥行距離）（想定整形地の地積） 　　　m ×　　　m ＝　　　㎡ （想定整形地の地積）（不整形地の地積）（想定整形地の地積）（かげ地割合） （　　　㎡ －　　　㎡）÷　　　㎡ ＝　　　％ （不整形地補正率表の補正率）（間口狭小補正率）　小数点以下2位未満切捨て 　0.　　 ×　　.　　 ＝　0.　　 ① （奥行長大補正率）（間口狭小補正率） 　0.　　 ×　　.　　 ＝　0.　　 ②　　不整形地補正率（①、②のいずれか低い率、0.6を下限とする。）　0.	（1㎡当たりの価額） 　　　円	F
	6 地積規模の大きな宅地 （AからFまでのうち該当するもの）　規模格差補正率※ 　　　円 ×　　0. ※規模格差補正率の計算 （地積（Ⓐ））　（Ⓑ）　　（Ⓒ）　（地積（Ⓐ））　（小数点以下2位未満切捨て） {（　㎡ ×　　＋　　）÷　　㎡} × 0.8 ＝　0.	（1㎡当たりの価額） 　　　円	G
	7 無 道 路 地 （F又はGのうち該当するもの）　　　　（※） 　　　円 × （1 －　0.　　） ※割合の計算（0.4を上限とする。） （正面路線価）（通路部分の地積）（F又はGのうち該当するもの）（評価対象地の地積） （　　円 ×　　㎡）÷（　　円 ×　　㎡）＝ 0.	（1㎡当たりの価額） 　　　円	H
	8-1 がけ地等を有する宅地　［南 、東 、西 、北 ］ （AからHまでのうち該当するもの）（がけ地補正率） 　　　円 ×　　0.	（1㎡当たりの価額） 　　　円	I
	8-2 土砂災害特別警戒区域内にある宅地 （AからHまでのうち該当するもの）　特別警戒区域補正率※ 　　　円 ×　　0. ※がけ地補正率の適用がある場合の特別警戒区域補正率の計算（0.5を下限とする。） ［南 、東 、西、 北 ］ （特別警戒区域補正率表の補正率）（がけ地補正率）（小数点以下2位未満切捨て） 　0.　　 ×　0.　　 ＝　0.	（1㎡当たりの価額） 　　　円	J
	9 容積率の異なる2以上の地域にわたる宅地 （AからJまでのうち該当するもの）（控除割合（小数点以下3位未満四捨五入）） 　　　円 × （1 －　0.　　）	（1㎡当たりの価額） 　　　円	K
	10 私 道 （AからKまでのうち該当するもの） 　　　円 ×　　0.3	（1㎡当たりの価額） 　　　円	L

自用地の評価額	自用地1平方メートル当たりの価額 （AからLまでのうちの該当記号）	地 積	総 額 （自用地1㎡当たりの価額）×（地 積）	
	（ E ） 　321,480 円	150 ㎡	48,222,000 円	M

（注）1　5-1の「間口が狭小な宅地等」と5-2の「不整形地」は重複して適用できません。
　　　2　5-2の「不整形地」の「AからDまでのうち該当するもの」欄の価額について、AからDまでの欄で計算できない場合には、（第2表）の「備考」欄等で計算してください。
　　　3　「がけ地等を有する宅地」であり、かつ、「土砂災害特別警戒区域内にある宅地」である場合については、8-1の「がけ地等を有する宅地」欄ではなく、8-2の「土砂災害特別警戒区域内にある宅地」欄で計算してください。

（資4-25-1-A4統一）

(12) 路地状部分を含む宅地（評基通20、20-4）

路線価 × 奥行価格補正率 × 不整形地補正率 ＝ 1㎡当たり評価額 ………………①

路線価 × 奥行価格補正率 × 間口狭小補正率 × 奥行長大補正率 ＝ 1㎡当たりの評価額 ……②

①又は②のいずれか低い方の価額で評価します。

1㎡当たりの評価額 × 地積 ＝ 評価額

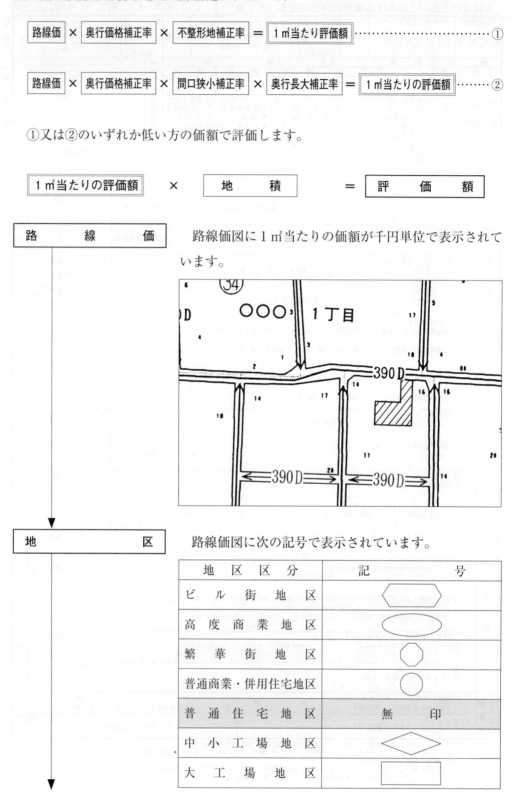

第3 宅地の評価

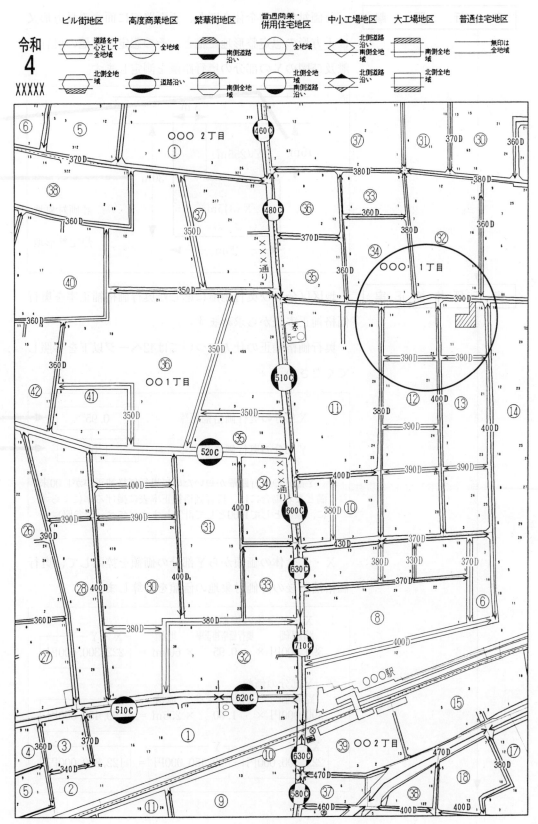

| 奥 行 距 離 | 評価対象地の全体を囲む、正面路線に面する長方形又は正方形の想定整形地を描き、その想定整形地の奥行距離及び図のYの部分の奥行距離を測定します。 |

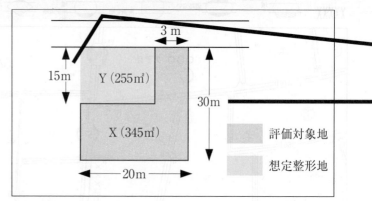

| 奥 行 価 格 補 正 率 | 地区区分及び奥行距離に応じた奥行価格補正率を奥行価格補正率表から求めます。

奥行価格補正の仕方については42ページ以下を参照してください。 |

| X部分の奥行価格補正率 | = | 0.95 |
| Y部分の奥行価格補正率 | = | 1.00 |

※ Y部分の奥行距離が短いために奥行価格補正率が1.00未満となる場合には、奥行価格補正率表に掲げる率によらずに、原則として1.00として計算します（45ページ参照）。

X・Y全体の価額からY部分の価額を控除して、奥行価格補正後の評価対象地の価額を計算します。

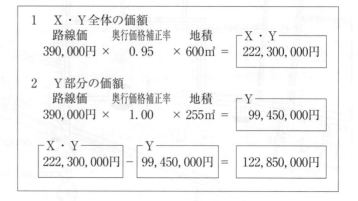

— 106 —

第3　宅地の評価

奥行価格補正率表

地区区分 / 奥行距離 m	ビル街地区	高度商業地区	繁華街地区	普通商業・併用住宅地区	普通住宅地区	中小工場地区	大工場地区
4 未満	0.80	0.90	0.90	0.90	0.90	0.85	0.85
4 以上　6 未満		0.92	0.92	0.92	0.92	0.90	0.90
6 〃　8 〃	0.84	0.94	0.95	0.95	0.95	0.93	0.93
8 〃　10 〃	0.88	0.96	0.97	0.97	0.97	0.95	0.95
10 〃　12 〃	0.90	0.98	0.99	0.99	1.00	0.96	0.96
12 〃　14 〃	0.91	0.99	1.00	1.00		0.97	0.97
14 〃　16 〃	0.92	1.00				0.98	0.98
16 〃　20 〃	0.93					0.99	0.99
20 〃　24 〃	0.94					1.00	1.00
24 〃　28 〃	0.95				0.97		
28 〃　32 〃	0.96		0.98		0.95		
32 〃　36 〃	0.97		0.96	0.97	0.93		
36 〃　40 〃	0.98		0.94	0.95	0.92		
40 〃　44 〃	0.99		0.92	0.93	0.91		
44 〃　48 〃	1.00		0.90	0.91	0.90		
48 〃　52 〃		0.99	0.88	0.89	0.89		
52 〃　56 〃		0.98	0.87	0.88	0.88		
56 〃　60 〃		0.97	0.86	0.87	0.87		
60 〃　64 〃		0.96	0.85	0.86	0.86	0.99	
64 〃　68 〃		0.95	0.84	0.85	0.85	0.98	
68 〃　72 〃		0.94	0.83	0.84	0.84	0.97	
72 〃　76 〃		0.93	0.82	0.83	0.83	0.96	
76 〃　80 〃		0.92	0.81	0.82			
80 〃　84 〃		0.90	0.80	0.81	0.82	0.93	
84 〃　88 〃		0.88		0.80			
88 〃　92 〃		0.86			0.81	0.90	
92 〃　96 〃	0.99	0.84					
96 〃　100 〃	0.97	0.82					
100 〃	0.95	0.80			0.80		

第1章　土地及び土地の上に存する権利

間口狭小補正率　　地区区分及び間口距離に応じた間口狭小補正率を間口狭小補正率表から求めます。

間口狭小補正率表

地区区分 間口距離 m	ビル街地区	高度商業地区	繁華街地区	普通商業・併用住宅地区	普通住宅地区	中小工場地区	大工場地区
4未満	—	0.85	0.90	0.90	0.90	0.80	0.80
4以上6未満	—	0.94	1.00	0.97	0.94	0.85	0.85
6 〃 8 〃	—	0.97		1.00	0.97	0.90	0.90
8 〃 10 〃	0.95	1.00			1.00	0.95	0.95
10 〃 16 〃	0.97					1.00	0.97
16 〃 22 〃	0.98						0.98
22 〃 28 〃	0.99						0.99
28 〃	1.00						1.00

不整形地補正率　　次の算式でかげ地割合を計算します。

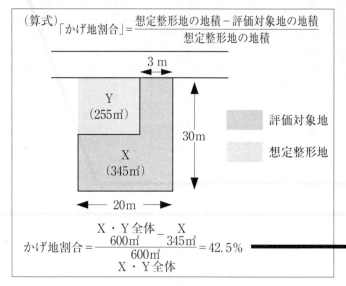

地区及び地積に応じた地積区分（A～C）を求め、地区区分、地積区分及びかげ地割合に応じた不整形地補正率を不整形地補正率表から求めます。更に、間口狭小補正率を乗じて不整形地補正率を計算します。

　　不整形地補正率　間口狭小補正率
　　　0.85　　×　　0.90　　≒ 0.76（小数点以下2位未満切捨て）
　　　　　　　　　　　　※　0.60を限度とします。

第3　宅地の評価

不整形地補正率を算定する際の地積区分表

地区区分　　　　　　地積区分	A	B	C
高 度 商 業 地 区	1,000㎡未満	1,000㎡以上 1,500㎡未満	1,500㎡以上
繁 華 街 地 区	450㎡　〃	450㎡以上 700㎡未満	700㎡　〃
普通商業・併用住宅地区	650㎡　〃	650㎡以上 1,000㎡未満	1,000㎡　〃
普 通 住 宅 地 区	500㎡　〃	500㎡以上 750㎡未満	750㎡　〃
中 小 工 場 地 区	3,500㎡　〃	3,500㎡以上 5,000㎡未満	5,000㎡　〃

評価対象地の地積345㎡

不整形地補正率表

地区区分 地積区分 かげ地割合	高度商業地区、繁華街地区、 普通商業・併用住宅地区、中小工場地区			普 通 住 宅 地 区		
	A	B	C	A	B	C
10%　以　上	0.99	0.99	1.00	0.98	0.99	0.99
15%　〃	0.98	0.99	0.99	0.96	0.98	0.99
20%　〃	0.97	0.98	0.99	0.94	0.97	0.98
25%　〃	0.96	0.98	0.99	0.92	0.95	0.97
30%　〃	0.94	0.97	0.98	0.90	0.93	0.96
35%　〃	0.92	0.95	0.98	0.88	0.91	0.94
40%　〃	0.90	0.93	0.97	0.85	0.88	0.92
45%　〃	0.87	0.91	0.95	0.82	0.85	0.90
50%　〃	0.84	0.89	0.93	0.79	0.82	0.87
55%　〃	0.80	0.87	0.90	0.75	0.78	0.83
60%　〃	0.76	0.84	0.86	0.70	0.73	0.78
65%　〃	0.70	0.75	0.80	0.60	0.65	0.70

第1章　土地及び土地の上に存する権利

| 奥 行 長 大 補 正 率 | 地区区分及び間口距離に対する奥行距離の比率に応じた奥行長大補正率を奥行長大補正率表から求めます。 |

$$\frac{奥行距離}{間口距離} \Rightarrow \frac{30\text{m}}{3\text{m}} = \boxed{10}$$

奥行長大補正率表

奥行距離÷間口距離 \ 地区区分	ビル街地区	高度商業地区	繁華街地区	普通商業・併用住宅地区	普通住宅地区	中小工場地区	大工場地区
2以上3未満	1.00		1.00		0.98	1.00	1.00
3 〃 4 〃			0.99		0.96	0.99	
4 〃 5 〃			0.98		0.94	0.98	
5 〃 6 〃			0.96		0.92	0.96	
6 〃 7 〃			0.94		0.90	0.94	
7 〃 8 〃			0.92			0.92	
8 〃			0.90			0.90	

| 評 価 額 の 計 算 | 次の算式で計算した価額のうちいずれか低い方の価額で計算します。 |

奥行価格補正後の価額　　不整形地補正率
122,850,000円　　　×　　　0.76　　　　　　　　　= 93,366,000円 …………①

奥行価格補正後の価額　間口狭小補正率　奥行長大補正率
122,850,000円　　　×　　0.90　　　×　　　0.90　　= 99,508,500円 …………②

①93,366,000円　　＜　　②99,508,500円

よって、評価額は①93,366,000円となります。

— 110 —

第3 宅地の評価

土地及び土地の上に存する権利の評価明細書 （第1表）

| | | ○○ 局(所) ×× 署 | 4 年分 | ××××× | ページ |

（住居表示）	(××区○○○1-13-3)	
所 在 地 番 ××区○○○1-13-15	所有者 住所(所在地) ××区○○○1-13-3 / 氏名(法人名) 大手 一郎	使用者 住所(所在地) 同左 / 氏名(法人名) 同左

（平成三十一年一月分以降用）

地目 （宅地）山林 田 雑種地 畑（ ）	地積 345 ㎡	路線価 正面 390,000 円 側方 円 側方 円 裏面 円	地形図及び参考事項

| 間口距離 3 m | 利用区分 （自用地）私道 貸宅地 貸家建付借地権 貸家建付地 転貸借地権 借地権（ ） | 地区区分 ビル街地区 高度商業地区 繁華街地区 普通商業・併用住宅地区 （普通住宅地区） 中小工場地区 大工場地区 |
| 奥行距離 30 m | | |

地形図：3m、Y、X、30m、20m

自用地1平方メートル当たりの価額				（1㎡当たりの価額）	
1 一路線に面する宅地 X＋Y （正面路線価） 390,000 円 × （奥行価格補正率） 0.95 地積 × 600 ㎡				222,300,000 円	A
2 二路線に面する宅地 Y （A） 390,000 円 [側方・裏面 路線価] × 円 × （奥行価格補正率） 1.00 [側方・二方 路線影響加算率] × 0. 地積 255 ㎡				99,450,000 円	B
3 三路線に面する宅地 A－B （B） ＋ 円 [側方・裏面 路線価] × （奥行価格補正率） 円 × [側方・二方 路線影響加算率] 0.				122,850,000 円	C
4 四路線に面する宅地 （C） ＋ 円 [側方・裏面 路線価] × （奥行価格補正率） 円 × [側方・二方 路線影響加算率] 0.				円	D
5-1 間口が狭小な宅地等 （AからDまでのうち該当するもの） 円 × （間口狭小補正率） （ ． （奥行長大補正率） × ． ）				円	E
5-2 不整形地 （AからDまでのうち該当するもの） 122,850,000 円 × 不整形地補正率※ 0.76 ※不整形地補正率の計算 （想定整形地の間口距離） 20 m × （想定整形地の奥行距離） 30 m ＝ （想定整形地の地積） 600 ㎡ （想定整形地の地積） （ 600 ㎡ － （不整形地の地積） 345 ㎡ ） ÷ （想定整形地の地積） 600 ㎡ ＝ （かげ地割合） 42.5 ％ （不整形地補正率表の補正率） 0.85 × （間口狭小補正率） 0.90 ＝ 0.76 ① （奥行長大補正率） 0.90 × （間口狭小補正率） 0.90 ＝ 0.81 ② [不整形地補正率 ①、②のいずれか低い 率、0.6を下限とする。] 0.76				93,366,000 円	F
6 地積規模の大きな宅地 （AからFまでのうち該当するもの） 円 × 規模格差補正率※ 0. ※規模格差補正率の計算 （地積（Ⓐ）） （ ㎡× Ⓑ ＋ Ⓒ ） ÷ （地積（Ⓐ）） ㎡ ｝× 0.8 ＝ （小数点以下2位未満切捨て） 0.				円	G
7 無 道 路 地 （F又はGのうち該当するもの） 円 × （1 － 0. （※） ） ※割合の計算（0.4を上限とする。） （正面路線価） 円 × （通路部分の地積） ㎡ ÷ （F又はGのうち該当するもの） 円 × （評価対象地の地積） ㎡ ＝ 0.				円	H
8-1 がけ地等を有する宅地 〔 南 、 東 、 西 、 北 〕 （AからHまでのうち該当するもの） 円 × （がけ地補正率） 0.				円	I
8-2 土砂災害特別警戒区域内にある宅地 （AからHまでのうち該当するもの） 円 × 特別警戒区域補正率※ 0. ※がけ地補正率の適用がある場合の特別警戒区域補正率の計算（0.5を下限とする。） 〔 南、東、西、北 〕 （特別警戒区域補正率表の補正率） 0. × （がけ地補正率） 0. ＝ （小数点以下2位未満切捨て） 0.				円	J
9 容積率の異なる2以上の地域にわたる宅地 （AからJまでのうち該当するもの） 円 × （1 － （控除割合（小数点以下3位未満四捨五入）） 0. ）				円	K
10 私 道 （AからKまでのうち該当するもの） 円 × 0.3				円	L

自用地の評価額	自用地1平方メートル当たりの価額 （AからLまでのうちの該当記号） （ F ） 円	地 積 345 ㎡	総 額 （自用地1㎡当たりの価額）×（地 積） 93,366,000 円	M

（注）1 5-1の「間口が狭小な宅地等」と5-2の「不整形地」は重複して適用できません。
2 5-2の「不整形地」の「AからDまでのうち該当するもの」欄の価額について、AからDまでの欄で計算できない場合には、（第2表）の「備考」欄等で計算してください。
3 「がけ地等を有する宅地」であり、かつ、「土砂災害特別警戒区域内にある宅地」である場合については、8-1の「がけ地等を有する宅地」欄ではなく、8-2の「土砂災害特別警戒区域内にある宅地」欄で計算してください。

（資4-25-1-A4統一）

チェックポイント5

想定整形地の取り方

評価対象地の全体を囲む、正面路線に面する長方形又は正方形を想定します。

想定整形地の取り方の具体例

①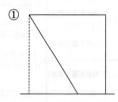
②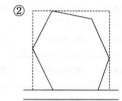
③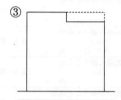

④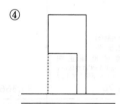
⑤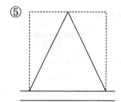
⑥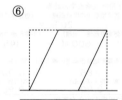

⑦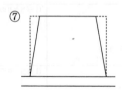
⑧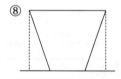
⑨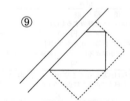

⑩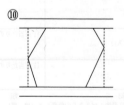
⑪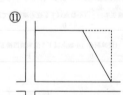
⑫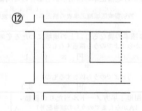

第3 宅地の評価

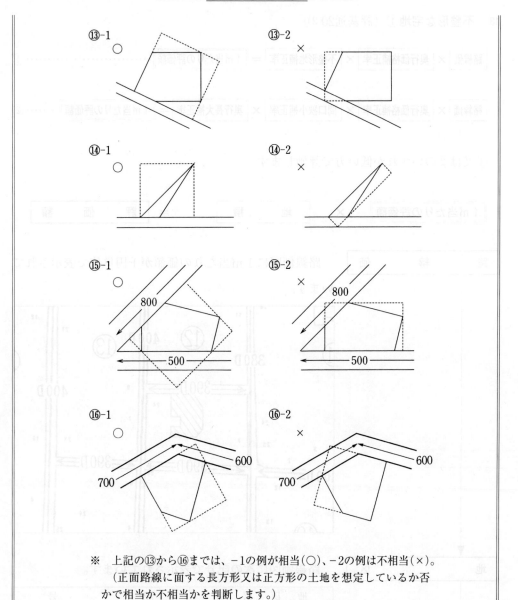

※ 上記の⑬から⑯までは、-1の例が相当(○)、-2の例は不相当(×)。
（正面路線に面する長方形又は正方形の土地を想定しているか否かで相当か不相当かを判断します。）

(13) **不整形な宅地①（評基通20(2)）**

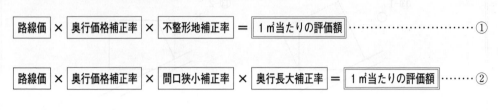

①又は②のいずれか低い方で評価します。

| 路　線　価 | 路線価図に1㎡当たりの価額が千円単位で表示されています。 |

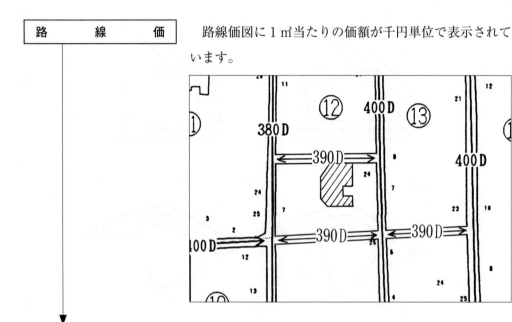

| 地　　　区 | 路線価図に次の記号で表示されています。 |

地　区　区　分	記　　　号
ビ　ル　街　地　区	⬡
高　度　商　業　地　区	⬭
繁　華　街　地　区	⯃
普通商業・併用住宅地区	◯
普　通　住　宅　地　区	無　印
中　小　工　場　地　区	◇
大　工　場　地　区	▢

第3 宅地の評価

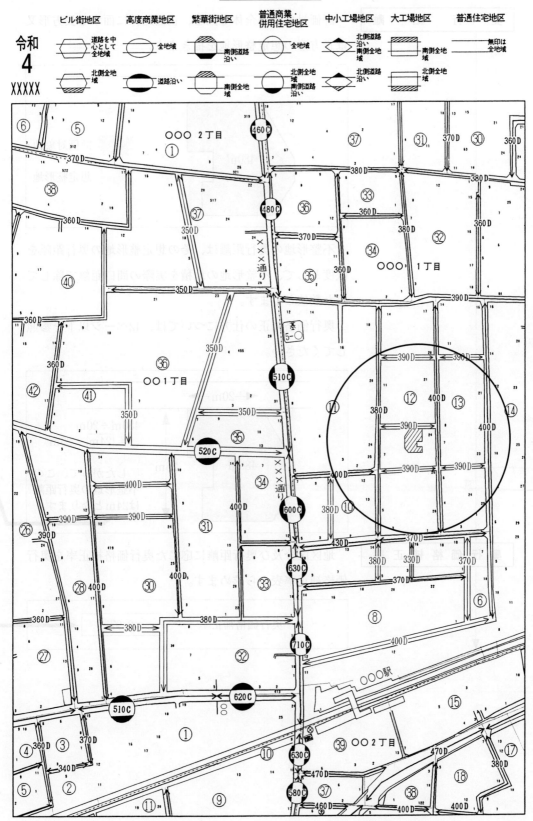

| 奥　行　距　離 | 評価対象地の全体を囲む、正面路線に面する長方形又は正方形の想定整形地を描きます。 |

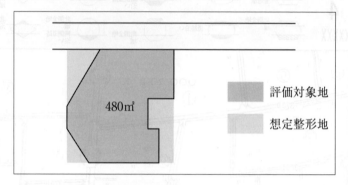

　不整形地の奥行距離は、その想定整形地の奥行距離を限度として、不整形地の地積を実際の間口距離で除して得た数値とします。

　奥行価格補正の仕方については、42ページ以下を参照してください。

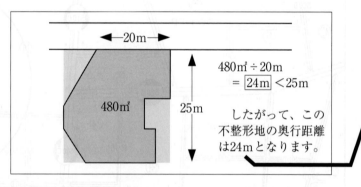

| 奥　行　価　格　補　正　率 | 地区区分及び奥行距離に応じた奥行価格補正率を奥行価格補正率表から求めます。 |

　　　　奥行価格補正率　＝　　0.97

第3 宅地の評価

奥行価格補正率表

奥行距離 m	ビル街地区	高度商業地区	繁華街地区	普通商業・併用住宅地区	普通住宅地区	中小工場地区	大工場地区
4 未満	0.80	0.90	0.90	0.90	0.90	0.85	0.85
4 以上 6 未満		0.92	0.92	0.92	0.92	0.90	0.90
6 〃 8 〃	0.84	0.94	0.95	0.95	0.95	0.93	0.93
8 〃 10 〃	0.88	0.96	0.97	0.97	0.97	0.95	0.95
10 〃 12 〃	0.90	0.98	0.99	0.99	1.00	0.96	0.96
12 〃 14 〃	0.91	0.99	1.00	1.00		0.97	0.97
14 〃 16 〃	0.92	1.00				0.98	0.98
16 〃 20 〃	0.93					0.99	0.99
20 〃 24 〃	0.94					1.00	1.00
24 〃 28 〃	0.95				0.97		
28 〃 32 〃	0.96		0.98		0.95		
32 〃 36 〃	0.97		0.96	0.97	0.93		
36 〃 40 〃	0.98		0.94	0.95	0.92		
40 〃 44 〃	0.99		0.92	0.93	0.91		
44 〃 48 〃	1.00		0.90	0.91	0.90		
48 〃 52 〃		0.99	0.88	0.89	0.89		
52 〃 56 〃		0.98	0.87	0.88	0.88		
56 〃 60 〃		0.97	0.86	0.87	0.87		
60 〃 64 〃		0.96	0.85	0.86	0.86	0.99	
64 〃 68 〃		0.95	0.84	0.85	0.85	0.98	
68 〃 72 〃		0.94	0.83	0.84	0.84	0.97	
72 〃 76 〃		0.93	0.82	0.83	0.83	0.96	
76 〃 80 〃		0.92	0.81	0.82			
80 〃 84 〃		0.90	0.80	0.81	0.82	0.93	
84 〃 88 〃		0.88		0.80			
88 〃 92 〃		0.86			0.81	0.90	
92 〃 96 〃	0.99	0.84					
96 〃 100 〃	0.97	0.82					
100 〃	0.95	0.80			0.80		

— 117 —

| 間口狭小補正率 | 間口距離及び地区に応じた間口狭小補正率を間口狭小補正率表から求めます。 |

間口狭小補正率表

地区区分 間口距離 m	ビル街地区	高度商業地区	繁華街地区	普通商業・併用住宅地区	普通住宅地区	中小工場地区	大工場地区
4 未満	—	0.85	0.90	0.90	0.90	0.80	0.80
4 以上 6 未満	—	0.94	1.00	0.97	0.94	0.85	0.85
6 〃 8 〃	—	0.97		1.00	0.97	0.90	0.90
8 〃 10 〃	0.95	1.00			1.00	0.95	0.95
10 〃 16 〃	0.97					1.00	0.97
16 〃 22 〃	0.98						0.98
22 〃 28 〃	0.99						0.99
28 〃	1.00						1.00

| 不整形地補正率 | 次の算式でかげ地割合を計算します。 |

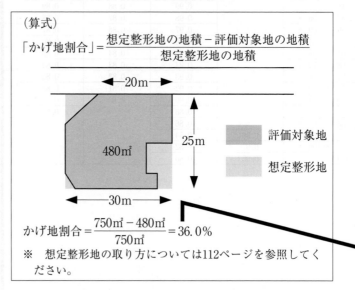

(算式)
$$\text{「かげ地割合」} = \frac{\text{想定整形地の地積} - \text{評価対象地の地積}}{\text{想定整形地の地積}}$$

$$\text{かげ地割合} = \frac{750㎡ - 480㎡}{750㎡} = 36.0\%$$

※ 想定整形地の取り方については112ページを参照してください。

地区及び地積に応じた地積区分を求め、地区区分、地積区分及びかげ地割合に応じた不整形地補正率を不整形地補正率表から求めます。間口狭小補正の適用があるものについては、更に間口狭小補正率を乗じて不整形地補正率を計算します。

不整形地補正率　間口狭小補正率
　　0.88　×　1.00　≒ 0.88（小数点以下2位未満切捨て）
　　　　　　　　※　0.60を限度とします。

第3　宅地の評価

不整形地補正率を算定する際の地積区分表

地区区分　＼　地積区分	A	B	C
高 度 商 業 地 区	1,000㎡未満	1,000㎡以上 1,500㎡未満	1,500㎡以上
繁 華 街 地 区	450㎡ 〃	450㎡以上 700㎡未満	700㎡ 〃
普通商業・併用住宅地区	650㎡ 〃	650㎡以上 1,000㎡未満	1,000㎡ 〃
普 通 住 宅 地 区	500㎡ 〃	500㎡以上 750㎡未満	750㎡ 〃
中 小 工 場 地 区	3,500㎡ 〃	3,500㎡以上 5,000㎡未満	5,000㎡ 〃

評価対象地の地積480㎡

不整形地補正率表

かげ地割合　＼　地積区分	高度商業地区、繁華街地区、 普通商業・併用住宅地区、中小工場地区			普 通 住 宅 地 区		
	A	B	C	A	B	C
10% 以 上	0.99	0.99	1.00	0.98	0.99	0.99
15% 〃	0.98	0.99	0.99	0.96	0.98	0.99
20% 〃	0.97	0.98	0.99	0.94	0.97	0.98
25% 〃	0.96	0.98	0.99	0.92	0.95	0.97
30% 〃	0.94	0.97	0.98	0.90	0.93	0.96
35% 〃	0.92	0.95	0.98	0.88	0.91	0.94
40% 〃	0.90	0.93	0.97	0.85	0.88	0.92
45% 〃	0.87	0.91	0.95	0.82	0.85	0.90
50% 〃	0.84	0.89	0.93	0.79	0.82	0.87
55% 〃	0.80	0.87	0.90	0.75	0.78	0.83
60% 〃	0.76	0.84	0.86	0.70	0.73	0.78
65% 〃	0.70	0.75	0.80	0.60	0.65	0.70

第1章　土地及び土地の上に存する権利

| 奥 行 長 大 補 正 率 |

地区区分及び間口距離に対する奥行距離の比率に応じた奥行長大補正率を奥行長大補正率表から求めます。

$$\frac{奥行距離}{間口距離} \Rightarrow \frac{24m}{20m} = \boxed{1.2}$$

この土地は、奥行長大補正の適用はありません。

奥行長大補正率表

奥行距離／間口距離	ビル街地区	高度商業地区	繁華街地区	普通商業・併用住宅地区	普通住宅地区	中小工場地区	大工場地区
2以上3未満	1.00		1.00		0.98	1.00	1.00
3 〃 4 〃			0.99		0.96	0.99	
4 〃 5 〃			0.98		0.94	0.98	
5 〃 6 〃			0.96		0.92	0.96	
6 〃 7 〃			0.94		0.90	0.94	
7 〃 8 〃			0.92			0.92	
8 〃			0.90			0.90	

| 評 価 額 の 計 算 |

次の算式で計算した価額のうちいずれか低い方の価額で計算します。

```
　路線価　　奥行価格補正率　不整形地補正率
390,000円×　　0.97　　　×　　0.88　　　＝332,904円‥‥‥‥‥‥‥‥‥‥‥‥①

　路線価　　奥行価格補正率　間口狭小補正率　奥行長大補正率
390,000円×　　0.97　　　×　　1.00　　　×　　1.00　　＝378,300円‥‥‥‥‥②

①332,904円　＜　②378,300円

1㎡当たり評価額　　地積　　　評価額
　332,904円　　　×480㎡＝159,793,920円
```

— 120 —

第3 宅地の評価

土地及び土地の上に存する権利の評価明細書（第1表）

| | | ○○ 局(所) ×× 署 | 4 年分 | ×××××ページ |

(住居表示)	(××区○○○1-12-3)	所有者	住 所 (所在地)	××区○○○1-12-3	使用者	住 所 (所在地)	同左
所 在 地 番	××区○○○1-12-15		氏 名 (法人名)	大手 一郎		氏 名 (法人名)	同左

地 目	地 積	路 線 価	地形図及び参考事項

(宅地) 山 林
田　雑種地
畑　( )　　480 ㎡

	正 面	側 方	側 方	裏 面
	390,000 円	円	円	円

地形図：20m／25m／30m

| 間口距離 20 m | 利用区分 | 自用地 私 道 貸家建付借地権 | 地区区分 | ビル街地区 （普通住宅地区） |
| 奥行距離 24 m | | 貸宅地 貸家建付地 転貸借地権 借地権 ( ) | | 高度商業地区 中小工場地区 繁華街地区 大工場地区 普通商業・併用住宅地区 |

平成三十一年一月分以降用

自用地1平方メートル当たりの価額

			(1㎡当たりの価額)	
自 用 地 1 平 方 メ ー ト ル 当 た り の 価 額	1 一路線に面する宅地 (正面路線価) (奥行価格補正率) 390,000 円 × 0.97		378,300 円	A
	2 二路線に面する宅地 (A) [側方・裏面 路線価] (奥行価格補正率) [側方・二方 路線影響加算率] 円 + (円 × 0. × 0.)		円	B
	3 三路線に面する宅地 (B) [側方・裏面 路線価] (奥行価格補正率) [側方・二方 路線影響加算率] 円 + (円 × 0. × 0.)		円	C
	4 四路線に面する宅地 (C) [側方・裏面 路線価] (奥行価格補正率) [側方・二方 路線影響加算率] 円 + (円 × 0. × 0.)		円	D
	5-1 間口が狭小な宅地等 (AからDまでのうち該当するもの) (間口狭小補正率) (奥行長大補正率) 円 × (. × .)		円	E
	5-2 不 整 形 地 (AからDまでのうち該当するもの) 不整形地補正率※ 378,300 円 × 0.88 ※不整形地補正率の計算 (想定整形地の間口距離) (想定整形地の奥行距離) (想定整形地の地積) 30 m × 25 m = 750 ㎡ (想定整形地の地積) (不整形地の地積) (想定整形地の地積) (かげ地割合) (750 ㎡ － 480 ㎡) ÷ 750 ㎡ = 36 % (不整形地補正率表の補正率) (間口狭小補正率) 0.88 × 1.00 = 0.88 ① (奥行長大補正率) (間口狭小補正率) 1.00 × 1.00 = 1.00 ②	不整形地補正率 (①、②のいずれか低い率、0.6を下限とする。) 0.88	332,904 円	F
	6 地積規模の大きな宅地 (AからFまでのうち該当するもの) 規模格差補正率※ 円 × 0. ※規模格差補正率の計算 (地積(Ⓐ)) (Ⓑ) (ⓒ) (地積(Ⓐ)) (小数点以下2位未満切捨て) {(㎡ × +) ÷ ㎡ } × 0.8 = 0.		円	G
	7 無 道 路 地 (F又はGのうち該当するもの) (※) 円 × (1 － 0.) ※割合の計算 (0.4を上限とする。) (正面路線価) (通路部分の地積) (F又はGのうち該当するもの) (評価対象地の地積) 円 × ㎡) ÷ (円 × ㎡) = 0.		円	H
	8-1 がけ地等を有する宅地 〔 南 、 東 、 西 、 北 〕 (AからHまでのうち該当するもの) (がけ地補正率) 円 × 0.		円	I
	8-2 土砂災害特別警戒区域内にある宅地 (AからHまでのうち該当するもの) 特別警戒区域補正率※ 円 × 0. ※がけ地補正率の適用がある場合の特別警戒区域補正率の計算 (0.5を下限とする。) 〔 南 、 東 、 西 、 北 〕 (特別警戒区域補正率表の補正率) (がけ地補正率) (小数点以下2位未満切捨て) 0. × 0. = 0.		円	J
	9 容積率の異なる2以上の地域にわたる宅地 (AからJまでのうち該当するもの) (控除割合 (小数点以下3位未満四捨五入)) 円 × (1 － 0.)		円	K
	10 私 道 (AからKまでのうち該当するもの) 円 × 0.3		円	L

自用地の評価額	自用地1平方メートル当たりの価額 (AからLまでのうちの該当記号)	地 積	総 額 (自用地1㎡当たりの価額) × (地 積)	
	(F) 332,904 円	480 ㎡	159,793,920 円	M

(注) 1 5-1の「間口が狭小な宅地等」と5-2の「不整形地」は重複して適用できません。
2 5-2の「不整形地」の「AからDまでのうち該当するもの」欄の価額について、AからDまでの欄で計算できない場合には、（第2表）の「備考」欄等で計算してください。
3 「がけ地等を有する宅地」であり、かつ、「土砂災害特別警戒区域内にある宅地」である場合については、8-1の「がけ地等を有する宅地」欄ではなく、8-2の「土砂災害特別警戒区域内にある宅地」欄で計算してください。

(資4-25-1-A4統一)

【設例 8】

不整形地の評価──不整形地としての評価を行わない場合

(問) 次のような帯状部分を有する宅地はどのように評価しますか。

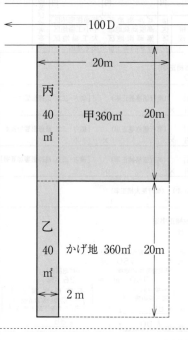

(答) 帯状部分（乙）とその他部分（甲・丙）に分けて評価した価額の合計額により評価し、不整形地としての評価は行いません。

(計算例)

1　甲、丙土地を合わせて評価した価額

　　　路線価　　奥行価格補正率　　地積　　（甲＋丙）土地の評価額
　　100,000円×　　1.00　　×400㎡＝　　40,000,000円

2　乙土地の評価額

(1)　乙、丙土地を合わせた土地の奥行価格補正後の価額

　　　路線価　　奥行価格補正率　地積
　　100,000円×　　0.91　　×80㎡＝7,280,000円

(2)　丙土地の奥行価格補正後の価額

　　　路線価　　奥行価格補正率　地積
　　100,000円×　　1.00　　×40㎡＝4,000,000円

(3)　(1)の価額から(2)の価額を差し引いて計算した乙土地の奥行価格補正後の価額

　　　(1)の価額　　(2)の価額　　乙土地の奥行価格補正後の価額
　　7,280,000円－4,000,000円＝　　3,280,000円

第3　宅地の評価

(4)　乙土地の評価額

　　乙土地が帯状部分でないその他部分（丙、甲）に面している長さを乙土地の間
口距離（2m）と、乙＋丙の奥行距離を乙土地の奥行距離（40m）とみなし、(3)で
求めた価額に間口狭小・奥行長大補正率を適用します。なお、乙土地は前面の道
路に接する丙土地を通じて道路に到達するので無道路地としての評価はしません。

　　乙土地の奥行価
　　格補正後の価額　間口狭小補正率　奥行長大補正率　乙土地の評価額
　　　3,280,000円　×　　0.90　　×　　0.90　　＝　2,656,800円

3　評価額

　　(甲＋丙)土地の評価額　乙土地の評価額
　　　40,000,000円　＋　2,656,800円　＝42,656,800円

(参考)

　次のように、帯状部分を有する土地について、形式的に不整形地補正を行うとかげ地割合
が過大となり、帯状部分以外の部分（甲＋丙）を単独で評価した価額（40,000千円）より低
い不合理な評価額となるため、不整形地としての評価は行いません。

　評価対象地を不整形地として評価するとした場合

1　甲地の奥行価格補正後の価額
　　　路線価　　奥行価格補正率　地積
　　100,000円×　　1.00　　×360㎡＝36,000,000円

2　乙・丙地の奥行価格補正後の価額
　　　路線価　　奥行価格補正率　地積
　　100,000円×　　0.91　　×80㎡＝7,280,000円

3　不整形地補正率
　　不整形地補正率　0.82（普通住宅地区　地積区分A　かげ地割合45%）

$$\text{かげ地割合} = \frac{\overset{\text{想定整形地の地積}}{800㎡} - \overset{\text{不整形地の地積}}{440㎡}}{\underset{\text{想定整形地の地積}}{800㎡}} = 45\%$$

4　評価額
　　(甲＋乙・丙)土地　不整形地補正率　　　　　　　　(甲＋丙)土地
　　　43,280,000円　×　　0.82　　＝35,489,600＜40,000,000円

— 123 —

第1章　土地及び土地の上に存する権利

⒁　不整形な宅地②（奥行距離の異なるごとに区分できる場合）（評基通20(1)）

| 路線価 | × | 計算上の奥行距離による奥行価格補正率 | × | 地　積 | = | 計算上の奥行距離による価額 | … ① |

| 路線価 | × | 奥行価格補正率 | × | 地積 | + | 路線価 | × | 奥行価格補正率 | × | 地積 | + …… |

　　　　　　　各部分の価額

　　　　……＋ | 路線価 | × | 奥行価格補正率 | × | 地積 | = | 各部分の価額の合計 | …… ②

①又は②のいずれか低い方の価額に不整形地補正率を乗じた価額で評価します。

| ①又は②のいずれか低い方の価額 | × | 不整形地補正率 | = | 評　　価　　額 |

| 路　　　線　　　価 | 路線価図に１㎡当たりの価額が千円単位で表示されています。 |

| 地　　　　　　区 | 路線価図に次の記号で表示されています。 |

地　区　区　分	記　　　　号
ビ　ル　街　地　区	
高　度　商　業　地　区	
繁　華　街　地　区	
普通商業・併用住宅地区	
普　通　住　宅　地　区	無　　　印
中　小　工　場　地　区	
大　工　場　地　区	

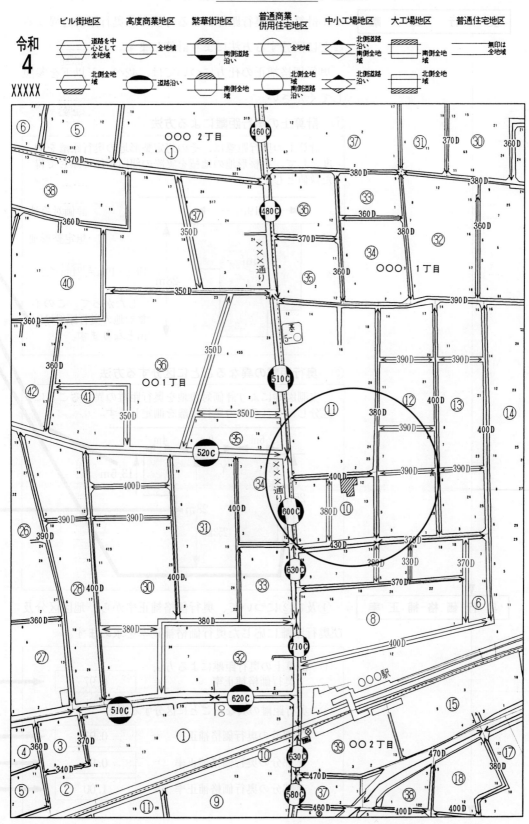

| 奥 行 距 離 | ①計算上の奥行距離による方法と②奥行距離の異なるごとに区分する方法により計算します。

奥行価格補正の仕方については、42ページ以下を参照してください。

① 計算上の奥行距離による方法

計算上の奥行距離は、その想定整形地の奥行距離を限度として、不整形地の地積を実際の間口距離で除して得た数値とします。

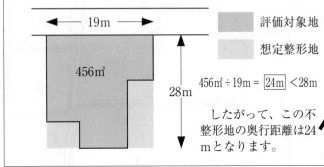

456㎡÷19m = 24m ＜28m

したがって、この不整形地の奥行距離は24mとなります。

② 奥行距離の異なるごとに区分する方法

実測図等により評価対象地を奥行距離の異なるごとに区分し、それぞれの奥行距離を測定します。

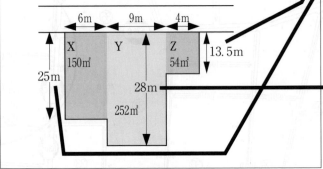

| 奥行価格補正率 | ①及び②について、奥行価格補正率から、地区区分及び奥行距離に応じた奥行価格補正率を求めます。

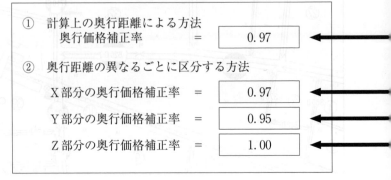

① 計算上の奥行距離による方法
　　奥行価格補正率　　　　＝　　0.97
② 奥行距離の異なるごとに区分する方法
　　X部分の奥行価格補正率　＝　　0.97
　　Y部分の奥行価格補正率　＝　　0.95
　　Z部分の奥行価格補正率　＝　　1.00

第3 宅地の評価

奥行価格補正率表

奥行距離 m	ビル街地区	高度商業地区	繁華街地区	普通商業・併用住宅地区	普通住宅地区	中小工場地区	大工場地区
4 未満	0.80	0.90	0.90	0.90	0.90	0.85	0.85
4 以上 6 未満		0.92	0.92	0.92	0.92	0.90	0.90
6 〃 8 〃	0.84	0.94	0.95	0.95	0.95	0.93	0.93
8 〃 10 〃	0.88	0.96	0.97	0.97	0.97	0.95	0.95
10 〃 12 〃	0.90	0.98	0.99	0.99	1.00	0.96	0.96
12 〃 14 〃	0.91	0.99	1.00	1.00		0.97	0.97
14 〃 16 〃	0.92	1.00				0.98	0.98
16 〃 20 〃	0.93					0.99	0.99
20 〃 24 〃	0.94					1.00	1.00
24 〃 28 〃	0.95				0.97		
28 〃 32 〃	0.96		0.98		0.95		
32 〃 36 〃	0.97		0.96	0.97	0.93		
36 〃 40 〃	0.98		0.94	0.95	0.92		
40 〃 44 〃	0.99		0.92	0.93	0.91		
44 〃 48 〃	1.00		0.90	0.91	0.90		
48 〃 52 〃		0.99	0.88	0.89	0.89		
52 〃 56 〃		0.98	0.87	0.88	0.88		
56 〃 60 〃		0.97	0.86	0.87	0.87		
60 〃 64 〃		0.96	0.85	0.86	0.86	0.99	
64 〃 68 〃		0.95	0.84	0.85	0.85	0.98	
68 〃 72 〃		0.94	0.83	0.84	0.84	0.97	
72 〃 76 〃		0.93	0.82	0.83	0.83	0.96	
76 〃 80 〃		0.92	0.81	0.82			
80 〃 84 〃		0.90	0.80	0.81	0.82	0.93	
84 〃 88 〃		0.88		0.80			
88 〃 92 〃		0.86			0.81	0.90	
92 〃 96 〃	0.99	0.84					
96 〃 100 〃	0.97	0.82					
100 〃	0.95	0.80			0.80		

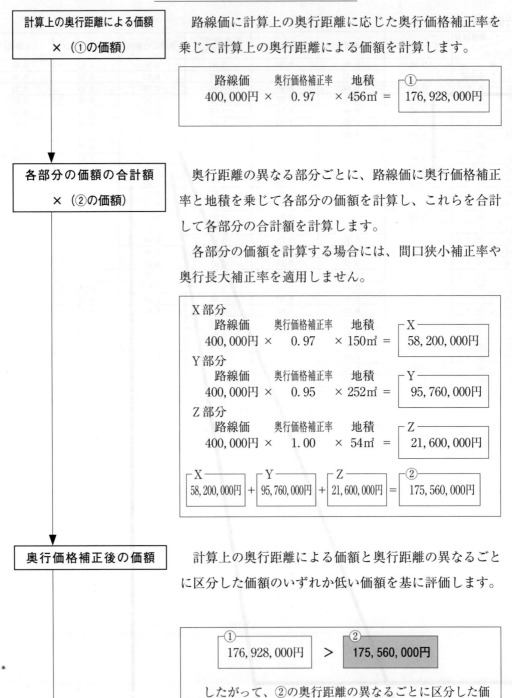

第3 宅地の評価

| 不整形地補正率 | 次の算式でかげ地割合を計算します。 |

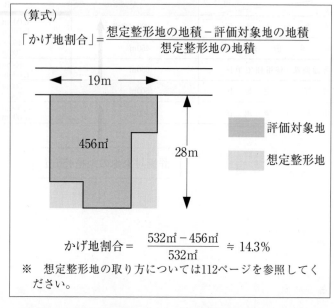

(算式)

「かげ地割合」＝ $\dfrac{想定整形地の地積 - 評価対象地の地積}{想定整形地の地積}$

かげ地割合 ＝ $\dfrac{532㎡ - 456㎡}{532㎡}$ ≒ 14.3%

※ 想定整形地の取り方については112ページを参照してください。

地区区分及び地積に応じた地積区分を求め、地区区分、地積区分及びかげ地割合に応じた不整形地補正率を不整形地補正率表から求めます。

不整形地補正率　間口狭小補正率
　　0.98　　　×　　　1.00　　　＝0.98（小数点以下2位未満切捨て）
※ 0.60を限度とします。

| 評 価 額 の 計 算 |

② 175,560,000円　×　不整形地補正率 0.98　＝　評価額 172,048,800円

第1章　土地及び土地の上に存する権利

不整形地補正率を算定する際の地積区分表

地区区分＼地積区分	A	B	C
高 度 商 業 地 区	1,000㎡未満	1,000㎡以上1,500㎡未満	1,500㎡以上
繁 華 街 地 区	450㎡ 〃	450㎡以上700㎡未満	700㎡ 〃
普通商業・併用住宅地区	650㎡ 〃	650㎡以上1,000㎡未満	1,000㎡ 〃
普 通 住 宅 地 区	500㎡ 〃	500㎡以上750㎡未満	750㎡ 〃
中 小 工 場 地 区	3,500㎡ 〃	3,500㎡以上5,000㎡未満	5,000㎡ 〃

評価対象地の地積456㎡

不整形地補正率表

かげ地割合＼地区区分／地積区分	高度商業地区、繁華街地区、普通商業・併用住宅地区、中小工場地区			普 通 住 宅 地 区		
	A	B	C	A	B	C
10% 以 上	0.99	0.99	1.00	0.98	0.99	0.99
15% 〃	0.98	0.99	0.99	0.96	0.98	0.99
20% 〃	0.97	0.98	0.99	0.94	0.97	0.98
25% 〃	0.96	0.98	0.99	0.92	0.95	0.97
30% 〃	0.94	0.97	0.98	0.90	0.93	0.96
35% 〃	0.92	0.95	0.98	0.88	0.91	0.94
40% 〃	0.90	0.93	0.97	0.85	0.88	0.92
45% 〃	0.87	0.91	0.95	0.82	0.85	0.90
50% 〃	0.84	0.89	0.93	0.79	0.82	0.87
55% 〃	0.80	0.87	0.90	0.75	0.78	0.83
60% 〃	0.76	0.84	0.86	0.70	0.73	0.78
65% 〃	0.70	0.75	0.80	0.60	0.65	0.70

第3　宅地の評価

土地及び土地の上に存する権利の評価明細書（第1表）

					○○ 局(所)　×× 署	4 年分	×××× ページ

（住居表示）	(××区○○○1-10-4)	住　所 (所在地)	××区○○○1-10-4	使用者	住　所 (所在地)	同左	（平成三十一年一月分以降用）
所在地番	××区○○○1-10-15	所有者 氏　名 (法人名)	大手 一郎		氏　名 (法人名)	同左	

地　目	地　積	路　　線　　価				地形図及び参考事項
(宅地) 山林 田 雑種地 畑	456 ㎡	正面 400,000 円	側方 円	側方 円	裏面 円	25m ┤ X Y Z ├ 13.5m　28m

間口距離	m	利用区分	(自用地) 私 道 貸 宅 地 貸家建付借地権 貸家建付地 転 貸 借 地 権 借 地 権 （　　　　　）	地区区分	ビル街地区　(普通住宅地区) 高度商業地区　中小工場地区 繁華街地区　大工場地区 普通商業・併用住宅地区
奥行距離	m				

							（1㎡当たりの価額） 円	
自用地1平方メートル当たりの価額	**1 一路線に面する宅地**　X部分 （正面路線価）　　　　　　（奥行価格補正率）　　　地積 　400,000 円　×　　0.97　　×　150 ㎡						58,200,000	A
	2 二路線に面する宅地　Y部分 （A）　　　　　［側方・裏面 路線価］（奥行価格補正率）［側方・二方 路線影響加算率］　地積 400,000 円　＋（　　円　×　0.95　×　0.　）（252 ㎡）						95,760,000	B
	3 三路線に面する宅地　Z部分 （B）　　　　　［側方・裏面 路線価］（奥行価格補正率）［側方・二方 路線影響加算率］　地積 400,000 円　＋（　　円　×　1.00　×　0.　）（54 ㎡）						21,600,000	C
	4 四路線に面する宅地 （C）　　　　　　［側方・裏面 路線価］（奥行価格補正率）［側方・二方 路線影響加算率］　X＋Y＋Z 　　　　＋（　　円　×　.　×　0.　）						175,560,000	D
	5-1 間口が狭小な宅地等 （AからDまでのうち該当するもの）　（間口狭小補正率）　（奥行長大補正率） 　　　　　円　×　（　.　×　.　）						（1㎡当たりの価額） 円	E
	5-2 不 整 形 地 （AからDまでのうち該当するもの）　不整形地補正率※ 　175,560,000 円　×　　0.98 ※不整形地補正率の計算 （想定整形地の間口距離）　（想定整形地の奥行距離）　（想定整形地の地積） 　19 m　×　　28 m　＝　　532 ㎡ （想定整形地の地積）（不整形地の地積）（想定整形地の地積）（かげ地割合） （　532 ㎡　－　456 ㎡）÷　532 ㎡ ＝ 14.3 % （不整形地補正率表の補正率）（間口狭小補正率）（小数点以下2位未満切捨て） 　0.98　×　1.00　＝　0.98　①　　［不整形地補正率 （奥行長大補正率）（間口狭小補正率）　　　　　　　　①、②のいずれか低い 　1.00　×　1.00　＝　1.00　②　　率、0.6を下限とする。］ 　　　　　　　　　　　　　　　　　　　　　0.98						（1㎡当たりの価額） 円 172,048,800	F
	6 地積規模の大きな宅地 （AからFまでのうち該当するもの）　規模格差補正率※ 　　　　　円　×　0. ※規模格差補正率の計算 （地積（Ⓐ））　（Ⓑ）　（Ⓒ）　（地積（Ⓐ））　（小数点以下2位未満切捨て） ｛（　㎡×　＋　）÷　㎡｝×　0.8　＝　0.						（1㎡当たりの価額） 円	G
	7 無 道 路 地 （F又はGのうち該当するもの）　　　　　（※） 　　　　　円　×　（　1　－　0.　） ※割合の計算（0.4を上限とする。）　（F又はGのうち該当するもの） （正面路線価）　（通路部分の地積）　　　　　　　　　　（評価対象地の地積） （　　円　×　㎡）÷（　　円　×　㎡）＝ 0.						（1㎡当たりの価額） 円	H
	8-1 がけ地等を有する宅地　〔 南 、 東 、 西 、 北 〕 （AからHまでのうち該当するもの）　（がけ地補正率） 　　　　　円　×　0.						（1㎡当たりの価額） 円	I
	8-2 土砂災害特別警戒区域内にある宅地 （AからHまでのうち該当するもの）　特別警戒区域補正率※ 　　　　　円　×　0. ※がけ地補正率の適用がある場合の特別警戒区域補正率の計算（0.5を下限とする。） 　　　　　　　　　〔 南 、 東 、 西 、 北 〕 （特別警戒区域補正率表の補正率）（がけ地補正率）（小数点以下2位未満切捨て） 　　0.　×　0.　＝　0.						（1㎡当たりの価額） 円	J
	9 容積率の異なる2以上の地域にわたる宅地 （AからJまでのうち該当するもの）　（控除割合（小数点以下3位未満四捨五入）） 　　　　　円　×　（　1　－　0.　）						（1㎡当たりの価額） 円	K
	10 私 道 （AからKまでのうち該当するもの） 　　　　　円　×　0.3						（1㎡当たりの価額） 円	L

自用地の評価額	自用地1平方メートル当たりの価額 （AからLまでのうちの該当記号）	地　積	総　　額 （自用地1㎡当たりの価額）×（地積）	
	（ F ）　　　　円	456 ㎡	172,048,800 円	M

（注）1　5-1の「間口が狭小な宅地等」と5-2の「不整形地」は重複して適用できません。
　　　2　5-2の「不整形地」の「AからDまでのうち該当するもの」欄の価額について、AからDまでの欄で計算できない場合には、（第2表）の「備考」欄等で計算してください。
　　　3　「がけ地等を有する宅地」であり、かつ、「土砂災害特別警戒区域内にある宅地」である場合については、8-1の「がけ地等を有する宅地」欄ではなく、8-2の「土砂災害特別警戒区域内にある宅地」欄で計算してください。

（資4-25-1-A4統一）

(15) 不整形な宅地③（角地の場合(1)）（評基通20）

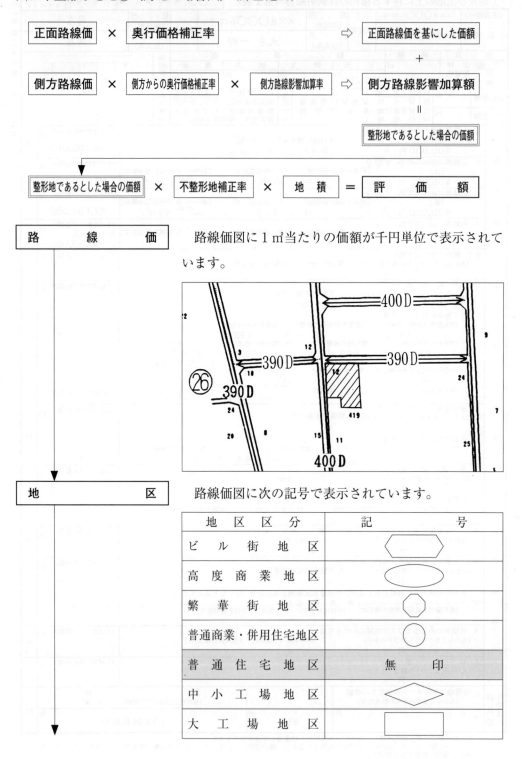

第3 宅地の評価

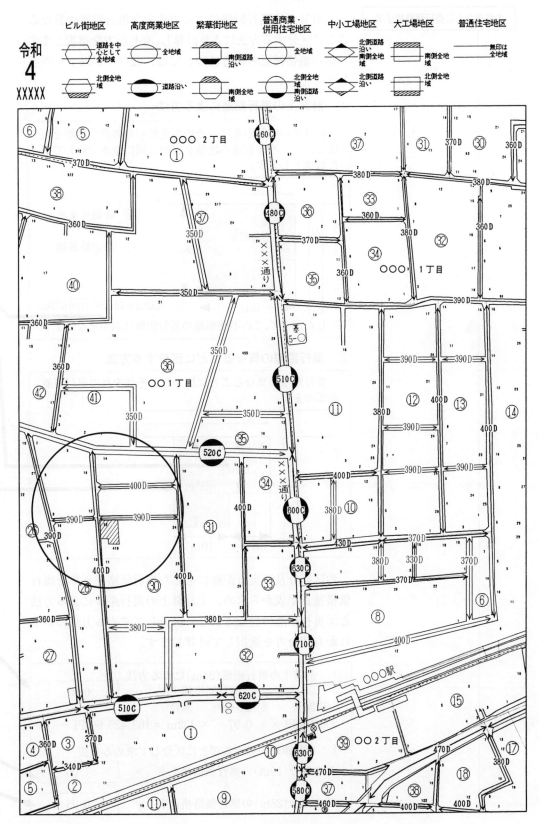

第1章　土地及び土地の上に存する権利

X路線からの奥行価格補正率

①計算上の奥行距離による方法と②奥行距離の異なるごとに区分する方法により計算し、有利な方を選択します。

奥行価格補正の仕方については、42ページ以下を参照してください。

① 計算上の奥行距離による方法

計算上の奥行距離は、その想定整形地の奥行距離を限度として、不整形地の地積を実際の間口距離で除して得た数値とします。

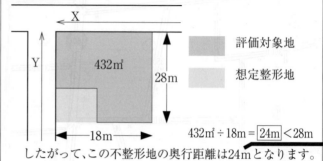

432㎡÷18m = 24m ＜ 28m

したがって、この不整形地の奥行距離は24mとなります。

② 奥行距離の異なるごとに区分する方法

奥行距離の異なるごとに区分し、それぞれの奥行距離を求めます。

地区区分及び奥行距離に応じた奥行価格補正率を奥行価格補正率表から求め、①計算上の奥行距離による方法と②奥行距離の異なるごとに区分して求める方法のいずれか有利な方を選択して計算します。

① 計算上の奥行距離（24m）による方法
　　　　　　　　奥行価格補正率　＝　0.97
　路線価　　奥行価格補正率　　地積
390,000円 × 　0.97　 × 432㎡ ＝ 163,425,600円 …①

② 奥行距離の異なるごとに区分して求める方法
　X1部分（19m）の奥行価格補正率　＝　1.00
　X2部分（28m）の奥行価格補正率　＝　0.95

— 134 —

第3　宅地の評価

奥行価格補正率表

奥行距離 m ＼ 地区区分	ビル街地区	高度商業地区	繁華街地区	普通商業・併用住宅地区	普通住宅地区	中小工場地区	大工場地区
4 未満	0.80	0.90	0.90	0.90	0.90	0.85	0.85
4 以上　6 未満		0.92	0.92	0.92	0.92	0.90	0.90
6 〃　8 〃	0.84	0.94	0.95	0.95	0.95	0.93	0.93
8 〃　10 〃	0.88	0.96	0.97	0.97	0.97	0.95	0.95
10 〃　12 〃	0.90	0.98	0.99	0.99	1.00	0.96	0.96
12 〃　14 〃	0.91	0.99	1.00	1.00		0.97	0.97
14 〃　16 〃	0.92	1.00				0.98	0.98
16 〃　20 〃	0.93					0.99	0.99
20 〃　24 〃	0.94					1.00	1.00
24 〃　28 〃	0.95				0.97		
28 〃　32 〃	0.96		0.98		0.95		
32 〃　36 〃	0.97		0.96	0.97	0.93		
36 〃　40 〃	0.98		0.94	0.95	0.92		
40 〃　44 〃	0.99		0.92	0.93	0.91		
44 〃　48 〃	1.00		0.90	0.91	0.90		
48 〃　52 〃		0.99	0.88	0.89	0.89		
52 〃　56 〃		0.98	0.87	0.88	0.88		
56 〃　60 〃		0.97	0.86	0.87	0.87		
60 〃　64 〃		0.96	0.85	0.86	0.86	0.99	
64 〃　68 〃		0.95	0.84	0.85	0.85	0.98	
68 〃　72 〃		0.94	0.83	0.84	0.84	0.97	
72 〃　76 〃		0.93	0.82	0.83	0.83	0.96	
76 〃　80 〃		0.92	0.81	0.82			
80 〃　84 〃		0.90	0.80	0.81	0.82	0.93	
84 〃　88 〃		0.88		0.80			
88 〃　92 〃		0.86			0.81	0.90	
92 〃　96 〃	0.99	0.84					
96 〃　100 〃	0.97	0.82					
100 〃	0.95	0.80			0.80		

|　　　　　　　　路線価　　奥行価格補正率　　地積
X1部分　390,000円×　1.00　×152㎡＝59,280,000円
　　　　　　路線価　　奥行価格補正率　　地積
X2部分　390,000円×　0.95　×280㎡＝103,740,000円
　　　　　X1部分　＋　X2部分　＝　163,020,000円 ……②
①163,425,600円　＞　②163,020,000円

したがって、②の奥行距離の異なるごとに区分する方法による価額を基に計算します。

Y路線からの奥行価格補正率

Y路線からみると、評価しようとする宅地は旗状の土地ですので、控除方式により奥行価格補正後の価額を計算します。奥行価格補正の仕方については42ページ以下を参照してください。

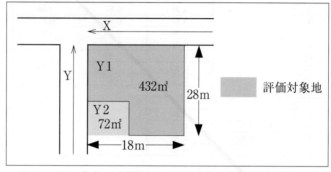

Y1・Y2全体の価額からY2部分の価額を控除して計算します。

1　Y1・Y2全体の価額
　　路線価　　奥行価格補正率　　地積　　　　①
　400,000円 × 1.00 × 504㎡ ＝　201,600,000円
2　Y2部分の価額
　　路線価　　奥行価格補正率　　地積　　　　②
　400,000円 × 1.00 × 72㎡ ＝　28,800,000円
※　Y2部分の奥行距離が短いために奥行価格補正率が1.00未満となる場合には、奥行価格補正率表に掲げる率によらずに、原則として1.00として計算します。(45ページ参照)

①201,600,000円 － ②28,800,000円 ＝ 172,800,000円

正面路線の判定

奥行価格補正後の価額が高い方の路線が正面路線となります。

X路線　　　　　　　　Y路線
163,020,000円　＜　172,800,000円

したがって、Y路線が正面路線になります。

第3　宅地の評価

| 正面路線価を基とした価額 | Ｙ路線で求めた価額が正面路線を基とした価額になります。 |

(1)
172,800,000円

| 側 方 路 線 影 響 加 算 率 | 　正面路線の地区区分に応じた側方路線影響加算率を側方路線影響加算率表から求めます。 |

側方路線影響加算率表

地 区 区 分	加　　算　　率	
	角地の場合	準角地の場合
ビル街地区	0.07	0.03
高度商業地区、繁華街地区	0.10	0.05
普通商業・併用住宅地区	0.08	0.04
普通住宅地区、中小工場地区	0.03	0.02
大工場地区	0.02	0.01

| 側方路線影響加算額の計算 | 　側方路線の奥行価格補正後の価額に側方路線影響加算率を乗じて計算します。 |

X路線　　　　　　　　側方路線影響加算率　　　(2)
163,020,000円　×　　　0.03　　　=　　4,890,600円

　前に計算したＸ路線の奥行価格補正後の価額を基に計算しますが、Ｘ路線の地区とＹ路線の地区が異なる場合には、再度計算し直す必要があります。

| 不整形地補正前の価額の計算 | 　正面路線価を基とした価額（(1)の金額）に側方路線影響加算額（(2)の金額）を加算して、不整形地補正前の価額を計算します。 |

(1)　　　　　　　　　(2)
172,800,000円　+　　4,890,600円　=　177,690,600円

| 間 口 狭 小 補 正 率 | 　地区区分及び間口距離に応じた間口狭小補正率を間口狭小補正率表から求めます。 |

間口狭小補正率表

地区区分／間口距離 m	ビル街地区	高度商業地区	繁華街地区	普通商業・併用住宅地区	普通住宅地区	中小工場地区	大工場地区
4 未満	—	0.85	0.90	0.90	0.90	0.80	0.80
4 以上 6 未満	—	0.94	1.00	0.97	0.94	0.85	0.85
6 〃 8 〃	—	0.97		1.00	0.97	0.90	0.90
8 〃 10 〃	0.95	1.00			1.00	0.95	0.95
10 〃 16 〃	0.97					1.00	0.97
16 〃 22 〃	0.98						0.98
22 〃 28 〃	0.99						0.99
28 〃	1.00						1.00

— 137 —

| 不整形地補正率 |

次の算式でかげ地割合を求めます。

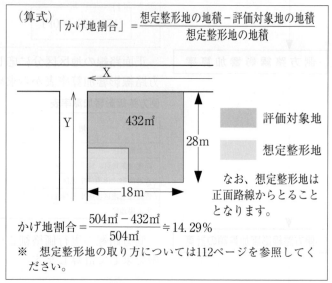

(算式)「かげ地割合」= $\dfrac{想定整形地の地積 - 評価対象地の地積}{想定整形地の地積}$

かげ地割合 = $\dfrac{504㎡ - 432㎡}{504㎡}$ ≒ 14.29%

※ 想定整形地の取り方については112ページを参照してください。

地区区分及び地積に応じた地積区分を求め、地区区分、地積区分及びかげ地割合に応じた不整形地補正率を不整形地補正率表から求めます。間口狭小補正の適用があるものについては、更に間口狭小補正率を乗じて不整形地補正率を計算します。

不整形地補正率　間口狭小補正率
　　0.98　　×　　1.00　　≒ 0.98（小数点以下2位未満切捨て）
　　　　　　　　　　　　　※　0.60を限度とします。

| 奥行長大補正率 |

間口距離に対する奥行距離の比率により、地区区分に応じて定められた奥行長大補正率を奥行長大補正率表から求めます。

$\dfrac{奥行距離}{間口距離}$ ⇨ $\dfrac{18m}{19m}$ ≒ 0.94

この土地は、奥行長大補正の適用はありません。

奥行長大補正率表

奥行距離/間口距離 地区区分	ビル街地区	高度商業地区	繁華街地区	普通商業・併用住宅地区	普通住宅地区	中小工場地区	大工場地区
2以上3未満	1.00		1.00		0.98	1.00	1.00
3 〃 4 〃			0.99		0.96	0.99	
4 〃 5 〃			0.98		0.94	0.98	
5 〃 6 〃			0.96		0.92	0.96	
6 〃 7 〃			0.94		0.90	0.94	
7 〃 8 〃			0.92			0.92	
8 〃			0.90			0.90	

第3　宅地の評価

| 評　価　額　の　計　算 | 次で計算した価額のうちいずれか低い方の価額で評価します。 |

不整形地補正前の価額　　不整形地補正率　　間口狭小補正率
177,690,600円　　×　　0.98　　×　　1.00　　＝174,136,788円……①

不整形地補正前の価額　　間口狭小補正率　　奥行長大補正率
177,690,600円　　×　　1.00　　×　　1.00　　＝177,690,600円……②

①174,136,788円　＜　②177,690,600円

したがって、評価額は174,136,788円になります。

土地及び土地の上に存する権利の評価明細書（第1表）　　○○　局(所)××　署　4　年分　×××××

| （住居表示） | （××区○○1-30-3） | 住　所（所在地） | ××区○○1-30-3 | 使用者 | 住　所（所在地） | 同左 | （平成三十一年一月分以降用） |
| 所　在　地　番 | ××区○○1-30-15 | 氏　名（法人名） | 大手　一郎 | | 氏　名（法人名） | 同左 | |

| 地　目 | | 地　積 | 路　　　線　　　価 | | | | 地形図及び参考事項 |
| （宅　地）山　林　田　畑　雑種地 | | 432　㎡ | 正面　400,000円 | 側方　390,000円 | 側方　円 | 裏面　円 | |

| 間口距離 | 19 m | 利用区分 | 自用地 貸宅地 貸家建付地 借地権 | 用地 私道 貸家建付借地権 転貸借地権 | 地区区分 | ビル街地区　普通住宅地区　高度商業地区　中小工場地区　繁華街地区　大工場地区　普通商業・併用住宅地区 | 19m　28m　10m　18m |
| 奥行距離 | 18 m | | | | | | |

自　用　地　1　平　方　メ　ー　ト　ル　当　た　り　の　価　額	1　一路線に面する宅地 （正面路線価）（奥行価格補正率）　地積 400,000 円 ×　1.00　×　432㎡		（1㎡当たりの価額）円 172,800,000	A
	2　二路線に面する宅地 （A）（側方・裏面 路線価）（奥行価格補正率）（側方・二方 路線影響加算率） (390,000 × 1.00 × 152㎡ + 390,000 × 0.95 × 280㎡) × 0.03		（1㎡当たりの価額）円 4,890,600	B
	3　三路線に面する宅地 （B）（側方・裏面路線価）（奥行価格補正率）（側方・二方 路線影響加算率） 円 + （　円 × .　×　.　）		（1㎡当たりの価額）円 A＋B 177,690,600	C
	4　四路線に面する宅地 （C）（側方・裏面路線価）（奥行価格補正率）（側方・二方 路線影響加算率） 円 + （　円 × .　×　.　）		（1㎡当たりの価額）円	D
	5-1　間口が狭小な宅地等 （AからDまでのうち該当するもの）（間口狭小補正率）（奥行長大補正率） 円 × （　.　×　.　）		（1㎡当たりの価額）円	E
	5-2　不　整　形　地 （AからDまでのうち該当するもの）　　不整形地補正率※ 177,690,600 円 ×　0.98 ※不整形地補正率の計算 （想定整形地の間口距離）（想定整形地の奥行距離）（想定整形地の地積） 28 m ×　18 m ＝　504 ㎡ （想定整形地の地積）（不整形地の地積）（想定整形地の地積）（かげ地割合） （504 ㎡ － 432 ㎡）÷　504 ㎡ ＝ 14.29 ％ （不整形地補正率表の補正率）（間口狭小補正率） 0.98 × 1.00 ＝ 0.98 ① （奥行長大補正率）（間口狭小補正率） 1.00 × 1.00 ＝ 1.00 ② 不整形地補正率 （①、②のいずれか低い率、0.6を下限とする。） 0.98		（1㎡当たりの価額）円 174,136,788	F
	6　地積規模の大きな宅地 （AからFまでのうち該当するもの）　規模格差補正率※ 0. ※規模格差補正率の計算 （地積（Ⓐ））　（Ⓑ）　　（Ⓒ）　（地積（Ⓐ））（小数点以下2位未満切捨て） （　㎡×　＋　）÷　㎡ × 0.8 ＝ 0.		（1㎡当たりの価額）円	G
	7　無　道　路　地 （F又はGのうち該当するもの）（※） 円 × （ 1 － 0. ） ※割合の計算 (0.4を上限とする。) （正面路線価）（通路部分の地積）（F又はGのうち該当するもの）（評価対象地の地積） （　円 ×　㎡）÷（　円 ×　㎡）＝ 0.		（1㎡当たりの価額）円	H
	8-1　がけ地等を有する宅地 〔南　、　東　、　西　、　北〕 （AからHまでのうち該当するもの）（がけ地補正率） 円 × 0.		（1㎡当たりの価額）円	I
	8-2　土砂災害特別警戒区域内にある宅地 （AからHまでのうち該当するもの）　特別警戒区域補正率※ 円 × 0. ※がけ地補正率の適用がある場合の特別警戒区域補正率の計算 (0.5を下限とする。) 〔南　、東　、西　、北〕 （特別警戒区域補正率表の補正率）（がけ地補正率）（小数点以下2位未満切捨て） 0. × 0. ＝ 0.		（1㎡当たりの価額）円	J
	9　容積率の異なる2以上の地域にわたる宅地 （AからJまでのうち該当するもの）（控除割合（小数点以下3位未満四捨五入）） 円 × （ 1 － 0. ）		（1㎡当たりの価額）円	K
	10　私　　　　道 （AからKまでのうち該当するもの） 円 × 0.3		（1㎡当たりの価額）円	L

| 自用地の評価額 | 自用地1平方メートル当たりの価額 （AからLまでのうちの該当記号） （ F ）　円 | 地　積 432　㎡ | 総　　　　額 （自用地1㎡当たりの価額）×（地積）円 174,136,788 | M |

（注）　1　5-1の「間口が狭小な宅地等」と5-2の「不整形地」は重複して適用できません。
　　　　2　5-2の「不整形地」の「AからDまでのうち該当するもの」欄の価額について、AからDまでの欄で計算できない場合には、（第2表）の「備考」欄等で計算してください。
　　　　3　「がけ地等を有する宅地」であり、かつ、「土砂災害特別警戒区域内にある宅地」である場合については、8-1の「がけ地等を有する宅地」欄ではなく、8-2の「土砂災害特別警戒区域内にある宅地」欄で計算してください。

（資4-25-1-A4統一）

— 139 —

(16) 不整形な宅地④（角地の場合(2)）（評基通20）

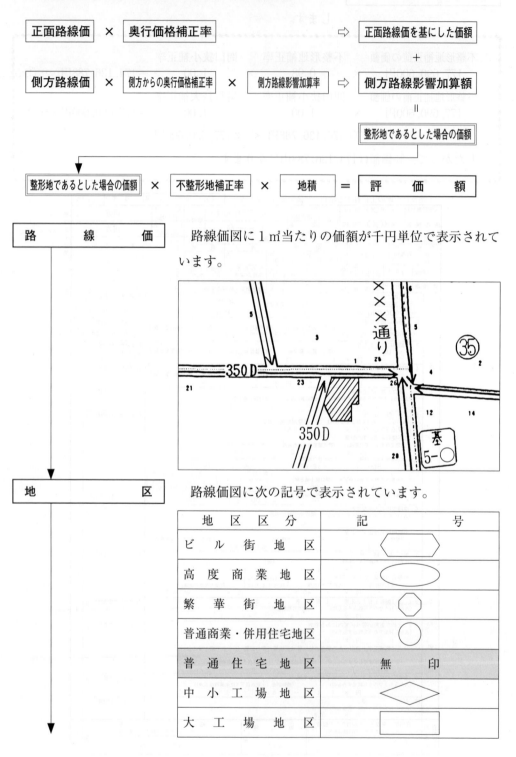

第3　宅地の評価

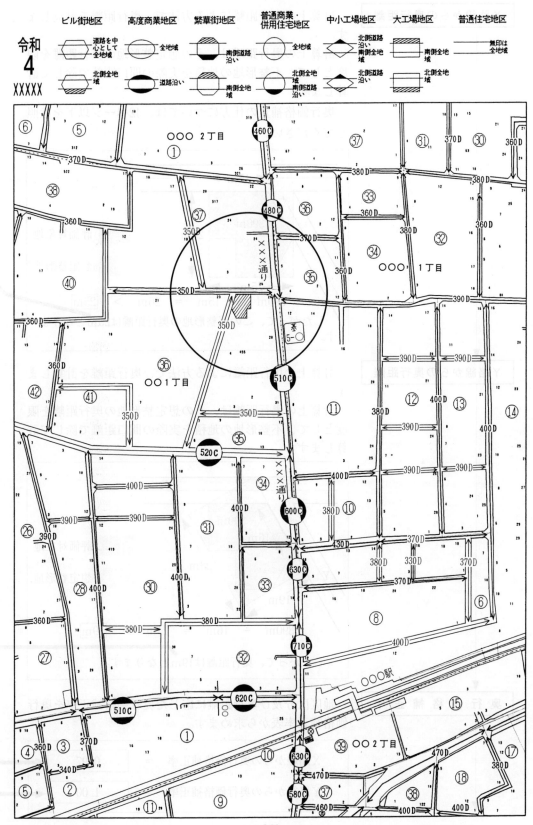

| X路線からの奥行距離 | 計算上の奥行距離による方法で、奥行距離を計算します。

計算上の奥行距離は、その想定整形地の奥行距離を限度として、不整形地の地積を実際の間口距離で除して計算します。

奥行価格補正の仕方については、42ページ以下を参照してください。

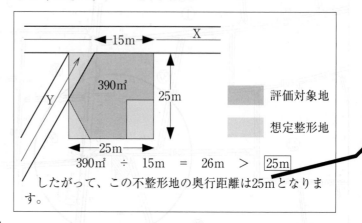

したがって、この不整形地の奥行距離は25mとなります。

| Y路線からの奥行距離 | 計算上の奥行距離による方法で、奥行距離を計算します。

計算上の奥行距離は、その想定整形地の奥行距離を限度として、不整形地の地積を実際の間口距離で除して計算します。

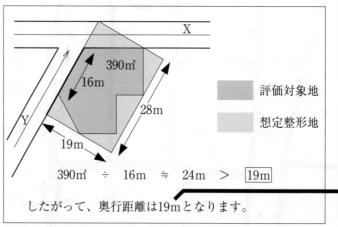

したがって、奥行距離は19mとなります。

| 奥行価格補正率 | 地区区分及び奥行距離に応じた奥行価格補正率を奥行価格補正率表から求めます。

— 142 —

第3　宅地の評価

奥行価格補正率表

地区区分 奥行距離 m	ビル街地区	高度商業地区	繁華街地区	普通商業・ 併用住宅地区	普通住宅地区	中小工場地区	大工場地区
4 未満	0.80	0.90	0.90	0.90	0.90	0.85	0.85
4 以上　6 未満		0.92	0.92	0.92	0.92	0.90	0.90
6 〃　8 〃	0.84	0.94	0.95	0.95	0.95	0.93	0.93
8 〃　10 〃	0.88	0.96	0.97	0.97	0.95	0.95	0.95
10 〃　12 〃	0.90	0.98	0.99	0.99	1.00	0.96	0.96
12 〃　14 〃	0.91	0.99	1.00	1.00		0.97	0.97
14 〃　16 〃	0.92	1.00				0.98	0.98
16 〃　20 〃	0.93					0.99	0.99
20 〃　24 〃	0.94					1.00	1.00
24 〃　28 〃	0.95				0.97		
28 〃　32 〃	0.96		0.98		0.95		
32 〃　36 〃	0.97		0.96	0.97	0.93		
36 〃　40 〃	0.98		0.94	0.95	0.92		
40 〃　44 〃	0.99		0.92	0.93	0.91		
44 〃　48 〃	1.00		0.90	0.91	0.90		
48 〃　52 〃		0.99	0.88	0.89	0.89		
52 〃　56 〃		0.98	0.87	0.88	0.88		
56 〃　60 〃		0.97	0.86	0.87	0.87		
60 〃　64 〃		0.96	0.85	0.86	0.86	0.99	
64 〃　68 〃		0.95	0.84	0.85	0.85	0.98	
68 〃　72 〃		0.94	0.83	0.84	0.84	0.97	
72 〃　76 〃		0.93	0.82	0.83	0.83	0.96	
76 〃　80 〃		0.92	0.81	0.82			
80 〃　84 〃		0.90	0.80	0.81	0.82	0.93	
84 〃　88 〃		0.88		0.80			
88 〃　92 〃		0.86			0.81	0.90	
92 〃　96 〃	0.99	0.84					
96 〃　100 〃	0.97	0.82					
100 〃	0.95	0.80			0.80		

— 143 —

第1章　土地及び土地の上に存する権利

正 面 路 線 の 判 定

それぞれの路線価に奥行価格補正率を乗じた後の価額が高い方の路線を正面路線とします。

X路線の路線価　奥行価格補正率　　┌─X─────
350,000円　×　0.97　=　339,500円

Y路線の路線価　奥行価格補正率　　┌─Y─────
350,000円　×　1.00　=　350,000円

┌─X──────　　┌─Y──────
339,500円　<　350,000円

したがって、Y路線を正面路線とします。
この場合のX路線は側方路線となります（評基通16(2)）。

正面路線価を基とした価額の計算

Y路線の路線価　　奥行価格補正率　　┌─(1)─────
350,000円　×　1.00　=　350,000円

側 方 路 線 影 響 加 算 率

正面路線の地区区分に応じた側方路線影響加算率を側方路線影響加算率表から求めます。

側方路線影響加算率表

地　区　区　分	加　算　率	
	角地の場合	準角地の場合
ビル街地区	0.07	0.03
高度商業地区、繁華街地区	0.10	0.05
普通商業・併用住宅地区	0.08	0.04
普通住宅地区、中小工場地区	0.03	0.02
大工場地区	0.02	0.01

側方路線影響加算額の計算

側方路線価に奥行価格補正率（正面路線の地区区分に応じた率）を乗じて計算した価額に側方路線影響加算率を乗じ、更に評価対象地が側方路線に実際に接する距離により調整して計算します。

X路線の路線価　奥行価格補正率　側方路線影響加算率　　　　┌─(2)─────
350,000円 × 0.97 × 0.03 × $\frac{15\text{m}}{25\text{m}}$ = 6,111円

第3　宅地の評価

不整形地補正前の価額の計算

　正面路線価を基とした価額に側方路線影響加算額を加算して、不整形地補正前の価額を計算します。

| (1)
350,000円 | + | (2)
6,111円 | = | 356,111円 |

間口狭小補正率

　地区区分及び間口距離に応じた間口狭小補正率を間口狭小補正率表から求めます。

間口狭小補正率表

地区区分 間口距離 m	ビル街 地 区	高度商業 地　区	繁 華 街 地 区	普通商業・ 併用住宅 地	普通住宅 地　区	中小工場 地　区	大工場 地　区
4 未満	―	0.85	0.90	0.90	0.90	0.80	0.80
4 以上 6 未満	―	0.94	1.00	0.97	0.94	0.85	0.85
6 〃 8 〃	―	0.97		1.00	0.97	0.90	0.90
8 〃 10 〃	0.95	1.00			1.00	0.95	0.95
10 〃 16 〃	0.97					1.00	0.97
16 〃 22 〃	0.98						0.98
22 〃 28 〃	0.99						0.99
28 〃	1.00						1.00

奥行長大補正率

　間口距離に対する奥行距離の比率により、地区区分に応じて定められた奥行長大補正率を奥行長大補正率表から求めます。

| 奥行距離
間口距離 | ⇨ | $\dfrac{19m}{16m}$ ≒ | 1.18 |

　この土地は、奥行長大補正の適用はありません。

奥行長大補正率表

地区区分 奥行距離 間口距離	ビル街 地 区	高度商業 地　区	繁 華 街 地 区	普通商業・ 併用住宅 地	普通住宅 地　区	中小工場 地　区	大工場 地　区
2 以上 3 未満	1.00		1.00		0.98	1.00	1.00
3 〃 4 〃			0.99		0.96	0.99	
4 〃 5 〃			0.98		0.94	0.98	
5 〃 6 〃			0.96		0.92	0.96	
6 〃 7 〃			0.94		0.90	0.94	
7 〃 8 〃			0.92			0.92	
8 〃			0.90			0.90	

— 145 —

| 不整形地補正率 | 次の算式でかげ地割合を求めます。 |

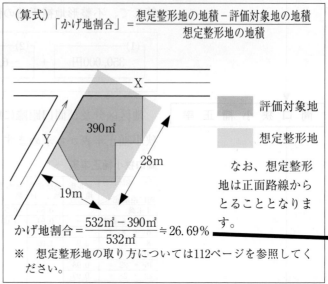

地区区分及び地積に応じた地積区分を求め、地区区分、地積区分及びかげ地割合に応ずる不整形地補正率を不整形地補正率表から求めます。間口狭小補正の適用がある場合は、更に間口狭小補正率を乗じて不整形地補正率を計算します。

```
不整形地補正率　間口狭小補正率
　0.92　　×　　1.00　　＝0.92（小数点以下2位未満切捨て）
　　　　　※　0.60を限度とします。
```

| 評価額の計算 | 次で計算した価額のうちいずれか低い方の価額で計算します。 |

```
不整形地補正前の価額　不整形地補正率　間口狭小補正率　　1㎡当たりの評価額
　　356,111円　　　×　　0.92　　×　　1.00　　＝　　327,622円……①
不整形地補正前の価額　間口狭小補正率　奥行長大補正率　　1㎡当たりの評価額
　　356,111円　　　×　　1.00　　×　　1.00　　＝　　356,111円……②

①327,622円　＜　②356,111円

　1㎡当たりの評価額　　　地積
　　327,622円　　×　　390㎡　＝　　127,772,580円
```

— 146 —

　　　　　　　　　第3　宅地の評価

不整形地補正率を算定する際の地積区分表

地積区分 地区区分	A	B	C
高 度 商 業 地 区	1,000㎡未満	1,000㎡以上 1,500㎡未満	1,500㎡以上
繁 華 街 地 区	450㎡ 〃	450㎡以上 700㎡未満	700㎡ 〃
普通商業・併用住宅地区	650㎡ 〃	650㎡以上 1,000㎡未満	1,000㎡ 〃
普 通 住 宅 地 区	500㎡ 〃	500㎡以上 750㎡未満	750㎡ 〃
中 小 工 場 地 区	3,500㎡ 〃	3,500㎡以上 5,000㎡未満	5,000㎡ 〃

評価対象地の地積390㎡

不整形地補正率表

かげ地割合	地区区分 地積区分	高度商業地区、繁華街地区、 普通商業・併用住宅地区、中小工場地区			普 通 住 宅 地 区		
		A	B	C	A	B	C
10% 以 上		0.99	0.99	1.00	0.98	0.99	0.99
15% 〃		0.98	0.99	0.99	0.96	0.98	0.99
20% 〃		0.97	0.98	0.99	0.94	0.97	0.98
25% 〃		0.96	0.98	0.99	0.92	0.95	0.97
30% 〃		0.94	0.97	0.98	0.90	0.93	0.96
35% 〃		0.92	0.95	0.98	0.88	0.91	0.94
40% 〃		0.90	0.93	0.97	0.85	0.88	0.92
45% 〃		0.87	0.91	0.95	0.82	0.85	0.90
50% 〃		0.84	0.89	0.93	0.79	0.82	0.87
55% 〃		0.80	0.87	0.90	0.75	0.78	0.83
60% 〃		0.76	0.84	0.86	0.70	0.73	0.78
65% 〃		0.70	0.75	0.80	0.60	0.65	0.70

第1章　土地及び土地の上に存する権利

土地及び土地の上に存する権利の評価明細書（第1表）

○○ 局(所) × × 署　　4 年分　× × × ×　ページ

（平成三十一年一月分以降用）

所在地番	（住居表示）（××区○○1-35-3） ××区○○1-35-15	所有者	住　所（所在地）　××区○○1-35-3 氏　名（法人名）　大手 一郎	使用者　住　所（所在地）　同左 氏　名（法人名）　同左

地　目	地　積	路　　線　　価	
(宅地) 山林 田　雑種地 畑　（　　）	390 ㎡	正面 350,000 円　側方 350,000 円　側方 円　裏面 円	

間口距離 16 m　　奥行距離 19 m

利用区分：(自用地) 私道　貸宅地　貸家建付借地権　貸家建付地　転貸借地権　借地権（　　　）

地区区分：ビル街地区　高度商業地区　繁華街地区　普通商業・併用住宅地区　(普通住宅地区)　中小工場地区　大工場地区

地形図及び参考事項：←15m→　6m　25m

		1㎡当たりの価額	
自用地1平方メートル当たりの価額	**1 一路線に面する宅地** （正面路線価）　（奥行価格補正率） 350,000 円 × 1.00	350,000 円	A
	2 二路線に面する宅地 (A)　［側方・裏面 路線価］（奥行価格補正率）［側方 二方 路線影響加算率］ 350,000 円 ＋（ 350,000 円 × 0.97 × 0.03 × 15m/25m ）	356,111 円	B
	3 三路線に面する宅地 (B)　［側方・裏面 路線価］（奥行価格補正率）［側方・二方 路線影響加算率］ 円 ＋（ 円 × . × . ）	円	C
	4 四路線に面する宅地 (C)　［側方・裏面 路線価］（奥行価格補正率）［側方・二方 路線影響加算率］ 円 ＋（ 円 × . × . ）	円	D
	5-1 間口が狭小な宅地等 （AからDまでのうち該当するもの）（間口狭小補正率）（奥行長大補正率） 円 ×（ . × . ）	円	E
	5-2 不整形地 （AからDまでのうち該当するもの）　不整形地補正率※ 356,111 円 × 0.92 ※不整形地補正率の計算 （想定整形地の間口距離）（想定整形地の奥行距離）（想定整形地の地積） 28 m × 19 m ＝ 532 ㎡ （想定整形地の地積）（不整形地の地積）（想定整形地の地積）（かげ地割合） （ 532 ㎡ － 390 ㎡ ）÷ 532 ㎡ ＝ 26.69 ％ （不整形地補正率表の補正率）（間口狭小補正率）（小数点以下2位未満切捨て）［不整形地補正率（①、②のいずれか低い率、0.6を下限とする。）］ 0.92 × 1.00 ＝ 0.92 ① （奥行長大補正率）（間口狭小補正率） 1.00 × 1.00 ＝ 1.00 ②　0.92	327,622 円	F
	6 地積規模の大きな宅地 （AからFまでのうち該当するもの）　規模格差補正率※ 円 × 0. ※規模格差補正率の計算 （地積(Ⓐ)）　(Ⓑ)　(Ⓒ)　（地積(Ⓐ)）（小数点以下2位未満切捨て） {（ ㎡× ＋ ）÷ ㎡ }× 0.8 ＝ 0.	円	G
	7 無　道　路　地 （F又はGのうち該当するもの）　　（※） 円 ×（ 1 － 0. ） ※割合の計算（0.4を上限とする。） （正面路線価）（通路部分の地積）（F又はGのうち該当するもの）（評価対象地の地積） （ 円 × ㎡ ）÷（ 円 × ㎡ ）＝ 0.	円	H
	8-1 がけ地等を有する宅地　〔南、東、西、北〕 （AからHまでのうち該当するもの）（がけ地補正率） 円 × 0.	円	I
	8-2 土砂災害特別警戒区域内にある宅地 （AからHまでのうち該当するもの）　特別警戒区域補正率※ 円 × 0. ※がけ地補正率の適用がある場合の特別警戒区域補正率の計算（0.5を下限とする。） 〔南、東、西、北〕 （特別警戒区域補正率表の補正率）（がけ地補正率）（小数点以下2位未満切捨て） 0. × 0. ＝ 0.	円	J
	9 容積率の異なる2以上の地域にわたる宅地 （AからJまでのうち該当するもの）（控除割合（小数点以下3位未満四捨五入）） 円 ×（ 1 － 0. ）	円	K
	10 私　道 （AからKまでのうち該当するもの） 円 × 0.3	円	L

自用地1平方メートル当たりの価額 （AからLまでのうちの該当記号）	地　積	総　　額 （自用地1㎡当たりの価額）×（地　積）	
(F)　327,622 円	390 ㎡	127,772,580 円	M

（注）1　5-1の「間口が狭小な宅地等」と5-2の「不整形地」は重複して適用できません。

2　5-2の「不整形地」の「AからDまでのうち該当するもの」欄の価額について、AからDまでの欄で計算できない場合には、（第2表）の「備考」欄等で計算してください。

3　「がけ地等を有する宅地」であり、かつ、「土砂災害特別警戒区域内にある宅地」である場合については、8-1の「がけ地等を有する宅地」欄ではなく、8-2の「土砂災害特別警戒区域内にある宅地」欄で計算してください。

（資4-25-1-A4統一）

チェックポイント6

側方路線に宅地の一部が接している場合の評価

　下図のように評価する宅地の一部分のみが側方路線に接している宅地は、側方路線に全て接している場合に比べて側方路線があることによる影響度合いが異なることとなります。

　そこで、このような宅地には、側方路線影響加算額をその宅地が側方路線に実際に接する距離により調整の上、評価します。

　なお、正面路線価の計算においては、評価する宅地の一部分が正面路線に接していない場合であっても、正面路線に接する距離による調整計算はしません。

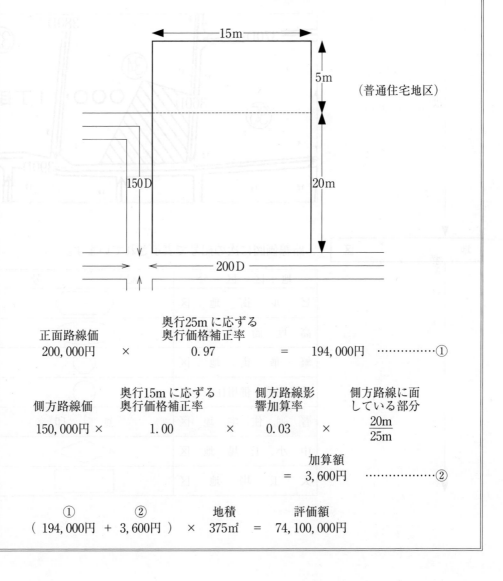

	奥行25mに応ずる		
正面路線価	奥行価格補正率		
200,000円 ×	0.97	= 194,000円	……………①

	奥行15mに応ずる	側方路線影	側方路線に面
側方路線価	奥行価格補正率	響加算率	している部分
150,000円 ×	1.00 ×	0.03 ×	$\frac{20m}{25m}$

　　　　　　　　　　　　　　　　　　　加算額
　　　　　　　　　　　　　　　　　= 3,600円 ……………②

　　①　　　　②　　　　地積　　　評価額
（194,000円 + 3,600円）× 375㎡ = 74,100,000円

(17) 地積規模の大きな宅地の評価（評基通20-2）

イ　地積規模の大きな宅地の評価方法

正面路線価 × 奥行価格補正率 × 不整形地補正率等の各種画地補正率

× 規模格差補正率 × 地積 ＝ 評価額

| 路　　線　　価 | 路線価図に1㎡当たりの価額が千円単位で表示されています（この設例において、評価対象地は、東京都の特別区内で容積率が300％未満の地域に所在するものとします。）。|

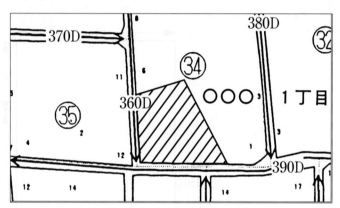

| 地　　　　区 | 路線価図に次の記号で表示されています。 |

地　区　区　分	記　　　号
ビ　ル　街　地　区	⬡
高　度　商　業　地　区	⬭
繁　華　街　地　区	⬯
普通商業・併用住宅地区	◯
普　通　住　宅　地　区	無　　印
中　小　工　場　地　区	◇
大　工　場　地　区	▭

第3　宅地の評価

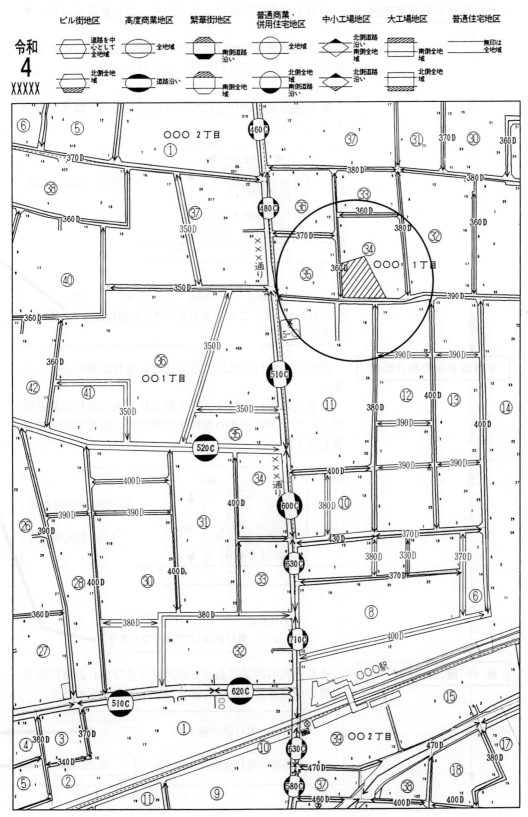

| X路線からの奥行距離 | 計算上の奥行距離による方法で、奥行距離を計算します。

計算上の奥行距離は、その想定整形地の奥行距離を限度として、不整形地の地積を実際の間口距離で除して計算します。

奥行価格補正の仕方については、42ページ以下を参照してください。

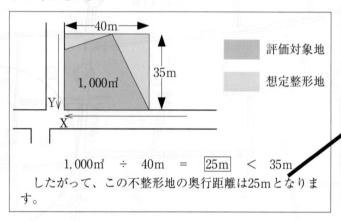

1,000㎡ ÷ 40m = 25m < 35m
したがって、この不整形地の奥行距離は25mとなります。

| Y路線からの奥行距離 | 計算上の奥行距離による方法で、奥行距離を計算します。

計算上の奥行距離は、その想定整形地の奥行距離を限度として、不整形地の地積を実際の間口距離で除して計算します。

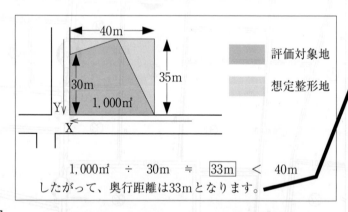

1,000㎡ ÷ 30m ≒ 33m < 40m
したがって、奥行距離は33mとなります。

| 奥 行 価 格 補 正 率 | それぞれの路線における地区区分及び奥行距離に応じた奥行価格補正率を奥行価格補正率表から求めます。

第3　宅地の評価

奥行価格補正率表

地区区分／奥行距離 m	ビル街地区	高度商業地区	繁華街地区	普通商業・併用住宅地区	普通住宅地区	中小工場地区	大工場地区
4 未満	0.80	0.90	0.90	0.90	0.90	0.85	0.85
4 以上 6 未満		0.92	0.92	0.92	0.92	0.90	0.90
6 〃 8 〃	0.84	0.94	0.95	0.95	0.95	0.93	0.93
8 〃 10 〃	0.88	0.96	0.97	0.97	0.97	0.95	0.95
10 〃 12 〃	0.90	0.98	0.99	0.99	1.00	0.96	0.96
12 〃 14 〃	0.91	0.99	1.00	1.00		0.97	0.97
14 〃 16 〃	0.92	1.00				0.98	0.98
16 〃 20 〃	0.93					0.99	0.99
20 〃 24 〃	0.94					1.00	1.00
24 〃 28 〃	0.95				0.97		
28 〃 32 〃	0.96		0.98		0.95		
32 〃 36 〃	0.97		0.96	0.97	0.93		
36 〃 40 〃	0.98		0.94	0.95	0.92		
40 〃 44 〃	0.99		0.92	0.93	0.91		
44 〃 48 〃	1.00		0.90	0.91	0.90		
48 〃 52 〃		0.99	0.88	0.89	0.89		
52 〃 56 〃		0.98	0.87	0.88	0.88		
56 〃 60 〃		0.97	0.86	0.87	0.87		
60 〃 64 〃		0.96	0.85	0.86	0.86	0.99	
64 〃 68 〃		0.95	0.84	0.85	0.85	0.98	
68 〃 72 〃		0.94	0.83	0.84	0.84	0.97	
72 〃 76 〃		0.93	0.82	0.83	0.83	0.96	
76 〃 80 〃		0.92	0.81	0.82			
80 〃 84 〃		0.90	0.80	0.81	0.82	0.93	
84 〃 88 〃		0.88		0.80			
88 〃 92 〃		0.86			0.81	0.90	
92 〃 96 〃	0.99	0.84					
96 〃 100 〃	0.97	0.82					
100 〃	0.95	0.80			0.80		

| 正面路線の判定 | それぞれの路線価に各路線の地区区分に適用される奥行価格補正率を乗じて計算した価額の高い方の路線を正面路線とします。 |

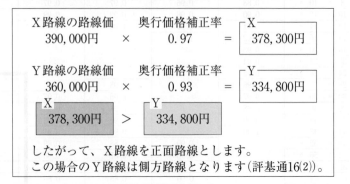

したがって、X路線を正面路線とします。
この場合のY路線は側方路線となります(評基通16(2))。

| 正面路線価を基とした価額の計算 | X路線の路線価を正面路線価としてその路線の地区区分に応じた奥行価格補正率を乗じて計算します。 |

```
X路線の路線価    奥行価格補正率      ─(1)──
  390,000円    ×    0.97      =  378,300円
```

| 側方路線影響加算率 | 正面路線の地区区分に応じた側方路線影響加算率を側方路線影響加算率表から求めます。 |

側方路線影響加算率表

地 区 区 分	加　算　率	
	角地の場合	準角地の場合
ビル街地区	0.07	0.03
高度商業地区、繁華街地区	0.10	0.05
普通商業・併用住宅地区	0.08	0.04
普通住宅地区、中小工場地区	0.03	0.02
大工場地区	0.02	0.01

第3　宅地の評価

側方路線影響加算額の計算

側方路線価に奥行価格補正率（正面路線の地区区分に応じた率）を乗じて計算した価額に側方路線影響加算率を乗じ、更に評価対象地が側方路線（Y路線）に実際に接する距離により側方路線影響加算額を調整して計算します。

不整形地補正前の価額の計算

正面路線価を基とした価額に側方路線影響加算額を加算して、不整形地補正前の価額を計算します。

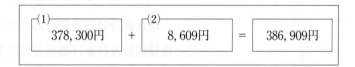

間口狭小補正率

間口距離及び地区区分に応じた間口狭小補正率を間口狭小補正率表から求めます。

間口狭小補正率表

地区区分 間口距離m	ビル街地区	高度商業地区	繁華街地区	普通商業・併用住宅地区	普通住宅地区	中小工場地区	大工場地区
4未満	—	0.85	0.90	0.90	0.90	0.80	0.80
4以上6未満	—	0.94	1.00	0.97	0.94	0.85	0.85
6 〃 8 〃	—	0.97		1.00	0.97	0.90	0.90
8 〃 10 〃	0.95	1.00			1.00	0.95	0.95
10 〃 16 〃	0.97					1.00	0.97
16 〃 22 〃	0.98						0.98
22 〃 28 〃	0.99						0.99
28 〃	1.00						1.00

— 155 —

第1章　土地及び土地の上に存する権利

| 不整形地補正率 | 次の算式でかげ地割合を計算します。 |

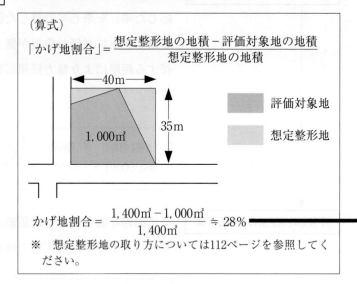

（算式）

$$\text{「かげ地割合」} = \frac{\text{想定整形地の地積} - \text{評価対象地の地積}}{\text{想定整形地の地積}}$$

かげ地割合 $= \dfrac{1,400㎡ - 1,000㎡}{1,400㎡} ≒ 28\%$

※　想定整形地の取り方については112ページを参照してください。

　地区区分及び地積に応じた地積区分を求め、地区区分、地積区分及びかげ地割合に応じた不整形地補正率を不整形地補正率表から求めます。

　更に、間口狭小補正率の適用がある場合は、間口狭小補正率を乗じて不整形地補正率を計算します。

不整形地補正率　　間口狭小補正率
　　0.97　　　×　　　1.00　　　＝　　0.97（※）
※　小数点以下第2位未満を切り捨てます。0.60を下限とします。

第3　宅地の評価

不整形地補正率を算定する際の地積区分表

地区区分＼地積区分	A	B	C
高　度　商　業　地　区	1,000㎡未満	1,000㎡以上 1,500㎡未満	1,500㎡以上
繁　華　街　地　区	450㎡　〃	450㎡以上 700㎡未満	700㎡　〃
普通商業・併用住宅地区	650㎡　〃	650㎡以上 1,000㎡未満	1,000㎡　〃
普　通　住　宅　地　区	500㎡　〃	500㎡以上 750㎡未満	750㎡　〃
中　小　工　場　地　区	3,500㎡　〃	3,500㎡以上 5,000㎡未満	5,000㎡　〃

評価対象地の地積1,000㎡

不整形地補正率表

かげ地割合＼地積区分＼地区区分	高度商業地区、繁華街地区、 普通商業・併用住宅地区、中小工場地区			普　通　住　宅　地　区		
	A	B	C	A	B	C
10%　以　上	0.99	0.99	1.00	0.98	0.99	0.99
15%　〃	0.98	0.99	0.99	0.96	0.98	0.99
20%　〃	0.97	0.98	0.99	0.94	0.97	0.98
25%　〃	0.96	0.98	0.99	0.92	0.95	0.97
30%　〃	0.94	0.97	0.98	0.90	0.93	0.96
35%　〃	0.92	0.95	0.98	0.88	0.91	0.94
40%　〃	0.90	0.93	0.97	0.85	0.88	0.92
45%　〃	0.87	0.91	0.95	0.82	0.85	0.90
50%　〃	0.84	0.89	0.93	0.79	0.82	0.87
55%　〃	0.80	0.87	0.90	0.75	0.78	0.83
60%　〃	0.76	0.84	0.86	0.70	0.73	0.78
65%　〃	0.70	0.75	0.80	0.60	0.65	0.70

第1章　土地及び土地の上に存する権利

奥行長大補正率

間口距離に対する奥行距離の比率により地区区分に応じて定められた奥行長大補正率を奥行長大補正率表から求めます。

$$\frac{奥行距離}{間口距離} \Rightarrow \frac{25m}{40m} \fallingdotseq \boxed{0.63}$$

評価対象地は、奥行長大補正率の適用はありません。

奥行長大補正率表

地区区分 奥行距離／間口距離	ビル街地区	高度商業地区	繁華街地区	普通商業・併用住宅地区	普通住宅地区	中小工場地区	大工場地区
2以上 3未満	1.00	1.00			0.98	1.00	1.00
3 〃 4 〃		0.99			0.96	0.99	
4 〃 5 〃		0.98			0.94	0.98	
5 〃 6 〃		0.96			0.92	0.96	
6 〃 7 〃		0.94			0.90	0.94	
7 〃 8 〃		0.92				0.92	
8 〃		0.90				0.90	

規模格差補正率

評価対象地の所在する地域（三大都市圏又は三大都市圏以外の地域）、地積及び地区区分に応じた数値を基にして、規模格差補正率を計算します。

$$規模格差補正率 = \frac{1,000㎡ \times 0.90 + 75}{1,000㎡} \times 0.8 = 0.78$$

（算式）

$$規模格差補正率 = \frac{Ⓐ \times Ⓑ + Ⓒ}{地積規模の大きな宅地の地積（Ⓐ）} \times 0.8$$

※1　小数点以下第2位未満を切り捨てます。

2　上記算式中のⒷ及びⒸは、地積規模の大きな宅地が所在する地域に応じて、次の表から求めます。

① 三大都市圏に所在する宅地

評価対象地は東京都の特別区に所在し、地積は1,000㎡

地区区分 地積㎡／記号	普通商業・併用住宅地区、普通住宅地区 Ⓑ	Ⓒ
500以上 1,000未満	0.95	25
1,000 〃 3,000 〃	0.90	75
3,000 〃 5,000 〃	0.85	225
5,000 〃	0.80	475

② 三大都市圏以外の地域に所在する宅地

地区区分 地積㎡／記号	普通商業・併用住宅地区、普通住宅地区 Ⓑ	Ⓒ
1,000以上 3,000未満	0.90	100
3,000 〃 5,000 〃	0.85	250
5,000 〃	0.80	500

第3　宅地の評価

| 評 価 額 の 計 算 | 次で計算した価額のうちいずれか低い方の価額で計算します。 |

不整形地補正前の価額　　不整形地補正率　　間口狭小補正率　　規模格差補正前の価額
386,909円　　　　　×　　　0.97　　　×　　　1.00　　　=　　　375,301円　　……①

不整形地補正前の価額　　間口狭小補正率　　奥行長大補正率　　規模格差補正前の価額
386,909円　　　　　×　　　1.00　　　×　　　1.00　　　=　　　386,909円　　……②

①375,301円　＜　②386,909円　よって、規模格差補正前の価額は① 375,301円

規模格差補正前の価額　　規模格差補正率
375,301円　　　　　×　　　0.78　　　=　　　292,734円……③

　　　　③　　　　　　　　　　地積
292,734円　　　　　×　　1,000㎡　　=　　292,734,000円

チェックポイント7

地積規模の大きな宅地の評価の概要

　財産評価基本通達20−2《地積規模の大きな宅地の評価》は、地積規模の大きな宅地を評価するに当たり、その宅地を戸建住宅用地として分割分譲する場合に発生する減価のうち、主に地積の大きさに基因する、①戸建住宅用地として有効に利用できる部分の面積が減少することに伴ういわゆる「潰れ地」の負担による減価、②住宅として利用するために必要な上下水道等の供給施設の工事費用や開設した道路等の公共公益的施設の整備費用等の負担による減価及び③開発分譲業者の事業収益や事業リスク等の負担による減価を反映させることを趣旨として定められたものです。

　なお、「地積規模の大きな宅地の評価」（評基通20−2）の創設に伴い、「広大地の評価」（旧評基通24−4）は廃止されました。

　また、地積規模の大きな宅地の評価は、平成30年1月1日以後に生じる相続等により取得した財産の評価に適用します。

ロ　「地積規模の大きな宅地」の適用要件

　評価対象となる宅地が次の適用要件の全てを満たす場合には、その宅地を「地積規模の大きな宅地」として、上記イの評価方法により評価します。

　相続税及び贈与税の申告書作成に当たっては、「『地積規模の大きな宅地の評価』の適用対象の判定のためのフローチャート」（163ページ参照）及び「『地積規模の大きな宅地の評価』の適用要件チェックシート」（164ページ参照）を活用し、評価対象となる宅地が地積規模の大きな宅地に該当するかどうかを確認してください。

— 159 —

第1章　土地及び土地の上に存する権利

| 地 積 の 要 件 | 評価対象地の地積を確認します。 |

チェックポイント8

地積規模の大きな宅地の適用要件①

　三大都市圏（注）に所在する場合については500㎡以上、三大都市圏以外の地域に所在する場合については1,000㎡以上の地積を有する宅地であること

（注）「三大都市圏」とは、次の地域をいいます。
　　　なお、課税時期において、評価の対象となる宅地等が「三大都市圏」に該当する地域については、国土交通省ホームページ（http://www.mlit.go.jp）で確認できます。
　（イ）　首都圏整備法第2条（定義）第3項に規定する既成市街地又は同条第4項に規定する近郊整備地帯
　（ロ）　近畿圏整備法第2条（定義）第3項に規定する既成都市区域又は同条第4項に規定する近郊整備区域
　（ハ）　中部圏開発整備法第2条（定義）第3項に規定する都市整備区域

| 地 区 区 分 の 要 件 | 評価対象地が路線価図に次の記号（網掛部分）で表示された地区区分に所在するか確認します。 |

地　区　区　分	記　　　　　号
ビ ル 街 地 区	
高 度 商 業 地 区	
繁 華 街 地 区	
普通商業・併用住宅地区	
普 通 住 宅 地 区	無　　印
中 小 工 場 地 区	
大 工 場 地 区	

チェックポイント9

地積規模の大きな宅地の適用要件②

　評価対象地が財産評価基本通達14-2（地区）に定める「普通商業・併用住宅地区」又は「普通住宅地区」のいずれかに所在する宅地であること

— 160 —

第3　宅地の評価

都 市 計 画 の 要 件 ①

評価対象地が市街化調整区域以外の区域に所在するかを確認します。

> **チェックポイント10**
>
> **地積規模の大きな宅地の適用要件③**
>
> 　評価対象地が市街化調整区域（都市計画法第34条第10号又は第11号の規定に基づき宅地分譲に係る同法第4条《定義》第12項に規定する開発行為を行うことができる区域を除きます。）以外の区域に所在する宅地であること

都 市 計 画 の 要 件 ②

評価対象地が都市計画法の用途地域が工業専用地域以外の地域に所在するかを確認します。

> **チェックポイント11**
>
> **地積規模の大きな宅地の適用要件④**
>
> 　評価対象地は、都市計画法の用途地域が工業専用地域に指定されている地域以外の地域に所在する宅地であること

指 定 容 積 率 の 要 件

評価対象地の指定容積率を確認します。

> **チェックポイント12**
>
> **地積規模の大きな宅地の適用要件⑤**
>
> 　評価対象地が、東京都の特別区内に所在する宅地については容積率（注）が300％未満の地域、東京都の特別区以外に所在する宅地については容積率（注）が400％未満の地域に所在すること
>
> （注）　容積率は、建築基準法第52条《容積率》第1項に規定する容積率（指定容積率）により判定します（219ページ参照）。

「地積規模の大きな宅地」の評価の適用対象

— 161 —

第1章　土地及び土地の上に存する権利

土地及び土地の上に存する権利の評価明細書（第1表）

○○ 局(所)　×× 署　4 年分　×××××

（平成三十一年一月分以降用）

(住居表示)（×××○○○1-34-4）	所有者	住所(所在地)	×××区○○○1-30-3	使用者	住所(所在地)	同左
所在地番　×××区○○○1-34-10		氏名(法人名)	大手 一郎		氏名(法人名)	同左

地目	地積	路線価				地形図及び参考事項
(宅地) 山林 田 畑 雑種地 ( )	1,000 ㎡	正面 390,000 円	側方 360,000 円	側方 円	裏面 円	←40m→ ↑35m ↓1,000㎡

間口距離 40 m	利用区分	(自用地) 私道 貸家建付借地権 貸宅地 貸家建付地 転貸借地権 借地権 ( )	地区区分	ビル街地区　(普通住宅地区) 高度商業地区　中小工場地区 繁華街地区　大工場地区 普通商業・併用住宅地区
奥行距離 25 m				

	自用地 1 平方メートル当たりの価額		

1 一路線に面する宅地
（正面路線価）　　　　　（奥行価格補正率）
390,000 円 × 0.97
(1㎡当たりの価額) 378,300 円　**A**

2 二路線に面する宅地
(A)　　　　[側方・裏面 路線価]　（奥行価格補正率）　[側方・二方 路線影響加算率]
378,300 円 ＋ (360,000 円 × 0.93 × 0.03 × $\frac{30m}{35m}$)
(1㎡当たりの価額) 386,909 円　**B**

3 三路線に面する宅地
(B)　　　　[側方・裏面 路線価]　（奥行価格補正率）　[側方・二方 路線影響加算率]
円 ＋ (円 × × 0.)
(1㎡当たりの価額) 円　**C**

4 四路線に面する宅地
(C)　　　　[側方・裏面 路線価]　（奥行価格補正率）　[側方・二方 路線影響加算率]
円 ＋ (円 × × 0.)
(1㎡当たりの価額) 円　**D**

5-1 間口が狭小な宅地等
（AからDまでのうち該当するもの）　（間口狭小補正率）　（奥行長大補正率）
円 × (. × .)
(1㎡当たりの価額) 円　**E**

5-2 不整形地
（AからDまでのうち該当するもの）　　不整形地補正率※
386,909 円 × 0.97
※不整形地補正率の計算
（想定整形地の間口距離）　（想定整形地の奥行距離）　（想定整形地の地積）
40 m × 35 m = 1,400 ㎡
（想定整形地の地積）　（不整形地の地積）　（想定整形地の地積）　（かげ地割合）
(1,400 ㎡ － 1,000 ㎡) ÷ 1,400 ㎡ = 28 ％
（不整形地補正率表の補正率）（間口狭小補正率）　　　　　　（小数点以下2位未満切捨て）
0.97 × 1.00 = 0.97 ①
（奥行長大補正率）（間口狭小補正率）
1.00 × 1.00 = 1.00 ②
不整形地補正率（①、②のいずれか低い率、0.6を下限とする。） 0.97
(1㎡当たりの価額) 375,301 円　**F**

6 地積規模の大きな宅地
（AからFまでのうち該当するもの）　　規模格差補正率※
375,301 円 × 0.78
※規模格差補正率の計算
（地積(Ⓐ)）　　(Ⓑ)　　(Ⓒ)　　（地積(Ⓐ)）　　　（小数点以下2位未満切捨て）
{(1,000 ㎡ × 0.9 + 75) ÷ 1,000 ㎡} × 0.8 = 0.78
(1㎡当たりの価額) 292,734 円　**G**

7 無 道 路 地
（F又はGのうち該当するもの）　　　　　　　　　（※）
円 × (1 － 0.)
※割合の計算（0.4を上限とする。）
（正面路線価）　　（通路部分の地積）　（F又はGのうち該当するもの）（評価対象地の地積）
(円 × ㎡) ÷ (円 × ㎡) = 0.
(1㎡当たりの価額) 円　**H**

8-1 がけ地等を有する宅地　〔 南 、 東 、 西 、 北 〕
（AからHまでのうち該当するもの）　（がけ地補正率）
円 × 0.
(1㎡当たりの価額) 円　**I**

8-2 土砂災害特別警戒区域内にある宅地
（AからHまでのうち該当するもの）　　特別警戒区域補正率※
円 × 0.
※がけ地補正率の適用がある場合の特別警戒区域補正率の計算（0.5を下限とする。）
〔 南 、 東、 西、 北 〕
（特別警戒区域補正率表の補正率）　（がけ地補正率）　（小数点以下2位未満切捨て）
0. × 0. = 0.
(1㎡当たりの価額) 円　**J**

9 容積率の異なる2以上の地域にわたる宅地
（AからJまでのうち該当するもの）　　（控除割合（小数点以下3位未満四捨五入））
円 × (1 － 0.)
(1㎡当たりの価額) 円　**K**

10 私 道
（AからKまでのうち該当するもの）
円 × 0.3
(1㎡当たりの価額) 円　**L**

自用地の評価額	自用地1平方メートル当たりの価額（AからLまでのうちの該当記号）(G)	地積	総額（自用地1㎡当たりの価額）×（地積）	
	292,734 円	1,000 ㎡	292,734,000 円	**M**

(注) 1　5-1の「間口が狭小な宅地等」と5-2の「不整形地」は重複して適用できません。
　　 2　5-2の「不整形地」の「AからDまでのうち該当するもの」欄の価額について、AからDまでの欄で計算できない場合には、（第2表）の「備考」欄等で計算してください。
　　 3　「がけ地等を有する宅地」であり、かつ、「土砂災害特別警戒区域内にある宅地」である場合については、8-1の「がけ地等を有する宅地」欄ではなく、8-2の「土砂災害特別警戒区域内にある宅地」欄で計算してください。

(資4−25−1−A4統一)

— 162 —

第3 宅地の評価

「地積規模の大きな宅地の評価」の適用対象の判定のためのフローチャート

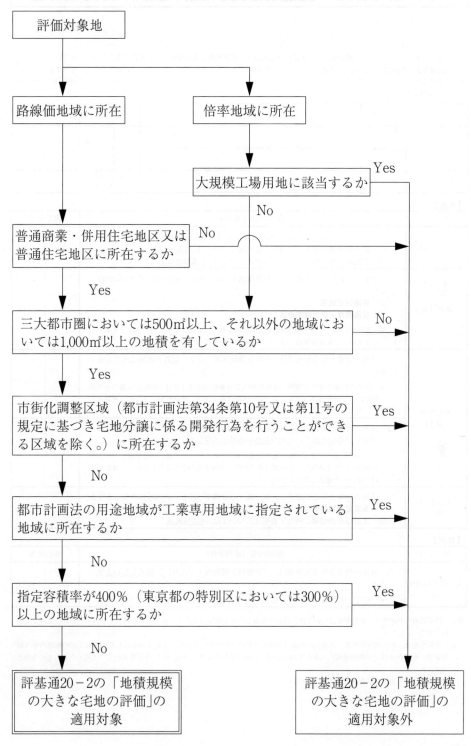

第1章　土地及び土地の上に存する権利

（平成30年1月1日以降用）「地積規模の大きな宅地の評価」の適用要件チェックシート（1面）

（はじめにお読みください。）
1　このチェックシートは、財産評価基本通達20-2に定める「地積規模の大きな宅地」に該当するかを確認する際にご使用ください（宅地等の評価額を計算するに当たっては、「土地及び土地の上に存する権利の評価明細書」をご使用ください。）。
2　評価の対象となる宅地等が、路線価地域にある場合はA表を、倍率地域にある場合はA表及びB表をご使用ください。
3　「確認結果」欄の全てが「はい」の場合にのみ、「地積規模の大きな宅地の評価」を適用して評価することになります。
4　「地積規模の大きな宅地の評価」を適用して申告する場合、このチェックシートを「土地及び土地の上に存する権利の評価明細書」に添付してご提出ください。

宅地等の所在地番				地　積		m²
所有者	住　所（所在地）			評価方式	路線価　・　倍率	
	氏　名（法人名）				（A表で判定） （A表及びB表で判定）	
被相続人	氏　名			相続開始日又は受贈日		

【A表】

項　目	確認内容（適用要件）	確認結果	
面　積	○　評価の対象となる宅地等（※2）は、次に掲げる面積を有していますか。 ①　三大都市圏（注1）に所在する宅地については、500㎡以上 ②　上記以外の地域に所在する宅地については、1,000㎡以上	はい	いいえ
地区区分	○　評価の対象となる宅地等は、路線価図上、次に掲げる地区のいずれかに所在しますか。 ①　普通住宅地区 ②　普通商業・併用住宅地区 ＊　評価の対象となる宅地等が倍率地域にある場合、普通住宅地区内に所在するものとしますので、確認結果は「はい」を選択してください。	はい	いいえ
都市計画（※1）	○　評価の対象となる宅地等は、市街化調整区域（注2）以外の地域に所在しますか。 ＊　評価の対象となる宅地等が都市計画法第34条第10号又は第11号の規定に基づき宅地分譲に係る開発行為（注3）ができる区域にある場合、確認結果は「はい」を選択してください。	はい	いいえ
	○　評価の対象となる宅地等は、都市計画の用途地域（注4）が「工業専用地域」（注5）に指定されている地域以外の地域に所在しますか。 ＊　評価の対象となる宅地等が用途地域の定められていない地域にある場合、「工業専用地域」に指定されている地域以外の地域に所在するものとなりますので、確認結果は「はい」を選択してください。	はい	いいえ
容積率（※1）	○　評価の対象となる宅地等は、次に掲げる容積率（注6）の地域に所在しますか。 ①　東京都の特別区（注7）に所在する宅地については、300%未満 ②　上記以外の地域に所在する宅地については、400%未満	はい	いいえ

【B表】

項　目	確認内容（適用要件）	確認結果	
大規模工場用地	○　評価の対象となる宅地等は、「大規模工場用地」（注8）に該当しない土地ですか。 ＊　該当しない場合は「はい」を、該当する場合は「いいえ」を選択してください。	はい	いいえ

※1　都市計画の用途地域や容積率等については、評価の対象となる宅地等の所在する市（区）町村のホームページ又は窓口でご確認ください。
　2　市街地農地、市街地周辺農地、市街地山林及び市街地原野についても、それらが宅地であるとした場合に上記の確認内容（適用要件）を満たせば、「地積規模の大きな宅地の評価」の適用があります（宅地への転用が見込めないと認められるものを除きます。）。
　3　注書については、2面を参照してください。

<u>第3　宅地の評価</u>

（平成30年1月1日以降用）「地積規模の大きな宅地の評価」の適用要件チェックシート（2面）

(注)　1　三大都市圏とは、次に掲げる区域等をいいます（具体的な市町村は下記の（表）をご参照ください。）。

    ① 首都圏整備法第2条第3項に規定する既成市街地又は同条第4項に規定する近郊整備地帯

    ② 近畿圏整備法第2条第3項に規定する既成都市区域又は同条第4項に規定する近郊整備区域

    ③ 中部圏開発整備法第2条第3項に規定する都市整備区域

  2　市街化調整区域とは、都市計画法第7条第3項に規定する市街化調整区域をいいます。

  3　開発行為とは、都市計画法第4条第12項に規定する開発行為をいいます。

  4　用途地域とは、都市計画法第8条第1項第1号に規定する用途地域をいいます。

  5　工業専用地域とは、都市計画法第8条第1項第1号に規定する工業専用地域をいいます。

  6　容積率は、建築基準法第52条第1項の規定に基づく容積率（指定容積率）により判断します。

  7　東京都の特別区とは、地方自治法第281条第1項に規定する特別区をいいます。

  8　大規模工場用地とは、一団の工場用地の地積が5万㎡以上のものをいいます。

（表）　三大都市圏（平成28年4月1日現在）

圏名	都府県名		都市名
首都圏	東京都	全域	特別区、武蔵野市、八王子市、立川市、三鷹市、青梅市、府中市、昭島市、調布市、町田市、小金井市、小平市、日野市、東村山市、国分寺市、国立市、福生市、狛江市、東大和市、清瀬市、東久留米市、武蔵村山市、多摩市、稲城市、羽村市、あきる野市、西東京市、瑞穂町、日の出町
	埼玉県	全域	さいたま市、川越市、川口市、行田市、所沢市、加須市、東松山市、春日部市、狭山市、羽生市、鴻巣市、上尾市、草加市、越谷市、蕨市、戸田市、入間市、朝霞市、志木市、和光市、新座市、桶川市、久喜市、北本市、八潮市、富士見市、三郷市、蓮田市、坂戸市、幸手市、鶴ケ島市、日高市、吉川市、ふじみ野市、白岡市、伊奈町、三芳町、毛呂山町、越生町、滑川町、嵐山町、川島町、吉見町、鳩山町、宮代町、杉戸町、松伏町
		一部	熊谷市、飯能市
	千葉県	全域	千葉市、市川市、船橋市、松戸市、野田市、佐倉市、習志野市、柏市、流山市、八千代市、我孫子市、鎌ケ谷市、浦安市、四街道市、印西市、白井市、富里市、酒々井町、栄町
		一部	木更津市、成田市、市原市、君津市、富津市、袖ケ浦市
	神奈川県	全域	横浜市、川崎市、横須賀市、平塚市、鎌倉市、藤沢市、小田原市、茅ケ崎市、逗子市、三浦市、秦野市、厚木市、大和市、伊勢原市、海老名市、座間市、南足柄市、綾瀬市、葉山町、寒川町、大磯町、二宮町、中井町、大井町、松田町、開成町、愛川町
		一部	相模原市
	茨城県	全域	龍ケ崎市、取手市、牛久市、守谷市、坂東市、つくばみらい市、五霞町、境町、利根町
		一部	常総市
近畿圏	京都府	全域	亀岡市、向日市、八幡市、京田辺市、木津川市、久御山町、井手町、精華町
		一部	京都市、宇治市、城陽市、長岡京市、南丹市、大山崎町
	大阪府	全域	大阪市、堺市、豊中市、吹田市、泉大津市、守口市、富田林市、寝屋川市、松原市、門真市、摂津市、高石市、藤井寺市、大阪狭山市、忠岡町、田尻町
		一部	岸和田市、池田市、高槻市、貝塚市、枚方市、茨木市、八尾市、泉佐野市、河内長野市、大東市、和泉市、箕面市、柏原市、羽曳野市、東大阪市、泉南市、四条畷市、交野市、阪南市、島本町、豊能町、能勢町、熊取町、岬町、太子町、河南町、千早赤阪村
	兵庫県	全域	尼崎市、伊丹市
		一部	神戸市、西宮市、芦屋市、宝塚市、川西市、三田市、猪名川町
	奈良県	全域	大和高田市、安堵町、川西町、三宅町、田原本町、上牧町、王寺町、広陵町、河合町、大淀町
		一部	奈良市、大和郡山市、天理市、橿原市、桜井市、五條市、御所市、生駒市、香芝市、葛城市、宇陀市、平群町、三郷町、斑鳩町、高取町、明日香村、吉野町、下市町
中部圏	愛知県	全域	名古屋市、一宮市、瀬戸市、半田市、春日井市、津島市、碧南市、刈谷市、安城市、西尾市、犬山市、常滑市、江南市、小牧市、稲沢市、東海市、大府市、知多市、知立市、尾張旭市、高浜市、岩倉市、豊明市、日進市、愛西市、清須市、北名古屋市、弥富市、みよし市、あま市、長久手市、東郷町、豊山町、大口町、扶桑町、大治町、蟹江町、阿久比町、東浦町、南知多町、美浜町、武豊町、幸田町、飛島村
		一部	岡崎市、豊田市
	三重県	全域	四日市市、桑名市、木曽岬町、東員町、朝日町、川越町
		一部	いなべ市

(注)　「一部」の欄に表示されている市町村は、その行政区域の一部が区域指定されているものです。評価対象となる宅地等が指定された区域内に所在するか否かは、当該宅地等の所在する市町村又は府県の窓口でご確認ください。

(18) 路線価の設定されていない道路のみに接している宅地（評基通14－3）

路線価の設定されていない道路のみに接している宅地の価額は、原則として、納税者からの申出等に基づき設定される特定路線価によって評価します。

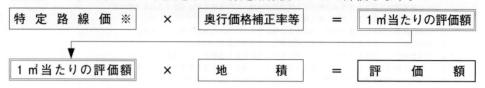

※1　特定路線価は、路線価地域内において、相続税又は贈与税の申告手続上、路線価の設定されていない道路のみに接している土地等を評価する必要がある場合に、納税義務者からの申出等に基づき設定されます。
　　なお、「特定路線価設定申出書」（170～171ページ参照）の提出先は、原則として、納税地を所轄する税務署長です。
※2　納税地が東京国税局管内の税務署となる場合については、「特定路線価設定申出書」に加えて、「特定路線価設定申出書の提出チェックシート」（173ページ参照）を提出することになっています。

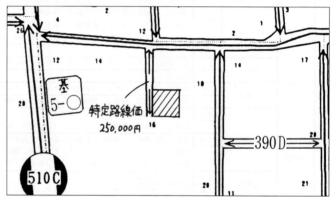

申出等に基づき税務署長が回答しています。

申出等に基づき税務署長が回答しています。

道路の所在地	××区○○○1-15
特定路線価 （1平方メートル当たり）	250,000　円
（参考） 地区区分	普通住宅　地区
借地権割合	60　％

— 166 —

第3 宅地の評価

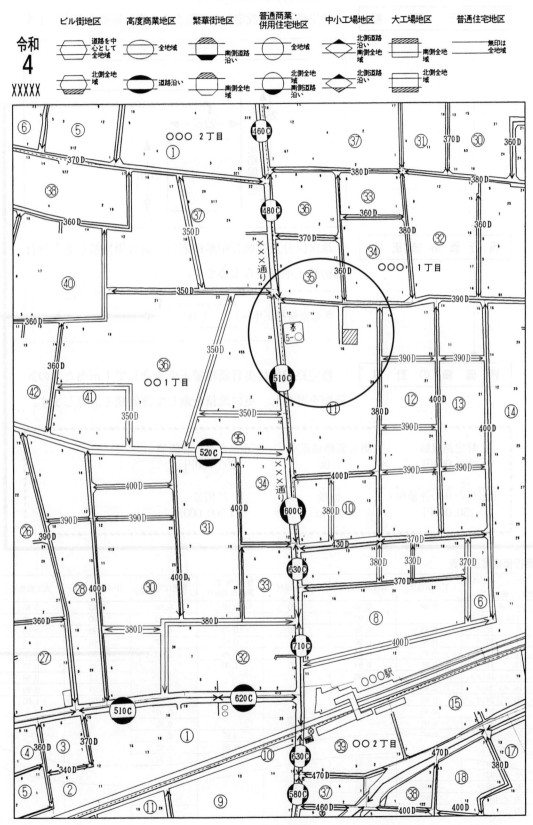

第1章　土地及び土地の上に存する権利

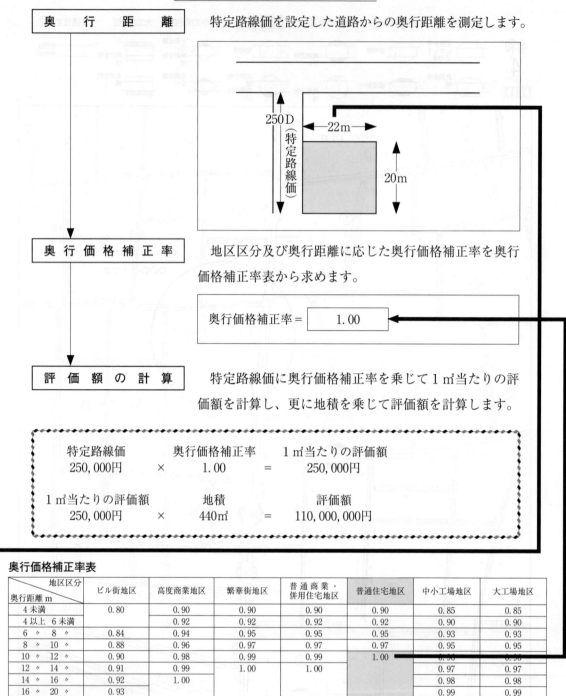

第3 宅地の評価

土地及び土地の上に存する権利の評価明細書（第1表）

				○○ 局(所) ×× 署	4 年分	××××× ページ	

（住居表示）	（××区○○○1-11-3）	所有者	住　所（所在地）	××区○○○1-11-3	使用者	住　所（所在地）	同左
所在地番	××区○○○1-11-15		氏　名（法人名）	大手 一郎		氏　名（法人名）	同左

地　目	地　積	特定路線価路　　線　　価				地形図及び参考事項
(宅地) 山林 田 雑種地 畑 （　）	440 ㎡	正面 250,000 円	側方 円	側方 円	裏面 円	

間口距離 20 m	利用区分	(自用地) 私　道　貸家建付借地権 貸宅地　転貸借地権 貸家建付地 借地権（　　　　）	地区区分	ビル街地区 (普通住宅地区) 高度商業地区 中小工場地区 繁華街地区 大工場地区 普通商業・併用住宅地区	←22m→ 20m
奥行距離 22 m					

			(1㎡当たりの価額) 円	
自 用 地 1 平 方 メ ー ト ル 当 た り の 価 額	1 一路線に面する宅地 （正面路線価） （奥行価格補正率） 特定 250,000 円 × 1.00		250,000	A
	2 二路線に面する宅地 （A） ［側方・裏面 路線価］ （奥行価格補正率） ［側方・二方 路線影響加算率］ 円 ＋ （　　　円 × ． × 0.　）		(1㎡当たりの価額) 円	B
	3 三路線に面する宅地 （B） ［側方・裏面 路線価］ （奥行価格補正率） ［側方・二方 路線影響加算率］ 円 ＋ （　　　円 × ． × 0.　）		(1㎡当たりの価額) 円	C
	4 四路線に面する宅地 （C） ［側方・裏面 路線価］ （奥行価格補正率） ［側方・二方 路線影響加算率］ 円 ＋ （　　　円 × ． × 0.　）		(1㎡当たりの価額) 円	D
	5-1 間口が狭小な宅地等 （AからDまでのうち該当するもの） （間口狭小補正率） （奥行長大補正率） 円 × （　．　×　．　）		(1㎡当たりの価額) 円	E
	5-2 不 整 形 地 （AからDまでのうち該当するもの） 不整形地補正率※ 円 × 0. ※不整形地補正率の計算 （想定整形地の間口距離） （想定整形地の奥行距離） （想定整形地の地積） 　m × 　m = 　㎡ （想定整形地の地積） （不整形地の地積） （想定整形地の地積） （かげ地割合） （　　㎡ − 　　㎡） ÷ 　　㎡ = 　 ％ （不整形地補正率表の補正率） （間口狭小補正率） （小数点以下2位未満切捨て） 0.　 × 　．　 = 0. ① （奥行長大補正率） （間口狭小補正率） 　．　 × 　．　 = 0. ②	不整形地補正率 ①、②のいずれか低い率、0.6を下限とする。 0.	(1㎡当たりの価額) 円	F
	6 地積規模の大きな宅地 （AからFまでのうち該当するもの） 規模格差補正率※ 円 × 0. ※規模格差補正率の計算 （地積（Ⓐ）） （Ⓑ） （Ⓒ） （地積（Ⓐ）） （小数点以下2位未満切捨て） ｛（　　㎡× 　 ＋ 　 ） ÷ 　㎡｝× 0.8 ＝ 0.		(1㎡当たりの価額) 円	G
	7 無 道 路 地 （F又はGのうち該当するもの） （※） 円 × （ 1 − 0.　 ） ※割合の計算（0.4を上限とする。） （正面路線価） （通路部分の地積） （F又はGのうち該当するもの） （評価対象地の地積） （　　円 × 　㎡） ÷ （　　円 × 　㎡） ＝ 0.		(1㎡当たりの価額) 円	H
	8-1 がけ地等を有する宅地 ［ 南 、 東 、 西 、 北 ］ （AからHまでのうち該当するもの） （がけ地補正率） 円 × 0.		(1㎡当たりの価額) 円	I
	8-2 土砂災害特別警戒区域内にある宅地 （AからHまでのうち該当するもの） 特別警戒区域補正率※ 円 × 0. ※がけ地補正率の適用がある場合の特別警戒区域補正率の計算（0.5を下限とする。） ［ 南 、 東 、 西 、 北 ］ （特別警戒区域補正率表の補正率） （がけ地補正率） （小数点以下2位未満切捨て） 0.　 × 0.　 ＝ 0.		(1㎡当たりの価額) 円	J
	9 容積率の異なる2以上の地域にわたる宅地 （AからJまでのうち該当するもの） （控除割合（小数点以下3位未満四捨五入）） 円 × （ 1 − 0.　 ）		(1㎡当たりの価額) 円	K
	10 私　　　　　道 （AからKまでのうち該当するもの） 円 × 0.3		(1㎡当たりの価額) 円	L

自用地の評価額	自用地1平方メートル当たりの価額 （AからLまでのうちの該当記号） （ A ） 250,000 円	地　積 440 ㎡	総　　　　額 （自用地1㎡当たりの価額）×（地積） 110,000,000 円	M

（注）1 5-1の「間口が狭小な宅地等」と5-2の「不整形地」は重複して適用できません。
　　　2 5-2の「不整形地」の「AからDまでのうち該当するもの」欄の価額について、AからDまでの欄で計算できない場合には、（第2表）の「備考」欄等で計算してください。
　　　3 「がけ地等を有する宅地」であり、かつ、「土砂災害特別警戒区域内にある宅地」である場合については、8-1の「がけ地等を有する宅地」欄ではなく、8-2の「土砂災害特別警戒区域内にある宅地」欄で計算してください。

（資4−25−1−A4統一）

第1章　土地及び土地の上に存する権利

（参考）

整理簿
※

※印欄は記入しないでください。

平成
令和___年分　特定路線価設定申出書

税務署受付印

_____税務署長

令和___年___月___日　　申 出 者　住所(所在地)〒_____
（納税義務者）

氏名(名称)_____

職業(業種)_____　電話番号_____

　相続税等の申告のため、路線価の設定されていない道路のみに接している土地等を評価する必要があるので、特定路線価の設定について、次のとおり申し出ます。

1　特定路線価の設定を必要とする理由	☐　相続税申告のため（相続開始日_____年___月___日） 被相続人 住所_____ 氏名_____ 職業_____ ☐　贈与税申告のため（受贈日_____年___月___日）
2　評価する土地等及び特定路線価を設定する道路の所在地、状況等	「別紙　特定路線価により評価する土地等及び特定路線価を設定する道路の所在地、状況等の明細書」のとおり
3　添付資料	(1)　物件案内図（住宅地図の写し） (2)　地形図(公図、実測図の写し) (3)　写真　　撮影日_____年___月___日 (4)　その他
4　連絡先	〒 住　所_____ 氏　名_____ 職　業_____　電話番号_____
5　送付先	☐　申出者に送付 ☐　連絡先に送付
＊　☐欄には、該当するものにレ点を付けてください。	

（資 9－29－Ａ4統一）

— 170 —

第3　宅地の評価

別紙　特定路線価により評価する土地等及び特定路線価を設定する道路の所在地、状況等の明細書

土地等の所在地 （住居表示）	〔　　　　　　　　　〕	〔　　　　　　　　　〕
土地等の利用者名、 利用状況及び地積	（利用者名） （利用状況）　　　　　㎡	（利用者名） （利用状況）　　　　　㎡
道路の所在地		
道路の幅員及び奥行	（幅員）　　　m　（奥行）　　　m	（幅員）　　　m　（奥行）　　　m
舗装の状況	□舗装済　・　□未舗装	□舗装済　・　□未舗装
道路の連続性	□通抜け可能 　（□車の進入可能・□不可能） □行止まり 　（□車の進入可能・□不可能）	□通抜け可能 　（□車の進入可能・□不可能） □行止まり 　（□車の進入可能・□不可能）
道路のこう配	度	度
上　水　道	□有 □無（□引込み可能・□不可能）	□有 □無（□引込み可能・□不可能）
下　水　道	□有 □無（□引込み可能・□不可能）	□有 □無（□引込み可能・□不可能）
都　市　ガ　ス	□有 □無（□引込み可能・□不可能）	□有 □無（□引込み可能・□不可能）
用途地域等の制限	（　　　　　　　　）地域 建蔽率（　　　　　　）％ 容積率（　　　　　　）％	（　　　　　　　　）地域 建蔽率（　　　　　　）％ 容積率（　　　　　　）％
その他（参考事項）		

（資9－30－A4統一）

記載方法等

　この申出書は、課税の対象となる路線価地域内に存する土地等について、その土地等に接している道路に路線価が設定されていないため、路線価を基に評価することができない場合に、その土地等を評価するための路線価（特定路線価）の設定を申し出るときに使用します。
1　この申出書は、相続税、贈与税の申告のため、路線価の設定されていない道路のみに接している土地等を評価することが必要な場合に提出してください。
2　この申出書は、原則として、納税地を所轄する税務署に提出してください。
3　「特定路線価により評価する土地等」、「特定路線価を設定する道路」及び「特定路線価を設定する道路に接続する路線価の設定されている路線」の状況等がわかる資料（物件案内図、地形図、写真等）を添付してください。

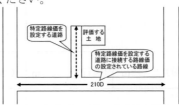

4　「特定路線価により評価する土地等」及び「特定路線価を設定する道路」の所在地、状況等については、「別紙　特定路線価により評価する土地等及び特定路線価を設定する道路の所在地、状況等の明細書」に記載してください。
　(1)　「土地等の所在地（住居表示）」欄には、「特定路線価により評価する土地等」の所在地を画地ごとに記載してください。
　(2)　「土地等の利用者名、利用状況及び地積」欄には、その土地等の利用者名、利用状況及び地積を記載してください。土地等の利用状況については、「宅地（自用地）」、「宅地（貸地）」などと記載してください。
　(3)　「道路の所在地」欄は、「特定路線価を設定する道路」の所在地の地番を記載してください。
　(4)　「道路の幅員及び奥行」欄には、「特定路線価を設定する道路」の幅員及び「特定路線価を設定する道路に接続する路線価の設定されている路線」からその土地等の最も奥までの奥行距離を記載してください。
　(5)　「舗装の状況」欄は、該当するものにレ点を付してください。
　(6)　「道路の連続性」欄は、該当するものにレ点を付してください。
　(7)　「道路のこう配」欄には、傾斜度を記載してください。
　(8)　「上水道」、「下水道」、「都市ガス」欄は、該当するものにレ点を付してください。各欄の「引込み可能」とは、「特定路線価を設定する道路」に上下水道、都市ガスが敷設されている場合及び「特定路線価を設定する道路」にはないが、引込距離約50m程度のもので、容易に引込み可能な場合をいいます。
　(9)　「用途地域等の制限」欄には、その土地等の存する地域の都市計画法による用途地域（例えば、第1種低層住居専用地域等）、建蔽率及び容積率を記載してください。
　(10)　「その他（参考事項）」欄には、上記以外に土地の価格に影響を及ぼすと認められる事項がある場合に記載してください。
　　（注）この申出書を提出した場合でも、路線価を基に課税の対象となる土地等を評価することができるときには、特定路線価を設定しないことになりますので留意してください。

第3　宅地の評価

特定路線価設定申出書の提出チェックシート

フリガナ
申出者氏名：

「特定路線価設定申出書」を提出する場合には、次の事項のチェックをお願いします（原則として、「はい」が全て☑となった方のみ提出できます。）。

1　特定路線価の設定を必要とする年分の路線価は公開されていますか。

いいえ ▶ 路線価の公開前に提出された場合には、路線価が公開された後の回答になります。

□　はい

2　特定路線価の設定を必要とする理由は、相続税又は贈与税の申告のためのものですか。

いいえ ▶ 相続税又は贈与税の申告以外の目的のためには、特定路線価を設定できません。

□　はい

3　評価する土地等は、「路線価方式」により評価する地域（路線価地域）内にありますか。
※　財産評価基準書（路線価図・評価倍率表）で確認できます。

いいえ ▶ 「倍率方式」により評価する地域内にある土地等は、固定資産税評価額に所定の倍率を乗じて評価します。

□　はい

4　評価する土地等は、路線価の設定されていない道路のみに接している土地等ですか。

いいえ ▶ 原則として、既存の路線価を基に画地調整等を行って評価します。
　例えば、下図の場合、評価対象地が路線価の設定されている道路に接しているので、その路線価を基に評価します。

□　はい

5　特定路線価を設定したい道路は、評価する土地等の利用者以外の人も利用する道路ですか。

いいえ ▶ なお、評価方法など不明な点につきましては、相続税又は贈与税の納税地を管轄する税務署にご相談ください。

□　はい

6　特定路線価を設定したい道路は、建物の建築が可能な道路ですか。
※　都県又は市町村の部署（建築指導課等）で確認できます。

いいえ ▶ 相談の結果、「特定路線価設定申出書」を提出していただく場合もあります。

□　はい

★　特定路線価は、原則として「建築基準法上の道路等」に設定しています。
　「建築基準法上の道路等」とは、
①　「建築基準法第42条第1項1号～5号又は第2項」に規定する道路
②　「建築基準法第43条第2項1号及び2号（平成30年9月25日改正前の建築基準法第43条第1項ただし書を含む。）」の適用を受けたことのある敷地に面する道をいいます。

納税地を管轄する税務署に「特定路線価設定申出書」を提出してください。
※　納税地は、相続税の場合は被相続人の住所地、贈与税の場合は受贈者の住所地となります。

※　「特定路線価設定申出書」の提出時にこのチェックシートも併せて提出してください。
※　財産評価基準書（路線価図・評価倍率表）は国税庁ホームページ【www.rosenka.nta.go.jp】で確認できます。
※　通常、回答までに1か月程度の期間を要します。
※　このチェックシートについての不明な点につきましては、特定路線価を設定する土地等の所在する地域の評定担当署の評価専門官（裏面参照）にご相談ください。

— 173 —

(19) **私道の用に供されている宅地**（評基通24）

| 路線価 | × | 奥行価格補正率 | × | 間口狭小補正率 | × | 奥行長大補正率 | = | 1 ㎡当たりの評価額 |

| 1 ㎡当たりの評価額 | × | 地　積 | × | $\frac{30}{100}$ | = | 評　価　額 |

（私道のしんしゃく割合）

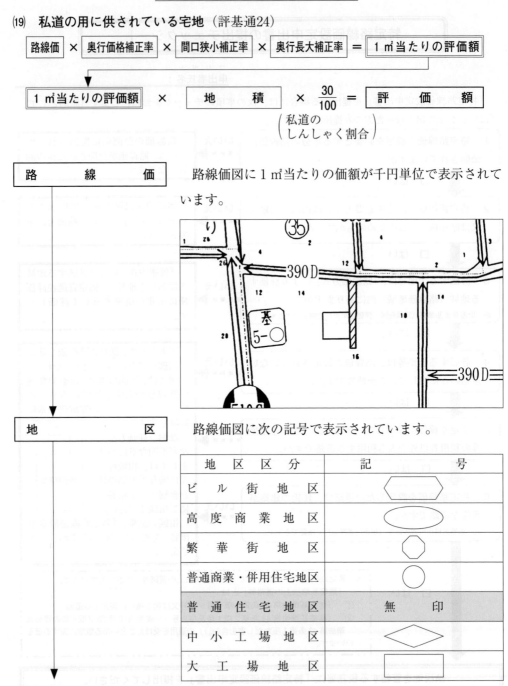

| 路　線　価 | 路線価図に 1 ㎡当たりの価額が千円単位で表示されています。 |

| 地　区 | 路線価図に次の記号で表示されています。 |

地　区　区　分	記　号
ビ　ル　街　地　区	⬣
高　度　商　業　地　区	⬭
繁　華　街　地　区	⬟
普通商業・併用住宅地区	○
普　通　住　宅　地　区	無　印
中　小　工　場　地　区	◇
大　工　場　地　区	▭

第3 宅地の評価

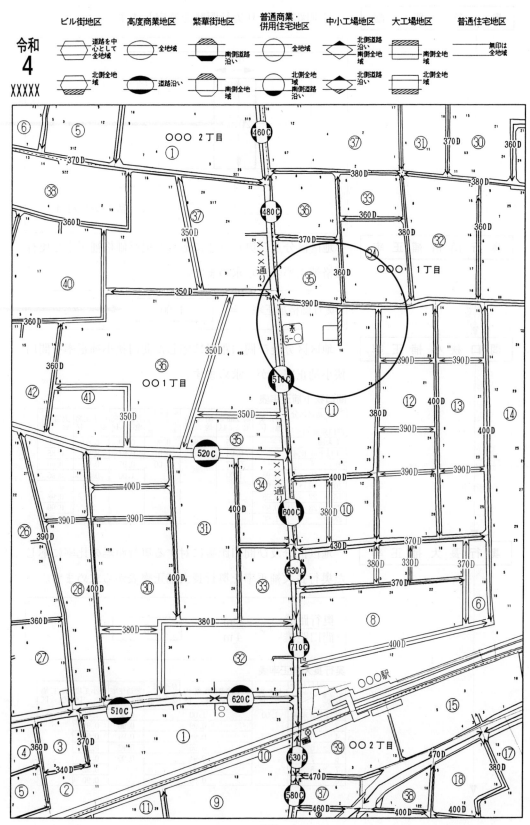

第1章　土地及び土地の上に存する権利

| 奥 行 距 離 | 実測図等により奥行距離を測定します。 |

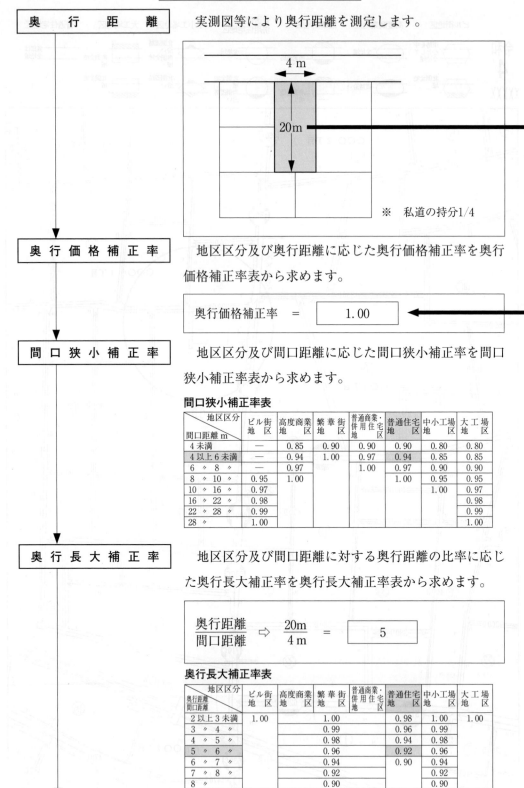

※　私道の持分1/4

| 奥行価格補正率 | 地区区分及び奥行距離に応じた奥行価格補正率を奥行価格補正率表から求めます。 |

奥行価格補正率　＝　1.00

| 間口狭小補正率 | 地区区分及び間口距離に応じた間口狭小補正率を間口狭小補正率表から求めます。 |

間口狭小補正率表

地区区分 間口距離 m	ビル街地区	高度商業地区	繁華街地区	普通商業・併用住宅地区	普通住宅地区	中小工場地区	大工場地区
4未満	―	0.85	0.90	0.90	0.90	0.80	0.80
4以上6未満	―	0.94	1.00	0.97	0.94	0.85	0.85
6 〃 8 〃	―	0.97		1.00	0.97	0.90	0.90
8 〃 10 〃	0.95	1.00			1.00	0.95	0.95
10 〃 16 〃	0.97					1.00	0.97
16 〃 22 〃	0.98						0.98
22 〃 28 〃	0.99						0.99
28 〃	1.00						1.00

| 奥行長大補正率 | 地区区分及び間口距離に対する奥行距離の比率に応じた奥行長大補正率を奥行長大補正率表から求めます。 |

$$\frac{奥行距離}{間口距離} \Rightarrow \frac{20m}{4m} = 5$$

奥行長大補正率表

地区区分 奥行距離 間口距離	ビル街地区	高度商業地区	繁華街地区	普通商業・併用住宅地区	普通住宅地区	中小工場地区	大工場地区
2以上3未満	1.00		1.00		0.98	1.00	1.00
3 〃 4 〃			0.99		0.96	0.99	
4 〃 5 〃			0.98		0.94	0.98	
5 〃 6 〃			0.96		0.92	0.96	
6 〃 7 〃			0.94		0.90	0.94	
7 〃 8 〃			0.92			0.92	
8 〃			0.90			0.90	

第3　宅地の評価

奥行価格補正率表

地区区分 / 奥行距離 m	ビル街地区	高度商業地区	繁華街地区	普通商業・併用住宅地区	普通住宅地区	中小工場地区	大工場地区
4 未満	0.80	0.90	0.90	0.90	0.90	0.85	0.85
4 以上 6 未満		0.92	0.92	0.92	0.92	0.90	0.90
6 〃 8 〃	0.84	0.94	0.95	0.95	0.95	0.93	0.93
8 〃 10 〃	0.88	0.96	0.97	0.97	0.97	0.95	0.95
10 〃 12 〃	0.90	0.98	0.99	0.99	1.00	0.96	0.96
12 〃 14 〃	0.91	0.99	1.00	1.00		0.97	0.97
14 〃 16 〃	0.92	1.00				0.98	0.98
16 〃 20 〃	0.93					0.99	0.99
20 〃 24 〃	0.94					1.00	1.00
24 〃 28 〃	0.95				0.97		
28 〃 32 〃	0.96		0.98		0.95		
32 〃 36 〃	0.97		0.96	0.97	0.93		
36 〃 40 〃	0.98		0.94	0.95	0.92		
40 〃 44 〃	0.99		0.92	0.93	0.91		
44 〃 48 〃	1.00		0.90	0.91	0.90		
48 〃 52 〃		0.99	0.88	0.89	0.89		
52 〃 56 〃		0.98	0.87	0.88	0.88		
56 〃 60 〃		0.97	0.86	0.87	0.87		
60 〃 64 〃		0.96	0.85	0.86	0.86	0.99	
64 〃 68 〃		0.95	0.84	0.85	0.85	0.98	
68 〃 72 〃		0.94	0.83	0.84	0.84	0.97	
72 〃 76 〃		0.93	0.82	0.83	0.83	0.96	
76 〃 80 〃		0.92	0.81	0.82			
80 〃 84 〃		0.90	0.80	0.81	0.82	0.93	
84 〃 88 〃		0.88		0.80			
88 〃 92 〃		0.86			0.81	0.90	
92 〃 96 〃	0.99	0.84					
96 〃 100 〃	0.97	0.82					
100 〃	0.95	0.80			0.80		

第1章　土地及び土地の上に存する権利

| 評 価 額 の 計 算 | 次の算式で評価します。 |

路線価	奥行価格補正率	間口狭小補正率	奥行長大補正率	私道の しんしゃく割合	1㎡あたりの 評価額
390,000円×	1.00 ×	0.94 ×	0.92 ×	0.3 =	101,181円

1㎡当たりの評価額　　　地積　　　　持分

$$101,181円 \quad × \quad 80㎡ \quad × \quad \frac{1}{4} \quad = \quad 2,023,620円$$

チェックポイント13

特定路線価の付されている私道の評価

　特定路線価の付されている私道については、特定路線価の30％の価額で評価することができます。

第3　宅地の評価

土地及び土地の上に存する権利の評価明細書（第1表）

| | | ○○ 局(所)　×× 署 | 4 年分 | ×××ページ |

（住居表示）	（××区○○○1-11-3）	住　所（所在地）	××区○○○1-11-3	使用者	住　所（所在地）	同左
所 在 地 番	××区○○○1-15	氏　名（法人名）	大手 一郎		氏　名（法人名）	同左

地　目	地　積	路　　線　　価				地形図及び参考事項
(宅地) 山林 田　雑種地 畑	$80 \times \dfrac{1}{4}$ ㎡	正面 390,000 円	側方 円	側方 円	裏面 円	4m 20m
間口距離 4 m	利用区分	自用地　(私　道) 貸宅地　貸家建付借地権 貸家建付地　転貸借地権 借地権（　　　　）				地区区分	ビル街地区　(普通住宅地区) 高度商業地区　中小工場地区 繁華街地区　大工場地区 普通商業・併用住宅地区
奥行距離 20 m						

				(1㎡当たりの価額) 円	
自 用 地 1 平 方 メ ー ト ル 当 た り の 価 額	1　一路線に面する宅地 　（正面路線価）　　　　　（奥行価格補正率） 　　390,000 円 × 　　1.00			390,000	A
	2　二路線に面する宅地 　（A）　　[側方・裏面 路線価]（奥行価格補正率）[側方・二方 路線影響加算率] 　　　円 + （　　　円 ． 　× 0.　　）			(1㎡当たりの価額) 円	B
	3　三路線に面する宅地 　（B）　　[側方・裏面 路線価]（奥行価格補正率）[側方・二方 路線影響加算率] 　　　円 + （　　　円 ． 　× 0.　　）			(1㎡当たりの価額) 円	C
	4　四路線に面する宅地 　（C）　　[側方・裏面 路線価]（奥行価格補正率）[側方・二方 路線影響加算率] 　　　円 + （　　　円 ． 　× 0.　　）			(1㎡当たりの価額) 円	D
	5-1　間口が狭小な宅地等 　（AからDまでのうち該当するもの）（間口狭小補正率）（奥行長大補正率） 　　390,000 円 × （ 0.94 × 0.92 ）			(1㎡当たりの価額) 円 337,272	E
	5-2　不整形地 　（AからDまでのうち該当するもの）　不整形地補正率※ 　　　円 × 0. ※不整形地補正率の計算 　（想定整形地の間口距離）（想定整形地の奥行距離）（想定整形地の地積） 　　　　m × 　　　m = 　　　㎡ 　（想定整形地の地積）（不整形地の地積）（想定整形地の地積）（かげ地割合） 　（　　㎡ - 　　㎡）÷ 　　㎡ = 　　　 % 　（不整形地補正率表の補正率）（間口狭小補正率）（小数点以下2位未満切捨て） 　　0.　　 × 　　 = 0.　　 ①　　[不整形地補正率 　（奥行長大補正率）　　（間口狭小補正率）　　　　　①、②のいずれか低い 　　　 × 　　 = 0.　　 ②　　率、0.6を下限とする。] 　　　　　　　　　　　　　　　　　　　　　　0.			(1㎡当たりの価額) 円	F
	6　地積規模の大きな宅地 　（AからFまでのうち該当するもの）　規模格差補正率※ 　　　円 × 0. ※規模格差補正率の計算 　（地積（Ⓐ））（Ⓑ）（Ⓒ）（地積（Ⓐ））（小数点以下2位未満切捨て） 　{（ 　㎡ × 　 + 　 ）÷ 　㎡ } × 0.8 =			(1㎡当たりの価額) 円	G
	7　無　道　路　地 　（F又はGのうち該当するもの）　　　　（※） 　　　円 × （ 1 - 0.　　 ） ※割合の計算（0.4を上限とする。）（F又はGのうち該当するもの） 　（正面路線価）（通路部分の地積）　　　　（評価対象地の地積） 　（　　円 × 　　㎡）÷（　　円 × 　　㎡）= 0.			(1㎡当たりの価額) 円	H
	8-1　がけ地等を有する宅地　[南 、 東 、 西 、 北] 　（AからHまでのうち該当するもの）（がけ地補正率） 　　　円 × 0.			(1㎡当たりの価額) 円	I
	8-2　土砂災害特別警戒区域内にある宅地 　（AからHまでのうち該当するもの）　特別警戒区域補正率※ 　　　円 × 0. ※がけ地補正率の適用がある場合の特別警戒区域補正率の計算（0.5を下限とする。） 　[南 、 東 、 西 、 北] 　（特別警戒区域補正率表の補正率）（がけ地補正率）（小数点以下2位未満切捨て） 　　0.　　 × 0.　　 = 0.			(1㎡当たりの価額) 円	J
	9　容積率の異なる2以上の地域にわたる宅地 　（AからJまでのうち該当するもの）　（控除割合（小数点以下3位未満四捨五入）） 　　　円 × （ 1 - 0.　　 ）			(1㎡当たりの価額) 円	K
	10　私　　道 　（AからKまでのうち該当するもの） 　　337,272 円 × 0.3			(1㎡当たりの価額) 円 101,181	L

自用地の評価額	自用地1平方メートル当たりの価額 （AからLまでのうちの該当記号）	地　積	総　　　　　額 （自用地1㎡当たりの価額）×（地 積）	
	(L)　101,181 円	$80 \times \dfrac{1}{4}$ ㎡	2,023,620 円	M

（注）1　5-1の「間口が狭小な宅地等」と5-2の「不整形地」は重複して適用できません。
　　　2　5-2の「不整形地」の「AからDまでのうち該当するもの」欄の価額について、AからDまでの欄で計算できない場合には、（第2表）の「備考」欄等で計算してください。
　　　3　「がけ地等を有する宅地」であり、かつ、「土砂災害特別警戒区域内にある宅地」である場合については、8-1の「がけ地等を有する宅地」欄ではなく、8-2の「土砂災害特別警戒区域内にある宅地」欄で計算してください。

（資4-25-1-A4統一）

第1章　土地及び土地の上に存する権利

【設例　9】

私道の用に供されている宅地の評価

(問)
1　倍率地域にある私道の用に供されている宅地はどのように評価しますか。
2　専用利用している路地状敷地についてはどのように評価しますか。

(答)
1　専ら特定の者の通行の用に供されている宅地（私道）の価額は、その宅地が私道でないものとして評価した価額の30％相当額で評価します。

そのため、私道の固定資産税評価額が私道であることを考慮して付されている場合には、その宅地が私道でないものとした場合の固定資産税評価額に倍率を乗じて評価した価額の30％相当額で評価します。

なお、その私道が不特定多数の者の通行の用に供されているときは、その私道の価額は評価しません。

2　次の図のAの部分のように、宅地Bへの通路として専用利用している路地状敷地については、私道として評価することはせず、隣接する宅地Bとともに1画地の宅地として評価します。

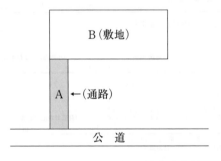

第3　宅地の評価

【設例　10】

不特定多数の者の通行の用に供されている私道

(問)

1　私道が不特定多数の者の通行の用に供されているときは、その私道の価額は評価しないことになっていますが、具体的にはどのようなものをいうのですか。

2　幅員2m程度で通り抜けできる私道は、財産評価基本通達24に定める不特定多数の者の通行の用に供されている私道に該当しますか。

(答)

1　「不特定多数の者の通行の用に供されている私道」の具体例としては、次のようなものがあります。

(1)　公道と公道に接続し、不特定多数の者の通行の用に供されている、いわゆる通り抜け私道

(2)　行き止まりの私道であるが、その私道を通行して不特定多数の者が地域等の集会所、地域センター及び公園などの公共施設や商店街等へ出入りしている場合などにおけるその私道

(3)　私道の一部に公共バスの転回場や停留所が設けられており、不特定多数の者が利用している場合などのその私道

2　不特定多数の者の通行の用に供されている私道とは、上記のようにある程度の公共性が認められるものであることが必要ですが、道路の幅員の大小によって区別するものではありません。

— 181 —

(20) 無道路地（評基通20－3）

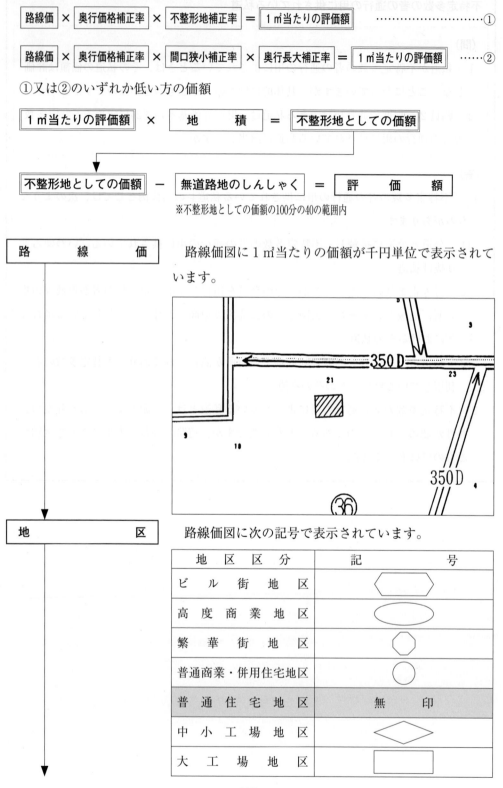

第3 宅地の評価

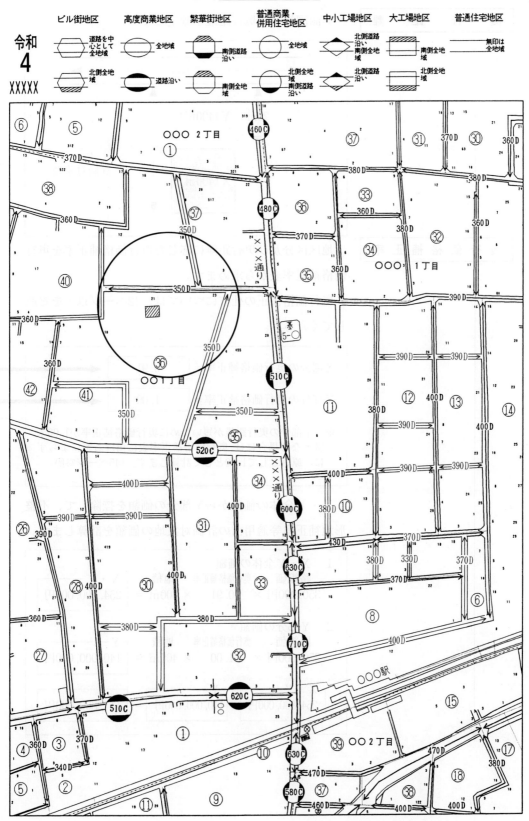

第1章　土地及び土地の上に存する権利

奥行距離　　実測図等から奥行距離を測定します。

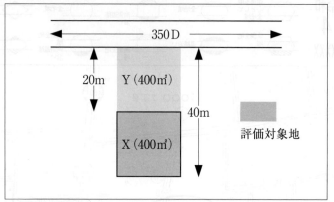

奥行価格補正率　　地区区分及び奥行距離に応じた奥行価格補正率を奥行価格補正率表から求めます。

奥行価格補正の仕方については、42ページ以下を参照してください。

X部分の奥行価格補正率＝	0.91
Y部分の奥行価格補正率＝	1.00

※　Y部分の奥行距離が短いために奥行価格補正率が1.00未満となる場合には、奥行価格補正率表に掲げる率によらずに、原則として1.00として計算します。(45ページ参照)

X・Y全体の価額からY部分の価額を控除して、不整形地補正率等適用前の評価対象地の価額を計算します。

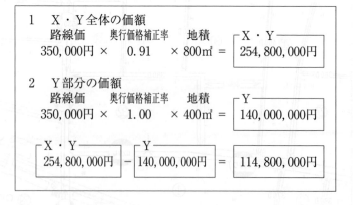

— 184 —

第3　宅地の評価

奥行価格補正率表

地区区分 奥行距離 m	ビル街地区	高度商業地区	繁華街地区	普通商業・ 併用住宅地区	普通住宅地区	中小工場地区	大工場地区
4 未満	0.80	0.90	0.90	0.90	0.90	0.85	0.85
4 以上 6 未満		0.92	0.92	0.92	0.92	0.90	0.90
6 〃 8 〃	0.84	0.94	0.95	0.95	0.95	0.93	0.93
8 〃 10 〃	0.88	0.96	0.97	0.97	0.97	0.95	0.95
10 〃 12 〃	0.90	0.98	0.99	0.99	1.00	0.96	0.96
12 〃 14 〃	0.91	0.99	1.00	1.00		0.97	0.97
14 〃 16 〃	0.92	1.00				0.98	0.98
16 〃 20 〃	0.93					0.99	0.99
20 〃 24 〃	0.94					1.00	1.00
24 〃 28 〃	0.95				0.97		
28 〃 32 〃	0.96		0.98		0.95		
32 〃 36 〃	0.97		0.96	0.97	0.93		
36 〃 40 〃	0.98		0.94	0.95	0.92		
40 〃 44 〃	0.99		0.92	0.93	0.91		
44 〃 48 〃	1.00		0.90	0.91	0.90		
48 〃 52 〃		0.99	0.88	0.89	0.89		
52 〃 56 〃		0.98	0.87	0.88	0.88		
56 〃 60 〃		0.97	0.86	0.87	0.87		
60 〃 64 〃		0.96	0.85	0.86	0.86	0.99	
64 〃 68 〃		0.95	0.84	0.85	0.85	0.98	
68 〃 72 〃		0.94	0.83	0.84	0.84	0.97	
72 〃 76 〃		0.93	0.82	0.83	0.83	0.96	
76 〃 80 〃		0.92	0.81	0.82			
80 〃 84 〃		0.90	0.80	0.81	0.82	0.93	
84 〃 88 〃		0.88		0.80			
88 〃 92 〃		0.86			0.81	0.90	
92 〃 96 〃	0.99	0.84					
96 〃 100 〃	0.97	0.82					
100 〃	0.95	0.80			0.80		

— 185 —

第1章 土地及び土地の上に存する権利

間口狭小補正率

地区区分及び接道制限に基づく間口距離に応じた間口狭小補正率を間口狭小補正率表から求めます。

（参考）東京都建築安全条例

道路までの距離	20m以下のもの	20mを超えるもの
道路幅	2m	3m

間口狭小補正率表

地区区分 間口距離 m	ビル街地区	高度商業地区	繁華街地区	普通商業・併用住宅地区	普通住宅地区	中小工場地区	大工場地区
4未満	—	0.85	0.90	0.90	0.90	0.80	0.80
4以上6未満	—	0.94	1.00	0.97	0.94	0.85	0.85
6 〃 8 〃	—	0.97		1.00	0.97	0.90	0.90
8 〃 10 〃	0.95	1.00			1.00	0.95	0.95
10 〃 16 〃	0.97					1.00	0.97
16 〃 22 〃	0.98						0.98
22 〃 28 〃	0.99						0.99
28 〃	1.00						1.00

不整形地補正率

次の算式でかげ地割合を計算します。

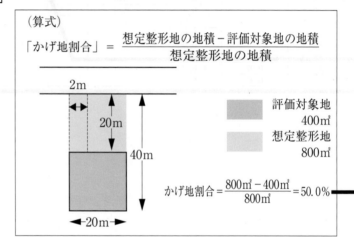

地区区分及び地積に応じた地積区分を求め、地区区分、地積区分及びかげ地割合に応ずる不整形地補正率を不整形地補正率表から求めます。更に接道距離に応じた間口狭小補正率を乗じて不整形地補正率を計算します。

　　不整形地補正率　　間口狭小補正率
　　　　0.79　　×　　0.90　　≒ 0.71（小数点以下2位未満切捨て）
　　　　　　　　※　0.60を限度とします。

第3 宅地の評価

不整形地補正率を算定する際の地積区分表

地区区分＼地積区分	A	B	C
高 度 商 業 地 区	1,000㎡未満	1,000㎡以上 1,500㎡未満	1,500㎡以上
繁 華 街 地 区	450㎡ 〃	450㎡以上 700㎡未満	700㎡ 〃
普通商業・併用住宅地区	650㎡ 〃	650㎡以上 1,000㎡未満	1,000㎡ 〃
普 通 住 宅 地 区	500㎡ 〃	500㎡以上 750㎡未満	750㎡ 〃
中 小 工 場 地 区	3,500㎡ 〃	3,500㎡以上 5,000㎡未満	5,000㎡ 〃

評価対象地の地積400㎡

不整形地補正率表

かげ地割合＼地積区分	高度商業地区、繁華街地区、 普通商業・併用住宅地区、中小工場地区			普 通 住 宅 地 区		
	A	B	C	A	B	C
10% 以 上	0.99	0.99	1.00	0.98	0.99	0.99
15% 〃	0.98	0.99	0.99	0.96	0.98	0.99
20% 〃	0.97	0.98	0.99	0.94	0.97	0.98
25% 〃	0.96	0.98	0.99	0.92	0.95	0.97
30% 〃	0.94	0.97	0.98	0.90	0.93	0.96
35% 〃	0.92	0.95	0.98	0.88	0.91	0.94
40% 〃	0.90	0.93	0.97	0.85	0.88	0.92
45% 〃	0.87	0.91	0.95	0.82	0.85	0.90
50% 〃	0.84	0.89	0.93	0.79	0.82	0.87
55% 〃	0.80	0.87	0.90	0.75	0.78	0.83
60% 〃	0.76	0.84	0.86	0.70	0.73	0.78
65% 〃	0.70	0.75	0.80	0.60	0.65	0.70

| 奥行長大補正率 | 地区区分及び間口距離に対する奥行距離の比率に応じた奥行長大補正率を奥行長大補正率表から求めます。 |

$$\frac{奥行距離}{間口距離} \Rightarrow \frac{40m}{2m} = 20$$

奥行長大補正率表

地区区分 奥行距離 間口距離	ビル街 地区	高度商業 地区	繁華街 地区	普通商業・併用住宅地区	普通住宅 地区	中小工場 地区	大工場 地区
2以上3未満	1.00		1.00		0.98	1.00	1.00
3〃 4〃			0.99		0.96	0.99	
4〃 5〃			0.98		0.94	0.98	
5〃 6〃			0.96		0.92	0.96	
6〃 7〃			0.94		0.90	0.94	
7〃 8〃			0.92			0.92	
8〃			0.90			0.90	

| 不整形地の価額の計算 | 次の算式で計算した価額のうち、いずれか低い方の価額を不整形地としての価額とします。 |

　　奥行価格補正後の価額　　　　　不整形地補正率
　　　114,800,000円　　　×　　　　0.71
　　＝81,508,000円……………………………………①

　　奥行価格補正後の価額　間口狭小補正率　奥行長大補正率
　　　114,800,000円　×　　0.90　　×　　0.90
　　＝92,988,000円……………………………………②
　　①81,508,000円＜②92,988,000円

| 無道路地のしんしゃく | 建築基準法、東京都建築安全条例等に定められている道路に接すべき距離を調べ、最小限度の通路を設けるとした場合のその通路に相当する面積を計算します。その面積に路線価を乗じ、通路部分の価額を計算します。 |

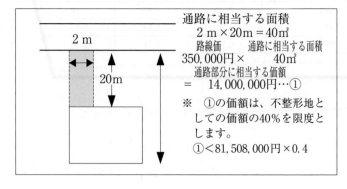

　　　　　　　　　　通路に相当する面積
　　　　　　　　　　　2m×20m＝40㎡
　　　　　路線価　　　通路に相当する面積
　　　　350,000円×　　　40㎡
　　　　　　　　通路部分に相当する価額
　　　　＝　14,000,000円…①
　　※　①の価額は、不整形地としての価額の40%を限度とします。
　　　　①＜81,508,000円×0.4

第3　宅地の評価

| 評　価　額　の　計　算 | 不整形地としての価額から、無道路地のしんしゃく額を控除して評価額を計算します。 |

不整形地としての価額　　無道路地のしんしゃく額　　　評価額
81,508,000円　　　－　　　14,000,000円　　＝67,508,000円

土地及び土地の上に存する権利の評価明細書（第1表）　　○○局(所)　××署　4年分×××ページ

（住居表示）	（××○○1-36-3）	住　所 （所在地）	××区○○1-36-3	使用者	住　所 （所在地）	同左
所在地番	××区○○1-36	氏　名 （法人名）	大手　一郎		氏　名 （法人名）	同左

平成三十一年一月分以降用

地　目		地　積	路　　線　　価				地形図及び参考事項
(宅地) 山林 田　　雑種地 畑		㎡ 400	正面 350,000 円	側方 円	側方 円	裏面 円	20m 20m Y 40m X
間口距離 (2) m		利 用 区 分	自用地　私道 貸宅地　貸家建付借地権 貸家建付地　転貸借地権 借地権　（　　　　　）	地 区 区 分	ビル街地区　(普通住宅地区) 高度商業地区　中小工場地区 繁華街地区　大工場地区 普通商業・併用住宅地区		
奥行距離 40 m							

						1㎡当たりの価額	円	
自	1	一路線に面する宅地 （正面路線価） 350,000 円 ×	（奥行価格補正率） 0.91 ×	（地積） 800 ㎡		X・Y全体の価額 254,800,000		A
用	2	二路線に面する宅地 （A） 350,000 円 ＋ （	［側方・裏面 路線価］ 円 ×	（奥行価格補正率） 1.00 ＋ （	［側方・二方 路線影響加算率］ 0. 400㎡ ）	（地積） Y部分の価額 140,000,000		B
地	3	三路線に面する宅地 （B） 円 ＋ （	［側方・裏面 路線価］ 円 ×	（奥行価格補正率） 円 ＋ （	［側方・二方 路線影響加算率］ ）	奥行価格補正後の価額 A－B 114,800,000		C
1	4	四路線に面する宅地 （C） 円 ＋ （	［側方・裏面 路線価］ 円 ×	（奥行価格補正率） 円 ＋ （	［側方・二方 路線影響加算率］ ）	1㎡当たりの価額 円		D
平	5-1	間口が狭小な宅地等 （AからDまでのうち該当するもの） 円 × （	（間口狭小補正率） . ×	（奥行長大補正率） . ）		1㎡当たりの価額 円		E
方	5-2	不　整　形　地 （AからDまでのうち該当するもの） 114,800,000 円 ×	不整形地補正率※ 0.71			1㎡当たりの価額 円 不整形地補正後の価額		
メ		※不整形地補正率の計算 （想定整形地の間口距離）　（想定整形地の奥行距離）　（想定整形地の地積） 　20 m × 　40 m ＝ 　800 ㎡ （想定整形地の地積）　（不整形地の地積）　（想定整形地の地積）　　　（かげ地割合） （ 800 ㎡ － 400 ㎡）÷ 800 ㎡ ＝ 50.0 % （不整形地補正率表の補正率）（間口狭小補正率）　（小数点以下2位未満切捨て） 　0.79 × 0.90 ＝ 0.71 ① （奥行長大補正率）　（間口狭小補正率） 　0.90 × 0.90 ＝ 0.81 ②				不整形地補正率 ［①、②のいずれか低い 率、0.6を下限とする。］ 0.71 81,508,000		F
ト	6	地積規模の大きな宅地 （AからFまでのうち該当するもの） 円 ×	規模格差補正率※ 0.			1㎡当たりの価額 円		
ル		※規模格差補正率の計算 （地積（Ⓐ））　　（Ⓑ）　　（Ⓒ）　　（地積（Ⓐ））　（小数点以下2位未満切捨て） ｛（ 　㎡× ＋ ）÷ ㎡｝× 0.8 ＝ 0.						G
当	7	無　道　路　地 （F又はGのうち該当するもの） 円 × （ 1 － 0. ）		（※）		1㎡当たりの価額 円 通路部分の価額		
た		※割合の計算（0.4を上限とする。） （正面路線価）　　（通路部分の地積）　　　（F又はGのうち 該当するもの）　（評価対象地の地積） （ 350,000 円 × 40 ㎡）÷ 81,508,000 円 ㎡ ＝ 0.171				14,000,000		H
り	8-1	がけ地等を有する宅地　　〔 南 、 東 、 西 、 北 〕 （AからHまでのうち該当するもの）　（がけ地補正率） 円 × 0.				1㎡当たりの価額 円		I
の	8-2	土砂災害特別警戒区域内にある宅地 （AからHまでのうち該当するもの）　特別警戒区域補正率※ 円 × 0.				1㎡当たりの価額 円		
価		※がけ地補正率の適用がある場合の特別警戒区域補正率の計算（0.5を下限とする。） 〔 南 、 東 、 西 、 北 〕 （特別警戒区域補正率表の補正率）（がけ地補正率）　（小数点以下2位未満切捨て） 0. × 0. ＝ 0.						J
額	9	容積率の異なる2以上の地域にわたる宅地 （AからJまでのうち該当するもの）　（控除割合（小数点以下3位未満四捨五入）） 円 × （ 1 － 0. ）				1㎡当たりの価額 円		K
	10	私　道 （AからKまでのうち該当するもの） 円 × 0.3				1㎡当たりの価額 円		L

自用地の評価額	自用地1平方メートル当たりの価額 （AからLまでのうちの該当記号） （　　　　） 円	地　積 ㎡ F-H	総　　額 （自用地1㎡当たりの価額）×（地積） 67,508,000 円	M

（注）　1　5-1の「間口が狭小な宅地等」と5-2の「不整形地」は重複して適用できません。
　　　2　5-2の「不整形地」の「AからDまでのうち該当するもの」欄の価額について、AからDまでの欄で計算できない場合には、（第2表）の「備考」欄等で計算してください。
　　　3　「がけ地等を有する宅地」であり、かつ、「土砂災害特別警戒区域内にある宅地」である場合については、8-1の「がけ地等を有する宅地」欄ではなく、8-2の「土砂災害特別警戒区域内にある宅地」欄で計算してください。

（資4-25-1-A4統一）

— 189 —

第1章　土地及び土地の上に存する権利

【設例　11】

接道義務を満たしていない宅地の評価

（問）　次のように間口距離が短く接道義務を満たしていない宅地はどのように評価しますか。

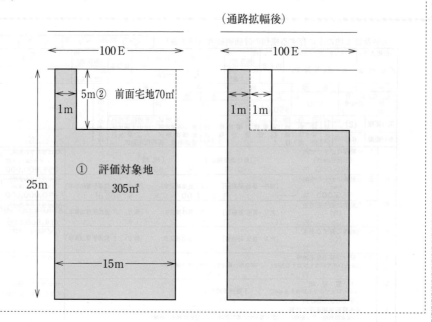

（答）　通路部分を拡幅しなければ、建物の建築が著しく制限される宅地なので、無道路地に準じた評価を行います。なお、無道路地として評価する際に控除する通路に相当する部分の価額は、通路拡幅のための費用相当額（正面路線価に通路拡幅地積を乗じた価額）とします。

(計算例)

1　評価対象他（①）の奥行価格補正後の価額

(1)　評価対象地（①）と前面宅地（②）を合わせた土地の奥行価格補正後の価額

　　　　　　　奥行距離25mに応ずる
　路線価　　奥行価格補正率　　　　①＋②の地積
　100,000円×　　　0.97　　　×　　375㎡　　＝36,375,000円

(2)　前面宅地（②）の奥行価格補正後の価額

　　　　　　　奥行距離5mに応ずる
　路線価　　奥行価格補正率　　　前面宅地（②）の地積
　100,000円×　　1.00（※）　×　　70㎡　　＝7,000,000円

　　※　奥行距離が5mの場合の奥行価格補正率は「0.92」ですが、「0.92」とすると前記(1)の評価対象地（①）と前面宅地（②）を合わせた整形地の奥行価格補正後の単価より、道路に接する部分が欠落している不整形地の奥行価格補正後の単価が高くなり不合理なので、このように前面宅地の奥行距離が短いため奥行価格補正率が1.00未満となる

— 190 —

第3　宅地の評価

場合においては、当該奥行価格補正率は1.00とします。

　　ただし、前記(1)の評価対象地（①）と前面宅地（②）を合わせて評価する場合において、奥行距離が短いため奥行価格補正率が1.00未満の数値となるときには、前面宅地の奥行価格補正率もその数値とします。

(3)　(1)の価額から(2)の価額を控除して求めた評価対象地（①）の奥行価格補正後の価額

　　　①＋②の価額　　②の価額　　①の奥行価格補正後の価額
　　　36,375,000円 － 7,000,000円 ＝　　29,375,000円(X)

2　不整形地補正（又は間口狭小・奥行長大補正）後の価額

　　不整形地補正率0.96（普通住宅地区　地積区分Ａ　かげ地割合18.67％）

$$かげ地割合 = \frac{\overset{\text{想定整形地の地積}}{375㎡} - \overset{\text{評価対象地の地積}}{305㎡}}{\underset{\text{想定整形地の地積}}{375㎡}} ≒ 18.67％$$

　　間口狭小補正率0.90（通路拡幅後の間口距離2mに対するもの）

　　奥行長大補正率0.90（通路拡幅後の間口距離2m・奥行距離25mに対するもの）

　　　不整形地　　間口狭小　　小数点以下2位　　間口狭小　　奥行長大
　　　補正率　　　補正率　　　未満切捨て　　　補正率　　　補正率
　　　0.96　×　0.90　＝　　　0.86　＞　0.90　×　0.90　＝ 0.81

　　　　　　　　　　　　　　　　間口狭小・奥
　　　①の奥行価格補正後の価額　行長大補正率
　　　29,375,000円(X)　×　　0.81　＝ 23,793,750円(Y)

3　通路拡幅部分の価額

　　　路線価　　通路部分の地積　　　　　　　　　　限度額
　　　100,000円×　　5㎡　　＝ 500,000円(Z)　＜　23,793,750円(Y)×0.4

4　評価額

　　　奥行長大等補正後の①の価額　通路拡幅部分の価額　評価対象地①の評価額
　　　23,793,750円(Y)　－　　500,000円(Z)　＝　23,293,750円

― 191 ―

第1章　土地及び土地の上に存する権利

【設例　12】

河川を隔てて道路がある宅地の評価

（問）　次の図のように、河川に橋を架設して道路に接している宅地は、どのように評価しますか。

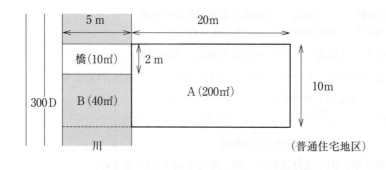

（普通住宅地区）

（答）　A、B及び橋を一体として評価した価額からB及び橋の価額を差し引き、その後の価額にB及び橋をかげ地として不整形地補正等を行います。

(1)　A、B及び橋を一体として評価した価額

　　　　　　　奥行距離25mに応ずる
　　正面路線価　　奥行価格補正率　　地積
　　300,000円 ×　　0.97　　　×250㎡＝72,750,000円

(2)　B及び橋の奥行価格補正後の価額

　　　　　　　奥行距離5mに応ずる
　　正面路線価　　奥行価格補正率　　地積
　　300,000円 ×　　1.00（※）　　×50㎡＝15,000,000円

　　※　奥行距離が5mの場合の奥行価格補正率は0.92ですが、0.92とするとA、B及び橋を一体として評価した単価よりA部分の単価が高くなり不合理なので、奥行価格補正率を1.00とします。
　　　ただし、A、B及び橋を合わせて評価する場合において、奥行距離が短いため奥行価格補正率が1.00未満の数値となるときは、B及び橋の奥行価格補正率もその数値とします。

(3)　(1)－(2)

　　72,750,000円－15,000,000円＝57,750,000円

(4)　橋とBをかげ地として不整形地補正率を算出

　　不整形地補正率＝0.94（不整形地補正率）×0.90（間口狭小補正率）＝0.84
　　（かげ地割合＝50／250＝20％・地積区分　A）

(5)　橋の幅員をAの間口として間口狭小補正率、奥行長大補正率を算出

　　0.90（間口狭小補正率）×0.90（奥行長大補正率）＝0.81

(6)　Aの評価額　(4)と(5)のいずれか低い率を適用

第3　宅地の評価

57,750,000円×0.81＝46,777,500円

　なお、橋が架設されていない場合には、上記の評価を行った後に通路に相当する部分の価額を控除しますが、その価額は接道義務を満たす最低限の幅の橋の架設費用相当額（不整形地補正した後の価額の40％相当額を限度とします。）とします。

(21) がけ地等を有する宅地（評基通20－5）

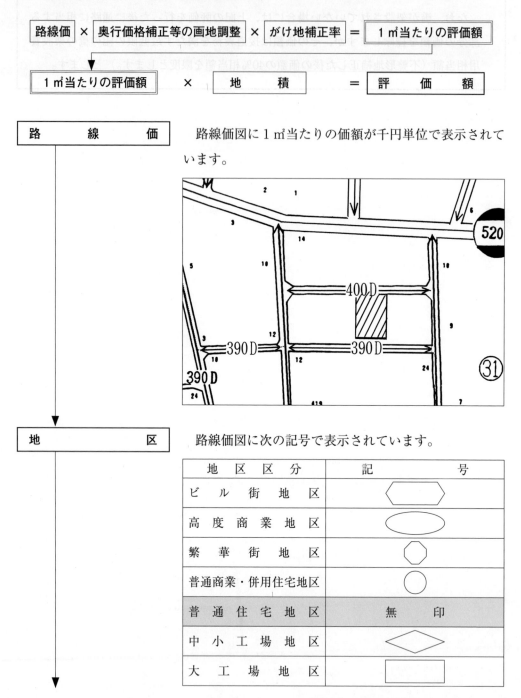

※ がけ地等を有する宅地の評価に加えて土砂災害特別警戒区域内にある宅地の評価（評基通20－6）をする場合については、204ページを参照してください。

第3 宅地の評価

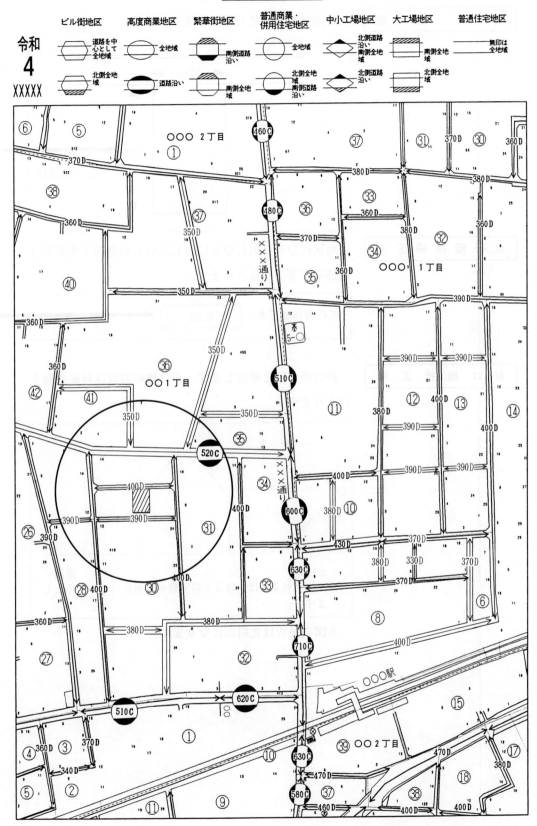

| 奥 行 距 離 | 実測図等から奥行距離を測定します。 |

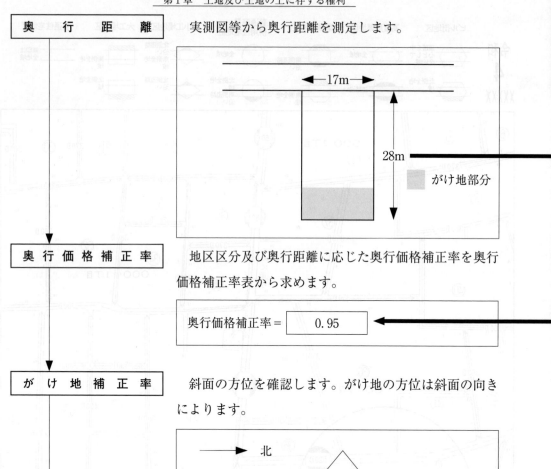

| 奥行価格補正率 | 地区区分及び奥行距離に応じた奥行価格補正率を奥行価格補正率表から求めます。 |

奥行価格補正率 = 0.95

| がけ地補正率 | 斜面の方位を確認します。がけ地の方位は斜面の向きによります。 |

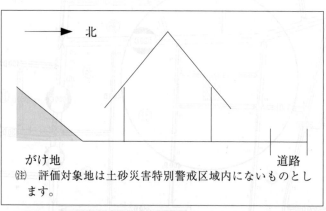

(注) 評価対象地は土砂災害特別警戒区域内にないものとします。

上図の場合は北斜面になります。

第3　宅地の評価

奥行価格補正率表

地区区分 奥行距離 m	ビル街地区	高度商業地区	繁華街地区	普通商業・併用住宅地区	普通住宅地区	中小工場地区	大工場地区
4 未満	0.80	0.90	0.90	0.90	0.90	0.85	0.85
4 以上　6 未満		0.92	0.92	0.92	0.92	0.90	0.90
6 〃　 8 〃	0.84	0.94	0.95	0.95	0.95	0.93	0.93
8 〃　10 〃	0.88	0.96	0.97	0.97	0.97	0.95	0.95
10 〃　12 〃	0.90	0.98	0.99	0.99	1.00	0.96	0.96
12 〃　14 〃	0.91	0.99	1.00	1.00		0.97	0.97
14 〃　16 〃	0.92	1.00				0.98	0.98
16 〃　20 〃	0.93					0.99	0.99
20 〃　24 〃	0.94					1.00	1.00
24 〃　28 〃	0.95				0.97		
28 〃　32 〃	0.96		0.98		0.95		
32 〃　36 〃	0.97		0.96	0.97	0.93		
36 〃　40 〃	0.98		0.94	0.95	0.92		
40 〃　44 〃	0.99		0.92	0.93	0.91		
44 〃　48 〃	1.00		0.90	0.91	0.90		
48 〃　52 〃		0.99	0.88	0.89	0.89		
52 〃　56 〃		0.98	0.87	0.88	0.88		
56 〃　60 〃		0.97	0.86	0.87	0.87		
60 〃　64 〃		0.96	0.85	0.86	0.86	0.99	
64 〃　68 〃		0.95	0.84	0.85	0.85	0.98	
68 〃　72 〃		0.94	0.83	0.84	0.84	0.97	
72 〃　76 〃		0.93	0.82	0.83	0.83	0.96	
76 〃　80 〃		0.92	0.81	0.82			
80 〃　84 〃		0.90	0.80	0.81	0.82	0.93	
84 〃　88 〃		0.88		0.80			
88 〃　92 〃		0.86			0.81	0.90	
92 〃　96 〃	0.99	0.84					
96 〃　100 〃	0.97	0.82					
100 〃	0.95	0.80			0.80		

がけ地の方位は斜面の向きによります。

南斜面

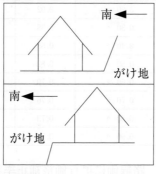

北斜面

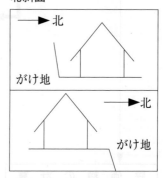

東斜面

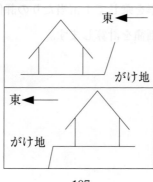

西斜面

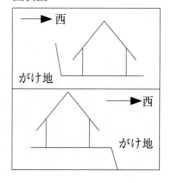

次の算式でがけ地地積の総地積に占める割合を計算します。

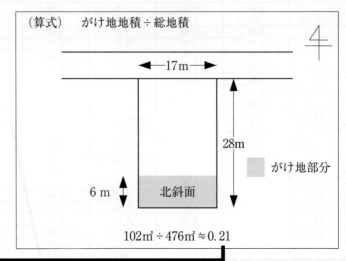

がけ地の方位と上記の割合に応じたがけ地補正率をがけ地補正率表から求めます。

がけ地補正率表

がけ地の方位 がけ地地積/総地積	南	東	西	北
0.10以上	0.96	0.95	0.94	0.93
0.20 〃	0.92	0.91	0.90	0.88
0.30 〃	0.88	0.87	0.86	0.83
0.40 〃	0.85	0.84	0.82	0.78
0.50 〃	0.82	0.81	0.78	0.73
0.60 〃	0.79	0.77	0.74	0.68
0.70 〃	0.76	0.74	0.70	0.63
0.80 〃	0.73	0.70	0.66	0.58
0.90 〃	0.70	0.65	0.60	0.53

評価額の計算　路線価に奥行価格補正率等を乗じて、更にがけ地補正率を乗じて１㎡当たりの評価額を求め、地積を乗じて評価額を計算します。

第3　宅地の評価

路線価　　奥行価格補正率　がけ地補正率　　1㎡当たりの評価額
400,000円×　　0.95　　×　　0.88　　＝　　334,400円

1㎡当たりの評価額　　　　　地積　　　　　　　評価額
334,400円　　×　　476㎡　＝　159,174,400円

第1章　土地及び土地の上に存する権利

土地及び土地の上に存する権利の評価明細書（第1表）

		○○ 局(所) ×× 署	4 年分	××××× ページ

(住居表示)	(××区○○1-30-3)	所有者	住　所 (所在地)	××区○○1-30-3	使用者	住　所 (所在地)	同左
所在地番	××区○○1-30		氏　名 (法人名)	大手 一郎		氏　名 (法人名)	同左

地　目	地　積	路　　　線　　　価				地形図及び参考事項
(宅地) 山林 田　雑種地 畑　(　)	476 ㎡	正面 400,000 円	側方 円	側方 円	裏面 円	

間口距離	17 m	利用区分	自用地　私道 貸宅地　貸家建付借地権 貸家建付地　転貸借地権 借地権　(　)	地区区分	ビル街地区　普通住宅地区 高度商業地区　中小工場地区 繁華街地区　大工場地区 普通商業・併用住宅地区	がけ地部分 $\frac{102㎡}{476㎡}=0.21$
奥行距離	28 m					

地形図: ←17m→ / 28m / がけ地部分

（平成三十一年一月分以降用）

自用地1平方メートル当たりの価額		

項目		(1㎡当たりの価額)	記号
1　一路線に面する宅地 　　(正面路線価)　　　　　　(奥行価格補正率) 　　400,000 円 × 　　0.95		380,000 円	A
2　二路線に面する宅地 　　(A)　　　　[側方・裏面 路線価]　(奥行価格補正率)　[側方・二方 路線影響加算率] 　　　　円 + (　　円 × 　. 　＋ 0. 　)		円	B
3　三路線に面する宅地 　　(B)　　　　[側方・裏面 路線価]　(奥行価格補正率)　[側方・二方 路線影響加算率] 　　　　円 + (　　円 × 　. 　＋ 0. 　)		円	C
4　四路線に面する宅地 　　(C)　　　　[側方・裏面 路線価]　(奥行価格補正率)　[側方・二方 路線影響加算率] 　　　　円 + (　　円 × 　. 　＋ 0. 　)		円	D
5-1　間口が狭小な宅地等 　　(AからDまでのうち該当するもの)　(間口狭小補正率)　(奥行長大補正率) 　　　　円 × (　. 　× 　. 　)		円	E
5-2　不　整　形　地 　　(AからDまでのうち該当するもの)　　不整形地補正率※ 　　　　円 × 　0. 　　※不整形地補正率の計算 　　(想定整形地の間口距離)　(想定整形地の奥行距離)　(想定整形地の地積) 　　　　m × 　　m = 　㎡ 　　(想定整形地の地積)　(不整形地の地積)　(想定整形地の地積)　(かげ地割合) 　　(　㎡ - 　㎡) ÷ 　㎡ = 　% 　　(不整形地補正率表の補正率)　(間口狭小補正率)　　(小数点以下2位未満切捨て) 　　0. 　× 0. 　= 0. 　① 　　(奥行長大補正率)　(間口狭小補正率) 　　0. 　× 0. 　= 0. 　② 　　[不整形地補正率 ①、②のいずれか低い率、0.6を下限とする。] 0.		円	F
6　地積規模の大きな宅地 　　(AからFまでのうち該当するもの)　　規模格差補正率※ 　　　　円 × 0. 　　※規模格差補正率の計算 　　(地積(Ⓐ))　　Ⓑ　　(Ⓒ)　(地積(Ⓐ))　　(小数点以下2位未満切捨て) 　　{ (　㎡× 　＋ 　) ÷ 　㎡ } × 0.8 = 0.		円	G
7　無　道　路　地 　　(F又はGのうち該当するもの)　　　　(※) 　　　　円 × (1 - 0. 　) 　　※割合の計算 (0.4を上限とする。) 　　(正面路線価)　(通路部分の地積)　(F又はGのうち該当するもの)　(評価対象地の地積) 　　(　円 × 　㎡) ÷ (　円 × 　㎡) = 0.		円	H
8-1　がけ地等を有する宅地　〔 南 、 東 、 西 、 (北) 〕 　　(AからHまでのうち該当するもの)　(がけ地補正率) 　　380,000 円 × 0.88		334,400 円	I
8-2　土砂災害特別警戒区域内にある宅地 　　(AからHまでのうち該当するもの)　　特別警戒区域補正率※ 　　　　円 × 0. 　　※がけ地補正率の適用がある場合の特別警戒区域補正率の計算 (0.5を下限とする。) 　　〔 南 、 東 、 西 、 北 〕 　　(特別警戒区域補正率表の補正率)　(がけ地補正率)　(小数点以下2位未満切捨て) 　　0. 　× 0. 　= 0.		円	J
9　容積率の異なる2以上の地域にわたる宅地 　　(AからJまでのうち該当するもの)　　　　(控除割合 (小数点以下3位未満四捨五入)) 　　　　円 × (1 - 0. 　)		円	K
10　私　　　道 　　(AからKまでのうち該当するもの) 　　　　円 × 0.3		円	L

自用地の評価額	自用地1平方メートル当たりの価額 (AからLまでのうちの該当記号)　(Ｉ)	地　積	総　　　額 (自用地1㎡当たりの価額) × (地　積)	記号
	334,400 円	476 ㎡	159,174,400 円	M

(注) 1　5-1の「間口が狭小な宅地等」と5-2の「不整形地」は重複して適用できません。
　　2　5-2の「不整形地」の「AからDまでのうち該当するもの」欄の価額について、AからDまでの欄で計算できない場合には、(第2表)の「備考」欄等で計算してください。
　　3　「がけ地等を有する宅地」であり、かつ、「土砂災害特別警戒区域内にある宅地」である場合については、8-1の「がけ地等を有する宅地」欄ではなく、8-2の「土砂災害特別警戒区域内にある宅地」欄で計算してください。

(資4-25-1-A4統一)

― 200 ―

【設例 13】

がけ地等を有する宅地の評価──南東を向いている場合

(問) 次のように南東を向いているがけ地部分を有する宅地のがけ地補正率はどのようにして求めるのですか。

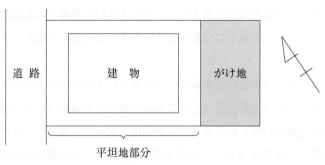

（総地積400㎡、がけ地の地積100㎡、がけ地割合0.25）

(答) 「がけ地補正率表」に定められた方位の中間を向いているがけ地は、それぞれの方位のがけ地補正率を平均して計算します。

(計算例)

$$\frac{\underset{\text{南方位のがけ地補正率}}{\text{がけ地割合0.25に応ずる}}}{2} + \underset{\text{東方位のがけ地補正率}}{\text{がけ地割合0.25に応ずる}} = \frac{0.92 + 0.91}{2} = 0.91 \quad \text{（小数点以下2位未満切捨て）}$$

なお、「北北西」のような場合には、「北」のみの方位によることとしても差し支えありません。

チェックポイント14
がけ地補正率を適用するがけ地等を有する宅地

　がけ地等で通常の用途に供することができないと認められる部分を有する宅地の価額は、その宅地のうちに存するがけ地等ががけ地等でないとした場合の価額に、その宅地の総地積に対するがけ地等で通常の用途に供することができないと認められる部分の地積の割合等に応じて「がけ地補正率表」に定める補正率を乗じて計算した価額によって評価します。

　ここにいう「がけ地等で通常の用途に供することができないと認められる部分を有する宅地」とは、<u>平坦地部分とがけ地部分等</u>（宅地である土地のうち傾斜部分又は法面部分）<u>が一体となっている宅地</u>をいうものであり、典型例は、次のようなヒナ段式の造成住宅団地に見られる擁壁（自然擁壁又は人工擁壁を問いません。）で保護された傾斜地を含む宅地をいいます。

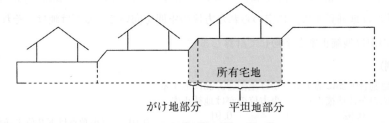

【設例 14】

がけ地等を有する宅地の評価――2方向にがけ地部分を有する場合

(問) 次のように2方向にがけ地部分を有する宅地のがけ地補正率はどのようにして求めますか。

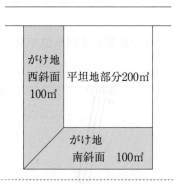

総地積	400㎡
がけ地の全地積	200㎡
がけ地割合	0.50

(答) 2方向以上にがけ地を有する宅地のがけ地補正率は、評価対象地の総地積に対するがけ地部分の全地積の割合に応ずる各方位別のがけ地補正率を求め、それぞれのがけ地補正率を方位別のがけ地の地積で加重平均して計算します。

(計算例)

1　総地積に対するがけ地部分の割合

$$\frac{\overset{\text{西方位のがけ地の地積}}{100㎡} + \overset{\text{南方位のがけ地の地積}}{100㎡}}{\underset{\text{評価対象地の総地積}}{400㎡}} = 0.50$$

2　方位別のがけ地補正率

がけ地割合0.50に応ずる西方位のがけ地補正率……………0.78

がけ地割合0.50に応ずる南方位のがけ地補正率……………0.82

3　加重平均によるがけ地補正率

$$\frac{\overset{\substack{\text{西方位・がけ地割合}\\\text{0.50のがけ地補正率}}}{0.78} \times \overset{\substack{\text{西方位のが}\\\text{け地の地積}}}{100㎡} + \overset{\substack{\text{南方位・がけ地割合}\\\text{0.50のがけ地補正率}}}{0.82} \times \overset{\substack{\text{南方位のが}\\\text{け地の地積}}}{100㎡}}{\underset{\text{がけ地部分の全地積}}{200㎡}} = 0.80$$

第1章　土地及び土地の上に存する権利

⑵　土砂災害特別警戒区域内にある宅地（評基通20－6）

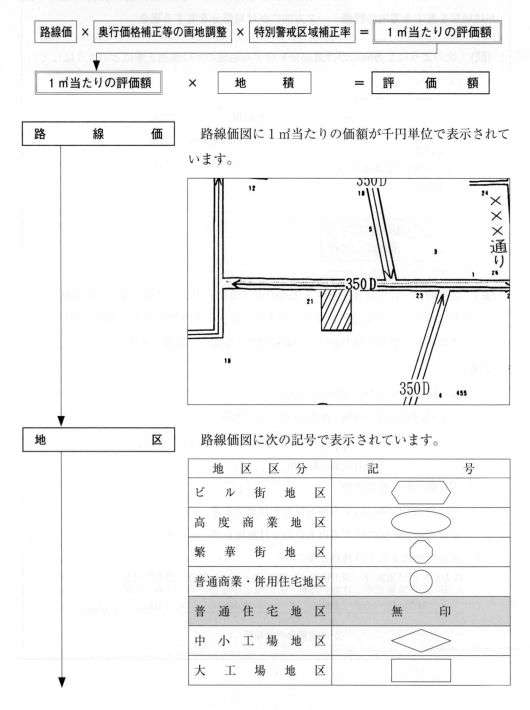

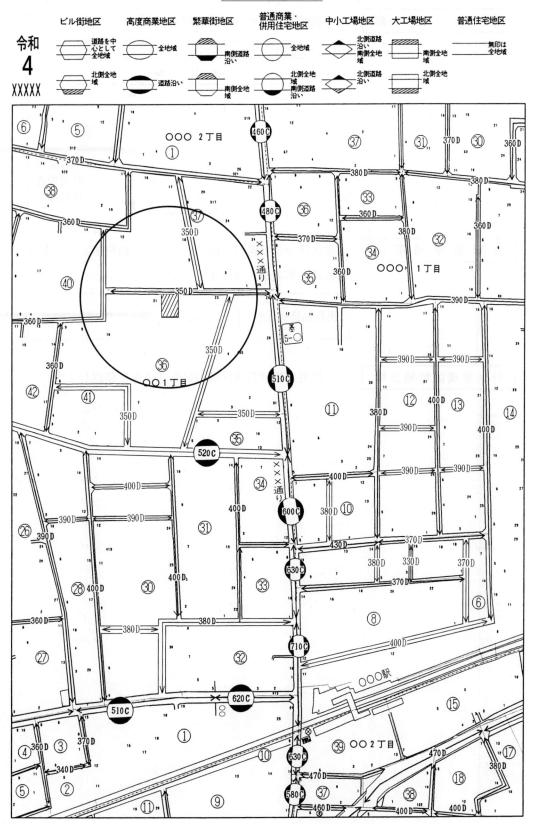

| 奥 行 距 離 | 実測図等から奥行距離を測定します。 |

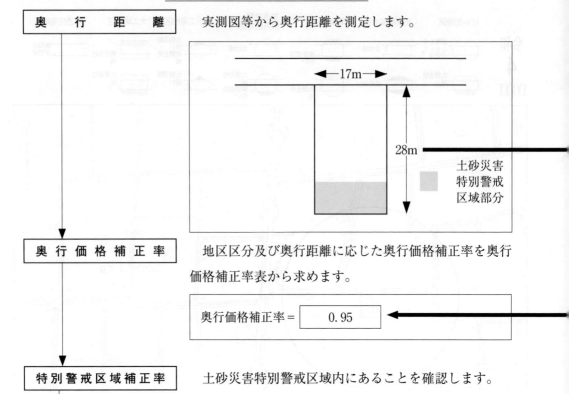

| 奥行価格補正率 | 地区区分及び奥行距離に応じた奥行価格補正率を奥行価格補正率表から求めます。 |

奥行価格補正率 =　0.95

| 特別警戒区域補正率 | 土砂災害特別警戒区域内にあることを確認します。 |

第3　宅地の評価

奥行価格補正率表

地区区分 奥行距離 m	ビル街地区	高度商業地区	繁華街地区	普通商業・ 併用住宅地区	普通住宅地区	中小工場地区	大工場地区
4 未満	0.80	0.90	0.90	0.90	0.90	0.85	0.85
4 以上　6 未満		0.92	0.92	0.92	0.92	0.90	0.90
6 〃　8 〃	0.84	0.94	0.95	0.95	0.95	0.93	0.93
8 〃　10 〃	0.88	0.96	0.97	0.97	0.97	0.95	0.95
10 〃　12 〃	0.90	0.98	0.99	0.99	1.00	0.96	0.96
12 〃　14 〃	0.91	0.99	1.00	1.00		0.97	0.97
14 〃　16 〃	0.92	1.00				0.98	0.98
16 〃　20 〃	0.93					0.99	0.99
20 〃　24 〃	0.94					1.00	1.00
24 〃　28 〃	0.95				0.97		
28 〃　32 〃	0.96		0.98		0.95		
32 〃　36 〃	0.97		0.96	0.97	0.93		
36 〃　40 〃	0.98		0.94	0.95	0.92		
40 〃　44 〃	0.99		0.92	0.93	0.91		
44 〃　48 〃	1.00		0.90	0.91	0.90		
48 〃　52 〃		0.99	0.88	0.89	0.89		
52 〃　56 〃		0.98	0.87	0.88	0.88		
56 〃　60 〃		0.97	0.86	0.87	0.87		
60 〃　64 〃		0.96	0.85	0.86	0.86	0.99	
64 〃　68 〃		0.95	0.84	0.85	0.85	0.98	
68 〃　72 〃		0.94	0.83	0.84	0.84	0.97	
72 〃　76 〃		0.93	0.82	0.83	0.83	0.96	
76 〃　80 〃		0.92	0.81	0.82			
80 〃　84 〃		0.90	0.80	0.81	0.82	0.93	
84 〃　88 〃		0.88		0.80			
88 〃　92 〃		0.86			0.81	0.90	
92 〃　96 〃	0.99	0.84					
96 〃　100 〃	0.97	0.82					
100 〃	0.95	0.80			0.80		

次の算式で土砂災害特別警戒区域内となる部分の地積の総地積に占める割合を計算します。

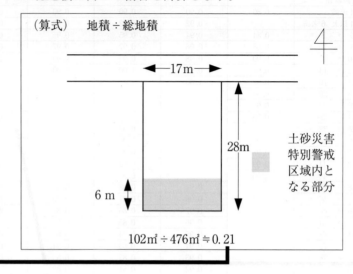

上記の割合に応じた特別警戒区域補正率を特別警戒区域補正率表から求めます。

特別警戒区域補正率表

特別警戒区域の地積／総地積	補 正 率
0.10以上	0.90
0.40以上	0.80
0.70以上	0.70

評 価 額 の 計 算　　路線価に奥行価格補正率等を乗じて、更に特別警戒区域補正率を乗じて1㎡当たりの評価額を求め、地積を乗じて評価額を計算します。

第3　宅地の評価

```
     路線価      奥行価格補正率   特別警戒区域補正率   1㎡当たりの評価額
  350,000円   ×    0.95    ×     0.90    =    299,250円

  1㎡当たりの評価額      地積        評価額
     299,250円   ×   476㎡  =  142,443,000円
```

第1章　土地及び土地の上に存する権利

土地及び土地の上に存する権利の評価明細書（第1表）

| | ○○局(所) ×× 署 | 4 年分 | ×××ページ |

（住居表示）	（××区○○1-36-3）	住　所（所在地）	××区○○1-36-3	使用者	住　所（所在地）	同左
所在地番	××区○○1-36	氏名（法人名）	大手 一郎		氏名（法人名）	同左

地目 （宅地）山林 田 畑 雑種地 （　）	地積 476 ㎡	路　　線　　価	地形図及び参考事項

路線価：正面 350,000円　側方 円　側方 円　裏面 円

| 間口距離 17 m | 利用区分　自用地 私道　貸宅地 貸家建付借地権 貸家建付地 転貸借地権 借地権（　　） | 地区区分　ビル街地区 （普通住宅地区） 高度商業地区 中小工場地区 繁華街地区 大工場地区 普通商業・併用住宅地区 |
| 奥行距離 28 m | | |

地形図：←17m→ 28m　土砂災害特別警戒区域部分 102㎡／476㎡ = 0.21

自用地1平方メートル当たりの価額		（1㎡当たりの価額）	
1　一路線に面する宅地 （正面路線価） 350,000 円 × （奥行価格補正率） 0.95		332,500 円	A
2　二路線に面する宅地 （A）　円 ＋ （ ［側方・裏面 路線価］ 円 × （奥行価格補正率） × ［側方・二方 路線影響加算率］ 0.　　）		円	B
3　三路線に面する宅地 （B）　円 ＋ （ ［側方・裏面 路線価］ 円 × （奥行価格補正率） × ［側方・二方 路線影響加算率］ 0.　　）		円	C
4　四路線に面する宅地 （C）　円 ＋ （ ［側方・裏面 路線価］ 円 × （奥行価格補正率） × ［側方・二方 路線影響加算率］ 0.　　）		円	D
5-1　間口が狭小な宅地等 （AからDまでのうち該当するもの）　円 × （間口狭小補正率） （．　） × （奥行長大補正率）		円	E
5-2　不整形地 （AからDまでのうち該当するもの）　不整形地補正率※ 0.		円	F
6　地積規模の大きな宅地 （AからFまでのうち該当するもの）　規模格差補正率※ 円 × 0.		円	G
7　無道路地 （F又はGのうち該当するもの）　円 × （ 1 － 0. ） （※）		円	H
8-1　がけ地等を有する宅地 ［ 南 、 東 、 西 、 北 ］ （AからHまでのうち該当するもの） 円 × （がけ地補正率）		円	I
8-2　土砂災害特別警戒区域内にある宅地 （AからHまでのうち該当するもの）　特別警戒区域補正率※ 332,500 円 × 0. 90		299,250 円	J
9　容積率の異なる2以上の地域にわたる宅地 （AからJまでのうち該当するもの）　（控除割合 小数点以下3位未満四捨五入） 円 × （ 1 － 0. ）		円	K
10　私道 （AからKまでのうち該当するもの）　円 × 0.3		円	L

5-2 不整形地補正率の計算：
※不整形地補正率の計算
（想定整形地の間口距離）m × （想定整形地の奥行距離）m ＝ （想定整形地の地積）㎡
（想定整形地の地積）（ ㎡ － （不整形地の地積）㎡） ÷ （想定整形地の地積）㎡ ＝ （かげ地割合）%
（不整形地補正率表の補正率）（間口狭小補正率） 0. × = 0. ①
（奥行長大補正率）（間口狭小補正率） × = 0. ②
不整形地補正率 ①、②のいずれか低い率、0.6を下限とする。 0.

6 規模格差補正率の計算：
※規模格差補正率の計算
（地積(Ⓐ)）㎡ × （Ⓑ ＋ Ⓒ） ÷ （地積(Ⓐ)）㎡ × 0.8 ＝ 0. （小数点以下2位未満切捨て）

7 ※割合の計算（0.4を上限とする。）
（正面路線価）（ 円 × （通路部分の地積）㎡） ÷ （F又はGのうち該当するもの 円 × （評価対象地の地積）㎡） ＝ 0.

8-2 ※がけ地補正率の適用がある場合の特別警戒区域補正率の計算（0.5を下限とする。）
［ 南 、 東 、 西 、 北 ］
（特別警戒区域補正率表の補正率） 0. × （がけ地補正率） ＝ 0. （小数点以下2位未満切捨て）

自用地の評価額	自用地1平方メートル当たりの価額 （AからLまでのうちの該当記号）	地　積	総　額 （自用地1㎡当たりの価額）×（地　積）	
	（ J ） 299,250 円	476 ㎡	142,443,000 円	M

（注）1　5-1の「間口が狭小な宅地等」と5-2の「不整形地」は重複して適用できません。
　　　2　5-2の「不整形地」の「AからDまでのうち該当するもの」の価額について、AからDまでの欄で計算できない場合には、（第2表）の「備考」欄等で計算してください。
　　　3　「がけ地等を有する宅地」であり、かつ、「土砂災害特別警戒区域内にある宅地」である場合については、8-1の「がけ地等を有する宅地」欄ではなく、8-2の「土砂災害特別警戒区域内にある宅地」欄で計算してください。

（資4-25-1-A4統一）

— 210 —

第3 宅地の評価

【設例 15】

土砂災害特別警戒区域内にある宅地でがけ地等を有する宅地の評価

(問) 次のように土砂災害特別警戒区域内にある南を向いているがけ地部分を有する宅地の特別警戒区域補正率は、どのようにして求めるのですか。

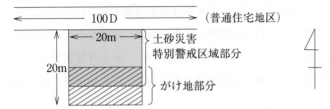

(総地積400㎡、土砂災害特別警戒区域内となる部分の地積300㎡、がけ地の地積200㎡)

(答) 特別警戒区域補正率とがけ地補正率を求めた後、特別警戒区域補正率にがけ地補正率を乗じて計算します。

(計算例)

1 総地積に対する土砂災害特別警戒区域となる部分の地積の割合

$$\frac{300㎡}{400㎡} = 0.75$$

2 総地積に対するがけ地部分の地積の割合

$$\frac{200㎡}{400㎡} = 0.5$$

3 特別警戒区域補正率

特別警戒区域補正率表の補正率		南方位のがけ地補正率		特別警戒区域補正率
0.70	×	0.82	=	0.57（※）

(小数点以下2位未満を切捨てます。)

※ 0.50未満の場合は、0.50となります。

4 評価額

路線価		奥行価格補正率		特別警戒区域補正率		地積		
100,000円	×	1.00	×	0.57	×	400㎡	=	22,800,000円

第1章　土地及び土地の上に存する権利

チェックポイント15

1　倍率地域に所在する土砂災害特別警戒区域内にある宅地の評価

　　倍率方式により評価する地域（以下「倍率地域」といいます。）に所在する宅地の価額は、その宅地の固定資産税評価額に倍率を乗じて評価することとしています。

　　土砂災害特別警戒区域内の宅地の固定資産税評価額の算定においては、土砂災害特別警戒区域の指定による土地の利用制限等が土地の価額に影響を与える場合には、その影響を適正に反映させることとされていることから、土砂災害特別警戒区域に指定されたことに伴う宅地としての利用制限等による減価は、既に固定資産税評価額において考慮されていると考えられます。

　　したがって、倍率地域に所在する土砂災害特別警戒区域内にある宅地については、土砂災害特別警戒区域内にある宅地の評価の適用対象とはされていません。

2　土砂災害特別警戒区域内にある市街地農地等の評価

　　市街地農地、市街地周辺農地、市街地山林及び市街地原野（以下、これらを併せて「市街地農地等」といいます。）については、評価通達の定めにおいて、その市街地農地等が宅地であるとした場合を前提として評価（宅地比準方式により評価）することとされています。

　　市街地農地等が土砂災害特別警戒区域内にある場合、その農地等を宅地に転用するときには、宅地としての利用が制限されることから、利用制限による減価が生じることになります。

　　したがって、市街地農地等が土砂災害特別警戒区域内にある場合には、土砂災害特別警戒区域内にある宅地の評価の適用対象となります。

3　土砂災害特別警戒区域内にある市街化区域内の雑種地の評価

　　雑種地の価額は、近傍にある状況が類似する土地に比準した価額により評価しますが、評価対象となる雑種地の状況が宅地に類似する場合には宅地に比準して評価することとなり、農地等に類似する場合には農地等に比準して評価することとなります。

　　このとき、市街化区域内の農地等の価額は宅地比準方式により評価することから、市街化区域内の雑種地についても、宅地比準方式により評価することとなります。

　　宅地に状況が類似する雑種地又は市街地農地等に類似する雑種地が土砂災害特別警戒区域内にある場合、その雑種地を宅地として使用するときには、宅地としての利用が制限されることから、利用制限による減価が生じることになります。

― 212 ―

第3 宅地の評価

　したがって、宅地に状況が類似する雑種地又は市街地農地等に類似する雑種地が土砂災害特別警戒区域内にある場合には、土砂災害特別警戒区域内にある宅地の評価の適用対象となります。

⑵³ 容積率の異なる２以上の地域にわたる宅地（評基通20－7）

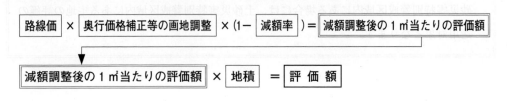

| 路　　線　　価 | 路線価図に１㎡当たりの価額が千円単位で表示されています。 |

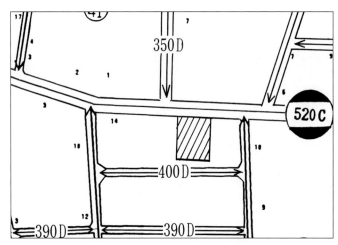

| 地　　　　　区 | 路線価図に次の記号で表示されています。 |

地　区　区　分	記　　号
ビ　ル　街　地　区	⬡
高　度　商　業　地　区	⬭
繁　華　街　地　区	⬯
普通商業・併用住宅地区	◯
普　通　住　宅　地　区	無　　印
中　小　工　場　地　区	◇
大　工　場　地　区	▢

― 214 ―

第3　宅地の評価

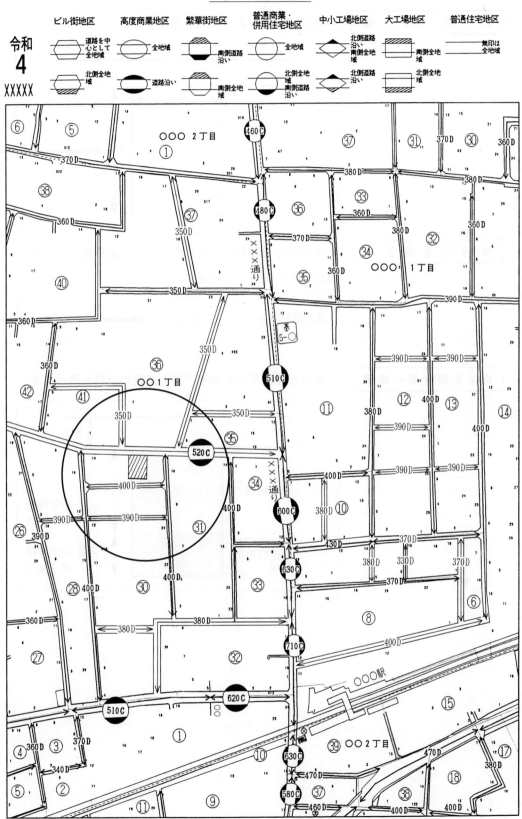

第1章 土地及び土地の上に存する権利

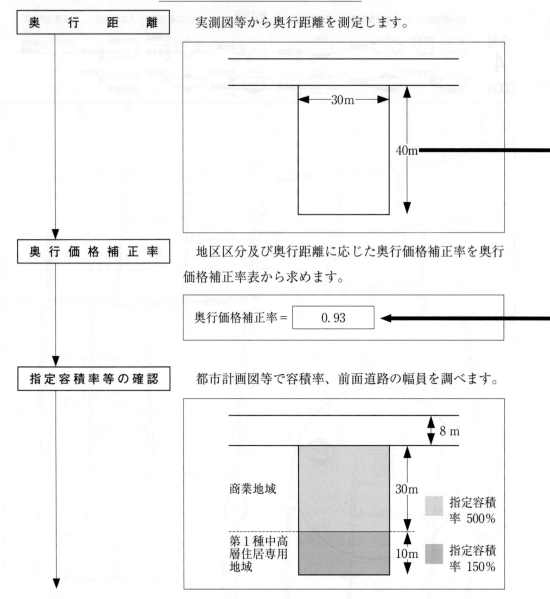

第3　宅地の評価

奥行価格補正率表

奥行距離 m / 地区区分	ビル街地区	高度商業地区	繁華街地区	普通商業・併用住宅地区	普通住宅地区	中小工場地区	大工場地区
4 未満	0.80	0.90	0.90	0.90	0.90	0.85	0.85
4 以上 6 未満		0.92	0.92	0.92	0.92	0.90	0.90
6 〃 8 〃	0.84	0.94	0.95	0.95	0.95	0.93	0.93
8 〃 10 〃	0.88	0.96	0.97	0.97	0.97	0.95	0.95
10 〃 12 〃	0.90	0.98	0.99	0.99	1.00	0.96	0.96
12 〃 14 〃	0.91	0.99	1.00	1.00		0.97	0.97
14 〃 16 〃	0.92	1.00				0.98	0.98
16 〃 20 〃	0.93					0.99	0.99
20 〃 24 〃	0.94					1.00	1.00
24 〃 28 〃	0.95				0.97		
28 〃 32 〃	0.96				0.95		
32 〃 36 〃	0.97		0.96	0.97	0.93		
36 〃 40 〃	0.98		0.94	0.95	0.92		
40 〃 44 〃	0.99		0.92	0.93	0.91		
44 〃 48 〃	1.00		0.90	0.91	0.90		
48 〃 52 〃		0.99	0.88	0.89	0.89		
52 〃 56 〃		0.98	0.87	0.88	0.88		
56 〃 60 〃		0.97	0.86	0.87	0.87		
60 〃 64 〃		0.96	0.85	0.86	0.86	0.99	
64 〃 68 〃		0.95	0.84	0.85	0.85	0.98	
68 〃 72 〃		0.94	0.83	0.84	0.84	0.97	
72 〃 76 〃		0.93	0.82	0.83	0.83	0.96	
76 〃 80 〃		0.92	0.81	0.82			
80 〃 84 〃		0.90	0.80	0.81	0.82	0.93	
84 〃 88 〃		0.88		0.80			
88 〃 92 〃		0.86			0.81	0.90	
92 〃 96 〃	0.99	0.84					
96 〃 100 〃	0.97	0.82					
100 〃	0.95	0.80			0.80		

| 容 積 率 の 計 算 | 前面道路の幅員から基準容積率を計算します。

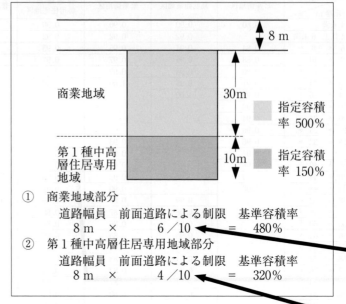

指定容積率と基準容積率を比較し、評価しようとする土地の具体的な容積率を求めます。

① 商業地域部分
　　基準容積率　　指定容積率
　　 480%　 ＜　 500%
　基準容積率が指定容積率を下回っていますので、基準容積率（480%）を商業地域部分の容積率とします。

② 第1種中高層住居専用地域
　　基準容積率　　指定容積率
　　 320%　 ＞　 150%
　基準容積率が指定容積率を下回っていませんので、指定容積率（150%）を第1種中高層住居専用地域部分の容積率とします。

第3　宅地の評価

チェックポイント16

指定容積率と基準容積率

　容積率には、都市計画に合わせて指定される指定容積率と建築基準法独自の基準容積率とがあり、実際に建物を建築する場合に適用される容積率は、これらのうちいずれか小さい方です。

(参考)

1　指定容積率は、都市計画において定められています。

2　基準容積率は、次の区分に応じ、それぞれ次によります。

(1)　前面道路による制限（建築基準法52②）

　　①　前面道路の幅員が12m未満の場合は、その道路幅員のメートル（m）の数値に、<u>以下の区分に応じて定められた数値を乗じたもの以下</u>とします。

第1種・第2種低層住居専用地域 田園住居地域	4/10
<u>第1種・第2種中高層住居専用地域</u> 第1種・第2種住居地域、準住居地域 （建築基準法第52条第1項第5号に掲げる建築物を除く）	4/10 （特定行政庁が都道府県都市計画審議会の議を経て指定する区域内の建築物にあっては、6/10）
<u>その他の地域</u>	6/10 （特定行政庁が都道府県都市計画審議会の議を経て指定する区域内の建築物にあっては、4/10又は8/10のうち特定行政庁が都道府県都市計画審議会の議を経て定めるもの）

　　②　前面道路が2以上あるときは、最大幅員のメートルの数値によります。

(2)　敷地に2以上の容積率の指定がある場合（建築基準法52⑦）

　　①　建築物の敷地が、容積率が異なる2以上の地域にわたる場合には、各地域に属する敷地の各部分の面積の比により加重平均して容積率を算定します。

　　②　建築物の敷地が容積率が異なる2以上の地域にわたる場合で、かつ、前面道路幅員が12m未満の場合には、各地域に属する敷地の各部分について道路幅員（最大の場合）による容積率の限度を算出し、加重平均します。

3　地域によっては、指定容積率の他に都市計画の中で個別に容積率が定められている場合がありますので市（区）役所等で確認してください。

第1章　土地及び土地の上に存する権利

容積率が価額に及ぼす影響度

地区区分ごとに次の割合で定められています（評基通20−7）。

地 区 区 分	影 　 響 　 度
高度商業地区、繁華街地区	0.8
普通商業・併用住宅地区	0.5
普 通 住 宅 地 区	0.1

減 額 率 の 計 算

次の算式により減額率を計算します。

$$
\left(1 - \frac{\overset{\text{商業地域部分}}{480\%} \times 900\text{㎡} + \overset{\substack{\text{第1種中高層住}\\\text{居専用地域部分}}}{150\%} \times 300\text{㎡}}{\underset{\substack{\text{正面路線に接す}\\\text{る部分の容積率}}}{480\%} \times \underset{\substack{\text{1画地の}\\\text{宅地の面積}}}{1,200\text{㎡}}}\right) \times \overset{\substack{\text{容積率が価}\\\text{額に及ぼす}\\\text{影響度}}}{0.5} \fallingdotseq \overset{\text{減額率※}}{0.086}
$$

※　小数点以下3位未満を四捨五入します。

評 価 額 の 計 算

路線価に奥行価格補正率等の画地調整を行って計算した価額から上記により求めた減額率を控除して減額調整後の1㎡当たりの評価額を計算します。

減額調整後の1㎡当たりの評価額に、地積を乗じて評価額を計算します。

$$
\begin{array}{cccc}
\overset{\text{路線価}}{520,000\text{円}} \times & \overset{\text{奥行価格補正率}}{0.93} & \times \overset{\text{減額率}}{(1-0.086)} & = \overset{\text{（A）}}{442,010\text{円}} \\
\overset{\text{（A）}}{442,010\text{円}} & \times & \overset{\text{地積}}{1,200\text{㎡}} & = 530,412,000\text{円}
\end{array}
$$

— 220 —

第3　宅地の評価

土地及び土地の上に存する権利の評価明細書（第1表）

〇〇 局(所) ×× 署	4 年分 ×××××ページ

（平成三十一年一月分以降用）

（住居表示）（××区〇〇1-30-3）	所在地番 ××区〇〇1-30-15	所有者 住所（所在地）××区〇〇1-30-3　氏名（法人名）大手 一郎	使用者 住所（所在地）同左　氏名（法人名）同左

地目	地積	路線価	地形図及び参考事項
（宅地）山林 田 畑 雑種地（ ）	1,200 m²	正面 520,000 円　側方 円　側方 円　裏面 円	←30m→ 30m（480%）500% 40m 10m 150%
間口距離 30 m　奥行距離 40 m	利用区分 自用地 貸宅地 貸家建付地 借地権（ ） 私道 貸家建付借地権 転貸借地権	地区区分 ビル街地区 高度商業地区 繁華街地区 普通商業・併用住宅地区 普通住宅地区 中小工場地区 大工場地区	

	1 一路線に面する宅地 （正面路線価）520,000 円 × （奥行価格補正率）0.93	（1m²当たりの価額）483,600 円	A
自用地1平方メートル当たりの価額	2 二路線に面する宅地 （A）円 ＋ （［側方・裏面 路線価］円 × （奥行価格補正率）. × ［側方・二方 路線影響加算率］0. ）	（1m²当たりの価額）円	B
	3 三路線に面する宅地 （B）円 ＋ （［側方・裏面 路線価］円 × （奥行価格補正率）. × ［側方・二方 路線影響加算率］0. ）	（1m²当たりの価額）円	C
	4 四路線に面する宅地 （C）円 ＋ （［側方・裏面 路線価］円 × （奥行価格補正率）. × ［側方・二方 路線影響加算率］0. ）	（1m²当たりの価額）円	D
	5-1 間口が狭小な宅地等 （AからDまでのうち該当するもの）円 × （間口狭小補正率）. × （奥行長大補正率）.	（1m²当たりの価額）円	E
	5-2 不整形地 （AからDまでのうち該当するもの）円 × 不整形地補正率※ 0. ※不整形地補正率の計算（以下計算欄）	（1m²当たりの価額）円	F
	6 地積規模の大きな宅地 （AからFまでのうち該当するもの）円 × 規模格差補正率※ 0.	（1m²当たりの価額）円	G
	7 無道路地 （F又はGのうち該当するもの）円 × （1 － 0. ）	（1m²当たりの価額）円	H
	8-1 がけ地等を有する宅地 〔南、東、西、北〕 （AからHまでのうち該当するもの）円 × がけ地補正率 0.	（1m²当たりの価額）円	I
	8-2 土砂災害特別警戒区域内にある宅地 （AからHまでのうち該当するもの）円 × 特別警戒区域補正率※ 0.	（1m²当たりの価額）円	J
	9 容積率の異なる2以上の地域にわたる宅地 （AからJまでのうち該当するもの）483,600 円 × （1 － 控除割合 0.086 ）	（1m²当たりの価額）442,010 円	K
	10 私道 （AからKまでのうち該当するもの）円 × 0.3	（1m²当たりの価額）円	L
自用地の評価額	自用地1平方メートル当たりの価額 （AからLまでのうちの該当記号）（ K ）442,010 円　地積 1,200 m²　総額（自用地1m²当たりの価額）×（地積）530,412,000 円		M

（注）
1. 5-1の「間口が狭小な宅地等」と5-2の「不整形地」は重複して適用できません。
2. 5-2の「不整形地」の「AからDまでのうち該当するもの」欄の価額について、AからDまでの欄で計算できない場合には、（第2表）の「備考」欄等で計算してください。
3. 「がけ地等を有する宅地」であり、かつ、「土砂災害特別警戒区域内にある宅地」である場合については、8-1の「がけ地等を有する宅地」欄ではなく、8-2の「土砂災害特別警戒区域内にある宅地」欄で計算してください。

（資4-25-1-A4統一）

チェックポイント17

1画地の宅地が容積率の異なる2以上の地域にわたる場合の減額調整の適用範囲

1　1画地の宅地の正面路線に接する部分の容積率が2以上で、その正面路線に接する部分の容積率と異なる容積率の部分がない場合には、この容積率の格差による減額調整はありません。

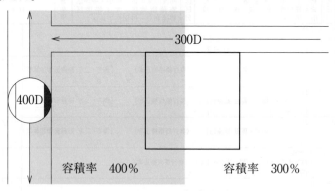

2　評価しようとする宅地の正面路線に接する部分の容積率が2以上である場合で、その正面路線に接する部分の容積率と異なる容積率の部分があるときには、異なる容積率の部分との違いによる減額調整を行います。

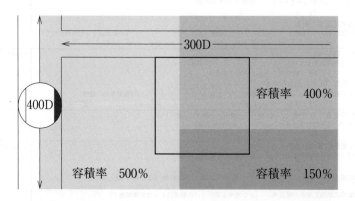

※　この場合の調整計算に当たっては、容積率500％地域は容積率400％地域と一体であるものとして取り扱い、容積率400％地域と容積率150％地域との格差の調整計算を行います。

— 222 —

3 評価しようとする宅地が2以上の路線に面する場合において、正面路線の路線価に奥行価格補正率を乗じて計算した価額について容積率の格差による減額調整を行った価額が、正面路線以外の各路線の路線価に奥行価額補正率を乗じて計算した価額のいずれかを下回るときには、容積率の格差による減額調整の適用はありません。

　正面路線以外の路線の路線価について、それぞれ奥行価格補正率を乗じて計算した価額のうち最も高い価額となる路線を正面路線とみなしてその路線価の地区区分に応じた補正率を適用することになります。

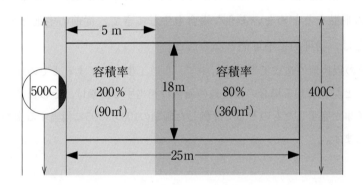

① 容積率の格差に基づく減額率

$$\left(1 - \frac{200\% \times 90㎡ + 80\% \times 360㎡}{200\% \times 450㎡}\right) \times \underset{影響度}{0.5} = \underset{減額率}{0.24}$$

※ 小数点以下3位未満を四捨五入します。

② 正面路線の路線価に奥行価格補正率を乗じて計算した価額に容積率の格差による減額調整を行った価額

　　路線価　　奥行価格補正率　　　路線価　　奥行価格補正率　　減額率
　500,000円 ×　　1.00　　－500,000円 ×　　1.00　　× 0.24 ＝380,000円

③ 裏面路線の路線価に奥行価格補正率を乗じて計算した価額

　　路線価　　　奥行価格補正率
　400,000円　×　　　0.97　　　＝　388,000円

　②＜③となりますので、容積率の減額調整の適用はなく、裏面路線を正面路線とみなして二方路線影響加算を行って評価します。

第1章　土地及び土地の上に存する権利

⑳　**土地区画整理事業施行中の宅地**（評基通24－2）

イ　原則

　　土地区画整理事業の施行地区内にある、仮換地が指定されている宅地の価額は、次の理由により、<u>仮換地の価額</u>に相当する価額によって評価することとしています。

　㈠　仮換地の指定があった場合には、その指定を受けた者は、その所有する従前の宅地を使用収益することができない代わりに、従前の宅地について使用収益していた内容と同じ内容で、仮換地を使用収益することができることとなること

　㈡　仮換地の指定直後であればともかく、区画整理工事が進捗すると、従前の宅地は、その形骸をとどめないような場合も生じてきて、従前の宅地そのものを評価することは、物理的に不可能となること

　　（注）　その仮換地の造成工事が施行中で、当該工事が完了するまでの期間が1年を超えると見込まれる場合の仮換地の価額に相当する価額は、その仮換地について造成工事が完了したものとして評価した価額の100分の95に相当する金額によって評価します。

ロ　例外

　　土地区画整理事業の施行地区内にある宅地について、仮換地が指定されても、使用開始の日が定められず、造成工事等の着工時期も未定のまま、事実上、従前の宅地を使用している場合があります。このような地域の土地については、次の理由により、<u>従前地の宅地の価額</u>で評価することとしています。

　㈠　仮換地が指定されても、従前の宅地をそのまま使用していること

　㈡　道路状況が仮換地指定の前後で変更がなく、従前の道路に路線価を付すことにより、従前の宅地の価額を評価することが可能であること

　㈢　仮換地に指定された土地の現況に応じて、清算金の額、換地処分までの期間等の諸事情を総合勘案して仮換地の価額に相当する価額を算定することが困難であること

　　（注）　仮換地の指定後においても、造成工事が未着手で従前の宅地を利用している場合には、利用上の制約について考慮する必要はないものと考えられることから、上記イの注書の95％評価の取扱いはできないものとなります。

— 224 —

第3 宅地の評価

⑵ 造成中の宅地（評基通24－3）

イ　造成中の宅地の造成工事着手直前の地目が何であったかを調べます。それが、仮に農地であったとすると、課税時期において、その造成中の宅地が農地であったとした場合の、その課税時期現在の評価額を計算します（財産評価基本通達及びその課税時期の属する年分の財産評価基準書に基づき、農地の評価（第6参照）をします。）。

ロ　その造成中の宅地について、造成工事着手時から課税時期までの間に支出したその宅地の造成のための費用（例えば、埋立て費、土盛り費、土止め費、地ならし費など）の額を調べ、その支出した費用の額をそれぞれ課税時期現在の価額（費用現価）に引き直します。

ハ　上記イにより計算した、その造成中の宅地の造成工事着手直前の地目の土地の課税時期現在の評価額と、上記ロにより求めた造成工事に関する費用現価の額の80％相当額を合計します。

（算式）

$$\boxed{\begin{array}{c}造成工事着手直前の地目により\\評価した課税時期における価額\end{array}} \;+\; \boxed{造成に係る費用現価 \times \frac{80}{100}} \;=\; \boxed{評価額}$$

ここで、上記ロの費用現価の額の80％相当額によることとしているのは、造成工事着手直前の地目の土地の評価額について課税のための評価であるという見地から安全性の配慮が加えられているのと同じく、費用現価についても安全性の配慮を加えようという趣旨です。

(26) セットバックを必要とする宅地（評基通24－6）

路線価 × 奥行価格補正等の画地調整 × 地積 ＝ A 利用制限がないものとした場合の価額

Aの価額 － Aの価額 × セットバック部分の地積／総地積 ×0.7 ＝ 評価額

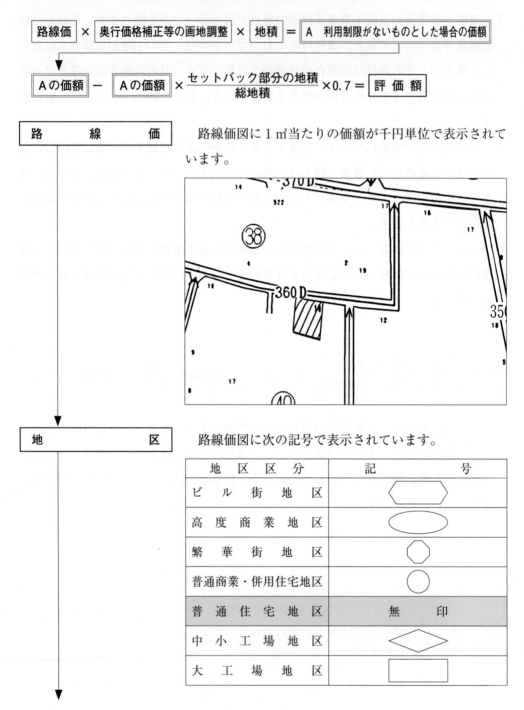

第3 宅地の評価

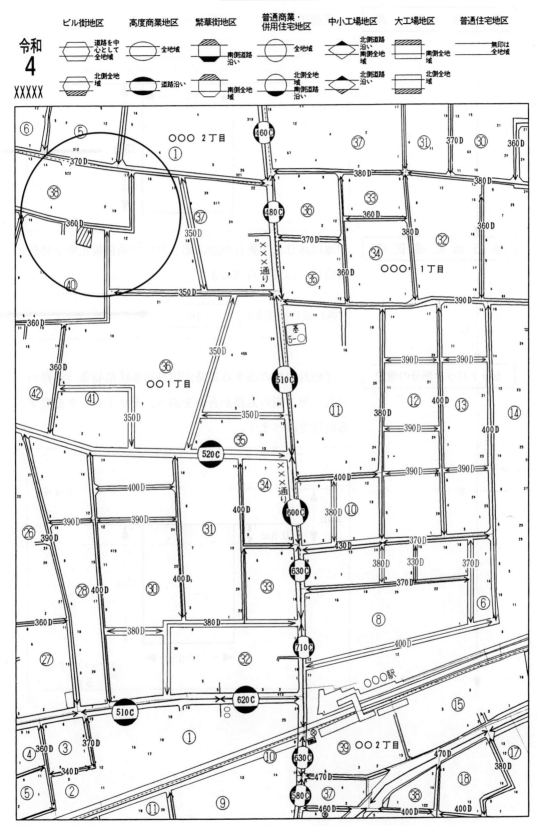

第1章 土地及び土地の上に存する権利

| 奥 行 距 離 | 実測図等から奥行距離を測定します。 |

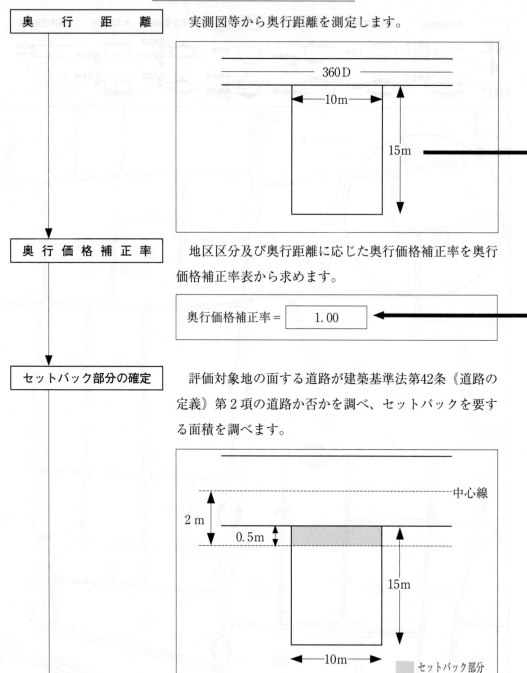

| 奥行価格補正率 | 地区区分及び奥行距離に応じた奥行価格補正率を奥行価格補正率表から求めます。 |

奥行価格補正率＝ 1.00

| セットバック部分の確定 | 評価対象地の面する道路が建築基準法第42条《道路の定義》第2項の道路か否かを調べ、セットバックを要する面積を調べます。 |

— 228 —

第3　宅地の評価

奥行価格補正率表

地区区分 / 奥行距離 m	ビル街地区	高度商業地区	繁華街地区	普通商業・併用住宅地区	普通住宅地区	中小工場地区	大工場地区
4 未満	0.80	0.90	0.90	0.90	0.90	0.85	0.85
4 以上　6 未満		0.92	0.92	0.92	0.92	0.90	0.90
6 〃　8 〃	0.84	0.94	0.95	0.95	0.95	0.93	0.93
8 〃　10 〃	0.88	0.96	0.97	0.97		0.95	0.95
10 〃　12 〃	0.90	0.98	0.99	0.99	1.00	0.96	0.96
12 〃　14 〃	0.91	0.99	1.00	1.00		0.97	0.97
14 〃　16 〃	0.92	1.00				0.98	0.98
16 〃　20 〃	0.93					0.99	0.99
20 〃　24 〃	0.94					1.00	1.00
24 〃　28 〃	0.95				0.97		
28 〃　32 〃	0.96		0.98		0.95		
32 〃　36 〃	0.97		0.96	0.97	0.93		
36 〃　40 〃	0.98		0.94	0.95	0.92		
40 〃　44 〃	0.99		0.92	0.93	0.91		
44 〃　48 〃	1.00		0.90	0.91	0.90		
48 〃　52 〃		0.99	0.88	0.89	0.89		
52 〃　56 〃		0.98	0.87	0.88	0.88		
56 〃　60 〃		0.97	0.86	0.87	0.87		
60 〃　64 〃		0.96	0.85	0.86	0.86	0.99	
64 〃　68 〃		0.95	0.84	0.85	0.85	0.98	
68 〃　72 〃		0.94	0.83	0.84	0.84	0.97	
72 〃　76 〃		0.93	0.82	0.83	0.83	0.96	
76 〃　80 〃		0.92	0.81	0.82			
80 〃　84 〃		0.90	0.80	0.81	0.82	0.93	
84 〃　88 〃		0.88		0.80			
88 〃　92 〃		0.86			0.81	0.90	
92 〃　96 〃	0.99	0.84					
96 〃　100 〃	0.97	0.82					
100 〃	0.95	0.80			0.80		

第1章　土地及び土地の上に存する権利

| 評 価 額 の 計 算 |

路線価に奥行価格補正率等及び地積を乗じて、セットバックがないものとした価額を計算し、その価額からセットバック部分に対応する価額の70%相当額を控除して評価額を計算します。

路線価　　奥行価格補正率　　総地積　　制限がないものとした価額（A）
360,000円×　　　1.00　　　× 150㎡ ＝　　　　54,000,000円

$$54{,}000{,}000円 - \left(54{,}000{,}000円 \times \frac{5㎡}{150㎡} \times 0.7 \right) = 52{,}740{,}000円$$

（A）　　　　　　　　（A）　　　　セットバック部分の地積　　　　評価額　　　　総地積

— 230 —

第3　宅地の評価

チェックポイント18

建築基準法第42条第2項の道路のセットバック

　建築基準法第42条第2項の道路に面する宅地は、その道路の中心線から左右に2mずつ後退した線（道路の片側ががけ地、川、線路敷地等に沿う場合は、がけ地等の境界線から道の側に4mの線）が道路の境界線とみなされ、将来、建築物の建て替えを行う場合にはその境界線まで後退（セットバック）して道路敷として提供しなければならないことになっています。

（参考）　建築基準法第42条第2項

　この章の規定が適用されるに至った際現に建築物が立ち並んでいる幅員4m未満の道で、特定行政庁の指定したものは、前項の規定にかかわらず、同項の道路とみなし、その中心線からの水平距離2m（同項の規定により指定された区域内においては、3m（特定行政庁が周囲の状況により避難及び通行の安全上支障がないと認める場合は、2m）。以下この項及び次項において同じ。）の線をその道路の境界線とみなす。ただし、当該道がその中心線からの水平距離2m未満で崖地、川、線路敷地その他これらに類するものに沿う場合においては、当該崖地等の道の側の境界線及びその境界線から道の側に水平距離4mの線をその道路の境界線とみなす。

第1章　土地及び土地の上に存する権利

土地及び土地の上に存する権利の評価明細書（第1表）

			○○ 局(所) ×× 署	4 年分	××××× ページ

（住居表示）	（××区○○1-40-3）	住 所 （所在地）	××区○○1-40-3	住 所 （所在地）	同左
所 在 地 番	××区○○1-40-15	所有者 氏 名 （法人名）	大手 一郎	使用者 氏 名 （法人名）	同左

（平成三十一年一月分以降用）

地 目	地 積	路　　　線　　　価				地形図及び参考事項
（宅 地）山 林 田 畑（　）雑種地	150 m²	正 面 360,000 円	側 方 円	側 方 円	裏 面 円	0.5m　15m ←10m→

間口距離	10 m	利 用 区 分	自用地 私 道 貸宅地 貸家建付借地権 貸家建付地 転貸借地権 借地権（　　）	地 区 区 分	ビル街地区 （普通住宅地区） 高度商業地区 中小工場地区 繁華街地区 大工場地区 普通商業・併用住宅地区
奥行距離	15 m				

自 用 地 1 平 方 メ ー ト ル 当 た り の 価 額	1 一路線に面する宅地 　（正面路線価）　　　　　（奥行価格補正率） 　360,000 円 ×　　　1.00	（1 m²当たりの価額） 360,000 円	A
	2 二路線に面する宅地 　（A）　　　[側方・裏面 路線価]　（奥行価格補正率）　[側方・二方 路線影響加算率] 　　　　円 ＋ （　　　　円 ×　　.　　×　　　0.　）	（1 m²当たりの価額） 円	B
	3 三路線に面する宅地 　（B）　　　[側方・裏面 路線価]　（奥行価格補正率）　[側方・二方 路線影響加算率] 　　　　円 ＋ （　　　　円 ×　　.　　×　　　0.　）	（1 m²当たりの価額） 円	C
	4 四路線に面する宅地 　（C）　　　[側方・裏面 路線価]　（奥行価格補正率）　[側方・二方 路線影響加算率] 　　　　円 ＋ （　　　　円 ×　　.　　×　　　0.　）	（1 m²当たりの価額） 円	D
	5-1 間口が狭小な宅地等 　（AからDまでのうち該当するもの）（間口狭小補正率）（奥行長大補正率） 　　　円 ×　　（　.　　×　.　　）	（1 m²当たりの価額） 円	E
	5-2 不整形地 　（AからDまでのうち該当するもの）　不整形地補正率※ 　　　円 ×　　　　0. 　※不整形地補正率の計算 　（想定整形地の間口距離）（想定整形地の奥行距離）（想定整形地の地積） 　　　　m ×　　　　m ＝　　　　m² 　（想定整形地の地積）（不整形地の地積）（想定整形地の地積）　（かげ地割合） 　（　　　m² －　　　m²）÷　　　m² ＝　　　％ 　（不整形地補正率表の補正率）（間口狭小補正率）　（小数点以下2位未満切捨て） 　　0.　　×　　　＝ 0.　　　　① 　　　　[不整形地補正率 　（奥行長大補正率）（間口狭小補正率）　　　　　　　　　①、②のいずれか低い 　　0.　　×　　　　＝ 0.　　　②　　　　率、0.6を下限とする。]	（1 m²当たりの価額） 円	F
	6 地積規模の大きな宅地 　（AからFまでのうち該当するもの）　規模格差補正率※ 　　　円 ×　　　　0. 　※規模格差補正率の計算 　（地積（Ⓐ））　（Ⓑ）　（Ⓒ）　（地積（Ⓐ））　（小数点以下2位未満切捨て） 　{（　　　m²×　　　　＋　　　）÷　　　m²} × 0.8 ＝ 0.	（1 m²当たりの価額） 円	G
	7 無 道 路 地 　（F又はGのうち該当するもの）　　　　　　（※） 　　　円 ×　（ 1 －　0.　　） 　※割合の計算（0.4を上限とする。）　（F又はGのうち該当するもの） 　（正面路線価）　（通路部分の地積）　（該当するもの）　（評価対象地の地積） 　　　円 ×　　　m²）÷（　　　円 ×　　　m²）＝ 0.	（1 m²当たりの価額） 円	H
	8-1 がけ地等を有する宅地　〔 南 、 東 、 西 、 北 〕 　（AからHまでのうち該当するもの）　（がけ地補正率） 　　　円 ×　　　　0.	（1 m²当たりの価額） 円	I
	8-2 土砂災害特別警戒区域内にある宅地 　（AからHまでのうち該当するもの）　特別警戒区域補正率※ 　　　円 ×　　　　0. 　※がけ地補正率の適用がある場合の特別警戒区域補正率の計算（0.5を下限とする。） 　　　　　　　　　　　〔 南 、東、西、北 〕 　（特別警戒区域補正率表の補正率）（がけ地補正率）　（小数点以下2位未満切捨て） 　　　0.　　×　0.　　　＝　0.	（1 m²当たりの価額） 円	J
	9 容積率の異なる2以上の地域にわたる宅地 　（AからJまでのうち該当するもの）　（控除割合（小数点以下3位未満四捨五入）） 　　　円 ×　（ 1 －　0.　　）	（1 m²当たりの価額） 円	K
	10 私 　　道 　（AからKまでのうち該当するもの） 　　　円 ×　　0.3	（1 m²当たりの価額） 円	L

自用地の評価額	自用地1平方メートル当たりの価額 （AからLまでのうちの該当記号） （ A ）　360,000 円	地　積 150 m²	総　　　　額 （自用地1 m²当たりの価額）×（地積） 54,000,000 円	M

（注）1　5-1の「間口が狭小な宅地等」と5-2の「不整形地」は重複して適用できません。
　　2　5-2の「不整形地」の「AからDまでのうち該当するもの」欄の価額について、AからDまでの欄で計算できない場合には、（第2表）の「備考」欄等で計算してください。
　　3　「がけ地等を有する宅地」であり、かつ、「土砂災害特別警戒区域内にある宅地」である場合については、8-1の「がけ地等を有する宅地」欄ではなく、8-2の「土砂災害特別警戒区域内にある宅地」欄で計算してください。

（資4-25-1-A4統一）

<u>第３　宅地の評価</u>

土地及び土地の上に存する権利の評価明細書（第２表）

<table>
<tr>
<td>セットバックを必要とする宅地の評価額</td>
<td colspan="3">（自用地の評価額）
54,000,000円 － (（自用地の評価額）
54,000,000円 × $\frac{（該当地積）\ 5\ ㎡}{（総地積）\ 150\ ㎡}$ × 0.7)</td>
<td>（自用地の評価額）
52,740,000　円</td>
<td>N</td>
<td rowspan="4">（平成三十一年一月分以降用）</td>
</tr>
<tr>
<td>都市計画道路予定地の区域内にある宅地の評価額</td>
<td colspan="3">（自用地の評価額）　　　（補正率）
　　　　円 × 0.</td>
<td>（自用地の評価額）
　　　　　　　　　　円</td>
<td>O</td>
</tr>
<tr>
<td rowspan="2">大規模工場用地等の評価額</td>
<td colspan="3">○　大規模工場用地等
　　（正面路線価）　　　（地積）　　　（地積が20万㎡以上の場合は0.95）
　　　　円 ×　　　　㎡ ×</td>
<td>　　　　　　　　　円</td>
<td>P</td>
</tr>
<tr>
<td colspan="3">○　ゴルフ場用地等
　　（宅地とした場合の価額）（地積）　　$\binom{1㎡当たり}{の造成費}$　　　　　（地積）
　　（　　　円 ×　　　㎡×0.6）－（　　円×　　　㎡）</td>
<td>　　　　　　　　　円</td>
<td>Q</td>
</tr>
</table>

<table>
<thead>
<tr>
<th colspan="2">利用区分</th>
<th>算　式</th>
<th>総　額</th>
<th>記号</th>
</tr>
</thead>
<tbody>
<tr>
<td rowspan="11">総　額　計　算　に　よ　る　価　額</td>
<td>貸宅地</td>
<td>（自用地の評価額）　　　　（借地権割合）
　　　　円 ×（1－0.　　）</td>
<td>円</td>
<td>R</td>
</tr>
<tr>
<td>貸家建付地</td>
<td>（自用地の評価額又はT）　　（借地権割合）（借家権割合）（賃貸割合）
　　　　円 ×（1－0.　　×0.　　×$\frac{㎡}{㎡}$）</td>
<td>円</td>
<td>S</td>
</tr>
<tr>
<td>目的となっている土地（の権利）</td>
<td>（自用地の評価額）　　　　（　　割合）
　　　　円 ×（1－0.　　）</td>
<td>円</td>
<td>T</td>
</tr>
<tr>
<td>借地権</td>
<td>（自用地の評価額）　　　　（借地権割合）
　　　　円 ×　　0.</td>
<td>円</td>
<td>U</td>
</tr>
<tr>
<td>貸家建付借地権</td>
<td>（U,ABのうちの該当記号）　（借家権割合）　　（賃貸割合）
（　　）
　　　　円 ×（1－0.　　× $\frac{㎡}{㎡}$）</td>
<td>円</td>
<td>V</td>
</tr>
<tr>
<td>転貸借地権</td>
<td>（U,ABのうちの該当記号）　（借地権割合）
（　　）
　　　　円 ×（1－0.　　）</td>
<td>円</td>
<td>W</td>
</tr>
<tr>
<td>転借権</td>
<td>（U,V,ABのうちの該当記号）　（借地権割合）
（　　）
　　　　円 ×　　0.</td>
<td>円</td>
<td>X</td>
</tr>
<tr>
<td>借家人の有する権利</td>
<td>（U,X,ABのうちの該当記号）　（借家権割合）　　（賃借割合）
（　　）
　　　　円 ×　0.　　× $\frac{㎡}{㎡}$</td>
<td>円</td>
<td>Y</td>
</tr>
<tr>
<td>（　　）権</td>
<td>（自用地の評価額）　　　　（　　割合）
　　　　円 ×　　0.</td>
<td>円</td>
<td>Z</td>
</tr>
<tr>
<td>権利が競合する土地する場合の</td>
<td>（R,Tのうちの該当記号）　　（　　割合）
（　　）
　　　　円 ×（1－0.　　）</td>
<td>円</td>
<td>AA</td>
</tr>
<tr>
<td>他の権利と競合する場合の競合する権利</td>
<td>（U,Zのうちの該当記号）　　（　　割合）
（　　）
　　　　円 ×（1－0.　　）</td>
<td>円</td>
<td>AB</td>
</tr>
<tr>
<td colspan="2">備　考</td>
<td colspan="3"></td>
</tr>
</tbody>
</table>

(注)　区分地上権と区分地上権に準ずる地役権とが競合する場合については、備考欄等で計算してください。

（資4－25－2－A4統一）

(27) 都市計画道路予定地の区域内にある宅地（評基通24－7）

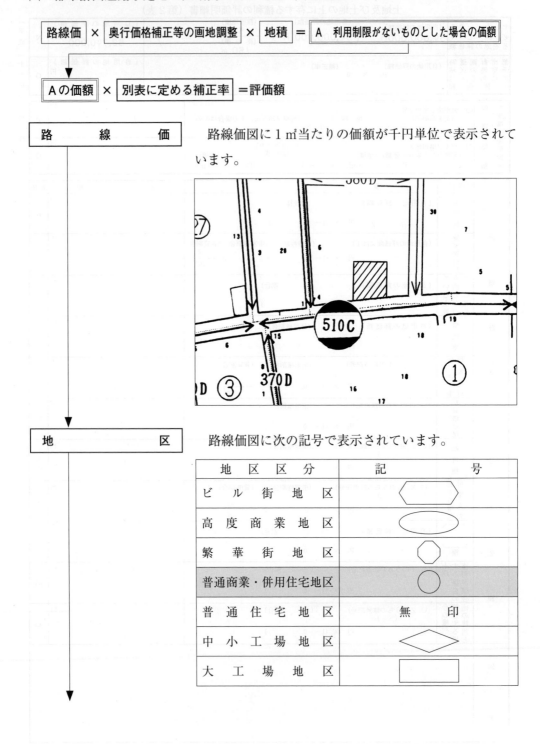

第3 宅地の評価

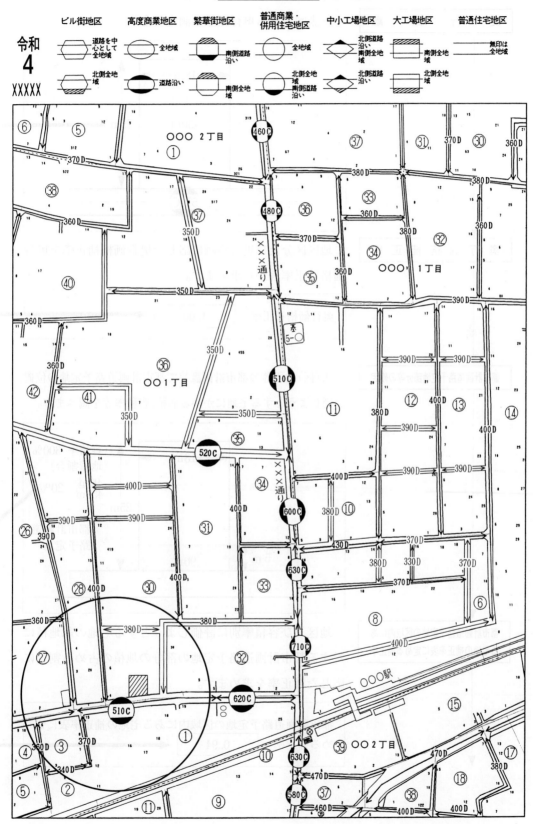

第1章　土地及び土地の上に存する権利

| 奥 行 距 離 | 実測図等から奥行距離を測定します。 |

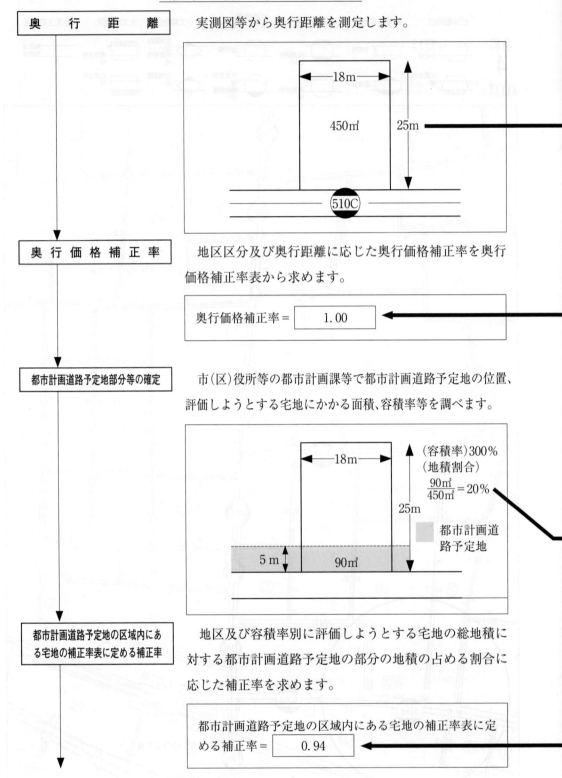

| 奥 行 価 格 補 正 率 | 地区区分及び奥行距離に応じた奥行価格補正率を奥行価格補正率表から求めます。 |

奥行価格補正率 ＝ 1.00

| 都市計画道路予定地部分等の確定 | 市(区)役所等の都市計画課等で都市計画道路予定地の位置、評価しようとする宅地にかかる面積、容積率等を調べます。 |

| 都市計画道路予定地の区域内にある宅地の補正率表に定める補正率 | 地区及び容積率別に評価しようとする宅地の総地積に対する都市計画道路予定地の部分の地積の占める割合に応じた補正率を求めます。 |

都市計画道路予定地の区域内にある宅地の補正率表に定める補正率 ＝ 0.94

— 236 —

第3　宅地の評価

奥行価格補正率表

奥行距離m ＼ 地区区分	ビル街地区	高度商業地区	繁華街地区	普通商業・併用住宅地区	普通住宅地区	中小工場地区	大工場地区
4 未満	0.80	0.90	0.90	0.90	0.90	0.85	0.85
4 以上 6 未満		0.92	0.92	0.92	0.92	0.90	0.90
6 〃 8 〃	0.84	0.94	0.95	0.95	0.95	0.93	0.93
8 〃 10 〃	0.88	0.96	0.97	0.97	0.97	0.95	0.95
10 〃 12 〃	0.90	0.98	0.99	0.99	1.00	0.96	0.96
12 〃 14 〃	0.91	0.99	1.00	1.00		0.97	0.97
14 〃 16 〃	0.92	1.00				0.98	0.98
16 〃 20 〃	0.93					0.99	0.99
20 〃 24 〃	0.94					1.00	1.00
24 〃 28 〃	0.95				0.97		
28 〃 32 〃	0.96		0.98		0.95		
32 〃 36 〃	0.97		0.96	0.97	0.93		
36 〃 40 〃	0.98		0.94	0.95	0.92		
40 〃 44 〃	0.99		0.92	0.93	0.91		
44 〃 48 〃	1.00		0.90	0.91	0.90		
48 〃 52 〃		0.99	0.88	0.89	0.89		
52 〃 56 〃		0.98	0.87	0.88	0.88		
56 〃 60 〃		0.97	0.86	0.87	0.87		
60 〃 64 〃		0.96	0.85	0.86	0.86	0.99	
64 〃 68 〃		0.95	0.84	0.85	0.85	0.98	
68 〃 72 〃		0.94	0.83	0.84	0.84	0.97	
72 〃 76 〃		0.93	0.82	0.83	0.83	0.96	
76 〃 80 〃		0.92	0.81	0.82			
80 〃 84 〃		0.90	0.80	0.81	0.82	0.93	
84 〃 88 〃		0.88		0.80			
88 〃 92 〃		0.86			0.81	0.90	
92 〃 96 〃	0.99	0.84					
96 〃 100 〃	0.97	0.82					
100 〃	0.95	0.80			0.80		

都市計画道路予定地の区域内にある宅地の補正率表（評基通24－7）

地積割合 ＼ 容積率 ＼ 地区区分	ビル街地区、高度商業地区		繁華街地区、普通商業・併用住宅地区				普通住宅地区 中小工場地区 大工場地区		
	700%未満	700%以上	300%未満	300%以上400%未満	400%以上500%未満	500%以上	200%未満	200%以上300%未満	300%以上
30%未満	0.88	0.85	0.97	0.94	0.91	0.88	0.99	0.97	0.94
30%以上60%未満	0.76	0.70	0.94	0.88	0.82	0.76	0.98	0.94	0.88
60%以上	0.60	0.50	0.90	0.80	0.70	0.60	0.97	0.90	0.80

※1　容積率は、指定容積率と基準容積率とのうちいずれか小さい方によります（219ページ参照）。
※2　地積割合とは、その宅地の総地積に対する都市計画道路予定地の部分の地積の割合をいいます。

第1章　土地及び土地の上に存する権利

| 評 価 額 の 計 算 |

路線価に奥行価格補正率等及び地積を乗じて、都市計画道路予定地としての利用制限がないものとした価額を計算します。更に、都市計画道路予定地の区域内にある宅地の補正率表に定める補正率を乗じて計算します。

路線価　　　奥行価格補正率　　　地積　　利用制限がないものとした価額
510,000円×　　　1.00　　　×　450㎡　＝　　229,500,000円（A）

　　（A）　　　　補正率　　　評価額
229,500,000円×　0.94　＝215,730,000円

チェックポイント19

都市計画道路予定地の区域内にある宅地の評価

　都市計画道路予定地（都市計画法第4条第6項に規定する都市計画施設のうちの道路の予定地）の区域内にある宅地については、通常、2階建て以下の木造等の建物しか建築できない等、建物の建築に制限を受けることにより宅地としての通常の用途に供する場合に利用の制限があると認められることから、その宅地の価額は、地区区分、容積率、地積割合の別に応じて定める補正率を乗じて計算した価額により計算します。

第3 宅地の評価

土地及び土地の上に存する権利の評価明細書（第1表） ○○ 局(所) ×× 署 4 年分 ×××××ページ

（平成三十一年一月分以降用）

（住居表示）（××区○○1-30-5） 所在地番 ××区○○1-30-5	住 所（所在地）××区○○1-30-3　所有者　氏 名（法人名）大手 一郎	住 所（所在地）同左　使用者　氏 名（法人名）同左

地 目	地 積	路 線 価	地形図及び参考事項
（宅地）山 林 田 雑種地 畑 （ ）	450 ㎡	正 面 510,000円　側 方 円　側 方 円　裏 面 円	←18m→ 25m 5m

| 間口距離 18 m | 利用区分 | 自用地 私 道 貸 宅 地 貸家建付借地権 貸家建付地 転 貸 借 地 権 借 地 権 （ ） | 地区区分 | ビル街地区　普通住宅地区 高度商業地区　中小工場地区 繁華街地区　大 工 場 地 区 **普通商業・併用住宅地区** |
| 奥行距離 25 m | | | | |

		(1㎡当たりの価額)	
自用地1平方メートル当たりの価額	**1 一路線に面する宅地** （正面路線価）　　　　　（奥行価格補正率） 510,000円 × 1.00	510,000 円	A
	2 二路線に面する宅地 　（A）　　［側方・裏面 路線価］（奥行価格補正率）　［側方・二方 路線影響加算率］ 　　　　円 ＋ （ 　　　円 × ． 　× 0. 　）	円	B
	3 三路線に面する宅地 　（B）　　［側方・裏面 路線価］（奥行価格補正率）　［側方・二方 路線影響加算率］ 　　　　円 ＋ （ 　　　円 × ． 　× 0. 　）	円	C
	4 四路線に面する宅地 　（C）　　［側方・裏面 路線価］（奥行価格補正率）　［側方・二方 路線影響加算率］ 　　　　円 ＋ （ 　　　円 × ． 　× 0. 　）	円	D
	5-1 間口が狭小な宅地等 （AからDまでのうち該当するもの）（間口狭小補正率）（奥行長大補正率） 　　円 × （ ． 　× ． 　）	円	E
	5-2 不整形地 （AからDまでのうち該当するもの）　　不整形地補正率※ 　　円 × 0. ※不整形地補正率の計算 （想定整形地の間口距離）（想定整形地の奥行距離）（想定整形地の地積） 　m × 　m = 　㎡ （想定整形地の地積）（不整形地の地積）（想定整形地の地積）（かげ地割合） （ 　㎡ － 　㎡）÷ 　㎡ = 　% （不整形地補正率表の補正率）（間口狭小補正率）〔小数点以下2位未満切捨て〕 0. 　× ． 　= 0. ① （奥行長大補正率）（間口狭小補正率） ． 　× ． 　= 0. ② 〔不整形地補正率 ①、②のいずれか低い率、0.6を下限とする。〕 0.	円	F
	6 地積規模の大きな宅地 （AからFまでのうち該当するもの）　　規模格差補正率※ 　　円 × 0. ※規模格差補正率の計算 （地積（Ⓐ））（Ⓑ）（ⓒ）（地積（Ⓐ））（小数点以下2位未満切捨て） （（ 　㎡ × 　＋ 　）÷ 　㎡ ｝× 0.8 = 0.	円	G
	7 無 道 路 地 （F又はGのうち該当するもの）　　　（※） 　　円 × （ 1 － 0. ） ※割合の計算（0.4を上限とする。） （正面路線価）（通路部分の地積）〔F又はGのうち該当するもの〕（評価対象地の地積） 　円 × 　㎡ ÷ （ 　円 × 　㎡）= 0.	円	H
	8-1 がけ地等を有する宅地〔 南 、 東 、 西 、 北 〕 （AからHまでのうち該当するもの）（がけ地補正率） 　　円 × 0.	円	I
	8-2 土砂災害特別警戒区域内にある宅地 （AからHまでのうち該当するもの）　　特別警戒区域補正率※ 　　円 × 0. ※がけ地補正率の適用がある場合の特別警戒区域補正率の計算（0.5を下限とする。） 〔 南、東、西、北 〕 （特別警戒区域補正率表の補正率）（がけ地補正率）（小数点以下2位未満切捨て） 　0. 　× 0. 　= 0.	円	J
	9 容積率の異なる2以上の地域にわたる宅地 （AからJまでのうち該当するもの）（控除割合（小数点以下3位未満四捨五入）） 　　円 × （ 1 － 0. ）	円	K
	10 私 道 （AからKまでのうち該当するもの） 　　円 × 0.3	円	L

| 自用地の評価額 | 自用地1平方メートル当たりの価額（AからLまでのうちの該当記号）
（ A ）　510,000 円 | 地 積　450 ㎡ | 総 額（自用地1㎡当たりの価額）×（地 積）
229,500,000 円 | M |

(注) 1 5-1の「間口が狭小な宅地等」と5-2の「不整形地」は重複して適用できません。
　　2 5-2の「不整形地」の「AからDまでのうち該当するもの」欄の価額について、AからDまでの欄で計算できない場合には、（第2表）の「備考」欄等で計算してください。
　　3 「がけ地等を有する宅地」であり、かつ、「土砂災害特別警戒区域内にある宅地」である場合については、8-1の「がけ地等を有する宅地」欄ではなく、8-2の「土砂災害特別警戒区域内にある宅地」欄で計算してください。

（資4-25-1-A4統一）

第1章　土地及び土地の上に存する権利

土地及び土地の上に存する権利の評価明細書（第2表）

セットバックを必要とする宅地の評価	（自用地の評価額） 円 － $\left(\dfrac{（自用地の評価額）}{\text{円}} × \dfrac{（該当地積）　㎡}{（総地積）　㎡} × 0.7\right)$	（自用地の評価額） 円	N	（平成三十一年一月分以降用）
都市計画道路予定地の区域内にある宅地の評価	（自用地の評価額）　　　　（補正率） 229,500,000円　×　0.94	（自用地の評価額） 215,730,000	O	

大規模工場用地等の評価額	○　大規模工場用地等 （正面路線価）　　　（地積）　　　　　　（地積が20万㎡以上の場合は0.95） 　　　円　×　　　　㎡　×	円	P
	○　ゴルフ場用地等 （宅地とした場合の価額）（地積）　　　$\left(\dfrac{1㎡当たり}{の造成費}\right)$　　　　（地積） （　　　円　×　　　㎡×0.6）－（　　円×　　　㎡）	円	Q

	利用区分	算式	総額	記号
総額計算による価額	貸宅地	（自用地の評価額）　　　　（借地権割合） 円 ×（1－ 0.　　　）	円	R
	貸家建付地	（自用地の評価額又はT）　　（借地権割合）（借家権割合）（賃貸割合） 円 ×（1－ 0.　　×0.　　×$\dfrac{㎡}{㎡}$）	円	S
	目的となっている土地（権利）の	（自用地の評価額）　　　（　割合） 円 ×（1－ 0.　　　）	円	T
	借地権	（自用地の評価額）　　　　（借地権割合） 円 ×　　0.	円	U
	貸家建付借地権	（U，ABのうちの該当記号）　（借家権割合）（賃貸割合） （　　）　　　円 ×（1－ 0.　　×$\dfrac{㎡}{㎡}$）	円	V
	転貸借地権	（U，ABのうちの該当記号）　（借地権割合） （　　）　　　円 ×（1－ 0.　　　）	円	W
	転借権	（U，V，ABのうちの該当記号）（借地権割合） （　　）　　　円 ×　　0.	円	X
	借家人の有する権利	（U，X，ABのうちの該当記号）（借家権割合）（賃借割合） （　　）　　　円 × 0.　　×$\dfrac{㎡}{㎡}$	円	Y
	（　　）権	（自用地の評価額）　　　（　割合） 円 ×　　0.	円	Z
	権利が競合する場合の土地に関する権利	（R，Tのうちの該当記号）　（　割合） （　　）　　　円 ×（1－ 0.　　　）	円	AA
	他の権利と競合する場合の権利	（U，Zのうちの該当記号）　（　割合） （　　）　　　円 ×（1－ 0.　　　）	円	AB
備考				

（注）　区分地上権と区分地上権に準ずる地役権とが競合する場合については、備考欄等で計算してください。

（資4－25－2－A4統一）

－ 240 －

第3 宅地の評価

【設例 16】
容積率の異なる2以上の地域にわたる宅地の一部が都市計画道路予定地である場合の評価

(問) 容積率の異なる2以上の地域にわたる宅地の一部が、都市計画道路予定地の区域内となっている場合には、当該宅地の価額はどのように評価しますか。

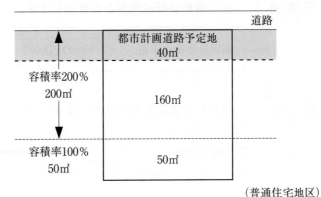

(普通住宅地区)

(答) 財産評価基本通達20-7《容積率の異なる2以上の地域にわたる宅地の評価》に定める宅地の価額を計算し、その価額に同24-7《都市計画道路予定地の区域内にある宅地の評価》に定める補正率を乗じて評価します。

なお、上図の場合、都市計画道路予定地は容積率200%の地域に存しますが、評価対象地の容積率（180%）は200%未満であるので、同24-7の適用に当たっては、容積率200%以上の欄に定める補正率ではなく、容積率200%未満の欄に定める補正率を適用します（※）。

(容積率)

$$\frac{200\% \times 200㎡ + 100\% \times 50㎡}{200㎡ + 50㎡} = 180\%$$

地区区分 地積割合＼容積率	ビル街地区、高度商業地区		繁華街地区、普通商業・併用住宅地区				普通住宅地区・中小工場地区大工場地区		
	700%未満	700%以上	300%未満	300%以上400%未満	400%以上500%未満	500%以上	200%未満	200%以上300%未満	300%以上
30%未満	0.88	0.85	0.97	0.94	0.91	0.88	0.99	0.97	0.94
30%以上60%未満	0.76	0.70	0.94	0.88	0.82	0.76	0.98	0.94	0.88
60%以上	0.60	0.50	0.90	0.80	0.70	0.60	0.97	0.90	0.80

※ 219ページの2(2)参照

第1章　土地及び土地の上に存する権利

6　倍率方式による評価（評基通21、21-2）

(1)　宅地の評価

| 固定資産税評価額 | × | 評 価 倍 率 | = | 評 価 額 |

| 固 定 資 産 税 評 価 額 |　　固定資産評価証明書から確認します。

| 固定資産税評価額 | 18,000,000円 | ◀

| 評 価 倍 率 |　　評価倍率表に掲載されています。

| 宅地の倍率 | 1.1 |

| 評 価 額 の 計 算 |　　固定資産税評価額に評価倍率を乗じて評価額を計算します。

固定資産税評価額　評価倍率　　評価額
18,000,000円　×　1.1　＝19,800,000円

チェックポイント20

実際の地積と登記簿上の地積が異なる場合

　倍率方式により土地を評価する場合において、実際の地積が登記簿上の地積と異なる土地については、実際の地積により評価することになりますが（評基通8）、固定資産税評価額は、縄延び等のために実際の地積が登記簿上の地積と異なる場合であっても、全て登記簿上の地積を基に計算することになっていますので、その土地の固定資産税評価額に倍率を乗じて計算したのでは適正な評価額を計算することができません。

　このため、実際の地積と登記簿上の地積が異なる土地を倍率方式で評価する場合には、次の算式により評価額を計算します。

$$\text{その土地の固定資産税評価額} \times \frac{\text{実際の地積}}{\substack{\text{登記簿上の地積} \\ \text{（固定資産評価証明書上の地積）}}} \times \text{評価倍率}$$

― 242 ―

第3　宅地の評価

固定資産（土地・家屋）評価証明書

所有者	住　　所	東京都　○○市　○○町　1－1	証明を必要とする理由	税務署へ提出のため
	氏　名（名称）	××××		

所　在　等		地　　目	地積又は床面積㎡	令和XX年度価格（円）
○○市○○町105番地		登記　宅地		
		現況　宅地	490	18,000,000

摘要	

上記のとおり証明します。

令和○年○月○日

○　　○　　市　　長

（評価倍率表）

令和XX年分　　倍　　率　　表

市区町村名：○○市　　　　　　　　　　　　　　　　　　　○○税務署

音順	町（丁目）又は大字名	適用地域名	借地権割合	固定資産税評価額に乗ずる倍率等						
				宅地	田	畑	山林	原野	牧場	池沼
			％	倍	倍	倍	倍	倍	倍	倍
あ	○　町	全	－	路　線	比　準	比　準	比　準	比　準		
	○　町	〃	－	〃	〃	〃	〃	〃		
	○　町1丁目	〃	－	〃	〃	〃	〃	〃		
	〃　2丁目	〃	－	〃	〃	〃	〃	〃		
	〃　3丁目	〃	60	1.0	〃	〃	〃	〃		
い	○○町	一部	－	路　線	比　準	比　準	比　準	比　準		
		上記以外の地域	60	1.1	〃	〃	〃	〃		
	○　町	全	－	路　線	〃	〃	〃	〃		
	○○町	市街化調整区域	50	1.0	中　98	中109	中355	中355		
		市街化区域	60	1.1	比　準	比　準	比　準	比　準		
う	○○町	全	－	路　線	比　準	比　準	比　準	比　準		
	○○町	市街化調整区域	50	1.1	中154	中225	中420	中420		
		市街化区域								

第1章　土地及び土地の上に存する権利

チェックポイント21

倍率方式により評価する土地に固定資産税評価額が付されていない場合

　課税時期の属する年において払下げ等により取得した土地や地目変更等がある土地については、固定資産税評価額が付されていなかったり、その土地の現況に応じた固定資産税評価額が付されていない場合が生じます。そのような場合には、その評価しようとする土地の現況に応じ、状況が類似する付近の土地の固定資産税評価額を基として、その土地との位置、形状等の条件の差を考慮して、その土地の固定資産税評価額に相当する額を計算し、その額に倍率を乗じて評価します。

　ただし、相続税等の申告書の提出期限までに、その土地に新たに固定資産税評価額が付された場合には、その付された価額を基として評価します。

倍率方式により評価する土地等が不整形地等である場合

　倍率方式で評価する土地等が不整形地、間口が狭小なもの、無道路地等であっても、固定資産税評価額はその土地等が不整形地、間口が狭小なもの、無道路地等であることを考慮して付されていますので、しんしゃくは行わないことに留意してください。

— 244 —

第3　宅地の評価

⑵　「地積規模の大きな宅地」に該当する場合の評価方法

　　倍率方式により評価する地域（この⑵において、以下「倍率地域」といいます。）
に所在する宅地で、次のイからホまでの適用要件を満たすものについては、財産評
価基本通達20−2《地積規模の大きな宅地の評価》に定める「地積規模の大きな宅
地」に該当するものとして、同通達20−2の定めに準じて評価することができます
（評基通21−2ただし書）。

　　この評価方法は、次の図のとおり、財産評価基本通達21−2本文の定めにより評
価した価額（固定資産税評価額×倍率）が、同通達20−2の定めに準じて評価した
価額を上回る場合に適用することができます。

```
┌─────────────┐     ┌──────┐
│ 固定資産税評価額 │  ×  │  倍率  │
└─────────────┘     └──────┘
┌──────────────────────────┐  ┐
│ その宅地が標準的な間口距離及び奥行 │  │
│ 距離を有する宅地であるとした場合の │  │     ┌──────────────┐   ┌──────┐
│ 1㎡当たりの価額（※）を路線価とし、 │  ├─   │ いずれか低い方の価額 │ = │ 評価額 │
│ かつ、普通住宅地区に所在するものと │  │     └──────────────┘   └──────┘
│ して、財産評価基本通達20−2の定め │  │
│ に準じて計算した価額             │  │
└──────────────────────────┘  ┘
```

※　「その宅地」が標準的な間口距離及び奥行距離を有する宅地であるとした場合の1㎡当たり
　の価額は、評価対象となる宅地の近傍の固定資産税評価に係る標準宅地の1㎡当たりの価額を
　基に計算します。
　　ただし、その標準宅地が固定資産税評価に係る各種補正の適用を受ける場合には、その適用
　がないものとしたときの1㎡当たりの価額に基づき計算することになります。

［適用要件］

イ　三大都市圏（注）に所在する場合については500㎡以上、三大都市圏以外の地
　域に所在する場合については1,000㎡以上の地積を有するものであること
　（注）　三大都市圏については、上記5「⒄　地積規模の大きな宅地の評価」（150ペー
　　　　ジ）を参照してください。
ロ　市街化調整区域（都市計画法第34条第10号又は第11号の規定に基づき宅地分譲
　に係る開発行為を行うことができる区域を除きます。）以外の区域に所在する宅地
　であること
ハ　都市計画法の用途地域が工業専用地域に指定されている地域以外の地域に所在
　する宅地であること
ニ　東京都の特別区内に所在する宅地については容積率（注）が300％未満の地域、
　東京都の特別区以外に所在する宅地については容積率（注）が400％未満の地域

— 245 —

に所在すること
(注) 容積率は、建築基準法第52条《容積率》第1項に規定する容積率（指定容積率）により判定します（219ページ参照）。

ホ 財産評価基本通達22－2《大規模工場用地》に定める大規模工場用地（注）に該当しないこと

(注) 「大規模工場用地」とは、一団の工場用地（工場、研究開発施設等の敷地の用に供されている宅地及びこれらの宅地に隣接する駐車場、福利厚生施設等の用に供されている一団の土地をいいます。）の地積が5万㎡以上のものをいいます。

> 標準的な間口距離及び奥行距離を有する宅地であるとした場合の1㎡当たりの価額

評価対象となる宅地が標準的な間口距離及び奥行距離を有する宅地であるとした場合の1㎡当たりの価額を、近傍の固定資産税評価に係る標準宅地の1㎡当たりの価額を基に計算します。

① 所在地：三大都市圏以外
② 面積：3,000㎡
③ 固定資産税評価額：105,000,000円
④ 近傍の固定資産税評価に係る標準宅地の1㎡当たりの価額：50,000円
⑤ 倍率：1.1倍
※1 他の地積規模の大きな宅地の評価の適用要件は満たしているものとします。
 2 倍率地域に所在する宅地は、普通住宅地区に所在するものとして計算します。

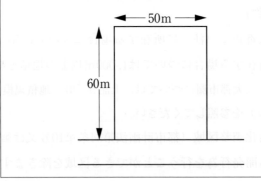

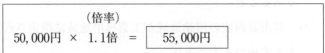

（倍率）
50,000円 × 1.1倍 ＝ 55,000円

第3　宅地の評価

各種画地補正後の価額

　上で計算した1㎡当たりの価額を基にして、普通住宅地区おける奥行価格補正率及び各種画地補正率を乗じて計算します。

$$55,000円 \times \begin{bmatrix} 普通住宅地区の \\ 奥行価格補正率 \\ 0.86 \end{bmatrix} = 47,300円$$

規模格差補正率の計算

　評価対象となる宅地の所在する地域（三大都市圏又は三大都市圏以外の地域）並びに当該地域の地積及び地区区分に応じた数値を基に規模格差補正率を計算します。

$$\frac{3,000㎡ \times 0.85 + 250}{3,000㎡} \times 0.8 = 0.74（※）$$

※　小数点以下第2位未満を切り捨てます。

評　価　額　の　計　算

　各種画地補正後の価額に規模格差補正率を乗じた後の1㎡当たりの価額を基に、評価対象となる宅地の地積を乗じて計算した金額（①）と、その宅地の固定資産税評価額に倍率を乗じて計算した金額（②）とのいずれか低い金額が評価額となります。

【1㎡当たりの価額】
　　　　　　（規模格差補正率）
47,300円× 　　　0.74 　　　 ＝35,002円
【評価額】
①　35,002円×3,000㎡＝105,006,000円
②　105,000,000×1.1倍＝115,500,000円
⇨　（①＜②となるため）評価額　105,006,000円

— 247 —

第4　宅地の上に存する権利の評価

1　宅地の上に存する権利の評価の概要

　宅地の上に存する権利の価額は、地上権、借地権、定期借地権等、区分地上権及び区分地上権に準ずる地役権等の権利の別に評価します（評基通9）。

2　宅地の上に存する権利の評価例

(1)　普通借地権（評基通27）

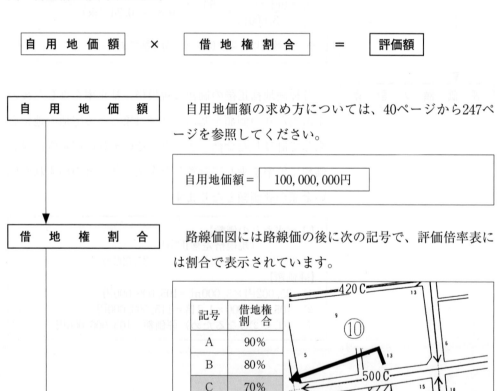

第4　宅地の上に存する権利の評価

| 評 価 額 の 計 算 | 自用地価額に借地権割合を乗じて借地権の価額を計算します。 |

自用地価額　　借地権割合　借地権の評価額
100,000,000円×　　70%　　＝　70,000,000円

第1章　土地及び土地の上に存する権利

土地及び土地の上に存する権利の評価明細書（第2表）

セットバックを必要とする宅地の評価額	（自用地の評価額） 円 －	（自用地の評価額）　　　　（該当地積） （　　円 × $\dfrac{㎡}{（総地積）㎡}$ × 0.7　）	（自用地の評価額） 円	N
都市計画道路予定地の区域内にある宅地の評価額	（自用地の評価額） 円 × 0.	（補正率）	（自用地の評価額） 円	O

大規模工場用地等の評価額	○ 大規模工場用地等 　（正面路線価）　　　（　地積　）　　　　（地積が20万㎡以上の場合は0.95） 　　　円 × 　　　　㎡ ×		円	P
	○ ゴルフ場用地等 　（宅地とした場合の価額）（地積）　　$\left(\begin{array}{c}\text{1㎡当たり}\\\text{の造成費}\end{array}\right)$　　　（地積） 　（　　円 × 　㎡×0.6）－（　　円× 　㎡）		円	Q

	利用区分	算　　　　　　　　　式	総　　額	記号
総 額 計 算 に よ る 価 額	貸宅地	（自用地の評価額）　　　　（借地権割合） 円 × （1－ 0.　　　）	円	R
	貸家建付地	（自用地の評価額又はT）　　（借地権割合）（借家権割合）（賃貸割合） 円 × （1－ 0.　　× 0.　　× $\dfrac{㎡}{㎡}$）	円	S
	目的となっている土地（の権利）	（自用地の評価額）　　　　（　　割合） 円 × （1－ 0.　　　）	円	T
	借地権	（自用地の評価額）　　　　（借地権割合） 100,000,000 円 × 　　0.7	70,000,000	U
	貸家建付借地権	（U,ABのうちの該当記号）　（借家権割合）　　（賃貸割合） （　　） 円 × （1－ 0.　　× $\dfrac{㎡}{㎡}$）	円	V
	転貸借地権	（U,ABのうちの該当記号）　　（借地権割合） （　　） 円 × （1－ 0.　　　）	円	W
	転借権	（U,V,ABのうちの該当記号）　　（借地権割合） （　　） 円 × 0.	円	X
	借家人の有する権利	（U,X,ABのうちの該当記号）　（借家権割合）　　（賃借割合） （　　） 円 × 0.　　× $\dfrac{㎡}{㎡}$	円	Y
	（　　）権	（自用地の評価額）　　　　（　　割合） 円 × 0.	円	Z
	権利が競合する場合の土地	（R,Tのうちの該当記号）　　（　　割合） （　　） 円 × （1－ 0.　　　）	円	AA
	他の権利と競合する場合の権利	（U,Zのうちの該当記号）　　（　　割合） （　　） 円 × （1－ 0.　　　）	円	AB
備　　考				

（注）　区分地上権と区分地上権に準ずる地役権とが競合する場合については、備考欄等で計算してください。

第4　宅地の上に存する権利の評価

【設例　17】

借地権の及ぶ範囲

(問)　郊外にあるレストランやパチンコ店のように、賃借した広い土地を建物の敷地と駐車場用地を一体として利用している場合には、その土地全体に借地権が及ぶものとして評価してよいですか。

(答)　借地権の及ぶ範囲については、必ずしも建物敷地に限られるものではなく、一律に借地権の及ぶ範囲を定めることは実情に沿いません。借地権の及ぶ範囲は、借地契約の内容、例えば、権利金や地代の算定根拠、土地利用の制限等に基づいて判定することが合理的であると考えられます。

　　なお、建物の敷地と駐車場用地とが、不特定多数の者の通行の用に供されている道路等により物理的に分離されている場合には、それぞれの土地に存する権利を別個に判定します。

誤りやすい事例　1

一時使用のための借地権の評価

　建設現場に近接した土地について、工事事務所用の簡易建物の所有を目的とし、契約期間を2年とする土地の賃貸借契約を締結している場合の借地権の評価

正　　雑種地の賃借権の評価方法に準じて評価する。

誤　　その借地権の目的となっている土地の自用地としての価額に借地権割合を乗じて計算した金額により評価する。

解　説　　建設現場、博覧会場、一時的興行場等、その性質上一時的な事業に必要とされる臨時的な設備を所有することを目的とするいわゆる一時使用のための借地権については、存続期間及びその更新、建物買取請求、借地条件の変更、増改築などについて、借地借家法の適用がなく、期間の満了とともに消滅することとされており、他の法定更新される借地権に比較しその権利は著しく弱いといえます。したがって、このような一時使用のための借地権の価額を、通常の借地権の価額と同様に評価することは適当でないので、雑種地の賃借権の評価方法に準じて評価します。

財産評価基本通達87《賃借権の評価》

借地借家法第25条《一時使用目的の借地権》

第1章　土地及び土地の上に存する権利

チェックポイント22

相当の地代を支払っている場合等の借地権等についての相続税及び贈与税の取扱いについて

　借地権の設定に際し、その設定の対価として通常権利金その他の一時金（このチェックポイントにおいて、以下「権利金等」といいます。）を支払う取引上の慣行がある地域において、権利金等を支払わずに土地の賃貸借契約を結び借地権の設定を受けた場合には、借地権者は、原則として、借地権に相当する経済的利益の贈与を受けたものとして贈与税の課税関係が生じることになります（相法9）。

　ただし、その権利金等の支払に代えて、相当の地代を支払うこととしている場合には、借地権の設定による経済的利益の贈与はないものとして取り扱われます（「相当の地代を支払っている場合等の借地権等についての相続税及び贈与税の取扱いについて」個別通達（昭和60.6.5課資2-58、直評9））。

　そして、その後に相続や贈与が生じたときにおける借地権の価額及び借地権の目的となっている宅地（底地）の価額は、実際に支払われている地代のその時の土地の自用地価額に対する割合に応じて、次のとおり、計算することとしています。

実際に支払われている地代	借地権の価額	底地の価額
①　相当の地代（※1）が支払われている場合	零	自用地価額の80%
②　通常の地代を超え相当の地代に満たない地代が支払われている場合	下記算式（※2）により評価します。	自用地価額－左の借地権価額（自用地価額の80%を限度とします。）
③　通常の地代が支払われている場合	自用地価額×路線価図等に定める借地権割合	自用地価額－左の借地権価額
④　法人との間で「無償返還に関する届出書」が提出されている場合	零	自用地価額の80%（使用貸借の場合は100%）

※1　**相当の地代**
　　自用地価額の過去3年間の平均額×6％＝相当の地代の年額

※2　**算式**
$$自用地価額 \times \left\{ 借地権割合 \times \left(1 - \frac{実際の地代の年額 - 通常の地代の年額}{相当の地代の年額（※） - 通常の地代の年額} \right) \right\}$$

　　※　算式中の「相当の地代の年額」は、不十分な権利金の授受がある場合でも「自用地価額の過去3年間の平均額×6％」で計算します。

第4 宅地の上に存する権利の評価

実際の地代等の自用地価額に対する率と借地権割合等の関係を示すと次表のようになります。

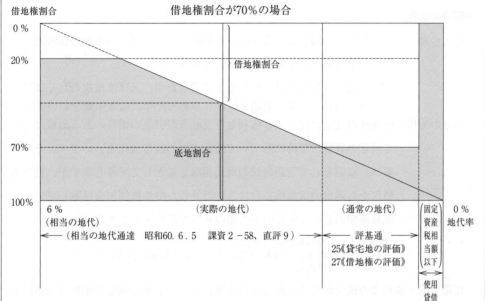

〔相当の地代を支払っている場合等の借地権等の取扱一覧〕

実際の地代	借地権設定時 贈与税の課税の有無	相続等又は贈与発生時 借地権の評価		貸宅地の評価		株式評価上の借地権の資産計上額	
相当の地代と同額	〈1〉 なし	権利金の授受	なし 〈3(1)〉 零	〈6(1)〉 自用地価額×0.8		〈6〉 自用地価額×0.2	
			あり 〈3(2)〉 算式	〈6(2)〉 いずれか低い方	自用地価額×0.8 ………… 自用地価額 －算式	〈6〉 いずれか高い方	自用地価額×0.2 ………… 算式
相当の地代未満通常地代超	〈2〉 あり (算式－不十分な権利金)	〈4〉 算式		〈7〉 いずれか低い方	自用地価額×0.8 ………… 自用地価額 －算式	〈7〉 いずれか高い方	自用地価額×0.2 ………… 算式
無償返還の届出がある場合	－	〈5〉 零		賃貸借	〈8〉 自用地価額×0.8	〈8〉 自用地価額×0.2	
				使用貸借	〈8〉 自用地価額	零	

※1 〈 〉内の数字等は「相当の地代を支払っている場合等の借地権等についての相続税及び贈与税の取扱いについて」個別通達(昭60.6.5課資2－58、直評9)の項目の番号です。

2 上表の算式は次のとおりです。

(算式)
$$自用地価額 \times \left\{ 借地権割合 \times \left(1 - \frac{実際地代の年額 - 通常地代の年額}{相当の地代の年額(注) - 通常地代の年額} \right) \right\}$$

― 253 ―

第1章　土地及び土地の上に存する権利

（注）　「相当の地代の年額」は、不十分な権利金の授受がある場合でも自用地価額の過去3年間の平均額×6％で算定します。

―用語の意義―

相当の地代：自用地価額の過去3年間（注）の平均額×6％又は（自用地価額の過去3年間の平均額−不十分な権利金）×6％

（注）　過去3年間とは、借地権を設定した年、又は借地権若しくは貸宅地について相続、遺贈又は贈与があった年以前3年間をいいます。

通常の地代：借地権の設定に際し通常権利金を支払う取引上の慣行のある地域において通常の賃貸借契約に基づいて通常支払われる地代をいいます。その年額は、原則として周辺地域の地代相場を基として計算しますが、自用地価額から通常の借地権割合により計算した借地権価額を控除して求めた底地価額の過去3年間の平均額の6％で計算することもできます。

（算式）　$\left(\begin{array}{l} 課税時期以前3年間の \\ 自用地の相続税評価額 \\ の平均額 \end{array} \right) \times （1−借地権割合）×6％$

使用貸借：権利金の授受がなく、授受される地代がその宅地の固定資産税相当額以下（民法593）

不十分な権利金：通常支払われる権利金に満たない金額の権利金

◎　**相当の地代に満たない地代が授受されている場合の借地権等の価額**

①　課税時期の土地の自用地の価額　　　　　　　　　　1,200万円

②　土地の自用地の価額（過去3年間の平均額）　　　　1,000万円

③　借地権割合　　　　　　　　　　　　　　　　　　　70％

④　相当の地代の年額（②×6％）　　　　　　　　　　60万円

⑤　実際に授受されている地代の年額　　　　　　　　　36万円

⑥　通常の地代の年額　　　　　　　　　　　　　　　　18万円

（借地権の価額）

$1,200万円×0.7×\left(1−\dfrac{36万円−18万円}{60万円−18万円} \right)=480万円$

（貸宅地の価額）

1,200万円−480万円＝720万円

（1,200万円×80％＞720万円）

（注）　実際に授受されている地代の年額36万円は、②1,000万円×6％＝60万円の相当の地代に満たないものです。

― 254 ―

第4　宅地の上に存する権利の評価

(2) **定期借地権（権利金等の授受がある場合）**（評基通27－2ただし書）

※1　権利金、協力金、礼金などその名称のいかんを問わず借地契約の終了時に返還を要しないとされる金銭の額又は経済的利益の額をいいます（評基通27－3(1)）。
※2　課税時期が令和3年分、令和4年分の場合は基準年利率の複利表（635～640ページ）に定める複利年金現価率によります。

| 自用地価額 | 自用地価額の求め方については、40ページから247ページを参照してください。 |

　　　自用地価額（令和4年分）＝　40,000,000円

| 権利金等の額 | 定期借地契約書等から権利金等の額を調べます。 |

　　　権利金等の額＝　8,000,000円

| 設定時の通常の取引価額 | 設定時（平成23年分）の通常の取引価額を調べます。明確でない場合には、借地権を設定した年分の路線価等から求めた自用地価額を0.8で割り戻した価額によって差し支えありません。 |

　　　設定時（平成23年分）の
　　　その宅地の自用地価額
　　　48,000,000円　÷0.8＝　60,000,000円

― 255 ―

第1章　土地及び土地の上に存する権利

残存期間に応ずる複利年金現価率　複利表から残存期間に応ずる年0.25%の複利年金現価率を求めます。

借地権設定日：平成23年9月1日
設　定　期　間：50年
課　税　時　期：令和4年3月1日
経　過　期　間：10年6か月
残　存　期　間：39年6か月≒40年

年0.25%の複利年金現価率　　38.020

　残存期間に1年未満の端数がある場合には、その期間が6か月以上のときには1年、6か月未満のときには切り捨てます。

設定期間年数に応ずる複利年金現価率　複利表から設定期間に応ずる年0.25%の複利年金現価率を求めます。

設　定　期　間：50年

年0.25%の複利年金現価率　　46.946

評　価　額　の　計　算　次の算式により借地権の評価額を計算します。

$$
\underset{\text{自用地価額}}{40,000,000円} \times \underset{\substack{\text{経済的利益}\\\text{の総額}}}{\frac{8,000,000円}{60,000,000円}} \times \underset{\substack{\text{残存期間40年の}\\\text{複利年金現価率}}}{\frac{38.020}{46.946}} ≒ \underset{\text{評価額}}{4,319,288円}
$$

設定時の通常の取引価額　　設定期間50年の複利年金現価率

第4　宅地の上に存する権利の評価

定 期 借 地 権 等 の 評 価 明 細 書

（住居表示）所在地番	○○区××1-4-8) ○○区××1-4	（地積）200㎡	設定年月日	(平成)令和 23年9月1日	設定期間年数	⑦	50 年
			課税時期	平成(令和) 4年3月1日	残存期間年数	⑧	40 年

定期借地権等の種類	(一般定期借地権)・建物譲渡特約付借地権・事業用定期借地権等			設定期間年数に応ずる基準年利率による	複利現価率	④	
定期借地権等の設定時	自用地としての価額	①	（1㎡当たりの価額 240,000 円）48,000,000 円		複利年金現価率	⑤	46.946
	通常取引価額	②	（通常の取引価額又は①／0.8）60,000,000 円				
課税時期	自用地としての価額	③	（1㎡当たりの価額 200,000 円）40,000,000 円	残存期間年数に応ずる基準年利率による複利年金現価率		⑥	38.020

（注）④及び⑤に係る設定期間年数又は⑥に係る残存期間年数について、その年数に1年未満の端数があるときは6か月以上を切り上げ、6か月未満を切り捨てます。

○定期借地権等の評価

経済的利益の額の計算	権利金等の授受がある場合	（権利金等の金額）(A) 8,000,000 円 ＝ ⑨	権利金・協力金・礼金等の名称のいかんを問わず、借地契約の終了のときに返還を要しないとされる金銭等の額の合計を記載します。	⑨	（権利金等の授受による経済的利益の金額）8,000,000 円
	保証金等の授受がある場合	（保証金等の額に相当する金額）(B) _____	保証金・敷金等の名称のいかんを問わず、借地契約の終了のときに返還を要するものとされる金銭等（保証金等）の預託があった場合において、その保証金等につき基準年利率未満の約定利率の支払いがあるとき又は無利息のときに、その保証金等の金額を記載します。	⑩	（保証金等の授受による経済的利益の金額）円
		（保証金等の授受による経済的利益の金額の計算）(B) － [(B) × ————（④の複利現価率）] － [(B) × ————（基準年利率未満の約定利率） × ————（⑤の複利年金現価率）] ＝ ⑩			
	（権利金等の授受による経済的利益の金額） ⑨ 8,000,000 円 ＋ （保証金等の授受による経済的利益の金額） ⑩ 円 ＋ [贈与を受けたと認められる差額地代の額がある場合の経済的利益の金額] ⑪ 円 ＝			⑫	（経済的利益の総額）8,000,000 円
	（注）⑪欄は、個々の取引の事情・当事者間の関係等を総合勘案し、実質的に贈与を受けたと認められる差額地代の額がある場合に記載します（計算方法は、裏面2参照）。				
評価額の計算	（課税時期における自用地としての価額）③ 40,000,000 円 × （経済的利益の総額）⑫ 8,000,000 円 ———————— （設定時の通常取引価額）② 60,000,000 円 × （⑥の複利年金現価率）38.020 ———————— （⑤の複利年金現価率）46.946 ＝			⑬	（定期借地権等の評価額）4,319,288 円

（注）保証金等の返還の時期が、借地契約の終了のとき以外の場合の⑩欄の計算方法は、税務署にお尋ねください。

○定期借地権等の目的となっている宅地の評価

一般定期借地権の目的となっている宅地 [裏面1の⑥に該当するもの]	（課税時期における自用地としての価額）③ 円 － （課税時期における自用地としての価額）③ 円 × [1 － 底地割合（裏面3参照）] × ————（⑥の複利年金現価率）————（⑤の複利年金現価率） ＝			⑭	（一般定期借地権の目的となっている宅地の評価額）円
上記以外の定期借地権等の目的となっている宅地 [裏面1の⑧に該当するもの]	（課税時期における自用地としての価額）③ 円 － （定期借地権等の評価額）⑬ 円 ＝ ⑮ 円			⑰	上記以外の定期借地権等の目的となっている宅地の評価額 ⑮と⑯のいずれか低い金額 円
	（課税時期における自用地としての価額）③ 円 × [1 － （残存期間年数に応じた割合（裏面4参照）] ＝ ⑯ 円				

（資4－80－1－A4統一）

第1章　土地及び土地の上に存する権利

チェックポイント23

定期借地権等の範囲

　定期借地権制度には、①一般定期借地権（借地借家法22）、②事業用定期借地権等（同法23）及び③建物譲渡特約付借地権（同法24）の３種類があり、これらの定期借地権等に共通する特徴として、法定更新の制度等に関する規定の適用がなく、契約期間の到来により確定的に権利関係が終了することが挙げられます。

区分	定期借地権等				借地権 （普通借地権）	既存借地権 （旧借地法）
	一般定期 借地権	事業用定期借地権等		建物譲渡特 約付借地権		
存続期間	50年以上	10年以上 〜 30年未満	30年以上 〜 50年未満	30年以上	30年 （30年以上）	堅固30年以上 その他20年以上
利用目的	限定なし	事業用に限る		限定なし	限定なし	限定なし
更新制度	な　し （終　了）	な　し （終　了）	『なし』という特約可能	な　し （終　了）	法定更新 （最初20年 2回目以降10年）	法定更新 （堅固30年 その他20年）
終了事由	期間満了	期間満了		建物譲渡	正当事由	正当事由
借地権の 譲渡	可　能	可　能		可　能	可　能	可　能
契約方法	公正証書 などの書 面による	公正証書による		制限なし	制限なし	制限なし
根拠条文 （借地借家法）	22条	23条②	23条①	24条	3条〜21条	法附則 （旧借地法）

※　一時使用目的の借地権については、借地借家法第25条に定められています。

— 258 —

第4 宅地の上に存する権利の評価

(3) 定期借地権（保証金等の授受がある場合）（評基通27－2ただし書）

$$自用地価額 \times \frac{設定時に借地人に帰属する経済的利益の総額（※1）}{設定時におけるその宅地の通常の取引価額} \times \frac{残存期間年数に応ずる基準年利率による複利年金現価率（※2）}{設定期間年数に応ずる基準年利率による複利年金現価率（※2）} = 評価額$$

※1 保証金、敷金などその名称のいかんを問わず借地契約の終了時に地主から借地人に返還を要するものとされる金銭等の経済的利益の額を次の算式で計算した金額（評基通27－3(2)）

（算式）

$$保証金等の額(A) - \underbrace{A \times \text{設定期間年数に応ずる基準年利率による複利現価率（※2）}}_{\text{保証金等返還の原資に相当する金額}} - \underbrace{A \times 約定利率 \times \text{設定期間年数に応ずる基準年利率による複利年金現価率（※2）}}_{\text{毎年の支払利息の額の総額}}$$

※2 課税時期が令和3年分、令和4年分の場合は、基準年利率の複利表（635～640ページ）に定める複利年金現価率又は複利現価率によります。

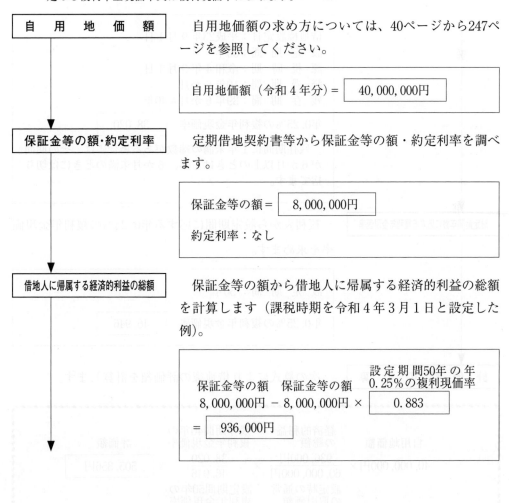

| 自用地価額 | 自用地価額の求め方については、40ページから247ページを参照してください。 |

自用地価額（令和4年分）＝ 40,000,000円

| 保証金等の額・約定利率 | 定期借地契約書等から保証金等の額・約定利率を調べます。 |

保証金等の額＝ 8,000,000円

約定利率：なし

| 借地人に帰属する経済的利益の総額 | 保証金等の額から借地人に帰属する経済的利益の総額を計算します（課税時期を令和4年3月1日と設定した例）。 |

保証金等の額　保証金等の額　設定期間50年の年0.25%の複利現価率
8,000,000円 － 8,000,000円 × 0.883
＝ 936,000円

— 259 —

第1章　土地及び土地の上に存する権利

設定時の通常の取引価額　　　設定時（平成23年分）の通常の取引価額を調べます。明確でない場合には、借地権を設定した年分の路線価等から求めた自用地価額を0.8で割り戻した価額によって差し支えありません。

設定時（平成23年分）の
その宅地の自用地価額

| 48,000,000円 | ÷0.8＝ | 60,000,000円 |

残存期間年数に応ずる複利年金現価率　　　複利表から残存期間に応ずる年0.25％の複利年金現価率を求めます。

借地権設定日：平成23年9月1日
設　定　期　間：50年
課　税　時　期：令和4年3月1日
経　過　期　間：10年6か月
残　存　期　間：39年6か月≒40年

年0.25％の複利年金現価率　| 38.020 |

　　　残存期間に1年未満の端数がある場合には、その期間が6か月以上のときは1年、6か月未満のときには切り捨てます。

設定期間年数に応ずる複利年金現価率　　　複利表から設定期間に応ずる年0.25％の複利年金現価率を求めます。

設　定　期　間：50年

年0.25％の複利年金現価率　| 46.946 |

評　価　額　の　計　算　　　次の算式により借地権の評価額を計算します。

　　　　　　　　　　　　経済的利益　　残存期間40年の
自用地価額　　　　　の総額　　　　複利年金現価率　　　評価額

$$40,000,000円 \times \frac{936,000円}{60,000,000円} \times \frac{38.020}{46.946} \fallingdotseq 505,356円$$

　　　　　　　　　　　　設定時の通常　　設定期間50年の
　　　　　　　　　　　　の取引価額　　　複利年金現価率

— 260 —

第4　宅地の上に存する権利の評価

定 期 借 地 権 等 の 評 価 明 細 書

（住居表示） 所 在 地 番	○○区××6-7-2) ○○区××6-7	（地　積） 200 ㎡	設定年月日	平成 令和 23年9月1日	設定期間年数	⑦	50 年
			課 税 時 期	平成 令和 4年3月1日	残存期間年数	⑧	40 年

定期借地権 等 の 種 類	一 般 定 期 借 地 権　・　建物譲渡特約付借地権　・ 事業用定期借地権等	設定期 間年数 に応ず る基準 年利率 による	複 利 現 価 率	④	0.883

定期 借地 権等 の設 定時	自用地としての価額	①	（1㎡当たりの価額 240,000 円） 48,000,000 円		複利年金現価率	⑤	46.946
	通 常 取 引 価 額	②	（通常の取引価額又は①／0.8） 60,000,000 円				
課税 時期	自用地としての価額	③	（1㎡当たりの価額 200,000 円） 40,000,000 円	残存期間年数に応ずる 基 準 年 利 率 に よ る 複 利 年 金 現 価 率	⑥	38.020

　(注)　④及び⑤に係る設定期間年数又は⑥に係る残存期間年数について、その年数に1年未満の端数があるときは6か月以上を切
　　　　り上げ、6か月未満を切り捨てます。

○定期借地権等の評価

経済的利益の額の計算	権利金 等の授 受があ る場合	（権利金等の金額） （A）　　　　円 ＝ ⑨ ___	権利金・協力金・礼金等の名称のいかんを問わず、借 地契約の終了のときに返還を要しないとされる金銭等 の額の合計を記載します。	（権利金等の授受によ る経済的利益の金額） ⑨　　　　　　　円
	保証金 等の授 受があ る場合	（保証金等の額に相当する金額） （B） 8,000,000	保証金・敷金等の名称のいかんを問わず、借地契約の 終了のときに返還を要するものとされる金銭等（保証金 等）の預託があった場合において、その保証金等につき 基準年利率未満の約定利率の支払いがあるとき又は 無利息のときに、その保証金等の金額を記載します。	（保証金等の授受によ る経済的利益の金額） ⑩ 936,000　円
		（保証金等の授受による経済的利益の金額の計算） 　　　　　　　　（④の複利現価率）　　　　　　（基準年利率未満 　　　　　　　　　　　　　　　　　　　　　の 約 定 利 率)　　（⑤の複利年金現価率） （B）－［ (B)×　0.883 ］－［(B)×　　　×　　　　　　　　］＝ ⑩		

⑩欄の計算式:
（B）－[(B)× 0.883]－[(B)× （基準年利率未満の約定利率） × （⑤の複利年金現価率）] ＝ ⑩

	（権利金等の授受によ る経済的利益の金額） ⑨　　　　円	＋	（保証金等の授受によ る経済的利益の金額） ⑩　936,000　円	＋	［贈与を受けたと認めら れる差額地代の額がある場 合の経済的利益の金額］ ⑪　　　　円	＝	（経済的利益の総額） ⑫ 936,000　円

　(注)　⑪欄は、個々の取引の事情・当事者間の関係等を総合勘案し、実質的に贈与を受けたと
　　　　認められる差額地代の額がある場合に記載します（計算方法は、裏面2参照。）。

評価額の計算	（課税時期における自 用地としての価額） ③ 40,000,000 円	×	（経済的利益の総額） ⑫　936,000　円 _____ （設定時の通常取引価額） ②60,000,000 円	×	（⑥の複利年金現価率） 38.020 _____ （⑤の複利年金現価率） 46.946	＝	（定期借地権等の評価額） ⑬ 505,356 円

　(注)　保証金等の返還の時期が、借地契約の終了のとき以外の場合の⑩欄の計算方法は、税務署にお尋ねください。

○定期借地権等の目的となっている宅地の評価

一般定期借地 権の目的となっ ている宅地 ［裏面1の ⑧に該当 するもの］	（課税時期における自 用地としての価額） ③ 　　円	－（課税時期における自 用地としての価額） ③ 　　円	×（底地割合 （裏面3参照） 1－ ____ ）	×（⑥の複利年 金現価率） _____ （⑤の複利年 金現価率） ____	＝ ⑭	（一般定期借地権の目的と なっている宅地の評価額） 円
上記以外の定 期借地権等の 目的となって いる宅地 ［裏面1の ⑧に該当 するもの］	（課税時期における自 用地としての価額） ③　　　円	－（定期借地権等の評価額） ⑬　　　円	＝ ⑮			（上記以外の定期借地権 等の目的となっている 宅地の評価額 ⑮と⑯のいずれ か低い金額） ⑰ 円
	（課税時期における自 用地としての価額） ③　　　円	×（残存期間年数に応じた 割合（裏面4参照） 1－　　　　）	＝ ⑯	円		

（資4-80-1-A4統一）

第1章　土地及び土地の上に存する権利

(4)　地上権（相法23）

借地借家法に規定する借地権（定期借地権を含みます。）及び民法第269条の2第1項に規定する地上権（区分地上権）に該当するものを除きます。

| 自用地価額 | × | 残存期間に応ずる地上権割合※ | = | 評価額 |

※　地上権割合は相続税法第23条に定められています。

| 自　用　地　価　額 |

自用地価額の求め方については、40ページから247ページを参照してください。

自用地価額 =　100,000,000円

| 残存期間に応ずる地上権割合 |

地上権の設定契約書等から課税時期における残存期間を調べ、地上権の割合を求めます（相法23）。

残存期間21年3か月→地上権割合30%

残　存　期　間	地上権割合	残　存　期　間	地上権割合
10年以下	5%	30年超　35年以下	50%
10年超　15年以下	10%	35年超　40年以下	60%
15年超　20年以下	20%	40年超　45年以下	70%
20年超　25年以下	30%	45年超　50年以下	80%
25年超　30年以下及び存続期間の定めのないもの	40%	50年超	90%

| 評　価　額　の　計　算 |

自用地価額に地上権割合を乗じて地上権の評価額を計算します。

　　　　自用地価額　　地上権割合　地上権の評価額
　　100,000,000円×　　30%　　= 30,000,000円

第4　宅地の上に存する権利の評価

土地及び土地の上に存する権利の評価明細書（第2表）

セットバックを必要とする宅地の評価額	（自用地の評価額）　　（自用地の評価額）　　（該当地積） 円 － （　　　　円　×　$\frac{㎡}{（総地積）㎡}$　× 0.7 ）	（自用地の評価額） 円	N	（平成三十一年一月分以降用）
都市計画道路予定地の区域内にある宅地の評価	（自用地の評価額）　　　　（補正率） 円　×　0.	（自用地の評価額） 円	O	

大規模工場用地等の評価額	○ 大規模工場用地等 　（正面路線価）　　　（地積）　　　　　（地積が20万㎡以上の場合は0.95） 　　円　×　　㎡　×	円　P
	○ ゴルフ場用地等 　（宅地とした場合の価額）（地積）　　　$\binom{1㎡当たり}{の造成費}$　　（地積） 　（　　円　×　㎡×0.6）－（　　円×　　㎡）	円　Q

	利用区分	算　　　　　　　式	総　　額	記号
総額計算による価額	貸宅地	（自用地の評価額）　　　（借地権割合） 円　×　(1－ 0.　　)	円	R
	貸家建付地	（自用地の評価額又はT）　（借地権割合）（借家権割合）（賃貸割合） 円　×　(1－ 0.　　×0.　　×$\frac{㎡}{㎡}$)	円	S
	目的となっている土地（権利の）	（自用地の評価額）　　　（　　割合） 円　×　(1－ 0.　　)	円	T
	借地権	（自用地の評価額）　　　（借地権割合） 円　×　0.	円	U
	貸家建付借地権	（U, ABのうちの該当記号）　（借家権割合）　（賃貸割合） （　　） 円　×　(1－ 0.　　×$\frac{㎡}{㎡}$)	円	V
	転貸借地権	（U, ABのうちの該当記号）　（借地権割合） （　　） 円　×　(1－ 0.　　)	円	W
	転借権	（U, V, ABのうちの該当記号）　（借地権割合） （　　） 円　×　0.	円	X
	借家人の有する権利	（U, X, ABのうちの該当記号）　（借家権割合）　（賃借割合） （　　） 円　×　0.　　×$\frac{㎡}{㎡}$	円	Y
	地上権	（自用地の評価額）　　　（地上権割合） 100,000,000 円　×　0.3	30,000,000	円　Z
	権利が競合する場合の他の権利	（R, Tのうちの該当記号）　（　　割合） （　　） 円　×　(1－ 0.　　)	円	AA
	他の権利と競合する場合の権利	（U, Zのうちの該当記号）　（　　割合） （　　） 円　×　(1－ 0.　　)	円	AB
備考				

(注)　区分地上権と区分地上権に準ずる地役権とが競合する場合については、備考欄等で計算してください。

（資4－25－2－A4統一）

第1章　土地及び土地の上に存する権利

(5) **区分地上権**（評基通27-4）

　　自用地価額　×　区分地上権の割合　＝　評価額

自　用　地　価　額

　自用地価額の求め方については、40ページから247ページを参照してください。

　　自用地価額 ＝ 100,000,000円

区 分 地 上 権 の 割 合

　区分地上権の設定契約書等から、区分地上権の設定に伴う制限の内容を確認します。
　また、制限がないものとした場合の最有効階層を都市計画図等から調べます。

（区分地上権の設定契約の内容）
1　地下10m～30mの間に地下鉄のトンネルの設置を目的とするもので、地下2階以下は利用できない。
2　荷重制限のため、5階建ての建物しか建築できない。
3　上記の制限がないとした場合には、最有効階層が8階の店舗、事務所用ビルが建築できる。

　区分地上権の割合は、区分地上権の設定契約の内容に応じた土地利用制限率を基とした割合によります。
　土地利用制限率については784ページを参照してください。

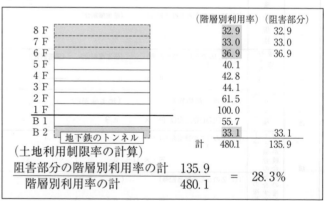

（土地利用制限率の計算）
$\dfrac{阻害部分の階層別利用率の計\ 135.9}{階層別利用率の計\ 480.1}$ ＝ 28.3%

評　価　額　の　計　算

　自用地価額に区分地上権の割合を乗じて区分地上権の評価額を計算します（地下鉄等のトンネルの所有を目的として設定した区分地上権を評価するときにおける区分地上権の割合は、30％とすることができます。）。

　　　自用地価額　　区分地上権の割合　　評価額
　　100,000,000円×　　28.3%　　＝28,300,000円

第4 宅地の上に存する権利の評価

土地及び土地の上に存する権利の評価明細書（第2表）

（平成三十一年一月分以降用）

セットバックを必要とする宅地の評価額	（自用地の評価額） 円 － （　（自用地の評価額） 円 × $\frac{（該当地積）㎡}{（総地積）㎡}$ × 0.7　）	（自用地の評価額） 円	N	
都市計画道路予定地の区域内にある宅地の評価額	（自用地の評価額） 円 × 0. （補正率）	（自用地の評価額） 円	O	
大規模工場用地等の評価額	○ 大規模工場用地等 　（正面路線価） 　　円 × （地積） 　　㎡ × （地積が20万㎡以上の場合は0.95）	円	P	
	○ ゴルフ場用地等 　（宅地とした場合の価額）（地積）　　（1㎡当たりの造成費）　　（地積） 　（　円 × ㎡×0.6）－（　円× ㎡）	円	Q	

	利用区分	算　　　　式	総　　額	記号
総額計算による価額	貸宅地	（自用地の評価額）　　（借地権割合） 　円 × （1－ 0.　　）	円	R
	貸家建付地	（自用地の評価額又はT）（借地権割合）（借家権割合）（賃貸割合） 　円 × （1－ 0.　　×0.　×$\frac{㎡}{㎡}$）	円	S
	目的となっている土地（　）権の	（自用地の評価額）　　　（　割合） 　円 × （1－ 0.　　）	円	T
	借地権	（自用地の評価額）　　（借地権割合） 　円 × 0.	円	U
	貸家建付借地権	（U,ABのうちの該当記号）（借家権割合）（賃貸割合） （　） 　円 × （1－ 0.　　× $\frac{㎡}{㎡}$）	円	V
	転貸借地権	（U,ABのうちの該当記号）（借地権割合） （　） 　円 × （1－ 0.　　）	円	W
	転借権	（U,V,ABのうちの該当記号）（借地権割合） （　） 　円 × 0.	円	X
	借家人の有する権利	（U,X,ABのうちの該当記号）（借家権割合）（賃借割合） （　） 　円 × 0.　× $\frac{㎡}{㎡}$	円	Y
	区分地上権	（自用地の評価額）　　（区分地上権割合） 100,000,000 円 × 0.283	28,300,000 円	Z
	権利が競合する場合の土地	（R,Tのうちの該当記号）　　（　割合） （　） 　円 × （1－ 0.　　）	円	AA
	他の権利と競合する場合の権利	（U,Zのうちの該当記号）　　（　割合） （　） 　円 × （1－ 0.　　）	円	AB
備考				

（注）　区分地上権と区分地上権に準ずる地役権とが競合する場合については、備考欄等で計算してください。

（資4－25－2－A4統一）

第1章　土地及び土地の上に存する権利

⑹　**区分地上権に準ずる地役権**（評基通27－5）

| 自用地価額 | × | 区分地上権に準ずる地役権の割合 | ＝ | 評価額 |

自　用　地　価　額

自用地価額の求め方については、40ページから247ページを参照してください。

自用地価額＝　　100,000,000円

区分地上権に準ずる地役権の割合

区分地上権に準ずる地役権の設定契約書等から、区分地上権に準ずる地役権の設定に伴う制限の内容を確認します。

また、制限がないものとした場合の最有効階層を都市計画図等から調べます。

区分地上権に準ずる地役権の割合は、区分地上権に準ずる地役権の設定契約の内容に応じた土地利用制限率を基とした割合によります。

土地利用制限率については784ページを参照してください。

（土地利用制限率の計算）

$$\frac{阻害部分の階層別利用率の計\quad 135.9}{階層別利用率の計\qquad\qquad 480.1} ≒ 28.3\%$$

※264ページと同じ事例です。

ただし、区分地上権に準ずる地役権の割合は、次に掲げるその承役地に係る制限の内容の区分に従い、それぞれ次に掲げる割合とすることができます。

⑴　家屋の建築が全くできない場合　50％又はその区分地上権に準ずる地役権が借地権であるとした場合にその承役地に適用される借地権割合のいずれか高い割合

⑵　家屋の構造、用途等に制限を受ける場合　30％

評　価　額　の　計　算

自用地価額に区分地上権に準ずる地役権の割合を乗じて区分地上権の評価額を計算します。

自用地価額　　区分地上権に準ずる地役権の割合　　評価額
100,000,000円×　　　　　28.3％　　　　＝28,300,000円

— 266 —

第4　宅地の上に存する権利の評価

土地及び土地の上に存する権利の評価明細書（第2表）

<table>
<tr><td rowspan="2">セットバックを必要とする宅地の評価額</td><td>（自用地の評価額）</td><td colspan="3">（自用地の評価額）　　　　　（該当地積）
円 － （　　　　　　円 × $\frac{\text{㎡}}{（総地積）\text{㎡}}$ × 0.7 ）</td><td>（自用地の評価額）
　　　　　　　円</td><td>N</td><td rowspan="16">（平成三十一年一月分以降用）</td></tr>
<tr><td></td><td></td><td></td><td></td><td></td><td></td></tr>
<tr><td>都市計画道路予定地の区域内にある宅地の評価</td><td colspan="4">（自用地の評価額）　　　　　（補正率）
　　　　　円 × 0.</td><td>（自用地の評価額）
　　　　　　　円</td><td>O</td></tr>
<tr><td rowspan="2">大規模工場用地等の評価額</td><td colspan="5">○　大規模工場用地等
　（正面路線価）　　　　（地積）　　　　（地積が20万㎡以上の場合は0.95）
　　　　円 ×　　　　㎡ ×</td><td>円
</td><td>P</td></tr>
<tr><td colspan="5">○　ゴルフ場用地等
　（宅地とした場合の価額）（地積）　　$\binom{1\text{㎡当たり}}{\text{の造成費}}$　　　　　（地積）
　（　　　円 ×　　　㎡×0.6） － （　　　円 ×　　　㎡）</td><td>円
</td><td>Q</td></tr>
</table>

<table>
<tr><th colspan="2">利用区分</th><th>算　　　　　　　式</th><th>総　　額</th><th>記号</th></tr>
<tr><td rowspan="10">総
額
計
算
に
よ
る
価
額</td><td>貸宅地</td><td>（自用地の評価額）　　　　（借地権割合）
　　円 × (1－ 0.　　)</td><td>円</td><td>R</td></tr>
<tr><td>貸家建付地</td><td>（自用地の評価額又はT）　　（借地権割合）（借家権割合）（賃貸割合）
　　円 × (1－ 0.　　 ×0.　　 × $\frac{\text{㎡}}{\text{㎡}}$)</td><td>円</td><td>S</td></tr>
<tr><td>目的となっている土地（　）権の</td><td>（自用地の評価額）　　　　（　　 割合）
　　円 × (1－ 0.　　)</td><td>円</td><td>T</td></tr>
<tr><td>借地権</td><td>（自用地の評価額）　　　　（借地権割合）
　　円 × 0.</td><td>円</td><td>U</td></tr>
<tr><td>貸家建付借地権</td><td>（U，ABのうちの該当記号）　　（借家権割合）　（賃貸割合）
（　）
　　円 × (1－ 0.　　 × $\frac{\text{㎡}}{\text{㎡}}$)</td><td>円</td><td>V</td></tr>
<tr><td>転貸借地権</td><td>（U，ABのうちの該当記号）　　（借地権割合）
（　）
　　円 × (1－ 0.　　)</td><td>円</td><td>W</td></tr>
<tr><td>転借権</td><td>（U，V，ABのうちの該当記号）　　（借地権割合）
（　）
　　円 × 0.</td><td>円</td><td>X</td></tr>
<tr><td>借家人の有する権利</td><td>（U，X，ABのうちの該当記号）　　（借家権割合）　（賃借割合）
（　）
　　円 × 0.　　 × $\frac{\text{㎡}}{\text{㎡}}$</td><td>円</td><td>Y</td></tr>
<tr><td>権利が競合する場合の他の権利と競合する場合の区分地上権に準ずる地役権</td><td>（自用地の評価額）　　　　$\binom{\text{区分地上権}}{\text{に準ずる}}$割合）
　　　　　　　　　　　　　　地役権の
100,000,000 円 ×　　 0.283</td><td>円
28,300,000</td><td>Z</td></tr>
<tr><td>権利が競合する場合の土地</td><td>（R，Tのうちの該当記号）　　（　　 割合）
（　）
　　円 × (1－ 0.　　)</td><td>円</td><td>AA</td></tr>
<tr><td></td><td>他の権利と競合する場合</td><td>（U，Zのうちの該当記号）　　（　　 割合）
（　）
　　円 × (1－ 0.　　)</td><td>円</td><td>AB</td></tr>
<tr><td colspan="2">備　　考</td><td></td><td></td><td></td></tr>
</table>

（注）　区分地上権と区分地上権に準ずる地役権とが競合する場合については、備考欄等で計算してください。

（資4－25－2－A4統一）

第1章　土地及び土地の上に存する権利

> **チェックポイント24**
>
> **区分地上権に準ずる地役権**
>
> 　財産評価基本通達上の区分地上権に準ずる地役権とは、特別高圧架空電線の架設、高圧のガスを通ずる導管の敷設、飛行場の設置、建築物の建築その他の目的のため、地下又は空間について上下の範囲を定めて設定された地役権で、建造物の設置を制限するものをいい、登記の有無は問いません。

3 土地の上に存する権利が競合する場合の土地の上に存する権利の評価例

(1) 借地権とトンネルの所有を目的とする区分地上権とが競合している場合の借地権の価額（評基通27－6(1)）

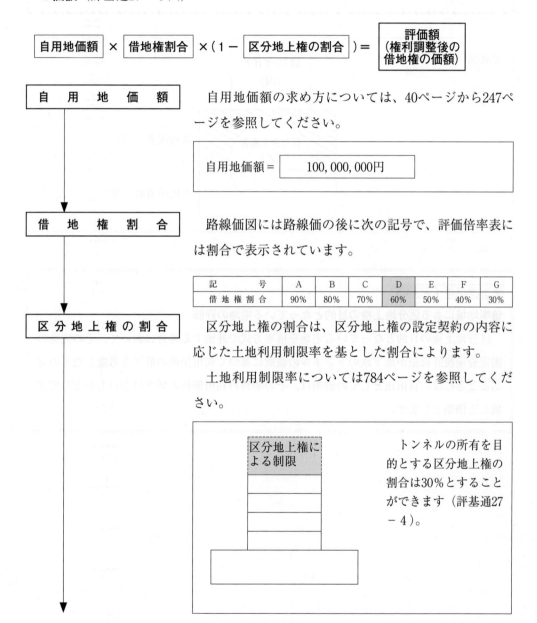

第1章　土地及び土地の上に存する権利

|権利調整後の借地権価額|　次の算式により権利調整後の借地権価額を計算します。

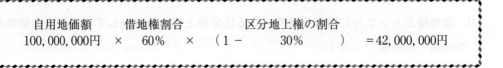

自用地価額　　借地権割合　　　区分地上権の割合
100,000,000円　×　60%　×　（1　－　30%　）　＝42,000,000円

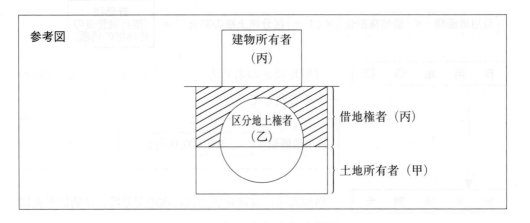

参考図

建物所有者（丙）
区分地上権者（乙）
借地権者（丙）
土地所有者（甲）

|チェックポイント25|
倍率地域にある区分地上権の目的となっている宅地の評価
　区分地上権の目的となっている宅地を倍率方式で評価する場合において、その宅地の固定資産税評価額が地下鉄のトンネルの設置に基づく利用価値の低下を考慮したものであるときには、自用地としての価額は、その宅地の利用価値の低下はないものとして評価した価額とします。

第4 宅地の上に存する権利の評価

土地及び土地の上に存する権利の評価明細書（第2表）

セットバックを必要とする宅地の評価額	（自用地の評価額） 円	（自用地の評価額） －（　　円 × $\dfrac{\text{（該当地積）}㎡}{\text{（総地積）}㎡}$ × 0.7 ）		（自用地の評価額） 円	N
都市計画道路予定地の区域内にある宅地の評価額	（自用地の評価額） 円 × 0.	（補正率）		（自用地の評価額） 円	O
大規模工場用地等の評価額	○ 大規模工場用地等 （正面路線価） 円 ×	（地積） ㎡ ×	（地積が20万㎡以上の場合は0.95）	円	P
	○ ゴルフ場用地等 （宅地とした場合の価額）（地積） （　　円 × 　㎡×0.6）	$\binom{\text{1㎡当たり}}{\text{の造成費}}$（地積） －（　　円 × 　㎡）		円	Q

	利用区分	算　　　　式	総　　額　　額	記号
総 額 計 算 に よ る 価 額	貸宅地	（自用地の評価額）　　　　（借地権割合） 円 × (1－ 0.　　)	円	R
	貸家建付地	（自用地の評価額又はT）　（借地権割合）（借家権割合）（賃貸割合） 円 × (1－ 0.　×0.　×$\dfrac{㎡}{㎡}$)	円	S
	目的となっている土地（権利の）	（自用地の評価額）　　　（　　割合） 円 × (1－ 0.　　)	円	T
	借地権	（自用地の評価額）　　　（借地権割合） 100,000,000 円 × 0.6	60,000,000 円	U
	貸家建付借地権	（U,ABのうちの該当記号）（借家権割合）（賃貸割合） （　　） 円 × (1－ 0.　×$\dfrac{㎡}{㎡}$)	円	V
	転貸借地権	（U,ABのうちの該当記号）（借地権割合） （　　） 円 × (1－ 0.　　)	円	W
	転借権	（U,V,ABのうちの該当記号）（借地権割合） （　　） 円 × 0.	円	X
	借家人の有する権利	（U,X,ABのうちの該当記号）（借家権割合）（賃貸割合） （　　） 円 × 0.　×$\dfrac{㎡}{㎡}$	円	Y
	（　　）権	（自用地の評価額）　　　（　　割合） 円 × 0.	円	Z
	権利が競合する場合の土地の価額	（R,Tのうちの該当記号）（　　割合） （　　） 円 × (1－ 0.　　)	円	AA
	他の権利と競合する場合の権利の価額	（U,Zのうちの該当記号）（区分地上権割合） （U） 60,000,000 円 × (1－ 0.3　)	42,000,000 円	AB
備 考				

（注）　区分地上権と区分地上権に準ずる地役権とが競合する場合については、備考欄等で計算してください。

（資4－25－2－A4統一）

第1章　土地及び土地の上に存する権利

(2)　**借地権とトンネルの所有を目的とする区分地上権とが競合している場合の区分地上権の価額**

借地権のような調整計算はしません。

$$\boxed{\text{自用地価額}} \times \boxed{\text{区分地上権の割合※}} = \boxed{\begin{array}{c}\text{評価額}\\(\text{区分地上権の価額})\end{array}}$$

※　トンネルの所有を目的とする区分地上権の割合は30％とすることができます（評基通27－4）。

(注)　区分地上権の評価については、264ページを参照してください。

第4　宅地の上に存する権利の評価

(3) **区分地上権に準ずる地役権と借地権とが競合している場合の借地権の価額**（評基通27－6(2)）

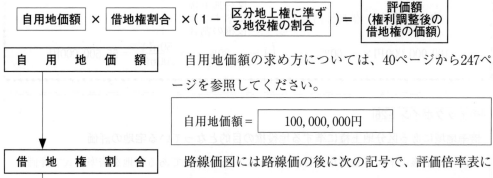

| 自 用 地 価 額 | 自用地価額の求め方については、40ページから247ページを参照してください。 |

自用地価額 ＝ 100,000,000円

| 借 地 権 割 合 | 路線価図には路線価の後に次の記号で、評価倍率表には割合で表示されています。 |

記　　号	A	B	C	D	E	F	G
借地権割合	90%	80%	70%	60%	50%	40%	30%

| 区分地上権に準ずる地役権の割合 | 区分地上権に準ずる地役権の割合は、地役権の設定による土地利用制限率を基に計算しますが、次の割合によることができます。

土地利用制限率については784ページを参照してください。 |

1　家屋の建築が全くできない場合……50％と承役地に適用される借地権割合とのいずれか高い割合
2　家屋の構造、用途等に制限を受ける場合……30％

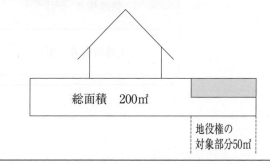

総面積　200㎡

地役権の対象部分50㎡

（参考）

　　　自用地価額　　区分地上権に準ず　地役権の設定さ　区分地上権に準ず
　　　　　　　　　　る地役権の割合　　れている部分の地積　る地役権の価額
　　　100,000,000円 ×　　30%　　×　$\dfrac{50㎡}{200㎡}$　＝　7,500,000円
　　　　　　　　　　　　　　　　　　　全体の地積

地役権が宅地の一部に設定されている場合は、地役権の目的となっている部分に対応する自用地としての価額を基に計算します。

権利調整後の借地権価額　次の算式により権利調整後の借地権価額を計算します。

$$100,000,000円 \times \underset{借地権割合}{60\%} \times \left(1 - \underset{\substack{区分地上権\\に準ずる地\\役権の割合}}{30\%} \times \frac{50㎡}{200㎡}\right) = 55,500,000円$$

（自用地価額）

チェックポイント26

倍率地域にある区分地上権に準ずる地役権の目的となっている宅地の評価

　区分地上権に準ずる地役権の目的となっている承役地である宅地を倍率方式で評価する場合の自用地としての価額は、その宅地の固定資産税評価額が地役権の設定に基づく利用価値の低下を考慮したものである場合には、その宅地の利用価値の低下はないものとして評価した価額とします。

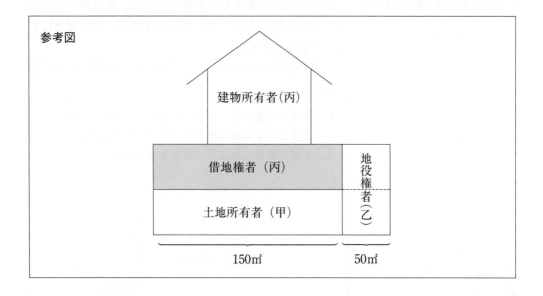

参考図

第4 宅地の上に存する権利の評価

土地及び土地の上に存する権利の評価明細書（第2表）

<table>
<tr>
<td rowspan="2">セットバックを必要とする宅地の評価額</td>
<td>（自用地の評価額）
　　　　　円 － （</td>
<td>（自用地の評価額）　　（該当地積）
円 × $\dfrac{㎡}{（総地積）㎡}$ × 0.7 ）</td>
<td>（自用地の評価額）
　　　　　　円</td>
<td>N</td>
<td rowspan="14">（平成三十一年一月分以降用）</td>
</tr>
<tr>
</tr>
<tr>
<td>都市計画道路予定地の区域内にある宅地の評価</td>
<td>（自用地の評価額）　　　　　（補正率）
　　　　　円 × 0.</td>
<td></td>
<td>（自用地の評価額）
　　　　　　円</td>
<td>O</td>
</tr>
<tr>
<td rowspan="2">大規模工場用地等の評価額</td>
<td colspan="2">○ 大規模工場用地等
　（正面路線価）　　（ 地 積 ）　　（地積が20万㎡以上の場合は0.95）
　　　　円 × 　　　㎡ ×</td>
<td>　　　　　　円</td>
<td>P</td>
</tr>
<tr>
<td colspan="2">○ ゴルフ場用地等
　（宅地とした場合の価額）（地積）　$\left(\begin{array}{c}1㎡当たり\\の造成費\end{array}\right)$　　（地積）
（　　　円 × 　　㎡×0.6） － （　　円× 　　㎡)</td>
<td>　　　　　　円</td>
<td>Q</td>
</tr>
</table>

<table>
<tr>
<th colspan="2"></th>
<th>利用区分</th>
<th>算　　　　　　式</th>
<th>総　　　額</th>
<th>記号</th>
</tr>
<tr>
<td rowspan="13">総　額　計　算　に　よ　る　価　額</td>
<td></td>
<td>貸宅地</td>
<td>（自用地の評価額）　　　　　（借地権割合）
　　　　円 × （1－ 0.　）</td>
<td>　　　　円</td>
<td>R</td>
</tr>
<tr>
<td></td>
<td>貸家建付地</td>
<td>（自用地の評価額又はT）　（借地権割合）（借家権割合）（賃貸割合）
　　　円 × （1－ 0.　×0.　× $\dfrac{㎡}{㎡}$)</td>
<td>　　　　円</td>
<td>S</td>
</tr>
<tr>
<td></td>
<td>目的となっている土地（　権の）</td>
<td>（自用地の評価額）　　　　（　　割合）
　　　円 × （1－ 0.　）</td>
<td>　　　　円</td>
<td>T</td>
</tr>
<tr>
<td></td>
<td>借地権</td>
<td>（自用地の評価額）　　　（借地権割合）
100,000,000 円 × 　　0.6</td>
<td>60,000,000</td>
<td>U</td>
</tr>
<tr>
<td></td>
<td>貸家建付借地権</td>
<td>（U,ABのうちの該当記号）（借家権割合）　（賃貸割合）
（　　）
　　円 × （1－ 0.　× $\dfrac{㎡}{㎡}$)</td>
<td>　　　　円</td>
<td>V</td>
</tr>
<tr>
<td></td>
<td>転貸借地権</td>
<td>（U,ABのうちの該当記号）（借地権割合）
（　　）
　　円 × （1－ 0.　）</td>
<td>　　　　円</td>
<td>W</td>
</tr>
<tr>
<td></td>
<td>転借権</td>
<td>（U,V,ABのうちの該当記号）（借地権割合）
（　　）
　　円 × 0.</td>
<td>　　　　円</td>
<td>X</td>
</tr>
<tr>
<td></td>
<td>借家人の有する権利</td>
<td>（U,X,ABのうちの該当記号）（借家権割合）　（賃借割合）
（　　）
　　円 × 0.　× $\dfrac{㎡}{㎡}$</td>
<td>　　　　円</td>
<td>Y</td>
</tr>
<tr>
<td></td>
<td>（　　）権</td>
<td>（自用地の評価額）　　　（　　割合）
　　円 × 0.</td>
<td>　　　　円</td>
<td>Z</td>
</tr>
<tr>
<td></td>
<td>権利が競合する場合の土地に関する権利</td>
<td>（R,Tのうちの該当記号）（　　割合）
（　　）
　　円 × （1－ 0.　）</td>
<td>　　　　円</td>
<td>AA</td>
</tr>
<tr>
<td></td>
<td>他の権利と競合する場合の権利</td>
<td>（U,Zのうちの該当記号）$\left(\begin{array}{c}区分地上権\\に準ずる\\地役権の\end{array}\right.$割合$\left.\vphantom{}\right)$
（ U ）
60,000,000 円 × （1－ 0.3× $\dfrac{50㎡}{200㎡}$)</td>
<td>55,500,000</td>
<td>AB</td>
</tr>
<tr>
<td colspan="2">備　考</td>
<td></td>
<td></td>
<td></td>
</tr>
</table>

（注）　区分地上権と区分地上権に準ずる地役権とが競合する場合については、備考欄等で計算してください。

（資4－25－2－A4統一）

第1章　土地及び土地の上に存する権利

⑷　区分地上権に準ずる地役権と借地権とが競合している場合の区分地上権に準ずる地役権の価額

借地権のような調整計算はしません。

$$\boxed{自用地価額} \times \boxed{区分地上権に準ずる地役権の割合※} = \boxed{\begin{array}{c}評価額\\\left(\begin{array}{c}区分地上権に準ずる\\地役権の価額\end{array}\right)\end{array}}$$

※　実際は、地役権の設定されている部分の地積を乗じて評価します。

（注）　区分地上権に準ずる地役権の評価については、266ページを参照してください。

第5 貸家建付地・貸宅地等の評価

1 貸家建付地（アパート等の敷地）（評基通26）

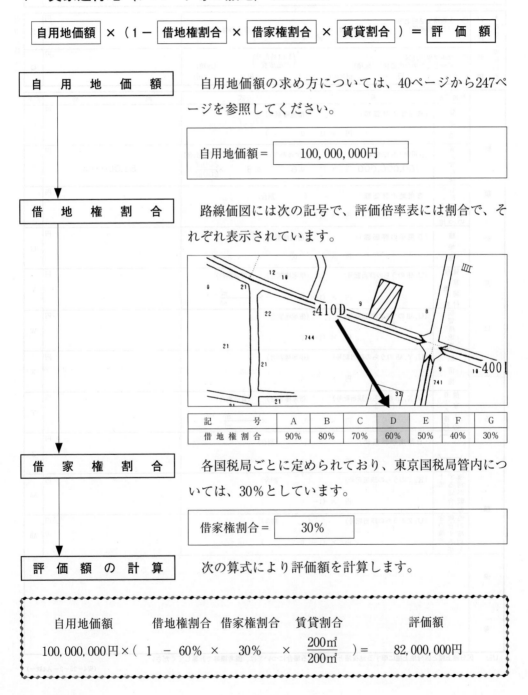

第1章　土地及び土地の上に存する権利

土地及び土地の上に存する権利の評価明細書（第2表）

				記号
セットバックを必要とする宅地の評価額	（自用地の評価額）　　　　（自用地の評価額）　　　　　（該当地積） 　　円 － （　　　　　円 × $\frac{\text{㎡}}{\text{（総地積）}}$ × 0.7　　）		（自用地の評価額） 　　　　　円	N
都市計画道路予定地の区域内にある宅地の評価額	（自用地の評価額）　　　　（補正率） 　　　　円 × 0.		（自用地の評価額） 　　　　　円	O
大規模工場用地等の評価額	○ 大規模工場用地等 　（正面路線価）　　（地積）　　　（地積が20万㎡以上の場合は0.95） 　　円 × 　　　㎡ ×		円	P
	○ ゴルフ場用地等 　（宅地とした場合の価額）（地積）　（$\frac{1\,\text{㎡当たり}}{\text{の造成費}}$）　（地積） （　　円 × 　　㎡×0.6） － （　円× 　　㎡）			Q

	利用区分	算式	総額	記号
総額計算による価額	貸宅地	（自用地の評価額）　　　　（借地権割合） 　　　円 × （1－ 0.　　　）	円	R
	貸家建付地	（自用地の評価額又はT）　（借地権割合）（借家権割合）（賃貸割合） 100,000,000 円 × （1－ 0.6 ×0.3 ×$\frac{200\text{㎡}}{200\text{㎡}}$）	円 82,000,000	S
	目的となっている土地の権利	（自用地の評価額）　　　　（　　割合） 　　　円 × （1－ 0.　　　）	円	T
	借地権	（自用地の評価額）　　　　（借地権割合） 　　　円 × 0.	円	U
	貸家建付借地権	（U,ABのうちの該当記号）（借家権割合）（賃貸割合） （　　） 　　円 × （1－ 0.　　 × $\frac{\text{㎡}}{\text{㎡}}$ ）	円	V
	転貸借地権	（U,ABのうちの該当記号）（借地権割合） （　　） 　　円 × （1－ 0.　　　）	円	W
	転借権	（U,V,ABのうちの該当記号）（借地権割合） （　　） 　　円 × 0.	円	X
	借家人の有する権利	（U,X,ABのうちの該当記号）（借家権割合）（賃借割合） （　　） 　　円 × 0.　　 × $\frac{\text{㎡}}{\text{㎡}}$	円	Y
	権	（自用地の評価額）　　　　（　　割合） 　　　円 × 0.	円	Z
	権利が競合する場合の他の権利と競合する場合の土地の権利	（R,Tのうちの該当記号）（　　割合） （　　） 　　円 × （1－ 0.　　　）	円	AA
	他の権利と競合する場合の権利	（U,Zのうちの該当記号）（　　割合） （　　） 　　円 × （1－ 0.　　　）	円	AB
備考				

（注）　区分地上権と区分地上権に準ずる地役権とが競合する場合については、備考欄等で計算してください。

（資4－25－2－A4統一）

第5　貸家建付地・貸宅地等の評価

チェックポイント27

1　賃貸割合

　　家屋の全部又は一部が貸し付けられているかどうかの判定は、課税時期における現況に基づいて行います。

　　家屋が一棟のアパートやビルなど（この1において、以下「アパート等」といいます。）の場合で、その一部について、課税時期において現実に貸し付けられていない部分があるときには、その現実に貸し付けられていない部分に対応する敷地部分については、貸家建付地としての減額を行わないこととなります。

　　そこで、課税時期におけるその家屋のうち現実に貸し付けられている部分の割合を、「賃貸割合」として求めることとされています。この賃貸割合は、その貸家に各独立部分がある場合に、その各独立部分の賃貸の状況に基づいて、次の算式により計算した割合によることとされています。

（算式）

$$\frac{\text{Aのうち課税時期において賃貸されている各独立部分の床面積}}{\text{当該家屋の各独立部分の床面積の合計(A)}}$$

※1　「各独立部分」とは、家屋の構成部分である隔壁、扉、階層（天井及び床）等によって他の部分と完全に遮断されている部分で、独立した出入口を有するなど独立して賃貸その他の用に供することができるものをいいます。したがって、例えば、障子、ベニヤ板等の堅固でないものによって仕切られている部分及び階層で区分されていても、独立した出入口を有しない部分は「各独立部分」には該当しません。

　　なお、外部に接する出入口を有しない部分であっても、共同で使用すべき廊下、階段、エレベーター等の共用部分のみを通って外部と出入りすることができる構造となっているものは、「独立した出入口を有する」ものに該当します。

※2　「賃貸されている各独立部分」には、継続的に賃貸されていた各独立部分で、課税時期において、一時的に賃貸されていなかったと認められるものを含むものとして差し支えありません。

　　なお、課税時期においてアパート等の一部に空室がある場合のその空室部分が、「継続的に賃貸されてきたもので、課税時期において、一時的に賃貸されていなかったと認められるもの」に該当するかどうかは、その部分が、①各独立部分が課税時期前に継続的に賃貸されてきたものかどうか、②賃借人の退去後速やかに新たな賃借人の募集が行われたかどうか、③空室の期間、他の用途に供されていないかどうか、④空室の期間が課税時期の前後の例えば1か月程度であるなど一時的な期間であったかどうか、⑤課税時期後の賃貸が一時的なものではないかどうかなどの事実関係から総合的に判断します。

2　借家人が立ち退いた後空き家となっている家屋（独立家屋）の敷地

　　貸家建付地の評価をする宅地は、借家権の目的となっている家屋の敷地の用に供されているものに限られます。したがって、以前は貸家であっても、課税時期において空き家となっている家屋の敷地の用に供されている宅地は、自用地としての価額で評価します。

　　また、その家屋が専ら賃貸用として新築されたものであっても、課税時期において現

— 279 —

実に貸し付けられていない家屋の敷地については、自用地としての価額で評価します。

（理由）

　家屋の借家人は家屋に対する権利を有するほか、その家屋の敷地についても、家屋の賃借権に基づいて、家屋の利用の範囲内である程度支配権を有していると認められ、逆にその範囲において、地主は、利用についての受忍義務を負うこととなっています。そこで、貸家の敷地である貸家建付地の価額は、その宅地の自用地としての価額から、その価額にその宅地に係る借地権割合とその貸家に係る借家権割合との相乗積を乗じて計算した価額を控除した価額によって評価することとされています。

　しかし、たとえその家屋が専ら賃貸用として建築されたものであっても、課税時期において現実に貸し付けられていない家屋の敷地については、土地に対する制約がなく、貸家建付地としての減価を考慮する必要がないことから、自用地としての価額で評価します。

3　従業員社宅の敷地

　社宅は、通常社員の福利厚生施設として設けられているものであり、一般の家屋の賃貸借と異なり賃料が極めて低廉であるなど、その使用関係は従業員の身分を保有する期間に限られる特殊の契約関係であるとされています。このことから、社宅については、一般的に借地借家法の適用はないとされています。したがって、社宅の敷地の用に供されている宅地については、貸家建付地として評価しません。

4　賃貸している構築物の敷地

　建物の賃貸借については、借地借家法の適用があり、財産評価基本通達では借家人がその借家の敷地である宅地等に有する権利の評価方法を定めています（ただし、その権利が権利金の名称をもって取引される慣行のない地域にあるものについては、評価しないこととされています。）。

　しかし、野球場、ゴルフ練習場、プール等の構築物の賃貸借については法律上の特別の保護を与えられたものでないことから、原則として、賃借人の構築物の敷地に対する権利は評価しません。

　したがって、貸し付けられている構築物の敷地の価額は、自用地価額で評価します。

第5　貸家建付地・貸宅地等の評価

> **誤りやすい事例　2**

使用借権が設定されている貸家の敷地の評価

1　使用貸借で借り受けている土地に建物を建築し、他人に賃貸していた。その後、その建物の敷地の贈与を受けた場合の土地評価

　　正　　　自用地として評価する。

　　誤　　　貸家建付地として評価する。

2　他人に賃貸している父所有の建物の贈与を受け、その建物の敷地は父から使用貸借で借り受けていた。その後、その建物の敷地の贈与を受けた場合の土地評価

　　正　　　貸家建付地として評価する。

　　誤　　　自用地として評価する。

　解　説　一般に、使用貸借により借り受けた土地の上に建物が建築され、その建物が賃貸借により貸し付けられている場合の賃借人の敷地利用権は、建物所有者（土地使用借権者）の敷地利用権から独立したものでなく、建物所有者の敷地利用権に従属し、その範囲内において行使されるにすぎないものと解されています。

　したがって、1の場合は、土地の使用借権者である建物所有者の敷地利用権の価額は、零として取り扱うこととされていますので、土地の価額は、自用地価額により評価することになります。

　ただし、2の場合は、建物の賃貸借契約が父と建物賃借人との間に締結されたものであり、建物賃借人は、土地所有権者の機能に属する土地の使用権を有していると解されていますから、賃貸されている建物の所有者に異動があり、新たな建物所有者の敷地利用権が使用貸借に基づくものであったとしても、それ以前に有していた建物賃借人の敷地利用権の機能には変動がないと考えられますので、貸家建付地として評価することになります。

　なお、建物の贈与を受けた後、子が新たに新賃借人と、賃貸借契約を締結した場合は、1の場合のとおり、自用地価額により評価することになります。

第1章　土地及び土地の上に存する権利

誤りやすい事例　3

貸家の目的で建築中の家屋の敷地の評価

正　　　自用地として評価する。

誤　　　貸家建付地として評価する。

解　説　貸家の用に供されている宅地について、いわゆる貸家建付地評価（自用地の価額×（1－借地権割合×借家権割合×賃貸割合））を行うこととされているのは、借家人には、借地借家法によって借家権が認められ、その敷地である宅地に対しても建物の利用の範囲内である程度の支配権を有するので、その宅地の経済的価値が自用地に比べて低くなることを考慮しているからです。

　一方、貸家の目的で建築中の家屋については、将来的に貸家の用に供されることが建築構造上確実と見込まれる場合であっても、課税時期において、その敷地は、財産評価基本通達26《貸家建付地の評価》に定める「貸家の敷地の用に供されている」ものではありませんので自用地として評価します。

　ただし、貸家の用に供していた家屋を建て替える場合で、旧家屋の借家人が引き続いて新家屋に入居する契約となっており、立退料等の支払がなく、また、家屋の建替期間中は、貸主の責任において一時的な仮住居を保証しているようなときは、引き続き貸家の敷地の用に供されているものとして貸家建付地として評価して差し支えないものと考えられます。

— 282 —

2 貸宅地

(1) 普通借地権の目的となっている宅地 （評基通25(1)）

自用地価額 × （1 － 借地権割合 ）＝ 貸宅地の評価額

※ 国税局長が貸宅地割合を定めている地域においては、自用地価額に貸宅地割合を乗じて評価します。
※ 相当の地代を収受している場合等の貸宅地（借地権の目的となっている宅地）の評価については252ページを参照してください。

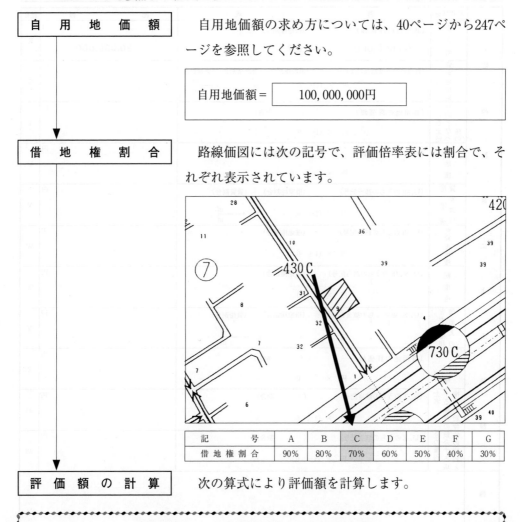

| 自用地価額 | 借地権割合 | 評価額 |
| 100,000,000円 ×（ 1 － 70％）＝ | | 30,000,000円 |

第1章　土地及び土地の上に存する権利

土地及び土地の上に存する権利の評価明細書（第2表）

セットバックを必要とする宅地の評価額	（自用地の評価額） 円 － （ （自用地の評価額） 円 × $\dfrac{（該当地積）㎡}{（総地積）㎡}$ × 0.7 ）		（自用地の評価額） 円	N
都市計画道路予定地の区域内にある宅地の評価	（自用地の評価額） 円 × 0. （補正率）		（自用地の評価額） 円	O
大規模工場用地等の評価額	○ 大規模工場用地等 （正面路線価） 円 × （地積） ㎡ （地積が20万㎡以上の場合は0.95）		円	P
	○ ゴルフ場用地等 （宅地とした場合の価額）（地積） （ 円 × ㎡×0.6） － （ （1㎡当たりの造成費） 円× （地積） ㎡ ）		円	Q

（平成三十一年一月分以降用）

	利用区分	算　式	総　額	記号
総額計算による価額	貸宅地	（自用地の評価額）　（借地権割合） 100,000,000 円 × （1－ 0.7 　）	30,000,000 円	R
	貸家建付地	（自用地の評価額又はT）　（借地権割合）（借家権割合）（賃貸割合） 円 × （1－ 0.　×0.　×$\dfrac{㎡}{㎡}$ ）	円	S
	（　）目的となっている土地の権利	（自用地の評価額）　（　　割合） 円 × （1－ 0.　）	円	T
	借地権	（自用地の評価額）　（借地権割合） 円 × 0.	円	U
	貸家建付借地権	（U, ABのうちの該当記号）　（借家権割合）　（賃貸割合） （　） 円 × （1－ 0.　×$\dfrac{㎡}{㎡}$ ）	円	V
	転貸借地権	（U, ABのうちの該当記号）　（借地権割合） （　） 円 × （1－ 0.　）	円	W
	転借権	（U, V, ABのうちの該当記号）　（借地権割合） （　） 円 × 0.	円	X
	借家人の有する権利	（U, X, ABのうちの該当記号）　（借家権割合）　（賃借割合） （　） 円 × 0.　×$\dfrac{㎡}{㎡}$	円	Y
	（　）権	（自用地の評価額）　（　　割合） 円 × 0.	円	Z
	権利が競合する場合の土地の権利	（R, Tのうちの該当記号）　（　　割合） （　） 円 × （1－ 0.　）	円	AA
	他の権利と競合する場合の権利	（U, Zのうちの該当記号）　（　　割合） （　） 円 × （1－ 0.　）	円	AB
備考				

（注）　区分地上権と区分地上権に準ずる地役権とが競合する場合については、備考欄等で計算してください。

（資4－25－2－A4統一）

－ 284 －

第5　貸家建付地・貸宅地等の評価

(2)　一般定期借地権の目的となっている宅地（普通借地権の割合が30％～70％の地域にあって<u>課税上弊害のない場合</u>）（個別通達）

　自用地価額 － 自用地価額 ×（1 － 底地割合 ）× 逓減率※ ＝ 評　価　額

※　逓減率 $\left(\dfrac{残存期間の複利年金現価率}{設定期間の複利年金現価率}\right)$ は、財産評価基本通達4－4に定められている基準年利率を基に算出します。課税時期が令和3年分、令和4年分の場合は基準年利率の複利表（635～640ページ）に定める複利年金現価率によります。

| 自 用 地 価 額 | 　自用地価額の求め方については、40ページから247ページを参照してください。 |

自用地価額 ＝ 40,000,000円

| 底　地　割　合 | 　路線価図等に表示されている借地権割合に応ずる底地割合を平成10年8月25日付課評2－8ほか「一般定期借地権の目的となっている宅地の評価に関する取扱いについて」個別通達で確認します。 |

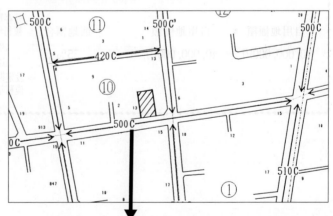

借地権割合			底地割合
	路線価図	評価倍率表	
地域区分	C	70％	55％
	D	60％	60％
	E	50％	65％
	F	40％	70％
	G	30％	75％

第1章　土地及び土地の上に存する権利

残存期間年数に応ずる複利年金現価率　　複利表から課税時期における残存期間に応ずる年0.25％の複利年金現価率を求めます。

借地権設定日：平成24年5月1日
設 定 期 間：50年
課 税 時 期：令和4年3月1日
経 過 期 間：9年10か月
残 存 期 間：40年2か月≒40年
年0.25％の複利年金現価率　　　38.020

　残存期間に1年未満の端数がある場合には、その期間が6か月以上のときには1年、6か月未満のときには切り捨てます。

設定期間年数に応ずる複利年金現価率　　複利表から設定期間に応ずる年0.25％の複利年金現価率を求めます。

設 定 期 間：50年
年0.25％の複利年金現価率　　　46.946

評 価 額 の 計 算　　次の算式により評価額を計算します。

自用地価額　　　自用地価額　　　　　　底地割合　　残存期間40年の複利年金現価率　　評価額

$40,000,000円 - 40,000,000円 × (1 - 55\%) × \dfrac{38.020}{46.946} = 25,422,400円$

設定期間50年の複利年金現価率

— 286 —

第5　貸家建付地・貸宅地等の評価

定 期 借 地 権 等 の 評 価 明 細 書

（住居表示）所在地番	（○○区××1-36-2）○○区××1-36	（地 積）200 ㎡	設定年月日	平成令和 24年 5月 1日	設定期間年数	⑦	50 年
			課税時期	平成令和 4年 3月 1日	残存期間年数	⑧	40 年

定期借地権等の種類	一般定期借地権 ・ 建物譲渡特約付借地権 ・ 事業用定期借地権等	設定期間年数に応ずる基準年利率による	複利現価率	④	
定期借地権等の設定時	自用地としての価額 ①	（1㎡当たりの価額　　　　円）　　　　　　　　　　円		複利年金現価率	⑤ 46.946
	通常取引価額 ②	（通常の取引価額又は①／0.8）　　　　　　　　　　円			
課税時期	自用地としての価額 ③	（1㎡当たりの価額　200,000円）　　40,000,000 円	残存期間年数に応ずる基準年利率による複利年金現価率		⑥ 38.020

（注）④及び⑤に係る設定期間年数又は⑥に係る残存期間年数について、その年数に1年未満の端数があるときは6か月以上を切り上げ、6か月未満を切り捨てます。

○定期借地権等の評価

経済的利益の額の計算	権利金等の授受がある場合	（権利金等の金額）（A）　　　　円＝⑨ _____	権利金・協力金・礼金等の名称のいかんを問わず、借地契約の終了のときに返還を要しないとされる金銭等の額の合計を記載します。	（権利金等の授受による経済的利益の金額）⑨　　　　　円
	保証金等の授受がある場合	（保証金等の額に相当する金額）（B）　　　　円 _____	保証金・敷金等の名称のいかんを問わず、借地契約の終了のときに返還を要するものとされる金銭等（保証金等）の預託があった場合において、その保証金等につき基準年利率未満の約定利率の支払いがあるとき又は無利息のときに、その保証金等の金額を記載します。	（保証金等の授受による経済的利益の金額）⑩　　　　　円
		（保証金等の授受による経済的利益の金額の計算）　（④の複利現価率）　　　　　　（基準年利率未満の約定利率）　　（⑤の複利年金現価率）（B）－［（B）× _____ － （B）× _____ × _____ ］＝⑩		
		（権利金等の授受による経済的利益の金額）⑨　　　　円　＋　（保証金等の授受による経済的利益の金額）⑩　　　　円　＋　（贈与を受けたと認められる差額地代の額がある場合の経済的利益の金額）⑪　　　　円　＝		（経済的利益の総額）⑫　　　　円
	（注）⑪欄は、個々の取引の事情・当事者間の関係等を総合勘案し、実質的に贈与を受けたと認められる差額地代の額がある場合に記載します（計算方法は、裏面2参照。）。			
評価額の計算	（課税時期における自用地としての価額）③　　　　円　×　（経済的利益の総額）⑫　　　　円 ──────────── （設定時の通常取引価額）②　　　　円　×　（⑥の複利年金現価率） ──────────── （⑤の複利年金現価率）　＝			（定期借地権等の評価額）⑬　　　　円

（注）保証金等の返還の時期が、借地契約の終了のとき以外の場合の⑩欄の計算方法は、税務署にお尋ねください。

○定期借地権等の目的となっている宅地の評価

一般定期借地権の目的となっている宅地［裏面1の Ⓐに該当するもの］	（課税時期における自用地としての価額）③　40,000,000 円	－	（課税時期における自用地としての価額）③　40,000,000 円	×	底地割合（裏面3参照）（1－ 0.55）	×	（⑥の複利年金現価率）38.020 ────── （⑤の複利年金現価率）46.946	＝	⑭	（一般定期借地権の目的となっている宅地の評価額）25,422,400 円
上記以外の定期借地権等の目的となっている宅地［裏面1の Ⓑに該当するもの］	（課税時期における自用地としての価額）③　　　　円	－	（定期借地権等の評価額）⑬　　　　円	＝	⑮　　　　円				⑰	（上記以外の定期借地権等の目的となっている宅地の評価額）（⑮と⑯のいずれか低い金額）　　　　円
	（課税時期における自用地としての価額）③　　　　円	×	（残存期間年数に応じた割合（裏面4参照））（1－ ）　＝	⑯　　　　円						

（資4-80-1-A4統一）

第1章　土地及び土地の上に存する権利

1　定期借地権等の種類と評価方法の一覧

定期借地権の種類	定期借地権等の評価方法	定期借地権等の目的となっている宅地の評価方法	
一般定期借地権 （借地借家法第22条）	財産評価基本通達27-2に定める評価方法による	平成10年8月25日付課評2-8・課資1-13「一般定期借地権の目的となっている宅地の評価に関する取扱いについて」に定める評価方法による	Ⓐ
		※	
事業用定期借地権等 （借地借家法第23条）		財産評価基本通達25⑵に定める評価方法による	Ⓑ
建物譲渡特約付借地権 （借地借家法第24条）			

（注）※印部分は、一般定期借地権の目的となっている宅地のうち、普通借地権の借地権割合の地域区分Ａ・Ｂ地域及び普通借地権の取引慣行が認められない地域に存するものが該当します。

2　実質的に贈与を受けたと認められる差額地代の額がある場合の経済的利益の金額の計算

差額地代（設定時）	同種同等地代の年額（C）	円	実際地代の年額（D）	円	設定期間年数に応ずる基準年利率による年賦償還率	⑱		

（前払地代に相当する金額）　　　　　　（実際地代の年額（D））（実質地代の年額（E））

（権利金等⑨）（⑱の年賦償還率）（保証金等⑩）（⑱の年賦償還率）

$$（　　　円 × 　　　 ＋ 　　　円 × 　　　）＋ 　　　円 ＝ 　　　円$$

（差額地代の額）　　　　　　　　（⑤の複利年金現価率）

（同種同等地代の年額（C））（実質地代の年額（E））　　　　　　　　　　　　⑪　贈与を受けたと認められる差額地代の額がある場合の経済的利益の金額

$$（　　　円 － 　　　円）× 　　　 ＝ 　　　円$$

（注）「同種同等地代の年額」とは、同種同等の他の定期借地権等における地代の年額をいいます。

3　一般定期借地権の目的となっている宅地を評価する場合の底地割合

	借地権割合		底地割合
	路線価図	評価倍率表	
地域区分	C	70%	55%
	D	60%	60%
	E	50%	65%
	F	40%	70%
	G	30%	75%

4　定期借地権等の目的となっている宅地を評価する場合の残存期間年数に応じた割合

残存期間年数	割合
5年以下の場合	5%
5年を超え10年以下の場合	10%
10年を超え15年以下の場合	15%
15年を超える場合	20%

（注）残存期間年数の端数処理は行いません。

（資4-80-2-A4統一）

第5　貸家建付地・貸宅地等の評価

誤りやすい事例　4

一般定期借地権の目的となっている宅地の評価

平成10年8月25日付課評2－8外「一般定期借地権の目的となっている宅地の評価に関する取扱いについて」個別通達に定める底地割合の適用について、財産評価基本通達25《貸宅地の評価》(2)に定める原則的評価方法と選択適用できるか。

正　　選択適用できない。

誤　　選択適用できる。

解　説　　個別通達における一般定期借地権の目的となっている宅地の評価方法は、納税者の便宜を考慮して定めたものであり、評価の安全性にも配慮したもので、財産評価基本通達25(2)の原則的評価に代えて適用することとしたものですから、原則的評価方法との選択をすることはできません。

例えば、普通借地権割合のE（借地権割合50％）地域にある一般定期借地権の目的となっている宅地（底地）について、実際の保証金等の割合が2割であっても、その底地については80％をベースとして評価することはできず、65％をベース（底地割合）として評価することになります。

なお、これは、一般定期借地権の目的となっている宅地について物納申請を行う場合であっても同様です。

第1章　土地及び土地の上に存する権利

(3)　定期借地権〔権利金等の授受がある場合〕の目的となっている宅地(普通借地権の割合が30%～70%の地域以外の場合又は課税上弊害がある場合(注))(評基通25(2))

```
┌──────────────┐   ┌──────────────┐
│  自用地価額  │ － │ 定期借地権価額 │
└──────────────┘   └──────────────┘ ⎫
                                      ⎬ いずれか低い方の価額 ＝ 評価額
┌──────────────┐        ┌──────────┐ ⎭
│  自用地価額  │ ×(1－│残存期間に応ずる割合│)
└──────────────┘        └──────────┘
```

(注)　**課税上弊害がある場合**とは、

　　　　一般定期借地権の設定等の行為が専ら税負担回避を目的としたものである場合をいうほか、この取扱いによって評価することが著しく不適当と認められる場合をいいます。

　　　　また、一般定期借地権の借地権者と借地権設定者とが下表のとおり、親族等の一定の範囲にある場合は、課税上弊害がある場合に該当します(個別通達)。

(1)	①　6親等内の血族 ⎫ ②　配偶者　　　　⎬ 親族※ ③　3親等内の姻族 ⎭　　　　　　　　　　　※　民法第725条参照
(2)	①　借地権設定者とまだ婚姻の届出をしないが事実上婚姻関係と同様の事情にある者 ②　①の親族でその者と生計を一にしているもの
(3)	①　借地権設定者の使用人 ②　使用人以外の者で借地権設定者から受ける金銭その他の財産によって生計を維持しているもの ③　①又は②の親族でその者と生計を一にしているもの
(4)	○　借地権設定者が会社役員となっている場合の当該会社。この場合の会社役員とは、次の①又は②の者をいう。 ①　取締役、執行役、会計参与、監査役、理事、監事及び清算人 ②　①以外の者で法人の経営に従事している者のうち、次に掲げる者(法人税法施行令7) 　イ　法人の使用人以外の者でその法人の経営に従事しているもの(法基通9-2-1参照) 　　⇨　相談役、顧問その他これらに類する者で、その法人内における地位及び職務等からみて他の役員と同様に実質的に法人の経営に従事している者 　　⇨　使用人としての職制上の地位のみを有する営業所長、支配人、主任等は含まれない。 　ロ　同族会社の使用人のうち、特定株主に該当する場合 　※　上記法人は、②ロ以外は、同族、非同族を問わない。
(5)	○　借地権設定者、その親族、上記(2)及び(3)に掲げる者並びにこれらの者と特殊の関係にある法人を判定の基礎とした場合に「同族会社」に該当する法人(法人税法施行令4②)
(6)	○　上記(4)又は(5)に掲げる法人の会社役員又は使用人
(7)	①　借地権設定者が、他人とともに借地人となる場合に限り、自己を借地人として借地権を設定する場合 ②　借地権設定者が、他にも土地所有者以外の借地権者が存する場合で、後発的に借地権者となった場合(既に設定されている定期借地権を取得した場合)

— 290 —

第5　貸家建付地・貸宅地等の評価

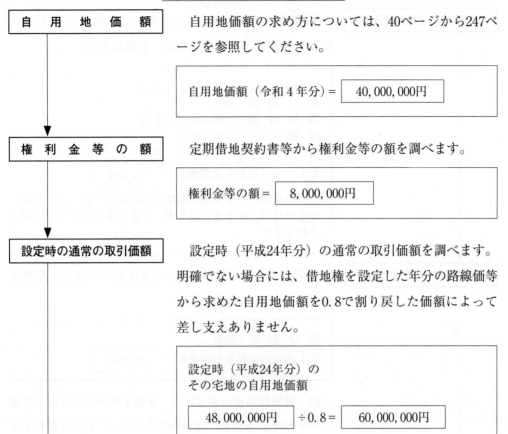

第1章　土地及び土地の上に存する権利

残存期間に応ずる複利年金現価率

複利表から課税時期における残存期間に応ずる年0.25％の複利年金現価率（注）を求めます。

> 借地権設定日：平成24年5月1日
> 設　定　期　間：50年
> 課　税　時　期：令和4年3月1日
> 経　過　期　間：9年10か月
> 残　存　期　間：40年2か月≒40年
>
> 年0.25％の複利年金現価率　　38.020
>
> 　残存期間に1年未満の端数がある場合には、その期間が6か月以上のときには1年、6か月未満のときには切り捨てます。

設定期間に応ずる複利年金現価率

複利表から設定期間に応ずる年0.25％の複利年金現価率（注）を求めます。

> 設　定　期　間：50年
> 年0.25％の複利年金現価率　　46.946

（注）　課税時期が令和3年分、令和4年分の場合には基準年利率の複利表（635〜640ページ）に定める複利年金現価率によります。

定期借地権の価額の計算

次の算式により定期借地権の価額を計算します。

> 　　　　　　　　　　　経済的利益　残存期間40年の　　定期借地
> 　自用地価額　　　　　の総額　　　複利年金現価率　　権の価額
> $$40,000,000円 \times \frac{8,000,000円}{60,000,000円} \times \frac{38.020}{46.946} = \boxed{4,319,288円}$$
> 　　　　　　　　　　設定時の通常　設定期間50年の
> 　　　　　　　　　　の取引価額　　複利年金現価率

— 292 —

第5　貸家建付地・貸宅地等の評価

|残存期間に応ずる価額| 定期借地権の残存期間に応ずる価額を計算します。

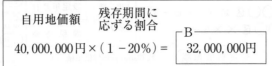

自用地価額　　残存期間に応ずる割合
40,000,000円 ×（1 − 20%）= B 32,000,000円

残 存 期 間	割　合
5年以下	100分の5
5年超10年以下	100分の10
10年超15年以下	100分の15
15年超	100分の20

|評　価　額　の　計　算|　「自用地価額−定期借地権の価額」と残存期間に応ずる割合により求めた価額を比較し、低い方の価額で評価します。

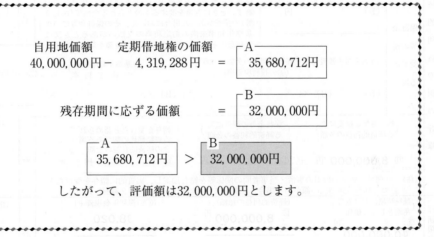

自用地価額　　定期借地権の価額
40,000,000円 −　4,319,288円　= A 35,680,712円

残存期間に応ずる価額　　= B 32,000,000円

A 35,680,712円 ＞ B 32,000,000円

したがって、評価額は32,000,000円とします。

— 293 —

第1章　土地及び土地の上に存する権利

定 期 借 地 権 等 の 評 価 明 細 書

| (住居表示)
所在地番 | (○○区××5-6-3)
○○区××5-6 | (地積)
200 ㎡ | 設定年月日 | 平成
(令和) 24年 5月 1日 | 設定期間年数 | ⑦ | 50 年 |
| | | | 課税時期 | 平成
(令和) 4年 3月 1日 | 残存期間年数 | ⑧ | 40 年 |

定期借地権 等の種類	(一般定期借地権)・ 建物譲渡特約付借地権 ・ 事業用定期借地権等			設定期間年数に応ずる基準年利率による	複利現価率	④	
定期借地権等の設定時	自用地としての価額	①	(1㎡当たりの価額 240,000 円) 48,000,000 円		複利年金現価率	⑤	46.946
	通常取引価額	②	(通常の取引価額又は①／0.8) 60,000,000 円				
課税時期	自用地としての価額	③	(1㎡当たりの価額 200,000 円) 40,000,000 円	残存期間年数に応ずる基準年利率による複利年金現価率		⑥	38.020

(注) ④及び⑤に係る設定期間年数又は⑥に係る残存期間年数について、その年数に1年未満の端数があるときは6か月以上を切り上げ、6か月未満を切り捨てます。

○定期借地権等の評価

経済的利益の額の計算	権利金等の授受がある場合	(権利金等の金額) (A) 円 8,000,000 ＝ ⑨	権利金・協力金・礼金等の名称のいかんを問わず、借地契約の終了のときに返還を要しないとされる金銭等の額の合計を記載します。	⑨	(権利金等の授受による経済的利益の金額) 8,000,000 円
	保証金等の授受がある場合	(保証金等の額に相当する金額) (B) 円	保証金・敷金等の名称のいかんを問わず、借地契約の終了のときに返還を要するものとされる金銭等(保証金等)の預託があった場合において、その保証金等につき基準年利率未満の約定利率の支払いがあるとき又は無利息のときに、その保証金等の金額を記載します。	⑩	(保証金等の授受による経済的利益の金額) 円
		(保証金等の授受による経済的利益の金額の計算) (④の複利現価率)　　　　　(基準年利率未満の約定利率)　(⑤の複利年金現価率) (B) － [(B) × _____] － [(B) × _____ × _____] ＝ ⑩			
		(権利金等の授受による経済的利益の金額)　(保証金等の授受による経済的利益の金額)　(贈与を受けたと認められる差額地代の額がある場合の経済的利益の金額) ⑨ 8,000,000 円 ＋ ⑩ 円 ＋ ⑪ 円 ＝		⑫	(経済的利益の総額) 8,000,000 円
		(注) ⑪欄は、個々の取引の事情・当事者間の関係等を総合勘案し、実質的に贈与を受けたと認められる差額地代の額がある場合に記載します(計算方法は、裏面2参照。)。			
評価額の計算	(課税時期における自用地としての価額) ③ 40,000,000 円	× (経済的利益の総額) ⑫ 8,000,000 円　(⑥の複利年金現価率) 38.020 ──────────────────────── (設定時の通常取引価額) ② 60,000,000 円　(⑤の複利年金現価率) 46.946 ＝		⑬	(定期借地権等の評価額) 4,319,288 円

(注) 保証金等の返還の時期が、借地契約の終了のとき以外の場合の⑩欄の計算方法は、税務署にお尋ねください。

○定期借地権等の目的となっている宅地の評価

一般定期借地権の目的となっている宅地 [裏面1の Ａに該当 するもの]	(課税時期における自用地としての価額) ③ 円	－	(課税時期における自用地としての価額) ③ 円	× [1 － (底地割合)(裏面3参照)] × (⑥の複利年金現価率) ──────── (⑤の複利年金現価率) ＝	⑭	(一般定期借地権の目的となっている宅地の評価額) 円
上記以外の定期借地権等の目的となっている宅地 [裏面1の Ｂに該当 するもの]	(課税時期における自用地としての価額) ③ 40,000,000 円	－	(定期借地権等の評価額) ⑬ 4,319,288 円	＝ ⑮ 35,680,712 円	⑰	(上記以外の定期借地権等の目的となっている宅地の評価額) (⑮と⑯のいずれか低い金額) 32,000,000 円
	(課税時期における自用地としての価額) ③ 40,000,000 円	×	[1 － (残存期間年数に応じた割合(裏面4参照)) 0.2]	＝ ⑯ 32,000,000 円		

(資4-80-1-A4統一)

第5　貸家建付地・貸宅地等の評価

1　定期借地権等の種類と評価方法の一覧

定期借地権の種類	定期借地権等の評価方法	定期借地権等の目的となっている宅地の評価方法	
一般定期借地権 (借地借家法第22条)	財産評価基本通達27-2に定める評価方法による	平成10年8月25日付課評2-8・課資1-13「一般定期借地権の目的となっている宅地の評価に関する取扱いについて」に定める評価方法による	Ⓐ
事業用定期借地権等 (借地借家法第23条)		※	
		財産評価基本通達25(2)に定める評価方法による	Ⓑ
建物譲渡特約付借地権 (借地借家法第24条)			

(注)※印部分は、一般定期借地権の目的となっている宅地のうち、普通借地権の借地権割合の地域区分A・B地域及び普通借地権の取引慣行が認められない地域に存するものが該当します。

2　実質的に贈与を受けたと認められる差額地代の額がある場合の経済的利益の金額の計算

<table>
<tr><td rowspan="4">差額地代(設定時)</td><td>同種同等地代の年額(C)</td><td>円</td><td>実際地代の年額(D)</td><td>円</td><td>設定期間年数に応ずる基準年利率による年賦償還率</td><td>⑱</td><td></td></tr>
<tr><td colspan="5">(前払地代に相当する金額)
(権利金等⑨)　(⑱の年賦償還率)　(保証金等⑩)　(⑱の年賦償還率)
　　　円　×　　　　　+　　　円　×　　　</td><td colspan="2">(実際地代の年額(D))　(実質地代の年額(E))
+　　　　　円　=　　　　　円</td></tr>
<tr><td colspan="5">(差額地代の額)
(同種同等地代の年額(C))　(実質地代の年額(E))　　(⑤の複利年金現価率)
(　　　円　-　　　　円)　×　　　　　=</td><td>⑪</td><td>[贈与を受けたと認められる差額地代の額がある場合の経済的利益の金額]
円</td></tr>
</table>

(注)「同種同等地代の年額」とは、同種同等の他の定期借地権等における地代の年額をいいます。

3　一般定期借地権の目的となっている宅地を評価する場合の底地割合

借地権割合		底地割合
	路線価図	評価倍率表	

		路線価図	評価倍率表	底地割合
地域区分	C	70%	55%	
	D	60%	60%	
	E	50%	65%	
	F	40%	70%	
	G	30%	75%	

4　定期借地権等の目的となっている宅地を評価する場合の残存期間年数に応じた割合

残存期間年数	割合
5年以下の場合	5%
5年を超え10年以下の場合	10%
10年を超え15年以下の場合	15%
15年を超える場合	20%

(注)残存期間年数の端数処理は行いません。

(資4-80-2-A4統一)

第1章　土地及び土地の上に存する権利

⑷　定期借地権〔保証金等の授受がある場合〕の目的となっている宅地（普通借地権の割合が30％～70％の地域以外の場合又は課税上弊害がある場合(注)）（評基通25⑵）

自用地価額	－	定期借地権価額		
自用地価額	×	（1－ 残存期間に応ずる割合 ）	いずれか低い方の価額 ＝	評価額

（注）　課税上弊害がある場合については290ページを参照してください。

自　用　地　価　額

自用地価額の求め方については、40ページから247ページを参照してください。

自用地価額（令和4年分）＝　40,000,000円

保証金等の額・約定利率

定期借地契約書等から保証金等の額、約定利率を調べます。

保証金の額＝　8,000,000円　　　約定利率：なし

借地人に帰属する経済的利益の総額

保証金等の額から借地人に帰属する経済的利益の総額を計算します。

　　　　　　　　　　　　　　　　　　　設定期間50年の年
保証金等の額　保証金等の額　0.25％の複利現価率
8,000,000円 － 8,000,000円 ×　　0.883

＝　936,000円

設定時の通常の取引価額

設定時（平成24年分）の通常の取引価額を調べます。明確でない場合には、借地権を設定した年分の路線価等から求めた自用地価額を0.8で割り戻した価額によって差し支えありません。

設定時（平成24年分）の
その宅地の自用地価額

48,000,000円　÷0.8＝　60,000,000円

— 296 —

第5 貸家建付地・貸宅地等の評価

残存期間に応ずる複利年金現価率

複利表から課税時期における残存期間に応ずる年0.25％の複利年金現価率を求めます。

借地権設定日：平成24年5月1日
設　定　期　間：50年
課　税　時　期：令和4年3月1日
経　過　期　間：9年10か月
残　存　期　間：40年2か月≒40年

年0.25％の複利年金現価率　　38.020

　残存期間に1年未満の端数がある場合には、その期間が6か月以上のときは1年、6か月未満のときには切り捨てます。

設定期間に応ずる複利年金現価率

複利表から設定期間に応ずる年0.25％の複利年金現価率を求めます。

設　定　期　間：50年
年0.25％の複利年金現価率　　46.946

定期借地権の価額の計算

次の算式により定期借地権の価額を計算します。

$$
\underset{\text{自用地価額}}{40,000,000円} \times \underset{\substack{\text{設定時の通常}\\\text{の取引価額}}}{\frac{\overset{\substack{\text{経済的利益}\\\text{の総額}}}{936,000円}}{60,000,000円}} \times \underset{\substack{\text{設定期間50年の}\\\text{複利年金現価率}}}{\frac{\overset{\substack{\text{残存期間40年の}\\\text{複利年金現価率}}}{38.020}}{46.946}} = \underset{\substack{\text{定期借地}\\\text{権の価額}}}{505,356円}
$$

残存期間に応ずる価額

定期借地権の残存期間に応ずる価額を計算します。

$$
\underset{\text{自用地価額}}{40,000,000円} \times \underset{\substack{\text{残存期間に}\\\text{応ずる割合}}}{(1-20\%)} = \underset{B}{32,000,000円}
$$

残　存　期　間	割　　合
5年以下	100分の5
5年超10年以下	100分の10
10年超15年以下	100分の15
15年超	100分の20

— 297 —

評価額の計算　「自用地価額−定期借地権の価額」と残存期間に応ずる割合により求めた価額を比較し、低い方の価額で評価します。

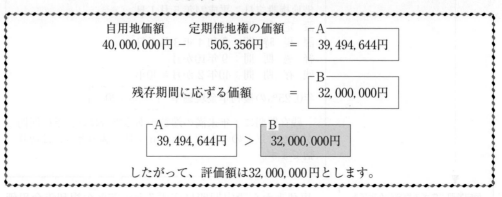

したがって、評価額は32,000,000円とします。

チェックポイント23 参照（258ページ）

第5　貸家建付地・貸宅地等の評価

定 期 借 地 権 等 の 評 価 明 細 書

（住居表示） 所 在 地 番	（○○区××1-8-7） ○○区××1-8	（地　積） 200㎡	設定年月日 平成 令和 24年5月1日	設定期間年数	⑦	50 年
			課 税 時 期 平成 令和 4年3月1日	残存期間年数	⑧	40 年

定期借地権 等 の 種 類	一般定期借地権 ・ 建物譲渡特約付借地権 ・ 事業用定期借地権等	設定期 間年数 に応ず る基準 年利率 による	複 利 現 価 率	④	0.883
定期借地権等の設定時 自用地としての価額	① （1㎡当たりの価額　240,000 円） 48,000,000 円		複 利 年 金 現 価 率	⑤	46.946
通 常 取 引 価 額	② （通常の取引価額又は①／0.8） 60,000,000 円				
課税時期 自用地としての価額	③ （1㎡当たりの価額　200,000 円） 40,000,000 円	残存期間年数に応ずる 基準年利率による 複 利 現 価 率		⑥	38.020

（注）④及び⑤に係る設定期間年数又は⑥に係る残存期間年数について、その年数に1年未満の端数があるときは6か月以上を切り上げ、6か月未満を切り捨てます。

○定期借地権等の評価

経済的利益の額の計算	権利金 等の授 受があ る場合	（権利金等の金額） (A) 　　　　円 ＝ ⑨	権利金・協力金・礼金等の名称のいかんを問わず、借地契約の終了のときに返還を要しないとされる金銭等の額の合計を記載します。	（権利金等の授受によ る経済的利益の金額） ⑨　　　　円
	保証金 等の授 受があ る場合	（保証金等の額に相当する金額） (B) 8,000,000　円	保証金・敷金等の名称のいかんを問わず、借地契約の終了のときに返還を要するものとされる金銭等（保証金等）の預託があった場合において、その保証金等につき基準年利率未満の約定利率の支払いがあるとき又は無利息のときに、その保証金等の金額を記載します。	（保証金等の授受によ る経済的利益の金額） ⑩ 936,000　円
		（保証金等の授受による経済的利益の金額の計算） 　　　　　　　　　　　（④の複利現価率）　　　　　　　　　　　（基準年利率未満 の約定利率）　　　　（⑤の複利年金現価率） (B) － [(B) × 0.883 － (B)× ──────────── × ────────────] ＝ ⑩		
		（権利金等の授受によ る経済的利益の金額） ⑨　　　　円 ＋	（保証金等の授受によ る経済的利益の金額） ⑩ 936,000　円 ＋	（贈与を受けたと認めら れる差額地代の額がある場 合の経済的利益の金額） ⑪　　　　円 ＝	（経済的利益の総額） ⑫ 936,000　円

（注）⑪欄は、個々の取引の事情・当事者間の関係等を総合勘案し、実質的に贈与を受けたと認められる差額地代の額がある場合に記載します（計算方法は、裏面2参照）。

評価額の計算	（課税時期における自 用地としての価額） ③ 40,000,000 円 ×	（経済的利益の総額） ⑫ 936,000 円 ────────────────────── （設定時の通常取引価額） ② 60,000,000 円 ×	（⑥の複利年金現価率） 38.020 ────────────── （⑤の複利年金現価率） 46.946	＝	（定期借地権等の評価額） ⑬ 505,356 円

（注）保証金等の返還の時期が、借地契約の終了のとき以外の場合の⑩欄の計算方法は、税務署にお尋ねください。

○定期借地権等の目的となっている宅地の評価

一般定期借地 権の目的とな っている宅地 〔裏面1の Ⓐに該当 するもの〕	（課税時期における自 用地としての価額） ③ 　　　　円 －	（課税時期における自 用地としての価額） ③ 　　　　円 ×	底 地 割 合 （裏面3参照） [1 － ────] ×	（⑥の複利年 金現価率） ────────── （⑤の複利年 金現価率）	＝	⑭	（一般定期借地権の目的と なっている宅地の評価額） 　　　　円
上記以外の定 期借地権等の 目的となって いる宅地 〔裏面1の Ⓑに該当 するもの〕	（課税時期における自 用地としての価額） ③ 40,000,000 円 －	（定期借地権等の評価額） ⑬ 505,356 円 ＝	⑮ 39,494,644 円			⑰	（上記以外の定期借地権 等の目的となっている 宅地の評価額） （⑮と⑯のいずれ か低い金額） 32,000,000 円
	（課税時期における自 用地としての価額） ③ 40,000,000 円 ×	（残存期間年数に応じた 割合（裏面4参照） [1 － 0.2] ＝	⑯ 32,000,000 円				

（資4-80-1-A4統一）

第1章　土地及び土地の上に存する権利

1　定期借地権等の種類と評価方法の一覧

定期借地権の種類	定期借地権等の評価方法	定期借地権等の目的となっている宅地の評価方法
一般定期借地権 （借地借家法第22条）	財産評価基本通達27-2に定める評価方法による	平成10年8月25日付課評2-8・課資1-13「一般定期借地権の目的となっている宅地の評価に関する取扱いについて」に定める評価方法による　Ⓐ
事業用定期借地権等 （借地借家法第23条）		※
建物譲渡特約付借地権 （借地借家法第24条）		財産評価基本通達25(2)に定める評価方法による　Ⓑ

（注）※印部分は、一般定期借地権の目的となっている宅地のうち、普通借地権の借地権割合の地域区分A・B地域及び普通借地権の取引慣行が認められない地域に存するものが該当します。

2　実質的に贈与を受けたと認められる差額地代の額がある場合の経済的利益の金額の計算

差額地代（設定時）	同種同等代の年額（C）	円	実際地代の年額（D）	円	設定期間年数に応ずる基準年利率による年賦償還率 ⑱

（前払地代に相当する金額）　　　（実際地代の年額(D)）　（実質地代の年額(E)）

（権利金等⑨）（⑱の年賦償還率）（保証金等⑩）（⑱の年賦償還率）

$$\underline{\quad\quad}円 × \underline{\quad\quad} + \underline{\quad\quad}円 × \underline{\quad\quad} + \underline{\quad\quad}円 = \underline{\quad\quad}円$$

（差額地代の額）　　　　　（⑤の複利年金現価率）

（同種同等代の年額（C））（実質地代の年額（E））

$$（\underline{\quad\quad}円 - \underline{\quad\quad}円）× \underline{\quad\quad} = \quad ⑪ \quad$$

贈与を受けたと認められる差額地代の額がある場合の経済的利益の金額　　　円

（注）「同種同等代の年額」とは、同種同等の他の定期借地権等における地代の年額をいいます。

3　一般定期借地権の目的となっている宅地を評価する場合の底地割合

	借地権割合		底地割合
	路線価図	評価倍率表	
地域区分	C	70%	55%
	D	60%	60%
	E	50%	65%
	F	40%	70%
	G	30%	75%

4　定期借地権等の目的となっている宅地を評価する場合の残存期間年数に応じた割合

残存期間年数	割合
5年以下の場合	5%
5年を超え10年以下の場合	10%
10年を超え15年以下の場合	15%
15年を超える場合	20%

（注）残存期間年数の端数処理は行いません。

（資4-80-2-A4統一）

第5　貸家建付地・貸宅地等の評価

(5) 高圧線下の宅地(区分地上権に準ずる地役権の目的となっている承役地)(評基通25(5))

自用地価額 － 区分地上権に準ずる地役権の価額 ＝ 評価額

自用地価額

自用地価額の求め方については、40ページから247ページを参照してください。

自用地価額＝ 100,000,000円

区分地上権に準ずる地役権の割合

区分地上権に準ずる地役権の割合を計算します。

　区分地上権に準ずる地役権の割合は、地役権の設定契約の内容に応じた土地利用制限率を基に計算しますが、次の割合によることができます。
　土地利用制限率については、784ページを参照してください。
1　家屋の建築が全くできない場合……50％と承役地に適用される借地権割合とのいずれか高い割合
2　家屋の構造、用途等に制限を受ける場合……30％

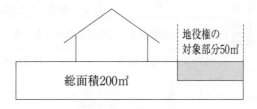

区分地上権に準ずる地役権の価額

自用地価額に区分地上権に準ずる地役権の割合を乗じて、区分地上権に準ずる地役権の価額を計算します。

　　　　　　　　地役権の設定され　区分地上権に準ず
　自用地価額　　ている部分の地積　る地役権の割合
100,000,000円 × $\frac{50㎡}{200㎡}$ × 30％ ＝ 7,500,000円
　　　　　　　　全体の地積

　地役権が宅地の一部に設定されている場合のその地役権の価額は、地役権の目的となっている部分の地積に対応する自用地としての価額を基に計算します。
　ただし、例えば、宅地全体を1画地とした場合の正面路線に2つの路線価があり、かつ、区分地上権に準ずる地役権が設定されている承役地を1画地とした場合の正面路線が1つの路線価である場合等の区分地上権に準ずる地役権の価額は、承役地を1画地とした自用地としての価額を基に計算します。

第1章　土地及び土地の上に存する権利

| 評価額の計算 | 自用地価額から区分地上権に準ずる地役権の価額を控除して評価額を計算します。 |

　　　　自用地価額　　　区分地上権に準ずる地役権の価額　　　評価額
　　　100,000,000円　－　　　　7,500,000円　　　＝　92,500,000円

チェックポイント28

高圧線の架設による建築制限

　高圧線の架設を目的とする地役権の場合、家屋に対する建築制限の有無は、電力会社との契約によるのではなく、電気設備技術基準により家屋の建築が禁止されているかなどにより判定します。

　この電気設備技術基準によると、送電線から一定の距離（離隔距離）以内には家屋は建築できないこととなっており、図示すると次のようになります。

物件の種類	離隔の方法	7,000V～35,000V以下	35,000V～170,000V以下	170,000V超
建造物	離隔距離	3m	3mに使用電圧が35,000Vを超え10,000V又はその端数ごとに15cmを加えた値※	
	水平隔離距離	送電線が建造物の下方に施設されるときのみ　3m		3m

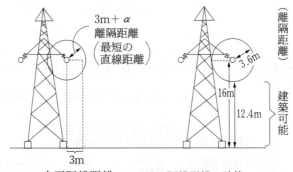

・170,000V超の場合　　　・66,000Vの場合

※　隔離距離の計算

$$\frac{66,000V - 35,000V}{10,000V} = 3.1 \Rightarrow 4$$

$$3m + 4 \times 0.15m = 3.6m$$

倍率地域にある区分地上権に準ずる地役権の目的となっている宅地の評価

　区分地上権に準ずる地役権の目的となっている承役地である宅地を倍率方式で評価する場合の自用地としての価額は、その宅地の固定資産税評価額が高圧架空電線の架設がされていることに基づく利用価値の低下を考慮したものであるときには、その宅地の利用価値の低下はないものとして評価した価額とします（評基通25－2）。

第5 貸家建付地・貸宅地等の評価

土地及び土地の上に存する権利の評価明細書（第2表）

セットバックを必要とする宅地の評価額	（自用地の評価額） 円 － （	（該当地積） 円 × $\frac{㎡}{（総地積）㎡}$ × 0.7 ）	（自用地の評価額） 円	N
都市計画道路予定地の区域内にある宅地の評価	（自用地の評価額） 円 × 0.	（補正率） 	（自用地の評価額） 円	O

大規模工場用地等の評価額	○ 大規模工場用地等 　（正面路線価）　　　（　地　積　）　　　（地積が20万㎡以上の場合は0.95） 　　　円 ×　　　　　㎡ ×	円	P
	○ ゴルフ場用地等 　（宅地とした場合の価額）（地積）　$\binom{1㎡当たり}{の造成費}$　　（地積） （　　　円 ×　　　㎡×0.6）－（　　　円×　　　㎡）	円	Q

	利用区分	算　　　　　式	総　　額	記号
総額計算による価額	貸宅地	（自用地の評価額）　　　　（借地権割合） 円 × (1－ 0.　　)	円	R
	貸家建付地	（自用地の評価額又はT）　（借地権割合）（借家権割合）（賃貸割合） 円 × (1－ 0.　×0.　×$\frac{㎡}{㎡}$)	円	S
	区分地上権に準ずる地役権の目的となっている土地	（自用地の評価額）　　　$\binom{区分地上権}{に準ずる地役権の}$ 割合） $100,000,000$ 円 × (1－ $0.3×\frac{50㎡}{200㎡}$)	円 $92,500,000$	T
	借地権	（自用地の評価額）　　　　（借地権割合） 円 × 0.	円	U
	貸家建付借地権	（U, ABのうちの該当記号）　（借家権割合）　（賃貸割合） （　） 円 × (1－ 0.　×　$\frac{㎡}{㎡}$)	円	V
	転貸借地権	（U, ABのうちの該当記号）　（借地権割合） （　） 円 × (1－ 0.　)	円	W
	転借権	（U, V, ABのうちの該当記号）　（借地権割合） （　） 円 × 0.	円	X
	借家人の有する権利	（U, X, ABのうちの該当記号）　（借家権割合）　（賃借割合） （　） 円 × 0.　×　$\frac{㎡}{㎡}$	円	Y
	（　）権	（自用地の評価額）　　　（　　割合） 円 × 0.	円	Z
	権利が競合する場合の他の権利と競合する場合の土地	（R, Tのうちの該当記号）　（　　割合） （　） 円 × (1－ 0.　)	円	AA
	他の権利と競合する場合の権利	（U, Zのうちの該当記号）　（　　割合） （　） 円 × (1－ 0.　)	円	AB
備考				

（注）　区分地上権と区分地上権に準ずる地役権とが競合する場合については、備考欄等で計算してください。

（平成三十一年一月分以降用）

（資4－25－2－A4統一）

第1章　土地及び土地の上に存する権利

⑹　地下鉄のトンネルが通っている宅地（区分地上権の目的となっている宅地）（評
基通25⑷）

| 自用地価額 | － | 区分地上権の価額 | ＝ | 評価額 |

自 用 地 価 額

　自用地価額の求め方については、40ページから247ページを参照してください。

> 自用地価額＝　　100,000,000円

区 分 地 上 権 の 割 合

　区分地上権の割合を計算します。

> 　区分地上権の割合は、区分地上権の設定契約の内容に応じた土地利用制限率を基とした割合によりますが、地下鉄等のトンネルの所有を目的として設定した区分地上権の割合は、30％とすることができます（評基通27－4）。
> 　土地利用制限率については784ページを参照してください。
>
> 区分地上権に
> よる制限
>
> 地下鉄のトンネル

区 分 地 上 権 の 価 額

　自用地価額に区分地上権の割合を乗じて、区分地上権の価額を計算します。

> 　　自用地価額　　　区分地上権の割合
> 100,000,000円×　　　30%　　　＝　　30,000,000円
> 　この場合、区分地上権が宅地の一部に設定されているときは、区分地上権が設定されている部分に対応する自用地価額を基に計算します。

－ 304 －

第5 貸家建付地・貸宅地等の評価

| 評 価 額 の 計 算 | 自用地価額から区分地上権の価額を控除して評価額を計算します。 |

自用地価額　　区分地上権の価額　　評価額
100,000,000円 －　30,000,000円　＝70,000,000円

チェックポイント29

倍率地域にある区分地上権の目的となっている宅地の評価

　区分地上権の目的となっている宅地を倍率方式で評価する場合の自用地としての価額は、その宅地の固定資産税評価額が地下鉄等のトンネルの設置に基づく利用価値の低下を考慮したものであるときには、その宅地の利用価値の低下はないものとして評価した価額とします（評基通25－2）。

第1章　土地及び土地の上に存する権利

土地及び土地の上に存する権利の評価明細書（第2表）

セットバックを必要とする宅地の評価額	（自用地の評価額）　　　　　　　（自用地の評価額）　　　　　（該当地積） 　　　円 － （　　　　　円 × $\frac{　　　㎡}{（総地積）　　㎡}$ × 0.7 ）	（自用地の評価額） 　　　　　円	N
都市計画道路予定地の区域内にある宅地の評価額	（自用地の評価額）　　　（補正率） 　　　円 × 0.	（自用地の評価額） 　　　　　円	O

大規模工場用地等の評価額	○ 大規模工場用地等 　（正面路線価）　　（地積）　　　（地積が20万㎡以上の場合は0.95） 　　　円 × 　　　㎡ ×	円	P
	○ ゴルフ場用地等 　（宅地とした場合の価額）（地積）　　　（1㎡当たりの造成費）　　　（地積） 　（　　円 × 　㎡×0.6）－（　　円 × 　㎡）	円	Q

	利用区分	算　　　　　式	総　　額	記号
総額計算による価額	貸宅地	（自用地の評価額）　　　　（借地権割合） 　　円 × (1－ 0.　　)	円	R
	貸家建付地	（自用地の評価額又はT）　（借地権割合）（借家権割合）（賃貸割合） 　　円 × (1－ 0.　　×0.　　×$\frac{㎡}{㎡}$)	円	S
	目的となっている土地（区分地上権）の	（自用地の評価額）　　　（区分地上権割合） 100,000,000 円 × (1－ 0.3)	70,000,000	T
	借地権	（自用地の評価額）　　　（借地権割合） 　　円 × 0.	円	U
	貸家建付借地権	（U,ABのうちの該当記号）（借家権割合）（賃貸割合） （　　）　　円 × (1－ 0.　　× $\frac{㎡}{㎡}$)	円	V
	転貸借地権	（U,ABのうちの該当記号）（借地権割合） （　　）　　円 × (1－ 0.　　)	円	W
	転借権	（U,V,ABのうちの該当記号）（借地権割合） （　　）　　円 × 0.	円	X
	借家人の有する権利	（U,X,ABのうちの該当記号）（借家権割合）（賃貸割合） （　　）　　円 × 0.　　× $\frac{㎡}{㎡}$	円	Y
	権	（自用地の評価額）　　　（　　割合） 　　円 × 0.	円	Z
	権利が競合する場合の土地に関する権利	（R,Tのうちの該当記号）（　　割合） （　　）　　円 × (1－ 0.　　)	円	AA
	他の権利と競合する場合の権利	（U,Zのうちの該当記号）（　　割合） （　　）　　円 × (1－ 0.　　)	円	AB

備考	

(注)　区分地上権と区分地上権に準ずる地役権とが競合する場合については、備考欄等で計算してください。

（資4－25－2－A4統一）

第5　貸家建付地・貸宅地等の評価

3　土地の上に存する権利が競合する場合の宅地の評価

(1)　借地権とトンネルの所有を目的とする区分地上権とが競合する場合（評基通25-3(1)）

| 自用地価額 | － | [| 区分地上権の価額 | ＋ | 権利調整後の借地権の価額 |] | ＝ | 評価額 |

自　用　地　価　額

自用地価額の求め方については、40ページから247ページを参照してください。

自用地価額 ＝　100,000,000円

区　分　地　上　権　の　割　合

区分地上権の割合を計算します。

区分地上権の割合は、区分地上権の設定契約の内容に応じた土地利用制限率を基とした割合によりますが、地下鉄等のトンネルの所有を目的として設定した区分地上権の割合は、30％とすることができます（評基通27-4）。

土地利用制限率については784ページを参照してください。

区分地上権による制限

地下鉄のトンネル

区　分　地　上　権　の　価　額

自用地価額に区分地上権の割合を乗じて、区分地上権の価額を計算します。

　　　自用地価額　　区分地上権の割合
100,000,000円×　　　30％　　＝　30,000,000円
　　この場合、区分地上権が宅地の一部に設定されているときは、区分地上権が設定されている部分に対応する自用地価額を基に計算します。

— 307 —

第1章 土地及び土地の上に存する権利

権利調整後の借地権価額　自用地価額に借地権割合を乗じて借地権価額を計算します。

借地権割合は、路線価図には路線価の後に次の記号で、評価倍率表には割合で、それぞれ表示されています。

記　　号	A	B	C	D	E	F	G
借地権割合	90%	80%	70%	60%	50%	40%	30%

```
自用地価額        借地権割合       借地権価額
100,000,000円  ×   60%     =   60,000,000円
```

次の算式により権利調整後の借地権価額を計算します。

```
  借地権価額      区分地上       権利調整後の
                 権の割合        借地権価額
 60,000,000円 × （1 － 30% ） = 42,000,000円
```

評　価　額　の　計　算　自用地価額から区分地上権の価額、権利調整後の借地権価額を控除して評価額を計算します。

```
  自用地価額    区分地上権の価額  権利調整後の借地権価額    評価額
 100,000,000円 － 30,000,000円 －    42,000,000円    =28,000,000円
```

参考図

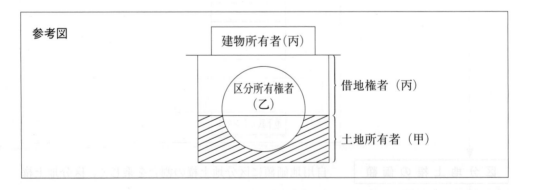

チェックポイント25 参照（270ページ）

第5　貸家建付地・貸宅地等の評価

土地及び土地の上に存する権利の評価明細書（第2表）

<table>
<tr>
<td>セットバックを必要とする宅地の評価額</td>
<td>（自用地の評価額）
円 － （ （該当地積）
円 × $\frac{㎡（総地積）}{㎡}$ × 0.7 ）</td>
<td>（自用地の評価額）
円</td>
<td>N</td>
</tr>
<tr>
<td>都市計画道路予定地の区域内にある宅地の評価</td>
<td>（自用地の評価額）　　　　（補正率）
円 × 0.</td>
<td>（自用地の評価額）
円</td>
<td>O</td>
</tr>
<tr>
<td rowspan="2">大規模工場用地等の評価額</td>
<td>○ 大規模工場用地等
（正面路線価）　　（地　積）　　（地積が20万㎡以上の場合は0.95）
円 × （ ㎡ ）×</td>
<td>円</td>
<td>P</td>
</tr>
<tr>
<td>○ ゴルフ場用地等
（宅地とした場合の価額）（地積）　　$\binom{1㎡当たり}{の造成費}$　　（地積）
（ 円 × ㎡×0.6）－（ 円× ㎡）</td>
<td>円</td>
<td>Q</td>
</tr>
</table>

<table>
<tr>
<th colspan="2">利用区分</th>
<th>算　　　式</th>
<th>総　　額</th>
<th>記号</th>
</tr>
<tr>
<td rowspan="11">総額計算による価額</td>
<td>貸宅地</td>
<td>（自用地の評価額）　　　　（借地権割合）
円 × （1－ 0.　　）</td>
<td>円</td>
<td>R</td>
</tr>
<tr>
<td>貸家建付地</td>
<td>（自用地の評価額又はT）　（借地権割合）（借家権割合）（賃貸割合）
円 × （1－ 0.　　×0.　　×$\frac{㎡}{㎡}$）</td>
<td>円</td>
<td>S</td>
</tr>
<tr>
<td>目的となっている土地（区分地上権）</td>
<td>（自用地の評価額）　　　　（区分地上権割合）
100,000,000 円 × （1－ 0.3　　）</td>
<td>円
70,000,000</td>
<td>T</td>
</tr>
<tr>
<td>借地権</td>
<td>（自用地の評価額）　　　　（借地権割合）
100,000,000 円 × 0.6</td>
<td>円
60,000,000</td>
<td>U</td>
</tr>
<tr>
<td>貸家建付借地権</td>
<td>（U,ABのうちの該当記号）　（借家権割合）　（賃貸割合）
（ 　）
円 × （1－ 0.　　×$\frac{㎡}{㎡}$）</td>
<td>円</td>
<td>V</td>
</tr>
<tr>
<td>転貸借地権</td>
<td>（U,ABのうちの該当記号）　（借地権割合）
（ 　）
円 × （1－ 0.　　）</td>
<td>円</td>
<td>W</td>
</tr>
<tr>
<td>転借権</td>
<td>（U,V,ABのうちの該当記号）　（借地権割合）
（ 　）
円 × 0.</td>
<td>円</td>
<td>X</td>
</tr>
<tr>
<td>借家人の有する権利</td>
<td>（U,X,ABのうちの該当記号）　（借家権割合）　（賃貸割合）
（ 　）
円 × 0.　　×$\frac{㎡}{㎡}$</td>
<td>円</td>
<td>Y</td>
</tr>
<tr>
<td>（　　）権</td>
<td>（自用地の評価額）　　　　（　　割合）
円 × 0.</td>
<td>円</td>
<td>Z</td>
</tr>
<tr>
<td>権利が競合する場合の土地</td>
<td>（R,Tのうちの該当記号）　（　　割合）　　（AB）
（ T ）
70,000,000 円 ×（1－ 0.　　）－42,000,000</td>
<td>円
28,000,000</td>
<td>AA</td>
</tr>
<tr>
<td>他の権利と競合する場合の権利</td>
<td>（U,Zのうちの該当記号）　（区分地上権割合）
（ U ）
60,000,000 円 × （1－ 0.3　　）</td>
<td>円
42,000,000</td>
<td>AB</td>
</tr>
<tr>
<td colspan="2">備考</td>
<td colspan="3"></td>
</tr>
</table>

（注）　区分地上権と区分地上権に準ずる地役権とが競合する場合については、備考欄等で計算してください。

（資4－25－2－A4統一）

（平成三十一年一月分以降用）

— 309 —

【設例 18】

区分地上権の目的となっている貸家建付地の評価

(問) 地下鉄のトンネルの所有を目的とする区分地上権が設定されている貸家建付地の価額はどのように評価しますか。

(答) 区分地上権が設定されている貸家建付地の価額は次の算式により評価します（評基通26－2）。

区分地上権の目的となっている宅地の価額 － 区分地上権の目的となっている宅地の価額 × 借地権割合 × 借家権割合 × 賃貸割合

(計算例)

自用地価額	1億円
区分地上権の割合	30％
借地権割合	60％
借家権割合	30％
賃貸割合	100％

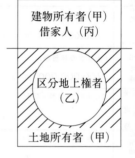

区分地上権の目的となっている宅地の価額

　　自用地価額　　区分地上権の割合
　　1億円　×（ 1 － 0.3 ）＝ 7,000万円 ……………………①

区分地上権の目的となっている貸家建付地の価額

　　　①　　　　　①　　　借地権割合　借家権割合　賃貸割合
　7,000万円 － 7,000万円 × 0.6 × 0.3 × 1.0 ＝ 5,740万円

第5 貸家建付地・貸宅地等の評価

(2) **高圧線下の宅地（区分地上権に準ずる地役権の目的となっている宅地）で借地権の目的となっている場合**（評基通25－3(3)）

| 自用地価額 | － | [| 区分地上権に準ずる地役権の価額 | ＋ | 権利調整後の借地権の価額 |] | ＝ | 評価額 |

自用地価額

自用地価額の求め方については、40ページから247ページを参照してください。

　　　自用地価額＝　100,000,000円

区分地上権に準ずる地役権の割合

区分地上権に準ずる地役権の割合を計算します。

　区分地上権に準ずる地役権の割合は、地役権の設定契約の内容に応じた土地利用制限率を基に計算しますが、次の割合によることができます。
　土地利用制限率については784ページを参照してください。
1　家屋の建築が全くできない場合
　……50％と承役地に適用される借地権割合とのいずれか高い割合
2　家屋の構造、用途等に制限を受ける場合……30％

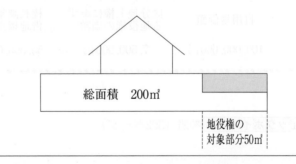

区分地上権に準ずる地役権の価額

自用地価額に区分地上権に準ずる地役権の割合を乗じて、区分地上権に準ずる地役権の価額を計算します。

　　　自用地価額　　地役権の設定されている部分の地積　区分地上権に準ずる地役権の割合
　　　100,000,000円 × $\frac{50㎡}{200㎡}$ × 30％ ＝ 7,500,000円
　　　　　　　　　　全体の地積

　地役権が宅地の一部に設定されている場合のその地役権の価額は、地役権の目的となっている部分の地積に対応する自用地としての価額を基に計算します。

— 311 —

第1章　土地及び土地の上に存する権利

権利調整後の借地権価額

自用地価額に借地権割合を乗じて借地権価額を計算します。

借地権割合は、路線価図には路線価の後に次の記号で、評価倍率表には割合で、それぞれ表示されています。

記　　号	A	B	C	D	E	F	G
借地権割合	90%	80%	70%	60%	50%	40%	30%

　　自用地価額　　借地権割合　　　借地権価額
　100,000,000円 ×　 60%　 =　 60,000,000円

次の算式により権利調整後の借地権価額を計算します。

　　借地権価額　　区分地上権に準ず　　権利調整後の
　　　　　　　　　る地役権の割合　　　借地権価額
　60,000,000円 × （1 − 30% × $\frac{50㎡}{200㎡}$） = 55,500,000円

評　価　額　の　計　算

自用地価額から区分地上権に準ずる地役権の価額及び権利調整後の借地権価額を控除して評価額を計算します。

　　自用地価額　　区分地上権に準ず　　権利調整後の　　　評価額
　　　　　　　　　る地役権の価額　　　借地権価額
　100,000,000円 −　7,500,000円 −　55,500,000円 = 37,000,000円

チェックポイント28 参照（302ページ）

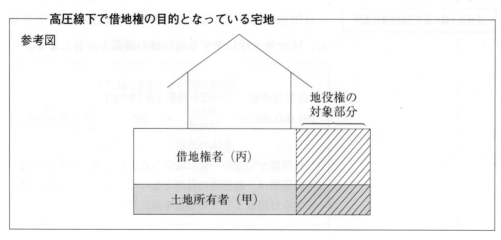

――高圧線下で借地権の目的となっている宅地――
参考図

— 312 —

第5　貸家建付地・貸宅地等の評価

土地及び土地の上に存する権利の評価明細書（第2表）

<table>
<tr><td>セットバックを
必要とする宅地の評価額</td><td colspan="3">（自用地の評価額）　　　　　　（自用地の評価額）　　（該当地積）
　　　円　－　（　　　　　円　×　$\dfrac{\text{㎡}}{（総地積）\text{㎡}}$　×　0.7　）</td><td>（自用地の評価額）
　　　　　円</td><td>N</td><td rowspan="6">（平成三十一年一月分以降用）</td></tr>
<tr><td>都市計画道路
予定地の区域
内にある宅地
の評価</td><td colspan="3">（自用地の評価額）　　　　（補正率）
　　　円　×　0.</td><td>（自用地の評価額）
　　　　　円</td><td>O</td></tr>
<tr><td rowspan="2">大規模工場用地等の評価額</td><td colspan="3">○　大規模工場用地等
　　（正面路線価）　　（　地　積　）　　（地積が20万㎡以上の場合は0.95）
　　　　円　×　　　　　㎡　×</td><td>円</td><td>P</td></tr>
<tr><td colspan="3">○　ゴルフ場用地等
　（宅地とした場合の価額）（地積）　　$\binom{1\text{㎡当たり}}{\text{の造成費}}$　　　　（地積）
　（　　　円　×　　　　㎡×0.6）　－　（　　　円×　　　　㎡）</td><td>円</td><td>Q</td></tr>
</table>

<table>
<tr><td rowspan="11">総

額

計

算

に

よ

る

価

額</td><td>利用区分</td><td>算　　　　　　　式</td><td>総　　　　　額</td><td>記号</td></tr>
<tr><td>貸宅地</td><td>（自用地の評価額）　　　　　（借地権割合）
　　　　円　×　(1－　0.　　　　)</td><td>円</td><td>R</td></tr>
<tr><td>貸家建付地</td><td>（自用地の評価額又はT）　　（借地権割合）（借家権割合）（賃貸割合）
　　　　円　×　(1－　0.　　　×0.　　　×$\dfrac{\text{㎡}}{\text{㎡}}$)</td><td>円</td><td>S</td></tr>
<tr><td>区分地上権の目的となっている土地</td><td>（自用地の評価額）　　　$\binom{\text{区分地上権}}{\text{に準ずる}}$割合）
　　　　　　　　　　　　　地役権の
100,000,000　円　×　(1－　0.3×$\dfrac{50\text{㎡}}{200\text{㎡}}$)</td><td>92,500,000</td><td>T</td></tr>
<tr><td>借地権</td><td>（自用地の評価額）　　　　　（借地権割合）
100,000,000　円　×　　　　0.6</td><td>60,000,000</td><td>U</td></tr>
<tr><td>貸家建付借地権</td><td>（U,ABのうちの該当記号）　（借家権割合）　（賃貸割合）
　（　　　）
　　　　円　×　(1－　0.　　×　$\dfrac{\text{㎡}}{\text{㎡}}$)</td><td>円</td><td>V</td></tr>
<tr><td>転貸借地権</td><td>（U,ABのうちの該当記号）　（借地権割合）
　（　　　）
　　　　円　×　(1－　0.　　　)</td><td>円</td><td>W</td></tr>
<tr><td>転借権</td><td>（U,V,ABのうちの該当記号）　（借地権割合）
　（　　　）
　　　　円　×　0.</td><td>円</td><td>X</td></tr>
<tr><td>借家人の有する権利</td><td>（U,X,ABのうちの該当記号）　（借家権割合）　（賃借割合）
　（　　　）
　　　　円　×　0.　　×　$\dfrac{\text{㎡}}{\text{㎡}}$)</td><td>円</td><td>Y</td></tr>
<tr><td>（　　）権</td><td>（自用地の評価額）　　　　（　割合）
　　　　円　×　0.</td><td>円</td><td>Z</td></tr>
<tr><td>権利が競合する場合の土地</td><td>（R,Tのうちの該当記号）　　（　割合）　（AB）
　（T）
92,500,000　円　×(1－　0.　　)－55,500,000</td><td>37,000,000</td><td>AA</td></tr>
<tr><td rowspan="2">権
利
額</td><td>他の権利と競合する場合の権利</td><td>（U,Zのうちの該当記号）　$\binom{\text{区分地上権割合}}{\text{に準ずる}}$
　（U）　　　　　　　　　地役権の
60,000,000　円　×　(1－　0.3×$\dfrac{50\text{㎡}}{200\text{㎡}}$)</td><td>55,500,000</td><td>AB</td></tr>
<tr><td>備

考</td><td></td><td></td><td></td></tr>
</table>

（注）　区分地上権と区分地上権に準ずる地役権とが競合する場合については、備考欄等で計算してください。

（資4-25-2-A4統一）

— 313 —

第6 農地及び農地の上に存する権利の評価

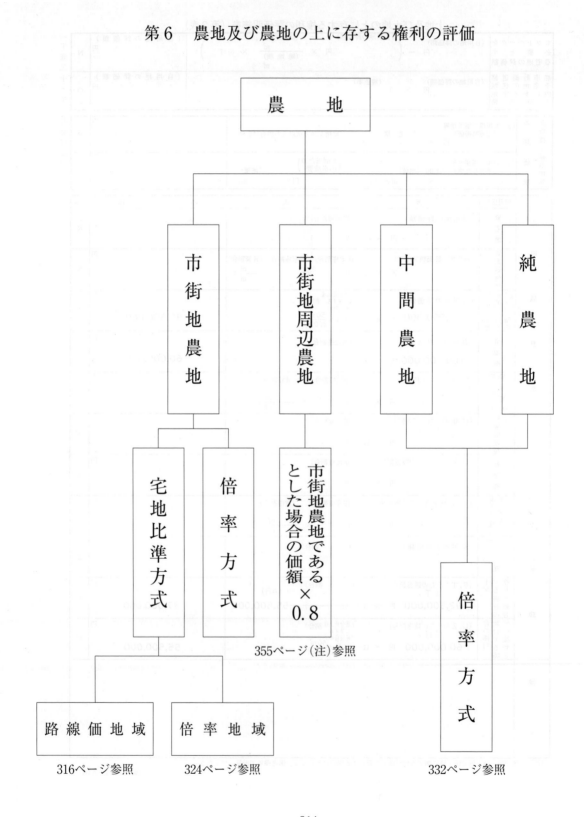

第6　農地及び農地の上に存する権利の評価

農地の評価上の区分と農地法等による区分との関係

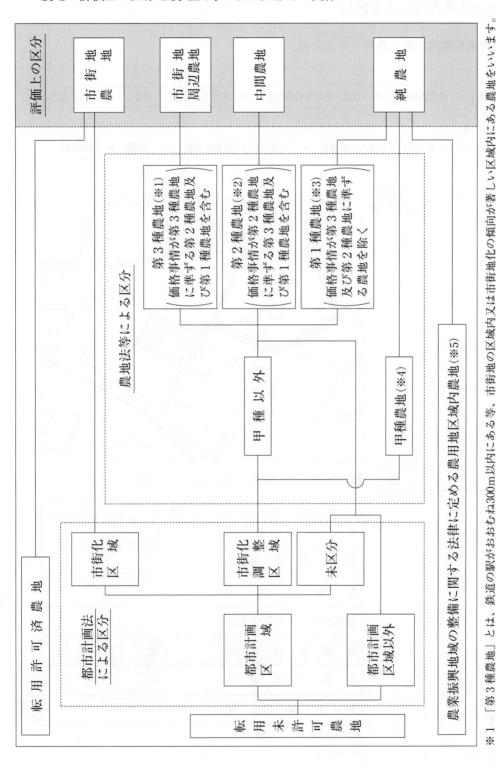

※1 「第3種農地」とは、鉄道の駅がおおむね300m以内にある等、市街地の区域内又は市街地化の傾向が著しい区域内にある農地をいいます。
※2 「第2種農地」とは、鉄道の駅がおおむね500m以内にある等、市街地化が見込まれる農地又は生産性の低い小集団の農地をいいます。
※3 「第1種農地」とは、おおむね10ヘクタール以上の規模の一団の農地、土地改良事業等の対象となった農地等良好な営農条件を備えている農地をいいます。
※4 「甲種農地」とは、市街化調整区域内の土地改良事業等の対象となった農地（8年以内）等、特に良好な営農条件を備えている農地をいいます。
※5 「農用地区域内農地」とは、市町村が定める農業振興地域整備計画において農用地区域とされた区域内の農地をいいます。

1 宅地比準方式による評価

(1) 路線価地域内にある農地（評基通40）

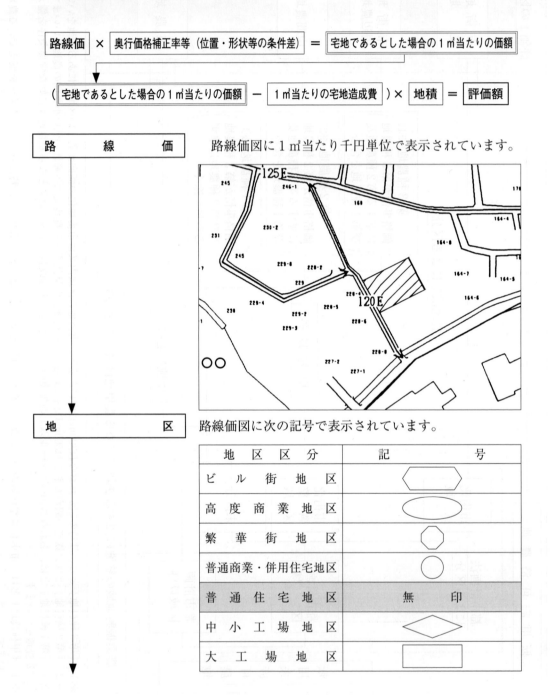

第6　農地及び農地の上に存する権利の評価

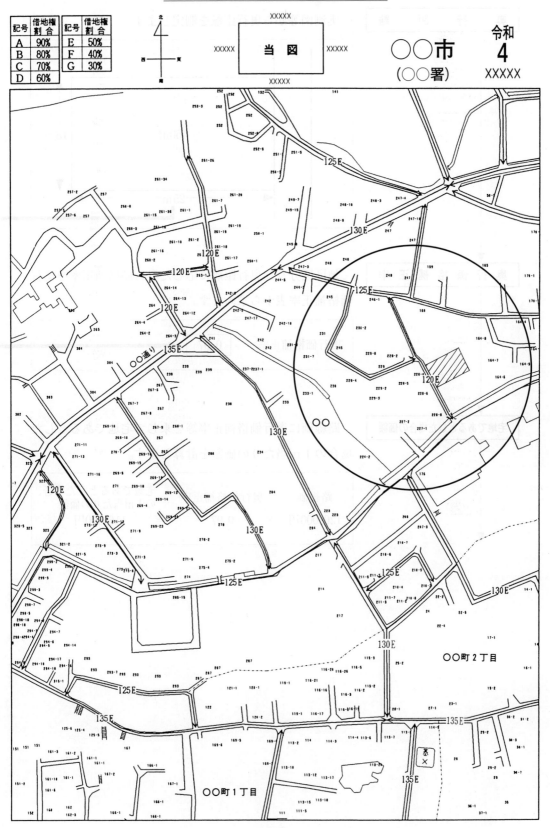

第1章　土地及び土地の上に存する権利

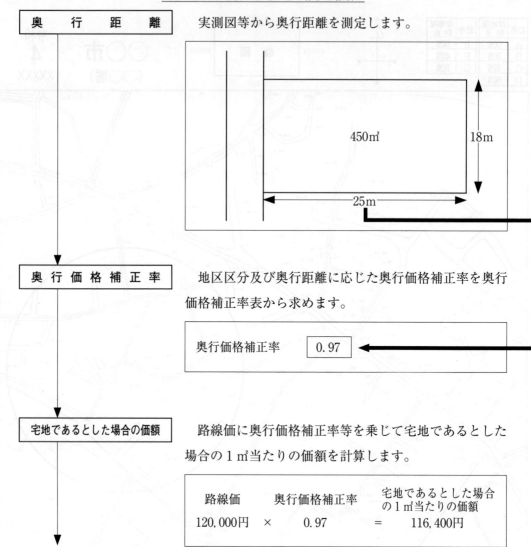

奥行距離　　実測図等から奥行距離を測定します。

奥行価格補正率　　地区区分及び奥行距離に応じた奥行価格補正率を奥行価格補正率表から求めます。

　　奥行価格補正率　　0.97

宅地であるとした場合の価額　　路線価に奥行価格補正率等を乗じて宅地であるとした場合の1㎡当たりの価額を計算します。

路線価	奥行価格補正率	宅地であるとした場合の1㎡当たりの価額
120,000円	× 0.97	= 116,400円

第6　農地及び農地の上に存する権利の評価

奥行価格補正率表

地区区分／奥行距離 m	ビル街地区	高度商業地区	繁華街地区	普通商業・併用住宅地区	普通住宅地区	中小工場地区	大工場地区
4 未満	0.80	0.90	0.90	0.90	0.90	0.85	0.85
4 以上 6 未満		0.92	0.92	0.92	0.92	0.90	0.90
6 〃 8 〃	0.84	0.94	0.95	0.95	0.95	0.93	0.93
8 〃 10 〃	0.88	0.96	0.97	0.97	0.97	0.95	0.95
10 〃 12 〃	0.90	0.98	0.99	0.99	1.00	0.96	0.96
12 〃 14 〃	0.91	0.99	1.00	1.00		0.97	0.97
14 〃 16 〃	0.92	1.00				0.98	0.98
16 〃 20 〃	0.93					0.99	0.99
20 〃 24 〃	0.94					1.00	1.00
24 〃 28 〃	0.95				0.97		
28 〃 32 〃	0.96			0.98	0.95		
32 〃 36 〃	0.97			0.96	0.93		
36 〃 40 〃	0.98			0.94	0.95	0.92	
40 〃 44 〃	0.99			0.92	0.93	0.91	
44 〃 48 〃	1.00			0.90	0.91	0.90	
48 〃 52 〃		0.99	0.88	0.89	0.89		
52 〃 56 〃		0.98	0.87	0.88	0.88		
56 〃 60 〃		0.97	0.86	0.87	0.87		
60 〃 64 〃		0.96	0.85	0.86	0.86	0.99	
64 〃 68 〃		0.95	0.84	0.85	0.85	0.98	
68 〃 72 〃		0.94	0.83	0.84	0.84	0.97	
72 〃 76 〃		0.93	0.82	0.83	0.83	0.96	
76 〃 80 〃		0.92	0.81	0.82			
80 〃 84 〃		0.90	0.80	0.81	0.82	0.93	
84 〃 88 〃		0.88		0.80			
88 〃 92 〃		0.86			0.81	0.90	
92 〃 96 〃	0.99	0.84					
96 〃 100 〃	0.97	0.82					
100 〃	0.95	0.80			0.80		

チェックポイント30

市街地農地等を宅地比準方式で評価する場合の形状による条件差

　路線価地域にある市街地農地を宅地比準方式により評価する場合のその農地と付近の宅地との形状による条件の差については、評価する農地の所在する地区について定められている画地調整率を参考として計算して差し支えありません。また、倍率地域にあるものについては、普通住宅地区の画地調整率を参考とすることができます。市街地周辺農地、市街地山林及び市街地原野の価額を宅地比準方式により評価する場合についても同様です。

第1章 土地及び土地の上に存する権利

| 宅地造成費の金額 | 「1㎡当たりの宅地造成費の金額」は年分ごとに、各国税局長が定めています。東京国税局では令和4年分の宅地造成費を「平坦地」、「傾斜地」の別に321ページの表のとおりに定めています。 |

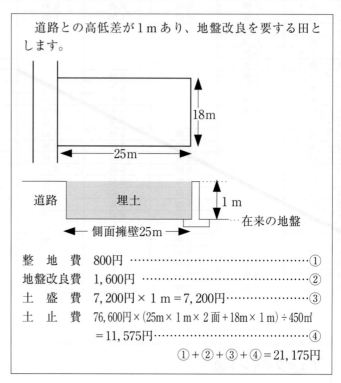

道路との高低差が1mあり、地盤改良を要する田とします。

整　地　費　800円 …………………………………①
地盤改良費　1,600円 …………………………………②
土　盛　費　7,200円×1m=7,200円………………③
土　止　費　76,600円×(25m×1m×2面+18m×1m)÷450㎡
　　　　　　=11,575円………………………………④
　　　　　　　　　　①+②+③+④=21,175円

| 評価額の計算 | 宅地であるとした場合の1㎡当たりの価額から宅地造成費の金額を控除して、更に地積を乗じて評価額を計算します。 |

| 宅地であるとした場合の1㎡当たりの価額 | | 宅地造成費の金額 | | 地積 | | 評価額 |
| (116,400円 | − | 21,175円) | × | 450㎡ | = | 42,851,250円 |

— 320 —

第6　農地及び農地の上に存する権利の評価

○　平坦地の宅地造成費（令和4年分）

東京国税局管内

費　　　目		造　成　区　分	単　　　　　　　　位	金　　額
整地費	整　地　費	整地を必要とする場合	整地を必要とする面積1平方メートル当たり	800円
	伐採・抜根費	伐採・抜根を必要とする場合	伐採・抜根を必要とする面積1平方メートル当たり	1,000円
	地盤改良費	地盤改良を必要とする場合	地盤改良を必要とする面積1平方メートル当たり	1,600円
土　盛　費		他から土砂を搬入して土盛りを必要とする場合	土盛りを必要とする体積1立方メートル当たり	7,200円
土　止　費		土止めを必要とする場合	土止めを必要とする擁壁の面積1平方メートル当たり	76,600円

〔留意事項〕

1　「整地費」とは、①凹凸がある土地の地面を地ならしするための工事費又は②土盛工事を要する土地について、土盛工事をした後の地面を地ならしするための工事費をいいます。

2　「伐採・抜根費」とは、樹木が生育している土地について、樹木を伐採し、根等を除去するための工事費をいいます。したがって、整地工事によって樹木を除去できる場合には、造成費に本工事費を含めません。

3　「地盤改良費」とは、湿田など軟弱な表土で覆われた土地の宅地造成に当たり、地盤を安定させるための工事費をいいます。

4　「土盛費」とは、道路よりも低い位置にある土地について、宅地として利用できる高さ（原則として道路面）まで搬入した土砂で埋め立て、地上げする場合の工事費をいいます。

5　「土止費」とは、道路よりも低い位置にある土地について、宅地として利用できる高さ（原則として道路面）まで地上げする場合に、土盛りした土砂の流出や崩壊を防止するために構築する擁壁工事費をいいます。

○　傾斜地の宅地造成費（令和4年分）

東京国税局管内

傾　斜　度	金　　　額
3度超5度以下	19,400円／㎡
5度超10度以下	23,500円／㎡
10度超15度以下	35,800円／㎡
15度超20度以下	50,500円／㎡
20度超25度以下	55,800円／㎡
25度超30度以下	60,100円／㎡

〔留意事項〕

1　「傾斜地の宅地造成費」の金額は、整地費、土盛費、土止費の宅地造成に要するすべての費用を含めて算定したものです。

— 321 —

第1章　土地及び土地の上に存する権利

　　なお、この金額には、伐採・抜根費は含まれていないことから、伐採・抜根を要する土地については、「平坦地の宅地造成費」の「伐採・抜根費」の金額を基に算出し加算します。

2　傾斜度3度以下の土地については、「平坦地の宅地造成費」の額により計算します。

3　傾斜度については、原則として、測定する起点は評価する土地に最も近い道路面の高さとし、傾斜の頂点（最下点）は、評価する土地の頂点（最下点）が奥行距離の最も長い地点にあるものとして判定します。

4　宅地への転用が見込めないと認められる市街地山林については、近隣の純山林の価額に比準して評価する（財産評価基本通達49（市街地山林の評価））こととしています。したがって、宅地であるとした場合の価額から宅地造成費に相当する金額を控除して評価した価額が、近隣の純山林に比準して評価した価額を下回る場合には、経済合理性の観点から宅地への転用が見込めない市街地山林に該当するので、その市街地山林の価額は、近隣の純山林に比準して評価することになります。

(注)1　比準元となる具体的な純山林は、評価対象地の近隣の純山林、すなわち、評価対象地からみて距離的に最も近い場所に所在する純山林とします。

　　2　宅地造成費に相当する金額が、その山林が宅地であるとした場合の価額の100分の50に相当する金額を超える場合であっても、上記の宅地造成費により算定します。

　　3　宅地比準方式により評価する市街地農地、市街地周辺農地及び市街地原野等についても、市街地山林と同様、経済合理性の観点から宅地への転用が見込めない場合には、宅地への転用が見込めない市街地山林の評価方法に準じて、その価額は、純農地又は純原野の価額により評価することになります。

　　　なお、市街地周辺農地については、市街地農地であるとした場合の価額の100分の80に相当する金額によって評価する（財産評価基本通達39（市街地周辺農地の評価））ことになっていますが、これは、宅地転用が許可される地域の農地ではあるが、まだ現実に許可を受けていないことを考慮したものですので、純農地の価額に比準して評価する場合には、80％相当額に減額する必要はありません。

— 322 —

第6　農地及び農地の上に存する権利の評価

市街地農地等の評価明細書

(市街地農地)　市街地山林
市街地周辺農地　市街地原野

（平成十八年分以降用）

所　在　地　番		○○市○○1−15			
現　況　地　目		田	① 地積	450	㎡
評価の基とした宅地の1平方メートル当たりの評価額	所　在　地　番	○○市○○1−15			
	② 評価額の計算内容	（路線価）　　　（奥行価格補正） 120,000　×　0.97	③　（評価額） 116,400		円
評価する農地等が宅地であるとした場合の1平方メートル当たりの評価額	④ 評価上考慮したその農地等の道路からの距離、形状等の条件に基づく評価額の計算内容		⑤　（評価額） 116,400		円

宅地造成費の計算	平坦地	整地費	整　地　費	（整地を要する面積）　　（1㎡当たりの整地費） 450　㎡　×　　　800　円	⑥	360,000	円
			伐採・抜根費	（伐採・抜根を要する面積）　（1㎡当たりの伐採・抜根費） ㎡　×　　　　　円	⑦		円
			地盤改良費	（地盤改良を要する面積）　（1㎡当たりの地盤改良費） 450　㎡　×　　1,600　円	⑧	720,000	円
		土　盛　費		（土盛りを要する面積）（平均の高さ）（1㎡当たりの土盛費） 450㎡　×　1　m　×　7,200　円	⑨	3,240,000	円
		土　止　費		（擁壁面の長さ）（平均の高さ）（1㎡当たりの土止費） （25m×2面＋ 18m×1面）68　m　×　1　m　×　76,600　円	⑩	5,208,800	円
		合計額の計算		⑥ ＋ ⑦ ＋ ⑧ ＋ ⑨ ＋ ⑩	⑪	9,528,800	円
		1㎡当たりの計算		⑪ ÷ ①	⑫	21,175	円
	傾斜地	傾斜度に係る造成費		（傾斜度）　　度	⑬		円
		伐採・抜根費		（伐採・抜根を要する面積）　（1㎡当たりの伐採・抜根費） ㎡　×　　　　円	⑭		円
		1㎡当たりの計算		⑬　＋　（⑭ ÷ ①）	⑮		円

市街地農地等の評価額	（⑤ − ⑫ （又は ⑮））×① (注) 市街地周辺農地については、さらに0.8を乗ずる。	42,851,250	円

(注)　1　「②評価額の計算内容」欄には、倍率地域内の市街地農地等については、評価の基とした宅地の固定資産税評価額及び倍率を記載し、路線価地域内の市街地農地等については、その市街地農地等が宅地である場合の画地計算の内容を記載してください。なお、画地計算が複雑な場合には、「土地及び土地の上に存する権利の評価明細書」を使用してください。

　　2　「④評価上考慮したその農地等の道路からの距離、形状等の条件に基づく評価額の計算内容」欄には、倍率地域内の市街地農地等について、「③評価額」欄の金額と「⑤評価額」欄の金額とが異なる場合に記載し、路線価地域内の市街地農地等については記載の必要はありません。

　　3　「傾斜地の宅地造成費」に加算する伐採・抜根費は、「平坦地の宅地造成費」の「伐採・抜根費」の金額を基に算出してください。

(資4−26−A4統一)

— 323 —

(2) 倍率地域内にある農地（評基通40）

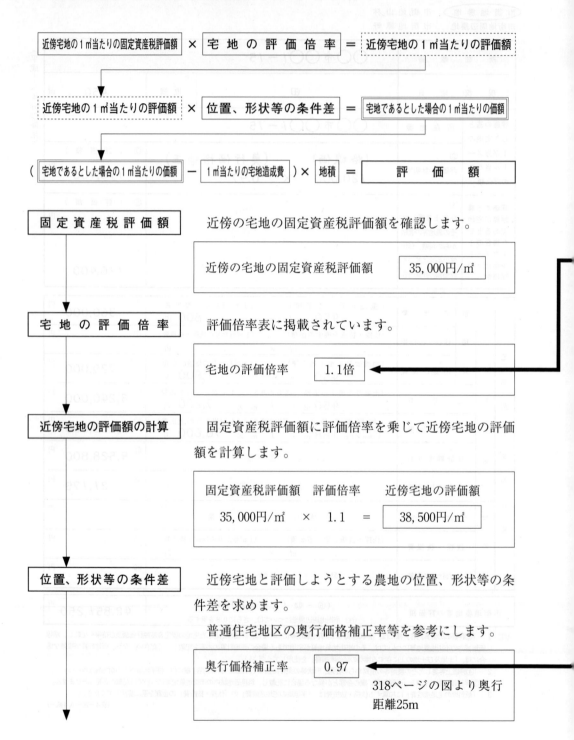

第6　農地及び農地の上に存する権利の評価

倍率表

令和4年分

市区町村名：××市

×××税務署

音順	町（丁目）又は大字名	適用地域名	借地権割合	固定資産税評価額に乗ずる倍率等						
				宅地	田	畑	山林	原野	牧場	池沼
			％	倍	倍	倍	倍	倍	倍	倍
こ	×××町	1　一部	―	路線	比準	比準	比準	比準		
		2　上記以外の地域	60	1.1	比準	比準	比準	比準		
	××	市街化調整区域	50	1.2		中 37	中 66	中 66		
		市街化区域								
		1　一部	―	路線	比準	比準	比準	比準		
		2　上記以外の地域	60	1.2	比準	比準	比準	比準		
さ	××町1～5丁目	全域	―	路線	比準	比準	比準	比準		
	××町	市街化調整区域	50	1.1		中 32	中 52	中 52		

奥行価格補正率表

奥行距離m ＼ 地区区分	ビル街地区	高度商業地区	繁華街地区	普通商業・併用住宅地区	普通住宅地区	中小工場地区	大工場地区
4 未満	0.80	0.90	0.90	0.90	0.90	0.85	0.85
4 以上　6 未満		0.92	0.92	0.92	0.92	0.90	0.90
6 〃　8 〃	0.84	0.94	0.95	0.95	0.95	0.93	0.93
8 〃　10 〃	0.88	0.96	0.97	0.97	0.97	0.95	0.95
10 〃　12 〃	0.90	0.98	0.99	0.99	1.00	0.96	0.96
12 〃　14 〃	0.91	0.99	1.00	1.00		0.97	0.97
14 〃　16 〃	0.92	1.00				0.98	0.98
16 〃　20 〃	0.93					0.99	0.99
20 〃　24 〃	0.94					1.00	1.00
24 〃　28 〃	0.95				0.97		
28 〃　32 〃	0.96		0.98		0.95		
32 〃　36 〃	0.97		0.96	0.97	0.93		
36 〃　40 〃	0.98		0.94	0.95	0.92		
40 〃　44 〃	0.99		0.92	0.93	0.91		
44 〃　48 〃	1.00		0.90	0.91	0.90		
48 〃　52 〃		0.99	0.88	0.89	0.89		
52 〃　56 〃		0.98	0.87	0.88	0.88		
56 〃　60 〃		0.97	0.86	0.87	0.87		
60 〃　64 〃		0.96	0.85	0.86	0.86	0.99	
64 〃　68 〃		0.95	0.84	0.85	0.85	0.98	
68 〃　72 〃		0.94	0.83	0.84	0.84	0.97	
72 〃　76 〃		0.93	0.82	0.83	0.83		
76 〃　80 〃		0.92	0.81	0.82			
80 〃　84 〃		0.90	0.80	0.81	0.82	0.93	
84 〃　88 〃		0.88		0.80			
88 〃　92 〃		0.86			0.81	0.90	
92 〃　96 〃	0.99	0.84					
96 〃　100 〃	0.97	0.82					
100 〃	0.95	0.80			0.80		

― 325 ―

宅地であるとした場合の価額　近傍宅地の評価額から、近傍宅地と評価しようとする農地との位置、形状等の条件差を考慮して、その農地が宅地であるとした場合の価額を計算します。

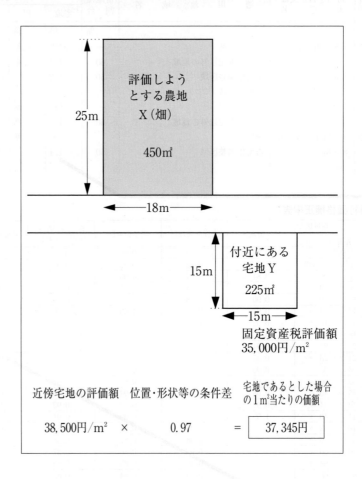

第6　農地及び農地の上に存する権利の評価

| 宅地造成費の金額 |

「1㎡当たりの宅地造成費の金額」は年分ごとに、各国税局長が定めています。東京国税局では令和4年分の宅地造成費を「平坦地」、「傾斜地」の別に321ページの表のとおりに定めています。

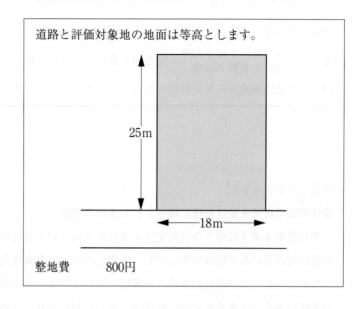

| 評価額の計算 |

宅地であるとした場合の1㎡当たりの価額から宅地造成費の金額を控除して、更に地積を乗じて評価額を計算します。

第 1 章　土地及び土地の上に存する権利

宅地であるとした場合の1㎡当たりの価額		宅地造成費の金額		地積		評価額
（　37,345円	－	800円　）	×	450㎡	=	16,445,250円

誤りやすい事例　5

市街地農地等の評価

正　近傍宅地の1㎡当たりの固定資産税評価額 ×宅地の評価倍率×位置・形状等の条件差－宅地造成費

誤　農地の固定資産税評価額に近傍の農地の評価倍率を乗じる

チェックポイント31

農地の転用許可を受けた後に贈与された土地の評価

　農地法第4条又は第5条に規定する許可を受けている農地は、市街化調整区域や都市計画区域以外にある場合であっても、評価上の区分は市街地農地となります。

　したがって、この場合の農地の価額は、原則として、その農地が宅地であるとした場合の価額からその農地を宅地に転用する場合に通常必要と認められる造成費に相当する金額を控除した価額によって評価します。

— 328 —

第6　農地及び農地の上に存する権利の評価

市街地農地等の評価明細書

（市街地農地）　市街地山林
市街地周辺農地　市街地原野

（平成十八年分以降用）

所　在　地　番		○○市○○町105			
現　況　地　目		畑	① 地積		450　㎡
評価の基とした宅地の1平方メートル当たりの評価額	所　在　地　番	○○市○○町110			
	② 評価額の計算内容	35,000円×1.1		③（評価額） 38,500	円
評価する農地等が宅地であるとした場合の1平方メートル当たりの評価額	④ 評価上考慮したその農地等の道路からの距離、形状等の条件に基づく評価額の計算内容	（③）　　　　　　（奥行が長い） 38,500円　×　　　0.97		⑤（評価額） 37,345	円

宅地造成費の計算	平地費	整地費	整地費	（整地を要する面積）　　　（1㎡当たりの整地費） 450　㎡　×　　　　　800　円	⑥ 360,000	円
			伐採・抜根費	（伐採・抜根を要する面積）　（1㎡当たりの伐採・抜根費） ㎡　×　　　　　円	⑦	円
			地盤改良費	（地盤改良を要する面積）　（1㎡当たりの地盤改良費） ㎡　×　　　　　円	⑧	円
		土盛費		（土盛りを要する面積）（平均の高さ）（1㎡当たりの土盛費） ㎡　×　　m　×　　円	⑨	円
		土止費		（擁壁面の長さ）（平均の高さ）（1㎡当たりの土止費） （　　　）m　×　　m　×　　円	⑩	円
		合計額の計算		⑥＋⑦＋⑧＋⑨＋⑩	⑪ 360,000	円
		1㎡当たりの計算		⑪　÷　①	⑫ 800	円
	傾斜地	傾斜度に係る造成費		（　傾斜度　）　　　度	⑬	円
		伐採・抜根費		（伐採・抜根を要する面積）　（1㎡当たりの伐採・抜根費） ㎡　×　　　　　円	⑭	円
		1㎡当たりの計算		⑬　＋　（⑭　÷　①）	⑮	円

市街地農地等の評価額	（⑤－⑫（又は⑮））×① （注）市街地周辺農地については、さらに0.8を乗ずる。	16,445,250	円

（注）1　「②評価額の計算内容」欄には、倍率地域内の市街地農地等については、評価の基とした宅地の固定資産税評価額及び倍率を記載し、路線価地域内の市街地農地等については、その市街地農地等が宅地である場合の画地計算の内容を記載してください。なお、画地計算が複雑な場合には、「土地及び土地の上に存する権利の評価明細書」を使用してください。

　　　2　「④評価上考慮したその農地等の道路からの距離、形状等の条件に基づく評価額の計算内容」欄には、倍率地域内の市街地農地等について、「③評価額」欄の金額と「⑤評価額」欄の金額とが異なる場合に記載し、路線価地域内の市街地農地等については記載の必要はありません。

　　　3　「傾斜地の宅地造成費」に加算する伐採・抜根費は、「平坦地の宅地造成費」の「伐採・抜根費」の金額を基に算出してください。

（資4－26－A4統一）

第1章　土地及び土地の上に存する権利

チェックポイント32

「地積規模の大きな宅地の評価」（評基通20－2）の適用対象となる市街地農地の評価

(1)　適用要件

　　市街地農地については、財産評価基本通達40《市街地農地の評価》の定めにおいて、その農地が宅地であるとした場合を前提として、宅地比準方式により評価することとしています。

　　そのため、開発分譲業者が地積規模の大きな市街地農地を造成し、戸建住宅用地として分割分譲する場合には、地積規模の大きな宅地の場合と同様に、それに伴う減価が生じることになります。

　　したがって、市街地農地についても、財産評価基本通達20－2に定める「地積規模の大きな宅地の評価」の適用要件（第3の5(17)ロ（159ページ）を参照してください）を満たせば、「地積規模の大きな宅地の評価」を適用して評価することができます（評基通40注書）。ただし、評価対象となる市街地農地が路線価地域に所在する場合には、宅地の場合と同様に、「普通商業・併用住宅地区」又は「普通住宅地区」に所在する市街地農地でなければいけません。

(2)　評価方法

　　「地積規模の大きな宅地の評価」に係る規模格差補正率は、地積規模の大きな宅地を戸建住宅用地として分割分譲する場合に発生する減価のうち、主に地積に基因する減価要因を反映させたもののため、宅地造成費相当額は反映されていません。

　　したがって、評価の対象となる市街地農地に「地積規模の大きな宅地の評価」を適用する場合の市街地農地の価額は、「地積規模の大きな宅地の評価」に係る規模格差補正率を適用した後、別途、個々の農地の状況に応じた宅地造成費を控除して評価します。

(3)　市街地周辺農地、市街地山林及び市街地原野を評価する場合の「地積規模の大きな宅地の評価」の適用

　　市街地周辺農地、市街地山林及び市街地原野(以下これらを併せて「市街地山林等」といいます。) についても、市街地農地と同様、その市街地山林等が宅地であるとした場合を前提として、宅地比準方式により評価することとしています（評基通39《市街地周辺農地の評価》、49《市街地山林の評価》及び58－3《市街地原野の評価》）。

　　したがって、上記(1)の「地積規模の大きな宅地の評価」の趣旨を踏まえ、市街地山林等が「地積規模の大きな宅地」の適用要件を満たす場合には、市街地山林等の評価においても「地積規模の大きな宅地の評価」を適用することができます。

－ 330 －

【設例 19】

市街地農地の場合

(問) 三大都市圏以外の地域内に所在する面積1,500㎡の畑の評価額はどのように計算しますか。

※1 他の地積規模の大きな宅地の評価の適用要件は満たしています。
※2 宅地造成費として、整地（1㎡当たり800円）を要します。

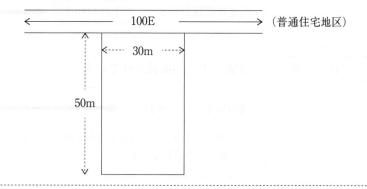

(計算例)

1 規模格差補正率

$$\frac{1,500㎡ \times 0.90 + 100}{1,500㎡} \times 0.8 = 0.77$$

2 1㎡当たりの価額

　　路線価　　奥行価格補正率　　規模格差補正率　　整地費
(100,000円 ×　　0.89　　×　　0.77　　) － 800円 = 67,730円

3 市街地農地の評価額

67,730円 × 1,500㎡ = 101,595,000円

※1 規模格差補正率は、小数点以下第2位未満を切り捨てて求めます。
※2 市街地農地等については、「地積規模の大きな宅地の評価」を適用した後、宅地造成費相当額を別途控除して評価します。

第1章　土地及び土地の上に存する権利

2　倍率方式による評価（評基通37、38）

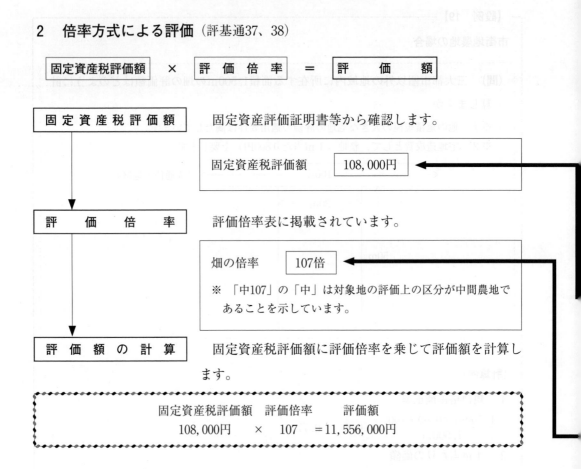

チェックポイント20　参照（242ページ）

第6　農地及び農地の上に存する権利の評価

固定資産（土地・家屋）評価証明書

所有者	住　　所	△△県　○○市　○○　1－1	証明を必要とする理由	税務署へ提出のため
	氏　名（名称）	×　×　×　×		

所　在　等		地　目	地積又は床面積㎡	令和XX年度価格（円）
○○市××町１０５番地		登記　畑		
		現況　畑	1,000	108,000

摘	
要	

上記のとおり証明します。

令和○年○月○日

○　　○　　市　　長

倍　率　表

令和××年分

市区町村名：○○市　　　　　　　　　　　　　　　　　　　　　×××税務署

音順	町（丁目）又は大字名	適　用　地　域　名	借地権割合	固定資産税評価額に乗ずる倍率等						
				宅地	田	畑	山林	原野	牧場	池沼
			％	倍	倍	倍	倍	倍	倍	倍
か	××町	市街化調整区域								
		1　農業振興地域内の農用地区域			純 53	純 72				
		2　上記以外の地域	50	1.1	中 98	中 107				
		市街化区域	―	路線	比準	比準	比準	比準		
	△△町	市街化調整区域								
		1　農業振興地域内の農用地区域			純 84	純 89				
		2　特別緑地保全地区					中 180			
		3　上記以外の地域	50	1.1	中 98	中 107	中 90			
		市街化区域	―	路線	比準	比準	比準	比準		

3 耕作権の目的となっている農地の評価 （評基通41）

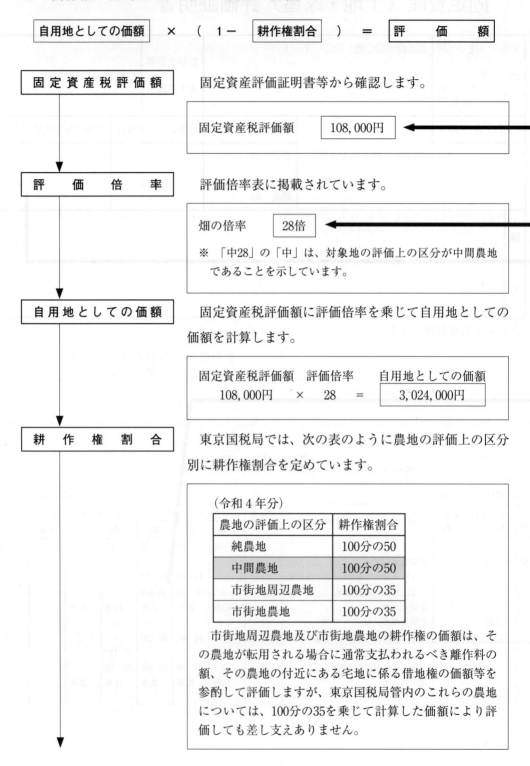

第6　農地及び農地の上に存する権利の評価

| 評 価 額 の 計 算 | 次の算式により評価額を計算します。 |

自用地としての価額　　　　耕作権割合　　　　評価額
3,024,000円　×　（　1　－　0.5　）＝　1,512,000円

固定資産（土地・家屋）評価証明書

所有者	住　所	東京都　○○市　○○　1－1	証明を必要とする理由	税務署へ提出のため
	氏　名（名称）	×　×　×　×		

所　在　等		地　目	地積又は床面積㎡	令和XX年度価格（円）
○○市××町１０５番地	登記　畑		
	現況　畑		1,000	108,000

摘	
要	

上記のとおり証明します。

令和○年○月○日
○　○　市　長

倍　率　表

令和××年分

市区町村名：○○市　　　　　　　　　　　　　　　　　　　　　　　　　　　　　　　　×× 税務署

音順	町（丁目）又は大字名	適　用　地　域　名	借地権割合	固定資産税評価額に乗ずる倍率等					
				宅地	田	畑	山林	原野	牧場	池沼
			％	倍	倍	倍	倍	倍	倍	倍
た	××町	市街化調整区域	50	1.2		中 28	中 38	中 38		
		市街化区域	60	1.1	比準	比準	比準	比準		
	×××町	農業振興地域内の農用地区域			純 10	純 24				

— 335 —

第1章　土地及び土地の上に存する権利

4　耕作権の評価 （評基通42）

| 自用地としての価額 | × | 耕 作 権 割 合 | = | 評　価　額 |

固定資産税評価額　　　固定資産評価証明書等から確認します。

| 固定資産税評価額 | 108,000円 |

評　価　倍　率　　　評価倍率表に掲載されています。

| 畑の倍率 | 28倍 |

※　「中28」の「中」は、対象地の評価上の区分が中間農地であることを示しています。

自用地としての価額　　　固定資産税評価額に評価倍率を乗じて自用地としての価額を計算します。

固定資産税評価額　　評価倍率　　自用地としての価額
108,000円　　×　　28　　=　　3,024,000円

耕　作　権　割　合　　　東京国税局では、次の表のように農地の評価上の区分別に耕作権割合を定めています。

（令和4年分）

農地の評価上の区分	耕作権割合
純農地	100分の50
中間農地	100分の50
市街地周辺農地	100分の35
市街地農地	100分の35

　市街地周辺農地及び市街地農地の耕作権の価額は、その農地が転用される場合に通常支払われるべき離作料の額、その農地の付近にある宅地に係る借地権の価額等を参酌して評価しますが、東京国税局管内のこれらの農地については100分の35を乗じて計算した価額により評価しても差し支えありません。

— 336 —

第6　農地及び農地の上に存する権利の評価

| 評 価 額 の 計 算 | 自用地としての価額に耕作権割合を乗じて評価額を計算します。 |

自用地としての価額　　　耕作権割合　　　　評価額
3,024,000円　　　×　　　0.5　　＝　1,512,000円

固定資産（土地・家屋）評価証明書

所有者	住　　所	東京都　○○市　○○　1-1	証明を必要とする理由	税務署へ提出のため
	氏　　名（名称）	×　×　×　×		

所　在　等		地　　目	地積又は床面積㎡	令和XX年度価格（円）
○○市××町１０５番地	登記　畑			
	現況　畑		1,000	108,000

摘要	

上記のとおり証明します。

令和○年○月○日
○　○　市　長

倍　率　表

令和××年分

市区町村名：○○市　　　　　　　　　　　　　　　　　　　　　　　××税務署

音順	町（丁目）又は大字名	適 用 地 域 名	借地権割合	固定資産税評価額に乗ずる倍率等						
				宅地	田	畑	山林	原野	牧場	池沼
			％	倍	倍	倍	倍	倍	倍	倍
た	××町	市街化調整区域	50	1.2		中 28	中 38	中 38		
		市街化区域	60	1.1	比準	比準	比準	比準		
	×××町	農業振興地域内の農用地区域			純 10	純 24				

— 337 —

第1章　土地及び土地の上に存する権利

5　生産緑地の評価（評基通40−3）

$$\boxed{\begin{matrix}\text{生産緑地でない}\\\text{ものとした価額}\end{matrix}} \times \left(1 - \boxed{\text{減　額　割　合}} \right) = \boxed{\text{評　価　額}}$$

$\boxed{\text{生産緑地でないものとした価額}}$　路線価等を基に評価します。

　　生産緑地でないものとした価額については、316ペ
ージから333ページを参照してください。

> 生産緑地でないものとした価額　＝　| 72,105,000円 |

$\boxed{\text{減　　額　　割　　合}}$　課税時期において買取りの申出をすることができるこ
ととなる日までの期間に応ずる割合を次の表から確定し
ます。

　　農林漁業の主たる従事者が死亡した場合に、その相続
により取得した生産緑地は、次の(2)の「買取りの申出
をすることができる生産緑地」となります。

---

(1)　課税時期において買取りの申出をすることができな
い生産緑地

買取りの申出をすることができることとなる日までの期間	割　合	買取りの申出をすることができることとなる日までの期間	割　合
5年以下	10％	15年超20年以下	25％
5年超10年以下	15％	20年超25年以下	30％
10年超15年以下	20％	25年超30年以下	35％

(2)　課税時期において買取りの申出が行われていた生産緑
地又は買取りの申出をすることができる生産緑地　5％

$\boxed{\text{評　価　額　の　計　算}}$　次の算式により評価額を計算します（被相続人が主た
る従事者であったものとします。）。

> | 生産緑地でないものとした価額 | 減額割合 | 評価額 |
> |---|---|---|
> | 72,105,000円 | × （ 1 － 0.05 ） = | 68,499,750円 |

— 338 —

第6　農地及び農地の上に存する権利の評価

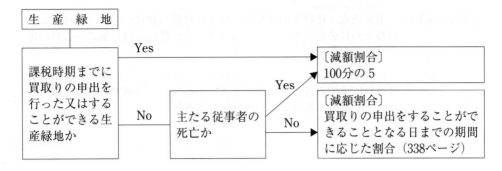

チェックポイント33

耕作権の目的となっている生産緑地の評価

耕作権の目的となっている農地が生産緑地に指定されている場合には、次の算式により評価します。

（自用地価額－耕作権の価額）×（1－減額割合）

生産緑地に係る主たる従事者が死亡した場合の生産緑地の評価

生産緑地に指定されると告示の日から30年間は、原則として建築物の建築、宅地の造成等はできないといういわゆる行為制限が付されることになります（生産緑地法8）。

また、都市緑地法等の一部を改正する法律により、市町村長は、告示の日から30年を経過する日（このチェックポイントにおいて、以下「申出基準日」といいます。）が近く到来することとなる生産緑地のうち、その周辺の地域における公園、緑地その他の公共空地の整備の状況及び土地利用の状況を勘案して、当該申出基準日以後においてもその保全を確実に行うことが良好な都市環境の形成を図る上で特に有効であると認められるものについて、平成30年4月1日以降、特定生産緑地として指定することができることとなりました。当該特定生産緑地に指定されると告示の日から10年間は、いわゆる行為制限が付されることになります。

ところで、この買取りの申出は30年間（特定生産緑地の場合は10年間）経過した場合のほか、その生産緑地に係る農林漁業の主たる従事者が死亡したときにもできる（生産緑地法10、10の2）こととされていることから、主たる従事者が死亡した時の生産緑地の価額は、生産緑地でないものとして評価した価額の95％相当額で評価します。

（参考）　生産緑地法の概要

対象地区	①　市街化区域内の農地等であること ②　公害等の防止、農林漁業と調和した都市環境の保全等の効用を有し、公共施設等の用地に適したものであること ③　用排水等の営農継続可能条件を備えていること
地区面積	500㎡以上（市区町村の条例により300㎡以上）

— 339 —

第1章　土地及び土地の上に存する権利

建築等の制限	宅地造成・建物等の建築等には市町村長の許可が必要（農林漁業を営むために必要である一定の施設及び市民農園に係る施設等以外の場合は原則不許可）
買取り申出	指定から30年経過後又は生産緑地に係る農林漁業の主たる従事者又はそれに準ずる者の死亡等のとき、市町村長へ時価での買取り申出が可能（不成立の場合は、3か月後制限解除）

誤りやすい事例　6

生産緑地の評価と規模格差補正率

　生産緑地に指定されている農地の評価において、戸建住宅用地として分割分譲することを前提とする補正率である規模格差補正を行うことができますか。

正　　地積規模の大きな宅地の評価の適用要件を満たす生産緑地の価額は、奥行価格補正率や不整形地補正率などの各種画地補正率のほか、規模格差補正率を乗じて計算した価額から宅地造成費を控除した価額を求め、更に生産緑地の指定による一定の割合の減額を行って評価することができる。

誤　　生産緑地に指定されている農地については、農地等以外の利用が原則できないことから規模格差補正を行うことができない。

解説　　生産緑地に指定されると、建築物の建築、宅地造成などの行為が制限され、原則的には農地等以外の利用ができなくなるため、その利用制限によるしんしゃくを行為制限が及ぶ期間に応じて一定の割合で行うこととしています（評基通40-3）。

　一方、「地積規模の大きな宅地の評価」（評基通20-2）は、地積規模の大きな宅地を戸建住宅用地として分割分譲する場合に発生する減価を反映させることを目的としていることから、利用制限のある生産緑地については適用できないのではないかとの疑問が生じます。

　生産緑地の指定は、市街化区域内にある農地等についてなされるものであり、市街地農地の価額は、その農地が宅地であるとした場合の価額を基に評価することとされていること（評基通40）から、生産緑地の価額は、建築物の建築や宅地造成などの行為が制限されているものの、宅地として利用することを前提に形成される価額を基礎として評価することになります。

　したがって、生産緑地の評価においても、市街地農地としての評価の基礎となる「宅地であるとした場合の価額」を求める場合には、その土地を宅地として利用することを前提に、その土地の価格に影響を及ぼす要因を加味して評価すべきであり、規模格差補正率についても適用することができます。

— 340 —

第7 山林及び山林の上に存する権利の評価

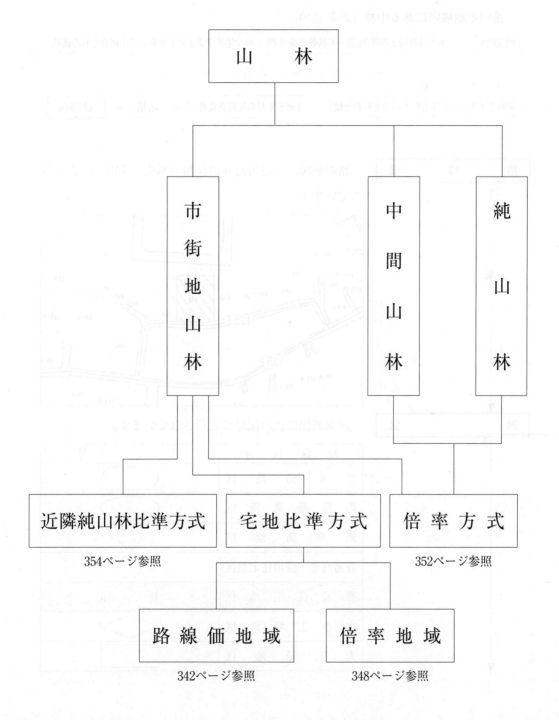

※ 原野及び原野の上に存する権利については、山林及び山林の上に存する権利の評価に準じて評価します。

1 宅地比準方式による評価

(1) 路線価地域内にある山林（評基通49）

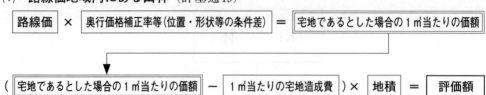

路線価図に１㎡当たりの金額（単位：千円）で表示されています。

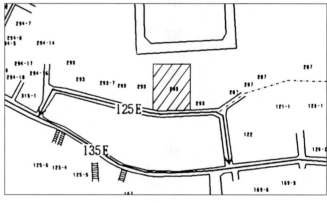

路線価図に次の記号で表示されています。

地区区分	記号
ビル街地区	⬡
高度商業地区	⬭
繁華街地区	⬯
普通商業・併用住宅地区	○
普通住宅地区	無印
中小工場地区	◇
大工場地区	□

— 342 —

第7 山林及び山林の上に存する権利の評価

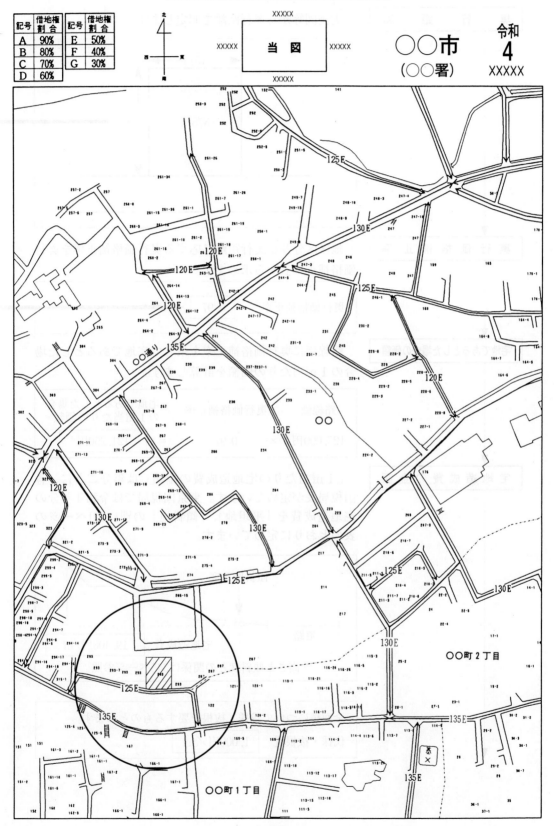

第1章　土地及び土地の上に存する権利

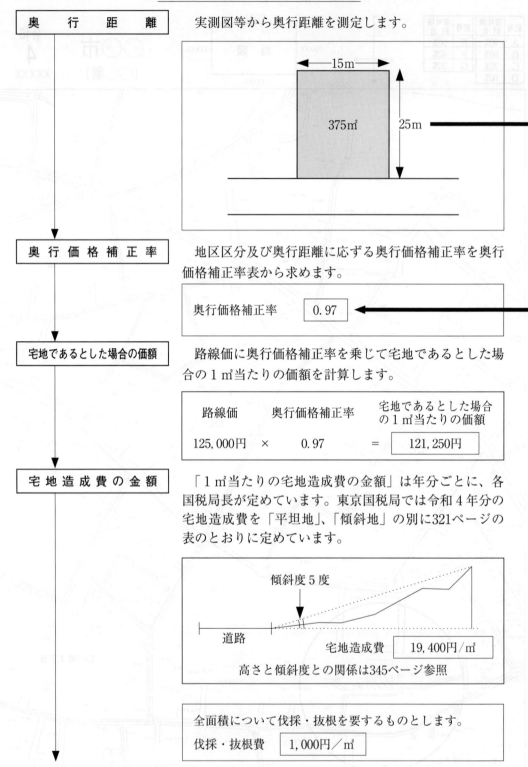

第7　山林及び山林の上に存する権利の評価

奥行価格補正率表

地区区分 奥行距離 m	ビル街地区	高度商業地区	繁華街地区	普通商業・併用住宅地区	普通住宅地区	中小工場地区	大工場地区
4未満	0.80	0.90	0.90	0.90	0.90	0.85	0.85
4以上 6未満		0.92	0.92	0.92	0.92	0.90	0.90
6 〃 8 〃	0.84	0.94	0.95	0.95	0.95	0.93	0.93
8 〃 10 〃	0.88	0.96	0.97	0.97	0.97	0.95	0.95
10 〃 12 〃	0.90	0.98	0.99	0.99	1.00	0.96	0.96
12 〃 14 〃	0.91	0.99	1.00	1.00		0.97	0.97
14 〃 16 〃	0.92	1.00				0.98	0.98
16 〃 20 〃	0.93					0.99	0.99
20 〃 24 〃	0.94					1.00	1.00
24 〃 28 〃	0.95				0.97		
28 〃 32 〃	0.96		0.98		0.95		
32 〃 36 〃	0.97		0.96	0.97	0.93		
36 〃 40 〃	0.98		0.94	0.95	0.92		
40 〃 44 〃	0.99		0.92	0.93	0.91		
44 〃 48 〃	1.00		0.90	0.91	0.90		
48 〃 52 〃		0.99	0.88	0.89	0.89		
52 〃 56 〃		0.98	0.87	0.88	0.88		
56 〃 60 〃		0.97	0.86	0.87	0.87		
60 〃 64 〃		0.96	0.85	0.86	0.86	0.99	
64 〃 68 〃		0.95	0.84	0.85	0.85	0.98	
68 〃 72 〃		0.94	0.83	0.84	0.84	0.97	
72 〃 76 〃		0.93	0.82	0.83	0.83	0.96	
76 〃 80 〃		0.92	0.81	0.82			
80 〃 84 〃		0.90	0.80	0.81	0.82	0.93	
84 〃 88 〃		0.88		0.80			
88 〃 92 〃		0.86			0.81	0.90	
92 〃 96 〃	0.99	0.84					
96 〃 100 〃	0.97	0.82					
100 〃	0.95	0.80			0.80		

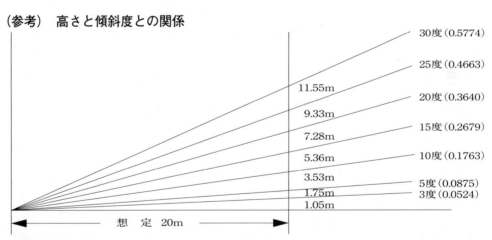

（参考）　高さと傾斜度との関係

傾斜度区分の判定表

傾　斜　度	①　高さ÷奥行	②　奥行÷斜面の長さ
3度超5度以下	0.0524超0.0875以下	0.9962以上0.9986未満
5度超10度以下	0.0875超0.1763以下	0.9848以上0.9962未満
10度超15度以下	0.1763超0.2679以下	0.9659以上0.9848未満
15度超20度以下	0.2679超0.3640以下	0.9397以上0.9659未満
20度超25度以下	0.3640超0.4663以下	0.9063以上0.9397未満
25度超30度以下	0.4663超0.5774以下	0.8660以上0.9063未満

※　①及び②の数値は三角比によります。

第1章　土地及び土地の上に存する権利

評　価　額　の　計　算

宅地であるとした場合の1㎡当たりの価額から宅地造成費の金額を控除して、更に地積を乗じて評価額を計算します。

$$\left\{ \begin{matrix} \text{宅地であるとした場合} \\ \text{の1㎡当たりの価額} \\ 121,250円 \end{matrix} - \begin{matrix} \text{宅地造成費の金額} \\ (19,400円+1,000円) \end{matrix} \right\} \times \begin{matrix} \text{地積} \\ 375㎡ \end{matrix} = \begin{matrix} \text{評価額} \\ 37,818,750円 \end{matrix}$$

第7　山林及び山林の上に存する権利の評価

市街地農地等の評価明細書

市街地農地　　(市街地山林)
市街地周辺農地　市街地原野

（平成十八年分以降用）

所 在 地 番		○○市○○1-11			
現 況 地 目		山林	① 地積	375	㎡
評価の基とした宅地の1平方メートル当たりの評価額	所 在 地 番	○○市○○1-11			
	② 評価額の計算内容	（路線価）　　（奥行価格補正） 125,000　×　　0.97	③ （評価額） 121,250		円
評価する農地等が宅地であるとした場合の1平方メートル当たりの評価額	④ 評価上考慮したその農地等の道路からの距離、形状等の条件に基づく評価額の計算内容		⑤ （評価額） 121,250		円

宅地造成費の計算	平坦地	整地費	整 地 費	（整地を要する面積）　　　（1㎡当たりの整地費） ㎡　×　　　　　　円	⑥	円
			伐採・抜根費	（伐採・抜根を要する面積）　（1㎡当たりの伐採・抜根費） ㎡　×　　　　　　円	⑦	円
			地盤改良費	（地盤改良を要する面積）　（1㎡当たりの地盤改良費） ㎡　×　　　　　　円	⑧	円
		土 盛 費		（土盛りを要する面積）（平均の高さ）（1㎡当たりの土盛費） ㎡　×　　m　×　　　　　円	⑨	円
		土 止 費		（擁壁面の長さ）　（平均の高さ）（1㎡当たりの土止費） m　×　　m　×　　　　　円	⑩	円
		合計額の計算		⑥ ＋ ⑦ ＋ ⑧ ＋ ⑨ ＋ ⑩	⑪	円
		1㎡当たりの計算		⑪ ÷ ①	⑫	円
	傾斜地	傾斜度に係る造成費		（傾斜度）　5 度	⑬	19,400 円
		伐採・抜根費		（伐採・抜根を要する面積）　（1㎡当たりの伐採・抜根費） 375 ㎡　×　　1,000 円	⑭	375,000 円
		1㎡当たりの計算		⑬ ＋ （ ⑭ ÷ ① ）	⑮	20,400 円

市街地農地等の評価額	（⑤ － ⑫ （又は ⑮ ）） × ① （注）市街地周辺農地については、さらに0.8を乗ずる。	37,818,750 円

（注）1　「②評価額の計算内容」欄には、倍率地域内の市街地農地等については、評価の基とした宅地の固定資産税評価額及び倍率を記載し、路線価地域内の市街地農地等については、その市街地農地等が宅地である場合の画地計算の内容を記載してください。なお、画地計算が複雑な場合には、「土地及び土地の上に存する権利の評価明細書」を使用してください。
　　　2　「④評価上考慮したその農地等の道路からの距離、形状等の条件に基づく評価額の計算内容」欄には、倍率地域内の市街地農地等について、「③評価額」欄の金額と「⑤評価額」欄の金額とが異なる場合に記載し、路線価地域内の市街地農地等については記載の必要はありません。
　　　3　「傾斜地の宅地造成費」に加算する伐採・抜根費は、「平坦地の宅地造成費」の「伐採・抜根費」の金額を基に算出してください。

（資4-26-A4統一）

第1章　土地及び土地の上に存する権利

(2) 倍率地域内にある市街地山林（評基通49）

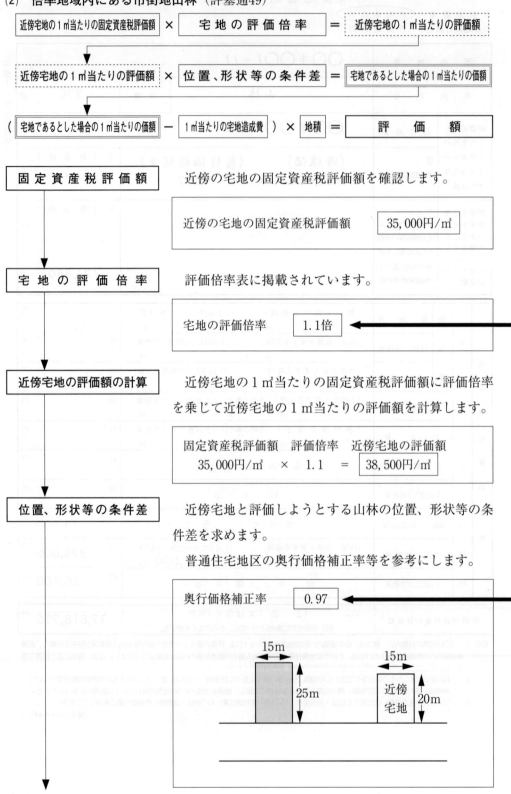

第7　山林及び山林の上に存する権利の評価

倍　率　表

音順	町（丁目）又は大字名	適用地域名	借地権割合	固定資産税評価額に乗ずる倍率等						
				宅地	田	畑	山林	原野	牧場	池沼
			％	倍	倍	倍	倍	倍	倍	倍
さ	✕✕町	市街化調整区域	50	1.1		中160	中413	中413		
		市街化区域								
		┌一部	―	路　線	比　準	比　準	比　準	比　準		
		｜国道16号線（東京環状線）								
		｜沿いの地域	60	1.0	〃	〃	〃	〃		
		└上記以外の地域	60	1.1	〃	〃	〃	〃		
し	✕町✕✕✕	全	―	路　線	比　準	比　準	比　準	比　準		
		市街化調整区域								
		┌多摩丘陵北部近郊緑地保全区								
		｜域	50	1.0	(中)119	(中)117	(中)404	(中)404		
		└上記以外の地域	50	1.0	(〃)119	(〃)117	(〃)427	(〃)427		
		市街化区域								
		┌一部	―	路　線	比　準	比　準	比　準	比　準		
		└上記以外の地域	60	1.0	〃	〃	〃	〃		

奥行価格補正率表

奥行距離 m ＼ 地区区分	ビル街地区	高度商業地区	繁華街地区	普通商業・併用住宅地区	普通住宅地区	中小工場地区	大工場地区
4未満	0.80	0.90	0.90	0.90	0.90	0.85	0.85
4以上　6未満		0.92	0.92	0.92	0.92	0.90	0.90
6 〃 8 〃	0.84	0.94	0.95	0.95	0.95	0.93	0.93
8 〃 10 〃	0.88	0.96	0.97	0.97	0.97	0.95	0.95
10 〃 12 〃	0.90	0.98	0.99	0.99	1.00	0.96	0.96
12 〃 14 〃	0.91	0.99	1.00	1.00		0.97	0.97
14 〃 16 〃	0.92	1.00				0.98	0.98
16 〃 20 〃	0.93					0.99	0.99
20 〃 24 〃	0.94					1.00	1.00
24 〃 28 〃	0.95				0.97		
28 〃 32 〃	0.96		0.98		0.95		
32 〃 36 〃	0.97		0.96	0.97	0.93		
36 〃 40 〃	0.98		0.94	0.95	0.92		
40 〃 44 〃	0.99		0.92	0.93	0.91		
44 〃 48 〃	1.00		0.90	0.91	0.90		
48 〃 52 〃		0.99	0.88	0.89	0.89		
52 〃 56 〃		0.98	0.87	0.88	0.88		
56 〃 60 〃		0.97	0.86	0.87	0.87		
60 〃 64 〃		0.96	0.85	0.86	0.86	0.99	
64 〃 68 〃		0.95	0.84	0.85	0.85	0.98	
68 〃 72 〃		0.94	0.83	0.84	0.84	0.97	
72 〃 76 〃		0.93	0.82	0.83	0.83	0.96	
76 〃 80 〃		0.92	0.81	0.82			
80 〃 84 〃		0.90	0.80	0.81	0.82	0.93	
84 〃 88 〃		0.88		0.80			
88 〃 92 〃		0.86			0.81	0.90	
92 〃 96 〃	0.99	0.84					
96 〃 100 〃	0.97	0.82					
100 〃	0.95	0.80			0.80		

— 349 —

| 宅地であるとした場合の価額 | 近傍宅地の評価額から、近傍宅地と評価しようとする山林との位置、形状等の条件差を考慮して、その山林が宅地であるとした場合の1㎡当たりの価額を計算します。 |

近傍宅地の評価額	位置、形状等の条件差	宅地であるとした場合の1㎡当たりの価額
38,500円/㎡ ×	0.97 =	37,345円/㎡

| 宅地造成費の金額 | 「1㎡当たりの宅地造成費の金額」は年分ごとに、各国税局長が定めています。東京国税局では令和4年分の宅地造成費を「平坦地」、「傾斜地」の別に321ページの表のとおりに定めています。 |

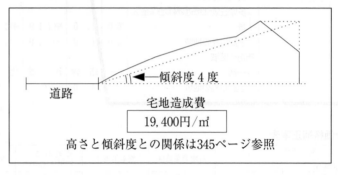

高さと傾斜度との関係は345ページ参照

全面積について伐採・抜根を要するものとします。
伐採・抜根費　1,000円/㎡

| 評 価 額 の 計 算 | 宅地であるとした場合の1㎡当たりの価額から宅地造成費の金額を控除して、更に地積を乗じて評価額を計算します。 |

宅地であるとした場合の1㎡当たりの価額	宅地造成費の金額	地積	評価額
{ 37,345円	− (19,400円+1,000円)}	× 375㎡ =	6,354,375円

チェックポイント20 参照（242ページ）

第7　山林及び山林の上に存する権利の評価

市 街 地 農 地 等 の 評 価 明 細 書

市 街 地 農 地　　（市 街 地 山 林）

市街地周辺農地　　市 街 地 原 野

（平成十八年分以降用）

所　在　地　番		○○市××町2-10			
現　況　地　目		山　林	① 地　積	375	㎡
評価の基とした宅地の1平方メートル当たりの評価額	所在地番	○○市××町2-20			
	② 評価額の計算内容	35,000×1.1	③（評価額）	38,500	円
評価する農地等が宅地であるとした場合の1平方メートル当たりの評価額	④ 評価上考慮したその農地等の道路からの距離、形状等の条件に基づく評価額の計算内容	（③）　　　　　（奥行が長い） 38,500円　×　　　0.97	⑤（評価額） 37,345		円

					⑥	円
宅地造成費の計算	平坦地費	整　地　費	（整地を要する面積）　　　（1㎡当たりの整地費） 　　　　　㎡　×　　　　円		⑥	円
		伐採・抜根費	（伐採・抜根を要する面積）　（1㎡当たりの伐採・抜根費） 　　　　　㎡　×　　　　円		⑦	円
		地盤改良費	（地盤改良を要する面積）　（1㎡当たりの地盤改良費） 　　　　　㎡　×　　　　円		⑧	円
		土　盛　費	（土盛りを要する面積）（平均の高さ）（1㎡当たりの土盛費） 　　　　　㎡　×　　　m　×　　　円		⑨	円
		土　止　費	（擁壁面の長さ）（平均の高さ）（1㎡当たりの土止費） 　　　　　m　×　　　m　×　　　円		⑩	円
		合計額の計算	⑥　＋　⑦　＋　⑧　＋　⑨　＋　⑩		⑪	円
		1㎡当たりの計算	⑪　÷　①		⑫	円
	傾斜地	傾斜度に係る造成費	（傾斜度）　　4　度		⑬	19,400 円
		伐採・抜根費	（伐採・抜根を要する面積）　（1㎡当たりの伐採・抜根費） 　375㎡　×　　　1,000円		⑭	375,000 円
		1㎡当たりの計算	⑬　＋　（⑭　÷　①）		⑮	20,400 円

市街地農地等の評価額	（⑤－⑫（又は⑮））×① (注) 市街地周辺農地については、さらに0.8を乗ずる。	6,354,375	円

(注) 1　「②評価額の計算内容」欄には、倍率地域内の市街地農地等については、評価の基とした宅地の固定資産税評価額及び倍率を記載し、路線価地域内の市街地農地等については、その市街地農地等が宅地である場合の画地計算の内容を記載してください。なお、画地計算が複雑な場合には、「土地及び土地の上に存する権利の評価明細書」を使用してください。

2　「④評価上考慮したその農地等の道路からの距離、形状等の条件に基づく評価額の計算内容」欄には、倍率地域内の市街地農地等について、「③評価額」欄の金額と「⑤評価額」欄の金額とが異なる場合に記載し、路線価地域内の市街地農地等については記載の必要はありません。

3　「傾斜地の宅地造成費」に加算する伐採・抜根費は、「平坦地の宅地造成費」の「伐採・抜根費」の金額を基に算出してください。

(資4-26-A4統一)

— 351 —

2 倍率方式による評価 (評基通47、48)

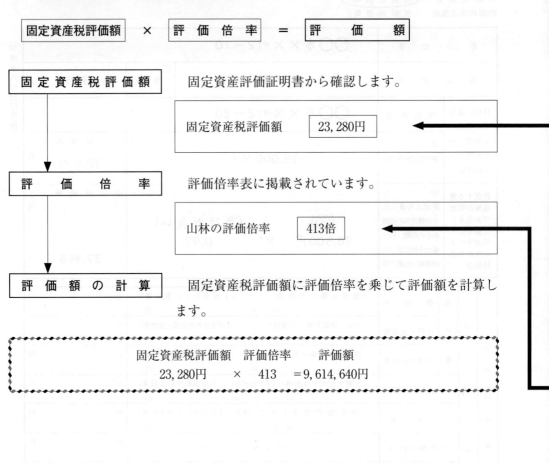

固定資産税評価額 × 評価倍率 = 評価額

固定資産税評価額　固定資産評価証明書から確認します。

固定資産税評価額　23,280円

評価倍率　評価倍率表に掲載されています。

山林の評価倍率　413倍

評価額の計算　固定資産税評価額に評価倍率を乗じて評価額を計算します。

　　固定資産税評価額　評価倍率　　評価額
　　　23,280円　　×　　413　　＝9,614,640円

第7　山林及び山林の上に存する権利の評価

固定資産（土地・家屋）評価証明書

所有者	住　　所	東京都　○○市　○○　1－1	証明を必要とする理由	税務署へ提出のため
	氏　名（名称）	××××		

所　在　等		地　　　目	地積又は床面積㎡	令和XX年度価格（円）
○○市××町１０５番地	登記　山林			
	現況　山林		600	23,280

摘	
要	

上記のとおり証明します。

令和○年○月○日
○　○　市　長

音順	町（丁目）又は大字名	適用地域名	借地権割合	固定資産税評価額に乗ずる倍率等						
				宅地	田	畑	山林	原野	牧場	池沼
			％	倍	倍	倍	倍	倍	倍	倍
さ	××町	市街化調整区域	50	1.1		中160	中413	中413		
		市街化区域								
		┌一部	－	路線	比　準	比　準	比　準	比　準		
		国道16号線（東京環状線）沿いの地域	60	1.0	比　準	比　準	比　準	比　準		
		└上記以外の地域	60	1.1	比　準	比　準	比　準	比　準		
し	×町×××	全	－	路線	比　準	比　準	比　準	比　準		
		市街化調整区域								
		┌多摩丘陵北部近郊緑地保全区域	50	1.1	中119	中117	中404	中404		
		└上記以外の地域	50	1.1	中119	中117	中427	中427		
		市街化区域								
		┌一部	－	路線	比　準	比　準	比　準	比　準		
		└上記以外の地域	60	1.0	比　準	比　準	比　準	比　準		

－ 353 －

第1章 土地及び土地の上に存する権利

3 近隣純山林比準方式（評基通49）

市街地山林とは、市街化区域内にある山林をいい、原則として、近隣の宅地の価額を基に宅地造成費に相当する金額を控除して評価額を計算する「宅地比準方式」により評価します。しかし、市街地山林には、例えば宅地化するには多額の造成費を要するものや宅地化が見込めない急傾斜地（分譲残地等）等があり、宅地比準方式を適用すること自体に合理性が認められないものもあります。このような場合の山林の価額は近隣の純山林の価額に比準して評価します。

なお、この取扱いは、「宅地への転用が見込めないと認められる場合」に限定して適用することに留意してください。

(1) 宅地化が見込めない市街地山林の判定

宅地への転用が見込めない市街地山林か否かは、①宅地化するには多額の造成費を要する場合のように経済合理性から判断する場合と、②宅地造成が不可能と認められるような急傾斜地等、その形状から判断する場合とが考えられます。

イ 経済合理性から判断する場合

宅地比準方式により評価した市街地山林の価額が純山林としての価額を下回る場合には、経済合理性の観点から宅地への転用が見込めない市街地山林に該当すると考えられますので、その市街地山林の価額は、純山林としての価額により評価します。

ロ 形状から判断する場合

宅地造成が不可能と認められるような形状としては、急傾斜地（分譲残地等）等が考えられますが、宅地造成が不可能な急傾斜地等に該当するか否かの判定は、地域の実情に即して判断することになります。

(2) 市街地（周辺）農地、市街地原野等への準用

市街地農地及び市街地周辺農地については、原則として、宅地比準方式により評価しますが、これらの農地等についても、市街地山林と同様、経済合理性の観点から宅地への転用が見込めない場合、例えば、蓮田等で多額の造成費を要すると見込まれるため、宅地比準方式により評価額を計算するとマイナスとなるような場合が考えられます。このような場合には、宅地への転用が見込めない市街地山林の評価方式に準じて、その価額は、純農地の価額により評価します。

— 354 —

また、市街地原野についても同様のケースが想定されますが、この場合の価額も純原野の価額により評価します。

(注)　市街地周辺農地について、「市街地農地であるとした場合の価額の100分の80に相当する金額によって評価する」（評基通39）こととしているのは、宅地転用が許可される地域の農地ではあるが、いまだ現実に許可を受けていないことを考慮したものであることから、純農地の価額に比準して評価する場合には、80％相当額で評価することはできません。

(参考)　市街地山林の評価額を図示すれば、次のとおりです。

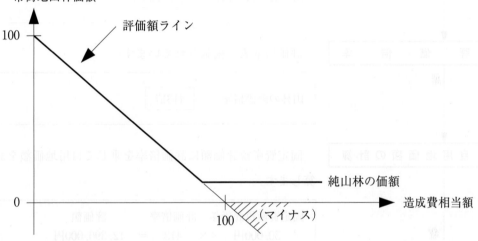

※　宅地価額は100とします。

4 分収林契約に基づいて貸し付けられている山林の評価 (評基通52)

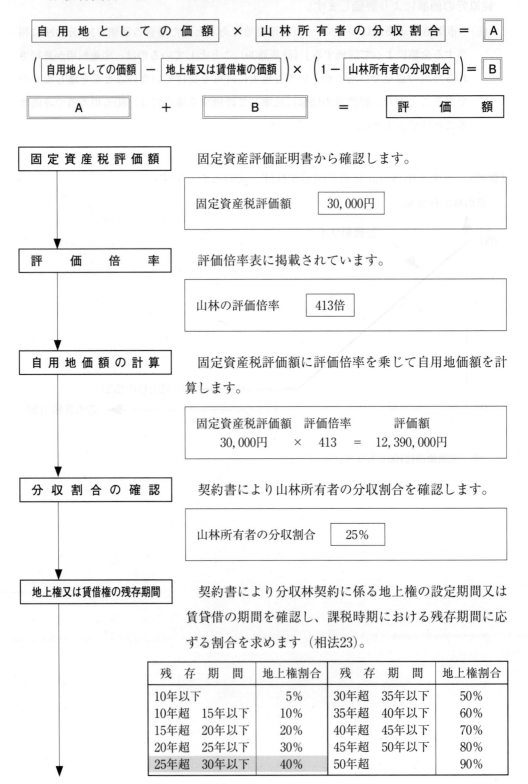

第7 山林及び山林の上に存する権利の評価

地上権又は賃借権の価額　自用地としての価額に残存期間に応ずる割合を乗じて、地上権の価額又は賃借権の価額を計算します。

　　　自用地としての価額　　地上権割合　　地上権の価額
　　　　12,390,000円　　×　　40%　　＝　　4,956,000円

評価額の計算　次の算式により評価額を計算します。

　　山林の自用地価額　山林所有者の分収割合
　　　12,390,000円　×　　25%
　　　　山林の自用地価額　　地上権の価額　　　　　　　山林所有者
　　　　　　　　　　　　　　　　　　　　　　　　　　　の分収割合　　評価額
　　＋（12,390,000円　－　4,956,000円）×（1　－　25%　）＝8,673,000円

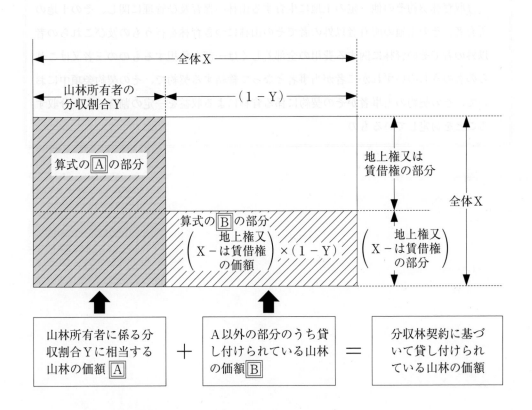

第1章　土地及び土地の上に存する権利

チェックポイント34

分収林契約の意義

　分収林契約とは、次の分収造林契約と分収育林契約をいい、旧公有林野等官行造林法第1条の規定に基づく契約も含まれます（評基通52、所得税法施行令78）。

1　分収造林契約

　　分収造林契約その他一定の土地についての造林に関し、その土地の所有者、その土地の所有者以外の者でその土地につき造林を行うもの及びこれらの者以外の者でその造林に関する費用の全部若しくは一部を負担するものの三者又はこれらの者のうちのいずれか二者が当事者となって締結する契約で、その契約条項中において、その契約の当事者がその契約に係る造林による収益を一定の割合により分収することを約定しているもの

2　分収育林契約

　　分収育林契約その他一定の土地に生育する山林の保育及び管理に関し、その土地の所有者、その土地の所有者以外の者でその山林につき育林を行うもの及びこれらの者以外の者でその育林に関する費用の全部若しくは一部を負担するものの三者又はこれらの者のうちのいずれか二者が当事者となって締結する契約で、その契約条項中において、その契約の当事者がその契約に係る育林による収益を一定の割合により分収することを約定しているもの

第8 雑種地及び雑種地の上に存する権利の評価

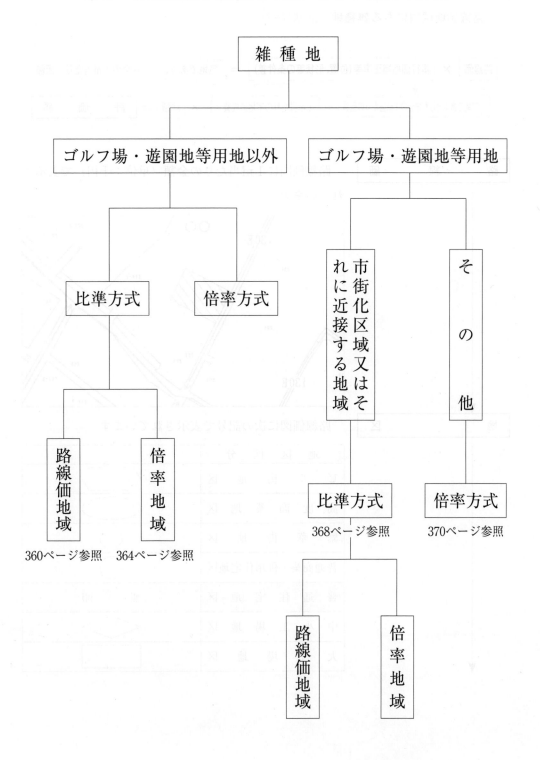

1 比準方式による評価

(1) 路線価地域内にある雑種地（評基通82）

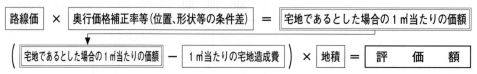

路線価　路線価図に1㎡当たりの金額（単位：千円）で表示されています。

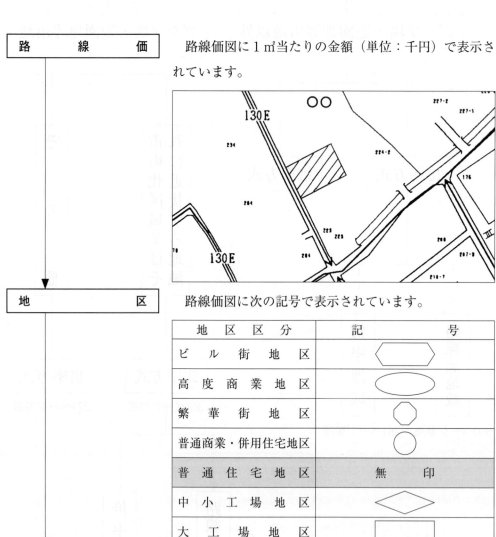

地区　路線価図に次の記号で表示されています。

地 区 区 分	記　　号
ビ ル 街 地 区	⬡
高 度 商 業 地 区	⬭
繁 華 街 地 区	⬡
普通商業・併用住宅地区	◯
普 通 住 宅 地 区	無　印
中 小 工 場 地 区	◇
大 工 場 地 区	▭

第8　雑種地及び雑種地の上に存する権利の評価

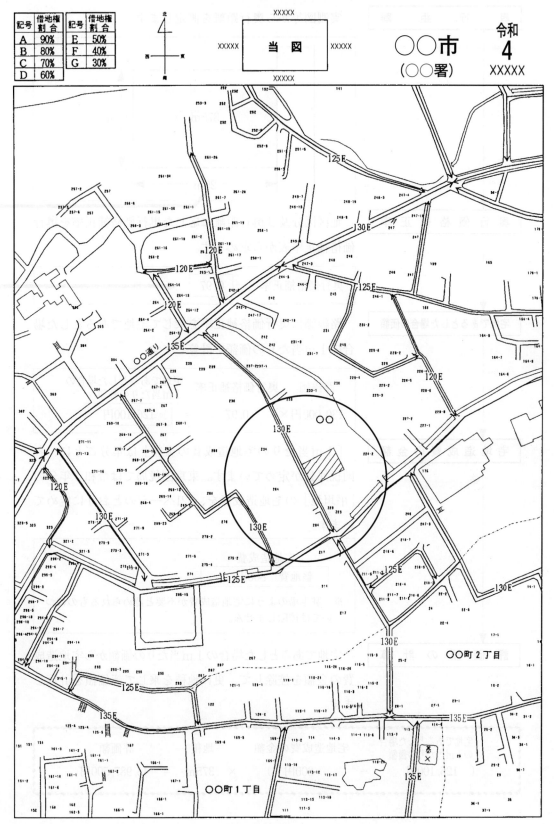

第1章　土地及び土地の上に存する権利

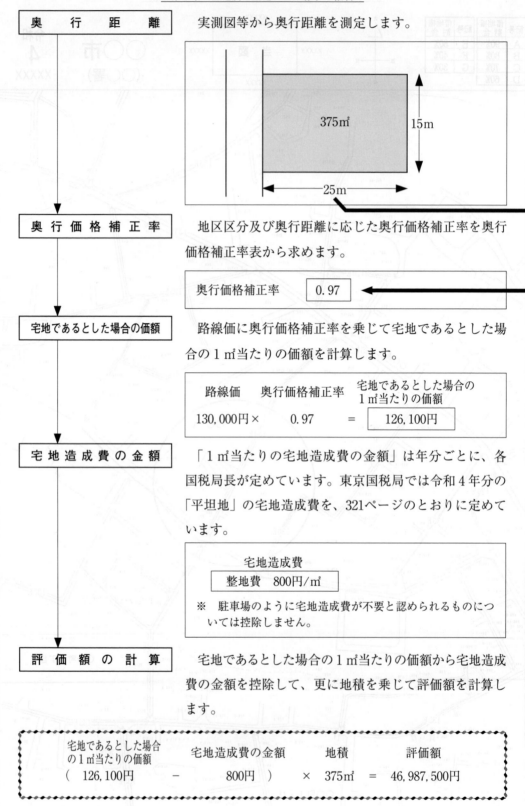

| 奥行距離 | 実測図等から奥行距離を測定します。 |

| 奥行価格補正率 | 地区区分及び奥行距離に応じた奥行価格補正率を奥行価格補正率表から求めます。 |

奥行価格補正率　0.97

| 宅地であるとした場合の価額 | 路線価に奥行価格補正率を乗じて宅地であるとした場合の1㎡当たりの価額を計算します。 |

　　路線価　　奥行価格補正率　　宅地であるとした場合の1㎡当たりの価額
　130,000円×　　0.97　　＝　　126,100円

| 宅地造成費の金額 | 「1㎡当たりの宅地造成費の金額」は年分ごとに、各国税局長が定めています。東京国税局では令和4年分の「平坦地」の宅地造成費を、321ページのとおりに定めています。 |

宅地造成費
整地費　800円/㎡

※　駐車場のように宅地造成費が不要と認められるものについては控除しません。

| 評価額の計算 | 宅地であるとした場合の1㎡当たりの価額から宅地造成費の金額を控除して、更に地積を乗じて評価額を計算します。 |

　宅地であるとした場合
　の1㎡当たりの価額　　　宅地造成費の金額　　地積　　　評価額
　（　126,100円　　－　　800円　）×　375㎡　＝　46,987,500円

第8 雑種地及び雑種地の上に存する権利の評価

奥行価格補正率表

地区区分 / 奥行距離 m	ビル街地区	高度商業地区	繁華街地区	普通商業・併用住宅地区	普通住宅地区	中小工場地区	大工場地区
4 未満	0.80	0.90	0.90	0.90	0.90	0.85	0.85
4 以上 6 未満		0.92	0.92	0.92	0.92	0.90	0.90
6 〃 8 〃	0.84	0.94	0.95	0.95	0.95	0.93	0.93
8 〃 10 〃	0.88	0.96	0.97	0.97	0.97	0.95	0.95
10 〃 12 〃	0.90	0.98	0.99	0.99	1.00	0.96	0.96
12 〃 14 〃	0.91	0.99	1.00	1.00		0.97	0.97
14 〃 16 〃	0.92	1.00				0.98	0.98
16 〃 20 〃	0.93					0.99	0.99
20 〃 24 〃	0.94					1.00	1.00
24 〃 28 〃	0.95				0.97		
28 〃 32 〃	0.96		0.98		0.95		
32 〃 36 〃	0.97		0.96	0.97	0.93		
36 〃 40 〃	0.98		0.94	0.95	0.92		
40 〃 44 〃	0.99		0.92	0.93	0.91		
44 〃 48 〃	1.00		0.90	0.91	0.90		
48 〃 52 〃		0.99	0.88	0.89	0.89		
52 〃 56 〃		0.98	0.87	0.88	0.88		
56 〃 60 〃		0.97	0.86	0.87	0.87		
60 〃 64 〃		0.96	0.85	0.86	0.86	0.99	
64 〃 68 〃		0.95	0.84	0.85	0.85	0.98	
68 〃 72 〃		0.94	0.83	0.84	0.84	0.97	
72 〃 76 〃		0.93	0.82	0.83	0.83	0.96	
76 〃 80 〃		0.92	0.81	0.82			
80 〃 84 〃		0.90	0.80	0.81	0.82	0.93	
84 〃 88 〃		0.88		0.80			
88 〃 92 〃		0.86			0.81	0.90	
92 〃 96 〃	0.99	0.84					
96 〃 100 〃	0.97	0.82					
100 〃	0.95	0.80			0.80		

(2) 倍率地域内にある雑種地（宅地に状況が類似する場合）（評基通82）

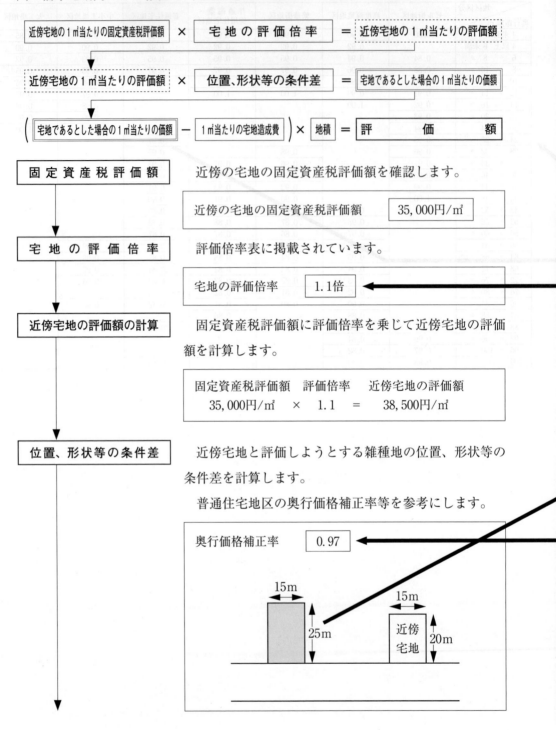

第8　雑種地及び雑種地の上に存する権利の評価

音順	町（丁目）又は大字名	適用地域名	借地権割合	固定資産税評価額に乗ずる倍率等						
				宅地	田	畑	山林	原野	牧場	池沼
			％	倍	倍	倍	倍	倍	倍	倍
さ	ＸＸ町	市街化調整区域	50	1.1		中160	中413	中413		
		市街化区域								
		一部	－	路線	比準	比準	比準	比準		
		国道16号線（東京環状線）沿いの地域	60	1.0	比準	比準	比準	比準		
		上記以外の地域	60	1.1	比準	比準	比準	比準		
し	ＸＸ町 ＸＸＸ	全	－	路線	比準	比準	比準	比準		
		市街化調整区域								
		多摩丘陵北部近郊緑地保全区域	50	1.1	中119	中117	中404	中404		
		上記以外の地域	50	1.1	中119	中117	中427	中427		
		市街化区域								
		一部	－	路線	比準	比準	比準	比準		
		上記以外の地域	60	1.0	〃	〃	〃	〃		

奥行価格補正率表

奥行距離 m ＼ 地区区分	ビル街地区	高度商業地区	繁華街地区	普通商業・併用住宅地区	普通住宅地区	中小工場地区	大工場地区
4未満	0.80	0.90	0.90	0.90	0.90	0.85	0.85
4以上 6未満		0.92	0.92	0.92	0.92	0.90	0.90
6 〃 8 〃	0.84	0.94	0.95	0.95	0.95	0.93	0.93
8 〃 10 〃	0.88	0.96	0.97	0.97	0.97	0.95	0.95
10 〃 12 〃	0.90	0.98	0.99	0.99	1.00	0.96	0.96
12 〃 14 〃	0.91	0.99	1.00	1.00		0.97	0.97
14 〃 16 〃	0.92	1.00				0.98	0.98
16 〃 20 〃	0.93					0.99	0.99
20 〃 24 〃	0.94					1.00	1.00
24 〃 28 〃	0.95				0.97		
28 〃 32 〃	0.96		0.98		0.95		
32 〃 36 〃	0.97		0.96	0.97	0.93		
36 〃 40 〃	0.98		0.94	0.95	0.92		
40 〃 44 〃	0.99		0.92	0.93	0.91		
44 〃 48 〃	1.00		0.90	0.91	0.90		
48 〃 52 〃		0.99	0.88	0.89	0.89		
52 〃 56 〃		0.98	0.87	0.88	0.88		
56 〃 60 〃		0.97	0.86	0.87	0.87		
60 〃 64 〃		0.96	0.85	0.86	0.86	0.99	
64 〃 68 〃		0.95	0.84	0.85	0.85	0.98	
68 〃 72 〃		0.94	0.83	0.84	0.84	0.97	
72 〃 76 〃		0.93	0.82	0.83	0.83	0.96	
76 〃 80 〃		0.92	0.81	0.82			
80 〃 84 〃		0.90	0.80	0.81	0.82	0.93	
84 〃 88 〃		0.88		0.80			
88 〃 92 〃		0.86			0.81	0.90	
92 〃 96 〃	0.99	0.84					
96 〃 100 〃	0.97	0.82					
100 〃	0.95	0.80			0.80		

第1章　土地及び土地の上に存する権利

| 宅地であるとした場合の価額 | 　近傍宅地の評価額から、近傍宅地と評価しようとする雑種地との位置、形状等の条件差を考慮して、その雑種地が宅地であるとした場合の1㎡当たりの価額を計算します。 |

近傍宅地の評価額		位置、形状等の条件差		宅地であるとした場合の1㎡当たりの価額
38,500円	×	0.97	=	37,345円

| 宅地造成費の金額 | 　「1㎡当たりの宅地造成費の金額」は、年分ごとに各国税局長が定めています。東京国税局では令和4年分の宅地造成費を「平坦地」、「傾斜地」の別に321ページのとおりに定めています。 |

宅地造成費
整地費　800円/㎡

| 評 価 額 の 計 算 | 　宅地であるとした場合の価額から宅地造成費の金額を控除して、更に地積を乗じて評価額を計算します。 |

宅地であるとした場合の1㎡当たりの価額		宅地造成費の金額		地積		評価額
（　37,345円	−	800円　）	×	375㎡	=	13,704,375円

— 366 —

第8 雑種地及び雑種地の上に存する権利の評価

チェックポイント35

市街化調整区域内の雑種地

　市街化調整区域内の雑種地を評価する場合における比準地目の判定及び宅地の価額を基として評価する際に考慮する法的規制等に係るしんしゃく割合は次のとおりです。

	周囲（地域）の状況	比準地目	しんしゃく割合
市街化の影響度　弱↑↓強	① 純農地、純山林、純原野	宅地化の期待益を含まない 農地比準、山林比準、原野比準（※1）	
	② ①と③の地域の中間（周囲の状況により判定）		
		宅地化の可能性あり 宅地比準	しんしゃく割合50%
	③ 店舗等の建築が可能な幹線道路沿いや市街化区域との境界付近（※2）（※3）		しんしゃく割合30%
		宅地価格と同等の取引実態が認められる地域（郊外型店舗が建ち並ぶ地域等）	しんしゃく割合0%

※1　農地等の価額を基として評価する場合で、評価対象地が資材置場、駐車場等として利用されているときは、その土地の価額は、原則として、財産評価基本通達24-5《農業用施設用地の評価》に準じて農地等の価額に造成費相当額を加算した価額により評価するのが相当と考えられます（ただし、その価額は宅地の価額を基として評価した価額を上回りません。）。

※2　③の地域は、線引き後に沿道サービス施設が建設される可能性のある土地（都市計画法34九、43②）や、線引き後に日常生活に必要な物品の小売業等の店舗として開発又は建築される可能性のある土地（都市計画法34一、43②）の存する地域をいいます。

※3　都市計画法第34条第11号に規定する区域内については、全ての土地について都市計画法上の規制は一律となることから、雑種地であっても宅地と同一の法的規制を受けることになります。したがって、同じ区域内の宅地の価額を基とすれば、法的規制によるしんしゃくは考慮する必要がなくなると考えられますが、経過措置が設けられているなど、過渡期にあることから、上記の表によらず、個別に判定するのが相当と考えられます。

— 367 —

2　ゴルフ場用地等の評価

	ゴルフ場の地域		評価方法	宅地とした場合の1㎡当たりの価額
(1)	市街化区域及びそれに近接する地域	路線価地域	宅地比準方式	ゴルフ場の周囲の路線価をそのゴルフ場用地に接する距離により加重平均した金額
		倍率地域	宅地比準方式	1㎡当たりの固定資産税評価額に倍率を乗じる
(2)	(1)以外の地域		倍率方式	――

　評価対象地であるゴルフ場用地の評価方法がいずれの方式に該当するかは、「財産評価基準書」で確認します。

(1)　市街化区域及びそれに近接する地域にあるゴルフ場用地等 （評基通83(1)）

| 宅地であるとした場合の1㎡当たりの価額 | × | 地　積 | × 60% = | A |

| A | － | ゴルフ場用地の1㎡当たりの宅地造成費 | × | 地　積 | = | 評価額 |

(例)　ゴルフ場用地が倍率地域にある場合

固定資産税評価額

　ゴルフ場用地の固定資産税評価額を確認します。

| ゴルフ場用地の固定資産税評価額 | 25,000円/㎡ |

評　価　倍　率

　財産評価基準書（評価倍率表）に宅地の倍率とは別に掲載されています。

| 評価倍率 | 1.7倍 |

宅地であるとした場合の価額

　固定資産税評価額に評価倍率を乗じて宅地であるとした場合の1㎡当たりの価額を計算します。

固定資産税評価額	評価倍率	宅地であるとした場合の価額
25,000円/㎡	×　　1.7　　=	42,500円/㎡

　ゴルフ場用地が宅地であるとした場合の1㎡当たりの価額は、路線価地域にあるものについてはゴルフ場用地の周囲に付された路線価をそのゴルフ場用地に接する距離により加重平均することにより、また、倍率地域にあるものについてはそのゴルフ場の1㎡当たりの固定資産税評価額にそのゴルフ場用地ごとに定められた倍率（この倍率は財産評価基準書に記されています。）を乗ずることにより計算することができます。

第8　雑種地及び雑種地の上に存する権利の評価

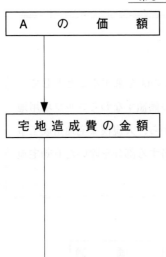

| Ａ　の　価　額 | 宅地であるとした場合の価額　　地積
　42,500円/㎡　×850,000㎡　×　60％
　　　　　　　　　　　　　　＝　21,675,000,000円 |

宅地造成費の金額　　「ゴルフ場用地の1㎡当たりの宅地造成費」の額は、市街地農地等の評価に係る宅地造成費の金額を用いて算定することとされています。

　宅地造成費の金額は、年分ごとに各国税局長が定めており、東京国税局の令和4年分については、321ページのとおり定めています。

〈傾斜地の宅地造成費、傾斜度5度超10度以下の場合〉
　　　　　　地積　　　　宅地造成費
　23,500円/㎡×850,000㎡＝19,975,000,000円

評価額の計算　　次の算式により評価額を計算します。

　宅地であるとした場合の価額　　宅地造成費の金額　　　評価額
　　21,675,000,000円　　－　　19,975,000,000円　＝　1,700,000,000円

令和4年分

評価倍率表（ゴルフ場用地等用）　　　（○○○）

市街化区域及びそれに近接する地域にあるゴルフ場用地等の倍率

音順	ゴルフ場用地等の名称	固定資産税評価額に乗ずる倍率
あ	○○カントリークラブ	1.7 倍
か	○○○○○○○○（遊園地）	1.8
	○○○○○○カントリークラブ	3.0
さ	○○○○ランド（遊園地）	2.9

※　路線価地域にあるゴルフ場用地等については、路線価により評価します。

— 369 —

チェックポイント36
ゴルフ場用地の評価
　そのゴルフ場用地が宅地であるとした場合の価額に100分の60を乗ずることとしているのは、ゴルフ場用地の評価の基となる価額を周囲の宅地の価額すなわちゴルフ場用地を宅地に造成するとした場合の価額として求めていることから、大規模な宅地造成工事を行う場合に通常必要とされる公共施設用地等の面積に相当する部分を除いた有効宅地面積に相当する面積で評価するようにしたものです。

(2) その他のゴルフ場用地等（倍率方式）（評基通83(2)）

固定資産税評価額 × 評価倍率(※) = 評価額

※ ゴルフ場用地、大規模遊園地等用地の評価倍率については、評価倍率表に宅地等の評価倍率とは別に掲載されています。

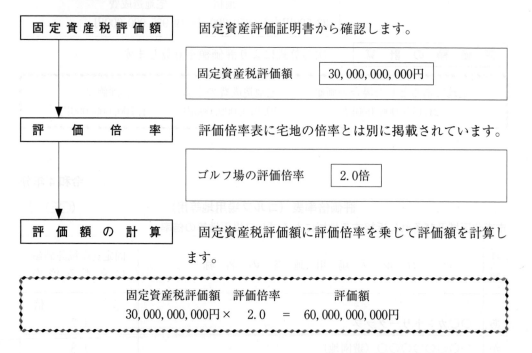

第8　雑種地及び雑種地の上に存する権利の評価

3　雑種地の賃借権の評価

(1)　地上権に準ずる賃借権 （評基通87(1)）

| 自用地としての価額 | × | 法定地上権割合 | } | いずれか低い方の価額 | ＝ | 評価額 |
| 自用地としての価額 | × | 借地権割合 |

自用地としての価額

　自用地としての価額の求め方については360ページから370ページを参照してください。

| 自用地としての価額 | 64,150,000円 |

賃借権の割合

　賃借権の残存期間に応ずる法定地上権割合を次の表から求めます。

| 残存期間　18年　⇒　20% |

法定地上権割合 （相法23）

残　存　期　間	地上権割合	残　存　期　間	地上権割合
10年以下	5%	30年超　35年以下	50%
10年超　15年以下	10%	35年超　40年以下	60%
15年超　20年以下	20%	40年超　45年以下	70%
20年超　25年以下	30%	45年超　50年以下	80%
25年超　30年以下	40%	50年超	90%
期間の定めのないもの	40%		

　借地権割合は、路線価図には次の記号で、評価倍率表には割合でそれぞれ表示されています。

記　　号	A	B	C	D	E	F	G
借地権割合	90%	80%	70%	60%	50%	40%	30%

　法定地上権割合と借地権割合とを比較し、いずれか低い割合を賃借権割合とします。

法定地上権割合		借地権割合
20%	＜	60%

評価額の計算

　自用地としての価額に賃借権割合を乗じて評価額を計算します。

　　　　自用地価額　　賃借権割合　　　評価額
　　64,150,000円×　　20%　　＝12,830,000円

第1章　土地及び土地の上に存する権利

(2)　地上権に準ずる賃借権以外の賃借権 （評基通87⑵)

$$\boxed{\text{自用地としての価額}} \times \boxed{\text{法定地上権割合}} \times \frac{1}{2} = \boxed{\text{評 価 額}}$$

$\boxed{\text{自 用 地 と し て の 価 額}}$　自用地としての価額の求め方については、360ページ
から370ページを参照してください。

自用地としての価額	64,150,000円

$\boxed{\text{賃 借 権 の 割 合}}$　賃借権の残存期間に応じ、その賃借権が地上権である
とした場合に適用される法定地上権割合の2分の1に相
当する割合を賃借権割合とします。

残存期間　11年　⇒　$10\% \times \dfrac{1}{2} = 5\%$

法定地上権割合 （相法23)

残　　存　　期　　間	地上権割合	残　　存　　期　　間	地上権割合
10年以下	5%	30年超　35年以下	50%
10年超　15年以下	10%	35年超　40年以下	60%
15年超　20年以下	20%	40年超　45年以下	70%
20年超　25年以下	30%	45年超　50年以下	80%
25年超　30年以下	40%	50年超	90%
期間の定めのないもの	40%		

$\boxed{\text{評 価 額 の 計 算}}$　自用地としての価額に賃借権割合を乗じて評価額を計
算します。

　　　　自用地価額　　　賃借権割合　　　評価額
　　　64,150,000円　×　　5%　=　3,207,500円

【チェックポイント37】

契約期間が1年以下の賃借権の評価

　賃貸借の契約期間が1年以下の賃借権（賃借権の利用状況に照らし賃貸借契約の更新が
見込まれるものを除きます。）及び臨時的な使用に係る賃借権については、その経済的価
値が極めて小さいものと考えられることから、このような賃借権の価額は評価しません。

　また、この場合の賃借権の目的となっている雑種地の価額は自用地価額で評価します。

— 372 —

第8 雑種地及び雑種地の上に存する権利の評価

4 貸し付けられている雑種地の評価

⑴ 地上権に準ずる賃借権の設定されている雑種地 （評基通86⑴イ）

| 自用地としての価額 | × (1 − | 法定地上権割合又は借地権割合のいずれか低い割合 |) |

| 自用地としての価額 | × (1 − | 残存期間に応ずる割合 |) |

いずれか低い方の価額 ＝ 評価額

自用地としての価額

自用地としての価額の求め方については、360ページから370ページを参照してください。

| 自用地としての価額 | 64,150,000円 |

賃 借 権 の 割 合

賃借権の残存期間に応ずる法定地上権割合を次の表から求めます。

残存期間 14年 ⇒ 10%

法定地上権割合（相法23）

残 存 期 間	地上権割合	残 存 期 間	地上権割合
10年以下	5%	30年超 35年以下	50%
10年超 15年以下	10%	35年超 40年以下	60%
15年超 20年以下	20%	40年超 45年以下	70%
20年超 25年以下	30%	45年超 50年以下	80%
25年超 30年以下	40%	50年超	90%
期間の定めのないもの	40%		

借地権割合は、路線価図には次の記号で、評価倍率表には割合でそれぞれ表示されています。

記 号	A	B	C	D	E	F	G
借地権割合	90%	80%	70%	60%	50%	40%	30%

法定地上権割合と借地権割合とを比較し、いずれか低い割合を賃借権割合とします。

法定地上権割合	借地権割合
10%	＜ 60%

― 373 ―

第1章　土地及び土地の上に存する権利

残存期間に応ずる割合　　残存期間に応ずる割合は、財産評価基本通達86(1)イに定める割合から求めます。

┌─ 財産評価基本通達86(1)に定める割合 ─┐

　　　残存期間　14年　⇒　15%　◄

　(イ)　残存期間が5年以下のもの　100分の5
　(ロ)　残存期間が5年を超え10年以下のもの　100分の10
　(ハ)　残存期間が10年を超え15年以下のもの　100分の15
　(ニ)　残存期間が15年を超えるもの　100分の20

評　価　額　の　計　算　　賃借権の価額を控除した金額と残存期間に応ずる割合を基に評価した金額とのいずれか低い金額により評価します。

```
　　　自用地価額　　　　　　賃借権割合
　　64,150,000円 × （1　－　10%）　＝　57,735,000円　………A


　　　自用地価額　　　　　残存期間に
　　　　　　　　　　　　　応ずる割合
　　64,150,000円 × （1－　15%　）　＝　54,527,500円　………B

　　A ＞ B　よって　評価額　＝　54,527,500円
```

— 374 —

第8　雑種地及び雑種地の上に存する権利の評価

チェックポイント38

賃借人が造成工事を行っている場合の貸し付けられているゴルフ場用地の評価

　ゴルフ場用地として貸し付けられている雑種地については、そのほとんどは賃借人が造成工事を行っています。

　このような場合に、ゴルフ場用地として造成された価額を基として貸し付けられている雑種地の価額を評価すると、造成費相当額だけ高くなっている雑種地の価額から賃借権の価額を控除することになり不合理な結果となります。

　そこで、このような場合には、雑種地の自用地としての価額を、造成工事が行われていないものとして近傍の土地の価額に比準して求め、その価額から、その価額を基に評価した賃借権等の価額を控除して評価します。

　雑種地の価額は、その雑種地と状況が類似する土地（地目）を、その雑種地の周囲の状況等を考慮して判定し、この土地の価額に比準して評価した価額を基に評価することとなります。

　周囲の状況が山林であるゴルフ場用地の場合の評価方法は、次のとおりです。

（例）　ゴルフ場用地としての評価額　　　100,000千円

　　　　山林としての評価額　　　　　　　15,000千円

　　　　賃借権の割合　　　　　　　　　　40％

　　　　（賃借権の割合は、契約内容、残存期間等に応じて判定することになりますが、計算上40％と仮定しました。）

　　　　（賃借人が造成を行っている場合の貸付地の評価額）

　　　　15,000千円×（1－0.4）＝9,000千円

　　　（注）　土地の所有者が造成工事を行っている場合の貸付地の評価額は、

　　　　　　　100,000千円×（1－0.4）＝60,000千円　となります。

　　　　　　また、賃借権の評価額は、いずれの場合にも、

　　　　　　　100,000千円×0.4＝40,000千円　となります。

第1章　土地及び土地の上に存する権利

⑵　地上権に準ずる賃借権以外の賃借権が設定されている雑種地（評基通86⑴ロ）

$$
\left.\begin{array}{l}
\boxed{\text{自用地としての価額}} \times \left(1- \boxed{\text{法定地上権割合}} \times \dfrac{1}{2}\right) \\[3mm]
\boxed{\text{自用地としての価額}} \times \left(1- \boxed{\text{残存期間に応ずる割合}} \times \dfrac{1}{2}\right)
\end{array}\right\}
\boxed{\begin{array}{c}\text{いずれか低}\\\text{い方の価額}\end{array}} = \boxed{\text{評価額}}
$$

$\boxed{\text{自 用 地 と し て の 価 額}}$　　自用地としての価額の求め方については、360ページから370ページを参照してください。

自用地としての価額	64,150,000円

$\boxed{\text{賃 借 権 の 割 合}}$　　賃借権の残存期間に応じ、その賃借権が地上権であるとした場合に適用される法定地上権割合の2分の1に相当する割合を賃借権割合とします。

残存期間11年　⇒　$10\% \times \dfrac{1}{2} = 5\%$

法定地上権割合（相法23）

残　　存　　期　　間	地上権割合	残　　存　　期　　間	地上権割合
10年以下	5%	30年超　35年以下	50%
10年超　15年以下	10%	35年超　40年以下	60%
15年超　20年以下	20%	40年超　45年以下	70%
20年超　25年以下	30%	45年超　50年以下	80%
25年超　30年以下	40%	50年超	90%
期間の定めのないもの	40%		

第8　雑種地及び雑種地の上に存する権利の評価

残存期間に応ずる割合

　　残存期間に応ずる割合の2分の1に相当する割合を求めます。

┌─ 財産評価基本通達86⑴に定める割合 ─────────┐
　　残存期間　11年　⇒　15%　×　$\dfrac{1}{2}$　＝　7.5%

　㈵　残存期間が5年以下のもの　100分の5
　㈼　残存期間が5年を超え10年以下のもの　100分の10
　㈽　残存期間が10年を超え15年以下のもの　100分の15
　㈾　残存期間が15年を超えるもの　100分の20
└─────────────────────────────┘

評　価　額　の　計　算

　　自用地価額から賃借権の価額を控除した金額と自用地価額から自用地価額に残存期間に応ずる割合の2分の1の割合を乗じた金額を控除した金額とのいずれか低い金額で評価します。

```
　　自用地価額　　　　賃借権割合
　64,150,000円×（1 －　5％　　）＝60,942,500円…………………A
　　自用地価額　　　残存期間に応ずる割合
　64,150,000円×（1 －　7.5％　　）＝59,338,750円 ……………B

　　A　＞　B　よって　評価額＝59,338,750円
```

┌─────────────────────────────────┐
　チェックポイント39

土地の所有者が、その土地を月極め等の貸駐車場として利用している場合

　土地の所有者が貸駐車場を経営することは、その土地で一定の期間、自動車を保管することを引き受けることであり、このような自動車を保管することを目的とする契約は、土地そのものの利用を目的とした賃貸借契約とは本質的に異なる契約関係となることから、この場合の駐車場の利用権は、その契約期間に関係なく、その土地自体に及ぶものではないと考えられます。

　したがって、その土地の自用地としての価額により評価します。
└─────────────────────────────────┘

－ 377 －

第2章　家屋及び構築物の評価

1　自用の家屋の評価（評基通89）

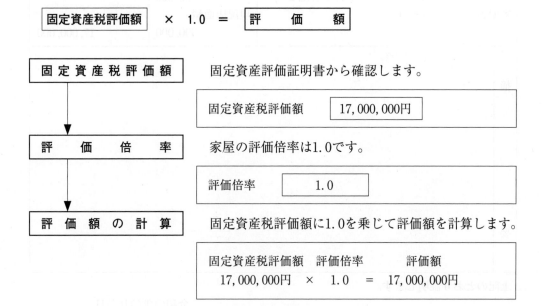

固定資産（土地・家屋）評価証明書

所有者	住 所 氏 名 （名称）	東京都○○区○○ 1 － 1 ××××	証明を必 要とする 理由	税務署へ提出のため

所 在 等			地積又は床面積㎡	令和XX年度価格（円）
家屋番号	○○区○○ 1 丁目 1 番地 1 ○○区○○ 1 丁目 1 番地 2 1 － 1		登記床面積 390.000 現況床面積 390.000	17,000,000

摘 要	

上記のとおり証明します。

令和○年○月○日
東京都○○都税事務所長

2　貸家の評価（評基通93）

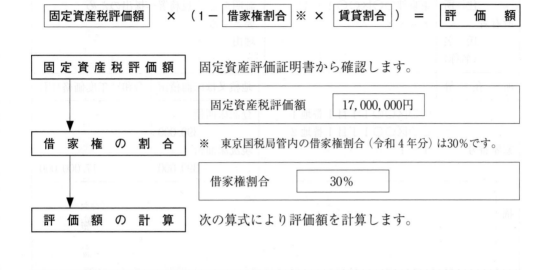

次の算式により評価額を計算します。

固定資産税評価額　　　　借家権割合　賃貸割合　　　評価額
17,000,000円　×（ 1 －　30%　×　100% ）＝ 11,900,000円

チェックポイント40

課税価格に算入しない借家権

　借家権の価額は、その権利が権利金等の名称をもって取引される慣行のない地域にあるものについては、評価しないこととされています（評基通94）。

構築物の賃借人の権利の評価

　建物の賃貸借については、借地借家法の適用があり、借家人には、特別の保護が与えられていることから、財産評価基本通達では借家人がその借家の敷地である宅地等に有する権利を評価することとし、その評価方法を定めています（ただし、その権利が権利金等の名称をもって取引される慣行のない地域にあるものについては、評価しないこととされています。）。

　しかし、構築物の賃貸借については建物の賃貸借の場合のような法律上の特別の保護を与えられたものでないこと等から、原則として、構築物の賃借人の権利は評価しません。

第2章　家屋及び構築物の評価

固定資産（土地・家屋）評価証明書

所有者	住　所	東京都○○区○○１－１ ××××	証明を必要とする理由	税務署へ提出のため
	氏　名 （名称）			

所　在　等		地積又は床面積㎡	令和XX年度価格（円）
家屋番号	○○区○○１丁目１番地１ ○○区○○１丁目１番地２ 　　　１－１	登記床面積 　　　　　390.000 現況床面積 　　　　　390.000	17,000,000

摘 要	

上記のとおり証明します。

令和○年○月○日
東京都○○都税事務所長

チェックポイント41

増改築等に係る家屋の状況に応じた固定資産税評価額が付されていない家屋の評価

　課税時期において、増改築等に係る家屋の状況に応じた固定資産税評価額が付されていない家屋の価額については、増改築等に係る部分以外の部分に対応する固定資産税評価額に、当該増改築等に係る部分の価額として、当該増改築等に係る家屋と状況の類似した付近の家屋の固定資産税評価額を基として、その付近の家屋との構造、経過年数、用途等の差を考慮して評定した価額（ただし、状況の類似した付近の家屋がない場合には、その増改築等に係る部分の再建築価額から課税時期までの間における償却費相当額を控除した価額の100分の70に相当する金額）を加算した価額（課税時期から申告期限までの間に、その家屋の課税時期の状況に応じた固定資産税評価額が付された場合には、その固定資産税評価額）に基づき財産評価基本通達89《家屋の評価》又は93《貸家の評価》の定めにより評価します。

(注)1 **再建築価額**

　課税時期において、その資産を新たに建築又は設備するために要する費用の額の合計額をいいます。

2 **償却費相当額**

　文化財建造物である家屋の評価（評基通89－2⑵）の評価方法の定めを準用して、以下の算式で計算した金額とします。

再建築価額×（1－0.1）×経過年数※1／その建物の耐用年数※2

※1　経過年数

　　増改築等の時から課税時期までの期間に相当する年数（その期間に1年未満の端数があるときは、その端数は1年とします。）

※2　その建物の耐用年数

　　減価償却資産の耐用年数等に関する省令（昭和40年大蔵省令第15号）に規定する耐用年数とします。

3　建築中の家屋の評価（評基通91）

課税時期までに投下された費用現価の額	× 0.7 =	評　　価　　額

課税時期までに投下された費用現価

↓

評　価　額　の　計　算

　課税時期までに投下された費用現価の額を請負契約書、領収書から確認します。

　課税時期までに投下された費用現価の額に0.7を乗じて評価額を計算します。

費用現価の額	100,000,000円

費用現価の額　　　　　　　評価額
100,000,000円　×　0.7　＝　70,000,000円

4　附属設備等の評価

(1)　家屋と構造上一体となっている設備（評基通92(1)）

家屋の価額に含めて評価します。

> **家屋と構造上一体となっている設備**とは、家屋の所有者が有する電気設備（ネオンサイン、投光器、スポットライト、電話機、電話交換機及びタイムレコーダー等を除きます。）、ガス設備、衛生設備、給排水設備、温湿度調整設備、消火設備、避雷針設備、昇降設備、じんかい処理設備等で、その家屋に取り付けられ、その家屋と構造上一体となっているものをいいます。
>
> 　なお、これらの附属設備は、固定資産税における家屋の価額を評価する場合の評点数の付設上「建築設備」として算入されることになっています（「固定資産評価基準」昭和38年12月25日自治省告示第158号）。

(参考)　固定資産評価基準（抜粋）

第2章　家屋

　第1節　通則

　七　建築設備の評価

　　家屋の所有者が所有する電気設備、ガス設備、給水設備、排水設備、衛生設備、冷暖房設備、空調設備、防災設備、運搬設備、清掃設備等の建築設備で、家屋に取り付けられ、家屋と構造上一体となって、家屋の効用を高めるものについては、家屋に含めて評価するものとする。

(2)　門、塀等の設備（評基通92(2)）

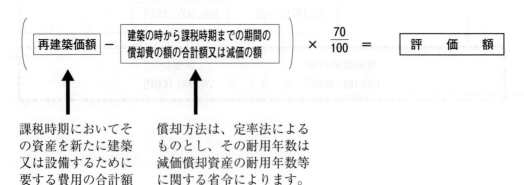

課税時期においてその資産を新たに建築又は設備するために要する費用の合計額です。

償却方法は、定率法によるものとし、その耐用年数は減価償却資産の耐用年数等に関する省令によります。

(3) 庭園設備（庭木、庭石、あずまや、庭池等）（評基通92(3)）

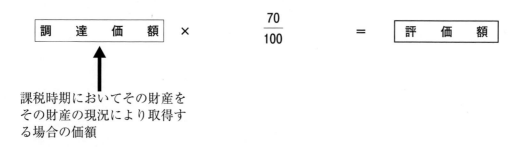

5　構築物（評基通96、97）

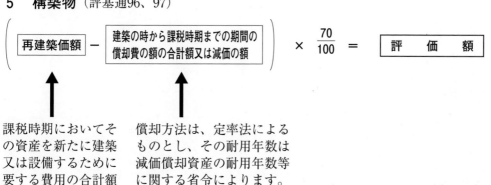

>　チェックポイント42
>
> **構築物の例**
>
> 　構築物には、ガソリンスタンド、橋、トンネル、広告塔、運動場、野球場のスタンド、プール等があり、土地又は家屋と一括して評価するものは除かれます。

(3) 建물附屬設備（給水、排水、あす화き、冷暖房等）（耐用年数3년）

建設附屬設備 = 取得価額 × 70/100

取得時期によって、その価額を
その用途の種別により取得する
之場合の価額

5. 構築物（耐用年数30、3年）

再建築価額 = [構築物の有する基礎工事までの期間の
償却費の額の合計計算及び実際の額] × 70/100 = 評価額

【용어의 해설 その45】

構築物의 例

構築物에는、タンク式油類容器、タンク、浴槽、プール、井戸、溜池、貯水槽のチメント、
いーす類あり、主에 土木的성격을 有하는 것이 該當함.

第3章 株式及び出資の評価

財産評価基本通達では、株式、株式に関する権利、出資に区分して、評価します。

第1 株式の評価の概要

株式評価上の区分

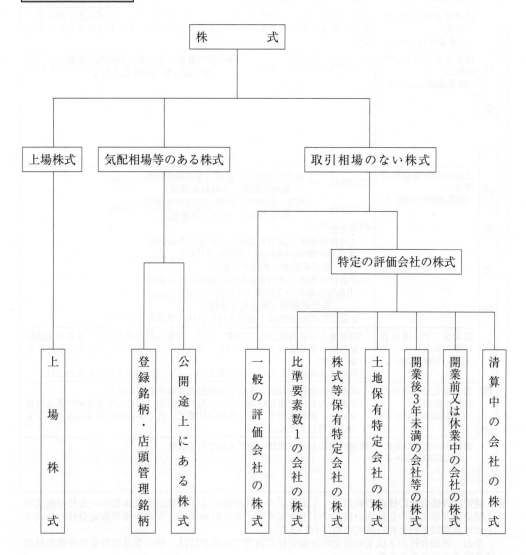

第3章　株式及び出資の評価

株式評価の概要

評価上の区分			定　義　・　判　定　基　準
上場株式 （評基通168(1)、169）			金融商品取引所に上場されている株式
気配相場等のある株式	登録銘柄・店頭管理銘柄 （評基通168(2)イ、174(1)）		登録銘柄——日本証券業協会の内規によって登録銘柄として登録されている株式 店頭管理銘柄——日本証券業協会の内規によって店頭管理銘柄として指定されている株式
	公開途上にある株式 （評基通168(2)ロ、174(2)）		金融商品取引所が株式の上場を承認したことを明らかにした日から上場の日の前日までのその株式（登録銘柄を除きます。）及び日本証券業協会が株式を登録銘柄として登録することを明らかにした日から登録の日の前日までのその株式（店頭管理銘柄を除きます。）
取引相場のない株式 （評基通168(3)）			上場株式及び気配相場等のある株式以外の株式
	一般の評価会社の株式		特定の評価会社の株式以外の株式
	特定の評価会社の株式	比準要素数1の会社の株式 （評基通189(1)、189-2）	直前期末を基準とした比準要素（Ⓑ、Ⓒ、Ⓓ）のうち、いずれか2が0で、かつ、直前々期末を基準とした比準要素のうち、いずれか2以上が0である会社
		株式等保有特定会社の株式 （評基通189(2)、189-3）	○大会社・中会社・小会社　$\dfrac{\text{株式等の価額の合計額（相続税評価額）}}{\text{総資産価額（相続税評価額）}} \geqq 50\%$
		土地保有特定会社の株式 （評基通189(3)、189-4）	○大会社　$\dfrac{\text{土地等の価額の合計額（相続税評価額）}}{\text{総資産価額（相続税評価額）}} \geqq 70\%$ ○中会社　$\dfrac{\text{土地等の価額の合計額（相続税評価額）}}{\text{総資産価額（相続税評価額）}} \geqq 90\%$ ○小会社 ・大会社の基準に該当する総資産価額のある会社 　$\dfrac{\text{土地等の価額の合計額（相続税評価額）}}{\text{総資産価額（相続税評価額）}} \geqq 70\%$ ・中会社の基準に該当する総資産価額のある会社 　$\dfrac{\text{土地等の価額の合計額（相続税評価額）}}{\text{総資産価額（相続税評価額）}} \geqq 90\%$ ・上記以外の小会社は土地保有特定会社には該当しません。
		開業後3年未満の会社等の株式 （評基通189(4)、189-4）	○開業後3年未満の会社（「開業」とは、評価会社がその目的とする事業活動を開始することにより収益（収入）が生じることをいい、会社の設立とは異なります。） ○直前期末を基準として、比準要素（Ⓑ、Ⓒ、Ⓓ）のいずれもが0の会社
		開業前又は休業中の会社の株式 （評基通189(5)、189-5）	○開業前の会社（目的とする事業活動を開始する前の会社） ○休業中の会社（課税時期において相当長期間にわたって休業中である会社をいい、最近に始まった一時的な休業で、近く事業が再開されるようなものは該当しません。）
		清算中の会社の株式 （評基通189(6)、189-6）	課税時期において清算手続に入っている会社

※　**特定の評価会社の株式の判定**は、①清算中の会社の株式⇨②開業前又は休業中の会社の株式⇨③開業後3年未満の会社等の株式⇨④土地保有特定会社の株式⇨⑤株式等保有特定会社の株式⇨⑥比準要素数1の会社の株式の順に行います。

　なお、評価会社が2以上の特定の評価会社に該当する場合には、前の番号の特定の評価会社に該当することとなります。

第1　株式の評価の概要

評　価　方　法　の　概　要　等
①課税時期の最終価格、②課税時期の属する月の月中平均、③課税時期の属する月の前月の月中平均、④課税時期の属する月の前々月の月中平均のうち最も低い価格 （特例）負担付贈与等による取得については、課税時期の最終価格
①課税時期の取引価格、②課税時期の属する月の月中平均、③課税時期の属する月の前月の月中平均、④課税時期の属する月の前々月の月中平均のうち最も低い価格 （特例）負担付贈与等による取得については、課税時期の取引価格
公募・売出しが行われる場合には公開価格 公募・売出しが行われない場合には課税時期以前の取引価格等を勘案
類似業種比準方式、純資産価額方式、併用方式 （同族株主以外の株主等が取得した場合）配当還元方式
純資産価額方式、併用方式（Lの割合0.25） （同族株主以外の株主等が取得した場合）配当還元方式
純資産価額方式、（S₁＋S₂）方式 （同族株主以外の株主等が取得した場合）配当還元方式 株式等とは──株式、出資及び新株予約権付社債をいい、所有目的又は所有期間のいかんを問いません（投資有価証券として計上されている株式、外国株式、株式形態のゴルフ会員権等も含まれます。）。 　　また、法人税法12条の規定により評価会社が信託財産を有するものとみなされている場合（評価会社が明らかに当該信託財産の収益の受益権のみを有している場合を除きます。）において、その信託財産に株式等が含まれているときには、当該株式等を評価会社が所有しているものとみなします。 　　なお、出資は法人に対する出資をいい、民法上の組合、匿名組合に対する出資は含まれず、新株予約権付社債は、会社法第2条第22号に規定するものをいいます。
純資産価額方式 （同族株主以外の株主等が取得した場合）配当還元方式 土地等とは──土地及び土地の上に存する権利をいい、たな卸資産に該当する土地及び土地の上に存する権利も含まれます。 　　なお、土地等の価額は、原則として、課税時期現在の相続税評価額によりますが、たな卸資産についてはたな卸資産の評価により、課税時期前3年以内に取得した土地等については課税時期における通常の取引価額によります。 　　また、直前期末の資産を基にする場合においても、課税時期現在の価額によることに注意してください。
純資産価額方式 （同族株主以外の株主等が取得した場合）配当還元方式
純資産価額方式
清算分配見込金に基づき評価 　　ただし、分配を行わず長期にわたり清算中のままになっている会社については、清算の分配を受ける見込みの金額や分配を受けると見込まれる日までの期間の算定が困難であると見込まれることから、純資産価額で評価することとしています。

第3章　株式及び出資の評価

第2　上場株式の評価

1　原則的な評価方法

課　税　時　期　の　最　終　価　格（終　値）
課税時期の属する月の毎日の最終価格(終値)の月平均額
課税時期の属する月の前月の毎日の最終価格(終値)の月平均額
課税時期の属する月の前々月の毎日の最終価格(終値)の月平均額

最も低い価額 ＝ **評価額**

課　税　時　期　の　終　値

日刊新聞等から確認します。

課税時期の最終価格（終値）	A　149円

※　課税時期が休日等で最終価格がない場合等の最終価格の特例については394ページから396ページを参照してください。

月　　中　　平　　均

各金融商品取引所発行の統計月報又は日本証券新聞で課税時期の属する月、前月、前々月の最終価格の月平均額を調べます。

課税時期の属する月の毎日の最終価格の月平均額	B　146円
課税時期の属する月の前月の毎日の最終価格の月平均額	C　134円
課税時期の属する月の前々月の毎日の最終価格の月平均額	D　142円

最終価格の月平均額の特例については、396ページから401ページを参照してください。

評　価　額　の　計　算

A・B・C・Dのうち最も低い価額で評価します。

C　134円	＜	D　142円	＜	B　146円	＜	A　149円	よって　評価額＝	134円

※　1円未満の端数がある場合は、切り捨てます。

— 390 —

第2　上場株式の評価

【●年4月●日株式相場表】（見本）

> その日の最後の取引値（1株当たり、円）をいい、この価格が「最終価格」です。

立会市場普通取引
Auction Trades Regular Way

コード Code	売買単位 Trading Unit	銘柄名 Issues	午前 (The morning trading session)				午後 (The afternoon trading session)				最終気配 Final special quote	前日比 Net Change	売買高加重平均価格 VWAP	売買高 Trading Volume	売買代金 Trading Value
			始値 Open	高値 High	安値 Low	終値 Close	始値 Open	高値 High	安値 Low	終値 Close					
			円[¥]	円[¥]	円[¥]	円[¥]	円[¥]	円[¥]	円[¥]	円[¥]	円[¥]	円[¥]	円[¥]	千株 [thous.shs.] 千口／千個 [thous.units.]	千円 [¥thous.]

内国株式
Domestic Stock

プライム市場
Prime Market

水産・農林業 Fishery,Agriculture & Forestry

コード	売買単位	銘柄名	始値	高値	安値	終値	始値	高値	安値	終値	最終気配	前日比	VWAP	売買高	売買代金
1301	100	極洋 KYOKUYO CO.,LTD.	3,325.00	3,385.00	3,325.00	3,385.00	3,390.00	3,395.00	3,370.00	3,395.00	－	65.00	3,371.3699	14.6	49,222
1332	100	日水 Nippon Suisan Kaisha,Ltd.	530.00	545.00	530.00	543.00	542.00	546.00	539.00	545.00	－	24.00	539.9416	2,256.6	1,218,432.200
1333	100	マルハニチロ Maruha Nichiro Corporation	2,240.00	2,311.00	2,239.00	2,307.00	2,307.00	2,308.00	2,285.00	2,290.00	－	57.00	2,288.7928	345.1	789,862.400
1375	100	雪国まいたけ YUKIGUNI MAITAKE CO.,LTD.	856.00	867.00	853.00	865.00	867.00	869.00	863.00	868.00	－	17.00	862.8296	374.9	323,474.800
1377	100	サカタのタネ SAKATA SEED CORPORATION	4,460.00	4,600.00	4,445.00	4,570.00	4,575.00	4,635.00	4,570.00	4,600.00	－	170.00	4,569.8942	335.6	1,533,656.500
1379	100	ホクト HOKUTO CORPORATION	1,913.00	1,934.00	1,913.00	1,934.00	1,934.00	1,937.00	1,926.00	1,937.00	－	32.00	1,929.7838	55.5	107,103

【月間相場表】（見本）

〈●年4月〉

年月 Year/Month	銘柄コード Code	銘柄名称	始値 Open 円（¥）	日付 Date	高値 High 円（¥）	日付 Date	安値 Low 円（¥）	日付 Date	終値 Close 円（¥）	日付 Date	終値平均 Average Closing Price 円（¥）
●/04	1301	極洋　普通株式	3,110.00	4	3,160.00	26	3,055.00	11	3,150.00	31	3,102.63
●/04	1332	日本水産　普通株式	553.00	4	561.00	6	520.00	19	535.00	31	541.79
●/04	1333	マルハニチロ　普通株式	2,414.00	4	2,465.00	12	2,336.00	21	2,446.00	31	2,416.84
●/04	1352	ホウスイ　普通株式	856.00	4	882.00	31	800.00	24	875.00	31	834.95
●/04	1375	雪国まいたけ　普通株式	1,220.00	4	1,249.00	18	1,136.00	27	1,165.00	31	1,200.42
●/04	1376	カネコ種苗　普通株式	1,464.00	4	1,569.00	14	1,440.00	13	1,501.00	31	1,486.95

〈●年5月〉

年月 Year/Month	銘柄コード Code	銘柄名称	始値 Open 円（¥）	日付 Date	高値 High 円（¥）	日付 Date	安値 Low 円（¥）	日付 Date	終値 Close 円（¥）	日付 Date	終値平均 Average Closing Price 円（¥）
●/05	1301	極洋　普通株式	3,155.00	1	3,270.00	4	3,135.00	25	3,265.00	28	3,216.67
●/05	1332	日本水産　普通株式	535.00	1	572.00	17	520.00	7	544.00	28	545.67
●/05	1333	マルハニチロ　普通株式	2,447.00	1	2,663.00	8	2,413.00	1	2,515.00	28	2,562.00
●/05	1352	ホウスイ　普通株式	870.00	1	880.00	28	817.00	17	880.00	28	837.17
●/05	1375	雪国まいたけ　普通株式	1,166.00	1	1,258.00	14	1,118.00	4	1,201.00	28	1,205.56
●/05	1376	カネコ種苗　普通株式	1,501.00	1	1,581.00	18	1,482.00	2	1,570.00	28	1,539.44

〈●年6月〉

年月 Year/Month	銘柄コード Code	銘柄名称	始値 Open 円（¥）	日付 Date	高値 High 円（¥）	日付 Date	安値 Low 円（¥）	日付 Date	終値 Close 円（¥）	日付 Date	終値平均 Average Closing Price 円（¥）
●/06	1301	極洋　普通株式	3,270.00	1	3,575.00	28	3,200.00	14	3,330.00	31	3,330.23
●/06	1332	日本水産　普通株式	545.00	1	584.00	28	497.00	9	548.00	31	551.23
●/06	1333	マルハニチロ　普通株式	2,515.00	1	2,567.00	28	2,330.00	9	2,397.00	31	2,471.64
●/06	1352	ホウスイ　普通株式	1,030.00	1	1,220.00	22	1,030.00	1	1,219.00	31	1,209.32
●/06	1375	雪国まいたけ　普通株式	1,211.00	1	1,224.00	1	1,092.00	9	1,141.00	31	1,168.00
●/06	1376	カネコ種苗　普通株式	1,570.00	1	1,650.00	15	1,480.00	9	1,597.00	31	1,577.45

※　上記相場表は東京証券取引所ホームページを参考に見本として作成したものです。

— 391 —

第3章　株式及び出資の評価

上 場 株 式 の 評 価 明 細 書

銘　柄	取引所等の名称	課税時期の最終価格		最終価格の月平均額			評価額	増資による権利落等の修正計算その他の参考事項
		月日	①価額	課税時期の属する月 ②11月	課税時期の属する月の前月 ③10月	課税時期の属する月の前々月 ④9月	①の金額又は①から④までのうち最も低い金額	
○○○	東1	11/17	円 149	円 146	円 134	円 142	円 134	

記載方法等

1　「取引所等の名称」欄には、課税時期の最終価格等について採用した金融商品取引所名及び市場名を記載します（例えば、東京証券取引所のプライム市場の場合は「東P」、名古屋証券取引所のメイン市場の場合は「名M」など）。

2　「課税時期の最終価格」の「月日」欄には、課税時期を記載します。ただし、課税時期に取引がない場合等には、課税時期の最終価格として採用した最終価格についての取引月日を記載します。

3　「最終価格の月平均額」の「②」欄、「③」欄及び「④」欄には、それぞれの月の最終価格の月平均額を記載します。ただし、最終価格の月平均額について増資による権利落等の修正計算を必要とする場合には、修正計算後の最終価格の月平均額を記載するとともに、修正計算前の最終価格の月平均額をかっこ書きします。

4　「評価額」欄には、負担付贈与又は個人間の対価を伴う取引により取得した場合には、「①」欄の金額を、その他の場合には、「①」欄から「④」欄までのうち最も低い金額を記載します。

5　各欄の金額は、各欄の表示単位未満の端数を切り捨てます。

チェックポイント43

２以上の金融商品取引所に上場されている銘柄の株式を評価する場合の金融商品取引所の選択

　上場株式の評価において、２以上の金融商品取引所に上場されている場合の金融商品取引所の選択は、「納税義務者が選択した金融商品取引所」となります（評基通169）。

　なお、この取扱いは、納税者の選択に委ねるといっても、他の金融商品取引所に「課税時期の最終価格」及び「最終価格の月平均額」があるにもかかわらず、それらのない金融商品取引所の選択を認めることではありません。

第2　上場株式の評価

チェックポイント44

1　東京証券取引所の市場区分の再編

　東京証券取引所では、令和4年4月4日に、従来の市場第一部、市場第二部、マザーズ、JASDAQ（スタンダード、グロース）の4つの市場区分が次の3つの新しい市場区分に再編されました（新市場区分の上場会社数は令和4年4月4日時点のものです。）。詳細は、日本取引所グループのホームページ（https://www.jpx.co.jp）を参照してください。

　上場会社は、各市場区分のコンセプトに応じて設けられた、流動性やコーポレート・ガバナンスなどに係る上場基準について、上場後においてもその水準を継続して維持することが求められます。

① 　プライム市場（1,839社）

　　多くの機関投資家の投資対象になりうる規模の時価総額（流動性）を持ち、より高いガバナンス水準を備え、投資者との建設的な対話を中心に据えて持続的な成長と中長期的な企業価値の向上にコミットする企業向けの市場

② 　スタンダード市場（1,466社）

　　公開された市場における投資対象として一定の時価総額（流動性）を持ち、上場企業としての基本的なガバナンス水準を備えつつ、持続的な成長と中長期的な企業価値の向上にコミットする企業向けの市場

③ 　グロース市場（466社）

　　高い成長可能性を実現するための事業計画及びその進捗の適時・適切な開示が行われ一定の市場評価が得られる一方、事業実績の観点から相対的にリスクが高い企業向けの市場

2　名古屋証券取引所の市場名称の変更

　名古屋証券取引所では、令和4年4月4日に、従来の市場第一部、市場第二部、セントレックスの3つの市場名称を、それぞれプレミア市場、メイン市場、ネクスト市場に変更されました。詳細は、名古屋証券取引所ホームページ（https://www.nse.or.jp）を参照してください。

2 負担付贈与又は個人間の対価を伴う取引により取得した場合

| 課税時期の最終価格（終値） | ＝ | 評　価　額 |

負担付贈与又は個人間の対価を伴う取引により取得した上場株式の評価額は、その取得の時（課税時期）における最終価格によって評価することとされていますので、上記1の**原則的な評価方法**である課税時期の属する月以前3か月間の月中平均額の最も低い価額により評価する方法によらないことになります（評基通169(2)）。

3 課税時期の最終価格の特例
(1) 課税時期が権利落等の日から株式の割当て等の基準日までの間にある場合

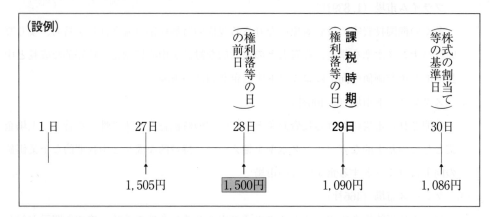

課税時期が権利落又は配当落（この第3章において、以下「権利落等」といいます。）の日（設例では29日）から株式の割当て、株式の無償交付又は配当金交付（この第3章において、以下「株式の割当て等」といいます。）の基準日（設例では30日）までの間にあるときは、その権利落等の日の前日（設例では28日）以前の最終価格のうち、課税時期に最も近い日の最終価格をもって課税時期の最終価格とします（評基通170）。

したがって、設例の場合の最終価格は、権利落等の日の前日（28日）の1,500円となります。仮に28日に最終価格がないときには、27日の1,505円を課税時期の最終価格とします。

権利落の場合には、最終価格の月平均額の特例（評基通172）の適用があることに注意してください（396ページ参照）。

(2) 課税時期に最終価格がない場合

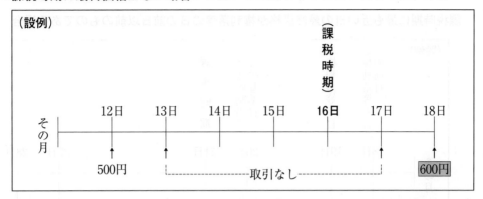

　課税時期にその株式の取引がなく、価格が付かなかった場合や、課税時期が土曜日又は休日である場合のように課税時期の最終価格がないときには、原則として、課税時期の前日以前の最終価格又は翌日以後の最終価格のうち、課税時期に最も近い日の最終価格を課税時期の最終価格とします。

　また、課税時期に最も近い日の最終価格が、課税時期の前日以前と翌日以後の双方にあるときは、その平均額となります（評基通171(1)）。

　したがって、設例の場合の課税時期の最終価格は、課税時期に最も近い18日の600円とします。

(3) 課税時期が権利落等の日の前日以前で、課税時期に取引がなく、かつ、課税時期に最も近い日の最終価格が権利落等の日以後のものである場合

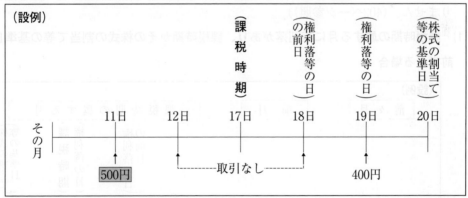

　課税時期の前日以前の最終価格のうち、課税時期に最も近い日の最終価格を課税時期の最終価格とします（評基通171(2)）。

　したがって、設例の場合には、19日の400円の方が11日の500円より課税時期に近い日の最終価格となりますが、19日は権利落等の日以後ですので、課税時期の前日以前の最終価格のうち課税時期に最も近い11日の500円を課税時期の最終価格とします。

(4) 課税時期が株式の割当て等の基準日の翌日以後で、課税時期に取引がなく、かつ、課税時期に最も近い日の最終価格が権利落等の日の前日以前のものである場合

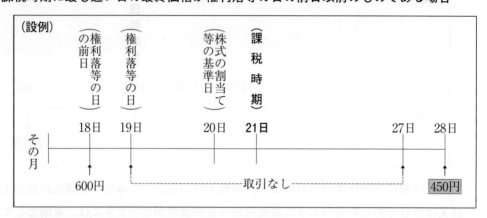

　課税時期の翌日以後の最終価格のうち、課税時期に最も近い日の最終価格を課税時期の最終価格とします（評基通171(3)）。

　したがって、設例の場合には、18日の600円の方が28日の450円より課税時期に近い日の最終価格となりますが、18日は権利落等の日の前日以前ですので、株式の割当て等の基準日の翌日以後の最終価格のうち、課税時期に最も近い28日の450円を課税時期の最終価格とします。

4　権利落があった場合の最終価格の月平均額の特例（配当落には適用がありません。(402ページ参照)）

(1) 課税時期の属する月に権利落があり、課税時期がその株式の割当て等の基準日以前である場合

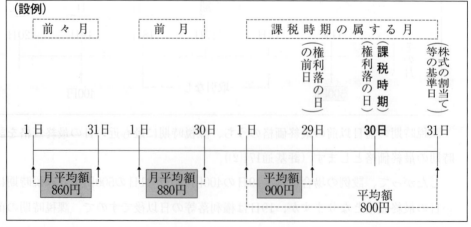

　課税時期が株式の割当て等の基準日以前にありますので、課税時期の属する月の最終価格の月平均額は、その月の初日から権利落の日の前日までの毎日の最終価格

— 396 —

の平均額を採用することになります（評基通172(1)）。

　したがって、設例の場合には、課税時期の属する月以前3か月間の各月の最終価格の月平均額は、次のとおりとなります。

1　課税時期の属する月

　　月の初日から権利落の日の前日までの毎日の最終価格の平均額　900円

2　課税時期の属する月の前月

　　前月中の月平均額　880円

3　課税時期の属する月の前々月

　　前々月中の月平均額　860円

(2)　**課税時期の属する月の初日以前に権利落があり、課税時期がその株式の割当て等の基準日以前である場合**

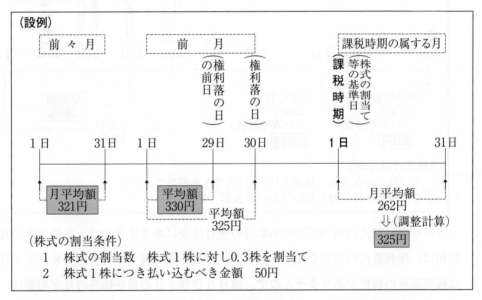

　課税時期の属する月には、権利落前の価額がありませんので、課税時期の属する月の最終価格の月平均額は次の算式により計算します（評基通172(2)）。

$$\frac{\text{課税時期の属する月の最終価格の月平均額}} \times \left(1 + \text{株式1株に対する割当株式数又は交付株式数}\right) - \text{割当てを受けた株式1株につき払い込むべき金額} \times \text{株式1株に対する割当株式数}$$

　また、課税時期の属する月の前月中に権利落がありますので、前月の月平均額は、月の初日から権利落の日の前日までの毎日の最終価格の平均額によります。

　したがって、設例の場合には、課税時期の属する月以前3か月間の各月の最終価格の月平均額は、次のとおりとなります。

1　課税時期の属する月　325円

（計算）　262円×（1＋0.3）－50円×0.3≒325円（1円未満切捨て）

2　課税時期の属する月の前月

月の初日から権利落等の日の前日までの毎日の最終価格の平均額　330円

3　課税時期の属する月の前々月

前々月中の月平均額　321円

(3) 課税時期の属する月に権利落があり、課税時期がその株式の割当て等の基準日の翌日以後である場合

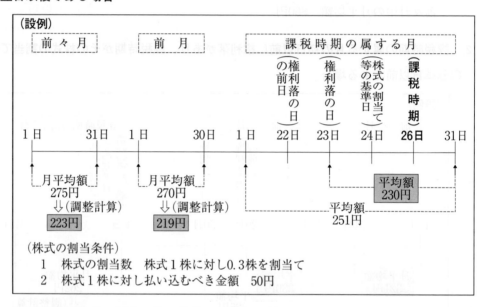

課税時期が株式の割当て等の基準日の翌日以後にありますので、最終価格の月平均額は、権利落後の価額を採用しますが、課税時期の属する月の前月及び前々月には権利落後の価格がありませんので、前月及び前々月の最終価格の月平均額は、次の算式により計算します（評基通172(4)）。

$$\left(\begin{array}{l}\text{その月の最終価}\\ \text{格の月平均額}\end{array} + \begin{array}{l}\text{割当てを受けた株}\\ \text{式1株につき払い}\\ \text{込むべき金額}\end{array} \times \begin{array}{l}\text{株式1株に}\\ \text{対する割当}\\ \text{株式数}\end{array}\right) \div \left(1 + \begin{array}{l}\text{株式1株に対す}\\ \text{る割当株式数又}\\ \text{は交付株式数}\end{array}\right)$$

また、課税時期の属する月の最終価格の平均額は、権利落の日からその月の末日までの毎日の最終価格の平均額によります（評基通172(3)）。

したがって、設例の場合には、課税時期の属する月以前3か月間の各月の最終価格の平均額は、次のとおりとなります。

1　課税時期の属する月

権利落の日からその月の末日までの毎日の最終価格の平均額　230円

2 課税時期の属する月の前月　219円

(計算)　(270円＋50円×0.3)÷(1＋0.3)≒219円（1円未満切捨て）

3 課税時期の属する月の前々月　223円

(計算)　(275円＋50円×0.3)÷(1＋0.3)≒223円（1円未満切捨て）

(4) **課税時期の前月中又は前々月中に権利落があり、課税時期がその株式の割当て等の基準日の翌日以後の場合**

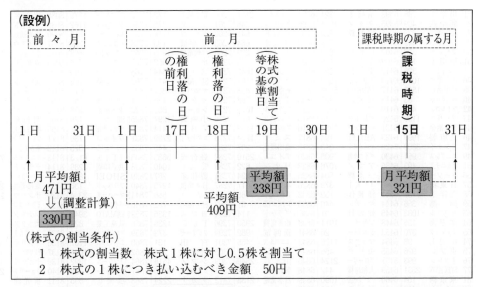

課税時期が株式の割当て等の基準日の翌日以後にありますので、最終価格の月平均額は、権利落の価額を採用することになります。課税時期の属する月の前月又は前々月で権利落の価格がない月については、最終価格の月平均額は、次の算式により計算します（評基通172(4)）。

$$\left(\begin{matrix}その月の最\\終価格の月\\平均額\end{matrix} + \begin{matrix}割当てを受けた株\\式1株につき払い\\込むべき金額\end{matrix} \times \begin{matrix}株式1株に対す\\る割当株式数\end{matrix}\right) \div \left(1 + \begin{matrix}株式1株に対する\\割当株式数又は交\\付株式数\end{matrix}\right)$$

また、権利落の日の属する月の最終価格の平均額は、権利落の日からその月の末日までの毎日の最終価格の平均額によります。

したがって、設例の場合には、課税時期の属する月以前3か月間の各月の最終価格の平均額は次のとおりとなります。

1 課税時期の属する月

　　その月の月平均額　321円

2 課税時期の属する月の前月

　　権利落の日からその月の末日までの毎日の最終価格の平均額　338円

3 課税時期の属する月の前々月 330円

（計算）（471円＋50円×0.5）÷（1＋0.5）≒330円（1円未満切捨て）

「月中終値平均」の見方

次の表は東京証券取引所上場銘柄のX年3月の「最終価格の月平均額」を抜粋したものです。

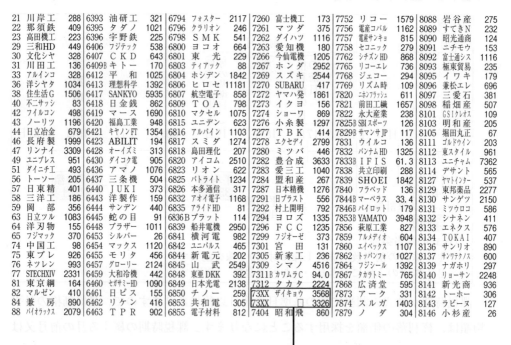

ザイキョウは3月30日権利落（株式割当ての基準日は3月31日）しました。
ザイキョウは、権利落前までの毎日の終値の平均額が、3,568円であり、「□ 3,326」は3月30日の権利落の日以後、月末までの毎日の終値の平均額が3,326円であることを示します。

※ 上記の表は参考であり、実際のものとは異なります。

— 400 —

第2 上場株式の評価

チェックポイント45

最終価格の月平均額の特例の概要

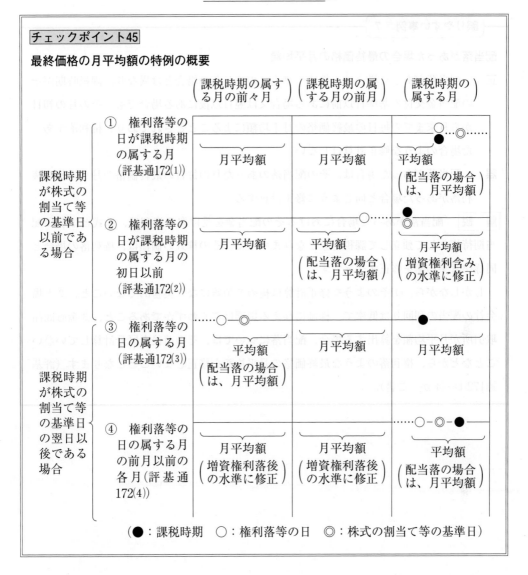

第3章　株式及び出資の評価

誤りやすい事例　7

配当落があった場合の最終価格の月平均額

正　　配当落があった場合は、株式の割当ての権利落の場合とは異なり、課税時期がその配当金交付の基準日以前にある場合又は翌日以後にある場合でも、その月の初日から月末までの毎日の最終価格の月平均額によることとされており、権利落があった場合のような修正計算はしない。

誤　　配当落があった場合は、その配当落のあった月の毎日の最終価格の月平均額を権利落があった場合と同じように修正計算する。

解　説　配当落があった場合におけるその配当金を受け取る権利は、株式とは別に配当期待権として独立して課税対象となりますので、その株式の価額は、権利落の場合と同様に月平均額を修正すべきです。

　しかしながら、①そのような修正計算は極めて煩雑になり実務的でないこと、②上場会社の配当の利回りは低率で、株価に与える影響はごくわずかであること、③金融商品取引所が月平均額を算出する場合、配当落については、その前後を区分計算していないことなどから、権利落のような最終価格の月平均額を修正しないこととなります（評基通172(1)〜(4)かっこ書）。

— 402 —

第3　気配相場等のある株式の評価

　気配相場等のある株式とは、①日本証券業協会において、登録銘柄として登録された株式及び店頭管理銘柄として指定された株式、②公開途上にある株式をいいます。

　なお、登録銘柄及び店頭管理銘柄については、平成16年12月13日に㈱ジャスダック証券取引所が創設されたことに伴い、原則として、取引所上場有価証券に移行されました。

　したがって、現在は、登録銘柄及び店頭管理銘柄に該当するものはありません。

1　登録銘柄・店頭管理銘柄の評価

(1)　原則的な評価方法（評基通174(1)イ）

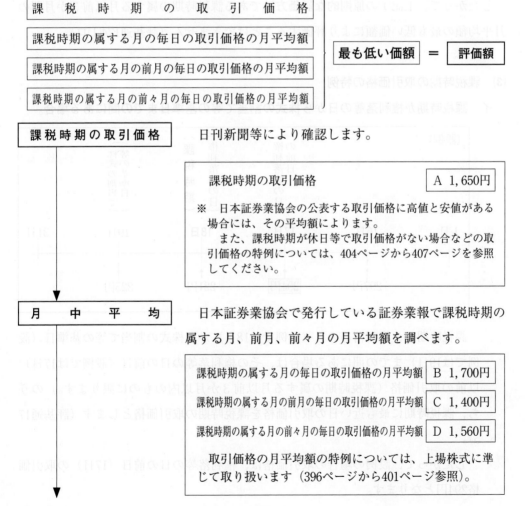

第3章　株式及び出資の評価

| 評 価 額 の 算 出 | A・B・C・Dのうち最も低い価額で評価します。 |

C 1,400円 ＜ D 1,560円 ＜ A 1,650円 ＜ B 1,700円

よって、評価額 ＝ 1,400円

(2) **負担付贈与又は個人間の対価を伴う取引により取得した場合**

課税時期の取引価格　＝　評　価　額

負担付贈与又は個人間の対価を伴う取引により取得した登録銘柄及び店頭管理銘柄の価額は、日本証券業協会の公表する課税時期の取引価格によって評価することとされています。

したがって、上記(1)の**原則的な評価方法**である課税時期の属する月以前3か月間の月平均額の最も低い価額により評価することはできません（評基通174(1)ロ）。

(3) **課税時期の取引価格の特例**

イ　課税時期が権利落等の日から株式の割当て等の基準日までの間にある場合

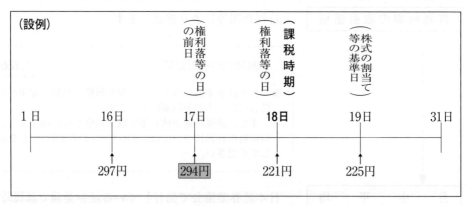

課税時期が、権利落等の日（設例では18日）から株式の割当て等の基準日（設例では19日）までの間にある場合は、その権利落等の日の前日（設例では17日）以前の取引価格（課税時期の属する月以前3か月以内のものに限ります。）のうち、課税時期に最も近い日の取引価格を課税時期の取引価格とします（評基通175）。

したがって、設例の場合の取引価格は、権利落等の日の前日（17日）の取引価格294円となります。

— 404 —

ロ　課税時期に取引価格がない場合（下記ハ以外）

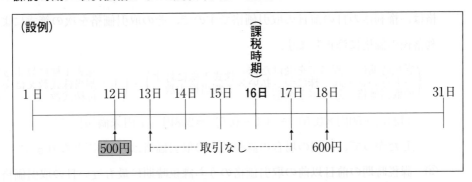

　課税時期にその株式の取引がなく価格が付かない場合や、課税時期が土曜日又は休日である場合のように、課税時期に取引価格がない場合には、原則として、課税時期の前日以前の取引価格（課税時期の属する月以前3か月以内のものに限ります。）のうち、課税時期に最も近い日の取引価格を課税時期の取引価格とします（評基通176(1)）。

　したがって、設例の場合の取引価格は、課税時期の前日以前の取引価格で課税時期に最も近い日（12日）の500円とします。

ハ　課税時期に取引がなく、課税時期が株式の割当て等の基準日の翌日以後で、かつ、課税時期の前日以前の取引価格のうち課税時期に最も近い日の取引価格（課税時期の属する月以前3か月以内のものに限ります。）がその基準日に係る権利落等の日の前日以前のものである場合

①　課税時期の前日以前の取引価格のうち課税時期に最も近い日の取引価格が権利落の日の前日以前のものである場合（評基通176(2)イ）

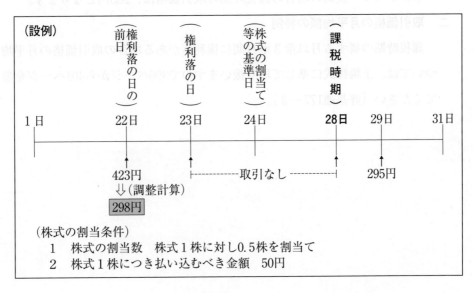

課税時期の前日以前の取引価格のうち課税時期に最も近い日（22日）の取引価格は、権利落の日の前日の取引価格ですので、その取引価格を次の算式により権利落後の価格に修正します。

$$\left(\begin{array}{l}\text{課税時期に}\\\text{最も近い日}\\\text{の取引価格}\end{array} + \begin{array}{l}\text{割当てを受けた株}\\\text{式1株につき払い}\\\text{込むべき金額}\end{array} \times \begin{array}{l}\text{株式1株に対す}\\\text{る割当株式数}\end{array}\right) \div \left(1 + \begin{array}{l}\text{株式1株に対する}\\\text{割当株式数又は交}\\\text{付株式数}\end{array}\right)$$

（423円＋50円×0.5）÷（1＋0.5）≒298円（1円未満切捨て）

したがって、設例の場合の課税時期の取引価格は、298円となります。

② 課税時期の前日以前の取引価格のうち課税時期に最も近い日の取引価格が配当落の日の前日以前のものである場合（評基通176(2)ロ）

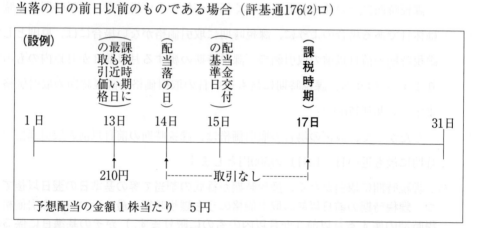

次の算式により配当落後の価格に修正します。

課税時期に最も近い日の取引価格－株式1株に対する予想配当の金額

210円－5円＝205円

したがって、設例の場合の課税時期の取引価格は、205円となります。

ニ 取引価格の月平均額の特例

課税時期の属する月以前3か月間に権利落がある場合の取引価格の月平均額については、上場株式に準じて取り扱いますので396ページから401ページを参照してください（評基通177－2）。

第3 気配相場等のある株式の評価

> **チェックポイント46**
>
> **1 登録銘柄**
>
> 　登録銘柄とは、日本証券業協会の内規によって「登録銘柄」として登録されている株式をいいます。登録銘柄として登録されるためには、その株式の発行会社の発行済株式数などが日本証券業協会が定める一定の基準を満たしていることが必要で、協会員の申請に基づき、日本証券業協会の理事会の承認により、登録銘柄として登録されます。
>
> **2 店頭管理銘柄**
>
> 　店頭管理銘柄とは、上場廃止となった銘柄や登録銘柄だったものが登録取消しとなった銘柄などのうち、売買が継続されている株式について、日本証券業協会が「店頭管理銘柄」として指定したものをいいます。

2 公開途上にある株式の評価

(1) **株式の上場等に際して公募等が行われる場合**（評基通174(2)イ）

公開価格	＝	評 価 額

(2) **株式の上場等に際して公募等が行われない場合**（評基通174(2)ロ）

課税時期以前の取引価格等を勘案した価額	＝	評 価 額

第4 取引相場のない株式の評価

1 取引相場のない株式の評価上の区分と評価方式の判定

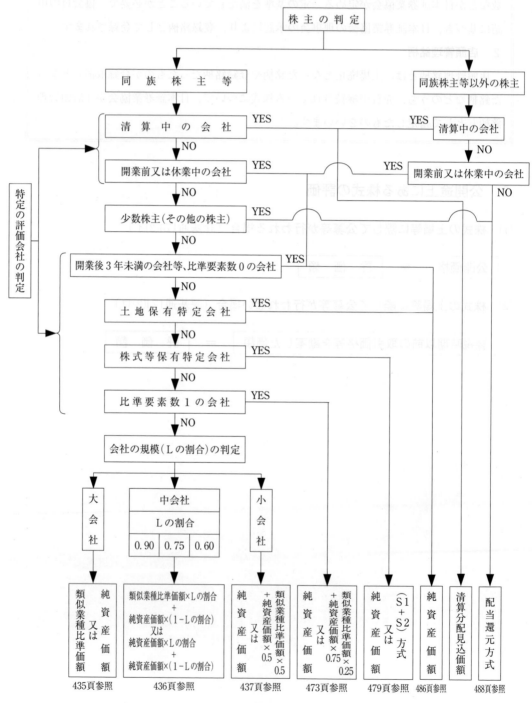

2 株主の判定

(1) 同族株主のいる会社、同族株主のいない会社の区分

同族株主とは、課税時期におけるその株式の発行会社の株主のうち、株主の1人（納税義務者に限りません。）及びその同族関係者（注）の有する議決権の合計数がその会社の議決権総数の30％以上（株主の1人及びその同族関係者の有する議決権の合計数が最も多いグループの有する議決権の合計数がその会社の議決権総数の50％超である場合は、50％超）である場合におけるその株主及びその同族関係者をいいます（評基通188(1)）。

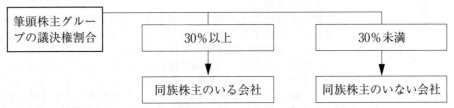

（注） 同族関係者とは、法人税法施行令第4条《同族関係者の範囲》に規定する特殊の関係のある個人又は法人をいいます。

	内　容
同族関係者	1　個人たる同族関係者（法人税法施行令4①） (1)　株主等の親族（親族とは、配偶者、6親等内の血族及び3親等内の姻族をいいます。） (2)　株主等と婚姻の届出をしていないが事実上婚姻関係と同様の事情にある者 (3)　個人である株主等の使用人 (4)　上記に掲げる者以外の者で個人である株主等から受ける金銭その他の資産によって生計を維持しているもの (5)　上記(2)、(3)及び(4)に掲げる者と生計を一にするこれらの者の親族 2　法人たる同族関係者（法人税法施行令4②～④、⑥） (1)　株主等の1人が他の会社（同族会社かどうかを判定しようとする会社以外の会社。以下同じ。）を支配している場合における当該他の会社【例1参照】 　　ただし、同族関係会社であるかどうかの判定の基準となる株主等が個人の場合は、その者及び上記1の同族関係者が他の会社を支配している場合における当該他の会社（以下、(2)及び(3)において同じ。）。 (2)　株主等の1人及びこれと特殊の関係のある(1)の会社が他の会社を支配している場合における当該他の会社【例2参照】 (3)　株主等の1人並びにこれと特殊の関係のある(1)及び(2)の会社が他の会社を支配している場合における当該他の会社【例3参照】 　　（注）1　上記(1)から(3)に規定する「他の会社を支配している場合」とは、次に掲げる場合のいずれかに該当する場合をいいます。 　　　　　イ　他の会社の発行済株式又は出資（自己の株式又は出資を除きます。）の総数又は総額の50％超の数又は金額の株式又は出資を有する場合 　　　　　ロ　他の会社の次に掲げる議決権のいずれかにつき、その総数（当該議決権を行使することができない株主等が有する当該議決権の

同族関係者	数を除きます。）の50％超の数を有する場合 ①　事業の全部若しくは重要な部分の譲渡、解散、継続、合併、分割、株式交換、株式移転又は現物出資に関する決議に係る議決権 ②　役員の選任及び解任に関する決議に係る議決権 ③　役員の報酬、賞与その他の職務執行の対価として会社が供与する財産上の利益に関する事項についての決議に係る議決権 ④　剰余金の配当又は利益の配当に関する決議に係る議決権 　ハ　他の会社の株主等（合名会社、合資会社又は合同会社の社員（当該他の会社が業務を執行する社員を定めた場合にあっては、業務を執行する社員）に限ります。）の総数の半数を超える数を占める場合 2　個人又は法人との間で当該個人又は法人の意思と同一の内容の議決権を行使することに同意している者がある場合には、当該者が有する議決権は当該個人又は法人が有するものとみなし、かつ、当該個人又は法人（当該議決権に係る会社の株主等であるものを除きます。）は当該議決権に係る会社の株主等であるものとみなして、他の会社を支配しているかどうかを判定します【例4参照】。 (4)　上記(1)から(3)の場合に、同一の個人又は法人の同族関係者である2以上の会社が判定しようとする会社の株主等（社員を含みます。）である場合には、その同族関係者である2以上の会社は、相互に同族関係者であるものとみなされます。

（例1）

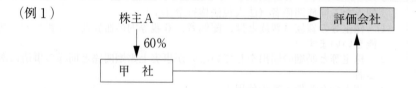

　Aが甲社の議決権割合の50％超（60％）を所有していることから、甲社は株主Aの同族関係者に該当します。

（例2）

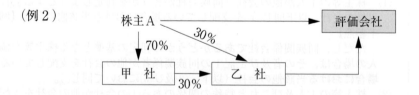

　Aが直接所有する乙社の議決権割合は50％以下（30％）ですが、甲社の議決権割合（30％）と合算すると60％となることから、乙社は株主Aの同族関係者に該当します。

(例3)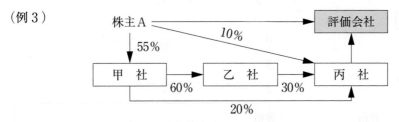

　Aが直接所有する丙社の議決権割合は50％以下（10％）ですが、甲社及び乙社の議決権割合（20％＋30％）を合算すると60％となることから丙社は株主Aの同族関係者に該当します。

(例4)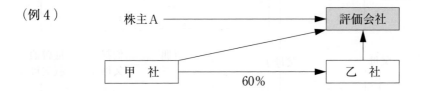

※　甲社は、乙社に対する議決権の行使に当たり、株主Aの意思と同一の内容の議決権を行使することに同意しています。

　Aは、乙社の議決権を直接所有していませんが、甲社が所有する乙社に対する議決権割合60％はAが所有するものとみなされ、Aが乙社の株主とみなされます。

　したがって、乙社はAの同族関係者に該当します。

第3章　株式及び出資の評価

親族の範囲

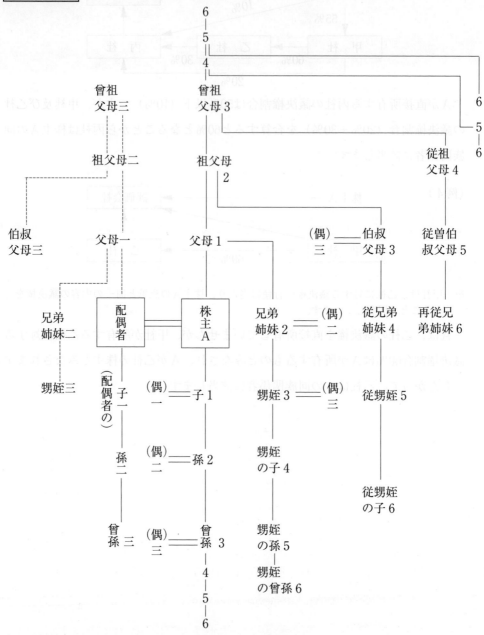

※1　肩書数字のアラビア数字は血族の親等、漢数字は姻族の親等を、(偶)は配偶者を、それぞれ示しています。
※2　**親族の範囲**……親族とは①配偶者、②6親等内の血族、③3親等内の姻族をいいます。
※3　**養親族関係**……養子と養親及びその血族との間においては、養子縁組の日から血族と同一の親族関係が生じます。

(2) 同族株主のいる会社の株主及び評価方式の判定

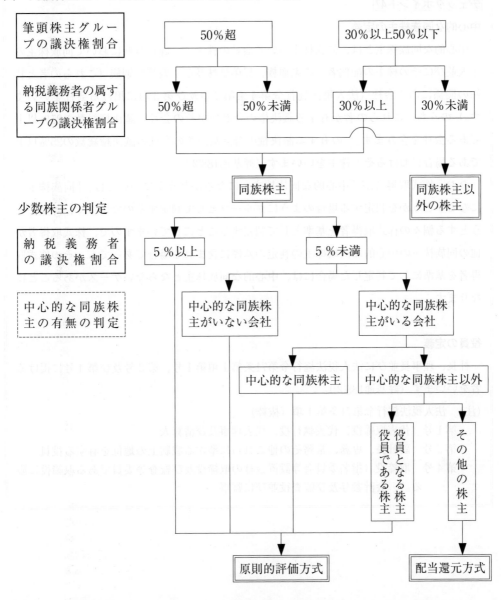

区分	株主の態様					評価方式
同族株主のいる会社	同族株主	取得後の議決権割合が5％以上の株主				原則的評価方式
^^	^^	取得後の議決権割合が5％未満の株主	中心的な同族株主がいない場合			^^
^^	^^	^^	中心的な同族株主がいる場合	中心的な同族株主		^^
^^	^^	^^	^^	役員である株主又は役員となる株主		^^
^^	^^	^^	^^	その他の株主		配当還元方式
^^	同族株主以外の株主					^^

第3章　株式及び出資の評価

チェックポイント47

中心的な同族株主の定義

　中心的な同族株主とは、同族株主のいる会社の株主で、課税時期において同族株主の
1人並びにその株主の配偶者、直系血族、兄弟姉妹及び1親等の姻族（これらの者と特
殊の関係にある会社（法人税法施行令第4条第2項及び第3項に掲げる会社をいいま
す。）のうち、これらの者が有する議決権の合計数がその会社の議決権総数の25％以上
である会社を含みます。）の有する議決権の合計数がその会社の議決権総数の25％以上
である場合におけるその株主をいいます（評基通188(2)）。

　なお、株式取得者が「中心的な同族株主」になるかどうかについては、「同族株主」
になるかどうかを判定する場合のようにグループとして判定するのではなく、評価しよ
うとする個々の株式取得者を基準として判定することにしていますので、株式取得者が
他の同族株主の中心的な同族株主の判定の基礎に含まれる場合であっても、その株式取
得者を基準にして判定した場合には、中心的な同族株主とならないケースがあることに
なります。

役員の定義

　社長、理事長並びに法人税法施行令第71条第1項第1号、第2号及び第4号に掲げる
者をいいます（評基通188(2)）。

（注）　法人税法施行令第71条第1項（抜粋）
　　　第1号　代表取締役、代表執行役、代表理事及び清算人
　　　第2号　副社長、専務、常務その他これらに準ずる職制上の地位を有する役員
　　　第4号　取締役（指名委員会等設置会社の取締役及び監査等委員である取締役に限
　　　　　　る。）、会計参与及び監査役並びに監事

第4 取引相場のない株式の評価

中心的な同族株主判定の基礎となる株主グループの範囲（網かけ部分）
── 株主Aについて判定する場合 ──

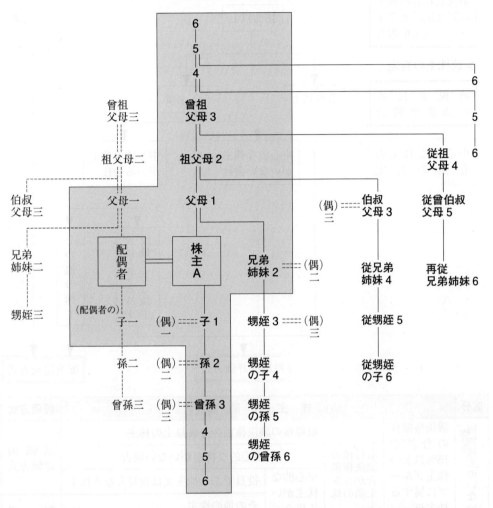

※1　肩書数字のアラビア数字は血族の親等、漢数字は姻族の親等を、(偶)は配偶者を、それぞれ示しています。
※2　**親族の範囲**……親族とは①配偶者、②6親等内の血族、③3親等内の姻族をいいます。
※3　**養親族関係**……養子と養親及びその血族との間においては、養子縁組の日から血族と同一の親族関係が生じます。

第3章　株式及び出資の評価

(3) 同族株主のいない会社の株主及び評価方式の判定

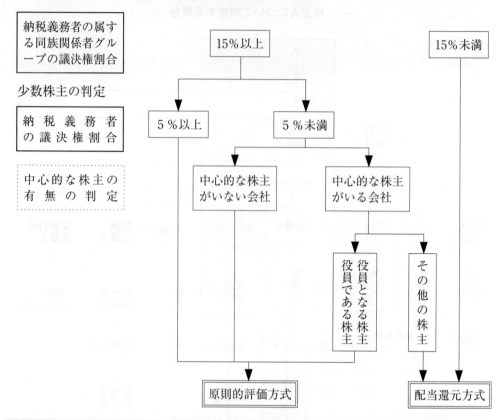

区分	株主の態様			評価方式
同族株主のいない会社	議決権割合の合計が15％以上の株主グループに属する株主※	取得後の議決権割合5％以上の株主		原則的評価方式
^	^	取得後の議決権割合が5％未満の株主	中心的な株主がいない場合	^
^	^	^	中心的な株主がいる場合 役員である株主又は役員となる株主	^
^	^	^	中心的な株主がいる場合 その他の株主	配当還元方式
^	議決権割合の合計が15％未満の株主グループに属する株主			^

※ この「議決権割合の合計が15％以上の株主グループに属する株主」を「同族株主」と併せて、以下「同族株主等」といいます。

チェックポイント48

中心的な株主の定義

　同族株主のいない会社の株主で、課税時期において株主の1人及びその同族関係者の有する議決権の合計数がその会社の議決権総数の15％以上である株主グループのうち、いずれかのグループに単独でその会社の議決権総数の10％以上の議決権を有している株主がいる場合におけるその株主をいいます（評基通188(4)）。

(4) 同族株主及び評価方式の判定例

イ 同族株主のいる会社──筆頭株主グループの議決権割合が50％超の場合

株主	Aとの続柄	議決権数	割合
A	本　人	30,000	30％
B	Aの配偶者	11,000	11％
C	Aの長男	5,000	5％
D	Aの長女	5,000	5％
E	Aの友人	25,000	25％
F	Eの長男	12,000	12％
G	Eの次男	12,000	12％
合　計		100,000	100％

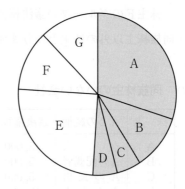

【判　定】

1　A、B、C及びDは、そのグループの議決権の合計数（51,000個）が議決権総数（100,000個）の50％超（51％）となっていますので、同族株主となります。

2　E、F及びGは、そのグループの議決権の合計数（49,000個）が議決権総数（100,000個）の30％以上（49％）となっていますが、株主Aのグループの議決権割合が50％超ですので、同族株主以外の株主となります。

ロ 同族株主のいる会社──筆頭株主グループの議決権割合が30％以上50％以下の場合

株主	Aとの続柄	議決権数	割合
A	本　人	5,000	5％
B	Aの配偶者	15,000	15％
C	Aの長男	15,000	15％
D	Aの長女	5,000	5％
E	Cの配偶者	5,000	5％
F	Aの友人	15,000	15％
G	Fの配偶者	5,000	5％
H	Fの友人	20,000	20％
I	Hの配偶者	15,000	15％
合　計		100,000	100％

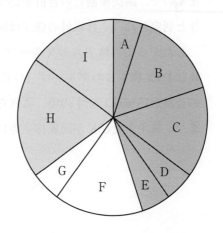

【判　定】

筆頭株主グループである株主Aのグループの議決権の合計数（45,000個）は、議決権総数（100,000個）の50％以下（45％）ですから、30％以上の議決権割合の株主グループに属する株主が同族株主となります。

したがって、株主Aのグループに属する株主A、B、C、D及びEは同族株主

となります。また、株主Hのグループの議決権割合も30％以上（35％）となっていますので、株主H及びIも同族株主となります。

株主Fのグループの議決権割合は30％未満（20％）ですので、株主F及びGは同族株主以外の株主となります。

ハ　同族株主のいない会社

株　主	Aとの続柄	議決権数	割　合
A	本　　人	15,000	15％
B	Aの配偶者	5,000	5％
C	Aの長男	5,000	5％
D	Aの友人	10,000	10％
E	Dの配偶者	5,000	5％
F	Dの長男	5,000	5％
G	Aの友人	15,000	15％
H	Gの配偶者	5,000	5％
I	Dの友人	15,000	15％
J	Gの友人	10,000	10％
K	Iの友人	10,000	10％
合　　計		100,000	100％

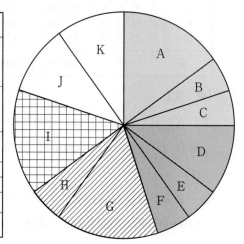

【判　定】

議決権割合が30％以上となるグループがおらず、同族株主のいない会社になりますので、議決権割合の合計が15％以上となるグループに属する株主が同族株主等と判定され、それ以外の株主は同族株主等以外の株主となります。

したがって、株主Aのグループ（A、B及びC）、株主Dのグループ（D、E及びF）、株主Gのグループ（G及びH）及び株主Iについては、各議決権割合の合計が15％以上ですので、これらのグループに属する株主は同族株主等となり、また、株主J及びKが同族株主等以外の株主となります。

第4 取引相場のない株式の評価

二 同族株主のいる会社──少数株主の評価方式の判定(1)(中心的な同族株主のいる場合)

株 主	Aとの続柄	議決権数	割 合
A	本　　人	16,000	16%
B	Aの配偶者	10,000	10%
C	Aの長男	11,000	11%
D	A の 父	3,000	3%
E	A の 弟	3,000	3%
F	Eの長男	4,000	4%
G	Aの従兄	4,000	4%
H	Aの友人	25,000	25%
I	Aの友人	24,000	24%
合　　計		100,000	100%

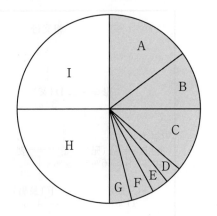

※ 役員はAのみとします。

【判 定】

1　株主Aとその同族関係者で議決権総数の50%超（51%）の議決権を有しているので、株主A〜Gは同族株主となります。

2　A、B及びCは同族株主グループに属し、議決権割合が5%以上ですので、原則的評価方式により評価します。株主H及びIは、同族株主のいる会社の同族株主以外の株主ですので、配当還元方式により評価します。

3　次に、D、E、F及びGは、同族株主グループに属しますが、議決権割合が5%未満ですので、中心的な同族株主になるか否かを判定する必要があります。
　　中心的な同族株主になるか否かは、評価しようとする個々の株式取得者を基準として判定します。

(1) Dの場合

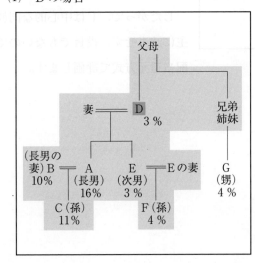

株主Dを中心としてみると、株主A、B、C、D、E及びFが中心的な同族株主の判定の基礎となる株主グループとなります。

株主A	16%
株主B	10%
株主C	11%
株主D	3%
株主E	3%
株主F	4%
合　計	47% ≧ 25%

したがって、Dは中心的な同族株主に該当しますので原則的評価方式で評価します。

— 419 —

(2) Eの場合

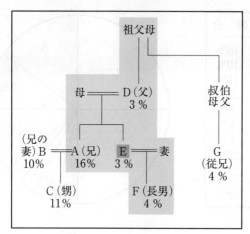

株主Eを中心としてみると、株主A、D、E及びFが中心的な同族株主の判定の基礎となる株主グループとなります。

　　株主A　16%
　　株主D　 3%
　　株主E　 3%
　　株主F　 4%
　　　合　計　26%　≧　25%

したがって、Eは中心的な同族株主に該当しますので原則的評価方式で評価します。

(3) Fの場合

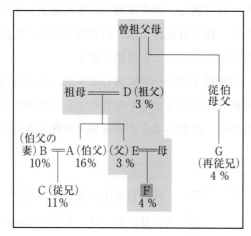

株主Fを中心としてみると、株主D、E及びFが中心的な同族株主の判定の基礎となる株主グループとなります。

　　株主D　 3%
　　株主E　 3%
　　株主F　 4%
　　　合　計　10%　＜　25%

したがって、Fは中心的な同族株主に該当せず、役員でもないので、配当還元方式で評価します。

(4) Gの場合

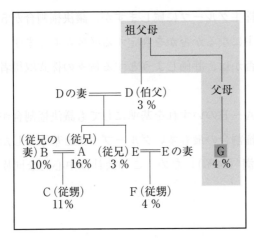

株主Gを中心としてみると、中心的な同族株主の判定の基礎となる株主はGのみであり、Gは中心的な同族株主に該当せず、役員でもないので、配当還元方式により評価します。

ホ　同族株主のいる会社──少数株主の評価方式の判定(2)（中心的な同族株主のいない場合）

株主	Aとの続柄	議決権数	割合
A	本　人	10,000	10%
B	Aの配偶者	3,000	3%
C	Aの長男	3,000	3%
D	Aの兄	8,000	8%
E	Aの甥	4,000	4%
F	Aの叔父	4,000	4%
その他少数株主		68,000	68%
合　計		100,000	100%

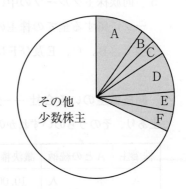

※　Aは代表取締役、Fは専務取締役とします。

【判　定】

1　株主Aとその同族関係者で議決権総数の30％以上（32％）の議決権を有しているので、株主A～Fは同族株主となります。

2　A及びDは同族株主グループに属し、議決権割合が5％以上ですので、原則的評価方式により評価します。その他少数株主（A～F以外の者）は、同族株主のいる会社の同族株主以外の株主ですので、配当還元方式

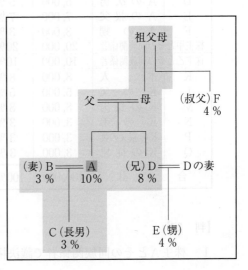

― 421 ―

第3章　株式及び出資の評価

により評価します。

3　B、C、E及びFは、同族株主グループに属しますが、議決権割合が5％未満ですので、中心的な同族株主になるか否かを判定する必要があります。

　　中心的な同族株主になるか否かは、評価しようとする個々の株式取得者を基準として判定します。

4　株主Aのグループ内には、A～Fのいずれを基準にしても議決権割合が25％以上となる者がいない（議決権割合の最も多いグループ（Aを基準としたグループ）の議決権割合は25％未満（24％））ため、この会社は中心的な同族株主のいない会社となります。

　　　　株主A　10％
　　　　株主B　3％
　　　　株主C　3％
　　　　株主D　8％
　　　　合　計　24％　＜　25％

5　同族株主グループの中に中心的な同族株主がいない場合には、同族株主グループに属する全ての株主の取得した株式は原則的評価方式によって評価しますので、B、C、E及びFは、原則的評価方式で評価します。

ヘ　同族株主のいる会社──少数株主の評価方式の判定(3)（同族株主グループが2以上あり、そのうちのいずれかのグループに中心的な同族株主がいる場合）

株　主	Aとの続柄	議決権数	割　合
A	本　　人	10,000	10％
B	Aの配偶者	8,000	8％
C	Aの長男	7,000	7％
D	Aの次男	5,000	5％
E	Aの叔父	7,000	7％
F	Aの甥	3,000	3％
株主甲とその同族関係者		20,000	20％
株主乙とその同族関係者		10,000	10％
K	本　　人	8,000	8％
L	Kの父	5,000	5％
M	Kの長男	8,000	8％
N	Kの弟	3,000	3％
P	Kの叔父の妻	3,000	3％
Q	Kの従兄	3,000	3％
合　　計		100,000	100％

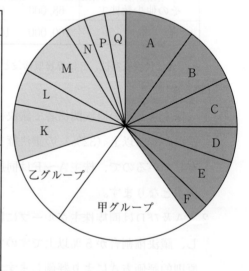

【判　定】

1　株主Aとその同族関係者で議決権総数の30％以上（40％）の議決権を有して

— 422 —

いるので、株主A～Fは同族株主となります。また、株主Kとその同族関係者も議決権総数の30％以上（30％）の議決権を有しているので、株主K～Qは同族株主となります。

2　A、B、C、D、E、K、L及びMは同族株主グループに属し、議決権割合が5％以上ですので、原則的評価方式により評価します。株主甲及びその同族関係者並びに株主乙及びその同族関係者は、同族株主のいる会社の同族株主以外の株主ですので、配当還元方式により評価します。

3　F、N、P及びQは、同族株主グループに属しますが、議決権割合が5％未満ですので、中心的な同族株主になるか否かを判定する必要があります。

　　中心的な同族株主になるか否かは、評価しようとする個々の株式取得者を基準として判定します。

4　株主Aのグループでは、株主A、B、C及びDのいずれからみても4人で25％以上（30％）の議決権を有していますので、中心的な同族株主のいる会社に該当します。

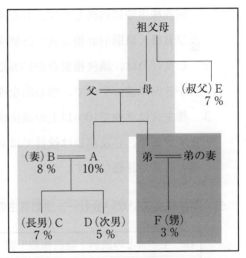

　　株主Fを基準にしてみると、中心的な同族株主の判定の基礎となる株主はFのみとなり、Fは中心的な同族株主に該当しませんので、配当還元方式により評価します。

5　株主Kのグループをみると、中心的な同族株主の判定の基礎となる株主グループのうち、議決権割合の最も多いグループ（Kを基準としたグループ）の議決権割合は25％未満（24％）ですから、Kのグループには中心的な同族株主はいません。

　　しかし、株主Aのグループに中心的な同族株主がいますので、N、P及びQは配当還元方式によって評価します。

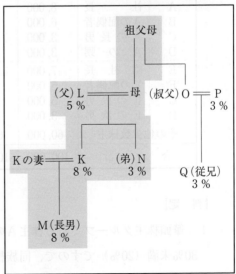

— 423 —

第3章　株式及び出資の評価

ト　同族株主のいない会社──少数株主の評価方式の判定(1)(中心的な株主のいる場合)

株　主	Aとの続柄	議決権数	割　合
A	本　　　人	14,000	14％
B	Aの配偶者	5,000	5％
C	Aの長男	3,000	3％
D	Aの甥	3,000	3％
その他少数株主		75,000	75％
合　　　計		100,000	100％

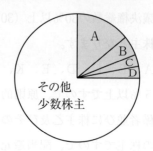

※　役員はAのみとします。

【判　定】

1　筆頭株主グループである株主Aのグループは、議決権割合が30％未満(25％)ですので、同族株主のいない会社になりますが、議決権割合が15％以上ですので同族株主等に該当します。したがって、議決権割合が5％以上である株主A及びBは、原則的評価方式で評価することになります。

2　C及びDは、議決権割合が15％以上のグループに属していますが、議決権割合が5％未満ですので、中心的な株主がいるか否かを判定する必要があります。

3　株主Aは単独で10％以上の議決権を有していますので、中心的な株主となります。また、C及びDは役員ではありません。したがって、C及びDは、配当還元方式で評価します。

チ　同族株主のいない会社──少数株主の評価方式の判定(2)(中心的な株主のいない場合)

株　主	Aとの続柄	議決権数	割　合
A	社　　　長	8,000	8％
B	Aの配偶者	6,000	6％
C	Aの長男	3,000	3％
D	Aの甥	3,000	3％
E	副社長	7,000	7％
F	Eの配偶者	5,000	5％
G	Eの長男	5,000	5％
H	Eの次男	3,000	3％
その他少数株主		60,000	60％
合　　　計		100,000	100％

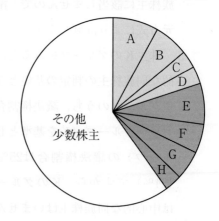

【判　定】

1　筆頭株主グループである株主AのグループおよびEのグループの議決権割合が30％未満（20％）ですので、同族株主のいない会社になります。

― 424 ―

同族株主のいない会社であっても、株主Aのグループ及びEのグループの議決権割合は、15％以上ですから、いずれのグループも同族株主等となります。したがって、議決権割合が5％以上である株主A、B、E、F及びGは、原則的評価方式で評価することになります。

2　C、D及びHは、議決権割合が15％以上のグループに属していますが、議決権割合が5％未満なので、中心的な株主がいるか否かを判定する必要があります。

3　単独で10％以上の議決権を有している株主（中心的な株主）がいませんので、議決権割合が5％未満の株主C、D及びHについても、原則的評価方式で評価します。

リ　同族株主のいない会社──少数株主の評価方式の判定(3)（株主グループのいずれかに中心的な株主がいる場合）

株　主	Aとの続柄	議決権数	割　合
A	社　　長	12,000	12％
B	Aの配偶者	5,000	5％
C	Aの長男	3,000	3％
D	Aの甥	3,000	3％
E	副社長	8,000	8％
F	Eの配偶者	6,000	6％
G	Eの長男	4,000	4％
H	Eの次男	4,000	4％
その他少数株主		55,000	55％
合　　計		100,000	100％

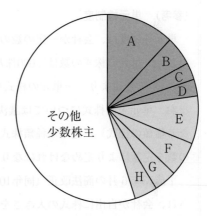

※　役員はA及びEのみとします。

【判　定】

1　筆頭株主グループである株主Aのグループの議決権割合が30％未満（23％）なので、同族株主のいない会社になります。

同族株主のいない会社で、議決権割合が15％以上の株主Aのグループ及び株主Eのグループは、いずれも同族株主等となります。したがって、議決権割合が5％以上である株主A、B、E及びFは、原則的評価方式で評価することになります。

2　C、D、G及びHは、議決権割合が15％以上のグループに属していますが、議決権割合が5％未満ですので、中心的な株主がいるか否かを判定する必要があります。

3　株主Aは単独で10％以上の議決権を有していますので、中心的な株主となります。

第3章　株式及び出資の評価

　　また、Ｃ、Ｄ、Ｇ及びＨは役員ではありません。したがって、Ｃ、Ｄ、Ｇ及び
　　Ｈは配当還元方式で評価します。

チェックポイント49

議決権

　平成13年、14年の商法改正により、単元株制度の創設及び株式の多様化（種類株式ご
とに単元を定めることができます。）が認められることになり、株主が有する株式の数
と議決権の数等が必ずしも一致しなくなりました。そこで、株主が有する「株式数」又
は評価会社の「発行済株式数」等を基とした株主の判定では、会社支配の実態と異なる
株主区分となることがあるため、「議決権割合」を基にして、「同族株主のいる会社」、「同
族株主のいない会社」の区分を判定することとなりました。

（参考）　単元株制度

　単元株制度は、会社が一定の数の株式をもって、一単元の株式とする旨を定める（た
だし、一単元の株式の数は1,000株及び発行済株式数の200分の1を超えることはできま
せん。）ことにより、一単元の株式につき1個の議決権を与えることとする制度です。
なお、単元未満株式については議決権がありません。また、会社が会社法第108条《異
なる種類の株式》に定める種類株式を発行するときは、株式の種類ごとに一単元の株式
の数を定款により定めなければなりません（会社法188①③）。

　平成13年6月の商法改正（同年10月施行）により、株式の大きさに関する規制が撤廃
され、会社が自由に株式の大きさを決めることができることになり、資金調達の便宜が
図られました。これにより、昭和56年に株式の額面金額を原則5万円と定めたことに伴
って暫定的かつ過渡的な制度として導入された単位株制度が廃止され、単元株制度が創
設されました。

ヌ　所有株式数の割合と議決権の数の割合とで同族株主判定が異なる場合

　・　普通株式の一単元の株式の数は100株とします。

　・　株主甲は、株主乙の同族関係者ではありません。

　・　株主乙の所有する種類株式の一単元の株式の数は25株とします。

　・　「その他」は、株主甲又は株主乙の同族関係者にならない少数株主です。

第4　取引相場のない株式の評価

株主＼株式数等	株式の種類	所有株式数		同族株主判定	議決権の数		同族株主判定
		株	割 合　%		個	割 合　%	
甲	普通株式	5,500	55.0	○	55	37.9	×
乙	普通株式	2,000	20.0	×	20	13.8	○
	種類株式	1,500	15.0		60	41.4	
その他	普通株式	1,000	10.0	×	10	6.9	×
合　計		10,000	100.0		145	100.0	

【判　定】

　同族株主は「議決権割合」により判定します。したがって、所有株式数の割合により判定すると、株主甲の持株割合が55.0％となるため、甲が同族株主となりますが、議決権の数の割合で判定すると、株主乙の議決権の数の議決権総数に占める割合が55.2％（＝13.8％＋41.4％）となりますので、議決権割合が50％超である株主乙が同族株主となります。

⑸　**議決権制限株式等の種類株式を発行している場合の議決権総数等**

　議決権制限株式については、議決権制限株式ごとにその議決権を行使できる事項によって評価会社の支配の度合いを判定すべきですが、制限された範囲内で会社経営に関与することも可能であり、議決権を行使できる事項によって支配に影響する度合いを区別することが困難である場合が多いと考えられるので、会社法における親子会社の判定（会社法2三）と同様に、普通株式と同様の議決権があるものとし、その議決権の数を「株主の有する議決権の数」及び「評価会社の議決権総数」に含めます（評基通188－5）。

（参考1）　株式の多様化

　平成13、14年の商法改正において、「ベンチャー企業が支配権を維持しながら資金調達をしたい」又は「企業の特定部門や子会社の業績に対して配当が連動（トラック）する、いわゆるトラッキング・ストックを発行したい」とのニーズがあることに配慮し、一定の範囲で権利内容が異なる株式の発行が拡大されました。換言すれば、株式による資金調達の多様化と支配関係の多様化の機会が会社に与えられることとなりました。

（商法改正前）「利益もしくは利息の配当、残余財産の分配、株式の買受又は利益をもってする株式の消却」についてのみ、権利内容の異なる株式（種類株式）を認め、利益配当優先株式に付随する性質のものとして無議決権株式の

第3章　株式及び出資の評価

発行を認め、優先配当がなかった場合には、議決権が法律上強制的に復活することとされていました。

（商法改正後）　従来の種類株式に加え、株主総会における全て又は一部の事項について議決権を行使できない議決権制限株式や種類株主総会での取締役・監査役の選解任（株式譲渡制限のある非公開会社のみ）ができる株式の発行ができるようになりました。

（参考２）　種類株式の内容（商法と会社法との比較）

　株式会社は、平成13年から平成14年にかけて行われた商法改正に伴い、株式の発行の多様化が認められ、普通株式に内容が極めて近い株式から配当優先の無議決権株式に至るまで、様々な種類の株式を発行することができるようになり、このことは平成18年に施行された会社法にも引き継がれています。

商法	会社法	変更内容等
○優先株式・劣後株式（222①一、二） 　利益の配当又は残余財産の分配につき異なる種類の株式	○優先株式・劣後株式（108①一、二） 　剰余金の配当又は残余財産の分配につき異なる種類の株式	○内容に変更なし
○償還株式（222①三、四） 　会社の買受け又は利益による消却が予定されている株式 ○転換予約権付株式（222ノ2①） 　株主が他の種類の株式への転換請求権を有する株式 ○強制転換条項付株式（222ノ8） 　会社が他の種類の株式への転換請求権を有する株式	○取得請求権付株式（108①五） 　株主が会社に対して、取得を請求できる株式 ○取得条項付株式（108①六） 　一定事由の発生を条件として、会社が取得することができる株式	○名称変更 　償還又は転換請求権が<u>株主</u>にあるもの 　　商　法⇒（義務）償還株式、転換予約権付株式 　　会社法⇒取得請求権付株式 　償還又は転換請求権が<u>会社</u>にあるもの 　　商　法⇒（強制）償還株式、強制転換条項付株式 　　会社法⇒取得条項付株式 ○対価の柔軟化 　　商　法⇒取得対価は、償還株式は金銭、転換株式は株式に限定 　　会社法⇒取得対価の限定なし（金銭、株式のほか、社債、その他財産等も可能）

— 428 —

第4　取引相場のない株式の評価

○議決権制限株式（222①五） 　議決権が制限されている株式	○議決権制限株式（108①三） 　議決権が制限されている株式	○発行限度の撤廃 　商　法⇒発行済株式数の2分の1が限度（222⑤）。 　会社法⇒公開会社（株式の全部又は一部について譲渡制限がない株式を発行する会社）は発行済株式数の2分の1が限度（115） 　非公開会社（株式の全部につき譲渡制限がされた会社）は発行限度なし
○種類株主総会での取締役等の選任権の付された株式（222①六） 　取締役又は監査役を株主総会ではなく種類株主総会で選任できる株式	○種類株主総会での取締役等の選任権の付された株式（108①九） 　取締役又は監査役を株主総会ではなく種類株主総会で選任できる株式	○内容に変更なし 　（参考） 　商法・会社法⇒非公開会社が発行可能
○株主総会決議のほか、種類株主総会決議を必要とする旨の定め（222⑨） 　いわゆる「拒否権付株式」	○株主総会決議のほか、種類株主総会決議を必要とする旨の定め（108①八） 　いわゆる「拒否権付株式」	○内容に変更なし
―	○全部取得条項付種類株式（108①七） 　会社が株主総会の決議によって、その全部を取得することができる株式	○新　設 　（参考）　任意整理型の企業再生の円滑化に資するため新設 　例えば、100％減資及び新株発行を法的再生手続（民事再生手続等）によらず円滑に行うことが可能
（譲渡制限株式は、株式譲渡自由の原則の例外として認められていた（204ただし書）。）	○譲渡制限株式（108①四） 　譲渡による株式の取得について、会社の承認を要する株式	○対象とする株式 　商　法⇒全ての株式を譲渡制限株式とする必要あり 　会社法⇒株式の種類ごとに、譲渡制限株式とすることが可能

※　上記のほか、会社法においては、株主平等原則（会社は、株主を、株式の内容及び数に応じて平等に取り扱わなければなりません（会社法109①）。）の例外として、非公開会社が①剰余金の配当を受ける権利、②残余財産の分配を受ける権利、又は③株主総会における議決権について、株主ごとに異なる取扱いを行う旨を定款で定めた場合には、当該株主が有する株式を「種類株式」とみなすこととしています（会社法109②③）。

第3章　株式及び出資の評価

（参考3）　種類株式の変遷

明32制定　　　昭13改正　　昭25改正　　　　　平13、14改正　　平17制定（18.5施行）

商　　法				会社法
	無議決権株式		議決権制限株式 ※　発行済株式数の1/2が限度	議決権制限株式 ※　全部譲渡制限会社は発行限度を撤廃
		無議決権株式（優先配当の場合のみ）	配当優先株式（優先株式）	配当優先株式（優先株式）
配当優先株式（優先株式）				
	劣後株式		劣後株式	劣後株式
		残余財産分配優先株式（優先株式）	残余財産分配優先株式（優先株式）	残余財産分配優先株式（優先株式）
		償還株式	買受、償還株式	（取得請求権付株式又は取得条項付株式へ）
	転換株式		転換予約権付株式	取得請求権付株式（※1）
			強制転換条項付株式	取得条項付株式（※2）
				全部取得条項付種類株式（※3）
			種類株主総会での取締役等の選任権の付された株式	種類株主総会での取締役等の選任権の付された株式
			拒否権付株式	拒否権付株式（※4）

※1　「取得請求権付株式」とは、株主が会社に対してその取得を請求できる株式をいいます。
　2　「取得条項付株式」とは、会社が一定の事由が生じたときに取得できる株式をいいます。
　3　「全部取得条項付種類株式」とは、会社が株主総会の決議によってその全部を取得する株式をいいます。
　4　「拒否権付株式」とは、株主総会決議事項のうち、その種類株式の種類株主総会の決議をも必要とする（株主総会決議を種類株主総会決議で拒否することができます。）株式をいいます。

3 会社規模（Lの割合）の判定

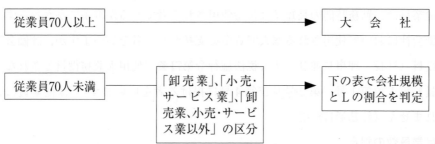

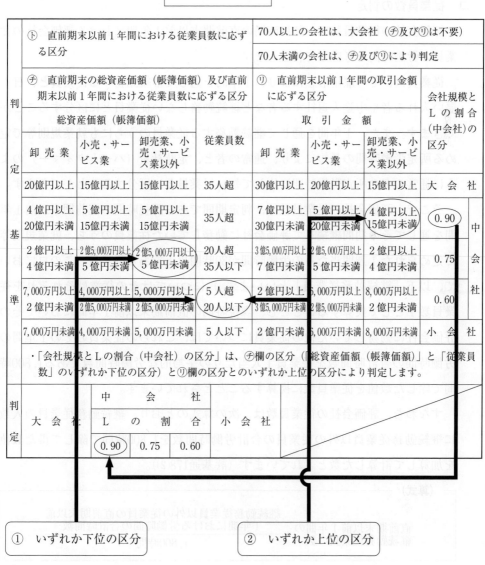

第3章　株式及び出資の評価

(1)　従業員数の定義

イ　従業員の範囲

　　従業員は、勤務時間の長短又は常時使用される者であるか否かにかかわらず、評価会社において使用される個人で賃金を支払われる者をいいますが、評価会社の役員（社長、理事長並びに法人税法施行令第71条《使用人兼務役員とされない役員》第1項第1号、第2号及び第4号に掲げる者をいいます。）は従業員に含まれません（評基通178(注)）。

ロ　従業員数の判定

　　評価会社の従業員数は、課税時期の直前期末以前1年間における評価会社の従業員の労働時間を考慮して判定します。

　　従業員は、その雇用形態により、1年間を通じて継続勤務する従業員と、日々雇い入れる者や中途入退社する者など継続勤務しない従業員とに区分することができます。また、1年間を通じて継続勤務する従業員のうちにも就業規則等で定める所定労働時間の長短により、通常の者と、定時社員（パートタイマー）のように通常の者の所定労働時間に比して短い従業員とに区分することができます。

　　そこで、評価会社の従業員数は、判定期間である課税時期の直前期末以前1年間を通じてその期間継続して評価会社に勤務していた従業員のうち、就業規則等で定められた1週間当たりの労働時間が30時間以上である従業員（このロにおいて、以下「継続勤務従業員」といいます。）についてはその従業員それぞれを従業員数1として換算することとし、課税時期の直前期末以前1年間においてその評価会社に勤務していた他の従業員については、これらの従業員のその1年間の労働時間の合計時間数を従業員1人当たりの平均的な労働時間数である1,800時間で除した数値を従業員数に換算することとされています。

　　すなわち、評価会社の従業員数は、次の算式のとおり、継続勤務従業員の人数に継続勤務従業員以外の従業員の合計労働時間数を1,800時間で除して得た数値を加算して計算した数とされています（評基通178(2)）。

（算式）

$$\text{直前期末以前1年間の継続勤務従業員の数} + \frac{\text{継続勤務従業員以外の従業員の直前期末以前1年間における労働時間の合計時間数}}{1,800\text{時間}}$$

> **チェックポイント50**
>
> **従業員数の判定の留意事項**
>
> 1　上記算式により評価会社の従業員数を求め、例えば5.1人となる場合には、従業員数「5人超」に、4.9人となる場合は従業員数「5人以下」に該当します。
> 2　課税時期とは、相続等によりその株式を取得した日をいいます。
> 3　直前期末とは、課税時期の直前に終了した事業年度の末日をいいます。これを図示すると次のとおりです。
>
>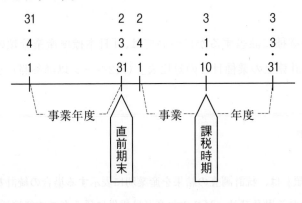

(2) 総資産価額（帳簿価額）の定義

課税時期の直前期末における評価会社の各資産の帳簿価額の合計額をいいます（評基通178(1)）。

なお、評価会社が固定資産の償却額の計算を間接法によって表示している場合には、その帳簿価額の合計額から減価償却累計額を控除すること（ただし、法人税の申告書において「減価償却超過額」があっても加算しません。）、売掛金・受取手形・貸付金等に対する貸倒引当金は控除しないことに留意してください。

(3) 取引金額の定義

課税時期の直前期末以前1年間における評価会社が目的とする事業による収入金額（売上高）をいいます。

なお、金融業・証券業については収入利息及び収入手数料を収入金額とします（評基通178(3)）。

第3章　株式及び出資の評価

(4)　「卸売業」、「小売・サービス業」又は「卸売業、小売・サービス業以外」の業種の判定

　　評価会社が「卸売業」、「小売・サービス業」又は「卸売業、小売・サービス業以外」のいずれの業種に該当するかは、上記(3)の直前期末以前1年間における取引金額に基づいて判定します（評基通178(4)前段）。

　　なお、当該取引金額のうちに2以上の業種に係る取引金額が含まれている場合には、それらの取引金額のうち最も多い取引金額に係る業種によって判定します（評基通178(4)後段）。

　　評価会社がどの業種に該当するかについては、「日本標準産業分類の分類項目と類似業種比準価額計算上の業種目との対比表」（712ページ以降参照）を参考にしてください。

チェックポイント51

日本標準産業分類

　「日本標準産業分類」は、統計調査の結果を産業別に表示する場合の統計基準として、事業所において行われる財及びサービスの生産又は提供に係る全ての経済活動を分類するものであり、統計の正確性と客観性を保持し統計の相互比較性と利用の向上を図ることを目的として、総務大臣が公示しています。

　なお、「日本標準産業分類」は、総務省のホームページ（www.soumu.go.jp）で閲覧することができます。

4　大会社の株式の評価

類似業種比準方式（438～453ページ参照）により評価します（評基通179(1)）。

　類似業種比準価額

$$A \times \left(\cfrac{\dfrac{\text{Ⓑ}}{B} + \dfrac{\text{Ⓒ}}{C} + \dfrac{\text{Ⓓ}}{D}}{3} \right) \times 0.7$$

— 434 —

第4　取引相場のない株式の評価

> Ⓐ＝類似業種の株価
>
> Ⓑ＝評価会社の1株当たりの配当金額
>
> Ⓒ＝評価会社の1株当たりの利益金額
>
> Ⓓ＝評価会社の1株当たりの純資産価額（帳簿価額によって計算した金額）
>
> B＝課税時期の属する年の類似業種の1株当たりの配当金額
>
> C＝課税時期の属する年の類似業種の1株当たりの年利益金額
>
> D＝課税時期の属する年の類似業種の1株当たりの純資産価額（帳簿価額によって計算した金額）

　ただし、納税者の選択により純資産価額方式（454～472ページ参照）によって評価することができます。

> 　　　　　　　1株当たりの純資産価額※
> 　（相続税評価額によって計算した金額）

※1　この場合の純資産価額は、議決権割合が50％以下の同族株主グループに属する株主であっても80％評価（評基通185ただし書）の適用はありません。
※2　純資産価額方式を選択しない場合には、1株当たりの純資産価額（相続税評価額によって計算した金額）を計算する必要はありません。

チェックポイント52

Ⓑ、Ⓒ、Ⓓが端数処理で0円となる場合

　年平均配当金額（特別配当等の名称による配当金額のうち、将来毎期継続することが予想できない金額を除きます。）、差引利益金額又は純資産価額（帳簿価額によって計算した金額）が正数の場合であっても、1株当たりの金額とした場合に端数処理により0円となるときには、比準要素は0円として「比準要素数1の会社の株式」及び「開業後3年未満の会社等の株式」の判定を行います。

　1株当たりの金額の計算に当たっては、円未満の端数（1株当たりの年配当金額の計算に当たっては10銭未満の端数）を切り捨てることに注意してください。

Ⓒ、Ⓓが負数の場合

　Ⓒ、Ⓓの金額が負数の場合は0とします。

第3章　株式及び出資の評価

5　中会社の株式の評価

　類似業種比準方式（438～453ページ参照）と純資産価額方式（454～472ページ参照）との併用方式により、次の算式によって評価します（評基通179(2)）。

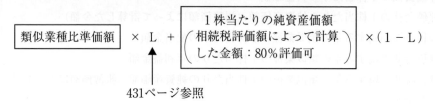

431ページ参照

「80％評価可」とは、財産評価基本通達185ただし書の適用があることを示します。

類似業種比準価額は次の算式により評価します。

$$A \times \dfrac{\dfrac{Ⓑ}{B} + \dfrac{Ⓒ}{C} + \dfrac{Ⓓ}{D}}{3} \times 0.6$$

> A＝類似業種の株価
> Ⓑ＝評価会社の1株当たりの配当金額
> Ⓒ＝評価会社の1株当たりの利益金額
> Ⓓ＝評価会社の1株当たりの純資産価額（帳簿価額によって計算した金額）
> B＝課税時期の属する年の類似業種の1株当たりの配当金額
> C＝課税時期の属する年の類似業種の1株当たりの年利益金額
> D＝課税時期の属する年の類似業種の1株当たりの純資産価額（帳簿価額によって計算した金額）

　ただし、納税者の選択により併用方式の算式中の類似業種比準価額を1株当たりの純資産価額（相続税評価額によって計算した金額）に代えて評価することができます。

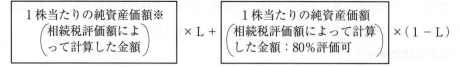

　※　この場合の1株当たりの純資産価額（相続税評価額によって計算した金額）は、議決権割合が50％以下の同族株主グループに属する株主であっても80％評価の適用はありません。

— 436 —

6 小会社の株式の評価

純資産価額方式（454〜472ページ参照）によって評価します（評基通179(3)）。

> 1株当たりの純資産価額
> （相続税評価額によって計算
> した金額：80％評価可）

ただし、納税者の選択により次の算式で評価することができます。

$$
\boxed{類似業種比準価額} \times 0.5 + \boxed{\begin{array}{l}1株当たりの純資産価額 \\ \left(\begin{array}{l}相続税評価額によって計算 \\ した金額：80％評価可\end{array}\right)\end{array}} \times (1-0.5)
$$

「80％評価可」とは、財産評価基本通達185ただし書の適用があることを示します。

類似業種比準価額（438〜453ページ参照）は次の算式により評価します。

$$
A \times \left(\dfrac{\dfrac{Ⓑ}{B} + \dfrac{Ⓒ}{C} + \dfrac{Ⓓ}{D}}{3} \right) \times 0.5
$$

> A＝類似業種の株価
>
> Ⓑ＝評価会社の1株当たりの配当金額
>
> Ⓒ＝評価会社の1株当たりの利益金額
>
> Ⓓ＝評価会社の1株当たりの純資産価額（帳簿価額によって計算した金額）
>
> B＝課税時期の属する年の類似業種の1株当たりの配当金額
>
> C＝課税時期の属する年の類似業種の1株当たりの年利益金額
>
> D＝課税時期の属する年の類似業種の1株当たりの純資産価額（帳簿価額によって計算した金額）

※ 類似業種比準方式と純資産価額方式の併用方式を選択しない場合には、類似業種比準価額を計算する必要はありません。

— 437 —

7　類似業種比準価額

$$A \times \left(\frac{\frac{ⓑ}{B} + \frac{ⓒ}{C} + \frac{ⓓ}{D}}{3} \right) \times しんしゃく率※$$

※　しんしゃく率は、大会社0.7、中会社0.6、小会社0.5です。

> A＝類似業種の株価
> ⓑ＝評価会社の1株当たりの配当金額
> ⓒ＝評価会社の1株当たりの利益金額
> ⓓ＝評価会社の1株当たりの純資産価額（帳簿価額によって計算した金額）
> B＝課税時期の属する年の類似業種の1株当たりの配当金額
> C＝課税時期の属する年の類似業種の1株当たりの年利益金額
> D＝課税時期の属する年の類似業種の1株当たりの純資産価額（帳簿価額によって計算した金額）

ⓑ　の　金　額　　株主資本等変動計算書から直前期末以前2年間の年配当金額を調べ、次の算式により、1株（50円）当たりの配当金額を計算します。

$$\frac{\overbrace{6,000千円}^{直前期の配当金額} + \overbrace{6,000千円}^{直前々期の配当金額}}{2} \div \frac{\overbrace{60,000千円}^{直前期末の資本金等の額}}{50円} = \boxed{ⓑ\ 5円}$$

（10銭未満の端数切捨て）

※　特別配当、記念配当等の名称による配当金額のうち、将来毎期継続することが予想できないものは除きます。

ⓒ　の　金　額　　法人税申告書別表四の所得金額等から、1株（50円）当たりの利益金額を計算します。

$$\overbrace{\boxed{イ\ \ 345,819千円}}^{法人税の課税所得金額(別表四の「52の①」)} - \overbrace{\boxed{ロ\ \ 0円}}^{左のうち非経常的な利益金額}$$

※　非経常的な利益金額とは、固定資産売却益、保険差益等をいいます。

第4　取引相場のない株式の評価

株主資本等変動計算書

	資 本 金	資　　本 準 備 金	利　　益 準 備 金	任　　意 積 立 金	繰越利益 剰 余 金
前 期 末 残 高	××	××	××	××	××
当 期 変 動 額					
剰 余 金 の 配 当			600,000		△6,600,000
任 意 積 立 金 の 積 立					
当 期 純 利 益					××
当 期 期 末 残 高				××	××

直前期末の１株当たりの配当金額50円
（配　当　金　6,000,000円）
　発行済株式数　　120,000株

所得の金額の計算に関する明細書
（法人税申告書別表四）

…額の損金算入額又は通算対象所得金額の益金算入額 （別表七の三「5」又は「11」）	41				
当 初 配 賦 欠 損 金 控 除 額 の 益 金 算 入 額 （別表七（二）付表一「23の計」）	42			※	
差　　　（39）＋（40）±（41）＋（42）　　　計	43	345,819,407	279,332,311	外※	△ 3,881,416 70,368,512
欠 損 金 又 は 災 害 損 失 金 等 の 当 期 控 除 額 （別表七（一）「4の計」＋別表七（四）「10」）	44			※	△
総　　　　　　（43）＋（44）　　　　　　計	45	345,819,407	279,332,311	外※	△ 3,881,416 70,368,512
新 鉱 床 探 鉱 費 又 は 海 外 新 鉱 床 探 鉱 費 の 特 別 控 除 額 （別表十（三）「43」）	46	△		※	△
農 業 経 営 基 盤 強 化 準 備 金 積 立 額 の 損 金 算 入 額 （別表十二（十四）「10」）	47	△	△		
農 用 地 等 を 取 得 し た 場 合 の 圧 縮 額 の 損 金 算 入 額 （別表十二（十四）「43の計」）	48	△	△		
関西国際空港用地整備準備金積立額、中部国際空港整備準備金積立額 又は再投資等準備金積立額の損金算入額 （別表十二（十一）「15」、別表十二（十二）「10」又は別表十二（十五）「12」）	49	△	△		
特別新事業開拓事業者に対し特定事業活動として出資をした場合の 特別勘定繰入額の損金算入額又は特別勘定取崩額の益金算入額 （別表十（六）「15」－「11」）	50			※	
残余財産の確定の日の属する事業年度に係る事業税及び特別法人事業 税の損金算入額	51	△	△		
所 得 金 額 又 は 欠 損 金 額	52	345,819,407	279,332,311	外※	△ 3,881,416 70,368,512

　類似業種比準方式は、上場会社の事業内容を基として定められている類似業種比準
価額計算上の業種目のうち、評価会社の事業内容と類似するものを選び、その類似業
種の株価、１株（50円）当たりの「配当金額」、「年利益金額」及び「純資産価額（帳
簿価額によって計算した金額)」を基とし、評価会社の１株（50円）当たりの「配当
金額」、「利益金額」及び「純資産価額（帳簿価額によって計算した金額)」を比準要
素として、株式の価額を計算する方法です。

　なお、類似業種比準方式による株式の価額は、株式の様々な価格形成要因のうちの
基本的な３要素を比準要素としていること及び現実の取引市場を有していない株式の
評価であることなどから、評価の安全性を図るために、比準価額に70％のしんしゃく
率（中会社60％、小会社50％）を乗じて評価することとされています（評基通180(2)）。

— 439 —

別表四の「14の①」から受取配当等の益金不算入額を計算します。また、これに対応する所得税額を控除します。

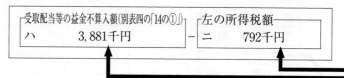

別表四の「44の①」から損金算入した繰越欠損金の控除額を求めます。

```
┌損金算入した繰越欠損金(別表四の「44の①」)─
│ ホ　　　　 0円
```

課税所得金額等から差引利益金額を計算します。

```
┌ イ　345,819千円 ┐ - ┌ ロ　0円 ┐ + ┌ ハ　3,881千円 ┐
                                            ┌直前期の差引利益金額┐
- ┌ ニ　792千円 ┐ + ┌ ホ　0円 ┐ = │ ① 348,908千円 │
```

直前々期の課税所得金額等を基に上記と同様に、直前々期の差引利益金額を計算します。

```
┌ イ　325,070千円 ┐ - ┌ ロ　0円 ┐ + ┌ ハ　3,764千円 ┐
                                            ┌直前々期の差引利益金額┐
- ┌ ニ　768千円 ┐ + ┌ ホ　0円 ┐ = │ ② 328,066千円 │
```

直前期の差引利益金額と直前々期の差引利益金額により、差引利益金額の平均額を計算します。

$$\frac{\fbox{①348,908千円} + \fbox{②328,066千円}}{2} = \fbox{③338,487千円}$$

直前期末以前1年間の利益金額（①）と直前期末以前2年間の年平均利益金額（③）とのいずれか低い金額を1株当たりの資本金等の額を50円とした場合の発行済株式数で除して©の金額を計算します。

第4 取引相場のない株式の評価

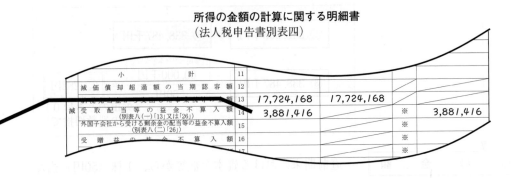

「⑭左の所得税額」欄は、法人税申告書別表六㈠の「12」又は「19」等の金額のうち、同別表八㈠付表一に記載された株式等に係る金額（「16」、「26」又は「33」の金額）の合計額に対応する金額を記載します。

ただし、その金額が「⑬受取配当等の益金不算入額」を超えるときは、⑬の金額を限度とします。

第3章　株式及び出資の評価

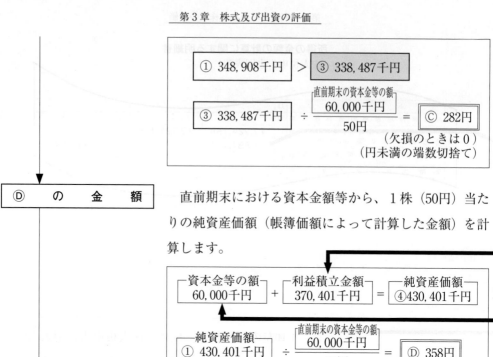

Ⓓ の 金 額

直前期末における資本金額等から、1株（50円）当たりの純資産価額（帳簿価額によって計算した金額）を計算します。

```
┌資本金等の額┐   ┌利益積立金額┐   ┌純資産価額┐
  60,000千円   +   370,401千円   =  ④430,401千円
```

```
┌純資産価額┐        ┌直前期末の資本金等の額┐
 ①430,401千円   ÷      60,000千円         =  Ⓓ 358円
                        50円                  （円未満の端数切捨て）
```

※1　資本金等の額は、別表五㈠のⅡ資本金等の額の計算に関する明細書「36の④」の金額です。この金額が負数の場合は負数のまま計算します。
※2　利益積立金額は、別表五㈠のⅠ利益積立金額の計算に関する明細書「31の④」の金額です。この金額が負数の場合は負数のままで計算します。
※3　Ⓓの金額が負数のときは0とします。

比 準 割 合

B、C、Dは、「類似業種比準価額計算上の業種目及び業種目別株価等について」の通達（国税庁ホームページ（www.nta.go.jp）で確認することができます。）で定められています。

B	C	D
3.8円	46円	223円

※　B、C及びDは、年分ごとに定められています（446ページ参照）。

それぞれの要素ごとの比準割合を求め、更に、比準割合の平均を計算します。

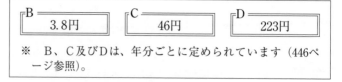

※　各要素ごとに小数点以下2位未満の端数は切り捨てます。

— 442 —

第4 取引相場のない株式の評価

利益積立金額及び資本金等の額の計算に関する明細書		事業年度	3・5・1 4・4・30	法人名	築地工業株式会社	別表五(一)

I 利益積立金額の計算に関する明細書

区　　　分		期首現在 利益積立金額 ①	当期の増減		差引翌期首現在 利益積立金額 ①－②+③ ④
			減 ②	増 ③	
利　益　準　備　金	1	20,592,000 円	円	1,200,000 円	21,792,000 円
別途　積　立　金	2	106,000,000		140,000,000	246,000,000
	3				
	24				
繰越損益金（損は赤）	25	54,182,051	54,182,051	56,590,173	56,590,173
納　税　充　当　金	26	86,871,300	86,871,300	89,558,000	89,558,000
未納法人税及び 未納地方法人税 （附帯税を除く。）	27	△ 77,696,600	△ 152,215,500	中間 △ 74,518,900	△ 71,117,200
				確定 △ 71,117,200	
未払通算税効果額 （附帯税に係る部分の金額を除く。）	28			中間	
				確定	
未納道府県民税 （均等割額を含む。）	29	△ 16,073,500	△ 32,229,708	中間 △ 16,156,208	△ 13,840,600
				確定 △ 13,840,600	
未納市町村民税 （均等割額を含む。）	30	△	△	中間 △	△
				確定 △	
差　引　合　計　額	31	266,701,973	11,367,102	115,066,505	370,401,376

II 資本金等の額の計算に関する明細書

区　　　分		期首現在 資本金等の額 ①	当期の増減		差引翌期首現在 資本金等の額 ①－②+③ ④
			減 ②	増 ③	
資本金又は出資金	32	60,000,000 円	円	円	60,000,000 円
資　本　準　備　金	33	0			0
	34				
	35				
差　引　合　計　額	36	60,000,000			60,000,000

法　0301－0501

第3章　株式及び出資の評価

比準割合の平均

次の算式で比準割合を計算します。

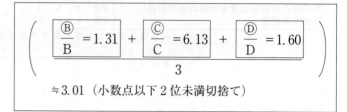

類似業種の株価

類似業種の株価は、「類似業種比準価額計算上の業種目及び業種目別株価等について」の通達（国税庁ホームページ（www.nta.go.jp）で確認することができます。）で定められています。なお、評価会社の業種の判定に当たっては448ページ以降を参照してください。

評価額の計算

次の算式により類似業種比準価額を計算します。

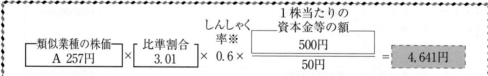

※　しんしゃく率は、大会社の株式を評価する場合には0.7、中会社の株式を評価する場合には0.6、小会社の株式を評価する場合には0.5とします。

チェックポイント53

1株当たりの配当金額（Ⓑ）

○ 株主優待利用券等による経済的利益相当額

　株主優待利用券等については、法人の利益の有無にかかわらず供与されるなど、株式又は出資に対する剰余金の配当とは認め難いので、評価会社の年配当金額に加算しません。

1株当たりの利益金額（Ⓒ）

○ 事業年度を変更している場合

　「1株当たりの利益金額（Ⓒ）」は、財産評価基本通達183《評価会社の1株当たりの配当金額等の計算》(2)に定めるところにより、直前期末以前1年間（下の図の場合は、令和2年4月1日から令和3年3月31日まで）における法人税の課税所得金額を基に計算することとなります。

　下の図の場合、令和2年4月1日から令和2年5月31日までの2か月間（図の②）における利益金額の算定が困難なときは、②の期間に対応する利益金額に相当する金額を次により計算して差し支えありません。

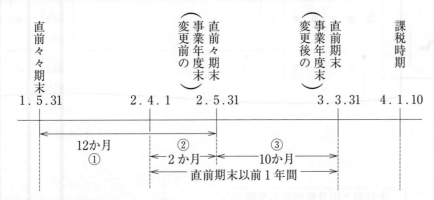

直後期末の方が課税時期に近い場合

　類似業種比準価額を算定する場合の比準数値について、課税時期の直前期末の数値によって評価することと定めているのは、財産の価額は課税時期における時価による（相法22）と規定されていることを前提として、標本会社と評価会社の比準要素をできる限り同一の基準で算定することが、より適正な比準価額の算定を可能にすると考えられることのほか、課税時期後における影響要因を排除することをも考慮しているからです。

　したがって、仮に直後期末の方が課税時期に近い場合であっても、直前期末の比準数値によることになります。

第3章　株式及び出資の評価

（参考）　「類似業種比準価額計算上の業種目及び業種目別株価等」の通達の利用の仕方

業　　種　　目				B	C	D
大　　分　　類		番号	内　　　　　容	配当 金額	利益 金額	簿価 純資 産価 額
中　分　類						
小　分　類						
建　　設　　業		1		*5.7*	*46*	*333*
	総　合　工　事　業	2		5.0	46	307
		建築工事業（木造 建築工事業を除 く）	3	鉄骨鉄筋コンクリート造建築物、鉄筋コンクリート造建築物、無筋コンクリート造建築物及び鉄骨造建築物等の完成を請け負うもの	5.2	60	279
		その他の総合工事業	4	総合工事業のうち、3に該当するもの以外のもの	5.0	42	314
	職　別　工　事　業	5	下請として工事現場において建築物又は土木施設等の工事目的物の一部を構成するための建設工事を行うもの	6.5	41	323
	設　備　工　事　業	6		6.8	48	390
		電　気　工　事　業	7		4.9	41	377

　大分類と中分類がある業種ではどちらか有利となる分類を選択することができます。

　中分類と小分類がある業種ではどちらか有利となる分類を選択することができます。

　評価しようとする会社の業種に該当するものを選びます。
業種目の番号は、113（令和4年分）あります。

第4 取引相場のない株式の評価

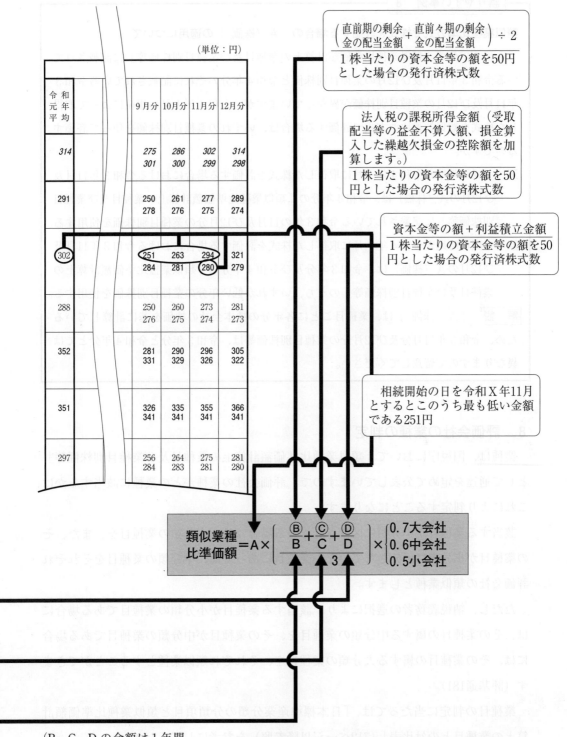

(B、C、Dの金額は1年間同じものを使います。)

※「類似業種比準価額計算上の業種目及び業種目別株価等」の通達については、国税庁ホームページ (www.nta.go.jp) 等でご確認ください。

第3章　株式及び出資の評価

誤りやすい事例　8

類似業種比準方式で株式を評価する場合の「A（株価）」の適用について

　令和3年分の「類似業種比準価額計算上の業種目及び業種目別株価等」に記載されている令和3年11月及び12月の業種目別株価と令和4年分のそれに記載されている令和3年11月及び12月の業種目別株価が異なっていますが、令和4年1月の相続によって取得した株式を類似業種比準方式で評価する場合は、いずれの業種目別株価を使って評価するのですか。

正　　課税時期が令和4年1月に取得した株式を評価する場合における令和3年11月及び12月のA（株価）は、令和4年分の「類似業種比準価額計算上の業種目及び業種目別株価等」に記載されている令和3年の11月及び12月分の業種目別株価を使用する。

誤　　課税時期が令和4年1月に取得した株式を評価する場合における令和3年11月及び12月のA（株価）は、令和3年分及び令和4年分の「類似業種比準価額計算上の業種目及び業種目別株価等」のうち、いずれか低い年分の業種目別株価を使用する。

解　説　「A（株価）」は、業種目ごとに各年分の標本会社の株価を基に計算しているため、令和3年11月分及び12月分の業種目別株価等は、令和3年分と令和4年分とでは異なりますので留意してください。

8　評価会社の業種の判定

　業種は、国税庁において「類似業種比準価額計算上の業種目及び業種目別株価等」として通達を定めて公表していますので、評価会社の業種がどの業種に該当するかは、これにより判定することになります。

　該当する業種目が小分類に区分されている場合には、小分類の業種目を、また、その業種目が小分類に区分されていない業種目にあっては、中分類の業種目をそれぞれ評価会社の類似業種とします。

　ただし、納税義務者の選択により、該当する業種目が小分類の業種目である場合には、その業種目の属する中分類の業種目を、その業種目が中分類の業種目である場合には、その業種目の属する大分類の業種目を、それぞれ類似業種とすることができます（評基通181）。

　業種目の判定に当たっては、「日本標準産業分類の分類項目と類似業種比準価額計算上の業種目との対比表」（712ページ以降参照）を参考にしてください。

　なお、評価会社が複数の業種目を兼業している場合には、次によります。

$\dfrac{\text{単独の業種目の取引金額}}{\text{総取引金額}} > 50\%$	取引金額が50%超の業種目
$\dfrac{\text{単独の業種目の取引金額}}{\text{総取引金額}} < 50\%$	
① 1つの中分類の業種目中に2以上の類似する小分類の業種目が属し、その取引金額の合計の総取引金額に対する割合が50%超の場合	その中分類の中にある類似する小分類の「その他の○○業」
② 1つの中分類の業種目中に2以上の類似しない小分類の業種目が属し、その取引金額の合計の総取引金額に対する割合が50%超の場合（上記①に該当する場合を除きます。）	その中分類の業種目
③ 1つの大分類の業種目中に2以上の類似する中分類の業種目が属し、その取引金額の合計の総取引金額に対する割合が50%超の場合	その大分類の中にある類似する中分類の「その他の○○業」
④ 1つの大分類の業種目中に2以上の類似しない中分類の業種目が属し、その取引金額の合計の総取引金額に対する割合が50%超の場合（上記③に該当する場合を除きます。）	その大分類の業種目
⑤ 上記以外の場合	大分類の業種目の中の「その他の産業」

※ 上記判定の際、小分類又は中分類の業種目中「その他の○○業」が存在する場合には、原則として、同一の上位業種目に属する業種目はそれぞれ類似する業種目となります。ただし、「無店舗小売業」（中分類）については、「小売業」（大分類）に属する他の中分類の業種目とは類似しない業種目であることから、他の中分類の業種目の割合と合計することにより50%を超える場合は、上記④により「小売業」となります。

(事例1)

　1つの中分類の業種目中に2以上の類似する小分類の業種目が属し、その取引金額の合計の総取引金額に対する割合が50%超の場合

⇨　その中分類の中にある類似する小分類の「その他の○○業」とします。

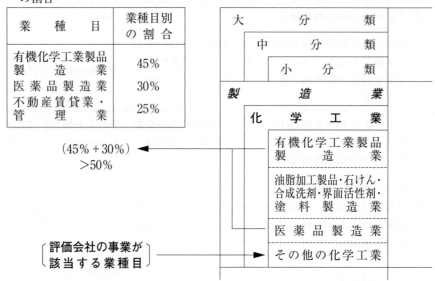

(事例2)

　1つの中分類の業種目中に2以上の類似しない小分類の業種目が属し、その取引金額の合計の総取引金額に対する割合が50%超の場合（事例1に該当する場合を除きます。）

⇨　その中分類の業種目とします。

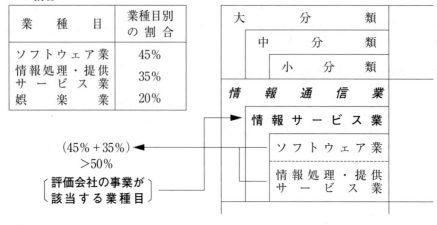

(事例3)

　1つの大分類の業種目中に2以上の類似する中分類の業種目が属し、その取引金額の合計の総取引金額に対する割合が50%超の場合

⇨　その大分類の中にある類似する中分類の「その他の○○業」とします。

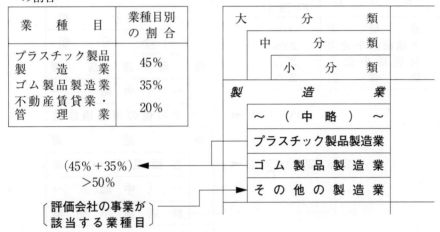

(事例4)

　1つの大分類の業種目中に2以上の類似しない中分類の業種目が属し、その取引金額の合計の総取引金額に対する割合が50%超の場合(事例3に該当する場合を除きます。)

⇨　その大分類の業種目とします。

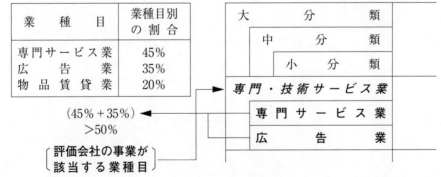

第3章 株式及び出資の評価

(事例5)

上記の設例以外の場合

⇨ 大分類の業種目の中の「その他の産業」とします。

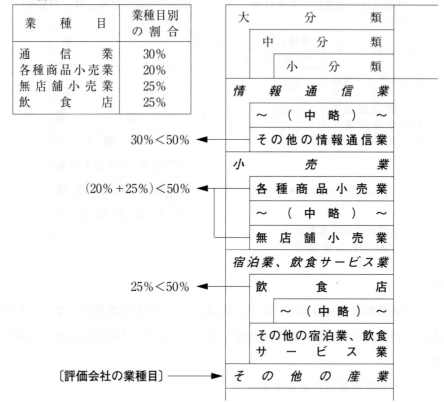

第4　取引相場のない株式の評価

チェックポイント54

類似業種比準価額の修正

　類似業種比準価額は、評価会社の直前期の1株当たりの配当金額（Ⓑ）、利益金額（Ⓒ）及び純資産価額（Ⓓ）により計算することとしていますが、直前期末の翌日から課税時期までの間に、配当金交付の効力が発生した場合には、その配当金は未収配当金として評価の対象とされることになるので、配当落の価額に修正する必要があります。

　また、株式の割当てに係る払込期日の経過又は株式無償交付の効力の発生により、株式の割当て等の効力が発生した場合（増資が行われた場合）には、課税時期の発行済株式数は直前期末の発行済株式数よりも増加していることになるので増資後の価額に修正する必要があります（評基通184）。

　これらの場合の修正は、配当金の交付が確定した場合又は増資があった場合に応じ、次に掲げる算式によって計算します。

イ　直前期末の翌日から課税時期までの間に配当金交付の効力が発生した場合

$$
\text{類似業種比準価額の計算式によって計算した金額} - \text{株式1株に対して受けた配当金額} = \text{修正比準価額}
$$

ロ　直前期末の翌日から課税時期までの間に株式の割当て等の効力が発生した場合

$$
\left(
\begin{array}{c}
\text{類似業種比準価額の計} \\
\text{算式によって計算した} \\
\text{金額（上記イにより修} \\
\text{正した場合には、その} \\
\text{修正後の金額）}
\end{array}
+
\begin{array}{c}
\text{割当てを受} \\
\text{けた株式1} \\
\text{株につき払} \\
\text{い込んだ金} \\
\text{額}
\end{array}
\times
\begin{array}{c}
\text{株式1株} \\
\text{に対する} \\
\text{割当株式} \\
\text{数}
\end{array}
\right)
\div
\left(
1 +
\begin{array}{c}
\text{株式1株に} \\
\text{対する割当} \\
\text{株式数又は} \\
\text{交付株式数}
\end{array}
\right)
=
\begin{array}{c}
\text{修正} \\
\text{比準} \\
\text{価額}
\end{array}
$$

— 453 —

第3章　株式及び出資の評価

9　純資産価額

　純資産価額方式とは、評価会社の課税時期現在における資産及び負債を財産評価基本通達の定めによって評価した価額（相続税評価額）に評価替えするなどして、1株当たりの価額を計算する評価方式をいいます。

　したがって、課税時期が事業年度の途中である場合には、課税時期における仮決算により資産及び負債の金額を計算することになります。

　ただし、直前期末から課税時期までの間に資産及び負債について著しく増減がないため評価額の計算に影響が少ないと認められるときは、直前期末の資産及び負債を基として計算しても差し支えないこととされています。

　具体的には、次の算式によって評価します。

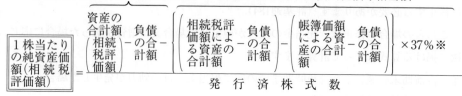

※　課税時期が平成28年4月1日以降の場合は37％、平成27年4月1日から平成28年3月31日までの場合は38％、平成26年4月1日から平成27年3月31日までの場合は40％、平成24年4月1日から平成26年3月31日までの場合は42％、平成22年10月1日から平成24年3月31日までの場合は45％となります。

　したがって、類似業種比準価額の計算に用いる直前期末における「1株当たりの純資産価額（帳簿価額によって計算した金額）」とは異なります。

相続税評価額による純資産価額

　課税時期における評価会社の有する各資産及び各負債について、財産評価基本通達の定めにより評価した価額を求め、総資産価額（相続税評価額によって計算した金額）から負債の金額を控除して、純資産価額（相続税評価額によって計算した金額）を計算します。

評価差額に対する法人税額等相当額

　課税時期における総資産価額（帳簿価額によって計算した金額）から負債の金額を控除して、純資産価額（帳簿価額によって計算した金額）を計算します。

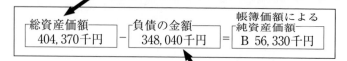

第4　取引相場のない株式の評価

　　この場合における資産は、帳簿に資産として計上されていないものであって
も、相続税法上の課税財産に該当するもの、例えば、無償で取得した借地権、
特許権、営業権等がある場合には、これらを財産評価基本通達の定めるところ
により評価する必要があります。一方、財産性のない前払費用、繰延資産、繰
延税金資産等については帳簿価額があっても、評価の対象にしません。
　　したがって、ここでいう総資産価額は、帳簿価額により計上されている総資
産価額とは異なります。
　　また、資産のうちに評価会社が課税時期前3年以内に取得又は新築した土地
及び土地の上に存する権利並びに家屋及びその附属設備又は構築物があるとき
には、これらの価額は課税時期の通常の取引価額により評価します（評基通185
かっこ書）。

　　負債の金額は、相続税法の規定により債務控除の対象となる債務、すなわち
確実な債務（相法14）に限られます。
　　したがって、貸倒引当金、納税引当金、その他の引当金及び準備金並びに繰
延税金負債に相当する金額は、負債として計上できません（評基通186）。
　　一方、①課税時期の属する事業年度に係る法人税額（地方法人税額を含みま
す。）、消費税額（地方消費税額を含みます。）、事業税額（特別法人事業税額を
含みます。）、道府県民税額及び市町村民税額のうち、その事業年度開始の日から
課税時期までの期間に対応する金額で課税時期において未払いのもの（ただし、
この規定は、課税時期において仮決算を行っている場合について適用されるも
ので、仮決算を行っていない場合には、適用しません。）、②課税時期以前に賦
課期日のあった固定資産税及び都市計画税の税額のうち課税時期において未払
いの金額、③被相続人の死亡により、相続税法第3条《相続又は遺贈により取
得したものとみなす場合》第1項第2号に規定する相続人その他の者に支給す
ることが確定した退職手当金、功労金その他これらに準ずる給与、④未納公租
公課、未払利息等の簿外負債の金額については、帳簿価額に負債としての記載
がない場合であっても、負債として計上します。

　　帳簿価額によって計算した総資産価額は、上記相続税評価額の計算に当たり
基礎とした各資産の税務計算上の帳簿価額の合計額を記載します。
1　減価償却資産の帳簿価額は、その資産の取得価額から減価償却累計額及び
　特別償却準備金を控除した後の金額によります。
2　税務計算上その帳簿価額を加算又は減算する必要がある資産については、
　その加算又は減算後の価額、つまり税務計算上の帳簿価額によります。
3　固定資産で圧縮記帳に係る引当金が設けられているものの帳簿価額は、そ
　の資産の帳簿価額から圧縮記帳に係る引当金を控除した後の金額によります。
4　財産性のない前払費用や繰延資産等の帳簿価額は、ないものとして計算し
　ます。

　　帳簿価額によって計算した総資産価額から控除する各負債の金額は、相続税
評価額による各負債の金額に対応する税務計算上の帳簿価額の合計額をいいま
す。
　　一般的には、定期借地権を設定させたことによる預り保証金がある場合等を
除き、相続税評価額による負債の金額とそれに対応する帳簿価額による負債の
金額は同一になります。

— 455 —

第3章　株式及び出資の評価

純資産価額（相続税評価額によって計算した金額）から純資産価額（帳簿価額によって計算した金額）を控除して、評価差額を計算します。

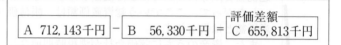

評価差額に37％※を乗じて評価差額に対する法人税額等相当額を計算します。

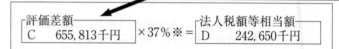

※　課税時期が、平成28年4月1日以降の場合は37％、平成27年4月1日から平成28年3月31日までの場合は38％、平成26年4月1日から平成27年3月31日までの場合は40％、平成24年4月1日から平成26年3月31日までの場合は42％、平成22年10月1日から平成24年3月31日までの場合は45％となります。

1株当たりの純資産価額

純資産価額（相続税評価額によって計算した金額）から評価差額に対する法人税額等相当額を控除した金額を課税時期における発行済株式数で除して1株当たりの純資産価額（相続税評価額によって計算した金額）を計算します。

$$\begin{pmatrix}\text{相続税評価額による} & \text{法人税額等} \\ \text{純資産価額} & \text{相当額} \\ \text{A　712,143千円} & \text{D　242,650千円}\end{pmatrix} \div \begin{matrix}(※1)\\ \text{発行済株式数}\\ \text{120,000株}\end{matrix} = \begin{matrix}(※2)\\ \text{1株当たりの}\\ \text{純資産価額}\\ \text{3,912円}\end{matrix}$$

※1　課税時期における発行済株式数は、券面金額が50円であるかどうかにかかわらず課税時期における実際の発行済株式数（自己株式を有している場合には、その自己株式の数を控除した株式数）によります。
　　したがって、類似業種比準価額計算上の直前期末の発行済株式数と異なる場合があります。
※2　議決権割合が50％以下である同族株主グループに属する株主が取得した中会社又は小会社の株式については、上記の1株当たりの純資産価額に80％を乗じた価額で評価します（評基通185ただし書）。

第4　取引相場のない株式の評価

　評価会社が取引相場のない株式（財産評価基本通達197－5(3)ロを含みます。）を所有している場合において、所有する当該株式の1株当たりの純資産価額（相続税評価額によって計算した金額）を計算するときには、法人税額等相当額は控除しません（評基通186－3注書）。

　また、評価会社の有する資産の中に、現物出資若しくは合併により著しく低い価額で受け入れた資産又は株式交換、株式移転若しくは株式交付により著しく低い価額で受け入れた株式がある場合には、その現物出資等の時のその資産の相続税評価額とその現物出資等による受入価額との差額に対する法人税額等相当額は控除しないこととされています（評基通186－2(2)かっこ書）。

　ただし、課税時期における総資産価額（相続税評価額）に占める現物出資等受入れ資産の価額（原則として、財産評価基本通達の定めるところにより評価した価額）の割合が20%以下の場合には、この取扱いの適用はありません（評基通186－2(2)注3。チェックポイント55（458ページ）参照）。

第3章　株式及び出資の評価

チェックポイント55

著しく低額で受け入れた現物出資等

　評価会社の有する資産の中に、現物出資若しくは合併により著しく低い価額で受け入れた資産又は会社法第2条第31号の規定による株式交換、会社法第2条第32号の規定による株式移転若しくは会社法第2条第32号の2の規定による株式交付により著しく低い価額で受け入れた株式（このチェックポイントにおいて、以下「現物出資等受入れ資産」といいます。）があるときは、原則として、その現物出資等の時のその現物出資等受入れ資産の価額（相続税評価額）とその現物出資等による受入れ価額（帳簿価額）との差額（このチェックポイントにおいて、以下「現物出資等受入れ差額」といいます。）（※1）に対する法人税額等に相当する金額は、1株当たりの純資産価額（相続税評価額によって計算した金額）の計算上控除しないこととされています（評基通186－2(2)かっこ書、※2）。

※1　「現物出資等受入れ差額」＝現物出資等の時の価額（相続税評価額）
　　　　　　　　　　　　　　－受入れ価額（帳簿価額）

　　　ただし、現物出資等受入れ資産の現物出資等の時の相続税評価額が、課税時期における相続税評価額を上回る場合には、課税時期における相続税評価額と受入れ価額（帳簿価額）との差額とされています。したがって、上記の算式は次のようになります。

　　　「現物出資等受入れ差額」＝課税時期における相続税評価額
　　　　　　　　　　　　　　－受入れ価額（帳簿価額）

　　　また、現物出資等受入れ資産が合併により著しく低い価額で受け入れた資産（このチェックポイントにおいて、以下「合併受入れ資産」といいます。）である場合において、合併の時におけるその資産の相続税評価額が、合併受入れ資産に係る被合併会社の帳簿価額を上回るときにおける、「現物出資等受入れ差額」は、被合併会社の帳簿価額から評価会社の帳簿価額を控除した金額とされています。したがって、上記の算式は次のようになります。

　　　「現物出資等受入れ差額」＝合併の時における被合併会社の帳簿価額
　　　　　　　　　　　　　　－受入れ価額（帳簿価額）

2　課税時期における評価会社の総資産価額（相続税評価額）に占める現物出資等受入れ資産の価額（課税時期において財産評価基本通達の定めるところにより評価した価額）の合計額の割合が20％以下である場合には、現物出資等受入れ差額に対する法人税額等に相当する金額を控除することができることとされています。

— 458 —

第4 取引相場のない株式の評価

チェックポイント56

純資産価額の算定

1 前払費用

　保険料、賃借料等の前払費用を資産に計上すべきか否かは、課税時期において、これらの費用に財産的価値があるかどうかによって判断することとなります。例えば、その前払費用を支出する基因となった契約を課税時期において解約したとする場合に返還される金額があるときには、その前払費用に財産的価値があると考えられるので、資産に計上することとなります。

　なお、取引相場のない株式（出資）の評価明細書（この第4において、以下「評価明細書」といいます。）第5表の記載に当たって、評価の対象とならない（財産性のない）前払費用については、「帳簿価額」欄にも計上しません。

2 借家権

　借家権の価額は、有償取得したものであってもその権利が権利金等の名称をもって取引される慣行のある地域にあるものを除き、相続税又は贈与税の課税価格に算入しないので、1株当たりの純資産価額（相続税評価額によって計算した金額）の計算に当たっても、その借家権が権利金等の名称をもって取引される慣行のある地域にあるものを除き、相続税評価額は0円となります。

　なお、評価明細書第5表の記載に当たっては、相続税評価額が0円となる場合であっても、評価会社が有償取得した借家権を資産に計上している場合には、「帳簿価額」欄に評価会社の帳簿上の価額をそのまま記載します。

3 営業権

　営業権は、評価の対象となる資産ですから、評価明細書第5表の記載に当たっては、次のとおりとなります。

⑴　帳簿価額がない場合であっても、評価会社の営業権の相続税評価額が算出されるときには、その評価額を「相続税評価額」欄に記載し、「帳簿価額」欄には「0」と記載します。

⑵　有償取得した営業権の帳簿価額がある場合において、評価会社の営業権の相続税評価額が算出されるときには、「相続税評価額」欄にその価額を記載し、評価会社の営業権の相続税評価額が算出されないときには「相続税評価額」欄に「0」と記載し、その帳簿価額を「帳簿価額」欄に記載します。

⑶　評価会社の帳簿価額に営業権の記載がなく、評価会社の営業権の相続税評価額が算出されない場合には、「相続税評価額」欄及び「帳簿価額」欄ともに記載を要しません。

― 459 ―

第3章　株式及び出資の評価

4　繰延資産

　　繰延資産については、個々に財産的価値の有無を判断して資産に計上すべきか否か
を判定することになりますが、例えば、創立費、株式交付費等については、財産的価
値が認められませんので「資産の部」に計上する必要はありません。

　　なお、評価明細書第5表の記載に当たっては、財産的価値のない（評価の対象とな
らない）繰延資産については、「帳簿価額」欄にも計上しません。

（注）　繰延資産とは、法人が支出した費用でその支出の効果が1年以上に及ぶものを
　　　　いう（法法2二十四）こととされており、法人税法では会計上の繰延資産に加え、
　　　　資産を賃借するための権利金等（資産の取得価額に算入される費用及び前払費用
　　　　を除きます。）が該当するものとされています。具体的には、法人税法施行令第
　　　　14条を参照してください。

5　生命保険契約に関する権利

　　1株当たりの純資産価額（相続税評価額によって計算した金額）を計算する場合に
おいて、評価会社が保険契約者となっている生命保険契約は、生命保険契約に関する
権利として財産評価基本通達214の定めにより評価した金額を資産として計上します。

6　評価会社が受け取った生命保険金

⑴　被相続人の死亡が保険事故であった場合に、評価会社が受け取った生命保険金は、
　保険事故発生によりその請求権が具体的に確定するものですから、生命保険金請求
　権として資産に計上することになります（評価明細書第5表の記載に当たっては、
　「相続税評価額」欄及び「帳簿価額」欄のいずれにも記載します。）。この場合、そ
　の保険料（掛金）が資産計上されているときは、その金額を資産から除外します。

　　また、その受け取った生命保険金を原資として被相続人に係る死亡退職金を支払
　った場合には、その支払退職金の額を負債に計上するとともに、支払退職金を控除
　した後の保険差益について課されることとなる法人税額等についても負債に計上し
　ます。

⑵　評価会社が仮決算を行っていないため、課税時期の直前期末における資産及び負
　債を基として1株当たりの純資産価額（相続税評価額によって計算した金額）を計
　算する場合における保険差益に対応する法人税額等は、この保険差益によって課税
　所得金額が算出される場合のその課税所得の37％(注)相当額によって差し支えあり
　ません。

　　（注）　課税時期が、平成28年4月1日以降の場合は37％、平成27年4月1日から平
　　　　　　成28年3月31日までの場合は38％、平成26年4月1日から平成27年3月31日ま
　　　　　　での場合は40％、平成24年4月1日から平成26年3月31日までの場合は42％、
　　　　　　平成22年10月1日から平成24年3月31日までの場合は45％となります。

⑶　欠損法人である評価会社が被相続人を被保険者として保険料を負担していた生命

第4　取引相場のない株式の評価

保険契約について、被相続人の死亡により生命保険金を受け取った場合には、保険差益の額から欠損金の額を控除した上で法人税額等を計算します。

7　繰延税金資産、繰延税金負債

税効果会計の適用により貸借対照表に計上される繰延税金資産は、将来の法人税等の支払を減額する効果を有し、法人税等の前払額に相当するため、資産としての性格を有するものと考えられており、また、繰延税金負債は、将来の法人税等の支払を増額する効果を有し、法人税等の未払額に相当するため、負債としての性格を有するものと考えられています。

しかし、税法上、繰延税金資産の額は、これを還付請求できる性格のものではなく、他に財産的価値を有するものではなく、また、繰延税金負債は、繰り延べられた法人税等の額を示すものであり、引当金と同様に確実な債務ということはできません。

したがって、1株当たりの純資産価額（相続税評価額によって計算した金額）の計算上、繰延税金資産及び繰延税金負債は、資産及び負債として計上しません。

また、これにより評価差額に対する法人税額等相当額を計算する場合の純資産価額（帳簿価額によって計算した金額）の計算においても、繰延税金資産及び繰延税金負債は計上しません。

8　評価会社が支払った弔慰金の取扱い

被相続人の死亡に伴い評価会社が相続人に対して支払った弔慰金については、相続税法第3条《相続又は遺贈により取得したものとみなす場合》第1項第2号により退職手当金等に該当するものとして相続税の課税価格に算入されることとなる金額に限り、株式の評価上、負債に該当するものとして1株当たりの純資産価額（相続税評価額によって計算した金額）の計算上控除します。したがって、同号の規定により退職手当金等とみなされない弔慰金については、1株当たりの純資産価額（相続税評価額によって計算した金額）の計算上、負債に計上しません。

— 461 —

第3章　株式及び出資の評価

（参考）

相続税評価額及び帳簿価額の具体的な計算要領

〈資産の部〉

貸借対照表上の価額	科　目	相続税評価額	帳簿価額	相続税評価額及び帳簿価額の計算要領
千円		千円	千円	
900	現　　　金	900	900	
15,000	預　　　金	15,480	15,000	〔相続税評価額〕 課税時期現在における既経過利子の額から源泉徴収されるべき所得税の額に相当する金額を控除した金額 　　480千円　　　　　（評基通203） 15,000千円＋480千円＝15,480千円
9,000	受 取 手 形	8,910	9,000	〔相続税評価額〕 受取手形の評価減　90千円 　　　　　　　　　（評基通206(2)） 9,000千円－90千円＝8,910千円
10,000	売 　 掛 　 金	8,500	10,000	〔相続税評価額〕 課税時期現在における回収不能のもの　1,500千円　　　（評基通205） 10,000千円－1,500千円＝8,500千円
500	未 収 入 金	420	500	〔相続税評価額〕 課税時期現在における回収不能のもの　80千円　　　　（評基通205） 500千円－80千円＝420千円
1,000	貸 　 付 　 金	1,010	1,000	〔相続税評価額〕 課税時期現在における既経過利息の額　50千円　　　　（評基通204） 課税時期現在における回収不能のもの　40千円　　　　（評基通205） 1,000千円＋50千円－40千円＝1,010千円
100	前 　 渡 　 金	100	100	
200	仮 　 払 　 金	200	200	
50	前 払 費 用	—	—	課税時期において返還を受けることができない損害保険料の未経過分であり、財産性がないので相続税評価額、帳簿価額ともに記載しません。
3,400	製 　 　 　 品	3,400	3,400	
380	半 　 製 　 品	380	380	
200	仕 　 掛 　 品	200	200	たな卸商品等として評価します。
2,000	原 　 材 　 料	2,000	2,000	（評基通133）
80	貯 　 蔵 　 品	80	80	

— 462 —

第4　取引相場のない株式の評価

貸借対照表上の価額	科　目	相続税評価額	帳簿価額	相続税評価額及び帳簿価額の計算要領
千円 12,000	土　　地	千円 24,500	千円 10,800	〔相続税評価額〕 　課税時期の属する年分の財産評価基準（路線価又は倍率）により評価します。 路線価を基にして計算した評価額 　24,500千円 〔帳簿価額〕 買換資産の帳簿価額を減額し又は積立金として積み立てた額（土地圧縮記帳引当金の額）　2,000千円 （法人税申告書別表十三㈤の「21」の金額） 土地圧縮限度超過額　800千円 （法人税申告書別表十三㈤の「28」の金額） 12,000千円－2,000千円＋800千円 　＝10,800千円
0	借　地　権	18,500	0	〔相続税評価額〕 路線価を基として計算した借地権の評価額　18,500千円 〔帳簿価額〕 　無償取得による借地権の場合には、帳簿価額は「0」と記載します。
5,200	建　　物	7,500	4,460	〔相続税評価額〕 建物の固定資産税評価額　7,500千円 7,500千円×1.0倍＝7,500千円 　　　　　　　　　　　（評基通89） 〔帳簿価額〕 建物減価償却累計額　750千円 建物減価償却超過額　　10千円 （法人税申告書別表十六㈠の「41」の金額） 5,200千円－750千円＋10千円 　＝4,460千円
800	構　築　物	650	550	〔相続税評価額〕 650千円　　　　　　　　（評基通97） 〔帳簿価額〕 構築物減価償却累計額　250千円

第3章　株式及び出資の評価

貸借対照表上の価額	科　目	相 続 税 評 価 額	帳 簿 価 額	相 続 税 評 価 額 及 び 帳 簿 価 額 の 計 算 要 領
千円		千円	千円	800千円－250千円＝550千円
500	借 家 権	0	500	〔相続税評価額〕 　借家権は、権利金等の名称をもって取引される慣行のある地域にあるものを除き、評価しません。 　　　　　　　　　　　　（評基通94） 〔帳簿価額〕 　財産性のあるものは評価額が「0」であっても帳簿価額を記載します。
550	車両運搬具	400	400	〔相続税評価額〕 400千円　　　　　　　　（評基通129） 〔帳簿価額〕 車両運搬具減価償却累計額　150千円 550千円－150千円＝400千円
200	什 器 備 品	150	150	〔相続税評価額〕 150千円　　　　　　　　（評基通129） 〔帳簿価額〕 什器備品減価償却累計額　50千円 200千円－50千円＝150千円
3,500	機 械 装 置	3,260	2,260	〔相続税評価額〕 3,260千円　　　　　　　（評基通129） 〔帳簿価額〕 機械装置圧縮記帳引当金　1,000千円 （法人税申告書別表十三㈤の「21」の金額） 機械装置圧縮限度超過額　60千円 （法人税申告書別表十三㈤の「28」の金額） 機械装置減価償却累計額　300千円 3,500千円－1,000千円＋60千円 　　－300千円＝2,260千円
3,000	重要産業用機械	2,600	2,000	〔相続税評価額〕 2,600千円　　　　　　　（評基通129） 〔帳簿価額〕 重要産業用機械減価償却累計額 400千円

— 464 —

第4 取引相場のない株式の評価

貸借対照表上の価額	科　目	相続税評価額	帳簿価額	相続税評価額及び帳簿価額の計算要領
千円		千円	千円	重要産業用機械特別償却準備金 600千円 3,000千円－400千円－600千円 　＝2,000千円
3,000	有 価 証 券	5,000	3,000	〔相続税評価額〕 株式及び出資について評価替えした 金額　5,000千円（評基通168～196）
2,800	ゴルフ会員権	17,500	2,800	〔相続税評価額〕 25,000千円（取引相場）×70% 　＝17,500千円　　　　（評基通211）
2,000	特 許 権	—	—	①権利者が自ら特許発明を実施
600	意 匠 権	—	—	している場合の特許権、意匠権、
800	商 標 権	—	—	商標権及び②出版権、漁業権は、 営業権として一括評価するため、 相続税評価額及び帳簿価額は記載 しません。（評基通145、154、163）
0	営 業 権	2,000	3,400	〔相続税評価額〕 2,000千円　　　　　　（評基通165） 〔帳簿価額〕 　特許権から商標権までの合計額を 記載します。 　なお、営業権の評価額が「0」で あっても帳簿価額は記載します。
200	電話加入権	15	200	〔相続税評価額〕 売買実例価額、精通者意見価格等を 参酌した評価額 1,500円×10回線＝15千円 　　　　　　　　　　　（評基通161）
150	創 立 費	—	—	評価の対象とならない財産性の
50	開 業 費	—	—	ない繰延資産及び繰延税金資産の
60	株式発行費	—	—	帳簿価額は、決算上の帳簿価額が
1,500	開 発 費	—	—	ある場合であっても相続税評価額
800	試験研究費	—	—	及び帳簿価額の双方とも記載しま せん。
80,520	合 　 計	123,655	73,280	

— 465 —

第3章　株式及び出資の評価

〈負債の部〉

貸借対照表上の価額	科　目	相続税評価額	帳簿価額	相続税評価額及び帳簿価額の計算要領
千円		千円	千円	
1,400	支払手形	1,400	1,400	
3,000	買掛金	2,900	3,000	〔相続税評価額〕 課税時期現在において事実上支払を要しないもの　100千円 3,000千円－100千円＝2,900千円
9,000	短期借入金	9,000	9,000	
7,000	無利息借入金	6,930	7,000	〔相続税評価額〕 　無利息の長期借入金（10年後一括返済）があるので帳簿価額から経済的利益の金額を差し引いた残額を相続税評価額とします。 7,000千円×(1－0.990(※))＝70千円 　　　　　　（経済的利益の金額） 7,000千円－70千円＝6,930千円 ※　期間10年に応ずる基準年利率（0.1％）の場合の複利現価率 （基準年利率は、3か月ごとに個別通達として公表されます。）
100	未払金	100	100	
500	未払配当金	500	500	｝課税時期において確定している金額のうち、未払いとなっているものを記載します。
500	未払役員賞与	500	500	
50	未払費用	50	50	
60	前受金	60	60	
15	仮受金	15	15	
30	預り金	30	30	
500	保証金	500	500	
100	前受収益	100	100	
1,000	割賦販売引当金※（繰延割賦売上利益）	—	—	
500	貸倒引当金	—	—	
250	返品調整引当金	—	—	これらの準備金、引当金等は、純資産価額及び評価差額の計算上負債にはなりませんので、相続税評価額及び帳簿価額ともに記載しません。　　　（評基通186）
900	賞与引当金	—	—	
860	特別修繕引当金	—	—	
470	製品保証等引当金	—	—	※　割賦販売引当金についてはチェックポイント57（470ページ）参照
1,800	納税引当金	—	—	
300	債権償却特別勘定	—	—	

— 466 —

第4　取引相場のない株式の評価

貸借対照表上の価額	科　　目	相続税評価額	帳簿価額	相続税評価額及び帳簿価額の計算要領
千円 2,000	土地圧縮記帳引当金	千円 —	千円 —	土地12,000千円の圧縮記帳分であってこの金額は「資産の部」の土地の帳簿価額から控除しますので、相続税評価額及び帳簿価額ともに記載しません。
1,000	機械装置圧縮記帳引当金	—	—	機械装置3,200千円（3,500千円－300千円）の圧縮記帳分であって、この金額は「資産の部」の機械装置の帳簿価額から控除しますので、相続税評価額及び帳簿価額ともに記載しません。
600	特別償却準備金	—	—	重要産業用機械2,600千円（3,000千円－400千円）の特別償却分であって、この金額は「資産の部」の重要産業用機械の帳簿価額から控除しますので、相続税評価額及び帳簿価額ともに記載しません。
750	建物減価償却累計額	—	—	
250	構築物減価償却累計額	—	—	
150	車両運搬具減価償却累計額	—	—	
50	什器備品減価償却累計額	—	—	これらの減価償却累計額は、それぞれ対応する各資産の帳簿価額から控除しますので、相続税評価額及び帳簿価額ともに記載しません。
300	機械装置減価償却累計額	—	—	
400	重要産業用機械減価償却累計額	—	—	
230	輸入製品国内市場開拓準備金	—	—	相続税評価額による純資産価額及び評価差額の計算上、負債にはなりませんので、相続税評価額及び帳簿価額ともに記載しません。
80	海外投資等損失準備金	—	—	（評基通186）

— 467 —

第3章　株式及び出資の評価

貸借対照表上の価額	科　　目	相　続　税評　価　額	帳　　簿価　　額	相　続　税　評　価　額　及　び帳　簿　価　額　の　計　算　要　領
千円		千円	千円	
3,000	資　本　金	—	—	
100	資本積立金	—	—	
3,485	利益準備金	—	—	
4,500	別途積立金	—	—	相続税評価額及び帳簿価額ともに記載しません。
1,200	退職給与積立金	—	—	
850	前期繰越利益	—	—	
3,100	当　期　利　益	—	—	
	未納法人税	900	900	会計上の帳簿価額に負債として記載のない次の金額は、負債として「相続税評価額」及び「帳簿価額」のいずれにも同一の金額を記載します。
	未納消費税	200	200	（仮決算を行っている場合）
	未納都民税	215	215	次の金額のうち、課税時期において未払いとなっている金額及び課税時期の属する事業年度に係る次の税額のうち、その事業年度開始の日から課税時期までの期間に対応する金額の合計額（課税時期において未払いのものに限ります。）
	未納事業税	560	560	①　法人税額（地方法人税額を含む。）（法人税申告書別表五（二）「4の⑥」の金額）
				②　消費税額（消費税申告書「㉖消費税及び地方消費税の合計」の金額）
				③　道府県民税額（法人税申告書別表五（二）「9の⑥」の金額）
				④　市町村民税額（法人税申告書別表五（二）「14の⑥」の金額）
				⑤　事業税額（特別法人事業税額を含みます。）（法人税申告書別表五（二）「18の⑥」の金額と事業税申告書「第六号様式の㊺及び㊾」の金額の合計額）
				（仮決算を行っていない場合）
				直前期の事業年度に係る次の金額

第4 取引相場のない株式の評価

貸借対照表上の価額	科　　目	相続税評価額	帳簿価額	相続税評価額及び帳簿価額の計算要領
千円		千円	千円	① 法人税額（地方法人税額を含みます。）（法人税申告書別表五（二）「4の⑥」の金額） ② 消費税額（消費税申告書「㉖消費税及び地方消費税の合計」の金額） ③ 道府県民税額（法人税申告書別表五（二）「9の⑥」の金額） ④ 市町村民税額（法人税申告書別表五（二）「14の⑥」の金額） ⑤ 事業税額（特別法人事業税額を含みます。）（法人税申告書別表五（二）「18の⑥」の金額と事業税申告書「第六号様式の㊺及び㊾」の金額の合計額）
	未納固定資産税	85	85	（仮決算を行っている場合） 　課税時期以前に賦課期日のあった固定資産税及び都市計画税の税額のうち、課税時期において未払いとなっている税額 （仮決算を行っていない場合） 　直前期末以前に賦課期日のあった固定資産税及び都市計画税の税額のうち、直前期末において未払いとなっている金額
	未払退職金	2,300	2,300	被相続人の死亡に伴い、相続人に対し支給することが確定した退職手当金、功労金等の金額2,000千円、弔慰金のうち、相続税法第3条第1項第2号に規定する退職手当金に該当する部分の300千円 2,000千円＋300千円＝2,300千円
50,380	合　　計	26,345	26,515	

— 469 —

第3章　株式及び出資の評価

チェックポイント57

割賦販売引当金（繰延割賦売上利益）

　割賦販売による売買は、その代金を回収するまでに相当の期間を要することから、法人が割賦販売基準を適用して収益の分割計上の経理を行った場合には、法人税の課税上、未実現利益の控除が認められています（割賦販売引当金が負債計上されます。）。

　しかし、次の①から③により、株式の評価上、当該金額を負債として控除することはできません。

①　割賦販売は、契約と同時にその効力が生じるものであり、その商品等を引き渡した時に収益が実現しているものであること

②　割賦販売基準は、法人税の課税上特例として認められているものであり、相続税における株式の評価に係る純資産価額の計算についてまで認められているものではないこと

③　取引相場のない株式又は出資の時価を純資産価額方式により評価するに当たっては、相続開始時において、その法人に帰属している経済的価値を純資産として評価すべきものであるから、総資産価額から控除されるのは、支払先の確定した対外負債であること

チェックポイント58

評価差額に対する法人税額等相当額の計算

　評価明細書第5表「2．評価差額に対する法人税額等相当額の計算」の「帳簿価額による純資産価額」欄及び「評価差額に相当する金額」欄が負数となる場合は、「0」と記載します。

誤りやすい事例　9

評価会社が有する取引相場のない株式

　評価会社が有する取引相場のない株式を純資産価額方式によって計算する場合（評基通186-3（注））

正　　評価差額に対する法人税額等に相当する金額を控除することはできない。

誤　　評価差額に対する法人税額等に相当する金額を控除することができる。

― 470 ―

第4 取引相場のない株式の評価

誤りやすい事例 10

「無償返還届出書」を提出している場合の評価

被相続人が同族関係者となっている同族会社が「無償返還届出書」を提出して（相当地代を支払って）被相続人所有の土地を借り受けている場合における同族会社の株式の評価上、純資産価額に算入する借地権の金額について

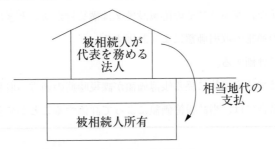

正 自用地としての価額の20％相当額で評価する。

誤 評価しない。

解説 借地権の設定されている土地について、法人税の取扱いによる無償返還届出書が提出されている場合の価額は、その土地の自用地としての価額の100分の80に相当する金額によって評価します。

これは、無償返還届出書が提出されている土地についても、借地借家法等の制約を受けること及びその土地が相続等の時に無償返還されるわけではないことを勘案すれば、現在、借地権の取引慣行のない地域についても20％の借地権相当額の控除を認容していることとの権衡上、その土地に係る貸宅地の評価についても20％を控除することが適当であるとの考えによるものです。

なお、この場合においても被相続人が同族関係者となっている同族会社にその土地を貸し付けているときには、同族会社の株式又は出資の評価上、その土地の自用地としての価額の20％に相当する金額を純資産価額に算入して計算することとしています（昭和43年10月28日付直資3－22ほか「相当の地代を収受している貸宅地の評価について」個別通達）。

この理由は、その土地の価額が個人と法人を通じて100％顕現することが課税の公平上適当と考えられることによるものです。

ただし、同じ無償返還届出書が提出されている場合でも、その貸借が使用貸借であるときのその土地に係る貸宅地の価額は、その土地の自用地としての価額によって評価します。

第3章　株式及び出資の評価

誤りやすい事例　11

課税時期前3年以内に取得等した土地建物等の評価

純資産価額方式において課税時期前3年以内に取得等した土地等の評価（評基通185かっこ書）について

正　　資産のうちに評価会社が課税時期前3年以内に取得又は新築した土地及び土地の上に存する権利並びに家屋及びその附属設備又は構築物があるときには、これらの価額は課税時期の通常の取引価額により評価する。

誤　　相続税評価額で評価する。

（注）　当該土地等又は当該家屋等に係る帳簿価額が課税時期の通常の取引価額に相当すると認められる場合には、当該帳簿価額によって評価することができます。

チェックポイント59

自己株式を有している場合の1株当たりの純資産価額の計算

　評価会社が自己株式を有している場合であっても、現行の会計処理基準では、自己株式は、資産の部に計上されるのではなく、純資産の部の控除項目として取り扱われることから、評価会社の有する資産には該当しないこととなります。

　また、1株当たりの純資産価額（相続税評価額によって計算した金額）は、課税時期における各資産を財産評価基本通達に定めるところにより評価した価額の合計額から課税時期における各負債の金額の合計額及び評価差額に対する法人税額等に相当する金額を控除した金額を課税時期における発行済株式数で除して計算した金額とします。この場合における課税時期における発行済株式数については、評価会社が自己株式を有する場合には、当該自己株式の数を控除した株式数によるものとされています。

　なお、1株当たりの純資産価額（相続税評価額によって計算した金額）の計算に当たり、株式の取得者とその同族関係者の議決権割合が50％以下の場合には、会社に対する支配力に基づいて格差を設けるという考え方から、純資産価額の80％で評価することとしていますが、この場合の議決権割合を計算するときの議決権総数については、自己株式に係る議決権の数は0として計算した議決権の数をもって評価会社の議決権総数とします。

— 472 —

第4　取引相場のない株式の評価

10　特定の評価会社

⑴　比準要素数1の会社の株式

イ　比準要素数1の会社

　　類似業種比準方式は、評価会社の直前期末等を基とした1株当たりの「配当金額」、「利益金額」及び「純資産価額（帳簿価額によって計算した金額)」の3つの要素について、評価会社に外形的な事業内容ばかりでなく資産の保有状況や営業の状態等も類似している上場会社の平均的な1株当たりの配当金額等の額を比準して株式の価格を評価するものです。

　　比準要素数1の会社とは、直前期末を基とした場合の3つの比準要素のうち、いずれか2つが0であり、かつ、直前々期末を基とした場合の3つの比準要素についてもいずれか2つ以上が0である会社をいいます（下記⑵ないし⑸の会社に該当する場合を除きます。評基通189⑴)。

ロ　比準要素数1の会社の判定

〔例1〕

　　発行済株式数は、1株50円換算で100,000株とします（以下同じ。）。

		配当金額	利益金額	純資産価額
直　　　前　　　期		0千円	0千円	0千円
直　　前　　々　　期		0千円	0千円	1,000千円
直　前　々　期　の　前　期		0千円	400千円	(1,000千円)（※7）
判定要素	直前期末を基準	Ⓑ₁（※1） 0円00銭	Ⓒ₁（※3） 0円 0円	Ⓓ₁（※5） 0円
	直前々期末を基準	Ⓑ₂（※2） 0円00銭	Ⓒ₂（※4） 0円 2円	Ⓓ₂（※6） 10円

　※1　直前期末以前2年間における評価会社の剰余金の配当金額の合計額の2分の1に相当する金額を、直前期末における発行済株式数で除した金額

　　2　直前々期末以前2年間における評価会社の剰余金の配当金額の合計額の2分の1に相当する金額を、直前期末における発行済株式数で除した金額

　　3　直前期末以前1年間における評価会社の利益金額を、直前期末における発行済株式数で除した金額［上段］又は直前期末以前2年間における評価会社の利益金額の合計額の2分の1に相当する金額を、直前期末における発行済株式数で除した金額［下段］

　　4　直前々期末以前1年間における評価会社の利益金額を、直前期末における発行済株式数で除した金額［上段］又は直前々期末以前2年間における評価会社の利益金額の合計額の2分の1に相当する金額を、直前期末における発行済株式数で除した金額［下段］

　　5　直前期末における評価会社の資本金等の額及び利益積立金額に相当する金額の合計額を、直前期末における発行済株式数で除した金額

　　6　直前々期末における評価会社の資本金等の額及び利益積立金額に相当する金額の合計額を、直前期末における発行済株式数で除した金額

　　7　※5及び※6のとおり、「比準要素数1の会社」及び「比準要素数0の会社」の判定

— 473 —

第3章　株式及び出資の評価

には、直前々期の前期末の金額は考慮しませんので、括弧書とします。

〔解説〕

　直前期末を基とした判定要素Ⓑ、Ⓒ及びⒹのいずれも0であるので「比準要素数0の会社」に該当します。

　したがって、「比準要素数1の会社」の判定は必要ありません。

〔ポイント〕

　「比準要素数0の会社」に該当する会社は「比準要素数1の会社」から除かれますので、まず、①評価会社が「比準要素数0の会社」に該当するか否かを、直前期末を基とした判定要素により判定した上で、②「比準要素数1の会社」に該当するか否かを、直前期末及び直前々期末を基とした判定要素により判定します。

第4　取引相場のない株式の評価

〔例2〕

		配当金額	利益金額	純資産価額
直　　前　　期		0千円	0千円	0千円
直　　前　々　期		0千円	1,000千円	0千円
直 前 々 期 の 前 期		0千円	0千円	(1,000千円)
判定要素	直前期末を基準	Ⓑ₁ 0円00銭	Ⓒ₁ 0円 / 5円	Ⓓ₁ 0円
	直前々期末を基準	Ⓑ₂ 0円00銭	Ⓒ₂ 10円 / 5円	Ⓓ₂ 0円

〔解説〕

1　直前期末を基とした判定要素Ⓒ₁が0ではありません〔直前期末以前2年間の実績による場合（下段：5円）〕ので、「比準要素数0の会社」に該当しません。

2　直前期末を基とした判定要素Ⓑ₁及びⓄ₁が0であり、かつ、直前々期末を基とした判定要素Ⓑ₂及びⓄ₂が0ですので、「比準要素数1の会社」に該当します。

〔ポイント〕

1　判定要素Ⓑ₁又はⒷ₂は、剰余金の配当金額について、①直前期末以前2年間又は②直前々期末以前2年間のそれぞれの合計額の2分の1に相当する金額を基とするものです（例1の※1及び2）。

2　判定要素Ⓒ₁又はⒸ₂は、利益金額について、①(a)直前期末以前1年間の金額又は(b)直前期末以前2年間の合計額の2分の1に相当する金額と、②(a)直前々期末以前1年間の金額又は(b)直前々期末以前2年間の合計額の2分の1に相当する金額の、いずれか選択した金額を基とするものです（例1の※3及び4）。

3　これらに対し、判定要素Ⓓ₁又はⒹ₂は、資本金等の額及び利益積立金額に相当する金額の合計額について、①直前期末又は②直前々期末における各金額を基とするものです。判定上、直前々期の前期末の金額（設例の場合1,000千円）は影響しないため、Ⓓ₂は0となります（例1の※5、6及び7）。

なお、例3以下においては判定に影響しないため、斜線とします。

— 475 —

第3章　株式及び出資の評価

〔例3〕

		配当金額	利益金額	純資産価額
直　　　前　　　期		0千円	0千円	10,000千円
直　　前　　々　　期		10千円	50千円	10,000千円
直　前　々　期　の　前　期		0千円	0千円	
判定要素	直前期末を基準	B₁ 0円00(05)銭	C₁ 0円 / 0 (0.25)円	D₁ 100円
	直前々期末を基準	B₂ 0円00(05)銭	C₂ 0 (0.50)円 / 0 (0.25)円	D₂ 100円

※　括弧書は、端数処理前の金額です。

〔解説〕

1　直前期末を基とした判定要素Dが0ではありませんので、「比準要素数0の会社」に該当しません。

2　直前期末を基とした判定要素B及びCが0であり、かつ、直前々期末を基とした判定要素B及びCが0となり、「比準要素数1の会社」に該当します。

〔ポイント〕

1　各判定要素については、次のとおり端数処理を行った金額により判定します。

　(1)　判定要素B₁及びB₂は、10銭未満の端数を切り捨てます。

　(2)　判定要素C₁及びC₂並びにD₁及びD₂は、円未満の端数を切り捨てます。

2　判定要素B₁及びB₂は、計算値（5銭）が10銭未満であり、端数処理の結果0となり、判定要素C₁及びC₂も、計算値（25銭及び50銭又は25銭）が1円未満ですから、端数処理の結果0となります。

— 476 —

第4　取引相場のない株式の評価

〔例4〕

		配当金額	利益金額	純資産価額
直　　前　　期		0千円	0千円	0千円
直　前　々　期		0千円	2,000千円	0千円
直前々期の前期		500千円	10,000千円	
判定要素	直前期末を基準	Ⓑ₁ 0円00銭	Ⓒ₁ 0円 / 10円	Ⓓ₁ 0円
	直前々期末を基準	Ⓑ₂ 2円50銭	Ⓒ₂ 20円 / 60円	Ⓓ₂ 0円

〔解説〕

1　直前期末を基とした判定要素Ⓒが0ではありません〔直前期末以前2年間の実績による場合（下段：10円）〕ので、「比準要素数0の会社」に該当しません。

2　直前期末を基とした判定要素Ⓑ₁及びⓄ₁は0ですが、直前々期末を基とした判定要素Ⓑ₂及びⓄ₂が0ではありませんので、「比準要素数1の会社」に該当しません。

〔例5〕

		配当金額	利益金額	純資産価額
直　　前　　期		500千円	0千円	0千円
直　前　々　期		0千円	0千円	0千円
直前々期の前期		500千円	1,000千円	
判定要素	直前期末を基準	Ⓑ₁ 2円50銭	Ⓒ₁ 0円 / 0円	Ⓓ₁ 0円
	直前々期末を基準	Ⓑ₂ 2円50銭	Ⓒ₂ 0円 / 5円	Ⓓ₂ 0円

〔解説〕

1　直前期末を基とした判定要素Ⓑ₁が0ではありませんので、「比準要素数0の会社」に該当しません。

2　直前期末を基とした判定要素Ⓒ₁及びⓄ₁は0ですが、直前々期末を基とした判定要素Ⓑ₂及びⓄ₂が0ではありませんので、「比準要素数1の会社」に該当しません。

第3章　株式及び出資の評価

ハ　比準要素数1の会社の株式の評価額の計算

純資産価額方式により評価します（評基通189－2）。

$$
\boxed{\begin{array}{c} 1株当たりの純資産価額 \\ \left(\begin{array}{c} 相続税評価額によって計算 \\ した金額：80\%評価可（※1） \end{array}\right) \end{array}}
$$

454～472ページ参照

ただし、納税者の選択により次の算式（併用方式）で評価することができます。

$$
\boxed{類似業種比準価額（※2）} \times 0.25 + \boxed{\begin{array}{c} 1株当たりの純資産価額 \\ \left(\begin{array}{c} 相続税評価額によって計算 \\ した金額：80\%評価可（※1） \end{array}\right) \end{array}} \times (1-0.25)
$$

※1　「80％評価可」とは、財産評価基本通達185ただし書の適用があることを示します。
※2　類似業種比準価額は次の算式により評価します。

① 比準要素が配当金額のみの場合

$$
A \times \dfrac{\dfrac{Ⓑ}{B}}{3} \times しんしゃく率※
$$

② 比準要素が利益金額のみの場合

$$
A \times \dfrac{\dfrac{Ⓒ}{C}}{3} \times しんしゃく率※
$$

③ 比準要素が純資産価額（帳簿価額によって計算した金額）のみの場合

$$
A \times \dfrac{\dfrac{Ⓓ}{D}}{3} \times しんしゃく率※
$$

※　上記各算式中のしんしゃく率は、大会社については「0.7」、中会社については「0.6」、小会社については「0.5」とします。

A＝類似業種の株価

B＝課税時期の属する年の類似業種の1株当たりの配当金額

C＝課税時期の属する年の類似業種の1株当たりの年利益金額

D＝課税時期の属する年の類似業種の1株当たりの純資産価額（帳簿価額によって計算した金額）

Ⓑ＝評価会社の1株当たりの配当金額

Ⓒ＝評価会社の1株当たりの利益金額

Ⓓ＝評価会社の1株当たりの純資産価額（帳簿価額によって計算した金額）

第4 取引相場のない株式の評価

同族株主等以外の株主等が取得した場合(評基通189－2なお書)

1　同族株主等以外の株主等（いわゆる少数株主）が取得した株式については、配当
　還元方式によって評価することとされています。
2　配当還元方式によって評価した価額（配当還元価額）が、純資産価額方式又は併
　用方式による評価額を超える場合には純資産価額方式又は併用方式による価額によ
　って評価することになります。

チェックポイント60

$©_1$＞０で©＝０の場合

　「比準要素数１の会社の株式」及び「開業後３年未満の会社等の株式」の判定に当た
って、$©_1$の金額が算出されるように選択した場合であっても、類似業種比準価額を計
算する場合の©の計算に当たっては、直前期の差引利益金額を基に計算した金額と直前
期と直前々期の差引利益金額の平均額を基に計算した金額のいずれか低い方の金額によ
ります。

Ⓑ、©、Ⓓが端数処理で０円となる場合

　年配当金額（特別配当等の名称による配当金額のうち、将来毎期継続することが予想
できない金額を除きます。）、差引利益金額又は純資産価額（帳簿価額によって計算した
金額）が正数の場合であっても、１株当たりの金額とした場合に端数処理により０円と
なるときには、比準要素は０円として「比準要素数１の会社の株式」及び「開業後３年
未満の会社等の株式」の判定を行います。

　１株当たりの金額の計算に当たっては、円未満の端数（１株当たりの年配当金額の計
算に当たっては10銭未満の端数）を切り捨てます。

---

(2)　株式等保有特定会社の株式

イ　株式等保有特定会社

　会社の資産構成が、類似業種比準方式における標本会社（上場会社）に比して
著しく株式、出資及び新株予約権付社債（この(2)において、以下「株式等」とい
います。）に偏っている会社が見受けられますが、このような会社の株価は、そ
の保有する株式等の価値に依存する割合が高いものと考えられ、一般の評価会社
に適用される類似業種比準方式を適用して適正な株価の算定を行うことは適当で
はないものと考えられます。そこで、課税時期における評価会社の総資産に占め
る株式等の保有割合が下記ロの基準に該当する会社を「株式等保有特定会社」と
し、その株式の評価方法については一般の評価会社と区別して特別の方法による
こととしています。

－ 479 －

ロ　株式等保有特定会社の判定（評基通189(2)）

会社の規模	大会社	中会社	小会社
株式等の保有割合	50％以上		

※1　「株式等の保有割合」は、評価会社の有する各資産の価額（相続税評価額により計算）の合計額のうちに占める株式等の価額（相続税評価額により計算）の割合をいいます。
　　　なお、評価会社が、株式等保有特定会社に該当する会社であるか否かを判定する場合において、課税時期前において合理的な理由もなく評価会社の資産構成に変動があり、その変動が株式等保有特定会社に該当する会社であると判定されることを免れるためのものと認められるときには、その変動はなかったものとしてその判定を行うこととされています（評基通189なお書）。
※2　下記(3)ないし(5)の会社に該当する場合を除きます。

ハ　株式等保有特定会社の株式の評価額の計算

純資産価額方式によって評価します（評基通189－3）。

$$\left(\begin{array}{c} 1株当たりの純資産価額 \\ （相続税評価額によって計算 \\ した金額：80％評価可（※）\end{array} \right)$$

454〜472ページ参照

※　「80％評価可」とは財産評価基本通達185ただし書の適用があることを示します。

ただし、納税者の選択により次の「S₁＋S₂」方式で評価することができます。

○　「S₁＋S₂」方式の計算

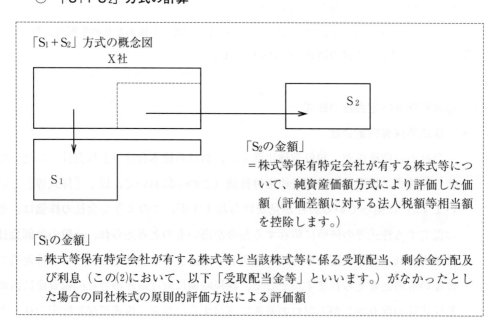

「S₁＋S₂」方式の概念図
X社
S₂
S₁

「S₂の金額」
＝株式等保有特定会社が有する株式等について、純資産価額方式により評価した価額（評価差額に対する法人税額等相当額を控除します。）

「S₁の金額」
＝株式等保有特定会社が有する株式等と当該株式等に係る受取配当、剰余金分配及び利息（この(2)において、以下「受取配当金等」といいます。）がなかったとした場合の同社株式の原則的評価方法による評価額

第4　取引相場のない株式の評価

(イ)　S₁の金額の計算

　　S₁の金額は、株式等保有特定会社が保有する株式等及びその株式等に係る受取配当金等がなかったとした場合のその株式等保有特定会社の株式を、会社の規模に応じて原則的評価方式により評価した金額をいいます。

　　なお、この場合の規模区分の判定は、一般の評価会社と同様に判定します（株式等の帳簿価額を控除するなどの方法は行いません。）（評基通189－3(1)）。

㋑　**原則的評価方式が類似業種比準方式である場合**

　　原則的評価方式が類似業種比準方式である場合のS₁の金額は、次のように計算します。

$$A \times \left(\frac{\dfrac{Ⓑ-ⓑ}{B} + \dfrac{Ⓒ-ⓒ}{C} + \dfrac{Ⓓ-ⓓ}{D}}{3} \right) \times 0.7※$$

※　「0.7」は、中会社については「0.6」、小会社については「0.5」とします。

A ＝ 類似業種の株価
B ＝ 課税時期の属する年の類似業種の
　　　1株当たりの配当金額
C ＝ 課税時期の属する年の類似業種の
　　　1株当たりの年利益金額
D ＝ 課税時期の属する年の類似業種の
　　　1株当たりの純資産価額（帳簿価
　　　額によって計算した金額）
Ⓑ ＝ 評価会社の1株当たりの配当金額
Ⓒ ＝ 評価会社の1株当たりの利益金額
Ⓓ ＝ 評価会社の1株当たりの純資産価
　　　額（帳簿価額によって計算した金額）

財産評価基本通達180《類似業種比準価額》の定めによります。

ⓑ ＝ Ⓑ×「受取配当金等収受割合※」
ⓒ ＝ Ⓒ×「受取配当金等収受割合※」
ⓓ ＝ (イ)＋(ロ)〔Ⓓを限度とします。〕

財産評価基本通達189—3《株式等保有特定会社の株式の評価》の定めによります。

$$(イ) ＝ Ⓓ \times \frac{評価会社の保有する株式等の価額（帳簿価額）}{評価会社の総資産価額（帳簿価額）}$$

$$(ロ) ＝ 評価会社の1株(50円)当たりの利益積立金額 \times 「受取配当金等収受割合※」$$

　　○　利益積立金額が負数の場合は、0とします。

$$※ \quad \frac{受取配当金等}{収受割合} ＝ \frac{直前期末以前2年間の受取配当金等の合計額}{直前期末以前2年間の受取配当金等の合計額 ＋ 直前期末以前2年間の営業利益の金額の合計額}$$

第3章　株式及び出資の評価

○　受取配当金等収受割合は、１を限度とし、小数点以下第３位未満の端数を切り捨てます。

○　「営業利益」とは、会社計算規則第90条《営業損益金額》に定める「営業利益」をいい、評価会社の事業目的によって受取配当金等が営業利益に含まれているような場合には、受取配当金等の額を営業利益の金額から控除します。

○　受取配当金等の額を超える営業損失がある場合（分母が負数となる場合）は、受取配当金等収受割合を１とします。

回　原則的評価方式が純資産価額方式である場合

原則的評価方式が純資産価額方式である場合のS₁の金額は、次のようになります。

なお、この場合の１株当たりの純資産価額（相続税評価額によって計算した金額）は、財産評価基本通達185ただし書（80％評価）の適用はありません。

$$\frac{\begin{pmatrix}課税時期における各資産\\（株式等を除きます。）の\\合計額（相続税評価額）\end{pmatrix} - \begin{pmatrix}課税時期に\\おける各負\\債の合計額\end{pmatrix} - \begin{pmatrix}評価差額に対す\\る法人税額等相\\当額（※１）\end{pmatrix}}{課税時期における発行済株式数（※２）}$$

※１　評価差額に対する法人税額等相当額

$$= \left\{ \begin{pmatrix}純資産価額（相続\\税評価額によって\\計算した金額）（株\\式等を除きます。）\end{pmatrix} - \begin{pmatrix}純資産価額（帳簿価額に\\よって計算した金額）\\（株式等を除きます。）\end{pmatrix} \begin{matrix}株式等以外に係\\+る現物出資等受\\入れ差額（※ⅰ）\end{matrix} \right\}$$

　　　×37％（※ⅱ）

※ⅰ　現物出資等受入れ差額については、458ページを参照してください。

※ⅱ　課税時期が、平成28年４月１日以降の場合は37％、平成27年４月１日から平成28年３月31日までの場合は38％、平成26年４月１日から平成27年３月31日までの場合は40％、平成24年４月１日から平成26年３月31日までの場合は42％、平成22年10月１日から平成24年３月31日までの場合は45％となります。

※２　課税時期における発行済株式数は、自己株式の数を控除します。

以上の④及び回について会社規模に応じて整理すると次のようになります。

①　大会社の場合

> 修正類似業種比準価額
> 又は（納税者の選択により）
> 修正純資産価額（80％評価不可）

— 482 —

② 中会社の場合

$$\boxed{\begin{array}{l}\text{修正類似業種比準価額}\\\text{又は(納税者の選択により)}\\\text{修正純資産価額}\\\text{(80\%評価不可)}\end{array}} \times L + \begin{array}{c}\text{修正純資産価額}\\\text{(80\%評価不可)}\end{array} \times (1 - L)$$

③ 小会社の場合

$$\begin{array}{l}\text{修正純資産価額(80\%評価不可)}\\\text{又は(納税者の選択により)}\\\text{修正類似業種比準価額}\times 0.50 + \begin{array}{c}\text{修正純資産価額}\\\text{(80\%評価不可)}\end{array} \times (1 - 0.50)\end{array}$$

※1 「修正類似業種比準価額」又は「修正純資産価額」は、上記④又は回により計算した価額をいいます。
※2 「80%評価不可」とは、財産評価基本通達185ただし書の定めの適用がないことを示します。

㈦ 比準要素数1の会社にも該当する場合

株式等保有特定会社が「比準要素数1の会社」にも該当する場合には、会社の規模にかかわらず比準要素数1の会社の評価の定めに準じて計算することになりますので、S_1の金額は次のようになります。

$$\begin{array}{l}\text{修正純資産価額(80\%評価不可)}\\\text{又は(納税者の選択により)}\\\text{修正類似業種比準価額}\times 0.25 + \begin{array}{c}\text{修正純資産価額}\\\text{(80\%評価不可)}\end{array} \times (1 - 0.25)\end{array}$$

※1 「修正類似業種比準価額」又は「修正純資産価額」は、上記④又は回により計算した価額をいいます。
※2 「80%評価不可」とは、財産評価基本通達185ただし書の定めの適用がないことを示します。

㈡ S_2の金額の計算

S_2の金額は、株式等保有特定会社が保有する株式等のみを評価会社の資産としてとらえ、次の算式による1株当たりの純資産価額に相当する金額（相続税評価額により計算した金額）によって計算した金額をいいます（評基通189—3⑵）。

なお、この場合の純資産価額には、財産評価基本通達185ただし書(80%評価)の適用はありません。

— 483 —

第3章　株式及び出資の評価

$$\frac{\left(\begin{array}{l}課税時期における株式等\\の合計額（相続税評価額）\end{array}\right)-\left(\begin{array}{l}株式等に係る評価差額\\に対する法人税額等相当額（※1）\end{array}\right)}{課税時期における発行済株式数（※2）}$$

※1　株式等に係る評価差額に対する法人税額等相当額

$$=\left\{\binom{株式等の合計額}{（相続税評価額）}-\left(\binom{株式等の合計額}{（帳簿価額）}+\begin{array}{l}株式等に係る現物出\\資等受入れ差額（※i）\end{array}\right)\right\}\times37\%（※ii）$$

なお、

$$\binom{株式等の合計額}{（相続税評価額）}-\left(\binom{株式等の合計額}{（帳簿価額）}+\begin{array}{l}株式等に係る現物出\\資等受入れ差額（※i）\end{array}\right)$$

が負数の場合には、これを0とし、S₂の金額は、株式等の合計額（相続税評価額）を上記の発行済株式数で除して計算した金額になります。

※i　現物出資等受入れ差額については、458ページを参照してください。

※ii　課税時期が、平成28年4月1日以降の場合は37％、平成27年4月1日から平成28年3月31日まで場合は38％、平成26年4月1日から平成27年3月31日までの場合は40％、平成24年4月1日から平成26年3月31日までの場合は42％、平成22年10月1日から平成24年3月31日までの場合は45％となります。

※2　課税時期における発行済株式数は、自己株式の数を控除します。

同族株主等以外の株主等が取得した場合（評基通189－3なお書）

1　同族株主等以外の株主等（いわゆる少数株主）が取得した株式については、配当還元方式によって評価することとされています。

2　配当還元方式によって評価した価額（配当還元価額）が、純資産価額方式又は「S₁＋S₂」方式による評価額を超える場合には純資産価額方式又は「S₁＋S₂」方式による価額によって評価することになります。

【設例　20】

株式、出資及び新株予約権付社債の範囲

（問）　次のものは、株式等保有特定会社の株式に該当するかどうかの判定の基礎となる「株式、出資及び新株予約権付社債」（株式等）に含まれますか。

①　金融商品取引業者（証券会社）が保有する商品としての株式

②　外国株式

③　株式制のゴルフ会員権

④　匿名組合の出資

⑤　証券投資信託の受益証券

（答）　株式等には、①から③が含まれ、④及び⑤は含まれません。

1　株式等保有特定会社の株式に該当するかどうかの判定の基礎となる株式等とは、所有目的又は所有期間のいかんにかかわらず評価会社が有する株式（株式会社の社

— 484 —

員たる地位）の全て、評価会社の法人に対する出資（法人の社員たる地位）及び法人に対して行使することにより当該法人の株式の交付を受ける権利（新株予約権）が付された社債の全てをいいます。

2　①から⑤までの事例については、具体的には次のとおりとなります。

①　金融商品取引業者（証券会社）が保有する商品としての株式

　　商品であっても、株式会社の社員たる地位を取得することに変わりがなく、たな卸資産として保有する株式等についても判定の基礎となる株式等に該当します。

（注）　株式等保有特定会社に該当するかどうかを判定する場合において、評価会社が金融商品取引業を営む会社であるときには、評価会社の有する株式等の価額には「保管有価証券勘定」に属する株式等の価額は含まれません。

②　外国株式

　　外国株式であっても、外国法人の社員たる地位を取得することに変わりがなく、判定の基礎となる株式等に該当します。

③　株式制のゴルフ会員権

　　ゴルフ会員権については、株式形態のものと預託金形態のものがありますが、株式形態のゴルフ会員権はゴルフ場経営法人等の株主であることを前提としているものですので、判定の基礎となる株式等に該当します。

④　匿名組合の出資

　　「匿名組合」とは、商法における匿名組合契約に基づくもので「共同出資による企業形態」の一種であり、出資者（匿名組合員）が営業者の営業に対して出資を行い、営業者はその営業から生ずる利益を匿名組合員に分配することを要素とするものです。

　　匿名組合契約により出資したときは、その出資は、営業者の財産に帰属するものとされており（商法536①）、匿名組合員の有する権利は、利益分配請求権と契約終了時における出資金返還請求権が一体となった匿名組合契約に基づく債権的権利ということにならざるを得ません。

　　したがって、判定の基礎となる株式等に該当するものとはいえません。

⑤　証券投資信託の受益証券

　　「証券投資信託」とは、不特定多数の投資家から集めた小口資金を大口資金にまとめ、運用の専門家が投資家に代わって株式や公社債など有価証券に分散投資し、これから生じる運用収益を出資口数に応じて分配する制度であり、出資者は、運用収益の受益者の立場に止まることから、証券投資信託の受益証券は、判定の基礎となる株式等に該当するものとはいえません。

　　なお、例えば、「特定金銭信託」は、運用方法や運用先、金額、期間、利率など

第3章　株式及び出資の評価

を委託者が特定できる金銭信託であることから、評価会社が実質的に信託財産を構成している株式を所有していると認められます。したがって、判定の基礎となる株式等に含まれます。

(3)　土地保有特定会社の株式

イ　土地保有特定会社

上記(2)のイ「株式等保有特定会社」（479ページ）と同様の理由により、課税時期における評価会社の総資産に占める土地及び土地の上に存する権利（この(3)において、以下「土地等」といいます。）の保有割合が下記ロの基準に該当する会社を「土地保有特定会社」とし、その株式の評価方法は一般の評価会社と区別して特別の評価方法によることとしています（下記(4)及び(5)の会社に該当する場合を除きます。）（評基通189(3)）。

ロ　土地保有特定会社の判定

会社区分	総資産価額（帳簿価額）基準	土地等の保有割合
大会社	①　卸売業……………………………20億円以上 ②　小売・サービス業………………15億円以上 ③　①、②以外の業種………………15億円以上	70％以上 （土地保有特定会社）
小会社	大会社の総資産価額基準に該当するもの	土地保有特定会社には該当しません。
	大・中会社の総資産価額基準に該当しないもの	
	中会社の総資産価額基準に該当するもの	
中会社	①　卸売業 ……………………7,000万円 ～20億円未満 ②　小売・サービス業 ………………4,000万円 ～15億円未満 ③　①、②以外の業種 ………………5,000万円 ～15億円未満	90％以上 （土地保有特定会社）

※　「土地等の保有割合」は、評価会社の有する各資産の価額（相続税評価額により計算）の合計額のうちに占める土地等の価額（相続税評価額により計算）の割合をいいます。

なお、評価会社が、土地保有特定会社に該当する会社であるか否かを判定する場合において、課税時期前において合理的な理由もなく評価会社の資産構成に変動があり、その変動が土地保有特定会社に該当する会社であると判定されることを免れるためのものと認められるときには、その変動はなかったものとしてその判定を行うこととされています（評基通189なお書）。

— 486 —

第4 取引相場のない株式の評価

ハ 土地保有特定会社の株式の評価額の計算

純資産価額方式によって評価します（評基通189－4）。

> 1株当たりの純資産価額
> （相続税評価額によって計算
> した金額：80％評価可）

454～472ページ参照

※ 「80％評価可」とは、財産評価基本通達185ただし書の定めの適用があることを示します。

同族株主等以外の株主等が取得した場合（評基通189―4なお書）

1 同族株主等以外の株主等（いわゆる少数株主）が取得した株式については、配当還元方式によって評価することとされています。
2 配当還元方式によって評価した価額（配当還元額）が、純資産価額方式による価額を超える場合には純資産価額方式による価額によって評価します。

チェックポイント61

土地保有特定会社の株式に該当するかどうかの判定を行う場合において不動産販売会社がたな卸資産として所有する土地等の取扱い

　判定の基礎となる土地等は、所有目的や所有期間のいかんにかかわらず、評価会社が有している全てのものを含むこととしているので、たな卸資産に該当する土地等も含まれることになります。

　なお、たな卸資産に該当する土地等の価額は、財産評価基本通達4－2（不動産のうちたな卸資産に該当するものの評価）の定めにより同132（評価単位）及び同133（たな卸商品等の評価）により評価します。

⑷ 開業後3年未満の会社等の株式

イ 開業後3年未満の会社等

　類似業種比準方式は、正常な営業活動を行っている状態にあることを前提として標本会社（上場会社）と評価会社とを比較して評価額を計算するものであるため、その前提を欠くと認められる次のロの①又は②に該当する会社を「開業後3年未満の会社」又は「比準要素数0の会社」とし、その株式の評価は、原則として、純資産価額方式により評価することとされています（下記⑸の会社に該当する場合を除きます。）（評基通189⑷、189－4）。

— 487 —

第3章　株式及び出資の評価

ロ　開業後3年未満の会社等の判定

① 課税時期において開業後3年未満の会社

② 直前期末を基とした1株当たりの「配当金額」、「利益金額」及び「純資産価額（帳簿価額によって計算した金額）」がいずれも0である会社

（注）「配当金額」及び「利益金額」については、直前期末以前2年間の実績を反映して判定することになり、「比準要素数1の会社」の判定（直前々期の前期を含めた3年間）とは異なります。

ハ　開業後3年未満の会社等の株式の評価額の計算

純資産価額方式によって評価します（評基通189-4）。

> 1株当たりの純資産価額
> （相続税評価額によって計算
> した金額：80％評価可）

※ 「80％評価可」とは、財産評価基本通達185ただし書の適用があることを示します。

> **同族株主等以外の株主等が取得した場合**（評基通189—4なお書）
> 1　同族株主等以外の株主等（いわゆる少数株主）が取得した株式については、配当還元方式によって評価することとされています。
> 2　配当還元方式によって評価した価額（配当還元価額）が、純資産価額方式による価額を超える場合には純資産価額方式による価額によって評価します。

(5)　開業前、休業中又は清算中の会社の株式

イ　開業前、休業中又は清算中の会社等

類似業種比準方式は、評価会社が事業活動を行っていることを前提とし、その事業活動の成果である1株当たりの配当金額等を基に評価することとされています。したがって、課税時期において、評価会社がまだ開業するに至っていない場合、休業中である場合又は既に清算手続に入っている場合には、配当金額や利益金額などの数値を求められませんので、その会社の株式を類似業種比準方式又は配当還元方式によって評価することはできません。そこで、評価会社がこのような特殊な場合における株式については、それぞれの株式の実態に応じた評価方法が定められています。

ロ　開業前又は休業中の会社の判定

開業前又は休業中とは、それぞれ次の場合をいいます。

① 開業前とは、会社設立の登記は完了したが、現に事業活動を開始するまでに

— 488 —

第4　取引相場のない株式の評価

至っていない場合をいいます。

② 休業中とは、課税時期の前後において相当長期間にわたり休業している場合をいいます。したがって、その休業が一時的なもので、近く事業が再開されることが見込まれる場合には、「休業中の会社」には該当しないこととなります。

ハ　開業前、休業中の会社の株式等の評価額の計算

開業前又は休業中である会社の株式の価額は、純資産価額方式によって計算した金額（課税時期における1株当たりの純資産価額（相続税評価額によって計算した金額））によって評価します（下記ニの会社に該当する場合を除きます。）（評基通189(5)、189－5）。開業前の会社の株式については、株式1株当たりの払込金額によって評価する方法も考えられますが、課税時期が会社設立後、相当の期間を経過した後にある場合も予想されます。この場合には、開業準備の状況や課税時期までの間における財産価額等の変動状況によっては、課税時期における評価会社の財産価額と払込金額とが必ずしも一致するとは限りませんので、払込金額によって評価することは適当ではありません。

なお、この場合の純資産価額方式による価額には、財産評価基本通達185ただし書（80％評価）の適用はありません。

1株当たりの純資産価額
（相続税評価額によって計算
　した金額：80％評価不可）

※　評価会社が課税時期前3年以内に取得又は新築した土地等及び家屋等を有する場合（評基通185）、評価会社が取引相場のない株式等を保有する場合（評基通186－3）の取扱いが適用されます。

同族株主等以外の株主等が取得した場合

同族株主等以外の株主等（いわゆる少数株主）が取得した株式についても、配当還元方式によらず、純資産価額方式によって評価することとされています。

ニ　清算中の会社の株式の価額

清算中の会社の株式の価額は、清算の結果分配を受けると見込まれる金額を基として評価することとされています（評基通189(6)、189－6）。

つまり、清算の結果分配を受けると見込まれる金額（2回以上にわたり分配を受ける見込みの場合は、そのそれぞれの金額）の課税時期から分配を受けると見

第3章　株式及び出資の評価

込まれるまでの期間（その期間が1年未満であるとき又はその期間に1年未満の端数があるときは、これを1年とします。）に応ずる基準年利率による複利現価の額（2回以上にわたり分配を受ける見込みの場合には、その合計額）によって評価します。

　課税時期と清算分配金の交付時期が一致しない場合には、分配を受けると見込まれる金額を課税時期の価額に換算する必要があることから、基準年利率による複利現価の額によって評価します。

　これを算式で示すと次のようになります。

課税時期の価額によって換算した価額（現在価値） ＝ a円（分配見込額）× 期間n年に応ずるr％の複利現価率

$$= a \times \frac{1}{(1+r)^n}$$

したがって、清算中の会社の株式価額は、次のようになります。

$$\left(予想分配金の額 \times \begin{array}{l}課税時期から交付見込日までの期間に\\応ずる基準年利率による複利現価率\end{array}\right)の合計額$$

　※　清算による分配を2回以上にわたり受ける見込みの場合には、そのそれぞれの金額について上記の方法により計算し、その計算した金額の合計額により評価します（評基通189-6）。

　なお、清算分配見込額や分配を受けると見込まれる時までの期間の算定が困難な場合等には、1株当たりの純資産価額（相続税評価額によって計算した金額）によって評価します。

┌─ 同族株主等以外の株主等が取得した場合 ──────────────

　同族株主等以外の株主等（いわゆる少数株主）が取得した株式についても、配当還元方式によらず、清算分配金を基とする評価方式又は純資産価額方式によって評価することとされています。

└─────────────────────────────────────

— 490 —

第4　取引相場のない株式の評価

【設例　21】

長期間清算中の会社

（問）　分配を行わず長期にわたり清算中のままになっているような会社の株式の価額は、どのように評価するのでしょうか。

（答）　1株当たりの純資産価額（相続税評価額によって計算した金額）によって評価します。

　　清算中の会社の株式は、財産評価基本通達189－6《清算中の会社の株式の評価》の定めにより、清算の結果、分配を受ける見込みの金額の課税時期から分配を受けると見込まれる日までの期間に応ずる基準年利率による複利現価の額によって評価することとされています。

（n年後に分配を受ける見込みの金額×n年に応ずる基準年利率による複利現価率）

　　しかし、分配を行わず長期にわたり清算中のままになっているような会社については、清算の結果、分配を受ける見込みの金額や分配を受けると見込まれる日までの期間の算定が困難であると認められることから、1株当たりの純資産価額（相続税評価額によって計算した金額）によって評価します。

第3章 株式及び出資の評価

チェックポイント62
特定の評価会社の判定の順序

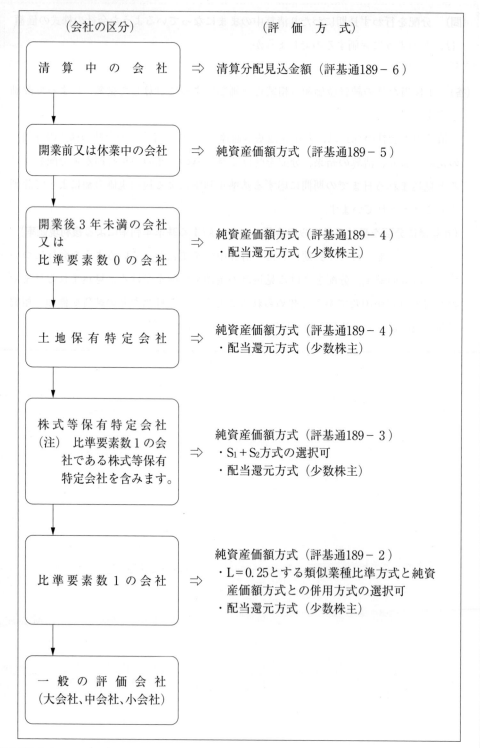

第4　取引相場のない株式の評価

11　配当還元方式

　同族株主等以外の株主及び同族株主等のうち少数株主が取得した株式については、その株式の発行会社が大会社であるか、中会社であるか、又は小会社であるかの会社規模にかかわらず、次に掲げる算式（配当還元方式）により計算した金額（配当還元価額）によって評価します（評基通178本文ただし書、188、188-2）。

　ただし、その金額が財産評価基本通達179に定める原則的評価方式により計算した金額を超える場合には、原則的評価方式により計算した金額によって評価します。

$$\frac{その株式に係る年配当金額}{10\%} \times \frac{その株式の1株当たりの資本金等の額}{50円} = \boxed{評価額}$$

> ※1　上記算式中の「その株式に係る年配当金額」は1株当たりの資本金等の額を50円とした場合の金額ですので、評価会社の1株当たりの資本金等の額が50円以外の場合には、算式中において、評価会社の直前期末における1株当たりの資本金等の額の50円に対する倍数を乗じて調整した金額により計算することとしています。
>
> ※2　上記算式中の「その株式に係る年配当金額」が2円50銭未満のもの及び無配のものにあっては2円50銭とします。

　株式の発行会社が比準要素数1の会社、株式等保有特定会社、土地保有特定会社又は開業後3年未満の会社等に該当する場合であっても、同族株主等以外の株主等が取得した株式については、配当還元方式によって評価します（評基通189-2なお書、189-3なお書、189-4なお書）。

　ただし、「開業前又は休業中の会社の株式」及び「清算中の会社の株式」については、この配当還元方式の適用はありません（評基通189-5、189-6）。

$\boxed{\begin{array}{c}1株（50円）当たりの \\ 年平均配当金額\end{array}}$　株主資本等変動計算書から直前期末以前2年間の年配当金額を調べ、次の算式により、年平均配当金額を求めます。

　そして、その年平均配当金額を1株当たりの資本金等の額を50円とした場合の株式数で除して、1株（50円）当たりの年平均配当金額を求めます。

— 493 —

第3章　株式及び出資の評価

直前期末の資本金等の額　6,000万円

直前期末の発行済株式数　120,000株

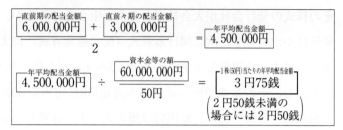

| 評　価　額　の　計　算 | 1株（50円）当たりの年平均配当金額を基に次の算式により評価額を計算します。 |

配当還元方式による価額が原則的評価方式による価額を超える場合には、原則的評価方式により計算した価額とします。

誤りやすい事例　12

配当還元方式

1．無配の場合の1株当たりの配当金額（493ページの算式中の「その株式に係る配当金額」）

　　正　　2円50銭とする（評基通188－2）。

　　誤　　0円とする。

2．配当還元方式によって計算した金額が原則的評価方式によって計算した金額を超える場合

　　正　　原則的評価方式によって計算した金額によって評価する（評基通188－2）。

　　誤　　配当還元方式によって計算した金額によって評価する。

第4　取引相場のない株式の評価

チェックポイント63

配当金額の計算

　特別配当、記念配当等の名称による配当金額のうち、将来毎期継続することが予想できないものは除きます（評基通188－2、183(1)）。

チェックポイント64

株式の割当てを受ける権利等の発生している株式の価額の修正

　取引相場のない株式を①類似業種比準方式、②純資産価額方式又は③これらの方式の併用方式によって評価する場合において、評価する株式について課税時期に配当期待権、株式の割当てを受ける権利、株主となる権利又は株式無償交付期待権が発生しているときは、その権利の価額を別に評価することになっているため、その株式の価額からその権利の価額を控除します。

　そこで、それらの株式が次に掲げるものである場合は、それぞれに掲げる算式により株式の価額を修正することになります（評基通187、189－7）。

1　配当期待権の発生している株式

　　課税時期が配当金交付の基準日の翌日から配当金交付の効力が発生する日までの間にある場合

　　（取引相場のない株式の評価額　－　株式1株に対して受ける予想配当の金額）

2　株式の割当てを受ける権利等の発生している株式

　　課税時期が株式の割当ての基準日、株式の割当てのあった日又は株式無償交付の基準日のそれぞれ翌日から、これらの新株式の効力が発生する日までの間にある場合

$$\left(\begin{array}{c}\text{取引相場の}\\\text{ない株式の}\\\text{評価額}\end{array} + \begin{array}{c}\text{割当てを受けた株}\\\text{式1株につき払い}\\\text{込むべき金額}\end{array} \times \begin{array}{c}\text{株式1株に}\\\text{対する割当}\\\text{株式数}\end{array}\right) \div \left(1 + \begin{array}{c}\text{株式1株に対す}\\\text{る割当株式数又}\\\text{は交付株式数}\end{array}\right)$$

※　取引相場のない株式の価額を配当還元方式によって評価する場合においては、課税時期において株式の割当てを受ける権利等が発生していてもその株式の価額の修正は行いません。

— 495 —

第3章　株式及び出資の評価

12　種類株式に関する具体的な評価方法

　種類株式には、多種多様な類型が認められますが、ここでは、活用例が多いと思われる3類型の種類株式（配当優先の無議決権株式、社債類似株式、拒否権付株式）についての具体的な評価方法を説明します。

【配当優先の無議決権株式の評価】

(1)　配当優先株式の評価

> 　配当について優先・劣後のある株式を発行している会社の株式を①類似業種比準方式により評価する場合には、株式の種類ごとにその株式に係る配当金（資本金等の額の減少によるものを除きます。以下同じ。）によって評価し、②純資産価額方式により評価する場合には、配当優先の有無にかかわらず、従来どおり財産評価基本通達185《純資産価額》の定めにより評価します。

イ　類似業種比準方式

　配当について優先・劣後のある株式を発行している会社の株式の評価に当たっては、配当金の多寡は、比準要素のうち「1株当たりの配当金額（Ⓑ）」に影響するので、「1株当たりの配当金額（Ⓑ）」は、株式の種類ごとにその株式に係る実際の配当金により計算します。

《類似業種比準方式の計算例》

① 　発行済株式数　　　　　　　　61,000株

　　内　配当優先株式　　　　　　21,000株（自己株式数1,000株）

　　　　普通株式（配当劣後株式）　40,000株（自己株式数0株）

② 　資本金等の額　　　　　　　　30,000千円

③ 　1株当たりの資本金等の額　　500円（30,000千円÷60,000株）

④ 　1株当たりの資本金等の額を50円とした場合の発行済株式数

　　　　　　　　　　　　　　　　600,000株（30,000千円÷50円）

⑤ 　年配当金額

　　　直前期　　配当優先株式　　1,000千円

　　　　　　　　普通株式　　　　1,800千円

— 496 —

第4　取引相場のない株式の評価

　　　直前々期　　配当優先株式　　　　　1,000千円

　　　　　　　　　普通株式　　　　　　　1,800千円

⑥　年利益金額　　　　　　　　　　24,000千円

⑦　利益積立金額　　　　　　　　　60,000千円

⑧　類似業種比準株価等

　　　A＝488円　　　　　C＝　31円

　　　B＝4.4円　　　　　D＝285円

【計算】

1　1株当たりの年配当金額（Ⓑ）の計算

　(1)　配当優先株式

　（1,000千円＋1,000千円）÷2÷（600,000株×20,000株÷60,000株）＝5円00銭

　(2)　普通株式

　（1,800千円＋1,800千円）÷2÷（600,000株×40,000株÷60,000株）＝4円50銭

2　1株当たりの年利益金額（Ⓒ）の計算

　　24,000千円÷600,000株＝40円

3　1株当たりの純資産価額（Ⓓ）の計算

　　（30,000千円＋60,000千円）÷600,000株＝150円

4　類似業種比準価額の計算

　(1)　配当優先株式

　イ　比準割合

$$\dfrac{\dfrac{5.0}{4.4}+\dfrac{40}{31}+\dfrac{150}{285}}{3}=0.98（小数点以下2位未満切捨て）$$

　ロ　1株（50円）当たりの比準価額

　　488円×0.98×0.7（※）≒334.70円（10銭未満切捨て）

　ハ　1株当たりの比準価額

　　334.70円×500円÷50円＝3,347円

　(2)　普通株式

　イ　比準割合

$$\dfrac{\dfrac{4.5}{4.4}+\dfrac{40}{31}+\dfrac{150}{285}}{3}=0.94（小数点以下2位未満切捨て）$$

　ロ　1株（50円）当たりの比準価額

　　488円×0.94×0.7（※）≒321.10円（10銭未満切捨て）

— 497 —

第3章　株式及び出資の評価

　ハ　1株当たりの比準価額

　　　321.10円×500円÷50円＝3,211円

※　発行法人は大会社であるものとします。

ロ　純資産価額方式

　純資産価額方式で評価する場合には、配当金の多寡は評価の要素としていないことから、配当優先の有無にかかわらず、財産評価基本通達185《純資産価額》の定めにより評価します。

ハ　評価明細書の記載方法

(イ)　類似業種比準方式（評価明細書第4表）

　種類株式ごとに以下のとおり記載します。記載例は次ページを参照してください。

A　「1．1株当たりの資本金等の額等の計算」

　種類株式ごとに区分せず資本金等の額又は株式数を記載します。この場合、「②　直前期末の発行済株式数」欄及び「③　直前期末の自己株式数」欄については、評価する種類株式の株式数を内書きします。

B　「2．比準要素等の金額の計算」

(A)　「1株（50円）当たりの年配当金額」

　種類株式ごとに記載します。この場合、「1株（50円）当たりの年配当金額Ⓑ（Ⓑ₁、Ⓑ₂)」を計算する場合の株式数は、「1．1株当たりの資本金等の額等の計算」の「⑤　1株当たりの資本金等の額を50円とした場合の発行済株式数」欄の株式数に、発行済株式の総数（自己株式数控除後）に占める各種類株式数（自己株式数控除後）の割合を乗じたものとします。

(B)　「1株（50円）当たりの年利益金額」及び「1株（50円）当たりの純資産価額」

　種類株式ごとに区分せず記載します。

(ロ)　純資産価額方式（評価明細書第5表）

　種類株式ごとに区分せず記載します。

(ハ)　配当還元方式（評価明細書第3表）

　「2．配当還元方式による価額」については、上記(イ)のA及びBの(A)に準じて記載します。

— 498 —

第4 取引相場のない株式の評価

第4表 類似業種比準価額等の計算明細書

会社名　(株)X社

（平成三十年一月一日以降用）

（取引相場のない株式（出資）の評価明細書）

1. 1株当たりの資本金等の額等の計算	直前期末の資本金等の額	直前期末の発行済株式数	直前期末の自己株式数	1株当たりの資本金等の額（①÷（②－③））	1株当たりの資本金等の額を50円とした場合の発行済株式数（①÷50円）
	① 30,000 千円	② 内 21,000 株 61,000 株	③ 内 1,000 株	④ 500 円	⑤ 600,000 株

2. 比準要素等の金額の計算

1株（50円）当たりの年配当金額

直前期末以前2（3）年間の年平均配当金額

事業年度	⑥ 年配当金額	⑦ 左のうち非経常的な配当金額	⑧ 差引経常的な年配当金額（⑥－⑦）	年平均配当金額
直前期	1,000 千円	千円	㋑ 1,000 千円	⑨（㋑＋㋺）÷2
直前々期	1,000 千円	千円	㋺ 1,000 千円	1,000 千円
直前々期の前期	千円	千円	㋩ 千円	⑩（㋺＋㋩）÷2 千円

比準要素数1の会社・比準要素数0の会社の判定要素の金額	
⑨/⑤	⑧ 5 円 0 銭
⑩/⑤	⑧ 円 銭

1株（50円）当たりの年配当金額　⑤ の金額　Ⓑ 5 円 0 銭

1株（50円）当たりの年利益金額

直前期末以前2（3）年間の利益金額

事業年度	⑪ 法人税の課税所得金額	⑫ 非経常的な利益金額	⑬ 受取配当等の益金不算入額	⑭ 左の所得税額	⑮ 損金算入した繰越欠損金の控除額	⑯ 差引利益金額（⑪－⑫＋⑬－⑭＋⑮）
直前期	24,000 千円	千円	千円	千円		㋥ 24,000 千円
直前々期	千円	千円	千円	千円		㋬ 千円
直前々期の前期	千円	千円	千円	千円		㋭ 千円

比準要素数1の会社・比準要素数0の会社の判定要素の金額	
㋥/⑤ 又は（㋥＋㋬）÷2/⑤	Ⓒ 40 円
㋬/⑤ 又は（㋬＋㋭）÷2/⑤	Ⓒ 円

1株（50円）当たりの年利益金額 ［㋥又は（㋥＋㋬）÷2 の金額］ Ⓒ 40 円

1株（50円）当たりの純資産価額

直前期末（直前々期末）の純資産価額

事業年度	⑰ 資本金等の額	⑱ 利益積立金額	⑲ 純資産価額（⑰＋⑱）
直前期	30,000 千円	60,000 千円	90,000 千円
直前々期	千円	千円	㋛ 千円

比準要素数1の会社・比準要素数0の会社の判定要素の金額	
⑲/⑤	Ⓓ 150 円
㋛/⑤	Ⓓ 円

1株（50円）当たりの純資産価額（⑲ の金額）Ⓓ 150 円

3. 類似業種比準価額の計算

類似業種と業種目番号	○○○産業 (No.○○○)	
類似業種の株価	課税時期の属する月	4 月 ㋑ 499 円
	課税時期の属する月の前月	3 月 ㋺ 492 円
	課税時期の属する月の前々月	2 月 ㋩ 495 円
	前年平均株価	㋥ 488 円
	課税時期の属する月以前2年間の平均株価	㋬ 493 円
	A（㋑、㋺、㋩、㋥及び㋬のうち最も低いもの）	⑳ 488 円

比準割合の計算

区分	1株（50円）当たりの年配当金額	1株（50円）当たりの年利益金額	1株（50円）当たりの純資産価額	1株（50円）当たりの比準価額
評価会社	Ⓑ 5 円 0 銭	Ⓒ 40 円	Ⓓ 150 円	⑳×㉑×0.7 ※
類似業種	B 4 円 4 銭	C 31 円	D 285 円	※ 中会社は0.6 小会社は0.5 とします。
要素別比準割合	Ⓑ/B 1.13	Ⓒ/C 1.29	Ⓓ/D 0.52	
比準割合	$\dfrac{\frac{Ⓑ}{B}+\frac{Ⓒ}{C}+\frac{Ⓓ}{D}}{3}$ = ㉑ 0.98			㉒ 334 円 70 銭

類似業種と業種目番号	(No.)	
類似業種の株価	課税時期の属する月	月 ㋦ 円
	課税時期の属する月の前月	月 ㋧ 円
	課税時期の属する月の前々月	月 ㋨ 円
	前年平均株価	㋩ 円
	課税時期の属する月以前2年間の平均株価	㉓ 円
	A（㋦、㋧、㋨及び㋩のうち最も低いもの）	㉓ 円

比準割合の計算

区分	1株（50円）当たりの年配当金額	1株（50円）当たりの年利益金額	1株（50円）当たりの純資産価額	1株（50円）当たりの比準価額
評価会社	Ⓑ 円 銭	Ⓒ 円	Ⓓ 円	㉓×㉔×0.7 ※
類似業種	B 円 銭	C 円	D 円	※ 中会社は0.6 小会社は0.5 とします。
要素別比準割合	Ⓑ/B .	Ⓒ/C .	Ⓓ/D .	
比準割合	$\dfrac{\frac{Ⓑ}{B}+\frac{Ⓒ}{C}+\frac{Ⓓ}{D}}{3}$ = ㉔			㉗ 円 0 銭

比準価額の計算

1株当たりの比準価額	比準価額（㉒と㉗とのいずれか低い方）334 円 70 銭 × ④の金額 500円 / 50円	㉖ 3,347 円

比準価額の修正

直前期末の翌日から課税時期までの間に配当金交付の効力が発生した場合	比準価額（㉖） 円 － 1株当たりの配当金額 円 銭	修正比準価額 ㉗ 円
直前期末の翌日から課税時期までの間に株式の割当て等の効力が発生した場合	比準価額（㉖）（㉗があるときは㉗） 円 ＋ 割当株式1株当たりの払込金額 円 銭 × 1株当たりの割当株式数 株 ÷（1＋ 1株当たりの割当株式数又は交付株式数 株）	修正比準価額 ㉘ 円

第3章　株式及び出資の評価

⑵　無議決権株式の評価

イ　無議決権株式及び議決権のある株式の評価（原則）

　　無議決権株式を発行している会社の無議決権株式及び議決権のある株式については、原則として、議決権の有無を考慮せずに評価します。

ロ　無議決権株式及び議決権のある株式の評価（選択適用）

　　同族株主が無議決権株式を相続又は遺贈により取得した場合には、次の全ての条件を満たす場合に限り、上記⑴（配当優先株式の評価）又は原則的評価方式により評価した価額から、その価額に５％を乗じて計算した金額を控除した金額により評価するとともに、当該控除した金額を当該相続又は遺贈により同族株主が取得した当該会社の議決権のある株式の価額に加算して申告することを選択することができます（以下、この方式による計算を「調整計算」といいます。）。

【条件】

①　当該会社の株式について、相続税の法定申告期限までに、遺産分割協議が確定していること。

②　当該相続又は遺贈により、当該会社の株式を取得した全ての同族株主から、相続税の法定申告期限までに、「無議決権株式の評価の取扱いに係る選択届出書」（502ページ参照）が所轄税務署長に提出されていること。

③　当該相続税の申告に当たり、評価明細書に、調整計算の算式に基づく無議決権株式及び議決権のある株式の評価額の算定根拠を適宜の様式に記載し、添付していること。

（注）　無議決権株式を相続又は遺贈により取得した同族株主間及び議決権のある株式を相続又は遺贈により取得した同族株主間では、それぞれの株式の１株当たりの評価額は同一となります。

（調整計算の算式）

無議決権株式の評価額（単価）$= A \times 0.95$

議決権のある株式への加算額 $= \left[A \times \dfrac{\text{無議決権株式の株式総数（※１）}}{} \times 0.05 \right] = X$

議決権のある株式の評価額（単価）$= \left[B \times \text{議決権のある株式の株式総数（※１）} + X \right] \div \text{議決権のある株式の株式総数（※１）}$

A…調整計算前の無議決権株式の１株当たりの評価額

B…調整計算前の議決権のある株式の１株当たりの評価額

— 500 —

第4　取引相場のない株式の評価

※1　「株式総数」は、同族株主が当該相続又は遺贈により取得した当該株式の総数をいいます（配当還元方式により評価する株式及び【社債類似株式の評価】に掲げる社債類似株式（504ページ以降参照）を除きます。）。

※2　「A」及び「B」の計算において、当該会社が社債類似株式を発行している場合は、【社債類似株式の評価】に掲げる社債類似株式（504ページ以降参照）を社債として議決権のある株式及び無議決権株式を評価した後の評価額となります。

《調整計算の計算例》

① 評価する会社の株式の通常の（「調整計算」を適用しない場合の）評価額

　　　　普通株式（議決権のある株式）　　3,500円

　　　　配当優先の無議決権株式　　　　　3,600円

② 発行済株式数　　　　　　　　　　　60,000株（被相続人所有）

　　内　普通株式（議決権のある株式）　20,000株

　　　　配当優先の無議決権株式　　　　40,000株

　　※　自己株式はないものとします。

③ 上記株式の相続の状況

　　長男Aが普通株式20,000株を相続、二男B、三男Cが配当優先の無議決権株式をそれぞれ20,000株ずつ相続

【計算】

1　配当優先の無議決権株式の評価額（単価）

　　3,600円×0.95＝3,420円

2　議決権のある株式への加算額

　　3,600円×40,000株×0.05＝7,200,000円

3　議決権のある株式の評価額（単価）

　　（3,500円×20,000株＋7,200,000円）÷20,000株＝3,860円

（参考）　無議決権株式を発行している場合の同族株主の判定

　　同族株主に該当するか否かの判定は、持株割合ではなく議決権割合により行うことから、同族株主グループに属する株主であっても、中心的な同族株主以外の株主で議決権割合が5％未満の役員でない株主等は、無議決権株式の所有の多寡にかかわらず同族株主に該当しないこととなるので、その株主等が所有する株式は財産評価基本通達188－2《同族株主以外の株主等が取得した株式の評価》により配当還元方式を適用して評価します。

— 501 —

第3章　株式及び出資の評価

（別　紙）

（　　枚中の　　枚目）

無議決権株式の評価の取扱いに係る選択届出書

平成　　年　　月　　日

_____税務署長　殿

住　所_____

氏　名_____

住　所_____

氏　名_____

住　所_____

氏　名_____

（被相続人氏名）

　平成＿＿年＿＿月＿＿日に相続開始した被相続人_____に係る相続

（法人名）

税の申告において、相続又は遺贈により同族株主が取得した_____の

発行する無議決権株式の価額について、この評価減の取扱いを適用する前の評価額からそ

の価額に５パーセントを乗じて計算した金額を控除した金額により評価するとともに、当

該控除した金額を当該相続又は遺贈により同族株主が取得した当該会社の議決権のある株

式の価額に加算して申告することを選択することについて届出します。

— 502 —

第4 取引相場のない株式の評価

（　　枚中の　　枚目）

無議決権株式の評価の取扱いに係る選択届出書（続）

住　所＿＿＿＿＿＿＿＿＿＿＿＿＿＿＿＿

氏　名＿＿＿＿＿＿＿＿＿＿＿＿＿＿＿＿

住　所＿＿＿＿＿＿＿＿＿＿＿＿＿＿＿＿

氏　名＿＿＿＿＿＿＿＿＿＿＿＿＿＿＿＿

住　所＿＿＿＿＿＿＿＿＿＿＿＿＿＿＿＿

氏　名＿＿＿＿＿＿＿＿＿＿＿＿＿＿＿＿

住　所＿＿＿＿＿＿＿＿＿＿＿＿＿＿＿＿

氏　名＿＿＿＿＿＿＿＿＿＿＿＿＿＿＿＿

住　所＿＿＿＿＿＿＿＿＿＿＿＿＿＿＿＿

氏　名＿＿＿＿＿＿＿＿＿＿＿＿＿＿＿＿

住　所＿＿＿＿＿＿＿＿＿＿＿＿＿＿＿＿

氏　名＿＿＿＿＿＿＿＿＿＿＿＿＿＿＿＿

－ 503 －

第3章　株式及び出資の評価

【社債類似株式の評価】

　　次の条件を満たす株式（この12において、以下「社債類似株式」といいます。）については、財産評価基本通達197－2《利付公社債の評価》の(3)に準じて発行価額により評価します。

　　また、社債類似株式を発行している会社の社債類似株式以外の株式の評価に当たっては、社債類似株式を社債であるものとして計算します。

【条件】

　①　配当金については優先して分配する。

　　　また、ある事業年度の配当金が優先配当金に達しないときは、その不足額は翌事業年度以降に累積することとするが、優先配当金を超えて配当しない。

　②　残余財産の分配については、発行価額を超えて分配は行わない。

　③　一定期日において、発行会社は本件株式の全部を発行価額で償還する。

　④　議決権を有しない。

　⑤　他の株式を対価とする取得請求権を有しない。

(1)　社債類似株式の評価

　　社債類似株式は、その経済的実質が社債に類似していると認められることから、財産評価基本通達197－2の(3)に準じて発行価額により評価します。

　　なお、株式であることから既経過利息に相当する配当金の加算は行いませんが、別途、配当期待権の評価（547ページ）については検討が必要です。

(2)　社債類似株式を発行している会社の社債類似株式以外の株式の評価

　　社債類似株式を発行している会社の社債類似株式以外の株式を評価するに当たっては、当該社債類似株式を社債として、次のイ及びロのとおり、類似業種比準方式又は純資産価額方式により計算をします。

イ　類似業種比準方式

　㋑　1株当たりの資本金等の額等の計算

　　　社債類似株式に係る資本金等の額及び株式数はないものとして計算します。

　㋺　1株（50円）当たりの年配当金額（Ⓑ）

　　　社債類似株式に係る配当金はないものとして計算します。

　㋩　1株（50円）当たりの年利益金額（Ⓒ）

　　　社債類似株式に係る配当金を費用として利益金額から控除して計算します。

　㊁　1株（50円）当たりの純資産価額（Ⓓ）

　　　社債類似株式の発行価額は負債として簿価純資産価額から控除して計算します。

— 504 —

第4　取引相場のない株式の評価

《類似業種比準方式の計算例》

① 発行済株式数　　　　　　　　　　　　　　50,000株

　　内　普通株式　　　　　　　　　　　　　　45,000株

　　　　社債類似株式　　　　　　　　　　　　5,000株

② 資本金等の額　　　　　　　　　　　　　　96,000千円

　　内　普通株式　　　　　　　　　　　　　　36,000千円

　　　　社債類似株式（発行価額）　　　　　　60,000千円

③ 年配当金額

　　直前期　　普通株式　　　　　　　　　　　1,000千円

　　　　　　　社債類似株式　　　　　　　　　6,000千円※

　　直前々期　普通株式　　　　　　　　　　　2,000千円

　　　　　　　社債類似株式　　　　　　　　　6,000千円※

　　※　発行価額の10%を優先して配当

④ 年利益金額　　　　　　　　　　　　　　　24,000千円

⑤ 利益積立金額　　　　　　　　　　　　　　30,000千円

⑥ 類似業種比準株価等

　　A＝488円

　　B＝4.4円

　　C＝　31円

　　D＝285円

【計算】

1　1株当たりの年配当金額（Ⓑ）の計算

　（1,000千円＋2,000千円）÷2÷（36,000千円÷50円）≒2円00銭（10銭未満切捨て）

2　1株当たりの年利益金額（Ⓒ）の計算

　（24,000千円－6,000千円（※））÷（36,000千円÷50円）＝25円

　※　社債類似株式に係る配当金額は費用として利益金額から控除します。

3　1株当たりの純資産価額（Ⓓ）の計算

　（96,000千円＋30,000千円－60,000千円（※））÷（36,000千円÷50円）≒91円

　　　　　　　　　　　　　　　　　　　　　　　　　　（1円未満切捨て）

　※　社債類似株式の発行価額の総額は、負債として簿価純資産価額から控除します。

4　類似業種比準価額の計算

— 505 —

第3章　株式及び出資の評価

(1)　比準割合

$$\left(\frac{2.0}{4.4} + \frac{25}{31} + \frac{91}{285}\right) \div 3 = 0.52$$

(2)　1株（50円）当たりの比準価額

488円×0.52×0.7（※）≒177.60円（10銭未満切捨て）

　　※　発行法人は大会社であるものとします。

(3)　1株当たりの比準価額

177.60円×（36,000千円÷45,000株）÷50円≒2,841円（1円未満切捨て）

ロ　純資産価額方式

(イ)　社債類似株式の発行価額の総額を負債（相続税評価額及び帳簿価額）に計上します。

(ロ)　社債類似株式の株式数は発行済株式数から除外します。

《純資産価額方式の計算例》

①　発行済株式数　普通株式　　　　3,000株

　　　　　　　　　　社債類似株式　　　10株

②　資産及び負債の金額

　　資産の部　相続税評価額　200,000千円

　　　　　　　帳簿価額　　　120,000千円

　　負債の部　相続税評価額　70,000千円

　　　　　　　帳簿価額　　　70,000千円

③　社債類似株式の発行価額　30,000千円

【計算】

1　相続税評価額による純資産価額

　　200,000千円−（70,000千円＋30,000千円）＝100,000千円

2　帳簿価額による純資産価額

　　120,000千円−（70,000千円＋30,000千円）＝20,000千円

3　評価差額に相当する金額

　　100,000千円−20,000千円＝80,000千円

4　評価差額に対する法人税額等相当額

80,000千円×37%（※）＝29,600千円

> ※ 課税時期が、平成28年4月1日以降の場合は37％、平成27年4月1日から平成28年3月31日までの場合は38％、平成26年4月1日から平成27年3月31日までの場合は40％、平成24年4月1日から平成26年3月31日までの場合は42％、平成22年10月1日から平成24年3月31日までの場合は45％となります。

5　課税時期現在の純資産価額（相続税評価額）

100,000千円－29,600千円＝70,400千円

6　課税時期現在の1株当たりの純資産価額（相続税評価額によって計算した金額）

70,400千円÷3,000株（※）≒23,466円（1円未満切捨て）

> ※ 社債類似株式の株式数を除きます。

(3)　社債類似株式を発行している会社の社債類似株式以外の株式の評価明細書の記載方法

イ　類似業種比準方式（評価明細書第4表）

(イ)　「1．1株当たりの資本金等の額等の計算」の各欄は次により記載します。

　A　「①　直前期末の資本金等の額」欄は、社債類似株式に係る発行価額の総額を控除した金額を記載し、当該控除した金額を外書きします。

　B　「②　直前期末の発行済株式数」欄及び「③　直前期末の自己株式数」欄は、社債類似株式に係る株式数を控除した株式数を記載し、当該控除した株式数を外書きします。

(ロ)　「2．比準要素等の金額の計算」の各欄は次により記載します。

　A　「1株（50円）当たりの年配当金額」

　　「⑥　年配当金額」欄は、社債類似株式に係る配当金額を控除した金額を記載し、当該控除した配当金額を外書きします。

　B　「1株（50円）当たりの年利益金額」

　　「⑪　法人税の課税所得金額」欄は、社債類似株式に係る配当金額を控除した金額を記載し、当該控除した配当金額を外書きします。

　C　「1株（50円）当たりの純資産価額」

　　「⑰　資本金等の額」欄は、社債類似株式の発行価額の総額を控除した金額を記載し、当該控除した金額を外書きします。記載例は509ページを参照してください。

第3章　株式及び出資の評価

ロ　純資産価額方式（評価明細書第5表）

(イ)　「1．資産及び負債の金額（課税時期現在）」の「負債の部」に、社債類似株式を計上します。この場合、「科目」欄には「社債類似株式」と記載し、「相続税評価額」欄及び「帳簿価額」欄に当該社債類似株式に係る発行価額の総額を記載します。

(ロ)　「3．1株当たりの純資産価額の計算」の「⑩　課税時期現在の発行済株式数」欄は、社債類似株式に係る発行済株式数を控除して記載します。記載例は510ページを参照してください。

— 508 —

第4　取引相場のない株式の評価

第4表　類似業種比準価額等の計算明細書

会社名　Ｙ社（株）

（平成三十年一月一日以降用）

（取引相場のない株式（出資）の評価明細書）

1. 1株当たりの資本金等の額等の計算

	直前期末の資本金等の額	直前期末の発行済株式数	直前期末の自己株式数	1株当たりの資本金等の額（①÷（②-③））	1株当たりの資本金等の額を50円とした場合の発行済株式数（①÷50円）
① 外 60,000 千円　36,000	② 外 5,000 株　45,000	③ 　株	④ 800 円	⑤ 720,000 株

2. 比準要素等の金額の計算

1株50円当たりの年配当金額

直前期末以前2（3）年間の年平均配当金額

事業年度	⑥ 年配当金額	⑦ 左のうち非経常的な配当金額	⑧ 差引経常的な年配当金額（⑥-⑦）	年平均配当金額
直前期	外 6,000 千円　1,000	千円	⑨ 1,000	⑨（⑦+⑧）÷2 1,500 千円
直前々期	外 6,000 千円　2,000	千円	⑩ 2,000	⑩（⑦+⑨）÷2 千円
直前々期の前期	千円	千円	千円	

比準要素数1の会社・比準要素数0の会社の判定要素の金額
⑨/⑤ → ⑧ 2 円 0 銭
⑩/⑤ → ⑧ 円 銭

1株（50円）当たりの年配当金額　⑧ の金額　Ⓑ 2 円 0 銭

1株50円当たりの年利益金額

直前期末以前2（3）年間の利益金額

事業年度	⑪ 法人税の課税所得金額	⑫ 非経常的な利益金額	⑬ 受取配当等の益金不算入額	⑭ 左の所得税額	⑮ 損金算入した繰越欠損金の控除額	⑯ 差引利益金額（⑪-⑫+⑬-⑭+⑮）
直前期	外 6,000 千円　18,000	千円	千円	千円	18,000	㋥
直前々期	千円	千円	千円	千円		㋭
直前々期の前期	千円	千円	千円	千円		㋬

比準要素数1の会社・比準要素数0の会社の判定要素の金額
㋥又は（㋥+㋭）÷2 Ⓒ 25 円
㋥又は（㋥+㋭）÷2 Ⓒ 円

1株（50円）当たりの年利益金額　［㋥又は（㋥+㋭）÷2 の金額］　Ⓒ 25 円

1株50円当たりの純資産価額

直前期末（直前々期末）の純資産価額

事業年度	⑰ 資本金等の額	⑱ 利益積立金額	⑲ 純資産価額（⑰+⑱）
直前期	外 60,000 千円　36,000	30,000	㋠ 66,000
直前々期	千円	千円	㋟

比準要素数1の会社・比準要素数0の会社の判定要素の金額
㋠/⑤ → Ⓓ 91 円
㋟/⑤ → Ⓓ 円

1株（50円）当たりの純資産価額　（Ⓓ の金額）　Ⓓ 91 円

3. 類似業種比準価額の計算

類似業種比準価額の計算

	類似業種と業種目番号	○○○産業 （No.○○○）		区分	1株（50円）当たりの年配当金額	1株（50円）当たりの年利益金額	1株（50円）当たりの純資産価額	1株（50円）当たりの比準価額
類似業種の株価	課税時期の属する月	4 月	㋬ 499 円	評価会社	Ⓑ 2 円 0 銭	Ⓒ 25 円	Ⓓ 91 円	⑳×㉑×0.7 ※
	課税時期の属する月の前月	3 月	㋥ 492 円	類似業種	B 4 円 4 銭	C 31 円	D 285 円	※中会社は0.6 小会社は0.5 とします。
	課税時期の属する月の前々月	2 月	㋦ 495 円	要素別比準割合	Ⓑ/B 0.45	Ⓒ/C 0.80	Ⓓ/D 0.31	
	前年平均株価		㋧ 488 円	比準割合	$\frac{\frac{Ⓑ}{B}+\frac{Ⓒ}{C}+\frac{Ⓓ}{D}}{3}$ = ㉑ 0.52			㉒ 177 円 6 銭
	課税時期の属する月以前2年間の平均株価		㋨ 493 円					
	A ㋬、㋥、㋦、㋧及び㋨のうち最も低いもの		⑳ 488 円					

	類似業種と業種目番号	（No.　）		区分	1株（50円）当たりの年配当金額	1株（50円）当たりの年利益金額	1株（50円）当たりの純資産価額	1株（50円）当たりの比準価額
類似業種の株価	課税時期の属する月	月	㋑ 円	評価会社	Ⓑ 円 銭	Ⓒ 円	Ⓓ 円	㉓×㉔×0.7 ※
	課税時期の属する月の前月	月	㋺ 円	類似業種	B 円 銭	C 円	D 円	※中会社は0.6 小会社は0.5 とします。
	課税時期の属する月の前々月	月	㋩ 円	要素別比準割合	Ⓑ/B ．	Ⓒ/C ．	Ⓓ/D ．	
	前年平均株価		㋥ 円	比準割合	$\frac{\frac{Ⓑ}{B}+\frac{Ⓒ}{C}+\frac{Ⓓ}{D}}{3}$ = ㉔			㉕ 円 銭
	課税時期の属する月以前2年間の平均株価		㋭ 円					
	A ㋑、㋺、㋩、㋥及び㋭のうち最も低いもの		㉓ 円					

類似業種比準価額の計算

1株当たりの比準価額	比準価額（㉒と㉕とのいずれか低い方）	④の金額 800 円	㉖
	177 円 6 銭 × $\frac{800}{50円}$		2,841 円

比準価額の修正

直前期末の翌日から課税時期までの間に配当金交付の効力が発生した場合	比準価額（㉖）	1株当たりの配当金額		修正比準価額
	円 - 円 銭			㉗

直前期末の翌日から課税時期までの間に株式の割当て等の効力が発生した場合	比準価額（㉖）（㉗があるときは㉗）	割当株式1株当たりの払込金額	1株当たりの割当株式数	1株当たりの割当株式数又は交付株式数	修正比準価額
	（ 円 + 円 銭× 株）÷（1株+ 株）				㉘

第3章　株式及び出資の評価

第5表　1株当たりの純資産価額（相続税評価額）の計算明細書　会社名　Y社（株）

（取引相場のない株式（出資）の評価明細書）

（平成三十年一月一日以降用）

1. 資産及び負債の金額（課税時期現在）

資産の部				負債の部			
科　目	相続税評価額	帳簿価額	備考	科　目	相続税評価額	帳簿価額	備考
	千円	千円			千円	千円	
現　金	900	900		支払手形	1,400	1,400	
預　金	15,505	15,000		買掛金	3,000	3,000	
受取手形	8,910	9,000		短期借入金	9,000	9,000	
売掛金	8,500	10,000		未払金	100	100	
	略				略		
ゴルフ会員権	17,500	2,800		死亡退職金	20,000	20,000	
電話加入権	15	200		社債類似株式	30,000	30,000	
合　計	① 200,000	② 120,000		合　計	③ 100,000	④ 100,000	
株式等の価額の合計額	㋑	㋺					
土地等の価額の合計額	㋩						
現物出資等受入れ資産の価額の合計額	㋥	㋭					

2. 評価差額に対する法人税額等相当額の計算

		千円
相続税評価額による純資産価額　（①－③）	⑤	100,000
帳簿価額による純資産価額　（（②＋㋭－㋥）－④）、マイナスの場合は0）	⑥	20,000
評価差額に相当する金額　（⑤－⑥、マイナスの場合は0）	⑦	80,000
評価差額に対する法人税額等相当額　（⑦×37%）	⑧	29,600

3. 1株当たりの純資産価額の計算

課税時期現在の純資産価額（相続税評価額）　（⑤－⑧）	⑨	70,400 千円
課税時期現在の発行済株式数　（（第1表の1の①）－自己株式数）	⑩	3,000 株
課税時期現在の1株当たりの純資産価額（相続税評価額）　（⑨÷⑩）	⑪	23,466 円
同族株主等の議決権割合（第1表の1の⑤の割合）が50%以下の場合　（⑪×80%）	⑫	円

— 510 —

第4　取引相場のない株式の評価

ハ　配当還元方式（評価明細書第3表）

「2．配当還元方式による価額」については、上記イの(イ)及び(ロ)のAに準じて記載します。

第3表　一般の評価会社の株式及び株式に関する権利の価額の計算明細書　会社名　Y社(株)

		類似業種比準価額 （第4表の㉘、㉒又は㉓の金額）	1株当たりの純資産価額 （第5表の⑪の金額）	1株当たりの純資産価額の80%相当額（第5表の⑫の記載がある場合のその金額）	（取
（取引相場のない株	1株当たりの価額の計算の基となる金額	① 円	② 円	③ 円	成三十年）

権利又は株式無償交付期待権の発生している場合	（かあるときは⑦）	(円+ 円× 株)÷(1株+ 株)	⑧ 1株当たりの価額

2. 配当還元方式による価額		1株当たりの資本金等の額、発行済株式数等	直前期末の資本金等の額	直前期末の発行済株式数	直前期末の自己株式数	1株当たりの資本金等の額を50円とした場合の発行済株式数（⑨÷50円）	1株当たりの資本金等の額（⑨÷(⑩-⑪)）
			⑨外 60,000千円 36,000	⑩外 5,000株 45,000	⑪ 株	⑫ 720,000株	⑬ 800円

	直前期末以前2年間の配当金額	事業年度	⑭年配当金額	⑮左のうち非経常的な配当金額	⑯差引経常的な年配当金額（⑭-⑮）	年平均配当金額
		直前期	外 6,000千円 1,000	千円	㋑ 1,000千円	⑰（㋑+㋺）÷2 千円
		直前々期	外 6,000千円 2,000	千円	㋺ 2,000千円	1,500

	1株(50円)当たりの年配当金額	年平均配当金額(⑰)	⑫の株式数	⑱	この金額が2円50銭未満の場合は2円50銭とします。
		1,500千円 ÷	720,000株 =	2円 50銭	

	配当還元価額	⑬の金額	⑬の金額	⑲	⑳	⑲の金額が、原則的評価方式により計算した価額を超える場合には、原則的評価方式により計算した価額とします。
		2円 50銭 10% ×	800円 50円 =	400円	400	

【拒否権付株式の評価】

拒否権付株式については、普通株式と同様に評価します。

※　拒否権付株式とは、会社法第108条《異なる種類の株式》第1項第8号に規定する株主総会の決議に対して拒否権の行使が認められた株式をいいます。

第3章　株式及び出資の評価

13　取引相場のない株式（出資）の評価明細書の記載方法等

【令和3年3月1日以降用】

　取引相場のない株式（出資）の評価明細書は、相続、遺贈又は贈与により取得した取引相場のない株式及び持分会社の出資等並びにこれらに関する権利の価額を評価するために使用します。

　なお、この明細書は、第1表の1及び第1表の2で納税義務者である株主の態様の判定及び評価会社の規模（Lの割合）の判定を行い、また、第2表で特定の評価会社に該当するかどうかの判定を行い、それぞれについての評価方式に応じて、第3表以下を記載し作成します。

(注) 1　評価会社が一般の評価会社(特定の評価会社に該当しない会社をいいます。)である場合には、第6表以下を記載する必要はありません。

　　 2　評価会社が「清算中の会社」に該当する場合には、適宜の様式により計算根拠等を示してください。

— 512 —

第4　取引相場のない株式の評価

第1表の1　評価上の株主の判定及び会社規模の判定の明細書

整理番号 _____

（取引相場のない株式（出資）の評価明細書）

（平成三十年一月一日以降用）

会　社　名	（電話　　　　　　　　）	本店の所在地	
代表者氏名		事業内容	取扱品目及び製造、卸売、小売等の区分／業種目番号／取引金額の構成比
課税時期	年　　　月　　　日		
直前期	自　　　年　　　月　　　日／至　　　年　　　月　　　日		

1．株主及び評価方式の判定

氏名又は名称	続柄	会社における役職名	⑦株式数（株式の種類）株	⑨議決権数　個	⑨議決権割合（⑨/④）　%
	納税義務者				
自己株式					
納税義務者の属する同族関係者グループの議決権の合計数			②	⑤（②/④）	
筆頭株主グループの議決権の合計数			③	⑥（③/④）	
評価会社の発行済株式又は議決権の総数			①　④	100	

判定要素（課税時期現在の株式等の所有状況）

判定基準

納税義務者の属する同族関係者グループの議決権割合（⑤の割合）を基として、区分します。

区分基準	筆頭株主グループの議決権割合（⑥の割合）			株主の区分
	50%超の場合	30%以上50%以下の場合	30%未満の場合	
⑤の割合	50%超	30%以上	15%以上	同族株主等
	50%未満	30%未満	15%未満	同族株主等以外の株主

判定	同族株主等（原則的評価方式等）	同族株主等以外の株主（配当還元方式）

「同族株主等」に該当する納税義務者のうち、議決権割合（⑨の割合）が5%未満の者の評価方式は、「2. 少数株式所有者の評価方式の判定」欄により判定します。

2．少数株式所有者の評価方式の判定

項　目	判　定　内　容
氏　名	
㋑役　員	である〔原則的評価方式等〕・でない（次の㋺へ）
㋺納税義務者が中心的な同族株主	である〔原則的評価方式等〕・でない（次の㋩へ）
㋩納税義務者以外に中心的な同族株主（又は株主）	がいる（配当還元方式）・がいない〔原則的評価方式等〕（氏名　　　　　）
判　定	原則的評価方式等　・　配当還元方式

判定要素

判定

第3章　株式及び出資の評価

第1表の1　評価上の株主の判定及び会社規模の判定の明細書

1　この表は、評価上の株主の区分及び評価方式の判定に使用します。評価会社が「開業前又は休業中の会社」に該当する場合には、「1．株主及び評価方式の判定」欄及び「2．少数株式所有者の評価方式の判定」欄を記載する必要はありません。

　　なお、この表のそれぞれの「判定基準」欄及び「判定」欄は、該当する文字を〇で囲んで表示します。

2　**「事業内容」**欄の**「取扱品目及び製造、卸売、小売等の区分」**欄には、評価会社の事業内容を具体的に記載します。**「業種目番号」**欄には、別に定める類似業種比準価額計算上の業種目の番号を記載します（類似業種比準価額を計算しない場合は省略しても差し支えありません。）。**「取引金額の構成比」**欄には、評価会社の取引金額全体に占める事業別の構成比を記載します。

（注）　「取引金額」は直前期末以前1年間における評価会社の目的とする事業に係る収入金額（金融業・証券業については収入利息及び収入手数料）をいいます。

3　**「1．株主及び評価方式の判定」**の**「判定要素（課税時期現在の株式等の所有状況）」**の各欄は、次により記載します。

⑴　**「氏名又は名称」**欄には、納税義務者が同族株主等の原則的評価方式等（配当還元方式以外の評価方式をいいます。）を適用する株主に該当するかどうかを判定するために必要な納税義務者の属する同族関係者グループ（株主の1人とその同族関係者のグループをいいます。）の株主の氏名又は名称を記載します。

　　　この場合における同族関係者とは、株主の1人とその配偶者、6親等内の血族及び3親等内の姻族等をいいます（付表「同族関係者の範囲等」参照）。

⑵　**「続柄」**欄には、納税義務者との続柄を記載します。

⑶　**「会社における役職名」**欄には、課税時期又は法定申告期限における役職名を、社長、代表取締役、副社長、専務、常務、会計参与、監査役等と具体的に記載します。

⑷　**「㋑　株式数（株式の種類）」**の各欄には、相続、遺贈又は贈与による取得後の株式数を記載します（評価会社が会社法第108条第1項に掲げる事項について内容の異なる2以上の種類の株式（以下「種類株式」といいます。）を発行している場合には、次の⑸のニにより記載します。なお、評価会社が種類株式を発行していない場合には、株式の種類の記載を省略しても差し支えありません。）。

　　　「㋺　議決権数」の各欄には、各株式数に応じた議決権数（個）を記載します（議決権数は㋑株式数÷1単元の株式数により計算し、1単元の株式数に満たない株式に係る議決権数は切り捨てて記載します。なお、会社法第188条に規定する単元株制度を採用していない会社は、1株式＝1議決権となります。）。

　　　「㋩　議決権割合（㋺／④）」の各欄には、評価会社の議決権の総数（④欄の議決権の総数）に占める議決権数（それぞれの株主の㋺欄の議決権数）の割合を1％未満の端数を切り捨てて記載します（「納税義務者の属する同族関係者グループの議決権の合計数（⑤（⑵／④））」欄及び「筆頭株主グループの議決権の合計数（⑥（⑶／④））」欄は、各欄において、1％未満の端数を切り捨てて記載します。なお、これらの割合が50％超から51％未満までの範囲内にある場合には、1％未満の端数を切り上げて「51％」と記載します。）。

⑸　次に掲げる場合には、それぞれ次によります。

　イ　相続税の申告書を提出する際に、株式が共同相続人及び包括受遺者の間において分割されていない場合

— 514 —

第4　取引相場のない株式の評価

　　「㋑　株式数（株式の種類）」欄には、納税義務者が有する株式（未分割の株式を除きます。）の株式数の上部に、未分割の株式の株式数を㋖と表示の上、外書で記載し、納税義務者が有する株式の株式数に未分割の株式の株式数を加算した数に応じた議決権数を「㋺　議決権数」に記載します。また、「納税義務者の属する同族関係者グループの議決権の合計数（⑤（②／④））」欄には、納税義務者の属する同族関係者グループが有する実際の議決権数（未分割の株式に応じた議決権数を含みます。）を記載します。

ロ　評価会社の株主のうちに会社法第308条第1項の規定によりその株式につき議決権を有しないこととされる会社がある場合

　　「氏名又は名称」欄には、その会社の名称を記載します。

　　「㋑　株式数（株式の種類)」欄には、議決権を有しないこととされる会社が有する株式数を㋞と表示の上、記載し、「㋺　議決権数」欄及び「㋩　議決権割合（㋺／④)」欄は、「－」で表示します。

ハ　評価会社が自己株式を有する場合

　　「㋑　株式数(株式の種類)」欄に会社法第113条第4項に規定する自己株式の数を記載します。

ニ　評価会社が種類株式を発行している場合

　　評価会社が種類株式を発行している場合には、次のとおり記載します。

　　「㋑　株式数（株式の種類）」欄の各欄には、納税義務者が有する株式の種類ごとに記載するものとし、上段に株式数を、下段に株式の種類を記載します（記載例参照）。

　　「㋺　議決権数」の各欄には、株式の種類に応じた議決権数を記載します（議決権数は㋑株式数÷その株式の種類に応じた1単元の株式数により算定し、1単元に満たない株式に係る議決権数は切り捨てて記載します。）。

　　「㋩　議決権割合（㋺／④)」の各欄には、評価会社の議決権の総数（④欄の議決権の総数）に占める議決権数（それぞれの株主の㋺欄の議決権数で、2種類以上の株式を所有している場合には、記載例のように、各株式に係る議決権数を合計した数）の割合を1％未満の端数を切り捨てて記載します（「納税義務者の属する同族関係者グループの議決権の合計数（⑤（②／④））」欄及び「筆頭株主グループの議決権の合計数（⑥（③／④））」欄は、各欄において、1％未満の端数を切り捨てて記載します。なお、これらの割合が50％超から51％未満までの範囲内にある場合には、1％未満の端数を切り上げて「51％」と記載します。）。

（記載例）

氏名又は名称	続柄	会社における役職名	㋑ 株式数（株式の種類）	㋺ 議決権数	㋩ 議決権割合（㋺／④）
財務　一郎	納税義務者	社長	株 10,000,000 （普通株式）	個 10,000	％ 14
〃	〃	〃	2,000,000 （種類株式A）	4,000	

4　「1．株主及び評価方式の判定」の「判定基準」欄及び「判定」欄の各欄は、該当する文字を○で囲んで表示します。

　　なお、「判定」欄において、「同族株主等」に該当した納税義務者のうち、議決権割合（㋩の割合）が5％未満である者については、「2．少数株式所有者の評価方式の判定」欄により評価方式の判定を行います。

　　また、評価会社の株主のうちに中小企業投資育成会社がある場合は、財産評価基本通達188-6（（投資育成会社が株主である場合の同族株主等））の定めがありますので、留意してください。

－ 515 －

第3章 株式及び出資の評価

5 「2. 少数株式所有者の評価方式の判定」欄は、「判定要素」欄に掲げる項目の「⊖ 役員」、「㋑ 納税義務者が中心的な同族株主」及び「㋩ 納税義務者以外に中心的な同族株主（又は株主）」の順に次により判定を行い、それぞれの該当する文字を○で囲んで表示します（「判定内容」欄の括弧内は、それぞれの項目の判定結果を表します。）。

なお、「役員」、「中心的な同族株主」及び「中心的な株主」については、付表「同族関係者の範囲等」を参照してください。

(1) 「⊖ 役員」欄は、納税義務者が課税時期において評価会社の役員である場合及び課税時期の翌日から法定申告期限までに役員となった場合に「である」とし、その他の者については「でない」として判定します。

(2) 「㋑ 納税義務者が中心的な同族株主」欄は、納税義務者が中心的な同族株主に該当するかどうかの判定に使用しますので、納税義務者が同族株主のいない会社（⑥の割合が 30%未満の場合）の株主である場合には、この欄の判定は必要ありません。

(3) 「㋩ 納税義務者以外に中心的な同族株主（又は株主）」欄は、納税義務者以外の株主の中に中心的な同族株主（納税義務者が同族株主のいない会社の株主である場合には、中心的な株主）がいるかどうかを判定し、中心的な同族株主又は中心的な株主がいる場合には、下段の氏名欄にその中心的な同族株主又は中心的な株主のうち1人の氏名を記載します。

— 516 —

第4　取引相場のない株式の評価

第1表の2　評価上の株主の判定及び会社規模の判定の明細書（続）　　会社名 _____

（平成三十年一月一日以降用）

（取引相場のない株式（出資）の評価明細書）

3．会社の規模（Lの割合）の判定

判定要素	項　　　目	金　　　額	項　　　目	人　　　　　　数
	直前期末の総資産価額 （帳簿価額）	千円	直前期末以前1年間における従業員数	人 〔従業員数の内訳〕 （継続勤務従業員数）＋（継続勤務従業員以外の従業員の労働時間の合計時間数） （　時間） （　人）＋ ─────── 1,800時間
	直前期末以前1年間の取引金額	千円		

①	直前期末以前1年間における従業員数に応ずる区分	70人以上の会社は、大会社（⑦及び⑪は不要） 70人未満の会社は、⑦及び⑪により判定

判定基準	⑦　直前期末の総資産価額（帳簿価額）及び直前期末以前1年間における従業員数に応ずる区分				⑪　直前期末以前1年間の取引金額に応ずる区分			会社規模とLの割合（中会社）の区分
	総 資 産 価 額（帳 簿 価 額）			従業員数	取　　引　　金　　額			
	卸 売 業	小売・サービス業	卸売業、小売・サービス業以外		卸 売 業	小売・サービス業	卸売業、小売・サービス業以外	
	20億円以上	15億円以上	15億円以上	35 人 超	30億円以上	20億円以上	15億円以上	大 会 社
	4億円以上 20億円未満	5億円以上 15億円未満	5億円以上 15億円未満	35 人 超	7億円以上 30億円未満	5億円以上 20億円未満	4億円以上 15億円未満	0.90　中
	2億円以上 4億円未満	2億5,000万円以上 5億円未満	2億5,000万円以上 5億円未満	20 人 超 35 人 以 下	3億5,000万円以上 7億円未満	2億5,000万円以上 5億円未満	2億円以上 4億円未満	0.75　会
	7,000万円以上 2億円未満	4,000万円以上 2億5,000万円未満	5,000万円以上 2億5,000万円未満	5 人 超 20 人 以 下	2億円以上 3億5,000万円未満	6,000万円以上 2億円未満	8,000万円以上 2億円未満	0.60　社
	7,000万円未満	4,000万円未満	5,000万円未満	5 人 以 下	2億円未満	6,000万円未満	8,000万円未満	小 会 社

・「会社規模とLの割合（中会社）の区分」欄は、⑦欄の区分（「総資産価額（帳簿価額）」と「従業員数」とのいずれか下位の区分）と⑪欄（取引金額）の区分とのいずれか上位の区分により判定します。

判定	大 会 社	中 会 社			小 会 社	
		L の 割 合				
		0.90	0.75	0.60		

4．増（減）資の状況その他評価上の参考事項

第3章　株式及び出資の評価

第1表の2　評価上の株主の判定及び会社規模の判定の明細書　（続）

1　「3．会社の規模（Lの割合）の判定」の「判定要素」の各欄は、次により記載します。なお、評価会社が「開業前又は休業中の会社」に該当する場合及び「開業後3年未満の会社等」に該当する場合には、「3．会社の規模（Lの割合）の判定」欄を記載する必要はありません。

(1)　「**直前期末の総資産価額（帳簿価額）**」欄には、直前期末における各資産の確定決算上の帳簿価額の合計額を記載します。

　(注)1　固定資産の減価償却累計額を間接法によって表示している場合には、各資産の帳簿価額の合計額から減価償却累計額を控除します。

　　　2　売掛金、受取手形、貸付金等に対する貸倒引当金は控除しないことに留意してください。

　　　3　前払費用、繰延資産、税効果会計の適用による繰延税金資産など、確定決算上の資産として計上されている資産は、帳簿価額の合計額に含めて記載します。

　　　4　収用や特定の資産の買換え等の場合において、圧縮記帳引当金勘定に繰り入れた金額及び圧縮記帳積立金として積み立てた金額並びに翌事業年度以降に代替資産等を取得する予定であることから特別勘定に繰り入れた金額は、帳簿価額の合計額から控除しないことに留意してください。

(2)　「**直前期末以前1年間における従業員数**」欄には、直前期末以前1年間においてその期間継続して評価会社に勤務していた従業員（就業規則等で定められた1週間当たりの労働時間が30時間未満である従業員を除きます。以下「継続勤務従業員」といいます。）の数に、直前期末以前1年間において評価会社に勤務していた従業員（継続勤務従業員を除きます。）のその1年間における労働時間の合計時間数を従業員1人当たり年間平均労働時間数(1,800時間)で除して求めた数を加算した数を記載します。

　(注)1　上記により計算した評価会社の従業員数が、例えば5.1人となる場合は従業員数「5人超」に、4.9人となる場合は従業員数「5人以下」に該当します。

　　　2　従業員には、社長、理事長並びに法人税法施行令第71条((使用人兼務役員とされない役員))第1項第1号、第2号及び第4号に掲げる役員は含まないことに留意してください。

(3)　「**直前期末以前1年間の取引金額**」欄には、直前期の事業上の収入金額（売上高）を記載します。この場合の事業上の収入金額とは、その会社の目的とする事業に係る収入金額（金融業・証券業については収入利息及び収入手数料）をいいます。

　(注)　直前期の事業年度が1年未満であるときには、課税時期の直前期末以前1年間の実際の収入金額によることとなりますが、実際の収入金額を明確に区分することが困難な期間がある場合は、その期間の収入金額を月数あん分して求めた金額によっても差し支えありません。

(4)　評価会社が「**卸売業**」、「**小売・サービス業**」又は「**卸売業、小売・サービス業以外**」のいずれの業種に該当するかは、直前期末以前1年間の取引金額に基づいて判定し、その取引金額のうちに2以上の業種に係る取引金額が含まれている場合には、それらの取引金額のうち最も多い取引金額に係る業種によって判定します。

(5)　「**会社規模とLの割合（中会社）の区分**」欄は、㋑欄の区分（「総資産価額（帳簿価額）」と「従業員数」とのいずれか下位の区分）と㋺欄（取引金額）の区分とのいずれか上位の区分により判定します。

　(注)　大会社及びLの割合が0.90の中会社の従業員数はいずれも「35人超」のため、この場合の㋑欄の区分は、「総資産価額（帳簿価額）」欄の区分によります。

— 518 —

第4　取引相場のない株式の評価

2　「4．増（減）資の状況その他評価上の参考事項」欄には、次のような事項を記載します。

⑴　課税時期の直前期末以後における増（減）資に関する事項

例えば、増資については、次のように記載します。

増資年月日　　　　　令和○年○月○日

増資金額　　　　　　○○○　　千円

増資内容　　　　　　1　：　0.5（1株当たりの払込金額50円、株主割当）

増資後の資本金額　　○○○　　千円

⑵　課税時期以前3年間における社名変更、増（減）資、事業年度の変更、合併及び転換社債型新株予約権付社債（財産評価基本通達197⑷に規定する転換社債型新株予約権付社債、以下「転換社債」といいます。）の発行状況に関する事項

⑶　種類株式に関する事項

例えば、種類株式の内容、発行年月日、発行株式数等を、次のように記載します。

種類株式の内容　　　議決権制限株式

発行年月日　　　　　令和○年○月○日

発行株式数　　　　　○○○○○株

発行価額　　　　　　1株につき○○円（うち資本金に組み入れる金額○○円）

1単元の株式の数　　○○○株

議決権　　　　　　　○○の事項を除き、株主総会において議決権を有しない。

転換条項　　　　　　令和○年○月○日から令和○年○月○日までの間は株主からの請求により普通株式への転換可能（当初の転換価額は○○円）

償還条項　　　　　　なし

残余財産の分配　　　普通株主に先立ち、1株につき○○円を支払う。

⑷　剰余金の配当の支払いに係る基準日及び効力発生日

⑸　剰余金の配当のうち、資本金等の額の減少に伴うものの金額

⑹　その他評価上参考となる事項

第3章　株式及び出資の評価

第2表　特定の評価会社の判定の明細書　　会社名

（取引相場のない株式（出資）の評価明細書）

（平成三十年一月一日以降用）

1. 比準要素数1の会社

判定要素						判定基準	(1)欄のいずれか2の判定要素が0であり、かつ、(2)欄のいずれか2以上の判定要素が0
(1)直前期末を基とした判定要素			(2)直前々期末を基とした判定要素				である（該当）・でない（非該当）
第4表の⑧の金額	第4表の⑥の金額	第4表の⑨の金額	第4表の⑧の金額	第4表の⑥の金額	第4表の⑨の金額	判定	該当　　　非該当
円　銭　0	円	円	円　銭　0	円	円		

2. 株式等保有特定会社

判定要素			判定基準	③の割合が50%以上である	③の割合が50%未満である
総資産価額（第5表の①の金額）	株式等の価額の合計額（第5表の⑦の金額）	株式等保有割合（②／①）			
①　　　　千円	②　　　　千円	③　　　　%	判定	該当	非該当

3. 土地保有特定会社

総資産価額（第5表の①の金額）	土地等の価額の合計額（第5表の⑧の金額）	土地保有割合（⑤／④）	会社の規模の判定（該当する文字を○で囲んで表示します。）
④　　　　千円	⑤　　　　千円	⑥　　　　%	大会社・中会社・小会社

判定基準 会社の規模	大　会　社		中　会　社		小　会　社 （総資産価額（帳簿価額）が次の基準に該当する会社） ・卸売業　20億円以上 ・小売・サービス業　15億円以上 ・上記以外の業種　15億円以上		・卸売業　7,000万円以上20億円未満 ・小売・サービス業　4,000万円以上15億円未満 ・上記以外の業種　5,000万円以上15億円未満	
⑥の割合	70%以上	70%未満	90%以上	90%未満	70%以上	70%未満	90%以上	90%未満
判定	該当	非該当	該当	非該当	該当	非該当	該当	非該当

4. 開業後3年未満の会社等

(1) 開業後3年未満の会社

判定要素	判定基準	課税時期において開業後3年未満である	課税時期において開業後3年未満でない
開業年月日　　年　月　日	判定	該当	非該当

(2) 比準要素数0の会社

判定要素	直前期末を基とした判定要素			判定基準	直前期末を基とした判定要素がいずれも0
	第4表の⑧の金額	第4表の⑥の金額	第4表の⑨の金額		である（該当）　・　でない（非該当）
	円　銭　0	円	円	判定	該当　　　非該当

5. 開業前又は休業中の会社

開業前の会社の判定		休業中の会社の判定	
該当	非該当	該当	非該当

6. 清算中の会社

判定	
該当	非該当

7. 特定の評価会社の判定結果

1. 比準要素数1の会社	2. 株式等保有特定会社
3. 土地保有特定会社	4. 開業後3年未満の会社等
5. 開業前又は休業中の会社	6. 清算中の会社

　該当する番号を○で囲んでください。なお、上記の「1. 比準要素数1の会社」欄から「6. 清算中の会社」欄の判定において2以上に該当する場合には、後の番号の判定によります。

— 520 —

第4　取引相場のない株式の評価

第2表　特定の評価会社の判定の明細書

1　この表は、評価会社が特定の評価会社に該当するかどうかの判定に使用します。

　評価会社が特定の評価会社に明らかに該当しないものと認められる場合には、記載する必要はありません。また、配当還元方式を適用する株主について、原則的評価方式等の計算を省略する場合（原則的評価方式等により計算した価額が配当還元価額よりも高いと認められる場合）には、記載する必要はありません。

　なお、この表のそれぞれの「判定基準」欄及び「判定」欄は、該当する文字を○で囲んで表示します。

2　「1.　比準要素数1の会社」欄は、次により記載します。

　なお、評価会社が「3.　土地保有特定会社」から「6.　清算中の会社」のいずれかに該当する場合には、記載する必要はありません。

　⑴　「判定要素」の「⑴　直前期末を基とした判定要素」及び「⑵　直前々期末を基とした判定要素」の各欄は、当該各欄が示している第4表の「2.　比準要素等の金額の計算」の各欄の金額を記載します。

　⑵　「判定基準」欄は、「⑴　直前期末を基とした判定要素」欄の判定要素のいずれか2が0で、かつ、「⑵　直前々期末を基とした判定要素」欄の判定要素のいずれか2以上が0の場合に、「である（該当）」を○で囲んで表示します。

　（注）「⑴　直前期末を基とした判定要素」欄の判定要素がいずれも0である場合は、「4.　開業後3年未満の会社等」欄の「⑵　比準要素数0の会社」に該当することに留意してください。

3　「2.　株式等保有特定会社」及び「3.　土地保有特定会社」の「総資産価額」欄等には、課税時期における評価会社の各資産を財産評価基本通達の定めにより評価した金額（第5表の①の金額等）を記載します。ただし、1株当たりの純資産価額（相続税評価額）の計算に当たって、第5表の記載方法等の2の⑷により直前期末における各資産及び各負債に基づいて計算を行っている場合には、当該直前期末において計算した第5表の当該各欄の金額により記載することになります（これらの場合、株式等保有特定会社及び土地保有特定会社の判定時期と純資産価額及び株式等保有特定会社のS_2の計算時期を同一とすることに留意してください。）。

　なお、「2.　株式等保有特定会社」欄は、評価会社が「3.　土地保有特定会社」から「6.　清算中の会社」のいずれかに該当する場合には記載する必要はなく、「3.　土地保有特定会社」欄は、評価会社が「4.　開業後3年未満の会社等」から「6.　清算中の会社」のいずれかに該当する場合には、記載する必要はありません。

　（注）「2.　株式等保有特定会社」の「株式等保有割合」欄の③の割合及び「3.　土地保有特定会社」の「土地保有割合」欄の⑥の割合は、1％未満の端数を切り捨てて記載します。

4　「4.　開業後3年未満の会社等」の「⑵　比準要素数0の会社」の「判定要素」の「直前期末を基とした判定要素」の各欄は、当該各欄が示している第4表の「2.　比準要素等の金額の計算」の各欄の金額（第2表の「1.　比準要素数1の会社」の「判定要素」の「⑴　直前期末を基とした判定要素」の各欄の金額と同一となります。）を記載します。

　なお、評価会社が「⑴　開業後3年未満の会社」に該当する場合には、「⑵　比準要素数0の会社」の各欄は記載する必要はありません。

　また、評価会社が「5.　開業前又は休業中の会社」又は「6.　清算中の会社」に該当する場合には、「4.　開業後3年未満の会社等」の各欄は、記載する必要はありません。

5　「5.　開業前又は休業中の会社」の各欄は、評価会社が「6.　清算中の会社」に該当する場合には、

— 521 —

第3章　株式及び出資の評価

記載する必要はありません。

第4 取引相場のない株式の評価

第3表 一般の評価会社の株式及び株式に関する権利の価額の計算明細書 _{会社名}

〈取引相場のない株式（出資）の評価明細書〉

（平成三十年一月一日以降用）

1. 原則的評価方式による価額

1株当たりの価額の計算の基となる金額	類似業種比準価額 （第4表の㉖、㉗又は㉘の金額）	1株当たりの純資産価額 （第5表の⑪の金額）	1株当たりの純資産価額の80％相当額（第5表の⑫の記載がある場合のその金額）
	① 円	② 円	③ 円

1株当たりの価額の計算

区分	1株当たりの価額の算定方法	1株当たりの価額
大会社の株式の価額	①の金額と②の金額とのいずれか低い方の金額 （②の記載がないときは①の金額）	④ 円
中会社の株式の価額	①と②とのいずれか低い方の金額　　Lの割合　　②の金額（③の金額があるときは③の金額）　　Lの割合 （　　　　　円×0.　　　　　）＋（　　　　　円×（1−0.　　　　　））	⑤ 円
小会社の株式の価額	②の金額（③の金額があるときは③の金額）と次の算式によって計算した金額とのいずれか低い方の金額 ①の金額　　　　　　　②の金額（③の金額があるときは③の金額） （　　　　円×0.50）＋（　　　　　円×0.50）＝　　　　　円	⑥ 円

株式の価額の修正

	株式の価額 （④、⑤又は⑥）	1株当たりの配当金額		修正後の株式の価額
課税時期において配当期待権の発生している場合	円−	円　　銭		⑦ 円
課税時期において株式の割当てを受ける権利、株主となる権利又は株式無償交付期待権の発生している場合	株式の価額 （④、⑤又は⑥（⑦があるときは⑦） （　　　円＋	割当株式1株当たりの払込金額 円×	1株当たりの割当株式数 株）÷（1株＋	1株当たりの割当株式数又は交付株式数 株）	⑧ 円

2. 配当還元方式による価額

1株当たりの資本金等の額、発行済株式数等	直前期末の資本金等の額	直前期末の発行済株式数	直前期末の自己株式数	1株当たりの資本金等の額を50円とした場合の発行済株式数（⑨÷50円）	1株当たりの資本金等の額（⑨÷（⑩−⑪））
	⑨ 千円	⑩ 株	⑪ 株	⑫ 株	⑬ 円

直前期末以前2年間の配当金額

事業年度	⑭ 年配当金額	⑮ 左のうち非経常的な配当金額	⑯ 差引経常的な年配当金額（⑭−⑮）	年平均配当金額
直前期	千円	千円	⑰ 千円	⑰（㋑＋㋺）÷2　千円
直前々期	千円	千円	㋺ 千円	

1株（50円）当たりの年配当金額	年平均配当金額（⑰）　　⑫の株式数	⑱	この金額が2円50銭未満の場合は2円50銭とします。
	千円 ÷　　　　　株＝	円　　銭	

配当還元価額	⑱の金額　　　　　⑬の金額	⑲	⑳ 円	⑲の金額が、原則的評価方式により計算した価額を超える場合には、原則的評価方式により計算した価額とします。
	円　　銭 10% ×　　50円 ＝	円		

3. 株式に関する権利の価額（1.及び2.に共通）

配当期待権	1株当たりの予想配当金額　　源泉徴収されるべき所得税相当額 （　　円　　銭）−（　　円　　銭）	㉑ 円　銭
株式の割当てを受ける権利 （割当株式1株当たりの価額）	⑧（配当還元方式の場合は⑳）の金額　　割当株式1株当たりの払込金額	㉒ 円
株主となる権利 （割当株式1株当たりの価額）	⑧（配当還元方式の場合は⑳）の金額（課税時期後にその株主となる権利につき払い込むべき金額があるときは、その金額を控除した金額）	㉓ 円
株式無償交付期待権 （交付される株式1株当たりの価額）	⑧（配当還元方式の場合は⑳）の金額	㉔ 円

4. 株式及び株式に関する権利の価額（1.及び2.に共通）

株式の評価額	円
株式に関する権利の評価額	（　円　銭）

— 523 —

第3章　株式及び出資の評価

第3表　一般の評価会社の株式及び株式に関する権利の価額の計算明細書

1　この表は、一般の評価会社の株式及び株式に関する権利の評価に使用します（特定の評価会社の株式及び株式に関する権利の評価については、「第6表　特定の評価会社の株式及び株式に関する権利の価額の計算明細書」を使用します。）。

　　なお、この表の各欄の金額は、各欄の表示単位未満の端数を切り捨てて記載します（ただし、下記の2及び4の(2)に留意してください。）。

2　「1.　原則的評価方式による価額」の「**株式の価額の修正**」欄の「1株当たりの割当株式数」及び「1株当たりの割当株式数又は交付株式数」は、1株未満の株式数を切り捨てずに実際の株式数を記載します。

3　「**2.　配当還元方式による価額**」欄は、第1表の1の「1.　株主及び評価方式の判定」欄又は「2. 少数株式所有者の評価方式の判定」欄の判定により納税義務者が配当還元方式を適用する株主に該当する場合に、次により記載します。

(1)　「**1株当たりの資本金等の額、発行済株式数等**」の「直前期末の資本金等の額」欄の⑨の金額は、法人税申告書別表五（一）（（利益積立金額及び資本金等の額の計算に関する明細書））（以下「別表五（一）」といいます。）の「差引翌期首現在資本金等の額」の「差引合計額」欄の金額を記載します。

(2)　「**直前期末以前2年間の配当金額**」欄は、評価会社の年配当金額の総額を基に、第4表の記載方法等の2の(1)に準じて記載します。

(3)　「**配当還元価額**」欄の⑳の金額の記載に当たっては、原則的評価方式により計算した価額が配当還元価額よりも高いと認められるときには、「1.　原則的評価方式による価額」欄の計算を省略しても差し支えありません。

4　「**4.　株式及び株式に関する権利の価額**」欄は、次により記載します。

(1)　「**株式の評価額**」欄には、「①」欄から「⑳」欄までにより計算したその株式の価額を記載します。

(2)　「**株式に関する権利の評価額**」欄には、「㉑」欄から「㉔」欄までにより計算した株式に関する権利の価額を記載します。

　　なお、株式に関する権利が複数発生している場合には、それぞれの金額ごとに別に記載します(配当期待権の価額は、円単位で円未満2位（銭単位）により記載します。)。

— 524 —

第4 取引相場のない株式の評価

第4表 類似業種比準価額等の計算明細書

会社名

（取引相場のない株式（出資）の評価明細書）

平成三十年一月一日以降用

1．1株当たりの資本金等の額等の計算	直前期末の資本金等の額① 千円	直前期末の発行済株式数② 株	直前期末の自己株式数③ 株	1株当たりの資本金等の額（①÷（②－③））④ 円	1株当たりの資本金等の額を50円とした場合の発行済株式数（①÷50円）⑤ 株

2．比準要素等の金額の計算

1株（50円）当たりの年配当金額

直前期末以前2（3）年間の年平均配当金額				比準要素数1の会社・比準要素0の会社の判定要素の金額	
事業年度	⑥年配当金額	⑦左のうち非経常的な配当金額	⑧差引経常的な年配当金額（⑥－⑦）	年平均配当金額	$\frac{⑨}{⑤}$　Ⓑ 円 銭
直前期	千円	千円	⑦ 千円	⑨（⑦+ⓡ）÷2 千円	$\frac{⑩}{⑤}$　Ⓑ 円 銭 0
直前々期	千円	千円	ⓡ 千円	⑩（ⓡ+ⓗ）÷2 千円	1株（50円）当たりの年配当金額
直前々期の前期	千円	千円	ⓗ 千円		Ⓑ（Ⓑ）の金額 円 銭

1株（50円）当たりの年利益金額

直前期末以前2（3）年間の利益金額					比準要素数1の会社・比準要素0の会社の判定要素の金額	
事業年度	⑪法人税の課税所得金額	⑫非経常的な利益金額	⑬受取配当等の益金不算入額	⑭左の所得税額	⑮損金算入した繰越欠損金の控除額	⑯差引利益金額（⑪－⑫+⑬－⑭+⑮）
	千円	千円	千円	千円	千円	ⓡ 千円
直前期	千円	千円	千円	千円	千円	ⓗ 千円
直前々期	千円	千円	千円	千円	千円	
直前々期の前期	千円	千円	千円	千円	千円	

比準要素数1の会社・比準要素数0の会社の判定要素の金額

$\frac{ⓡ}{⑤}$ 又は $\frac{(ⓡ+ⓗ)÷2}{⑤}$　Ⓒ 円

$\frac{ⓡ}{⑤}$ 又は $\frac{(ⓡ+ⓗ)÷2}{⑤}$　Ⓒ 円

1株（50円）当たりの年利益金額　$\left[\frac{ⓡ}{⑤}\text{又は}\frac{(ⓡ+ⓗ)÷2}{⑤}\right]$ の金額　Ⓒ

1株（50円）当たりの純資産価額

直前期末（直前々期末）の純資産価額				比準要素数1の会社・比準要素数0の会社の判定要素の金額	
事業年度	⑰資本金等の額	⑱利益積立金額	⑲純資産価額（⑰+⑱）	$\frac{⑲}{⑤}$　Ⓓ 円	
直前期	千円	千円	ⓘ 千円	$\frac{⑲}{⑤}$　Ⓓ 円
直前々期	千円	千円	ⓙ 千円	1株（50円）当たりの純資産価額（Ⓓ）の金額　Ⓓ 円

3．類似業種比準価額の計算

類似業種と業種目番号		区分	1株（50円）当たりの年配当金額	1株（50円）当たりの年利益金額	1株（50円）当たりの純資産価額	1株（50円）当たりの比準価額
（No.　）		評価会社	Ⓑ 円 銭 0	Ⓒ 円 0	Ⓓ 円	⑳×㉑×0.7 ※
課税時期の属する月 月 ⑰ 円		類似業種	B 円 銭 0	C 円 0	D 円	※中会社は0.6 小会社は0.5 とします。
課税時期の属する月の前月 月 ⓧ 円		要素別比準割合	$\frac{Ⓑ}{B}$ ・	$\frac{Ⓒ}{C}$ ・	$\frac{Ⓓ}{D}$ ・	
課税時期の属する月の前々月 月 ⓛ 円		比準割合	$\frac{\frac{Ⓑ}{B}+\frac{Ⓒ}{C}+\frac{Ⓓ}{D}}{3}$ = ㉑ ・			㉒ 円 銭 0
前年平均株価 ⓦ 円						
課税時期の属する月以前2年間の平均株価 ⓩ 円						
A　⑦、ⓧ、ⓛ、ⓦ及びⓩのうち最も低いもの ⑳ 円						

類似業種と業種目番号		区分	1株（50円）当たりの年配当金額	1株（50円）当たりの年利益金額	1株（50円）当たりの純資産価額	1株（50円）当たりの比準価額
（No.　）		評価会社	Ⓑ 円 銭	Ⓒ 円	Ⓓ 円	㉓×㉔×0.7 ※
課税時期の属する月 月 ⑳ 円		類似業種	B 円 銭 0	C 円 0	D 円	※中会社は0.6 小会社は0.5 とします。
課税時期の属する月の前月 月 ㋭ 円		要素別比準割合	$\frac{Ⓑ}{B}$ ・	$\frac{Ⓒ}{C}$ ・	$\frac{Ⓓ}{D}$ ・	
課税時期の属する月の前々月 月 ㋬ 円		比準割合	$\frac{\frac{Ⓑ}{B}+\frac{Ⓒ}{C}+\frac{Ⓓ}{D}}{3}$ = ㉔ ・			㉕ 円 銭 0
前年平均株価 ㋬ 円						
課税時期の属する月以前2年間の平均株価 ㋡ 円						
A　㋐、㋑、㋬、㋭及び㋡のうち最も低いもの ㉓ 円						

比準価額の計算

1株当たりの比準価額	比準価額（㉒と㉕とのいずれか低い方） 円 0銭	×	$\frac{④の金額　円}{50円}$	㉖ 円

比準価額の修正

直前期末の翌日から課税時期までの間に配当金交付の効力が発生した場合	比準価額（㉖） 円 －	1株当たりの配当金額 円 銭		修正比準価額 ㉗ 円
直前期末の翌日から課税時期までの間に株式の割当て等の効力が発生した場合	比準価額（㉖）（㉗があるときは㉗） （　　円＋	割当株式1株当たりの払込金額 円 銭×	1株当たりの割当株式数 株）÷（1株＋	1株当たりの割当株式数又は交付株式数 株）	修正比準価額 ㉘ 円

— 525 —

第3章　株式及び出資の評価

第4表　類似業種比準価額等の計算明細書

1　この表は、評価会社の「類似業種比準価額」の計算を行うために使用します。

　　なお、この表の各欄の金額は、各欄の表示単位未満の端数を切り捨てて記載します（「比準割合の計算」欄の要素別比準割合及び比準割合は、それぞれ小数点以下2位未満を切り捨てて記載します。また、下記3の(5)に留意してください。）。

2　「2.　比準要素等の金額の計算」の各欄は、次により記載します。

(1)　「1株（50円）当たりの年配当金額」の「直前期末以前2（3）年間の年平均配当金額」欄は、評価会社の剰余金の配当金額を基に次により記載します。

　イ　「⑥　年配当金額」欄には、各事業年度中に配当金交付の効力が発生した剰余金の配当（資本金等の額の減少によるものを除きます。）の金額を記載します。

　ロ　「⑦　左のうち非経常的な配当金額」欄には、剰余金の配当金額の算定の基となった配当金額のうち、特別配当、記念配当等の名称による配当金額で、将来、毎期継続することが予想できない金額を記載します。

　ハ　「直前期」欄の記載に当たって、1年未満の事業年度がある場合には、直前期末以前1年間に対応する期間に配当金交付の効力が発生した剰余金の配当金額の総額を記載します。

　　　なお、「直前々期」及び「直前々期の前期」の各欄についても、これに準じて記載します。

(2)　「1株（50円）当たりの年配当金額」の「Ⓑ」欄は、「比準要素数1の会社・比準要素数0の会社の判定要素の金額」の『Ⓑ』欄の金額を記載します。

(3)　「1株（50円）当たりの年利益金額」の「直前期末以前2（3）年間の利益金額」欄は、次により記載します。

　イ　「⑫　非経常的な利益金額」欄には、固定資産売却益、保険差益等の非経常的な利益の金額を記載します。この場合、非経常的な利益の金額は、非経常的な損失の金額を控除した金額（負数の場合は0）とします。

　ロ　「直前期」欄の記載に当たって、1年未満の事業年度がある場合には、直前期末以前1年間に対応する期間の利益の金額を記載します。この場合、実際の事業年度に係る利益の金額をあん分する必要があるときは、月数により行います。

　　　なお、「直前々期」及び「直前々期の前期」の各欄についても、これに準じて記載します。

(4)　「1株（50円）当たりの年利益金額」の「比準要素数1の会社・比準要素数0の会社の判定要素の金額」の『Ⓒ』欄及び『Ⓒ』欄は、それぞれ次により記載します。

　イ　『Ⓒ』欄は、⊝の金額（ただし、納税義務者の選択により、⊝の金額と㋺の金額との平均額によることができます。）を⑤の株式数で除した金額を記載します。

　ロ　『Ⓒ』欄は、㋺の金額（ただし、納税義務者の選択により、㋺の金額と㋬の金額との平均額によることができます。）を⑤の株式数で除した金額を記載します。

　（注）1　Ⓒ又はⒸの金額が負数のときは、0とします。

　　　　2　「直前々期の前期」の各欄は、上記のロの計算において、㋺の金額と㋬の金額との平均額によらない場合には記載する必要はありません。

(5)　「1株（50円）当たりの年利益金額」の「Ⓒ」欄には、⊝の金額を⑤の株式数で除した金額を記載します。ただし、納税義務者の選択により、直前期末以前2年間における利益金額を基として計算した金額（（⊝＋㋺）÷2）を⑤の株式数で除した金額をⒸの金額とすることができます。

第4　取引相場のない株式の評価

　(注)　©の金額が負数のときは、0とします。

(6)　「1株（50円）当たりの純資産価額」の「**直前期末（直前々期末）の純資産価額**」の「⑰　**資本金等の額**」欄は、第3表の記載方法等の3の(1)に基づき記載します。また、「⑱　**利益積立金額**」欄には、別表五（一）の「差引翌期首現在利益積立金額」の「差引合計額」欄の金額を記載します。

(7)　「1株（50円）当たりの純資産価額」の「**比準要素数1の会社・比準要素数0の会社の判定要素の金額**」の「⑪₁」欄及び「⑪₂」欄は、それぞれ⑤及び⑦の金額を⑤の株式数で除した金額を記載します。

　(注)　⑪₁及び⑪₂の金額が負数のときは、0とします。

(8)　「1株（50円）当たりの純資産価額」の「⑪」欄には、上記(7)で計算した⑪の金額を記載します。

　(注)　⑪の金額が負数のときは、0とします。

3　「**3.　類似業種比準価額の計算**」の各欄は、次により記載します。

(1)　「**類似業種と業種目番号**」欄には、第1表の1の「事業内容」欄に記載された評価会社の事業内容に応じて、別に定める類似業種比準価額計算上の業種目及びその番号を記載します。

　この場合において、評価会社の事業が該当する業種目は直前期末以前1年間の取引金額に基づいて判定した業種目とします。

　なお、直前期末以前1年間の取引金額に2以上の業種目に係る取引金額が含まれている場合の業種目は、業種目別の割合が50％を超える業種目とし、その割合が50％を超える業種目がない場合は、次に掲げる場合に応じたそれぞれの業種目とします。

　イ　評価会社の事業が一つの中分類の業種目中の2以上の類似する小分類の業種目に属し、それらの業種目別の割合の合計が50％を超える場合

　　　その中分類の中にある類似する小分類の「その他の〇〇業」

　ロ　評価会社の事業が一つの中分類の業種目中の2以上の類似しない小分類の業種目に属し、それらの業種目別の割合の合計が50％を超える場合（イに該当する場合は除きます。）

　　　その中分類の業種目

　ハ　評価会社の事業が一つの大分類の業種目中の2以上の類似する中分類の業種目に属し、それらの業種目別の割合の合計が50％を超える場合

　　　その大分類の中にある類似する中分類の「その他の〇〇業」

　ニ　評価会社の事業が一つの大分類の業種目中の2以上の類似しない中分類の業種目に属し、それらの業種目別の割合の合計が50％を超える場合（ハに該当する場合を除きます。）

　　　その大分類の業種目

　ホ　イからニのいずれにも該当しない場合

　　　大分類の業種目の中の「その他の産業」

　　(注)

$$\text{業種目別の割合} = \frac{\text{業種目別の取引金額}}{\text{評価会社全体の取引金額}}$$

－ 527 －

第3章　株式及び出資の評価

また、類似業種は、業種目の区分の状況に応じて、次によります。

業種目の区分の状況	類似業種
上記により判定した業種目が小分類に区分されている業種目の場合	小分類の業種目とその業種目の属する中分類の業種目とをそれぞれ記載します。
上記により判定した業種目が中分類に区分されている業種目の場合	中分類の業種目とその業種目の属する大分類の業種目とをそれぞれ記載します。
上記により判定した業種目が大分類に区分されている業種目の場合	大分類の業種目を記載します。

(2)　「類似業種の株価」及び「比準割合の計算」の各欄には、別に定める類似業種の株価A、1株（50円）当たりの年配当金額B、1株（50円）当たりの年利益金額C及び1株（50円）当たりの純資産価額Dの金額を記載します。

(3)　「比準割合の計算」の「比準割合」欄の比準割合 ㉑及び㉔ は、「1株（50円）当たりの年配当金額」、「1株（50円）当たりの年利益金額」及び「1株（50円）当たりの純資産価額」の各欄の要素別比準割合を基に、次の算式により計算した割合を記載します。

$$\text{比準割合} = \frac{\dfrac{ⓑ}{B} + \dfrac{ⓒ}{C} + \dfrac{ⓓ}{D}}{3}$$

(4)　「1株（50円）当たりの比準価額」欄は、評価会社が第1表の2の「**3.　会社の規模（Lの割合）の判定**」欄により、中会社に判定される会社にあっては算式中の「0．7」を「0．6」、小会社に判定される会社にあっては算式中の「0．7」を「0．5」として計算した金額を記載します。

(5)　「**比準価額の修正**」欄の「1株当たりの割当株式数」及び「1株当たりの割当株式数又は交付株式数」は、1株未満の株式数を切り捨てずに実際の株式数を記載します。

(注)　(1)の類似業種比準価額計算上の業種目及びその番号、並びに、(2)の類似業種の株価A、1株（50円）当たりの年配当金額B、1株（50円）当たりの年利益金額C及び1株（50円）当たりの純資産価額Dの金額については、該当年分の「令和〇年分の類似業種比準価額計算上の業種目及び業種目別株価等について（法令解釈通達）」で御確認の上記入してください。

なお、当該通達については、国税庁ホームページ【https://www.nta.go.jp】上で御覧いただけます。

— 528 —

第4　取引相場のない株式の評価

第5表　1株当たりの純資産価額（相続税評価額）の計算明細書

会社名＿＿＿＿＿＿＿＿＿＿＿

（取引相場のない株式（出資）の評価明細書）

（平成三十年一月一日以降用）

1. 資産及び負債の金額（課税時期現在）

資産の部				負債の部			
科　目	相続税評価額	帳簿価額	備考	科　目	相続税評価額	帳簿価額	備考
	千円	千円			千円	千円	
合　計	①	②		合　計	③	④	
株式等の価額の合計額	㋑						
土地等の価額の合計額	㋺						
現物出資等受入れ資産の価額の合計額	㋩	㋭					

2. 評価差額に対する法人税額等相当額の計算

相続税評価額による純資産価額 （①－③）	⑤	千円
帳簿価額による純資産価額 （（②＋㋭－㋩）－④）、マイナスの場合は0	⑥	千円
評価差額に相当する金額 （⑤－⑥、マイナスの場合は0）	⑦	千円
評価差額に対する法人税額等相当額 （⑦×37％）	⑧	千円

3. 1株当たりの純資産価額の計算

課税時期現在の純資産価額 （相続税評価額）　（⑤－⑧）	⑨	千円
課税時期現在の発行済株式数 （（第1表の1の①）－自己株式数）	⑩	株
課税時期現在の1株当たりの純資産価額 （相続税評価額）　（⑨÷⑩）	⑪	円
同族株主等の議決権割合（第1表の1の⑤の割合）が50％以下の場合　（⑪×80％）	⑫	円

— 529 —

第3章　株式及び出資の評価

第5表　1株当たりの純資産価額（相続税評価額）の計算明細書

1　この表は、「1株当たりの純資産価額（相続税評価額）」の計算のほか、株式等保有特定会社及び土地保有特定会社の判定に必要な「総資産価額」、「株式等の価額の合計額」及び「土地等の価額の合計額」の計算にも使用します。

　なお、この表の各欄の金額は、各欄の表示単位未満の端数を切り捨てて記載します。

2　「1．資産及び負債の金額（課税時期現在）」の各欄は、課税時期における評価会社の各資産及び各負債について、次により記載します。

⑴　「資産の部」の「相続税評価額」欄には、課税時期における評価会社の各資産について、財産評価基本通達の定めにより評価した価額（以下「相続税評価額」といいます。）を次により記載します。

　　イ　課税時期前3年以内に取得又は新築した土地及び土地の上に存する権利（以下「土地等」といいます。）並びに家屋及びその附属設備又は構築物（以下「家屋等」といいます。）がある場合には、当該土地等又は家屋等の相続税評価額は、課税時期における通常の取引価額に相当する金額（ただし、その土地等又は家屋等の帳簿価額が課税時期における通常の取引価額に相当すると認められる場合には、その帳簿価額に相当する金額）によって評価した価額を記載します。この場合、その土地等又は家屋等は、他の土地等又は家屋等と「科目」欄を別にして、「課税時期前3年以内に取得した土地等」などと記載します。

　　ロ　取引相場のない株式、出資又は転換社債（財産評価基本通達197-5（（転換社債型新株予約権付社債の評価））の⑶のロに定めるものをいいます。）の価額を純資産価額（相続税評価額）で評価する場合には、評価差額に対する法人税額等相当額の控除を行わないで計算した金額を「相続税評価額」として記載します（なお、その株式などが株式等保有特定会社の株式などである場合において、納税義務者の選択により、「S_1+S_2」方式によって評価する場合のS_2の金額の計算においても、評価差額に対する法人税額等相当額の控除は行わないで計算することになります。）。この場合、その株式などは、他の株式などと「科目」欄を別にして、「法人税額等相当額の控除不適用の株式」などと記載します。

　　ハ　評価の対象となる資産について、帳簿価額がないもの（例えば、借地権、営業権等）であっても相続税評価額が算出される場合には、その評価額を「相続税評価額」欄に記載し、「帳簿価額」欄には「0」と記載します。

　　ニ　評価の対象となる資産で帳簿価額のあるもの（例えば、借家権、営業権等）であっても、その課税価格に算入すべき相続税評価額が算出されない場合には、「相続税評価額」欄に「0」と記載し、その帳簿価額を「帳簿価額」欄に記載します。

　　ホ　評価の対象とならないもの（例えば、財産性のない創立費、新株発行費等の繰延資産、繰延税金資産）については、記載しません。

　　ヘ　「株式等の価額の合計額」欄の㋺の金額は、評価会社が有している（又は有しているとみなされる）株式、出資及び新株予約権付社債（会社法第2条第22号に規定する新株予約権付社債をいいます。）（以下「株式等」といいます。）の相続税評価額の合計額を記載します。この場合、次のことに留意してください。

　　　(イ)　所有目的又は所有期間のいかんにかかわらず、全ての株式等の相続税評価額を合計します。

— 530 —

第4　取引相場のない株式の評価

(ロ)　法人税法第12条（（信託財産に属する資産及び負債並びに信託財産に帰せられる収益及び費用の帰属））の規定により評価会社が信託財産を有するものとみなされる場合（ただし、評価会社が明らかに当該信託財産の収益の受益権のみを有している場合を除きます。）において、その信託財産に株式等が含まれているときには、評価会社が当該株式等を所有しているものとみなします。

(ハ)　「出資」とは、「法人」に対する出資をいい、民法上の組合等に対する出資は含まれません。

ト　「土地等の価額の合計額」欄の◎の金額は、上記のへに準じて評価会社が所有している（又は所有しているとみなされる）土地等の相続税評価額の合計額を記載します。

チ　**「現物出資等受入れ資産の価額の合計額」**欄の⊖の金額は、各資産の中に、現物出資、合併、株式交換、株式移転又は株式交付により著しく低い価額で受け入れた資産（以下「現物出資等受入れ資産」といいます。）がある場合に、現物出資、合併、株式交換、株式移転又は株式交付の時におけるその現物出資等受入れ資産の相続税評価額の合計額を記載します。ただし、その相続税評価額が、課税時期におけるその現物出資等受入れ資産の相続税評価額を上回る場合には、課税時期におけるその現物出資等受入れ資産の相続税評価額を記載します。

また、現物出資等受入れ資産が合併により著しく低い価額で受け入れた資産（以下「合併受入れ資産」といいます。）である場合に、合併の時又は課税時期におけるその合併受入れ資産の相続税評価額が、合併受入れ資産に係る被合併会社の帳簿価額を上回るときは、その帳簿価額を記載します。

(注)　「相続税評価額」の「合計」欄の①の金額に占める課税時期における現物出資等受入れ資産の相続税評価額の合計の割合が20%以下の場合には、「現物出資等受入れ資産の価額の合計額」欄は、記載しません。

(2)　「資産の部」の**「帳簿価額」**欄には、「資産の部」の「相続税評価額」欄に評価額が記載された各資産についての課税時期における税務計算上の帳簿価額を記載します。

(注)1　固定資産に係る減価償却累計額、特別償却準備金及び圧縮記帳に係る引当金又は積立金の金額がある場合には、それらの金額をそれぞれの引当金等に対応する資産の帳簿価額から控除した金額をその固定資産の帳簿価額とします。

2　営業権に含めて評価の対象となる特許権、漁業権等の資産の帳簿価額は、営業権の帳簿価額に含めて記載します。

(3)　**「負債の部」**の**「相続税評価額」**欄には、評価会社の課税時期における各負債の金額を、**「帳簿価額」**欄には、「負債の部」の「相続税評価額」欄に評価額が記載された各負債の税務計算上の帳簿価額をそれぞれ記載します。この場合、貸倒引当金、退職給与引当金、納税引当金及びその他の引当金、準備金並びに繰延税金負債に相当する金額は、負債に該当しないものとします。

なお、次の金額は、帳簿に負債としての記載がない場合であっても、課税時期において未払いとなっているものは負債として「相続税評価額」欄及び「帳簿価額」欄のいずれにも記載します。

イ　未納公租公課、未払利息等の金額

ロ　課税時期以前に賦課期日のあった固定資産税及び都市計画税の税額

ハ　被相続人の死亡により、相続人その他の者に支給することが確定した退職手当金、功労金その他これらに準ずる給与の金額

ニ　課税時期の属する事業年度に係る法人税額（地方法人税額を含みます。）、消費税額（地方消

— 531 —

第3章　株式及び出資の評価

費税額を含みます。)、事業税額（特別法人事業税額を含みます。)、道府県民税額及び市町村民
税額のうち、その事業年度開始の日から課税時期までの期間に対応する金額

(4)　1株当たりの純資産価額（相続税評価額）の計算は、上記(1)から(3)の説明のとおり課税時期に
おける各資産及び各負債の金額によることとしていますが、評価会社が課税時期において仮決算
を行っていないため、課税時期における資産及び負債の金額が明確でない場合において、直前期
末から課税時期までの間に資産及び負債について著しく増減がないため評価額の計算に影響が少
ないと認められるときは、課税時期における各資産及び各負債の金額は、次により計算しても差
し支えありません。このように計算した場合には、第2表の「2.　株式等保有特定会社」欄及び
「3.　土地保有特定会社」欄の判定における総資産価額等についても、同様に取り扱われること
になりますので、これらの特定の評価会社の判定時期と純資産価額及び株式等保有特定会社のS₂
の計算時期は同一となります。

イ　「相続税評価額」欄については、直前期末の資産及び負債の課税時期の相続税評価額

ロ　「帳簿価額」欄については、直前期末の資産及び負債の帳簿価額

(注)1　イ及びロの場合において、帳簿に負債としての記載がない場合であっても、次の金額は、
負債として取り扱うことに留意してください。

(1)　未納公租公課、未払利息等の金額

(2)　直前期末日以前に賦課期日のあった固定資産税及び都市計画税の税額のうち、未払いと
なっている金額

(3)　直前期末日後から課税時期までに確定した剰余金の配当等の金額

(4)　被相続人の死亡により、相続人その他の者に支給することが確定した退職手当金、功労
金その他これらに準ずる給与の金額

2　被相続人の死亡により評価会社が生命保険金を取得する場合には、その生命保険金請求権
（未収保険金）の金額を「資産の部」の「相続税評価額」欄及び「帳簿価額」欄のいずれに
も記載します。

3　「2.　評価差額に対する法人税額等相当額の計算」欄の「帳簿価額による純資産価額」及び「評価
差額に相当する金額」がマイナスとなる場合は、「0」と記載します。

4　「3.　1株当たりの純資産価額の計算」の各欄は、次により記載します。

(1)　「課税時期現在の発行済株式数」欄は、課税時期における発行済株式の総数を記載しますが、評
価会社が自己株式を有している場合には、その自己株式の数を控除した株式数を記載します。

(2)　「同族株主等の議決権割合（第1表の1の⑤の割合）が50%以下の場合」欄は、納税義務者が議
決権割合（第1表の1の⑤の割合）50%以下の株主グループに属するときにのみ記載します。

(注)　納税義務者が議決権割合50%以下の株主グループに属するかどうかの判定には、第1表の
1の記載方法等の3の(5)に留意してください。

— 532 —

第4　取引相場のない株式の評価

第6表　特定の評価会社の株式及び株式に関する権利の価額の計算明細書　会社名＿＿＿＿＿＿

<table>
<tr><td rowspan="30">（取引相場のない株式（出資）の評価明細書）</td><td colspan="2" rowspan="11">1.
純資産価額方式等による価額</td><td colspan="3">1株当たりの価額の計算の基となる金額</td><td colspan="2">類似業種比準価額
（第4表の㉖、㉗又は㉘の金額）</td><td colspan="2">1株当たりの純資産価額
（第5表の⑪の金額）</td><td>1株当たりの純資産価額の80%相当額（第5表の⑫の記載がある場合のその金額）</td><td rowspan="30">（平成三十年一月一日以降用）</td></tr>
<tr><td colspan="3"></td><td colspan="2">①　　　　　円</td><td colspan="2">②　　　　　円</td><td>③　　　　　円</td></tr>
<tr><td rowspan="6">1株当たりの価額の計算</td><td colspan="2">株式の区分</td><td colspan="5">1株当たりの価額の算定方法等</td><td>1株当たりの価額</td></tr>
<tr><td colspan="2">比準要素数1の会社の株式</td><td colspan="5">②の金額（③の金額があるときは③の金額）と次の算式によって計算した金額とのいずれか低い方の金額
　①の金額　　　　　　　②の金額（③の金額があるときは③の金額）
（　　　円×0.25）＋（　　　円×0.75）＝　　　円</td><td>④　　　　　円</td></tr>
<tr><td colspan="2">株式等保有特定会社の株式</td><td colspan="5">（第8表の㉘の金額）</td><td>⑤　　　　　円</td></tr>
<tr><td colspan="2">土地保有特定会社の株式</td><td colspan="5">（②の金額（③の金額があるときはその金額））</td><td>⑥　　　　　円</td></tr>
<tr><td colspan="2">開業後3年未満の会社等の株式</td><td colspan="5">（②の金額（③の金額があるときはその金額））</td><td>⑦　　　　　円</td></tr>
<tr><td colspan="2">開業前又は休業中の会社の株式</td><td colspan="5">（②の金額）</td><td>⑧　　　　　円</td></tr>
<tr><td rowspan="3">株式の価額の修正</td><td colspan="2">課税時期において配当期待権の発生している場合</td><td colspan="2">株式の価額
（④、⑤、⑥、⑦又は⑧）</td><td colspan="2">1株当たりの配当金額</td><td>修正後の株式の価額</td></tr>
<tr><td colspan="2"></td><td colspan="4">　　　円－　　　円　　銭</td><td>⑨　　　　　円</td></tr>
<tr><td colspan="2">課税時期において株式の割当てを受ける権利、株主となる権利又は株式無償交付期待権の発生している場合</td><td colspan="2">株式の価額
（④、⑤、⑥、⑦又は⑨）
（⑨があるときは⑨）</td><td>割当株式1株当たりの払込金額</td><td>1株当たりの割当株式数</td><td>1株当たりの割当株式数又は交付株式数</td><td>修正後の株式の価額</td></tr>
<tr><td colspan="2">（　　　円＋　　　円×　　　株）÷（1株＋　　　株）</td><td colspan="4"></td><td>⑩　　　　　円</td></tr>
<tr><td colspan="2" rowspan="8">2.
配当還元方式による価額</td><td colspan="2">1株当たりの資本金等の額、発行済株式数等</td><td>直前期末の資本金等の額</td><td>直前期末の発行済株式数</td><td colspan="2">直前期末の自己株式数</td><td>1株当たりの資本金等の額を50円とした場合の発行済株式数（⑪÷50円）</td><td>1株当たりの資本金等の額（⑪÷（⑫－⑬））</td></tr>
<tr><td colspan="2"></td><td>⑪　　　千円</td><td>⑫　　　株</td><td colspan="2">⑬　　　株</td><td>⑭　　　株</td><td>⑮　　　円</td></tr>
<tr><td rowspan="3">直前期末以前2年間の配当金額</td><td>事業年度</td><td>⑯　年配当金額</td><td>⑰左のうち非経常的な配当金額</td><td colspan="2">⑱差引経常的な年配当金額（⑯－⑰）</td><td colspan="2">年平均配当金額</td></tr>
<tr><td>直前期</td><td>　　千円</td><td>　　千円</td><td colspan="2">㋑　　千円</td><td colspan="2">⑲（㋑＋㋺）÷2　　千円</td></tr>
<tr><td>直前々期</td><td>　　千円</td><td>　　千円</td><td colspan="2">㋺　　千円</td><td colspan="2"></td></tr>
<tr><td colspan="2">1株（50円）当たりの年配当金額</td><td colspan="2">年平均配当金額（⑲）　　　⑭の株式数
　　千円　÷　　　株＝</td><td colspan="2">⑳
　　円　　銭</td><td colspan="2">この金額が2円50銭未満の場合は2円50銭とします。</td></tr>
<tr><td colspan="2">配当還元価額</td><td colspan="2">⑳の金額　　　　⑮の金額
　円　銭　　　　　円
――――　×　――――　＝
　10%　　　　　　50円</td><td colspan="2">㉑　　　　円
㉒　　　　円</td><td colspan="2">㉒の金額が、純資産価額方式等により計算した価額を超える場合には、純資産価額方式等により計算した価額とします。</td></tr>
<tr><td colspan="2" rowspan="4">3.
株式に関する権利の価額</td><td colspan="2">配当期待権</td><td colspan="4">1株当たりの予想配当金額　源泉徴収されるべき所得税相当額
（　　円　　銭）－（　　円　　銭）</td><td>㉓　円　銭</td></tr>
<tr><td colspan="2">株式の割当てを受ける権利（割当株式1株当たりの価額）</td><td colspan="4">⑩（配当還元方式の場合は㉒）の金額　割当株式1株当たりの払込金額
　　円－　　円</td><td>㉔　　　　円</td></tr>
<tr><td colspan="2">株主となる権利（割当株式1株当たりの価額）</td><td colspan="4">⑩（配当還元方式の場合は㉒）の金額（課税時期後にその株主となる権利につき払い込むべき金額があるときは、その金額を控除した金額）</td><td>㉕　　　　円</td></tr>
<tr><td colspan="2">株式無償交付期待権（交付される株式1株当たりの価額）</td><td colspan="4">⑩（配当還元方式の場合は㉒）の金額</td><td>㉖　　　　円</td></tr>
</table>

4.　株式及び株式に関する権利の価額
（1.及び2.に共通）

株式の評価額	円
株式に関する権利の評価額	円　銭（円　銭）

— 533 —

第3章　株式及び出資の評価

第6表　特定の評価会社の株式及び株式に関する権利の価額の計算明細書

1　この表は、特定の評価会社の株式及び株式に関する権利の評価に使用します（一般の評価会社の株式及び株式に関する権利の評価については、「第3表　一般の評価会社の株式及び株式に関する権利の価額の計算明細書」を使用します。）。

　　なお、この表の各欄の金額は、各欄の表示単位未満の端数を切り捨てて記載します。

2　「2.　配当還元方式による価額」欄は、第1表の1の「1.　株主及び評価方式の判定」欄又は「2.　少数株式所有者の評価方式の判定」欄の判定により納税義務者が配当還元方式を適用する株主に該当する場合に、次により記載します。

　⑴　「直前期末以前2年間の配当金額」欄は、第4表の記載方法等の2の⑴に準じて記載します。

　⑵　「配当還元価額」欄の㉒の金額の記載に当たっては、純資産価額方式等により計算した価額が、配当還元価額よりも高いと認められる場合には、「1.　純資産価額方式等による価額」欄の計算を省略して差し支えありません。

3　「3.　株式に関する権利の価額」欄及び「4.　株式及び株式に関する権利の価額」欄は、第3表の記載方法等の4に準じて記載します。

— 534 —

第4 取引相場のない株式の評価

第7表 株式等保有特定会社の株式の価額の計算明細書

会社名 _____

（平成三十年一月一日以降用）

（取引相場のない株式（出資）の評価明細書）

1. S₁の金額

受取配当金等収受割合の計算	事業年度	① 直前期	② 直前々期	合計(①+②)	受取配当金等収受割合 （イ÷(イ+ロ)） ※小数点以下3位未満切り捨て
	受取配当金等の額	千円	千円	イ 千円	ハ
	営業利益の金額	千円	千円	ロ 千円	

⑤-ⓑの金額	1株（50円）当たりの年配当金額（第4表のⒷ）	受取配当金等収受割合	ⓑ の 金 額 (③×ハ)	Ⓑ－ⓑ の金額 (③－④)
	③ 円 銭 0	ハ	④ 円 銭 0	⑤ 円 銭 0

ⓒ-ⓒの金額	1株（50円）当たりの年利益金額（第4表のⒸ）		ⓒ の 金 額 (⑥×ハ)	Ⓒ－ⓒ の金額 (⑥－⑦)
	⑥ 円		⑦ 円	⑧ 円

ⓓ-ⓓの金額	（イ）の金額	1株（50円）当たりの純資産価額（第4表のⒹ）	直前期末の株式等の帳簿価額の合計額	直前期末の総資産価額（帳簿価額）	（イ）の金額 (⑨×(⑩÷⑪))
		⑨ 円	⑩ 千円	⑪ 千円	⑫ 円
	（ロ）の金額	利益積立金額（第4表の⑯の「直前期」欄の金額）	1株当たりの資本金等の額を50円とした場合の発行済株式数（第4表の⑤の株式数）	受取配当金等収受割合	（ロ）の金額 ((⑬÷⑭)×ハ)
		⑬ 千円	⑭ 株	ハ	⑮ 円
	ⓓの金額 (⑫+⑮)	⑯ 円	ⓓ－ⓓの金額 (⑨－⑯) ⑰ 円		

（注）1 ハの割合は、1を上限とします。
2 ⑯の金額は、ⓓの金額（⑨の金額）を上限とします。

1株（50円）当たりの類似業種比準価額の計算

類似業種と業種目番号		(No.)	比準割合の計算	区分	1株（50円）当たりの年配当金額	1株（50円）当たりの年利益金額	1株（50円）当たりの純資産価額	1株（50円）当たりの比準価額
類似業種の株価	課税時期の属する月	ニ 円		評価会社	⑤ 円 銭 0	⑧ 円	⑰ 円	⑱×⑲×0.7 ※
	課税時期の属する月の前月	ホ 円		類似業種	B 円 銭 0	C 円	D 円	※ 〔中会社は0.6 小会社は0.5 とします。〕
	課税時期の属する月の前々月	ヘ 円		要素別比準割合	⑤/B ・	⑧/C ・	⑰/D ・	
	前年平均株価	ト 円		比準割合	\(\frac{\frac{⑤}{B}+\frac{⑧}{C}+\frac{⑰}{D}}{3}\) = ⑲ ・			⑳ 円 銭 0
	課税時期の属する月以前2年間の平均株価	チ 円						
	A （ニ、ホ、ヘ、ト及びチのうち最も低いもの）	⑱ 円						

1株（50円）当たりの類似業種比準価額の修正計算

類似業種と業種目番号		(No.)	比準割合の計算	区分	1株（50円）当たりの年配当金額	1株（50円）当たりの年利益金額	1株（50円）当たりの純資産価額	1株（50円）当たりの比準価額
類似業種の株価	課税時期の属する月	リ 円		評価会社	⑤ 円 銭 0	⑧ 円	⑰ 円	㉑×㉒×0.7 ※
	課税時期の属する月の前月	ヌ 円		類似業種	B 円 銭 0	C 円	D 円	※ 〔中会社は0.6 小会社は0.5 とします。〕
	課税時期の属する月の前々月	ル 円		要素別比準割合	⑤/B ・	⑧/C ・	⑰/D ・	
	前年平均株価	ヲ 円		比準割合	\(\frac{\frac{⑤}{B}+\frac{⑧}{C}+\frac{⑰}{D}}{3}\) = ㉒ ・			㉓ 円 銭 0
	課税時期の属する月以前2年間の平均株価	ワ 円						
	A （リ、ヌ、ル、ヲ及びワのうち最も低いもの）	㉑ 円						

1株当たりの比準価額	比準価額（⑳と㉓とのいずれか低い方） 円 0銭 ×	第4表の④の金額 円 / 50円	㉔ 円

比準価額の修正

直前期末の翌日から課税時期までの間に配当金交付の効力が発生した場合	比準価額（㉔）	1株当たりの配当金額	修正比準価額
	円 － 銭		㉕ 円

直前期末の翌日から課税時期までの間に株式の割当等の効力が発生した場合	比準価額（㉔）（㉕があるときは㉕）	割当株式1株当たりの払込金額	1株当たりの割当株式数	1株当たりの割当株式数又は交付株式数	修正比準価額
	(円+	銭×	株) ÷ (1株+	株)	㉖ 円

— 535 —

第3章　株式及び出資の評価

第7表　株式等保有特定会社の株式の価額の計算明細書

1　この表は、評価会社が株式等保有特定会社である場合において、その株式の価額を「S₁＋S₂」方式によって評価するときにおいて、「S₁」における類似業種比準価額の修正計算を行うために使用します。

　　なお、この表の各欄の金額は、各欄の表示単位未満の端数を切り捨てて記載します（ただし、下記2の(1)のニ及び2の(3)に留意してください。）。

2　「S₁の金額（類似業種比準価額の修正計算）」の各欄は、次により記載します。

(1)　「受取配当金等収受割合の計算」の各欄は、次により記載します。

　　イ　「受取配当金等の額」欄は、直前期及び直前々期の各事業年度における評価会社の受取配当金等の額（法人から受ける剰余金の配当（株式又は出資に係るものに限るものとし、資本金等の額の減少によるものを除きます。）、利益の配当、剰余金の分配（出資に係るものに限ります。）及び新株予約権付社債に係る利息の額をいいます。）の総額を、それぞれの各欄に記載し、その合計額を「合計」欄に記載します。

　　ロ　「営業利益の金額」欄は、イと同様に、各事業年度における評価会社の営業利益の金額（営業利益の金額に受取配当金等の額が含まれている場合には、受取配当金等の額を控除した金額）について記載します。

　　ハ　「①　直前期」及び「②　直前々期」の各欄の記載に当たって、1年未満の事業年度がある場合には、第4表の記載方法等の2の(1)のハに準じて記載します。

　　ニ　「受取配当金等収受割合」欄は、小数点以下3位未満の端数を切り捨てて記載します。

(2)　「直前期末の株式等の帳簿価額の合計額」欄の⑩の金額は、直前期末における株式等の税務計算上の帳簿価額の合計額を記載します（第5表を直前期末における各資産に基づいて作成しているときは、第5表の◎の金額を記載します。）。

(3)　「1株（50円）当たりの比準価額」欄、「1株当たりの比準価額」欄及び「比準価額の修正」欄は、第4表の記載方法等の1及び3に準じて記載します。

— 536 —

第4 取引相場のない株式の評価

第8表 株式等保有特定会社の株式の価額の計算明細書(続)

会社名 _____

（平成三十年一月一日以降用）

（取引相場のない株式（出資）の評価明細書）

1. S₁の金額（続）

	相続税評価額による純資産価額 (第5表の⑤の金額)	課税時期現在の株式等の価額の 合計額 (第5表の⑰の金額)	差 引 (①-②)
純資産価額 （相続税評価額） の修正計算	① 千円	② 千円	③ 千円
	帳簿価額による純資産価額 (第5表の⑥の金額)	株式等の帳簿価額の合計額 (第5表の㋺+(㋩-㋦)の金額)(注)	差 引 (④-⑤)
	④ 千円	⑤ 千円	⑥ 千円
	評価差額に相当する金額 (③-⑥)	評価差額に対する法人税額等相当額 (⑦×37%)	課税時期現在の修正純資産価額 （相続税評価額）(③-⑧)
	⑦ 千円	⑧ 千円	⑨ 千円
	課税時期現在の発行済株式数 (第5表の⑩の株式数)	課税時期現在の修正後の1株当たりの 純資産価額（相続税評価額）(⑨÷⑩)	(注) 第5表の㋩及び㋦の金額に株式等以外の資産に係る金額が含まれている場合には、その金額を除いて計算します。
	⑩ 株	⑪ 円	

1株当たりのS₁の金額の計算の基となる金額	修正後の類似業種比準価額 (第7表の㉔、㉕又は㉖の金額)	修正後の1株当たりの純資産価額 （相続税評価額）(⑪の金額)	
	⑫ 円	⑬ 円	

	区 分	1株当たりのS₁の金額の算定方法	1株当たりのS₁の金額
1株当たりのS₁の金額の計算	比準要素数1である会社のS₁の金額	⑬の金額と次の算式によって計算した金額とのいずれか低い方の金額 ⑫の金額 ⑬の金額 (円×0.25) + (円×0.75) = 円	⑭ 円
	上記以外の会社 大会社のS₁の金額	⑫の金額と⑬の金額とのいずれか低い方の金額 (⑬の記載がないときは⑫の金額)	⑮ 円
	中会社のS₁の金額	⑫と⑬とのいずれか低い方の金額 Lの割合 ⑬の金額 Lの割合 [円×0.] + [円×（1-0. ）]	⑯ 円
	小会社のS₁の金額	⑬の金額と次の算式によって計算した金額とのいずれか低い方の金額 ⑫の金額 ⑬の金額 (円×0.50) + (円×0.50) = 円	⑰ 円

2. S₂の金額

課税時期現在の株式等の価額の合計額 (第5表の⑰の金額)	株式等の帳簿価額の合計額 (第5表の㋺+(㋩-㋦)の金額)(注)	株式等に係る評価差額に相当する金額 (⑱-⑲)	⑳の評価差額に対する法人税額等相当額 (⑳×37%)
⑱ 千円	⑲ 千円	⑳ 千円	㉑ 千円
S₂の純資産価額相当額 (⑱-㉑)	課税時期現在の発行済株式数 (第5表の⑩の株式数)	S₂の金額 (㉒÷㉓)	(注) 第5表の㋩及び㋦の金額に株式等以外の資産に係る金額が含まれている場合には、その金額を除いて計算します。
㉒ 千円	㉓ 株	㉔ 円	

3. 株式等保有特定会社の株式の価額

1株当たりの純資産価額（第5表の⑪の金額（第5表の⑫の金額があるときはその金額））	S₁の金額とS₂の金額との合計額 ((⑭、⑮、⑯又は⑰) + ㉔)	株式等保有特定会社の株式の価額 (㉕と㉖とのいずれか低い方の金額)
㉕ 円	㉖ 円	㉗ 円

第3章　株式及び出資の評価

第8表　株式等保有特定会社の株式の価額の計算明細書（続）

1　この表は、評価会社が株式等保有特定会社である場合において、その株式の価額を「$S_1＋S_2$」方式によって評価するときのS_1における純資産価額の修正計算及び1株当たりのS_1の金額の計算並びにS_2の金額の計算を行うために使用します。

　なお、この表の各欄の金額は、各欄の表示単位未満の端数を切り捨てて記載します。

2　「**2.　S_2の金額**」の各欄は、次により記載します。

⑴　「**課税時期現在の株式等の価額の合計額**」欄の⑱の金額は、課税時期における株式等の相続税評価額を記載しますが、第5表の記載方法等の2の⑴のロに留意するほか、同表の記載方法等の2の⑷により株式等保有特定会社の判定時期と純資産価額の計算時期が直前期末における決算に基づいて行われている場合には、S_2の計算時期も同一とすることに留意してください。

⑵　「**株式等に係る評価差額に相当する金額**」欄の⑳の金額は、株式等の相続税評価額と帳簿価額の差額に相当する金額を記載しますが、その金額が負数のときは、0と記載することに留意してください。

— 538 —

第4　取引相場のない株式の評価

［付　表］　同族関係者の範囲等

項　目		内　　　　容
同族株主等の判定	同族関係者	1　個人たる同族関係者（法人税法施行令第4条第1項） 　(1)　株主等の親族（親族とは、配偶者、6親等内の血族及び3親等内の姻族をいう。） 　(2)　株主等と婚姻の届出をしていないが事実上婚姻関係と同様の事情にある者 　(3)　個人である株主等の使用人 　(4)　上記に掲げる者以外の者で個人である株主等から受ける金銭その他の資産によって生計を維持しているもの 　(5)　上記(2)、(3)及び(4)に掲げる者と生計を一にするこれらの者の親族 2　法人たる同族関係者（法人税法施行令第4条第2項～第4項、第6項） 　(1)　株主等の1人が他の会社（同族会社かどうかを判定しようとする会社以外の会社。以下同じ。）を支配している場合における当該他の会社 　　　ただし、同族関係会社であるかどうかの判定の基準となる株主等が個人の場合は、その者及び上記1同族関係者が他の会社を支配している場合における当該他の会社（以下、(2)及び(3)において同じ。）。 　(2)　株主等の1人及びこれと特殊の関係のある(1)の会社が他の会社を支配している場合における当該他の会社 　(3)　株主等の1人並びにこれと特殊の関係のある(1)及び(2)の会社が他の会社を支配している場合における当該他の会社 　(注)　1　上記(1)から(3)に規定する「他の会社を支配している場合」とは、次に掲げる場合のいずれかに該当する場合をいう。 　　　　イ　他の会社の発行済株式又は出資（自己の株式又は出資を除く。）の総数又は総額の50%超の数又は金額の株式又は出資を有する場合 　　　　ロ　他の会社の次に掲げる議決権のいずれかにつき、その総数（当該議決権を行使することができない株主等が有する当該議決権の数を除く。）の50%超の数を有する場合 　　　　　①　事業の全部若しくは重要な部分の譲渡、解散、継続、合併、分割、株式交換、株式移転又は現物出資に関する決議に係る議決権 　　　　　②　役員の選任及び解任に関する決議に係る議決権 　　　　　③　役員の報酬、賞与その他の職務執行の対価として会社が供与する財産上の利益に関する事項についての決議に係る議決権 　　　　　④　剰余金の配当又は利益の配当に関する決議に係る議決権 　　　　ハ　他の会社の株主等（合名会社、合資会社又は合同会社の社員（当該他の会社が業務を執行する社員を定めた場合にあっては、業務を執行する社員）に限る。）の総数の半数を超える数を占める場合 　　　　2　個人又は法人との間で当該個人又は法人の意思と同一の内容の議決権を行使することに同意している者がある場合には、当該者が有する議決権は当該個人又は法人が有するものとみなし、かつ、当該個人又は法人（当該議決権に係る会社の株主等であるものを除く。）は当該議決権に係る会社の株主等であるものとみなして、他の会社を支配しているかどうかを判定する。 　(4)　上記(1)から(3)の場合に、同一の個人又は法人の同族関係者である2以上の会社が判定しようとする会社の株主等（社員を含む。）である場合には、その同族関係者である2以上の会社は、相互に同族関係者であるものとみなされる。

— 539 —

第3章　株式及び出資の評価

項　　目		内　　　　　容
少数株式所有者の評価方法の判定	役　　員	社長、理事長のほか、次に掲げる者（法人税法施行令第71条第1項第1号、第2号、第4号） (1)　代表取締役、代表執行役、代表理事 (2)　副社長、専務、常務その他これらに準ずる職制上の地位を有する役員 (3)　取締役（指名委員会等設置会社の取締役及び監査等委員である取締役に限る。）、会計参与及び監査役並びに監事
	中心的な同族株主	同族株主のいる会社の株主で、課税時期において同族株主の1人並びにその株主の配偶者、直系血族、兄弟姉妹及び1親等の姻族（これらの者の同族関係者である会社のうち、これらの者が有する議決権の合計数がその会社の議決権総数の25％以上である会社を含む。）の有する議決権の合計数がその会社の議決権総数の25％以上である場合におけるその株主
	中心的な株　　主	同族株主のいない会社の株主で、課税時期において株主の1人及びその同族関係者の有する議決権の合計数がその会社の議決権総数の15％以上である株主グループのうち、いずれかのグループに単独でその会社の議決権総数の10％以上の議決権を有している株主がいる場合におけるその株主

— 540 —

第5 出資の評価

1 持分会社の出資の評価（評基通194）

持分会社（会社法575①）に対する出資の価額は、財産評価基本通達に定める取引相場のない株式の評価方法に準じて評価します。

(1) 持分の払戻しを受ける場合

持分の払戻しを受ける場合には、課税財産は持分の払戻請求権となりますので、その評価額は、原則として、課税時期における1口当たりの純資産価額を基に評価します。

これは、会社法第611条《退社に伴う持分の払戻し》第2項において持分の払戻しについては、「退社した社員と持分会社との間の計算は、退社の時における持分会社の財産の状況に従ってしなければならない。」とされていることによるものです。

(2) 持分を承継する場合

定款に相続人が社員の地位を承継できる旨の定めがあり持分を承継する場合には、取引相場のない株式の評価方法に準じて持分の価額を評価します。

2 医療法人の出資の評価

(1) 分類

医療法人は、医療法第39条の規定により設立される法人で
① 財団たる医療法人
② 社団たる医療法人で持分の定めのないもの
③ 社団たる医療法人で持分の定めのあるもの
に分類されます。

① 財団たる医療法人は、「財団」法人であって、その財団に法人格が認められます。したがって、財団たる医療法人には、出資持分の概念はありません。
② 社団たる医療法人で持分の定めのないものは、民法の社団法人に類似しており、各社員は、その出資について何らの持分権を有しません。
③ 社団たる医療法人で持分の定めのあるものは、会社等と同様、各社員は社員権として出資に対する持分権を有しており、その持分は、通常、自由に譲渡又は質入れすることができます。また、相続等の対象にもなります。

(参考) 医療法人の種類

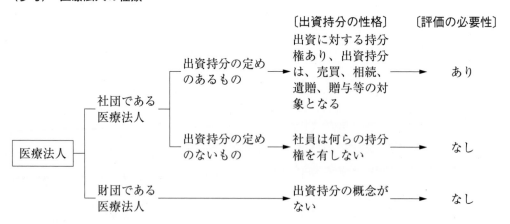

第5　出資の評価

(2)　**出資の評価方法**

上記(1)③の社団たる医療法人で持分の定めのあるものの評価は、取引相場のない株式の評価方式に準じて評価します。すなわち、医療法人の規模により、類似業種比準方式、類似業種比準方式と純資産価額方式との併用方式又は純資産価額方式により評価することとされています（評基通194-2）。

また、医療法人であっても、その法人が比準要素数1の会社、株式等保有特定会社、土地保有特定会社、開業後3年未満の会社等又は開業前又は休業中の会社に該当する場合は、それらの特定の評価会社の株式の評価方法に準じて評価することとなります（評基通194-2）。

なお、医療法人は剰余金の配当が禁止されているなどの特色を有していますので、一般の取引相場のない株式の評価方法と異なる部分があります。

イ　原則的評価方式が類似業種比準方式の場合

医療法人は剰余金の配当が禁止されていますので、財産評価基本通達180《類似業種比準価額》の定めを準用する場合の算式は、「1株当たりの配当金額」の要素を除外するため、次の算式によって計算します。

$$A \times \left(\frac{\frac{ⓒ}{C} + \frac{ⓓ}{D}}{2} \right) \times 0.7 (※)$$

A：類似業種の株価

C：課税時期の属する年の類似業種の1株当たりの年利益金額

D：課税時期の属する年の類似業種の1株当たりの純資産価額（帳簿価額によって計算した金額）

ⓒ：医療法人の1株当たりの利益金額

ⓓ：医療法人の1株当たりの純資産価額（帳簿価額によって計算した金額）

また、株式等保有特定会社の株式の評価をする「S₁＋S₂」方式を準用する場合の算式は、同様の理由により次のとおりとなります。

$$A \times \left(\frac{\frac{ⓒ-ⓒ}{C} + \frac{ⓓ-ⓓ}{D}}{2} \right) \times 0.7 (※)$$

※　上記各算式中の「0.7」は、中会社に相当する医療法人については「0.6」、小会社に相当する医療法人については「0.5」となります。

第3章　株式及び出資の評価

ロ　原則的評価方式が純資産価額方式の場合

$$\left(\boxed{\begin{array}{c}相続税評価額に\\による純資産価額\end{array}} - \boxed{\begin{array}{c}評価差額に対する\\法人税額等相当額\end{array}}\right) \div \boxed{\begin{array}{c}課税時期現在の\\発行済出資口数\end{array}} = \boxed{\begin{array}{c}1口当たりの\\純資産価額\end{array}}$$

チェックポイント65

医療法人に対する出資の評価

1　社員の判定と評価方式の区分

　医療法人に対する出資の評価は、①剰余金の配当が禁止されているので配当還元方式がなじまないこと、②各社員（必ずしも出資を義務付けられてはいません。）は議決権を平等に有しているので評価方式を異にする理由がないこと等により、同族株主等の判定をする必要はありません。

2　規模の判定等とそれによる評価方式

　規模の判定等とそれによる評価方式の区分は、「小売・サービス業」の基準により取引相場のない株式と同様の方法で行います。

3　業種の判定

　医療法人の出資の評価において、類似業種比準価額を計算する場合の業種目は、「その他の産業」とします。

　「その他の産業」は、大分類だけですので、財産評価基本通達181（類似業種）のただし書（中分類又は大分類の選択）の適用はありません。

4　純資産価額

　取引相場のない株式を評価する場合の純資産価額（相続税評価額によって計算した金額）については、株式の取得者とその同族関係者の有する株式に係る議決権の合計数が議決権総数の50％以下である場合は、財産評価基本通達185（純資産価額）のただし書により80％を乗じて計算することになっています。しかし、医療法人では、各社員の議決権が平等であることから、その出資の評価においては、この20％の評価減は適用がありません。

5　比準要素数0の会社の判定

　医療法人は配当が禁止されていることから、比準要素数0の会社の判定は、直前期末における比準要素（利益金額及び純資産価額）のいずれもが0であれば、比準要素数0の会社に該当することになります。

6　株式の割当てを受ける権利等が発生している場合

　医療法人の出資については、配当がありませんので、配当期待権が発生している場合の出資金額の修正はありませんが、株式の割当てを受ける権利が発生している場合の修正は行います。

第6 株式等に関する権利の評価

1 株式の割当てを受ける権利の評価（評基通190）

　株式の割当てを受ける権利とは、株式の割当基準日の翌日から株式の割当て（引受け）の日までの間における株式の割当てを受ける権利をいいます（評基通168(4)）。

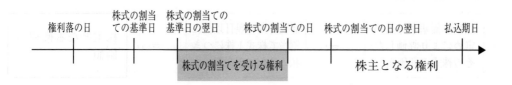

(1) 一般の場合

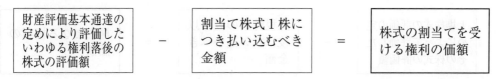

(2) 上場株式で新株式について発行日決済取引が行われている場合

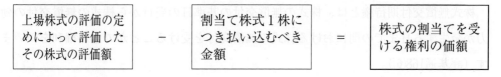

2 株主となる権利の評価（評基通191）

　株主となる権利とは、株式の申込みに対して割当てがあった日の翌日（会社の設立に際し発起人が引受けをする株式にあっては、その引受けの日）から払込期日（会社の設立の場合は、設立登記の前日）までの間における株式の引受けに係る権利をいいます（評基通168(5)）。

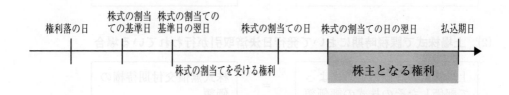

(1) 会社設立の場合

| 株式1株につき払い込んだ金額 | ＝ | 株主となる権利の価額 |

(2) 上記(1)以外の場合

イ　一般の場合

| 財産評価基本通達の定めにより評価したその株式の評価額 | － | 課税時期の翌日以後に割当て株式1株につき払い込むべき金額 | ＝ | 株主となる権利の価額 |

ロ　上場株式で課税時期において発行日決済取引が行われている場合

| 上場株式の評価の定めによって評価したその株式の評価額 | － | 課税時期の翌日以後に払い込むべき金額 | ＝ | 株主となる権利の価額 |

3　株式無償交付期待権の評価（評基通192）

株式無償交付期待権とは、株式の無償交付の基準日の翌日から株式の無償交付の効力が発生する日までの間における株式の無償交付を受けることができる権利をいいます（評基通168(6)）。

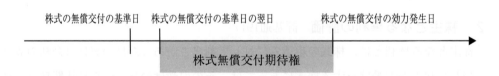

(1) 一般の場合

| 財産評価基本通達の定めにより評価したその株式の評価額 | ＝ | 株式無償交付期待権の価額 |

(2) 上場株式で課税時期において発行日決済取引が行われている場合

| 上場株式の評価の定めによって評価したその株式の評価額 | ＝ | 株式無償交付期待権の価額 |

4 配当期待権の評価 （評基通193）

　配当期待権とは、配当金交付の基準日の翌日から配当金交付の効力が発生する日（配当金交付に関する株主総会等の決議において定められた日）までの間における配当金を受けることができる権利をいいます（評基通168⑺）。

【例】

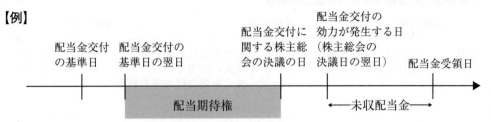

（注）　配当金交付に関する株主総会の決議のあった後、配当金を受け取るまでの間は未収配当金となります。

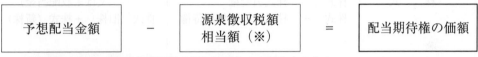

　※　特別徴収されるべき道府県民税の額に相当する金額を含みます。

（参考）　配当所得に係る源泉徴収について

1　上場株式等の配当等の場合

⑴　平成21年1月1日から平成24年12月31日までの間に支払を受けるべき上場株式等の配当等については、7％（他に地方税3％）の軽減税率により所得税が源泉徴収されます。

⑵　平成25年1月1日から平成25年12月31日までの間に支払を受けるべき上場株式等の配当等については、7.147％（他に地方税3％）の軽減税率により所得税及び復興特別所得税が源泉徴収されます。

⑶　平成26年1月1日以後に支払を受けるべき上場株式等の配当等については、15.315％（他に地方税5％）の税率により所得税及び復興特別所得税が源泉徴収されます。

　　（注）1　発行済株式の総数等の3％以上（平成23年10月1日前に支払を受けるべき配当等については5％以上）に相当する数又は金額の株式等を有する個人が支払を受ける上場株式等の配当等については、この軽減税率適用の対象となりませんので、次の2（上場株式等以外の配当等の場合）により源泉徴収されます。
　　　　　2　平成25年1月1日から令和19年12月31日までの間に支払を受ける配当等については、所得税とともに復興特別所得税が源泉徴収されます。

2　上場株式等以外の配当等の場合

⑴　平成24年12月31日以前に支払を受ける場合
　　20％（地方税なし）の税率により所得税が源泉徴収されます。

第3章　株式及び出資の評価

(2)　平成25年1月1日以後に支払を受ける場合

20.42%（地方税なし）の税率により所得税及び復興特別所得税が源泉徴収されます。

```
┌──────────────────────────────────────────────────────────────────────────────┐
│ チェックポイント66                                                             │
│                                                                                │
│ 課税時期と配当期待権等の評価との関係                                           │
│                                                                                │
│         課税時期                  課税時期                  課税時期           │
│      △───□────○──────□──────────△──────□────△─▶        │
│      直前   株式割当て、配当金      配当金交付の効力発生          配当金         │
│      期末   交付等の基準日等        株式の割当ての日            受領日         │
│                                    株式無償交付の効力発生                       │
│                                                                                │
│                                                                                │
│              ───────────評基通187────────┼────評基通184────          │
│                                                                                │
│                     株式　＋　配当期待権        株式＋（配当金相当の現預金      │
│         株　　式     株式　＋　株式引受権                又は未収配当金）        │
│                     株式　＋　株式無償交付期待権  株式（旧株）＋株式（新株）    │
│                                                                                │
└──────────────────────────────────────────────────────────────────────────────┘
```

— 548 —

5　ストックオプションの評価（評基通193-2）

　ストックオプションとは、会社法第2条《定義》第21号に規定する新株予約権が無償で付与されたものをいい（550ページの上場新株予約権に該当するものを除きます。）、会社の取締役、従業員等が自社の株式を、あらかじめ定められた価額（権利行使価額）で、将来のある一定時期に購入することができる権利をいいます（評基通168(8)）。

ストックオプションの付与から課税時期までの株価の推移等（イメージ）

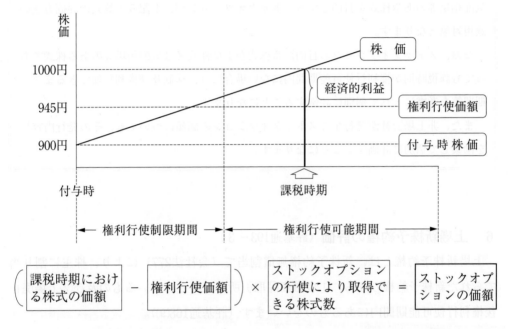

※1　上記算式中の「課税時期における株式の価額」については、財産評価基本通達の定めに基づいて株式（上場株式及び気配相場等のある株式）の価額を評価することとなります（390～407ページ参照）。
※2　「権利行使価額」については、発行会社により定められた金額によります。
※3　ストックオプションの価額が負数になる場合は0とします。

第3章　株式及び出資の評価

> **チェックポイント67**
> **ストックオプションの評価の適用範囲**
> 　ストックオプションを付与された会社の役員等は、権利行使によって取得した株式を譲渡してはじめて利益が実現できることから、ストックオプションを付与する会社は、一般的には株式を自由に譲渡できる環境にある会社、換言すれば公開会社又は公開予定会社であると考えられます。このようなことから、財産評価基本通達に定める上場株式、気配相場等のある株式を目的とするストックオプションが、上記5の算式の評価方法の適用対象となります。
> 　なお、ストックオプションの目的たる株式が上場株式又は気配相場等のある株式であっても課税時期が権利行使可能期間内にない場合には、株価及び権利行使できるまでの期間等を考慮に入れて個別に評価することになります。
> 　また、非上場会社が発行するストックオプションの価額についても、その発行内容等を勘案して個別に評価することになります。

6　上場新株予約権の評価（評基通193-3）

　上場新株予約権とは、新株予約権無償割当て（会社法277）により、株主に割り当てられた新株予約権のうち、①金融商品取引所に上場されているもの及び②上場廃止後権利行使可能期間内にあるものをいいます（評基通168(9)）。

(1)　新株予約権が上場期間内にある場合

　イ　下記ロ以外

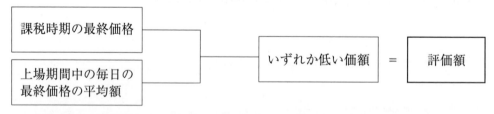

　※　課税時期に金融商品取引所の公表する最終価格がない場合には、課税時期前の最終価格のうち、課税時期に最も近い日の最終価格とします。下記ロにおいて同じです。

― 550 ―

ロ 負担付贈与又は個人間の対価を伴う取引により取得した場合

(2) 上場廃止後権利行使可能期間内にあるものの場合

イ 下記ロ以外の場合

※ 上場株式の評価の定めにより評価します。

ロ 権利行使可能期間内に権利行使されなかった新株予約権について、発行法人が事前に定められた算定式に基づく価額により取得する旨の条項が付されている場合

```
┌─────────────┐
│上記イの定めにより│
│評価した価額    │
└─────────────┘        ┌──────────┐      ┌──────────┐
              いずれか低い価額  =  評価額
┌─────────────┐        └──────────┘      │（負の場合は0）│
│取得条項に基づく取│                        └──────────┘
│得価額       │
└─────────────┘
```

(参考) 新株予約権の上場の概要

　新株予約権の上場は、一般的に、上場会社がライツ・オファリングと呼ばれる新株予約権を利用した資金調達方法を採用する場合に行われます。

　ライツ・オファリングとは、上場会社である発行会社が、既存株主全員に対して新株予約権無償割当てを行い、割当てを受けた既存株主が新株予約権を行使して所定の権利行使価額を払い込むことにより発行会社から上場株式の交付を受け、この払い込まれた金銭が発行会社の調達資金となる仕組みによる資金調達方法です。また、この新株予約権が上場されることから、新株予約権の割当てを受けた既存株主は、新株予約権を行使する代わりに、これを市場で売却することによってその対価を取得することもできます。

〈ライツ・オファリングの概要図〉

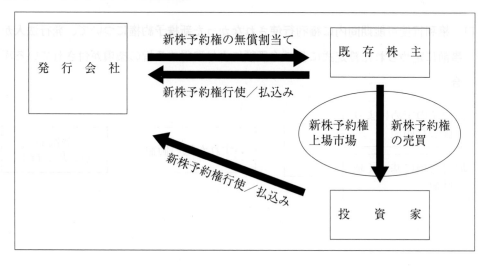

第4章　公社債等の評価

1　公社債等の評価方法の概要

区　　　分			評　価　方　法　の　概　要　等
公社債	利付公社債	(1)　上場利付公社債（評基通197−2(1)）	金融商品取引所の公表する課税時期の最終価格を基として評価します（売買参考統計値公表銘柄である場合には、日本証券業協会の公表する課税時期の平均値を基として評価した価額とのいずれか低い方の価額により評価します。）。
		(2)　売買参考統計値公表銘柄（上場利付公社債を除きます。）（評基通197−2(2)）	日本証券業協会の公表する課税時期の平均値を基として評価します。
		(3)　上記以外のもの（評基通197−2(3)）	発行価額を基として評価します。
	割引発行の公社債	(1)　上場されているもの（評基通197−3(1)）	金融商品取引所の公表する課税時期の最終価格を基として評価します。
		(2)　売買参考統計値公表銘柄（上場されているものを除きます。）（評基通197−3(2)）	日本証券業協会の公表する課税時期の平均値を基として評価します。
		(3)　上記以外のもの（評基通197−3(3)）	発行価額を基として評価します。
	転換社債型新株予約権付社債	(1)　上場転換社債（評基通197−5(1)）	金融商品取引所の公表する課税時期の最終価格を基として評価します。
		(2)　店頭転換社債（評基通197−5(2)）	日本証券業協会の公表する課税時期の最終価格を基として評価します。
		(3)　上記以外のもの（評基通197−5(3)）　株式の価額が転換価格を超えない場合	発行価額を基として評価します。
		(3)　上記以外のもの（評基通197−5(3)）　株式の価額が転換価格を超える場合	株式の価額※×$\dfrac{100円}{その転換社債の転換価格}$ ※　その株式が取引相場のない株式である場合には、転換社債の全てが一時に株式に転換したものとして修正した金額によります。
	元利均等償還が行われる公社債（評基通197−4）		相続税法第24条第1項第1号に規定する有期定期金の評価方法に準じて評価します。
貸付信託受益証券　　　　　　　　　　　　　　（評基通198）			受託者（信託銀行）が課税時期において受益者から買い取るとした場合における金額を基として評価します。
証券投資信託受益証券	(1)　日々決算型のもの（中期国債ファンド、ＭＭＦ等）（評基通199(1)）		課税時期において解約（買取）請求により支払を受けることができる金額を基として評価します。
	(2)　上場されているもの（評基通199(2)(注)）		上場株式に準じて評価します。
	(3)　上記以外のもの（評基通199(2)）		課税時期において解約（買取）請求により支払を受けることができる金額を基として評価します。
上場不動産投資信託証券　　　　　　　　　　（評基通213）			上場株式に準じて評価します。

— 553 —

第4章　公社債等の評価

2　利付公社債の評価

利付公社債とは、定期的に利子が支払われる債券で、利払いは年間の一定期日に行われます。償還期限の比較的長いものは利付きの形態をとることが多いようです。

(1)　**金融商品取引所に上場されている利付公社債**（評基通197－2(1)）

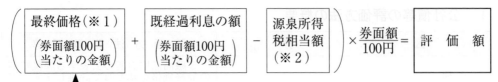

利息を含まない価格で公表されています。

※1　「公社債店頭売買参考統計値」が公表される銘柄である場合には、金融商品取引所の公表する最終価格と日本証券業協会の公表する課税時期の「公社債店頭売買参考統計値」の平均値とのいずれか低い方の価格
※2　特別徴収されるべき都道府県民税の額に相当する金額及び復興特別所得税を含みます（(2)及び(3)において同じです。）。

(2)　**日本証券業協会において「公社債店頭売買参考統計値」が公表される利付公社債（上場されているものを除きます。）**（評基通197－2(2)）

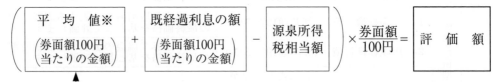

利息を含まない価格で公表されています。

※　課税時期の「公社債店頭売買参考統計値」の平均値

(3)　**その他の利付公社債**（評基通197－2(3)）

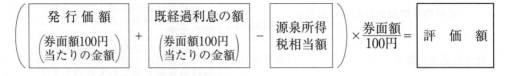

3　割引発行の公社債の評価

　割引発行の公社債とは、券面額を下回る価額（利子相当分を割り引いた価額）で発行される債券であり、事実上、券面額と発行価額との差額（償還差益といいます。）が利子に代えられているもので、利付公社債に比べて償還期限の短いものが多いようです。

　割引発行の公社債には、割引国債、割引金融債等の種類があります。

(1)　**金融商品取引所に上場されている割引発行の公社債**（評基通197－3(1)）

既経過償還差益の額含みの金額として公表されています。

(2)　**日本証券業協会において「公社債店頭売買参考統計値」が公表される割引発行の公社債（上場されているものを除きます。）**（評基通197－3(2)）

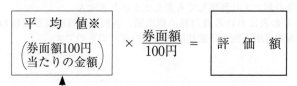

既経過償還差益の額含みの金額として公表されています。

　　※　課税時期の「公社債店頭売買参考統計値」の平均値

(3)　**その他の割引発行されている公社債**（評基通197－3(3)）

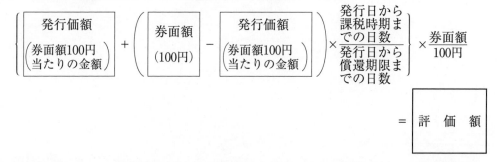

　課税時期において割引発行の公社債の差益金額につき源泉徴収されるべき所得税の額に相当する金額がある場合には、上記(1)から(3)により評価した金額からその差益金額につき源泉徴収されるべき所得税の額に相当する金額を控除した金額によって評価します。

4　個人向け国債の評価

　個人向け国債は、原則として、個人のみが保有できる国債で、発行から一定の期間（原則1年）が経過すると、いつでも中途換金できることが法令により担保されており、かつ、その時の中途換金の額がいくらになるかが把握できるという状態にあります。このように、常に中途換金が可能であるという特徴を有する個人向け国債については、金融商品取引所に上場されている利付公社債等について、金融商品取引所で成立する取引価格等が把握できる状態と実質的に異なるものではないと考えられることから、中途換金の額により評価します。

（算式）

　※　中途換金調整額は、個人向け国債の種類等に応じて次ページの表のとおり、課税時期により異なります。
　　また、中途換金ができない発行後一定の期間内での中途換金は、相続又は遺贈の場合に限って認められていますが、原則として、発行後1年未満の個人向け国債を贈与により取得した場合であっても、中途換金の額により評価しても差し支えありません。
　　なお、上記の算式及び次ページの表における経過利子相当額、各利子相当額及び初回の利子の調整額相当額は、いずれも源泉所得税相当額控除前（税引前）のものです。

（参考）
　中途換金のシミュレーションは、財務省ホームページ【www.mof.go.jp】で行うこともできます。

個人向け国債の種類	課税時期と利子支払期日の区分	中途換金調整額				
		課税時期が平成20年4月14日以前の場合	課税時期が平成20年4月15日以後平成22年5月31日以前の場合	課税時期が平成22年6月1日以後平成24年4月14日以前の場合	課税時期が平成24年4月15日以後平成25年1月9日以前の場合	課税時期が平成25年1月10日以後の場合
個人向け国債（変動・10年）	課税時期が第3期利子支払期日以後である場合（発行から1年半以上経過の場合）	中途換金日の直前2回分の各利子相当額	中途換金日の直前2回分の各利子相当額×0.79685	中途換金日の直前2回分の各利子相当額×0.79685	中途換金日の直前2回分の各利子相当額×0.79685	中途換金日の直前2回分の各利子相当額×0.79685
	課税時期が第2期利子支払期日から第3期利子支払期日到来前である場合（発行から1年以上1年半未満の場合）	中途換金日の直前2回分の各利子相当額	中途換金日の直前2回分の各利子相当額×0.79685	中途換金日の直前2回分の各利子相当額×0.79685（－初回の利子の調整額相当額※1）	中途換金日の直前2回分の各利子相当額×0.79685（－初回の利子の調整額相当額※1）	中途換金日の直前2回分の各利子相当額×0.79685（－初回の利子の調整額相当額※1）
	課税時期が初回の利子支払期日から第2期利子支払期日到来前である場合（発行から半年以上1年未満の場合）	初回の利子相当額＋経過利子相当額	初回の利子相当額×0.79685＋経過利子相当額	初回の利子相当額×0.79685＋経過利子相当額（－初回の利子の調整額相当額※1）	初回の利子相当額×0.79685＋経過利子相当額（－初回の利子の調整額相当額※1）	初回の利子相当額×0.79685＋経過利子相当額（－初回の利子の調整額相当額※1）
	課税時期が初回の利子支払期日到来前である場合（発行から半年未満の場合）	経過利子相当額	経過利子相当額	経過利子相当額（－初回の利子の調整額相当額※1）	経過利子相当額（－初回の利子の調整額相当額※1）	経過利子相当額（－初回の利子の調整額相当額※1）
個人向け国債（固定・5年）	課税時期が第5期利子支払期日以後である場合（発行から2年半以上経過の場合）	直前4回分の各利子相当額	直前4回分の各利子相当額×0.79685	直前4回分の各利子相当額×0.79685	中途換金日の直前2回分の各利子相当額×0.79685	中途換金日の直前2回分の各利子相当額×0.79685
	課税時期が第4期利子支払期日から第5期利子支払期日到来前である場合（発行から2年以上2年半未満の場合）	直前4回分の各利子相当額	直前4回分の各利子相当額×0.79685	直前4回分の各利子相当額×0.79685（－初回の利子の調整額相当額※1）	中途換金日の直前2回分の各利子相当額×0.79685	中途換金日の直前2回分の各利子相当額×0.79685
	課税時期が第3期利子支払期日から第4期利子支払期日到来前である場合（発行から1年半以上2年未満の場合）	直前1～3回分の各利子相当額※2＋経過利子相当額	直前1～3回分の各利子相当額※2×0.79685＋経過利子相当額	直前1～3回分の各利子相当額※2×0.79685＋経過利子相当額（－初回の利子の調整額相当額※1）	中途換金日の直前2回分の各利子相当額×0.79685	中途換金日の直前2回分の各利子相当額×0.79685
	課税時期が第2期利子支払期日から第3期利子支払期日到来前である場合（発行から1年以上1年半未満の場合）	直前1～3回分の各利子相当額※2＋経過利子相当額	直前1～3回分の各利子相当額※2×0.79685＋経過利子相当額	直前1～3回分の各利子相当額※2×0.79685＋経過利子相当額（－初回の利子の調整額相当額※1）	中途換金日の直前2回分の各利子相当額×0.79685（－初回の利子の調整額相当額※1）	中途換金日の直前2回分の各利子相当額×0.79685（－初回の利子の調整額相当額※1）
	課税時期が初回の利子支払期日から第2期利子支払期日到来前である場合（発行から半年以上1年未満の場合）	直前1～3回分の各利子相当額※2＋経過利子相当額	直前1～3回分の各利子相当額※2×0.79685＋経過利子相当額	直前1～3回分の各利子相当額※2×0.79685＋経過利子相当額（－初回の利子の調整額相当額※1）	初回の利子相当額×0.79685＋経過利子相当額（－初回の利子の調整額相当額※1）	初回の利子相当額×0.79685＋経過利子相当額（－初回の利子の調整額相当額※1）
	課税時期が初回の利子支払期日到来前である場合（発行から半年未満の場合）	経過利子相当額	経過利子相当額	経過利子相当額（－初回の利子の調整額相当額※1）	経過利子相当額（－初回の利子の調整額相当額※1）	経過利子相当額（－初回の利子の調整額相当額※1）

第4章　公社債等の評価

個人向け国債（固定・3年）	課税時期が第3期利子支払期日以後である場合（発行から1年半以上経過の場合）	–	–	中途換金日の直前2回分の各利子相当額×0.79685	中途換金日の直前2回分の各利子相当額×0.79685	中途換金日の直前2回分の各利子相当額×0.79685
	課税時期が第2期利子支払期日から第3期利子支払期日到来前である場合（発行から1年以上1年半未満の場合）	–	–	中途換金日の直前2回分の各利子相当額×0.79685（－初回の利子の調整額相当額※1）	中途換金日の直前2回分の各利子相当額×0.79685（－初回の利子の調整額相当額※1）	中途換金日の直前2回分の各利子相当額×0.79685（－初回の利子の調整額相当額※1）
	課税時期が初回の利子支払期日から第2期利子支払期日到来前である場合（発行から半年以上1年未満の場合）	–	–	初回の利子相当額×0.79685＋経過利子相当額（－初回の利子の調整額相当額※1）	初回の利子相当額×0.79685＋経過利子相当額（－初回の利子の調整額相当額※1）	初回の利子相当額×0.79685＋経過利子相当額（－初回の利子の調整額相当額※1）
	課税時期が初回の利子支払期日到来前である場合（発行から半年未満の場合）	–	–	経過利子相当額（－初回の利子の調整額相当額※1）	経過利子相当額（－初回の利子の調整額相当額※1）	経過利子相当額（－初回の利子の調整額相当額※1）

※1　購入時に初回の利子の調整額の払込みが必要となる銘柄は、中途換金調整額から初回の利子の調整額相当額が差し引かれます。

平成18年1月以後に発行される「個人向け国債」の利払いは、毎年の発行月及び発行月の半年後の15日（平成18年1月前までに発行されたものは10日）に、一律に半年分の利子が支払われますが、発行日が土曜日などの銀行休業日に当たる場合には、その翌営業日が発行日となるため、発行日から初回の利子支払日までの期間が半年に満たない場合があります。その場合には、利子計算期間（6か月間）に満たない日数の利子相当額を購入時に払い込むことにより調整することになります。この額を「初回の利子の調整額」といいます。

なお、平成28年5月16日以降に発行された個人向け国債については「初回の利子の調整額相当額」は差し引きません。

※2　個人向け国債（固定・5年）の直前1から3回分の各利子相当額
発行から1年半以上2年未満の場合　直前3回分の各利子相当額
発行から1年以上1年半未満の場合　直前2回分の各利子相当額
発行から半年以上1年未満の場合　直前1回分の利子相当額

なお、上記の算式及び表における経過利子相当額、各利子相当額及び初回の利子の調整額相当額は、いずれも源泉所得税相当額控除前（税引前）のものです。

【設例　22】

個人向け国債の評価の具体的計算

　被相続人甲（令和４年２月15日相続開始）は、次の⑴から⑶の個人向け国債３口（額面はいずれも10,000千円）を保有していたが、当該個人向け国債の評価額は、それぞれ１口当たりいくらとなるか。

　なお、いずれも、募集価格は額面金額100円につき100円であり、利払日は毎年４月15日及び10月15日の年２回である。

⑴　平成26年４月15日発行第48回個人向け国債（変動・10年；償還期日：令和６年４月15日）

　　額　面　金　額　　経過利子相当額　　中途換金調整額　　　評価額
　　10,000,000円　＋　1,684円（※１）　－　5,577円（※２）　＝　9,996,107円

　　　※１　経過利子相当額
　　　　額面金額　　　適用利率　　経過日数／年日数　　経過利子相当額
　　　10,000,000円　×　0.05％　×　　123／365　　＝　　1,684円
　　　※２　中途換金調整額
　　　　　　　　額面金額　　　適用利率　　計算期間　　金額
　　　前々回　10,000,000円　×　0.05％　×　１／２　＝　2,500円……①
　　　　　　　　額面金額　　　適用利率　　計算期間　　金額
　　　前　回　10,000,000円　×　0.09％　×　１／２　＝　4,500円……②
　　　①　×　0.79685＋　②　×　0.79685　＝　5,577円

⑵　平成29年４月17日発行第72回個人向け国債（固定・５年；償還期日：令和４年４月15日）

　　額面金額　　　　経過利子相当額　　　中途換金調整額　　　　評価額
　　10,000,000円　＋　1,684円（※１）　－　3,984円（※２）　＝　9,997,700円

　　　※１　経過利子相当額
　　　　額面金額　　　適用利率　　経過日数／年日数　　経過利子相当額
　　　10,000,000円　×　0.05％　×　　123／365　　＝　　1,684円
　　　※２　中途換金調整額
　　　　額面金額　　　適用利率　　計算期間　　金額
　　　10,000,000円　×　0.05％　×　１／２　＝　2,500円……①
　　　①　×　0.79685　×　２　＝　3,984円

⑶　平成31年４月15日発行第106回個人向け国債（固定・３年；償還期日：令和４年４月15日）

　　額面金額　　　経過利子相当額　　　中途換金調整額　　　　評価額
　　10,000,000円　＋　1,684円（※１）　－　3,984円（※２）　＝　9,997,700円

　　　※１　経過利子相当額
　　　　額面金額　　　適用利率　　経過日数／年日数　　経過利子相当額
　　　10,000,000円　×　0.05％　×　　123／365　　＝　　1,684円

第4章　公社債等の評価

※2　中途換金調整額
額面金額　　　適用利率　　計算期間　　金額
10,000,000円 ×　0.05%　× 1／2　＝ 2,500円……①
① × 0.79685 × 2 ＝ 3,984円

5 転換社債型新株予約権付社債の評価

転換社債型新株予約権付社債（この5において、以下「転換社債」といいます。）とは、一定の転換条件の下に転換社債の発行会社の株式に自由に転換できる権利を付与されている社債をいいます。

転換条件は、①転換価格、②転換により発行する株式の内容、③転換できる期間、が主なものです。

転換価格とは、転換社債を株式と転換（交換）する場合に、株式1株の転換（交換）に要する転換社債の券面額をいいます。

(1) **金融商品取引所に上場されている転換社債**（評基通197－5(1)）

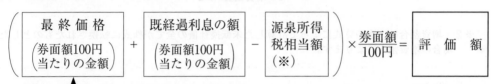

利息を含まない価格で公表されています。

※ 特別徴収されるべき都道府県民税の額に相当する金額及び復興特別所得税を含みます（(2)及び(3)において同じです。）。

(2) **店頭転換社債として登録された転換社債**（評基通197－5(2)）

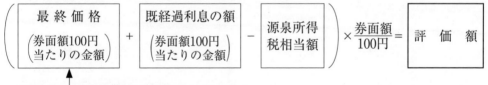

利息を含まない価格で公表されています。

(3) **その他の転換社債**（評基通197－5(3)）

イ 株式の価額が転換価格を超えない場合

第4章　公社債等の評価

ロ　株式の価額が転換価格を超える場合

$$\left(株式の価額（※1）\times \dfrac{100円}{\substack{その転換社債の転換価格\\（券面額100円当たりの金額）}}\right) \times \dfrac{券面額}{100円} = \boxed{評　価　額}$$

※1　株式の価額は、株式が上場株式又は気配相場等のある株式である場合には、財産評価基本通達の定めにより評価した価額によりますが、取引相場のない株式である場合には、次の算式で修正した金額によります。

（算式）

$$\dfrac{\substack{財産評価基本通達の定めによって評価した発行会\\社の課税時期における1株当たりの株式の価額} + 転換価格 \times \substack{増資割合\\（※2）}}{1+増資割合（※2）}$$

※2　増資割合は、次の算式によって計算した未転換社債の全てが株式に転換されたものとした場合の増資割合によります。

（算式）

$$\dfrac{\dfrac{課税時期において株式に転換されていない転換社債の券面総額}{転　換　価　格}}{課税時期における発行済株式数}$$

6 元利均等償還が行われる公社債の評価（評基通197-4）

元利均等償還が行われる公社債とは、元本と利息が毎年均等額で償還される公社債で、「遺族国庫債券」及び「引揚者国庫債券」がこれに該当します。

| 相続税法第24条《定期金に関する権利の評価》第1項第1号の規定を準用して計算した金額（※） | = | 評価額 |

※　具体的な評価方法については、584ページを参照してください。

7 貸付信託受益証券の評価（評基通198）

貸付信託受益証券とは、貸付信託法第2条《定義》第1項に基づく信託で、信託財産を運用することによって得られた利益を受けることができる権利（受益権）を表示した有価証券をいいます。

貸付信託受益証券には、信託期間が2年のものと5年のものとがあり、その募集期間は前月21日からその月5日までとその月6日からその月20日までで、それぞれの最終日（5日と20日）を設定日といいます。募集の最低申込単位は1万円で、収益計算は設定日から6か月ごとの年2回行われることになっています。

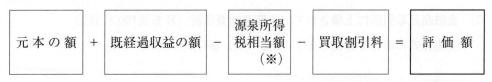

※　特別徴収されるべき都道府県民税の額に相当する金額及び復興特別所得税を含みます。

8　証券投資信託受益証券の評価

証券投資信託受益証券とは、投資信託及び投資法人に関する法律の規定に基づく証券投資信託で、不特定多数の投資家から集めた資金を、投資信託会社が株式や公社債などの有価証券に分散投資し、その運用によって得た利益を受けることができる権利を表示した有価証券をいい、主たる投資対象が何かによって、株式投資信託、公社債投資信託、転換社債投資信託などに分けられています。また、一部解約の可否によって、オープンエンド型とクローズドエンド型に、更に、追加設定の有無によって追加型（オープン型）と単位型（ユニット型）に分類されます。

(1)　**日々決算型のもの**（中期国債ファンド、MMF等）（評価基通199(1)）

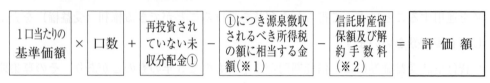

※1　特別徴収されるべき都道府県民税の額に相当する金額及び復興特別所得税を含みます（(3)においても同じです。）。
※2　消費税額に相当する額を含みます（(3)においても同じです。）。

(2)　**金融商品取引所に上場されている証券投資信託**（評基通199(2)(注)）

上場株式に準じて評価します（390ページ参照）。

(3)　**その他**（評基通199(2)）

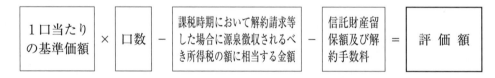

9　上場不動産投資信託証券の評価（評基通213）

　不動産投資信託（J-REIT）とは、投資法人又は投資信託委託業者等が多くの投資家から集めた資金を、不動産を中心とする資産に投資して運用し、賃料や売却益等の収益を投資家に分配する商品をいい、この投資証券又は受益証券を不動産投資信託証券といいます。

　そして、株式と同様に金融商品取引所に上場された不動産投資信託証券については、市場を通じて自由に売買することができます。

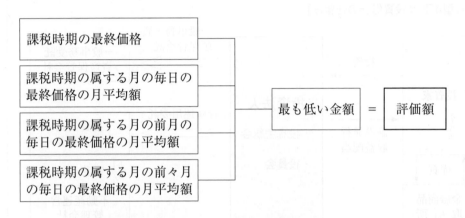

(注) 1　上場不動産投資信託証券は1口ごとに評価します。
　　 2　負担付贈与等で取得した上場不動産投資信託証券の評価額は、金融商品取引所の公表する課税時期の最終価格により評価します。
　　 3　不動産投資信託証券には、株式に係る株式無償交付期待権又は配当期待権と同様に、不動産投資信託証券に係る投資口の分割等に伴う無償交付期待権又は金銭分配期待権（利益超過分配金の額を含みます。）があることから、これらの価額（金銭分配期待権については、利益超過分配金の額も含みます。）は、財産評価基本通達192《株式無償交付期待権の評価》又は、同193《配当期待権の評価》に準じて評価します。
　　 4　非上場の不動産投資信託証券の評価方法については、財産評価基本通達に具体的な定めがありませんので、「純資産価値、配当利回り、キャッシュフロー等に着目して個別にその価値を測定することになるものと考えられます。

(参考)

　不動産投資信託は、その仕組みから会社型と契約型（信託型）に大別されますが、現在、東京証券取引所に上場されているものは、全て会社型（その概要は、次の図のとおり）となっています。

　なお、会社型不動産投資信託とは、資産運用を目的とした投資法人を設立し、投資家から集めた資金で不動産等を運用するファンドです。実際の不動産の選定や投資判断は投資信託委託業者が行い、投資法人が取得した不動産は資産保管会社によって保管されます。

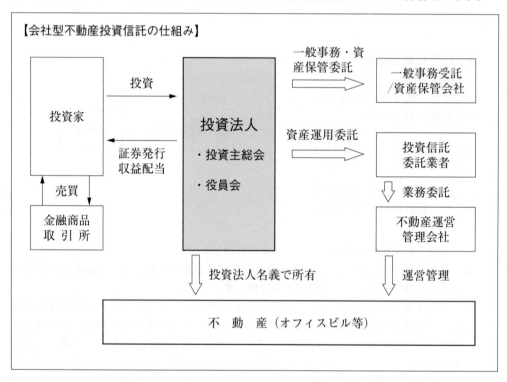

第5章 その他の財産の評価

1 預貯金の評価 （評基通203）

※ 特別徴収されるべき都道府県民税の額に相当する金額及び復興特別所得税を含みます。

> **チェックポイント68**
>
> 既経過利子の額を算定する場合の利率等
> 1 期限前解約利率の定めのあるものについては、課税時期現在における期限前解約利率により計算します。
> 2 中間支払利息が支払われているものについては、預入日から課税時期の前日までの期間について所定の期限前解約利率によって計算した既経過利子の額から中間支払利息を差し引いた金額が、既経過利子の額となります。
> 3 定期預金（定期郵便貯金及び定額郵便貯金を含みます。）以外の預貯金で、課税時期現在の既経過利子の額が少額なものは、課税時期現在の預入高で評価すればよいことになっています（評基通203ただし書）。

2 貸付金債権の評価 （評基通204）

貸付金、売掛金、未収入金、預け金（預貯金以外）、仮払金、その他これらに類するものについては、次のとおり評価します。

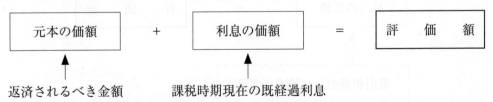

（注） 貸付金債権等の評価を行う場合に、その債権金額の全部又は一部について、課税時期において一定の事実が発生しているときその他その回収が不可能又は著しく困難であると見込まれるときには、それらの金額は元本の価額に算入しないこととされています（評基通205）。

3　ゴルフ会員権の評価（評基通211）

(1) 取引相場のある会員権

　課税時期から一定の期間を経過した後に返還を受けることができる預託金等については、ゴルフクラブの規約等に基づいて返還を受けることができる金額の課税時期から返還を受けることができる日までの期間に応じる基準年利率による複利現価の額により評価します。期間が1年未満であるとき又は1年未満の端数があるときは、これを1年とします。

(2) 取引相場のない会員権

① 預託金制会員権

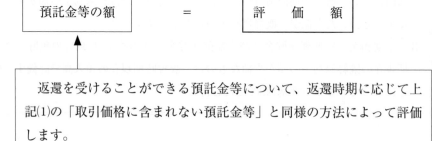

　返還を受けることができる預託金等について、返還時期に応じて上記(1)の「取引価格に含まれない預託金等」と同様の方法によって評価します。

② 株式制会員権

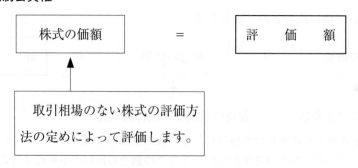

③　株式と預託金の併用制会員権

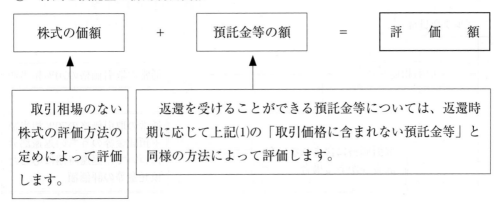

> チェックポイント69
>
> **評価しないゴルフ会員権**
>
> 　株式の所有を必要とせず、かつ、譲渡できない会員権で、返還を受けることができる預託金等のないもの（ゴルフ場施設を利用して、単にプレーができるだけのもの）については評価しません（評基通211なお書）。
>
> 　また、同一銘柄のゴルフ会員権であっても、取得の時期や形態によって、異なった価額で取引されているものがあります（例：追加預託金の支払があるゴルフ会員権、預託金の償還に代替して分割措置がとられているゴルフ会員権）。したがって、評価に当たっては、会員権の形態等を確認し、その形態等に見合った取引相場を把握する必要があります。

第5章 その他の財産の評価

(参考)

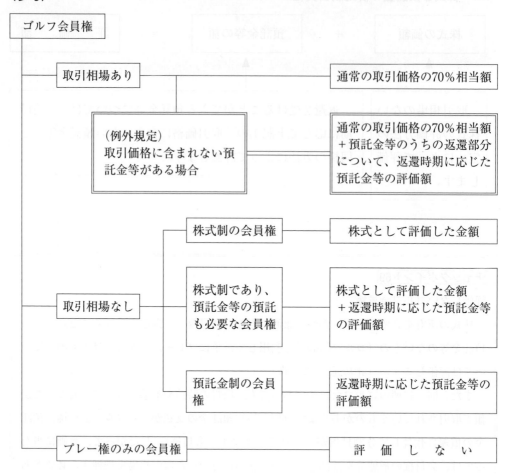

4 抵当証券の評価 （評基通212）

⑴ 金融商品取引業者等の販売する抵当証券

$$\boxed{\begin{array}{c}元本の額\\※1\end{array}} + \boxed{\begin{array}{c}既経過利息\\の額\end{array}} - \boxed{\begin{array}{c}源泉所得税\\相当額※2\end{array}} - \boxed{解約手数料} = \boxed{評価額}$$

> ※1 金融商品取引業者又は金融商品仲介業者（この4において、以下「金融商品取引業者等」といいます。）が課税時期において買い戻す価額を別に定めている場合はその金額によります。
> ※2 特別徴収されるべき都道府県民税の額及び復興特別所得税に相当する金額を含みます。

⑵ 金融商品取引業者等の販売する抵当証券以外の抵当証券

　貸付金債権の評価（評基通204、205。567ページ参照）に準じて評価します。

チェックポイント70

金融商品取引業者等が破綻した場合

　金融商品取引業者等が破綻したものについては、その抵当証券の買戻しや元利金の支払が履行されませんので、財産評価基本通達204《貸付金債権の評価》及び205《貸付金債権等の元本価額の範囲》を準用して評価することとなります。

　なお、破綻した金融商品取引業者等の系列の親会社がその抵当証券を買い取ることがありますが、課税時期において買取りが確実となっている場合には、債権の回収可能額が明らかですので、その金額を基に評価することとなります。

---

5 生命保険契約に関する権利の評価 （評基通214）

　生命保険契約で、その契約に関する権利を取得した時において、保険事故が発生していないものに関する権利の価額は、当該契約を解約するとした場合に支払われることとなる解約返戻金の額（解約返戻金のほかに支払われることとなる前納保険料の金額、剰余金の分配額等がある場合にはこれらの金額を加算し、解約返戻金の額につき源泉徴収されるべき所得税の額に相当する金額がある場合には当該金額を減算した金額）によって評価します。

第5章　その他の財産の評価

6　果樹等の評価

(1)　評価単位（評基通98）

　　果樹その他これに類するもの（この6において、以下「果樹等」といいます。）の価額は、樹種ごとに、幼齢樹（成熟樹に達しない樹齢のものをいいます。）及び成熟樹（その収穫物による収支が均衡する程度の樹齢に達したものをいいます。）に区分し、それらの区分に応ずる樹齢ごとに評価します。

(2)　評価方法（評基通99、110）

イ　幼齢樹

$$\boxed{\begin{array}{l}\text{植樹の時から課税時期までの}\\\text{期間に要した苗木代、肥料代、}\\\text{薬剤費等の現価の合計額※}\end{array}} \times \frac{70}{100} = \boxed{\text{評価額}}$$

　※　収支内訳書（農業所得用）又は青色申告決算書（農業所得用）における「果樹・牛馬等の育成費用の計算」欄の「㋕翌年への繰越額」欄の金額を基として差し支えありません。

ロ　成熟樹

$$\left(\boxed{\begin{array}{l}\text{植樹の時から成熟の時}\\\text{までの期間に要した苗}\\\text{木代、肥料代、薬剤費}\\\text{等の現価の合計額}\end{array}} - \boxed{\begin{array}{l}\text{成熟の時から課税時期}\\\text{までの期間（※1）の}\\\text{償却費の額の合計額}\\\text{（※2）}\end{array}}\right)^{※3} \times \frac{70}{100} = \boxed{\text{評価額}}$$

　※1　その期間に1年未満の端数があるときは、その端数は1年とします。
　※2　償却方法は、所得税法施行令第120条の2第1項第1号又は法人税法施行令第48条の2第1項第1号に規定する定額法によるものとし、その耐用年数は減価償却資産の耐用年数等に関する省令に規定する耐用年数によります。
　※3　収支内訳書（農業所得用）又は青色申告決算書（農業所得用）における「減価償却費の計算」欄の「㋠未償却残高」欄の金額を基として差し支えありません。

ハ　屋敷内にある果樹等及び畑の境界にある果樹等（評基通110）

$$\boxed{\begin{array}{l}\text{その数量が少なく、かつ、}\\\text{収益を目的として所有する}\\\text{ものでないもの}\end{array}} \rightarrow \text{評価しません}$$

7 立竹木の評価

次に掲げる区分に従い評価します（評基通111）。

評価上の区分	評 価 方 法	評価通達
森林の立木（樹種及び樹齢を同じくする一団地の立木）	1ha当たりの標準価額×地味級×立木度×地利級×地積 　ただし、樹齢15年以上で立木の材積が明らかな場合には次の算式により評価します。 $$1\text{ha}当たりの標準価額 \times \frac{その森林の1\text{ha}当たりの立木材積}{1\text{ha}当たりの標準立木材積} \times 地利級 \times 地積$$ ※1　森林の地積の中に岩石、がけ崩れ等による不利用地があるときは、その不利用地の地積を除外した地積をもってその森林の地積とします。 ※2　相続又は遺贈（包括遺贈及び被相続人からの相続人に対する遺贈に限る。）により取得した立木については、これにより評価した価額に85％を乗じた価額で評価します（相法26）。	113 ・ 120
森林の立木以外の立木（庭園にあるものを除きます。）	売買実例価額、精通者意見価格等を参酌して評価します。	122
立竹（庭園にあるものを除きます。）	売買実例価額、精通者意見価格等を参酌して評価します。	124
庭園にある立竹木	調達価額×$\frac{70}{100}$（庭園設備と一括評価）	125

— 573 —

(1) 森林の主要樹種の立木の評価（評基通113）

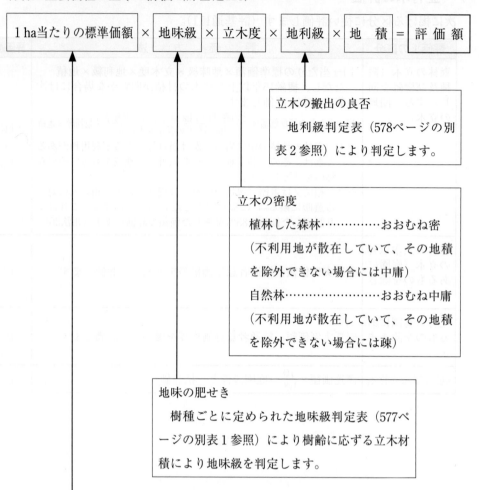

(2) 樹齢15年以上で立木の材積が明らかな森林の立木の評価（評基通120）

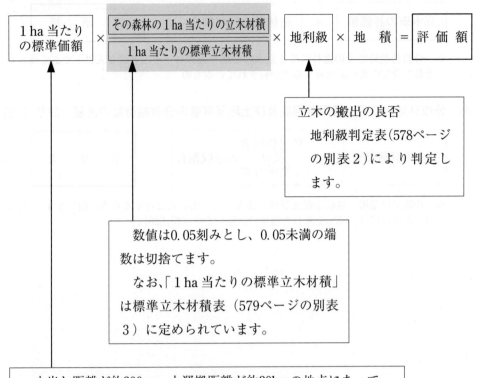

(3) 保安林等の立木の評価（評基通123）

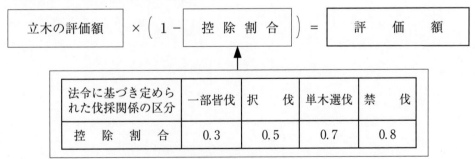

(4) 特別緑地保全地区内にある立木の評価（評基通123－2）

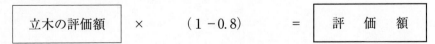

第5章　その他の財産の評価

(5)　**分収林契約に係る造林者の有する立木の評価**（評基通126）

立木※の評価額	×	造林者の分収割合	=	評　価　額

※　分収林契約でその造林に係る立木の全部を造林者（その者が2人以上である場合には、それら全ての者）が所有する旨が約されているもの

(6)　**分収林契約に係る費用負担者及び土地所有者の分収期待権の評価**（評基通127）

立木の評価額※	×	費用負担者 又は　　の分収割合 土地所有者	=	評　価　額

※　相続又は遺贈（包括遺贈及び被相続人からの相続人に対する遺贈に限ります。）により取得した場合には、85％を乗じた価額で評価します（相法26）。

別表 1　地味級判定表

(1)　杉の平均 1 本当たりの立木材積による地味級判定表

樹齢 ＼ 地味級	上　級	中　級	下　級
年	㎥超	㎥以下　㎥以上	㎥未満
15（14〜17）	0.07	0.07〜0.05	0.05
20（18〜22）	0.13	0.13〜0.09	0.09
25（23〜27）	0.20	0.20〜0.14	0.14
30（28〜32）	0.27	0.27〜0.19	0.19
35（33〜37）	0.34	0.34〜0.24	0.24
40（38〜42）	0.41	0.41〜0.29	0.29
45（43〜47）	0.48	0.48〜0.34	0.34
50（48〜52）	0.54	0.54〜0.38	0.38
55（53〜57）	0.60	0.60〜0.42	0.42
60（58〜62）	0.65	0.65〜0.46	0.46
65（63〜67）	0.70	0.70〜0.49	0.49
70（68〜70）	0.74	0.74〜0.52	0.52
地味級の割合	1.3	1.0	0.6

(2)　ひのきの平均 1 本当たりの立木材積による地味級判定表

樹齢 ＼ 地味級	上　級	中　級	下　級
年	㎥超	㎥以下　㎥以上	㎥未満
15（14〜17）	0.05	0.05〜0.03	0.03
20（18〜22）	0.10	0.10〜0.07	0.07
25（23〜27）	0.16	0.16〜0.11	0.11
30（28〜32）	0.22	0.22〜0.15	0.15
35（33〜37）	0.27	0.27〜0.19	0.19
40（38〜42）	0.32	0.32〜0.22	0.22
45（43〜47）	0.37	0.37〜0.26	0.26
50（48〜52）	0.41	0.41〜0.29	0.29
55（53〜57）	0.45	0.45〜0.31	0.31
60（58〜62）	0.48	0.48〜0.33	0.33
65（63〜67）	0.51	0.51〜0.36	0.36
70（68〜70）	0.54	0.54〜0.38	0.38
地味級の割合	1.3	1.0	0.6

第5章　その他の財産の評価

別表2　地利級判定表

地利級判定表（平成14年分以降用）

（距離単位：キロメートル）

小出し距離＼小運搬距離	以内 10	以内 20	以内 30	以内 40	以内 50	以内 60	以内 70	以内 80	以内 90	以内 100	100 超
0.1以内	1級 (1.2)					3級 (1.0)					
0.2以内	2級 (1.1)								5級 (0.8)		
0.3以内	3級 (1.0)				4級 (0.9)						6級 (0.7)
0.4以内	5級 (0.8)			6級 (0.7)							8級 (0.5)
0.5以内	6級 (0.7)			7級 (0.6)			8級 (0.5)		9級 (0.4)		
0.6以内	7級 (0.6)						9級 (0.4)				
0.7以内	8級 (0.5)				9級 (0.4)		10級 (0.3)				11級 (0.2)
0.8以内	9級 (0.4)			10級 (0.3)			11級 (0.2)				
0.8超				12級 (0.1)							

（総合等級表）（平成14年分以降用）

立木度＼地味級＼地利級	密			庸			疎		
	上	中	下	上	中	下	上	中	下
1	1.56	1.20	0.72	1.24	0.96	0.57	0.93	0.72	0.43
2	1.43	1.10	0.66	1.14	0.88	0.52	0.85	0.66	0.39
3	1.30	1.00	0.60	1.04	0.80	0.48	0.78	0.60	0.36
4	1.17	0.90	0.54	0.93	0.72	0.43	0.70	0.54	0.32
5	1.04	0.80	0.48	0.83	0.64	0.38	0.62	0.48	0.28
6	0.91	0.70	0.42	0.72	0.56	0.33	0.54	0.42	0.25
7	0.78	0.60	0.36	0.62	0.48	0.28	0.46	0.36	0.21
8	0.65	0.50	0.30	0.52	0.40	0.24	0.39	0.30	0.18
9	0.52	0.40	0.24	0.41	0.32	0.19	0.31	0.24	0.14
10	0.39	0.30	0.18	0.31	0.24	0.14	0.23	0.18	0.10
11	0.26	0.20	0.12	0.20	0.16	0.09	0.15	0.12	0.07
12	0.13	0.10	0.06	0.10	0.08	0.04	0.07	0.06	0.03

※　財産評価基本通達120（立木材積が明らかな森林の地味級及び立木度）の定めを適用する場合には、上の表によらず、次の算式により計算した総合指数が総合等級となるものであるから留意を要する。

$$\left(\begin{array}{c}\text{実地調査による1 ha} \\ \text{当たりの立木材積}\end{array} \div \begin{array}{c}\text{1 ha 当たりの} \\ \text{標準立木材積}\end{array}\right) \times 地利級 = 総合指数$$

別表3　標準立木材積表

樹種／標準伐期／樹齢	杉			ひのき		樹種／標準伐期／樹齢	杉			ひのき		樹種／標準伐期／樹齢	杉			ひのき	
樹齢（年）	60年（㎥）	65年（㎥）	70年（㎥）	70年（㎥）	75年（㎥）	樹齢（年）	60年（㎥）	65年（㎥）	70年（㎥）	70年（㎥）	75年（㎥）	樹齢（年）	60年（㎥）	65年（㎥）	70年（㎥）	70年（㎥）	75年（㎥）
15	73	57	34	22	20	61	564	493	448	376	335	107	796	712	668	623	550
16	90	72	47	32	29	62	571	499	454	382	340	108	799	714	671	627	554
17	106	86	60	42	38	63	578	505	460	388	345	109	803	716	674	631	558
18	121	100	72	52	46	64	585	511	465	394	350	110	806	718	677	635	562
19	136	113	84	62	54	65	592	517	472	400	355	111	809	721	680	639	566
20	151	126	96	71	62	66	599	523	478	406	360	112	812	724	683	643	570
21	165	139	108	80	70	67	606	529	484	412	365	113	815	727	686	647	574
22	179	151	120	89	78	68	613	535	490	418	370	114	818	730	689	651	578
23	193	163	131	98	86	69	620	541	496	424	375	115	821	733	692	655	582
24	206	175	142	107	94	70	627	547	502	430	380	116	824	736	695	658	586
25	219	187	153	116	102	71	633	553	508	436	385	117	827	739	698	661	590
26	232	198	164	125	110	72	639	559	514	442	390	118	829	742	701	664	594
27	245	209	175	134	118	73	645	565	520	448	395	119	832	744	704	667	598
28	257	220	185	143	126	74	651	571	526	454	400	120	835	747	707	670	602
29	269	231	195	152	133	75	657	577	532	460	405	121		750	709	673	605
30	281	242	205	160	140	76	662	583	537	466	410	122		752	712	677	608
31	293	252	215	168	147	77	667	588	542	472	415	123		755	715	681	611
32	304	262	225	176	154	78	672	593	547	478	420	124		757	717	684	614
33	315	272	235	184	161	79	677	598	552	484	425	125		760	720	688	617
34	326	282	244	192	168	80	682	603	557	490	430	126		762	722	691	621
35	337	292	253	200	175	81	687	608	562	496	435	127		764	725	695	624
36	346	301	262	208	182	82	692	613	567	502	440	128		767	727	699	627
37	355	310	271	216	189	83	697	618	572	508	445	129		769	729	702	630
38	364	319	280	224	196	84	702	623	577	514	450	130		771	732	705	633
39	373	328	289	232	203	85	707	628	582	519	455	131			734	709	636
40	382	337	297	240	210	86	712	633	587	524	460	132			736	712	639
41	391	345	305	248	217	87	717	638	592	529	465	133			739	716	643
42	400	353	313	256	224	88	722	643	597	534	470	134			741	719	646
43	409	361	321	264	231	89	727	648	602	539	475	135			743	722	649
44	418	369	329	272	238	90	731	652	606	544	480	136			745	725	652
45	427	377	337	280	245	91	735	656	610	549	485	137			747	729	655
46	436	385	344	286	252	92	739	660	614	554	490	138			750	732	658
47	445	393	351	292	259	93	743	664	618	559	494	139			752	735	661
48	454	401	358	298	266	94	747	668	622	564	498	140			754	738	664
49	463	409	365	304	273	95	751	672	626	569	502	141					667
50	472	417	372	310	280	96	755	676	630	574	506	142					670
51	481	424	379	316	285	97	759	680	634	579	510	143					673
52	490	431	386	322	290	98	763	684	638	584	514	144					675
53	499	438	393	328	295	99	767	688	642	589	518	145					678
54	508	445	400	334	300	100	771	692	646	594	522	146					681
55	517	452	407	340	305	101	775	695	650	599	526	147					684
56	525	459	414	346	310	102	779	698	653	603	530	148					687
57	533	466	421	352	315	103	782	701	656	607	534	149					689
58	541	473	428	358	320	104	786	704	659	611	538	150					692
59	549	480	435	364	325	105	789	707	662	615	542						
60	557	487	442	370	330	106	793	710	665	619	546						

8 特許権、実用新案権、意匠権及び商標権の評価

(1) 特許権

　特許権及びその実施権とは、特許法（昭和34年法律第121号）の規定に基づく特許権及び実施権をいいます。

　特許権の経済的価値は、その権利の行使に伴い、特許権者にもたらされる利益の額によって定まるものといえますが、利益をもたらす方法には、特許権者以外の者にその特許権を実施させ、特許権者はその対価として相当の金額の支払を受ける場合と、特許権者が自ら特許発明を実施する場合とがあります。

イ　特許権者と実施権者が異なる場合

（イ）　原　則（評基通140、141）

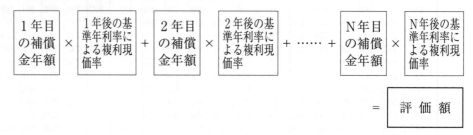

　※　「1年目」及び「1年後」とは、それぞれ、課税時期の翌日から1年を経過する日まで及びその1年を経過した日の翌日をいいます。

（ロ）　特例的取扱い

　課税時期後において取得すると見込まれる補償金の額の合計額が50万円に満たないと認められる特許権については、評価しないこととされています（評基通144）。

ロ　特許権者が自ら特許発明を実施している場合

　その者の営業権の価額に含めて評価します（評基通145）。

（注）　特許権の存続期間は、特許出願の日から20年をもって終了すると定められています（特許法67①）。

(2) 実用新案権、意匠権及び商標権

　実用新案権、意匠権及び商標権とそれらの実施権及び使用権の価額は特許権の評価方法に準じて評価します（評基通146、147）。

9　著作権の評価

　著作権とは、文書、演述、図画、建築、彫刻、模型、写真、演奏、歌唱その他文芸学術若しくは美術、音楽の範囲に属する著作物の著作者が、その著作物を独占的に利用することのできる権利をいい、この権利は、著作権法（昭和45年法律第48号）により保護されます。

　著作権の経済的価値は、特許権等の場合と同様に、その権利の行使に伴い著作権者にもたらされる利益の額によって測定されますが、利益をもたらす方法には、複製頒布、翻訳、興行、上映、放送などがあります。

　著作権の価額は、原則として、著作者の別に一括して次の算式によって計算した金額によって評価します（評基通148）。

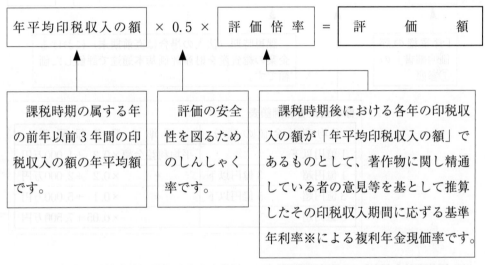

（注）　個々の著作物ごとに上記の算式により評価することもできます。

10 営業権の評価 (評基通165、166)

　営業権とは、通常、暖簾(のれん)や老舗(しにせ)と呼ばれている企業財産の一種で、「企業が持つ好評、愛顧、信認、顧客関係その他の諸要因によって期待される将来の超過収益力を資本化した価値」であると考えられることから、次の算式によって計算した金額によって評価します。

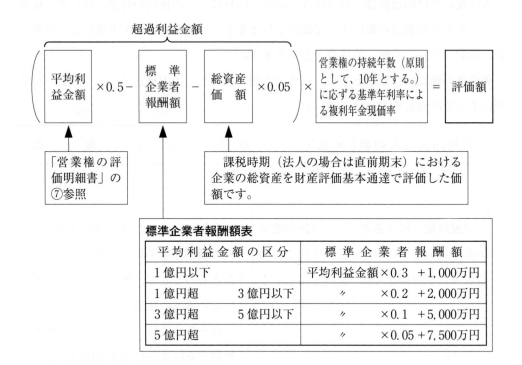

※　平均利益金額が5,000万円以下の場合は、標準企業者報酬額が平均利益金額の2分の1以上の金額となるので、営業権の価額は算出されないことに留意してください。

営 業 権 の 評 価 明 細 書

	被相続人等の氏名		相続開始等の年月日	・ ・

（平成二十年分以降用）

事業所在地又は本店所在地		事業の内容		商号又は屋号	号は号
氏名又は法人名					

平均利益金額の計算

年分又は事業年度	① 事業所得の金額又は所得の金額（繰越欠損金の控除額を加算した金額）	② 非経常的な損益の額	③ 支払利子等の額	④ 青色事業専従者給与額等又は損金に算入された役員給与の額	⑤ （①±②+③+④）
					㋑　　　　　円
					㋺
前年分又は直前事業年度					㋩

（㋑+㋺+㋩）× $\dfrac{1}{3}$ ＝ 　　　　円…⑥　　平均利益金額（㋩の金額と⑥の金額のうちいずれか低い方の金額）　＝　　　　円…⑦

標準企業者報酬額の計算

標準企業者報酬額　（標準企業者報酬額表に掲げる平均利益金額の区分に応じ、同表に掲げる算式により計算した金額）

（⑦の金額）

　　　　　　円 × 0.　　＋　　　　，000,000 円

＝　　　　　　円 …⑧

【標準企業者報酬額表】

平均利益金額の区分	標準企業者報酬額の算式
1億円以下	平均利益金額×0.3＋10,000,000円
1億円超　3億円以下	平均利益金額×0.2＋20,000,000円
3億円超　5億円以下	平均利益金額×0.1＋50,000,000円
5億円超	平均利益金額×0.05＋75,000,000円

総資

科　目	相続税評価額	科　目	相続税評価額
	円		円

チェックポイント71

評価しない営業権（評基通165（注））

　医師、弁護士等のようにその者の技術、手腕又は才能等を主とする事業で、その事業者の死亡とともに消滅すると認められるものの営業権は評価しません。

チェックポイント72

超過利益金額の算式における「⑦平均利益金額」欄及び「⑨総資産価額」欄

1　平均利益金額の算定において、「手形割引料」は、加算しません。

　なお、「③支払利子等の額」欄には、借入金、社債、預り金、保証金等に対する支払利子及び社債発行差金の償却費が含まれます。

2　平均利益金額の算定において、「準備金勘定又は引当金勘定に繰り入れた金額」は、所得金額に加算しないことに留意してください。

3　平均利益金額の基となる所得金額（「①事業所得の金額又は所得の金額」）は、法人税法第22条第1項に規定する所得の金額に損金に算入された繰越欠損金の控除額を加算した金額です。

— 583 —

11 定期金に関する権利の評価

　定期金に関する権利とは、個人年金保険など、契約（定期金給付契約）により、ある期間、定期的に金銭その他の給付を受けることを目的とする債権をいいます。相続税法では、定期金給付契約でその権利を取得した時において、定期金給付事由が発生しているもの（相法24）と、定期金給付契約（生命保険契約を除きます。）でその権利を取得した時において、定期金給付事由が発生していないもの（相法25）について、それぞれ評価方法を定めています。また、評価方法の具体的な内容については、相続税法基本通達及び財産評価基本通達で定めています。

　なお、年金の方法により支払又は支給を受ける生命保険契約若しくは損害保険契約に係る保険金又は退職手当金等の額についても、相続税法第24条の評価方法により計算した金額となります。

(1) 定期金給付事由が発生しているもの（相法24）

　定期金給付事由が発生している定期金に関する権利については、①解約返戻金の金額、②定期金に代えて一時金の給付を受けることができる場合には当該一時金の金額又は③給付を受けるべき金額の1年当たりの平均額を基に一定の方法で計算した金額のうち、いずれか多い金額により評価します。

　なお、有期定期金、無期定期金、終身定期金の種類に応じた評価方法は次のとおりです。

イ　有期定期金

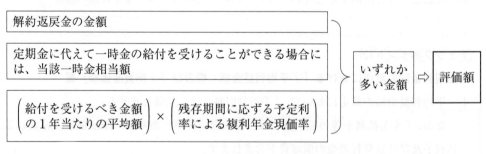

ロ　無期定期金

| 解約返戻金の金額 |
| 定期金に代えて一時金の給付を受けることができる場合には、当該一時金の金額 |
| $\left(\begin{array}{c}\text{給付を受けるべき金額}\\ \text{の1年当たりの平均額}\end{array}\right) \div 予定利率$ |

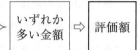

ハ　終身定期金

| 解約返戻金の金額 |
| 定期金に代えて一時金の給付を受けることができる場合には、当該一時金の金額 |
| $\left(\begin{array}{c}\text{給付を受けるべき金額}\\ \text{の1年当たりの平均額}\end{array}\right) \times \left(\begin{array}{c}\text{終身定期金に係る定期金給}\\ \text{付契約の目的とされた者の}\\ \text{平均余命に応ずる予定利率}\\ \text{による複利年金現価率}\end{array}\right)$ |

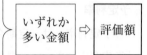

(2)　**定期金給付事由が発生していないもの**（相法25）

　定期金給付事由が発生していない定期金に関する権利（生命保険契約を除きます。）については、原則として解約返戻金の金額により評価します。

$\left(\begin{array}{l}\text{解約返戻金の金額}\\ \text{※　チェックポイント73（586}\\ \text{　　ページ）参照}\end{array}\right) = \boxed{評価額}$

　なお、解約返戻金を支払う旨の定めのない場合の評価方法は次のとおりです。

(イ)　掛金（保険料）が一時払いの場合

$\left(\begin{array}{l}\text{経過期間につき、掛金(保険料)の払込金額に対し、}\\ \text{予定利率の複利による計算をして得た元利合計額}\end{array}\right) \times 0.9 = \boxed{評価額}$

　※　予定利率の複利による計算をして得た元利合計額の算出方法を算式で示すと次のとおりです。

　　（定期金給付契約に係る掛金又は保険料の金額）× 複利終価率

(ロ)　掛金（保険料）が一時払い以外の場合

$\left(\begin{array}{l}\text{経過期間に払い込まれた}\\ \text{掛金（保険料）の金額の}\\ \text{1年当たりの平均額}\end{array}\right) \times \left(\begin{array}{l}\text{経過期間に応ずる}\\ \text{予定利率による複}\\ \text{利年金終価率}\end{array}\right) \times 0.9 = \boxed{評価額}$

第5章　その他の財産の評価

チェックポイント73

解約返戻金

　解約返戻金の額は、定期金給付契約に関する権利を取得した時において定期金給付契約を解約するとした場合に支払われることとなる解約返戻金に、当該解約返戻金とともに支払われることとなる剰余金の分配額等がある場合にはこれらの金額を加算し、解約返戻金の金額につき源泉徴収されるべき所得税の額に相当する金額がある場合には当該金額を減算した金額をいいます（相基通24－3）。

　なお、評価に必要な解約返戻金の額については、契約している各保険会社等に確認する必要があります。

予定利率

　「予定利率」は、定期金給付契約に関する権利を取得した時における当該契約に係る「予定利率」をいい、端数処理を行いません。

　なお、評価に必要な予定利率については、契約している各保険会社等に確認する必要があります。

平均余命

　定期金に関する権利の評価で使用する「平均余命」は、厚生労働省が男女別、年齢別に作成する完全生命表(注)に掲載されている「平均余命」（1年未満の端数は切り捨てます。）によります。この場合、完全生命表に当てはめる終身定期金に係る定期金給付契約の目的とされた者の年齢は、定期金に関する権利を取得した時点での満年齢です。

　なお、完全生命表は、定期金給付契約に関する権利を取得した時の属する年の1月1日現在において公表されている最新のものによります。

(注)　「完全生命表」は厚生労働省が国勢調査を基に5年ごとに作成しているもので、厚生労働省ホームページ（www.mhlw.go.jp）に公表されています。

(参考)　第22回完全生命表（抜粋）

（単位：歳、年）

年齢	平均余命		年齢	平均余命	
	男	女		男	女
0	80.75	86.99	50	32.36	38.07
10	71.02	77.23	60	23.51	28.77
20	61.13	67.31	70	15.59	19.85
30	51.43	57.45	80	8.83	11.71
40	41.77	47.67	90	4.27	5.56

複利年金現価率

「複利年金現価率」とは、毎期末に一定金額を一定期間受け取れる年金の現在価値を求める際に用いられる率をいいます。なお、小数点以下３位未満の端数があるときは、これを四捨五入します。

（算式）

$$\frac{1 - \dfrac{1}{(1 + r)^n}}{r}$$

n：権利取得日から最終の年金受取日までの期間に係る年数（１年未満の端数は切り上げます。）

r：予定利率

（注）　複利年金現価率表については次ページを参照してください。

複利年金終価率

「複利年金終価率」とは、毎期末に預託された一定金額を一定期間運用した場合に受け取ることができる金額の総額を求める際に用いられる率をいいます。なお、小数点以下３位未満の端数があるときは、これを四捨五入します。

（算式）

$$\frac{(1 + r)^n - 1}{r}$$

n：定期金給付契約に係る掛金（保険料）の払込開始の日から当該契約の権利を取得した日までの年数（１年未満の端数は切り上げます。）

r：予定利率

複利終価率

「複利終価率」とは、元金を年利率ｒでｎ年間にわたって複利計算したｎ年末の元利合計を求める際に用いられる率をいいます。

（算式）

$$(1 + r)^n$$

r：定期金給付契約に係る予定利率

n：定期金給付契約に係る掛金又は保険料の払込開始の時から当該契約に関する権利を取得した時までの期間の年数（その年数に１年未満の端数があるときは、その端数は、切り捨てます。）

— 587 —

第5章　その他の財産の評価

（参考）　複利年金現価率表

（小数点以下3位未満四捨五入）

予定利率(%) 年	0.5	1	1.5	2	2.5	3	3.5	4	4.5	5
1	0.995	0.990	0.985	0.980	0.976	0.971	0.966	0.962	0.957	0.952
2	1.985	1.970	1.956	1.942	1.927	1.913	1.900	1.886	1.873	1.859
3	2.970	2.941	2.912	2.884	2.856	2.829	2.802	2.775	2.749	2.723
4	3.950	3.902	3.854	3.808	3.762	3.717	3.673	3.630	3.588	3.546
5	4.926	4.853	4.783	4.713	4.646	4.580	4.515	4.452	4.390	4.329
6	5.896	5.795	5.697	5.601	5.508	5.417	5.329	5.242	5.158	5.076
7	6.862	6.728	6.598	6.472	6.349	6.230	6.115	6.002	5.893	5.786
8	7.823	7.652	7.486	7.325	7.170	7.020	6.874	6.733	6.596	6.463
9	8.779	8.566	8.361	8.162	7.971	7.786	7.608	7.435	7.269	7.108
10	9.730	9.471	9.222	8.983	8.752	8.530	8.317	8.111	7.913	7.722
11	10.677	10.368	10.071	9.787	9.514	9.253	9.002	8.760	8.529	8.306
12	11.619	11.255	10.908	10.575	10.258	9.954	9.663	9.385	9.119	8.863
13	12.556	12.134	11.732	11.348	10.983	10.635	10.303	9.986	9.683	9.394
14	13.489	13.004	12.543	12.106	11.691	11.296	10.921	10.563	10.223	9.899
15	14.417	13.865	13.343	12.849	12.381	11.938	11.517	11.118	10.740	10.380
16	15.340	14.718	14.131	13.578	13.055	12.561	12.094	11.652	11.234	10.838
17	16.259	15.562	14.908	14.292	13.712	13.166	12.651	12.166	11.707	11.274
18	17.173	16.398	15.673	14.992	14.353	13.754	13.190	12.659	12.160	11.690
19	18.082	17.226	16.426	15.678	14.979	14.324	13.710	13.134	12.593	12.085
20	18.987	18.046	17.169	16.351	15.589	14.877	14.212	13.590	13.008	12.462
21	19.888	18.857	17.900	17.011	16.185	15.415	14.698	14.029	13.405	12.821
22	20.784	19.660	18.621	17.658	16.765	15.937	15.167	14.451	13.784	13.163
23	21.676	20.456	19.331	18.292	17.332	16.444	15.620	14.857	14.148	13.489
24	22.563	21.243	20.030	18.914	17.885	16.936	16.058	15.247	14.495	13.799
25	23.446	22.023	20.720	19.523	18.424	17.413	16.482	15.622	14.828	14.094

— 588 —

チェックポイント74

生存条件付の定期金に関する権利の評価方法（相法24③）

　権利者に対して一定期間、かつ、その権利者の生存期間中定期金を給付するもの

有期定期金として計算した金額	｝ いずれか 少ない金額 ⇨	評価額
終身定期金として計算した金額		

保証期間付の終身定期金に関する権利の評価方法（相法24④）

　権利者に対して権利者の生存期間中定期金を給付し、かつ、その権利者が死亡した場合には、その遺族等に対して継続して定期金を給付するもの

有期定期金として計算した金額	｝ いずれか 多い金額 ⇨	評価額
終身定期金として計算した金額		

12　一般動産の評価

　一般動産の価額は、原則として、1個又は1組ごとに評価することになっています（評基通128～130）。

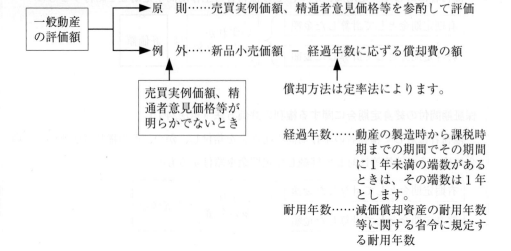

13　たな卸商品等の評価

　たな卸商品等（商品、原材料、半製品、仕掛品、製品、生産品その他これらに準ずる動産）の価額は、原則として次に掲げる4つの区分に従い、それぞれ次に掲げるところにより評価します。

　ただし、個々の評価額を算定し難いたな卸商品等の評価は、所得税法施行令第99条《棚卸資産の評価の方法》又は法人税法施行令第28条《棚卸資産の評価の方法》に定める方法のうち、その企業が所得の金額の計算上選定している方法によることができます（評基通132、133）。

(1) 商品の評価 （評基通133(1)）

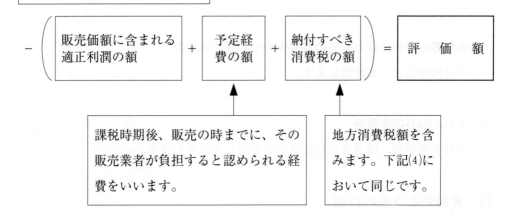

(2) 原材料の評価 （評基通133(2)）

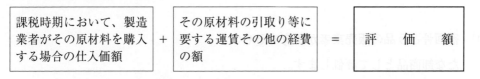

(3) 半製品及び仕掛品の評価 （評基通133(3)）

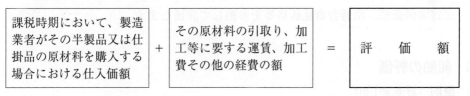

(4) 製品及び生産品の評価 （評基通133(4)）

第5章　その他の財産の評価

14　牛馬等の評価

　牛、馬、犬、鳥、魚等（この14において、以下「牛馬等」といいます。）の評価は、販売業者が販売の目的をもって有するものとそれ以外のものとに区分して評価します（評基通134）。

⑴　牛馬等の販売業者が販売の目的をもって有するもの

　たな卸商品として評価します。

⑵　上記⑴以外の牛馬等

　売買実例価額、精通者意見価格等を参酌して評価します。

15　書画骨とう品の評価

　書画骨とう品の価額は、販売業者の所有するものとそれ以外のものとに区分して評価します（評基通135）。

⑴　書画骨とう品の販売業者が所有するもの

　たな卸商品として評価します。

⑵　上記⑴以外の書画骨とう品

　売買実例価額、精通者意見価格等を参酌して評価します。

16　船舶の評価

⑴　原則（評基通136）

　売買実例価額、精通者意見価格等を参酌して評価します。

⑵　売買実例価額、精通者意見価格等が明らかでない船舶（評基通136ただし書）

同種同型の船舶（※1）を課税時期において新造する場合の価額	−	その船舶の建造の時から課税時期までの期間（※2）の償却費の額の合計額又は減価の額（※3）	=	評価額

　※1　同種同型の船舶がない場合は、その評価する船舶に最も類似する船舶とします。
　※2　その期間に1年未満の端数があるときは、その端数は1年とします。
　※3　償却方法は、定率法によるものとし、その耐用年数は減価償却資産の耐用年数等に関する省令に規定する耐用年数によります。

— 592 —

17 配偶者居住権等の評価（相法23の2）

　民法及び家事事件手続法の一部を改正する法律（平成30年法律第72号）第2条の規定による民法の改正により、被相続人の配偶者は、被相続人の財産に属した建物に相続開始の時に居住していた場合において、遺産の分割（遺産の分割の協議、調停及び審判を含みます。以下同じ。）によって配偶者居住権を取得するものとされたとき等は、その居住していた建物の全部について無償で使用及び収益をする権利（配偶者居住権）を取得することとされ、配偶者の終身の間又は遺産の分割若しくは遺言に別段の定めがあるとき等においてはその定めるところまで存続することとされました（民法1028等）。

　相続税法では、配偶者居住権のほか、居住建物、敷地利用権及び居住建物の敷地の用に供される土地（土地の上に存する権利を含みます。以下同じ。）について、それぞれ評価方法を定めています。

　これらの評価方法を算式で示せば、次のとおりです。

(1) 配偶者居住権（相法23の2①）

―（算式）――――――――――――――――――――――――――――――――

$$\text{居住建物の時価（注）} - \text{居住建物の時価（注）} \times \frac{\text{耐用年数} - \text{経過年数} - \text{存続年数}}{\text{耐用年数} - \text{経過年数}} \times \text{存続年数に応じた法定利率による複利現価率}$$

　(注)　ここでいう「時価」は、相続税法第22条に規定する時価をいいます。
　　　　ただし、居住建物の一部が賃貸の用に供されている場合又は被相続人が相続開始の直前において居住建物をその配偶者と共有していた場合には、次の算式により計算した金額となります（相法23の2①一）。

$$\text{居住建物が賃貸の用に供されておらず、かつ、共有でないものとした場合の時価} \times \frac{\text{賃貸の用に供されている部分以外の部分の床面積}}{\text{居住建物の床面積}} \times \text{被相続人が有していた持分割合}$$

――――――――――――――――――――――――――――――――――――

(2) 居住建物（相法23の2②）

―（算式）――――――――――――――――――――――――――――――――

居住建物の時価（注）－ 配偶者居住権の価額

　(注)　ここでいいう「時価」は、相続税法第22条に規定する時価をいいます。

――――――――――――――――――――――――――――――――――――

第5章　その他の財産の評価

(3)　配偶者居住権に基づく敷地利用権（相法23の2③）

―（算式）―

居住建物の敷地
の時価（注）
　　－　居住建物の敷地
　　　　の時価（注）
　　　　×　存続年数に応じた法定
　　　　　　利率による複利現価率

（注）　ここでいう「時価」は、相続税法第22条に規定する時価をいいます。

　　　　ただし、居住建物の一部が賃貸の用に供されている場合又は被相続人が相続開始の
直前において居住建物の敷地を他の者と共有し、若しくは居住建物をその配偶者と共
有していた場合には、次の算式により計算した金額となります（相法23の2③一）。

居住建物が賃貸の用に
供されておらず、かつ、
居住建物の敷地が共有
でないものとした場合
の居住建物の敷地の時
価
　×　$\dfrac{居住建物の賃貸の用に供されて
いる部分以外の部分の床面積}{居住建物の床面積}$　×　被相続人が有していた
居住建物の敷地の持分
割合と当該建物の持分
割合のうちいずれか低
い割合

⑷　居住建物の敷地の用に供される土地（相法23の2④）

―（算式）―

居住建物の敷地の時価（注）　－　敷地利用権の価額

（注）　ここでいう「時価」は、相続税法第22条に規定する時価をいいます。

チェックポイント75

耐用年数

　「耐用年数」は、居住建物の全部が住宅用であるものとした場合におけるその居住建
物に係る減価償却資産の耐用年数等に関する省令（耐用年数省令）に定める耐用年数に
1.5を乗じて計算した年数（6月以上の端数は1年とし、6月に満たない端数は切り捨
てます。）をいいます。

経過年数

　「経過年数」は、居住建物が建築された日（新築時）から配偶者居住権が設定された
時までの年数をいいます。

　なお、居住建物が相続開始前に増改築された場合であっても、増改築部分を区分する
ことなく、新築時から配偶者居住権が設定された時までの年数をいいます。

存続年数

　「存続年数」は、配偶者居住権が存続する年数をいいます。具体的には、次に掲げる

― 594 ―

場合の区分に応じ、それぞれに定める年数（6月以上の端数は1年とし、6月に満たない端数は切り捨てます。）となります。

A 配偶者居住権の存続期間が配偶者の終身の間とされている場合
その配偶者居住権が設定された時におけるその配偶者の平均余命

B Aに掲げる場合以外の場合
遺産分割の協議・審判又は遺言により定められた配偶者居住権の存続年数（その年数がその配偶者居住権が設定された時における配偶者の平均余命を超える場合には、その平均余命とします。）

平均余命

配偶者居住権等の評価で、「耐用年数」及び「存続年数に応じた法定利率による複利現価率」並びに「存続年数」の判定に使用する配偶者の「平均余命」は、完全生命表（注）に掲載されている平均余命（6月以上の端数は切り上げ、6月未満の端数は切り捨てた年数）となります。

なお、完全生命表は、配偶者居住権が設定された時の属する年の1月1日現在において公表されている最新のものによります。

(注) 「完全生命表」については、586ページを参照してください。

存続年数に応じた法定利率による複利現価率

「存続年数に応じた法定利率による複利現価率」とは、次の算式（小数点以下3位未満四捨五入）により算出した率をいいます。

（算式）

$$\frac{1}{(1+r)^n}$$

r：民法の法定利率

n：配偶者居住権の存続年数

法定利率

相続税法第23条の2第1項第3号の「法定利率」は、民法第404条《法定利率》の規定に基づく利率をいいます。また、法定利率については、3年ごとに見直されることとされていますが、配偶者居住権等の評価においては、配偶者居住権が設定された時における法定利率、すなわち、配偶者居住権が設定された日に適用される法定利率を用います。

— 595 —

第5章 その他の財産の評価

チェックポイント76

一次相続等で居住建物等を取得した相続人が亡くなり、二次相続等により当該相続人の相続人が居住建物等を取得した場合の評価方法（相基通23の2-6）

　二次相続等により取得した居住建物等の価額は、「一次相続に係る配偶者居住権」が設定されていないものとした場合の居住建物等の価額から、既に設定されている配偶者居住権又は敷地利用権の価額を控除して計算します。

　なお、この場合の配偶者居住権又は敷地利用権の価額については、二次相続等により居住建物等を取得した時に配偶者居住権の設定があったものとして計算します。

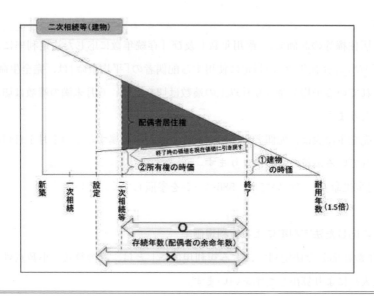

【設例　23】

配偶者居住権の評価

○事実関係

2012年12月1日	被相続人が居住用建物（1階（100㎡）を居住用、2階（100㎡）を賃貸用とする賃貸併用住宅）を新築し、2階2室※のうち1室を第三者Aへ、1室を第三者Bへ賃貸
2017年5月30日	2階2室※のうち1室から第三者Bが退去し、以後、被相続人が物置（自用）として使用
2022年10月1日	相続開始
2023年3月20日	遺産分割協議が成立し、配偶者が配偶者居住権を取得

	事実関係の詳細
相続開始前 （2012年12月1日）	建 物 所 有 者：被相続人 土 地 所 有 者：被相続人 賃 貸 の 状 況：第三者A及びBへ賃貸（2階2室※のうち2室）
相続開始前 （2017年5月30日）	建 物 所 有 者：被相続人 土 地 所 有 者：被相続人 賃 貸 の 状 況：第三者Aへ賃貸（2階2室※のうち1室）
相続開始時 （2022年10月1日）	相続税評価額：建物2,000万円(自用)、土地6,000万円(自用) 借 家 権 割 合：30% 借 地 権 割 合：40% 賃 貸 の 状 況：第三者Aへ賃貸（2階2室※のうち1室） 建 物 建 築 日：2011年12月1日 建 物 構 造：木造
遺産分割時 （2023年3月20日）	建 物 相 続 人：長男 土 地 相 続 人：長男 賃 貸 の 状 況：第三者Aへ賃貸（2階2室※のうち1室） 配偶者の年齢：80歳10カ月 平 均 余 命：11.71年 配偶者居住権の存続期間：終身 法 定 利 率：3%

※　2階2室は各室とも同一床面積です。

○相続時の評価

【配偶者居住権の価額】

$$\left[\begin{array}{c}\text{自用・単独所有}\\\text{居住建物の時価}\end{array}\right] \times \left[\begin{array}{c}\text{賃貸以外の床面積}\\\text{／居住建物の床面積}\end{array}\right] = \left[\begin{array}{c}\text{配偶者居住権の評価の基礎}\\\text{となる居住建物の時価}\end{array}\right]$$

$$2,000万円 \times 150㎡／200㎡^{(注)} = 1,500万円$$

（注）　2階2室のうち物置として使用している1室については、過去に賃貸の用に供していたとしても、相続開始日において自用家屋であるため、当該部分は「賃貸以外の床面積」に含めて評価します。

第5章　その他の財産の評価

$$\underset{\substack{\text{配偶者居住}\\\text{権の評価の}\\\text{基礎となる}\\\text{居住建物の}\\\text{時価}}}{1{,}500万円} \quad - \quad \underset{\substack{\text{配偶者居住}\\\text{権の評価の}\\\text{基礎となる}\\\text{居住建物の}\\\text{時価}}}{1{,}500万円} \quad \times \quad \frac{\overset{\text{(耐用年数)(経過年数)(存続年数)}}{33年 - 10年 - 12年}}{\underset{\text{(耐用年数)(経過年数)}}{33年 - 10年}} \quad \times \quad \underset{0.701}{\overset{\text{(複利現価率)}}{}}$$

$$\overset{\text{(配偶者居住権の価額)}}{} = \quad \underline{9{,}971{,}087円}$$

(参考) 耐　用　年　数：33年（22年×1.5）
　　　　経　過　年　数：10年（2012年12月1日〜2023年3月20日：10年3か月）
　　　　存　続　年　数：12年（第22回生命表に基づく平均余命11.71年）
　　　　複利現価率：0.701（端数処理前0.7014）

【居住建物の価額】

$$\underset{1{,}850万円^{(注)}}{\overset{\text{(居住建物の時価)}}{}} \quad - \quad \underset{9{,}971{,}087円}{\overset{\text{(配偶者居住権の価額)}}{}} \quad = \quad \underset{\underline{8{,}528{,}913円}}{\overset{\text{(居住建物の価額)}}{}}$$

（注）　ここでいう「居住建物の時価」とは、賃貸部分も含めた建物全体の価額（相続
　　　　税評価額）を指します。
　　　　自用家屋部分の評価額：2,000万円×150㎡／200㎡＝1,500万円
　　　　貸家部分の評価額：2,000万円×50㎡／200㎡＝500万円
　　　　　　　　　　　　　　500万円－500万円×0.3＝350万円
　　　　居住建物の時価：1,500万円＋350万円＝1,850万円

【敷地利用権の価額】

$$\underset{6{,}000万円}{\substack{\text{自用・単独所有居住}\\\text{建物の敷地の時価}}} \quad \times \quad \underset{150㎡／200㎡^{(注)}}{\substack{\text{賃貸以外の床面積}\\\text{／居住建物の床面積}}} \quad = \quad \underset{4{,}500万円}{\substack{\text{敷地利用権の評価の基礎と}\\\text{なる居住建物の敷地の時価}}}$$

（注）　2階2室のうち物置として使用している1室については、過去に賃貸の用に供
　　　　していたとしても、相続開始日において自用家屋であるため、当該部分は「賃貸
　　　　以外の床面積」に含めて評価します。

$$\underset{4{,}500万円}{\substack{\text{敷地利用権の}\\\text{評価の基礎と}\\\text{なる居住建物}\\\text{の敷地の時価}}} \quad - \quad \underset{4{,}500万円}{\substack{\text{敷地利用権の}\\\text{評価の基礎と}\\\text{なる居住建物}\\\text{の敷地の時価}}} \quad \times \quad \underset{0.701}{\overset{\text{(複利現価率)}}{}} \quad = \quad \underset{\underline{13{,}455{,}000円}}{\overset{\text{(敷地利用権の価額)}}{}}$$

【居住建物の敷地の価額】

$$\underset{5{,}820万円^{(注)}}{\overset{\text{(居住建物の敷地の時価)}}{}} \quad - \quad \underset{13{,}455{,}000円}{\overset{\text{(敷地利用権の価額)}}{}} \quad = \quad \underset{\underline{44{,}745{,}000円}}{\overset{\text{(居住建物の敷地の価額)}}{}}$$

(注) ここでいう「居住建物の敷地の時価」とは、賃貸部分も含めた敷地全体の価額（相続税評価額）を指します。

自用地部分の評価額：6,000万円×150㎡／200㎡＝4,500万円

貸家建付地部分の評価額：6,000万円×50㎡／200㎡＝1,500万円

1,500万円−1,500万円×0.4×0.3＝1,320万円

居住建物の敷地の時価：4,500万円＋1,320万円＝5,820万円

第5章　その他の財産の評価

（配偶者居住権等の評価明細書）

配偶者居住権等の評価明細書

<table>
<tr><td rowspan="2">所有者</td><td>建物</td><td colspan="2">（被相続人氏名）
○○ ○○</td><td>① 持分
割合 1／1</td><td colspan="2">（配偶者氏名）
○○ ○○</td><td>持分
割合 ──</td><td>所在地番
（住居表示）</td><td>○○市○○町1-1
（　○○市○○町1-1　）</td><td rowspan="16">（令和二年四月一日以降用）</td></tr>
<tr><td>土地</td><td colspan="2">（被相続人氏名）
○○ ○○</td><td>② 持分
割合 1／1</td><td colspan="2">（共有者氏名）</td><td>持分
割合 ──</td><td>（共有者氏名）</td><td>持分
割合 ──</td></tr>
<tr><td rowspan="5">居住建物の内容</td><td>建物の耐用年数</td><td colspan="7">（建物の構造）※裏面《参考1》参照　　木造</td><td>33 年 ③</td></tr>
<tr><td>建築後の経過年数</td><td colspan="5">（建築年月日）　　　　　　　（配偶者居住権が設定された日）
2012年12月1日 から 2023年3月20日 … 10年</td><td>6月以上の端数は1年
6月未満の端数は切捨て</td><td>10 年 ④</td></tr>
<tr><td rowspan="2">建物の利用状況等</td><td colspan="6">建物のうち賃貸の用に供されている部分以外の部分の床面積の合計</td><td>150.00 ㎡ ⑤</td></tr>
<tr><td colspan="6">建物の床面積の合計</td><td>200.00 ㎡ ⑥</td></tr>
</table>

配偶者居住権の存続年数等

〔存続期間が終身以外の場合の存続年数〕
（配偶者居住権が設定された日）　　（存続期間満了日）　　Ⓐ
＿＿年＿＿月＿＿日 から ＿＿＿年＿＿月＿＿日 … ＿＿年　6月以上の端数は1年／6月未満の端数は切捨て

存続年数（Ⓒ）　12 年 ⑦

〔存続期間が終身の場合の存続年数〕　（平均余命）Ⓑ ※裏面《参考2》参照
（配偶者居住権が設定された日における配偶者の満年齢）
80 歳（生年月日 1942年5月20日、性別 女）… 12年　Ⓒ〔ⒶとⒷのいずれか短い年数とし、Ⓐがない場合はⒷの年数〕 12 年

複利現価率 ※裏面《参考3》参照　0.701 ⑧

評価の基礎となる価額

<table>
<tr><td rowspan="3">建物</td><td>賃貸の用に供されておらず、かつ、共有でないものとした場合の相続税評価額</td><td>20,000,000 円 ⑨</td></tr>
<tr><td>共有でないものとした場合の相続税評価額</td><td>18,500,000 円 ⑩</td></tr>
<tr><td>相続税評価額　（⑩の相続税評価額）
18,500,000 円 × （①持分割合）1／1</td><td>18,500,000 円 ⑪
（円未満切捨て）</td></tr>
<tr><td rowspan="3">土地</td><td>建物が賃貸の用に供されておらず、かつ、土地が共有でないものとした場合の相続税評価額</td><td>60,000,000 円 ⑫</td></tr>
<tr><td>共有でないものとした場合の相続税評価額</td><td>58,200,000 円 ⑬</td></tr>
<tr><td>相続税評価額　（⑬の相続税評価額）
58,200,000 円 × （②持分割合）1／1</td><td>58,200,000 円 ⑭
（円未満切捨て）</td></tr>
</table>

○配偶者居住権の価額

（⑨の相続税評価額）　　　　　⑤賃貸以外の床面積／⑥居住建物の床面積　　　（①持分割合）

20,000,000 円 × 150.00㎡／200.00㎡ × 1／1 ＝ 15,000,000 円 ⑮（円未満四捨五入）

（⑮の金額）　（⑮の金額）　③耐用年数−④経過年数−⑦存続年数／③耐用年数−④経過年数　（注）分子又は分母が零以下の場合は零。　（⑧複利現価率）

15,000,000 円 − 15,000,000円 × (33−10−12)／(33−10) × 0.701 ＝ 9,971,087 円 ⑯（配偶者居住権の価額）（円未満四捨五入）

○居住建物の価額

（⑪の相続税評価額）　（⑯配偶者居住権の価額）

18,500,000 円 − 9,971,087 円 ＝ 8,528,913 円 ⑰

○配偶者居住権に基づく敷地利用権の価額

（⑫の相続税評価額）　⑤賃貸以外の床面積／⑥居住建物の床面積　（①と②のいずれか低い持分割合）

60,000,000 円 × 150.00㎡／200.00㎡ × 1／1 ＝ 45,000,000 円 ⑱（円未満四捨五入）

（⑱の金額）　（⑱の金額）　（⑧複利現価率）

45,000,000 円 − 45,000,000円 × 0.701 ＝ 13,455,000 円 ⑲（敷地利用権の価額）（円未満四捨五入）

○居住建物の敷地の用に供される土地の価額

（⑭の相続税評価額）　（⑲敷地利用権の価額）

58,200,000 円 − 13,455,000 円 ＝ 44,745,000 円 ⑳

備　考	

（注）土地には、土地の上に存する権利を含みます。

— 600 —

第6章　災害が発生した場合の財産評価

第1　特定土地等及び特定株式等に係る相続税及び贈与税の課税価格の計算の特例

1　特例の概要

⑴　相続税

特定非常災害発生日以後に相続税の申告期限の到来する者が、当該特定非常災害発生日前に相続若しくは遺贈（この第6章において、以下「相続等」といいます。）により取得した特定土地等若しくは特定株式等又は贈与により取得した特定土地等若しくは特定株式等で当該特定非常災害発生日において所有していたものの相続税の課税価格に算入すべき価額は、その財産の取得の時における時価によらず、「特定非常災害の発生直後の価額として租税特別措置法施行令第40条の2の3第3項で定めるものの金額」（この第6章において、以下「特定非常災害の発生直後の価額（特定非常災害発生後を基準とした価額）」といいます。）によることができます（措法69の6①）。

チェックポイント77

贈与により取得した特定土地等又は特定株式等

贈与により取得した特定土地等又は特定株式等は、当該特定非常災害発生日の属する年（当該特定非常災害発生日が1月1日から特定非常災害発生日の属する年分の前年分の贈与税の申告期限までの間にある場合には、その前年）の1月1日から当該特定非常災害発生日の前日までの間に取得したもので、相続税法第19条《相続開始前3年以内に贈与があった場合の相続税額》又は第21条の9《相続時精算課税の選択》第3項の規定の適用を受けるものに限ります（措通69の6-1）。

— 601 —

第6章　災害が発生した場合の財産評価

(2)　贈与税

　特定非常災害発生日の属する年（当該特定非常災害発生日が1月1日から当該特定非常災害発生日の属する年分の前年分の贈与税の申告期限までの間にある場合には、その前年）の1月1日から当該特定非常災害発生日の前日までの間に贈与により取得した特定土地等又は特定株式等で、当該特定非常災害発生日において所有していたものの贈与税の課税価格に算入すべき価額については、その財産の取得の時における時価によらず、「特定非常災害の発生直後の価額（特定非常災害発生後を基準とした価額）」によることができます（措法69の7①、措通69の7−1）。

チェックポイント78

特定非常災害

　租税特別措置法第69条の6《特定土地等又は特定株式等に係る相続税の課税価格の計算の特例》に規定する特定非常災害のことをいい、具体的には特定非常災害の被害者の権利利益の保全等を図るための特別措置に関する法律第2条《特定非常災害及びこれに対し適用すべき措置の指定》第1項の規定により特定非常災害として指定された非常災害をいいます。これまでに適用された災害は、「阪神・淡路大震災」、「平成16年新潟県中越地震」、「東日本大震災」、「平成28年熊本地震」、「平成30年7月豪雨」、「令和元年台風第19号（令和元年東日本台風）」及び「令和2年7月豪雨」の7件です。

特定非常災害の発生直後の価額

　「特定非常災害の発生直後の価額（特定非常災害発生後を基準とした価額）」とは、特定非常災害後において最も状況が悪化し、最低となった価額です。

① 　特定土地等の当該価額

　　特定土地等の課税時期における現況が、特定非常災害の発生直後も継続していたものとみなして、当該特定土地等を評価した価額をいいます。

　　この場合、特定土地等の評価の基準となる地目や評価単位、借地権等の権利関係、土地の形状などについては、課税時期の現況によります。

　　したがって、相続等によりその特定土地等を取得した時（課税時期）から特定非常災害の発生直後までの間に区画形質の変更や権利関係等の変更があった場合でも、これらの事由は考慮しません（措通69の6・69の7共−2）。

② 　特定株式等の当該価額

　　課税時期においてその特定株式等に係る法人が保有していた特定地域内にある動産（金銭及び有価証券は除きます。）、不動産、不動産の上に存する権利及び立木（この第6章において、以下「動産等」といいます。）（その法人が特定非常災害発生日にお

— 602 —

第1　特定土地等及び特定株式等に係る相続税及び贈与税の課税価格の計算の特例

いて保有していたものに限ります。）の課税時期における状況が、特定非常災害の発生直後の現況にあったものとみなして、その課税時期におけるその特定株式等の価額として評価した額に相当する金額とされています。

　すなわち、特定株式等に係る法人が課税時期において保有していた資産のうち特定地域内にあったもので特定非常災害の発生時において保有していたものについては、課税時期において既に特定非常災害による損害を被った状態で存していたものとして、その特定株式等を評価することになります。

2　特定土地等

　「特定土地等」とは、特定地域内に存する土地又は借地権などの土地の上に存する権利をいいます。

　また、特定地域とは、特定非常災害により被災者生活再建支援法第3条《被災者生活再建支援金の支給》第1項の規定の適用を受ける地域（この規定の適用がない場合には、その特定非常災害により相当な損害を受けた地域として財務大臣が指定する地域）のことをいいます。

⑴　特定土地等の「特定非常災害の発生直後の価額（特定非常災害発生後を基準とした価額）」の具体的計算方法

イ　宅地

㈤　路線価地域の宅地

　　特定土地等に該当する宅地が路線価地域内に存する場合の「特定非常災害の発生直後の価額（特定非常災害発生後を基準とした価額）」は、特定非常災害発生日の属する年分の路線価に調整率（※）を乗じた金額を評価対象地のその年分の路線価（調整率適用後の路線価）として評価することができます（措通69の6・69の7共-2）。

特定非常災害発生日の属する年分の路線価	×	調　整　率	=	調整率適用後の路線価

　※　調整率とは、特定地域内の一定の地域ごとに特定土地等の特定非常災害の発生直後の価額を算出するために、不動産鑑定士等の意見を基に国税局長（沖縄国税事務所長を含みます。）が別途定めた率（この第6章において、以下「調整率」といいます。）のことをいいます。

— 603 —

【設例 24】

一方の路線に面する宅地の場合

なお、調整率（宅地）は、0.90の地域とします。

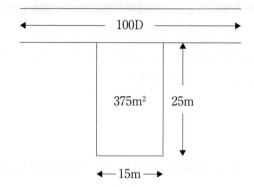

(調整率表)

調 整 率 表

市区町村名：○○市　　　　　　　　　　　　　　　　　○○税務署

音順	町(丁目)又は大字名	適 用 地 域 名	路線価及び評価倍率に乗ずる調整率					
			宅地	田	畑	山林	原野	牧場	池沼
あ	○○1～7丁目	全域	0.60						
	○○1～4丁目	全域	0.60						
	○○1～6丁目	全域	0.60						
か	○○1・2丁目	全域	0.60						
	○○1～4丁目	全域	0.90	比準					
た	○○1～9丁目	全域	0.60						
	○○1～8丁目	全域	0.70						
	○○○1～5丁目	全域	0.70						
	○○1～4丁目	全域	0.60						
	○○1～6丁目	全域	0.90	比準					
ま	○○	全域	0.70						
	○○2・3丁目	全域	0.60						
	○	全域	0.70						
	○○1～5丁目	全域	0.60						

第1 特定土地等及び特定株式等に係る相続税及び贈与税の課税価格の計算の特例

（土地及び土地の上に存する権利の評価明細書）

土地及び土地の上に存する権利の評価明細書（第1表）

○○ 局(所) ○○ 署　4 年分　×××ページ

（平成三十一年一月分以降用）

（住居表示）	（○○市○○1-2-3）	住　所 （所在地）	○○市○○1-2-3	住　所 （所在地）	同左
所在地番	○○市○○1-234	所有者 氏　名 （法人名）	○○ ○○	使用者 氏　名 （法人名）	同左

地　目	地　積	路　　　線　　　価	地形図及び参考事項
宅地 山林 田 雑種地 畑	375 ㎡	正面　　　　側方　　　　側方　　　　裏面 100,000×0.90円　　　円　　　円　　　円 90,000	←100D→ 　　　　　25m ←15m→

間口距離	15 m	利用区分	（自用地）私　道 貸　宅　地　貸家建付借地権 貸家建付地　転貸借地権 借　地　権（　　　　）	地区区分	ビル街地区　　普通住宅地区 高度商業地区　中小工場地区 繁華街地区　　大工場地区 普通商業・併用住宅地区
奥行距離	25 m				

			（1㎡当たりの価額）円	
自用地1平方メートル当たりの価額	1 一路線に面する宅地 （正面路線価）　　　　　　　（奥行価格補正率） 90,000円 ×　　0.97		87,300	A
	2 二路線に面する宅地 （A）　　　[側方・裏面 路線価]　（奥行価格補正率）　[側方・二方 路線影響加算率] 円 ＋ （　　　円 ×　　.　　）　×　　0.　　]		（1㎡当たりの価額）円	B
	3 三路線に面する宅地 （B）　　　[側方・裏面 路線価]　（奥行価格補正率）　[側方・二方 路線影響加算率] 円 ＋ （　　　円 ×　　.　　）　×　　0.　　]		（1㎡当たりの価額）円	C
	4 四路線に面する宅地 （C）　　　[側方・裏面 路線価]　（奥行価格補正率）　[側方・二方 路線影響加算率] 円 ＋ （　　　円 ×　　.　　）　×　　0.　　]		（1㎡当たりの価額）円	D
	5-1 間口が狭小な宅地等 （AからDまでのうち該当するもの）　（間口狭小補正率）　（奥行長大補正率） 円 × （　　.　　×　　.　　）		（1㎡当たりの価額）円	E
	5-2 不整形地 （AからDまでのうち該当するもの）　　不整形地補正率※ 円 ×　　0. ※不整形地補正率の計算 （想定整形地の間口距離）　（想定整形地の奥行距離）　（想定整形地の地積） 　　m ×　　m ＝　　㎡ （想定整形地の地積）　（不整形地の地積）　（想定整形地の地積）　（かげ地割合） （　　㎡ －　　㎡）÷　　㎡ ＝　　% （不整形地補正率表の補正率）（間口狭小補正率）　（小数点以下2位未満切捨て）　[不整形地補正率 0.　　×　　.　　＝ 0.　　①　　（①、②のいずれか低い （奥行長大補正率）（間口狭小補正率）　　　　率、0.6を下限とする。）] .　　×　　.　　＝ 0.　　②　　0.		（1㎡当たりの価額）円	F
	6 地積規模の大きな宅地 （AからFまでのうち該当するもの）　規模格差補正率※ 円 ×　　0. ※規模格差補正率の計算 （地積（Ⓐ））　　（Ⓑ）　　（Ⓒ）　　（地積（Ⓐ））　（小数点以下2位未満切捨て） {（　　㎡×　　＋　　）÷　　㎡}× 0.8 ＝ 0.		（1㎡当たりの価額）円	G
	7 無　道　路　地 （F又はGのうち該当するもの）　　　（※） 円 × （ 1 － 0.　　） ※割合の計算（0.4を上限とする。） （正面路線価）　　（通路部分の地積）　[F又はGのうち 該当するもの]　（評価対象地の地積） （　　円 ×　　㎡）÷ （　　円 ×　　㎡）＝ 0.		（1㎡当たりの価額）円	H
	8-1 がけ地等を有する宅地　〔 南 、 東 、 西 、 北 〕 （AからHまでのうち該当するもの）　（がけ地補正率） 円 ×　　0.		（1㎡当たりの価額）円	I
	8-2 土砂災害特別警戒区域内にある宅地 （AからHまでのうち該当するもの）　　特別警戒区域補正率※ 円 ×　　0. ※がけ地補正率の適用がある場合の特別警戒区域補正率の計算（0.5を下限とする。） 〔 南 、 東 、 西 、 北 〕 （特別警戒区域補正率表の補正率）（がけ地補正率）　（小数点以下2位未満切捨て） 0.　　×　　0.　　＝ 0.		（1㎡当たりの価額）円	J
	9 容積率の異なる2以上の地域にわたる宅地 （AからJまでのうち該当するもの）　　　（控除割合（小数点以下3位未満四捨五入）） 円 × （ 1 － 0.　　）		（1㎡当たりの価額）円	K
	10 私　　道 （AからKまでのうち該当するもの） 円 × 0.3		（1㎡当たりの価額）円	L

自用地の評価額	自用地1平方メートル当たりの価額 （AからLまでのうちの該当記号）	地　積	総　　　　　　額 （自用地1㎡当たりの価額）×（地　積）	
	（A）円 87,300	375 ㎡	32,737,500 円	M

（注）1 5-1の「間口が狭小な宅地等」と5-2の「不整形地」は重複して適用できません。
2 5-2の「不整形地」の「AからDまでのうち該当するもの」欄の価額について、AからDまでの欄で計算できない場合には、（第2表）の「備考」欄等で計算してください。
3 「がけ地等を有する宅地」であり、かつ、「土砂災害特別警戒区域内にある宅地」である場合については、8-1の「がけ地等を有する宅地」欄ではなく、8-2の「土砂災害特別警戒区域内にある宅地」欄で計算してください。

（資4-25-1-A4統一）

【設例 25】

二方の路線に面する宅地の場合

なお、調整率（宅地）は、0.90の地域とします。

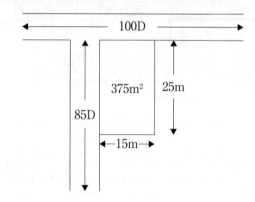

(調整率)

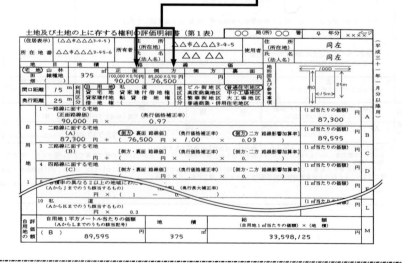

第1　特定土地等及び特定株式等に係る相続税及び贈与税の課税価格の計算の特例

㈁　倍率地域の宅地

　　特定土地等に該当する宅地が倍率地域内に存する場合の「特定非常災害の発生直後の価額（特定非常災害発生後を基準とした価額）」は、特定非常災害発生日の属する年分の評価倍率に調整率を乗じたものを同年度固定資産税評価額に乗じて評価します。

| 特定非常災害発生日の属する年分の評価倍率 | × | 調　整　率 | × | 同 年 度 固 定 資 産 税 評 価 額 | = | 評　価　額 |

【設例　26】

倍率地域に存する宅地の評価

○　令和4年分評価倍率　　1.1

○　調整率　　0.75

○　令和3年度固定資産税評価額　　5,000,000円

　　評価倍率　　　　調整率　　　調整率適用後の評価倍率
　　　1.1　　×　　0.75　　=　　　　0.825

　　固定資産税評価額　　　調整率適用後の評価倍率　　　　評価額
　　　5,000,000円　　×　　　　0.825　　　= 4,125,000円

（倍率表）

令和4年分　　　　**倍　率　表**

市区町村名：○○市　　　　　　　　　　　　　　　　　　　　　　　　　　　　○○税務署

音順	町（丁目）又は大字名	適　用　地　域　名	借地権割合	固定資産税評価額に乗ずる倍率等						
				宅地	田	畑	山林	原野	牧場	池沼
			%	倍	倍	倍	倍	倍		
あ	○○○	全域		1.1	純 2.2	純 3.1	純 2.0	純 2.0		
	○○○○1～3丁目	一部	―	路線	比準	比準	比準	比準		
		上記以外の地域	30	1.1	比準	比準	比準	比準		
	○○	全域	―	路線	比準	比準	比準	比準		
	○○○	○○○を冠する字の全域		1.1	純 2.0	純 2.6	純 1.9	純 1.9		
	○○○○	全域		1.1	純 2.0	純 2.8	純 1.9	純 1.9		
	○○○	○○○を冠する字の全域		1.1	純 2.0	純 2.8	純 1.9	純 1.9		

（調整率表）

調 整 率 表

市区町村名：○○市　　　　　　　　　　　　　　　　　　　　○○税務署

音順	町(丁目)又は大字名	適 用 地 域 名	路線価及び評価倍率に乗ずる調整率						
---	---	---	宅地	田	畑	山林	原野	牧場	池沼
あ	○○○	全域	0.60	0.75	0.80	0.85	0.85		
	○○○○ 1～3丁目	路線価地域	0.75	比准	比准	比准	比准		
		上記以外の地域	0.75	比准	比准	比准	比准		
	○○	全域	0.60	比准	比准	比准	比准		
	○○○（注）	○○○を冠する字の地域							
		1　別紙13-47のAの地域	0.30	0.55	0.55	0.55	0.85		
		2　別紙13-47のCの地域	0.60	0.75	0.80	0.85	0.85		
		3　上記以外の地域	0.75	0.90	0.90	0.90	0.90		
	○○○○（注）	別紙13-44、48、49のAの地域	0.30	0.55	0.55	0.85	0.85		
		上記以外の地域	0.75	0.90	0.90	0.90	0.90		
	○○○（注）	○○○を冠する字の全域							

（固定資産（土地・家屋）評価証明書）

固定資産（土地・家屋）評価証明書

所有者	住　所	○○県　○○市　○○町　1-1	証明を必要とする理由	税務署へ提出のため
	氏　名（名称）	×　×　×　×		

所　在　等		地　　目	地積又は床面積㎡	令和4年度価格(円)
○○市○○○○1-105番地		登記　宅地	500	5,000,000
		現況　宅地		

摘要	

上記のとおり証明します。

令和○年○月○日
○　○　市　長

— 608 —

第1　特定土地等及び特定株式等に係る相続税及び贈与税の課税価格の計算の特例

ロ　農地・山林

　市街地農地等を評価する場合、その農地が宅地であるとした場合の1㎡当たりの価額（その付近にある宅地の1㎡当たりの価額を基とし、その宅地とその農地等との位置、形状等の条件の差を考慮して評価した価額）を基に評価することから、特定土地等に該当する市街地農地及び市街地山林については、宅地の評価方法に準じて評価します。

【設例　27】

路線価地域に存する農地等の評価

　調整率（宅地）は、0.90の地域とし、傾斜度が4度とします。

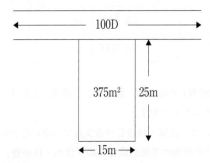

（市街地農地等の評価明細書）

（傾斜地の宅地造成費）

令和4年分
（○○県）

表2　傾斜地の宅地造成費

傾　斜　度	金　　額
3度超　5度以下	19,200円/㎡
5度超　10度以下	23,300円/㎡
10度超　15度以下	35,600円/㎡
15度超　20度以下	50,300円/㎡
20度超　25度以下	55,500円/㎡
25度超　30度以下	58,300円/㎡

（留意事項）

（1）「傾斜地の宅地造成費」の金額は、整地費、土盛費、土止費の宅地造成に要するすべての費用を含めて算定したものです。

　　　なお、この金額には、伐採・抜根費は含まれていないことから、伐採・抜根を要する土地については、「平坦地の宅地造成費」の「伐採・抜根費」の金額を基に算出し加算します。

　　　　　　　　　　　　　　　　　　いては、「平坦地の宅地造成費」の額により計算します。

　　　　　　　　　　　　　　　　する起点は評価する土地に最も近い

(2)　物理的な損失が生じた特定土地等の評価方法

　　特定土地等及び特定株式等に係る相続税（贈与税）の課税価格の計算の特例（この第6章において、以下「特定非常災害に係る特例」といいます。）の適用を受ける特定土地等については、特定非常災害発生日の属する年分の路線価及び評価倍率に、原則として、特定地域内の一定の地域ごとに定めた「調整率」を乗じたものを路線価及び評価倍率として評価することができますが、次に掲げる物理的な損失が生じた場合の評価方法等は、次のとおりです。

イ　地割れ等が生じた特定土地等の評価

　　特定非常災害により、地割れ等が生じたことによって土地そのものの形状が変わったことに伴う損失（物理的な損失）が生じ、一定の要件に該当する場合については、災害被害者に対する租税の減免、徴収猶予等に関する法律（以下「災害減免法」といいます。）第6条による相続税又は贈与税の減免措置の対象となります。この場合においては、物理的な損失に係る原状回復費用の見積額（保険金、

第1　特定土地等及び特定株式等に係る相続税及び贈与税の課税価格の計算の特例

損害賠償金等により補塡された金額を除きます。）の100分の80に相当する金額を、災害減免法第6条における土地等の「被害を受けた部分の価額」として差し支えありません。

(注)1　上記の一定の要件に該当する場合とは、①相続税又は贈与税の課税価格の計算の基礎となった財産の価額（相続税については債務控除後の価額）のうちに被害を受けた部分の価額の占める割合が10分の1以上であること又は②相続税又は贈与税の課税価格の計算の基礎となった動産（金銭及び有価証券を除きます。）、不動産（土地及び土地の上に存する権利を除きます。）及び立木の価額のうちにこれらの財産について被害を受けた部分の価額の占める割合が10分の1以上であることのいずれかに該当する場合です。

2　物理的な損失が生じた特定土地等について、上記（注1）の要件に該当する場合には、災害減免法第6条と特定非常災害に係る特例の両方が適用されるときがあり、このときには、特定非常災害に係る特例を適用して特定非常災害発生日の属する年分の路線価及び評価倍率に「調整率」を乗じたものを基に計算した価額から災害減免法第6条を適用して「被害を受けた部分の価額」を控除して計算します。

3　災害減免法の詳細については、平成23年4月27日付資産課税課情報第8号・資産評価企画官情報第1号「東日本大震災により被害を受けた場合の相続税・贈与税・譲渡所得・登録免許税の取扱い」について（情報）の「3　災害減免法関係」を参照してください（国税庁ホームページ（www.nta.go.jp））。

なお、災害減免法第4条の規定による土地等の「被害を受けた部分の価額」の計算における「被害割合」は、本文なお書による「物理的な損失に係る原状回復費用の見積額（保険金、損害賠償金等により補塡された金額を除きます。）の100分の80に相当する金額」を特定非常災害発生日の属する年分の路線価及び評価倍率により求めた価額で除して計算して差し支えありません。

────────── 【物理的な損失と経済的な損失】 ──────────

　特定土地等についての災害減免法第6条及び特定非常災害に係る特例の対象となる被害の具体例は以下のとおりです。

災害減免法	特定非常災害に係る特例
物理的な損失 →　土地そのものの形状が変わったことに伴う損失 　　具体例 　　　・地割れ、亀裂 　　　・陥没 　　　・隆起 　　　・海没	経済的な損失 →　左記以外の損失（地価下落） 　　具体例 　　　・街路の破損 　　　・鉄道交通の支障 　　　・ライフラインの停止 　　　・周囲の建物の倒壊 　　　・がれきの堆積 　　　・塩害

第6章　災害が発生した場合の財産評価

ロ　津波被害を受けた特定土地等の評価

　　津波被害を受けた特定土地等のうち、海面下に没した（水没した）特定土地等については、物理的な損失が生じていると考えられますので、その状態が一時的なものである場合を除いて、水没した特定土地等の価額の全額（保険金、損害賠償金等により補填された金額を除きます。）が災害減免法第6条における土地等の「被害を受けた部分の価額」に該当します。

ハ　液状化現象により被害を受けた特定土地等の評価

　　液状化現象により、庭の陥没等の被害を受けた特定土地等については、物理的な損失が生じていると考えられますので、陥没等に係る原状回復費用の見積額（保険金、損害賠償金等により補填された金額を除きます。）の100分の80に相当する金額が、災害減免法第6条における土地等の「被害を受けた部分の価額」に該当します。

（注）　液状化現象により傾いた家屋を水平にするための費用等は、家屋の原状回復費用と考えられますので、当該原状回復費用の見積額（保険金、損害賠償金等により補填された金額を除きます。）を、災害減免法第6条の「被害を受けた部分の価額」の計算における家屋の「被害額」として差し支えありません（下記「(4)　液状化現象により被害を受けた家屋の評価」参照）。

─── 【液状化現象により被害を受けた場合の特定非常災害に係る特例と災害減免法第6条の適用関係等】 ───

被害の区分	特定非常災害に係る特例と災害減免法第6条の適用関係等
土地等の物理的な損失 （庭の陥没等）	一定の要件に該当する場合については、災害減免法第6条により土地等の課税財産価額が減額されます。
土地等の経済的な損失 （地価下落）	特定非常災害に係る特例を適用して、特定非常災害発生日の属する年分の路線価及び評価倍率に「調整率」を乗じて計算します。
家屋が傾いたこと等による被害	一定の要件に該当する場合については、災害減免法第6条により家屋の課税財産価額が減額されます。

※　表中の一定の要件に該当する場合とは、①相続税又は贈与税の課税価格の計算の基礎となった財産の価額（相続税については債務控除後の価額）のうちに被害を受けた部分の価額の占める割合が10分の1以上であること又は②相続税又は贈与税の課税価格の計算の基礎となった動産（金銭及び有価証券を除きます。）、不動産（土地及び土地の上に存する権利を除きます。）及び立木の価額のうちにこれらの財産について被害を受けた部分の価額の占める割合が10分の1以上であることのいずれかに該当する場合です。

(3)　特定土地等の「特定非常災害の発生直後の価額（特定非常災害発生後を基準とした価額)」の判定

　　特定非常災害に係る特例の適用を受ける特定土地等の「特定非常災害の発生直後

第1　特定土地等及び特定株式等に係る相続税及び贈与税の課税価格の計算の特例

の価額（特定非常災害発生後を基準とした価額）」については、特定土地等の課税時期における現況が特定非常災害の発生直後も継続していたものとみなしてその特定土地等を評価した価額となりますので、特定土地等に係る区画形質や権利関係等は、課税時期の現況によります（措通69の6・69の7共−2）。

イ　貸家が滅失した場合の貸家建付地の判定

特定非常災害により貸家が滅失した場合であっても、課税時期に貸家建付地であれば、貸家建付地として評価します。

ロ　通行不能の状態にある場合の側方路線影響加算等

特定非常災害により路線の形状が崩れたり、がれきが堆積したこと等により、通行不能の状態となったとしても、側方路線影響加算、二方路線影響加算、三方又は四方路線影響加算を行います。

ハ　通行不能の状態にある場合の無道路地の判定

特定非常災害により路線の形状が崩れたり、がれきが堆積したこと等により、通行不能の状態となったとしても、無道路地として評価することはできません。

⑷　液状化現象により被害を受けた家屋の評価

特定非常災害に係る特例が適用される財産は、特定土地等及び特定株式等であり、家屋は特定非常災害に係る特例が適用される財産ではありませんので、課税時期の現況により評価します。

ただし、一定の要件に該当する場合については、災害減免法第6条による相続税又は贈与税の減免措置の対象となります。

災害減免法第6条の対象となる場合は、液状化現象により傾いた家屋を水平にするため等の原状回復費用の見積額（保険金、損害賠償金等により補填された金額を除きます。）を、災害減免法第6条の「被害を受けた部分の価額」の計算における家屋の「被害額」として差し支えありません（上記⑵の「ハ　液状化現象により被害を受けた特定土地等の評価」参照）。

(注)1　上記の一定の要件に該当する場合とは、①相続税又は贈与税の課税価格の計算の基礎となった財産の価額（相続税については債務控除後の価額）のうちに被害を受けた部分の価額の占める割合が10分の1以上であること又は②相続税又は贈与税の課税価格の計算の基礎となった動産（金銭及び有価証券を除きます。）、不動産（土地及び土地の上に存する権利を除きます。）及び立木の価額のうちにこれらの財産について被害を受けた部分の価額の占める割合が10分の1以上であることのいずれかに該当する場合です。

2　災害減免法の詳細については、平成23年4月27日付資産課税課情報第8号・資

— 613 —

産評価企画官情報第1号「東日本大震災により被害を受けた場合の相続税・贈与税・譲渡所得・登録免許税の取扱い」について（情報）の「3　災害減免法関係」を参照してください（国税庁ホームページ（www.nta.go.jp））。

3　特定株式等

「特定株式等」とは、特定地域内にあった動産等の価額が保有資産の合計額の10分の3以上である法人の株式又は出資（上場株式、店頭売買有価証券に該当する株式等及び公開途上にある株式を除きます。この3において、以下「株式等」といいます。）をいいます。

チェックポイント79

特定株式等の判定

　評価対象法人の株式等が、特定株式等に該当するかどうかは、評価対象法人が課税時期に保有していた各資産を、課税時期において財産評価基本通達の定めるところにより評価した価額に基づき判定することとなります（措通69の6・69の7共-3）。なお、この場合の特定地域内にあった動産等の価額には、評価対象法人が課税時期に保有していた特定地域内にあった動産等の価額のうち、特定非常災害発生日に保有していないものの価額も含まれます。

---

(1)　特定株式等を評価する場合における各種判定

イ　特定株式等を評価する場合における評価上の区分

　　特定株式等を評価する場合における評価対象法人の規模等は、特定非常災害の発生直後の状況により判定するのではなく、財産評価基本通達178《取引相場のない株式の評価上の区分》の定めにより、課税時期における評価対象法人の現況で判定します。

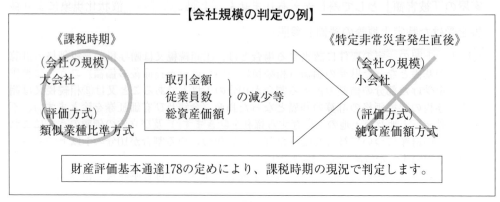

ロ 特定株式等を評価する場合における同族株主等の判定

　特定株式等を評価する場合において、同族株主に該当するかどうかは、特定非常災害の発生直後の状況により判定するのではなく、財産評価基本通達188《同族株主以外の株主等が取得した株式》、同188－3《評価会社が自己株式を有する場合の議決権総数》、同188－4《議決権を有しないこととされる株式がある場合の議決権総数等》、同188－5《種類株式がある場合の議決権総数等》及び同188－6《投資育成会社が株主である場合の同族株主等》の定めにより、課税時期における評価対象法人の現況で判定します。

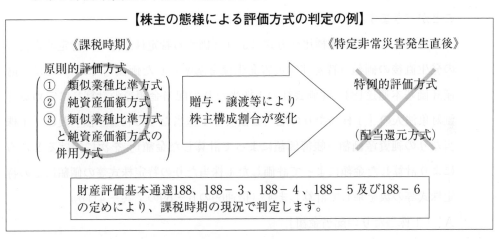

ハ 特定株式等が特定の評価会社の株式等に該当するかどうかの判定

　特定株式等が、財産評価基本通達189《特定の評価会社の株式》の(1)から(6)のいずれの株式等に該当するかどうかは、特定非常災害の発生直後の状況により判定するのではなく、同189の定めにより、課税時期における評価対象法人の現況で判定します（措通69の6・69の7共－5）。

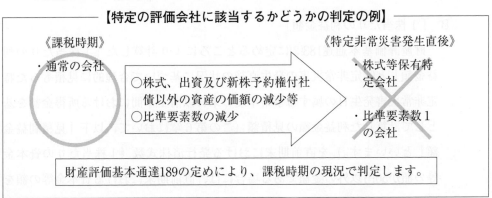

第6章　災害が発生した場合の財産評価

⑵　特定株式等の評価方法

特定非常災害に係る特例の適用を受ける特定株式等の価額は、課税時期の時価によらず、「特定非常災害の発生直後の価額（特定非常災害発生後を基準とした価額）」によることができます。

イ　類似業種比準方式

㈤　計算方法

特定株式等を類似業種比準方式により評価する場合には、その法人の見積利益金額を比準要素（配当金額、利益金額、純資産価額）に反映させて計算することができます。

具体的には、類似業種比準方式により評価する特定株式等の「特定非常災害の発生直後の価額（特定非常災害発生後を基準とした価額）」については、財産評価基本通達183《評価会社の１株当たりの配当金額等の計算》に定める評価対象法人の「１株当たりの配当金額」、「１株当たりの利益金額」及び「１株当たりの純資産価額（帳簿価額によって計算した金額）」を次に掲げるところにより計算した金額によって評価した１株当たりの特定株式等の価額にその特定株式等の数を乗じて計算します（措通69の６・69の７共－４⑴）。

A　「１株当たりの配当金額」

次のBにより計算した「１株当たりの利益金額」に次に掲げる割合（直前期末以前２年間の平均配当率）を乗じて計算した金額

$$\frac{\text{財産評価基本通達183⑴に定めるところにより計算した直前期末以前}}{\text{２年間の評価対象法人の剰余金の配当金額の合計額}}$$

財産評価基本通達183⑵に定めるところにより計算した直前期末以前２年間の評価対象法人の法人税の課税所得金額を基として計算した利益金額の合計額

B　「１株当たりの利益金額」

財産評価基本通達183⑵に定めるところにより計算した「１株当たりの利益金額」と特定非常災害の発生直後の状況に基づいて合理的に見積もった特定非常災害発生日の属する事業年度の末日以前１年間における所得金額を基として計算した利益金額の見積額（この第６章において、以下「見積利益金額」といいます。）を直前期末における発行済株式数（１株当たりの資本金等の額が50円以外の金額である場合には、直前期末における資本金等の額を50円で除して計算した数によります。）で除して計算した金額との合計額（そ

— 616 —

第1　特定土地等及び特定株式等に係る相続税及び贈与税の課税価格の計算の特例

の金額が負数のときは０とします。）の２分の１に相当する金額

　Ｃ　「１株当たりの純資産価額（帳簿価額によって計算した金額)」

　　　財産評価基本通達183(3)に定める「１株当たりの純資産価額（帳簿価額によって計算した金額)」

　　　ただし、見積利益金額が欠損となる場合には、直前期末における資本金等の額及び利益積立金額の合計額からその見積利益金額（欠損額の絶対値）を控除することによる調整を行うことができます。

　(注)　１株当たりの資本金等の額等の計算は、特定非常災害の発生直後の状況により行うのではなく、課税時期の現況により行います。

チェックポイント80

類似業種比準価額の評価方式

【財産評価基本通達の評価方法】

$$
\underset{\substack{\text{類似業種}\\\text{平均株価}}}{\text{A}} \times \left[\frac{\underset{\text{配当}}{\dfrac{Ⓑ}{B}} + \underset{\text{利益}}{\dfrac{Ⓒ}{C}} + \underset{\text{簿価純資産}}{\dfrac{Ⓓ}{D}}}{3} \right] \times \underset{\substack{\text{評価の安全性の}\\\text{しんしゃく率}}}{0.7}
$$

$\left[\begin{array}{l}\text{Ⓑ、Ⓒ及びⒹは評価対象法人の１株当たりの金額}\\\text{B、C及びDは類似業種の１株当たりの金額}\end{array}\right]$　$\left[\begin{array}{l}\text{中会社0.6}\\\text{小会社0.5}\end{array}\right]$

— 617 —

第6章　災害が発生した場合の財産評価

【財産評価基本通達の評価方法と特定非常災害の発生直後の価額（特定非常災害発生後を基準とした価額）の評価方法の比較】

配当金額	財産評価基本通達	$\dfrac{\text{直前期末以前2年間の配当金額}}{2}$	
	⇩ 特定非常災害の発生直後の価額	$\dfrac{\left[\begin{array}{c}\text{直前期末以前1年間} \\ \text{の利益金額（又は2} \\ \text{年間の平均利益金額）}\end{array} + \begin{array}{c}\text{特定非常災害発生} \\ \text{日の属する事業年} \\ \text{度の見積利益金額}\end{array}\right]}{2}$	$\begin{array}{c}\text{直前期末以} \\ \text{前2年間の} \\ \text{平均配当率}\end{array}$

> $\dfrac{\text{直前期末以前2年間の剰余金の配当金額の合計額}}{\text{直前期末以前2年間の利益金額の合計額}}$

利益金額	財産評価基本通達	直前期末以前1年間の利益金額（又は2年間の平均利益金額）
	⇩ 特定非常災害の発生直後の価額	$\dfrac{\left[\begin{array}{c}\text{直前期末以前1年間の} \\ \text{利益金額（又は2年間} \\ \text{の平均利益金額）}\end{array} + \begin{array}{c}\text{特定非常災害発生} \\ \text{日の属する事業年} \\ \text{度の見積利益金額}\end{array}\right]}{2}$

簿価純資産価額	財産評価基本通達	直前期末現在の資本金等の額 ＋ 直前期末現在の利益積立金額
	⇩ 特定非常災害の発生直後の価額	直前期末現在の資本金等の額 ＋ 直前期末現在の利益積立金額 － 見積利益金額（欠損額の絶対値（※））
		※　見積利益金額が欠損となる場合のみ

　㋺　**見積利益金額の具体的な計算方法**

　　　見積利益金額とは、特定非常災害の発生直後の状況に基づいて合理的に見積もった特定非常災害発生日の属する事業年度の末日以前1年間における所得金額を基として計算した利益金額の見積額をいい、具体的には、次のとおり計算します。

　　A　評価対象法人が相続税又は贈与税の申告期限までに決算を了している場合

　　　　特定非常災害発生日の属する事業年度の末日以前1年間（この㋺において、以下「被災事業年度」といいます。）の所得金額を基として計算した利益金額の実績によります。

　　（注）　ここでいう申告期限は、租税特別措置法第69条の8《相続税及び贈与税の

— 618 —

申告書の提出期限の特例》の規定により延長された場合には、その延長された期限をいいます（次のＢにおいて同じです。）。

　Ｂ　評価対象法人が相続税又は贈与税の申告期限までに決算を了していない場合

　合理的に見積もった被災事業年度（１年間）の所得金額を基として計算した利益金額とします。この場合、評価明細書に見積利益金額の計算過程の分かる書類を添付してください。

　例えば、被災事業年度における法人税法第72条《仮決算をした場合の中間申告書の記載事項等》第１項に規定する所得の金額又は欠損金額（この(ロ)において、以下「中間所得金額」といいます。）がある場合は、被災事業年度の所得金額を被災事業年度の前の事業年度における確定決算に基づく所得金額に、その事業年度における中間所得金額に対する被災事業年度における中間所得金額の割合を乗じて計算した金額とする方法等が考えられます。

　これを算式で示せば、次のとおりです。

```
（算式）

 被災事業年度の          被災事業年度の中間所得金額                被災事業年度
 前の事業年度に   ×  ─────────────────────   =   の所得金額
 おける所得金額          被災事業年度の前の事業年度
                        における中間所得金額
```

ロ　純資産価額方式

㈤　計算方法

　特定株式等を純資産価額方式により評価する場合には、相続等又は贈与により株式等を取得した時において法人が保有していた各資産のうち、特定非常災害発生日において保有していた特定地域内にあった動産等について、その動産等の課税時期の状況が特定非常災害の発生直後の現況にあったものとみなして評価した価額により総資産価額を計算することができます。

　具体的には、純資産価額方式により評価する特定株式等の「特定非常災害の発生直後の価額（特定非常災害発生後を基準とした価額）」については、課税時期における評価対象法人の各資産を特定非常災害発生日において保有していた特定地域内にあった動産等とそれ以外の資産に区分し、特定地域内にあった動産等についてのみ、その状況が特定非常災害の発生直後の現況にあったものとみなして、課税時期の相続税評価額を特定非常災害の発生直後における価額

— 619 —

（このロにおいて、以下「直後価額」といいます。）に置き換えて財産評価基本通達185《純資産価額》に定めるところにより評価した１株当たりの特定株式等の価額にその特定株式等の数を乗じて計算します（措通69の６・69の７共－４(2)）。

(注)1　評価対象法人が課税時期前３年以内に取得又は新築した特定地域内にあった土地等並びに家屋及びその附属設備又は構築物の価額は、課税時期における通常の取引価額に相当する金額ではなく、「直後価額」によります。

2　評価対象法人が課税時期に保有していた動産等を特定非常災害発生日前に売却している場合には、その動産等の価額は、原則どおり課税時期における相続税評価額によりますが、特定非常災害により滅失した動産等の価額については、特定非常災害発生日に保有していたと認められますので、「直後価額」によることになります。

3　特定非常災害により動産等が滅失又は毀損したことによって損害保険金請求権が発生した場合には、動産等は「直後価額」によって評価したものを純資産価額に計上し、その損害保険金請求権は純資産価額に計上しません。

第1　特定土地等及び特定株式等に係る相続税及び贈与税の課税価格の計算の特例

【設例　28】

特定株式等の純資産価額方式による評価

（前提）評価対象法人の課税時期における資産等の状況

（単位：万円）

資　　産				負　　債	
科　　目	相続税評価額		帳簿価額	相続税評価額	帳　簿価　額
	課税時期	特定非常災害発生直後			
現金預貯金	1,000	1,000	1,000		
土地（特定地域内）	7,000	5,000	2,000	（内訳は省略）	
土地（特定地域外）	3,000	3,000	1,000		
建物（特定地域内）	5,000	2,000	2,000		
その他	1,000	1,000	1,000		
合　　計	17,000	① 12,000	② 7,000	③ 2,000	④ 2,000

※　課税時期は令和4年2月15日
　　課税時期現在の発行済株式数10,000株
　　資産は全て特定非常災害発生日（令和4年5月4日）においても保有

（計算）

1　評価差額に対する法人税額等相当額の計算

　　（①－③）　（②－④）

　（10,000万円－5,000万円）×0.37＝1,850万円……⑤

2　1株当たりの純資産価額の計算

　　（①）　　　（③）　　　（⑤）

　（12,000万円－2,000万円－1,850万円）÷10,000株＝8,150円

㈹　純資産価額方式における「直後価額」

　　特定株式等を純資産価額方式により評価する場合の特定地域内にあった動産等の価額は「直後価額」によりますが、このうち、土地等及び家屋の「直後価額」は、具体的には次のとおり計算します。

　A　土地等

　　　土地等の「直後価額」は、特定土地等と同様に特定非常災害発生日の属する年分の路線価及び評価倍率に、原則として、特定地域内の一定の地域ごとに定めた「調整率」を乗じたものを路線価及び評価倍率として計算すること

第6章　災害が発生した場合の財産評価

ができます。ただし、租税特別措置法施行令の規定によれば、特定株式等を純資産価額方式で評価する場合における評価対象法人が保有していた特定地域内の土地等の「直後価額」と特定土地等の「特定非常災害の発生直後の価額（特定非常災害発生後を基準とした価額）」とでは、評価単位や特定非常災害による物理的な損失の取扱い等が異なります。

両者の具体的な異同は次表のとおりです。

	特定株式等を純資産価額方式で評価する場合における評価対象法人が保有していた特定地域内の土地等の評価（直後価額）（※1）	特定土地等の評価（※1）（特定非常災害の発生直後の価額）
評価単位	特定非常災害発生直後の状況	課税時期の現況（特定非常災害前）
権利関係	特定非常災害発生直後の状況	課税時期の現況（特定非常災害前）
課税時期から特定非常災害までの区画形質の変更	変更後（特定非常災害発生直後）の状況により評価	考慮しないで評価
路線価等（路線価及び評価倍率）	特定非常災害発生日の属する年分の路線価等×調整率	特定非常災害発生日の属する年分の路線価等×調整率
特定非常災害による物理的な損失	土地等の評価で個別に減額（※2）	災害減免法第6条により減額

※1　特定非常災害発生日に保有していたものに限ります。
※2　表中の「土地等の評価で個別に減額」の具体的な計算は、課税時期が特定非常災害発生日以後である場合の取扱いに準じて行います（下記第2の2「(1)　地割れ等が生じた土地等の評価」参照）。

B　家屋

　　家屋の「直後価額」は、課税時期が特定非常災害発生日以後である場合の取扱いに準じて評価します（下記第2の3「(1)　被災家屋の評価」参照）。

ハ　配当還元方式

　　特定株式等を配当還元方式により評価する場合には、「その株式に係る年配当金額」を上記イの見積利益金額を反映させた配当金額（その金額が2円50銭未満のものにあっては、2円50銭とします。）によって計算することができます。

　　具体的には、配当還元方式により評価する特定株式等の「特定非常災害の発生直後の価額（特定非常災害発生後を基準とした価額）」は、財産評価基本通達188－2《同族株主以外の株主等が取得した株式の評価》に定める評価対象法人の「そ

— 622 —

の株式に係る年配当金額」を616ページ（上記イ(イ)）の「１株当たりの配当金額」
（その金額が２円50銭未満のものにあっては、２円50銭とします。）とすることが
できます（措通69の６・69の７共－４(3)）。

ニ　類似業種比準方式及び純資産価額方式の併用方式

　　類似業種比準方式及び純資産価額方式の併用方式により評価する特定株式等の
「特定非常災害の発生直後の価額（特定非常災害発生後を基準とした価額)」は、
上記イ(イ)及び上記ロ(イ)に基づき計算することができます。

　　ただし、純資産価額方式による価額を「特定非常災害の発生直後の価額（特定
非常災害発生後を基準とした価額)」により評価した場合は、類似業種比準方式
による価額も「特定非常災害の発生直後の価額（特定非常災害発生後を基準とし
た価額)」により評価することとなります。

第6章　災害が発生した場合の財産評価

第2　課税時期が特定非常災害発生日以降である場合の取扱い

1　特定地域内にある土地等の評価

　　特定非常災害発生日から同日の属する年の12月31日までの間に相続等又は贈与により取得した特定地域内にある土地等については、特定土地等の「特定非常災害の発生直後の価額（特定非常災害発生後を基準とした価額）」の評価方法に準じて、特定非常災害発生日の属する年分の路線価及び評価倍率に、原則として、特定地域内の一定の地域ごとに定めた「調整率」を乗じたものを路線価及び評価倍率として評価することができます（特定非常災害通達2）。

　　なお、特定非常災害に係る特例の適用を受ける特定土地等の評価方法との異同は次表のとおりです。

	特定非常災害に係る特例の適用を受ける特定土地等	特定非常災害発生日以後に取得	
		特定地域内の土地等	特定地域外の土地等
地　　目 評価単位 権利関係	課税時期の現況 （特定非常災害発生日前）	課税時期の現況 （特定非常災害発生日以後）	
路線価等 （路線価及び評価倍率）	特定非常災害発生日の属する年分の路線価等×調整率	特定非常災害発生日の属する年分の路線価等×調整率	特定非常災害発生日の属する年分の路線価等
特定非常災害による物理的な損失	災害減免法第6条により減額	土地等の評価で個別に減額（※）	

　※　表中の「土地等の評価で個別に減額」の具体的な計算については、下記2の「(1)　地割れ等が生じた土地等の評価」を参照してください。

2　物理的な損失が生じている土地等に係る評価方法等

⑴　地割れ等が生じた土地等の評価

　　　特定非常災害により、地割れ等が生じたことによって、土地そのものの形状が変わったことに伴う損失（物理的な損失）が生じている土地等については、通常、一定の費用を投下することで特定非常災害前の状態に復帰するため、特定非常災害による物理的な損失がないものとした場合の土地等の価額から原状回復費用相当額（①原状回復費用の見積額の100分の80に相当する金額又は②市街地農地等

－ 624 －

を宅地に転用する場合において通常必要とされる宅地造成費相当額から算定した金額）を控除して差し支えありません（特定非常災害通達2注書）。

(2) 津波被害を受けた土地等の評価

特定非常災害により、海面下に没した（水没した）土地等については、その状態が一時的なものである場合を除いて、評価の安全性を考慮し、評価しないこととします（特定非常災害通達3）。

(3) 液状化現象により被害を受けた土地等の評価

液状化現象により、庭の陥没等が生じた土地等については、一定の費用を投下することで特定非常災害前の状態に復帰するため、庭の陥没等の被害がないものとした場合の土地等の価額から原状回復費用相当額（①原状回復費用の見積額の100分の80に相当する金額又は②市街地農地等を宅地に転用する場合において通常必要とされる宅地造成費相当額から算定した金額）を控除して差し支えありません。

(注) 1 液状化現象により傾いた家屋を水平にするための費用等は、家屋の原状回復費用と考えられますので、土地等の価額からは控除しません。

なお、液状化現象により被害を受けた家屋の評価方法については下記3の「(3) 液状化現象により被害を受けた家屋の評価」を参照してください。

2 液状化現象により被害を受けた特定地域外にある土地等についても、上記と同様に、原状回復費用相当額を控除して差し支えありません。

(4) 通行不能の状態にある場合の側方路線影響加算等

特定非常災害により路線の形状が崩れたり、がれきが堆積したこと等により、課税時期において通行不能の状態となっていたとしても、通常、その状態は一時的なものであり、がれきの撤去等により、路線として復旧するものと考えられるため、側方路線影響加算、二方路線影響加算、三方又は四方路線影響加算を行います。

(5) 通行不能の状態にある場合の無道路地の判定

特定非常災害により路線の形状が崩れたり、がれきが堆積したこと等により、課税時期において通行不能の状態となっていたとしても、通常、その状態は一時的なものであり、がれきの撤去等により、路線として復旧するものと考えられ、

無道路地とはいえないことから、無道路地として評価することはできません。

(6) 被災した造成中の宅地の評価

　造成中の宅地の価額は、造成工事着手直前の地目により評価した土地の価額に造成に係る費用現価の100分の80に相当する金額を加算して評価することとされていますが（評基通24－3）、被災したため工事のやり直しを要するなど特定非常災害により被災した造成中の宅地の価額を評価する場合における財産評価基本通達24－3《造成中の宅地の評価》に定める「その宅地の造成に係る費用現価」は、次に掲げる額の合計額として計算した金額によって評価します（特定非常災害通達4）。

　イ　特定非常災害の発生直前までに投下したその宅地の造成に係る費用現価のうち、被災後においてなおその効用を有すると認められる金額に相当する額

　ロ　特定非常災害の発生直後から課税時期までに投下したその宅地の造成に係る費用現価

　上記による被災した造成中の宅地の価額の評価方法を算式で示せば、次のとおりです。

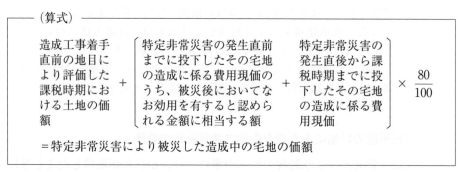

(7) 応急仮設住宅の敷地の用に供する土地として使用貸借により貸し付けられている土地の評価

　特定非常災害の被災者に対し、災害救助法第2条《救助の対象》の規定に基づく救助として供与される同法第4条《救助の種類等》第1項第1号の応急仮設住宅の敷地の用に供する土地として関係都道府県知事又は関係市町村長に使用貸借により貸し付けられている土地の価額は、その土地の自用地としての価額から、その価額にその使用貸借に係る使用権の残存期間が財産評価基本通達25《貸宅地の評価》(2)のイからニまでの残存期間のいずれに該当するかに応じてそれぞれに定める割合を乗じて計算した金額を控除した金額によって評価します（特定非常

災害通達5）。

これを算式で示せば、次のとおりです。

```
──（算式）────────────────────────────

   応急仮設住宅の敷地の用に供す          ⎧   財産評価基本通達25⑵の⎫
   る土地として貸し付けられてい × ⎨ 1 － イからニまでに定める残⎬
   る土地の自用地としての価額          ⎩   存期間に応じる割合      ⎭

     応急仮設住宅の敷地の用に供する土地として使用貸借により
   ＝ 貸し付けられている土地の価額
────────────────────────────────────
```

3　被災した家屋等

⑴　被災家屋の評価

　　家屋の価額は、固定資産税評価額の1.0倍で評価することとされていますが、特定非常災害により被災した家屋（この3において、以下「被災家屋」といいます。）について、被災後の現況に応じた固定資産税評価額の改定が行われていない場合には、財産評価基本通達89《家屋の評価》の定めにより評価した特定非常災害の発生直前の家屋の価額から、その価額に地方税法第367条《固定資産税の減免》の規定に基づき条例に定めるところによりその被災家屋に適用された固定資産税の軽減又は免除の割合を乗じて計算した金額を控除した金額によって評価することができます（特定非常災害通達6）。

　　これを算式で示せば、次のとおりです。

(注)1　例えば、東日本大震災の場合には、旧地方税法附則第55条《東日本大震災に係る津波により被害を受けた土地及び家屋に係る平成23年度分及び平成24年度分の固定資産税及び都市計画税の課税免除》及び同法附則第55条の2《東北地方太平洋沖地震に伴う原子力発電所の事故に関して警戒区域設定指示等の対象となった区域内の土地及び家屋に係る平成23年度分の固定資産税及び都市計画税の課税免除》等の規定が措置されました。

　　　2　被災家屋について修理、改良等を行っている場合の評価については、下記「⑵　被災家屋について修理、改良等を行っている場合の評価」を参照してください。

```
──（算式）────────────────────────────

  ⎡ その家屋の特定非常災害の発生      ⎤          ⎡        被災家屋に係る固定資産⎤
  ⎢ 直前の固定資産税評価額（A）× 1.0倍⎥ － ⎢（A）× 税の軽減又は免除の割合⎥
  ⎣                                  ⎦          ⎣                              ⎦

  ＝ 被災家屋の価額
────────────────────────────────────
```

なお、地方公共団体において家屋の固定資産税の減免を行っていない場合など、上記の取扱いの対象とならない場合であっても、被災家屋について、特定非常災害の発生直前の固定資産税評価額によって家屋を評価することが適当でないと認められる場合には、被害の状況を反映して評価することとなります。例えば、その家屋の損害の程度に応じて「災害被害者に対する地方税の減免措置等について（平成12年自治省事務次官通知）」に定める家屋の固定資産税の軽減又は免除の割合を乗じて計算した金額を控除することなどが考えられます。

（参考）

「災害被害者に対する地方税の減免措置等について（平成12年自治省事務次官通知）」に定める家屋の固定資産税の軽減又は免除の割合

　　　　（損害の程度）　　　　　　　　　（軽減又は免除の割合）
① 　全壊、流失、埋没、復旧不能等………………………全部
② 　10分の6以上の価値減……………………………10分の8
③ 　10分の4以上10分の6未満の価値減………………10分の6
④ 　10分の2以上10分の4未満の価値減………………10分の4

⑵　**被災家屋について修理、改良等を行っている場合の評価**

　　特定非常災害の発生後においても固定資産税評価額が改定されていない被災家屋について、特定非常災害の発生直後から課税時期までの間に修理、改良等が行われている場合のその家屋の価額は、上記「⑴　被災家屋の評価」により計算した金額に特定非常災害の発生直後から課税時期までに投下したその修理、改良等に係る費用現価の100分の70に相当する金額を加算して評価します（特定非常災害通達6⑵）。

　　これを算式で示せば、次のとおりです。

（算式）

上記⑴により計算した金額　＋　｛特定非常災害の発生直後から課税時期までに投下したその修理、改良等に係る費用現価 $\times \dfrac{70}{100}$｝　＝　被災家屋について修理、改良等を行っている場合の家屋の価額

※1　上記「⑴　被災家屋の評価」により計算した金額と修理、改良等（その価値を増すような工事（増改築等）を除きます。）に係る費用現価の100分の70に相当する金額の合計額が、特定非常災害の発生直前の家屋の価額を超える場合は、特定非常災害の発生直前の固定資産税評価額により評価して差し支えありません。
※2　ただし、特定非常災害により被災した家屋の修理に併せて、その価値を増すような

第2　課税時期が特定非常災害発生日以降である場合の取扱い

　　工事（増改築等）を行っている場合については、その工事の費用現価の100分の70に相当する金額を上記（※1を含みます。）により計算した価額に加算します。

　なお、被災家屋について修理、改良等が行われている場合であっても、その現況に応じた固定資産税評価額の改定が行われている場合には、その改定後の固定資産税評価額を基として評価することとなります。

【設例　29】

被災家屋について修理、改修等を行っている場合の家屋の評価

（前提）

特定非常災害の発生直前の固定資産税評価額　3,000千円

被災家屋に適用された固定資産税の軽減の割合　10分の4

修理、改良等に係る費用現価　4,000千円

　うち、増改築等に該当する部分　1,000千円

（計算）

1　上記「(1)　被災家屋の評価」により計算した金額

　3,000千円 × 1.0倍 － （3,000千円 × 0.4） ＝ 1,800千円

2　修理・改良等の費用

　4,000千円 × 0.7 ＝ 2,800千円

　①　増改築等に該当しない部分

　　（4,000千円 － 1,000千円） × 0.7 ＝ 2,100千円

　②　①以外の部分（増改築等に該当する部分）

　　1,000千円 × 0.7 ＝ 700千円

3　被災家屋について修理、改良等を行っている場合の家屋の価額

　（限度額の計算）

　1,800千円 ＋ 2,100千円 ＝ 3,900千円

　3,900千円 ＞ 3,000千円（特定非常災害の発生直前の家屋の価額を限度とします。）

　（価額）

　3,000千円 × 1.0倍 ＋ 700千円 ＝ 3,700千円

— 629 —

第6章 災害が発生した場合の財産評価

(3) 液状化現象により被害を受けた家屋の評価

　液状化現象により被害を受けた家屋は上記「(1)　被災家屋の評価」のとおり評価します。

　なお、液状化現象により傾いた家屋を水平にするための工事等を特定非常災害の発生直後から課税時期までの間に行っている場合、その原状回復費用相当額は、家屋の修理費用として、上記「(2)　被災家屋について修理、改良等を行っている場合の評価」における「特定非常災害の発生直後から課税時期までに投下したその修理、改良等に係る費用現価」のうち「修理」に該当しますので、被災家屋の価額にその工事費用の100分の70に相当する金額を加算して評価します。

(注)　上記(1)により計算した金額と工事費用の100分の70に相当する金額の合計額が、特定非常災害の発生直前の家屋の価額を超える場合は、特定非常災害の発生直前の固定資産税評価額により評価して差し支えありません。

(4) 被災した建築中の家屋の評価

　建築中の家屋の価額は、その家の費用現価の100分の70に相当する金額によって評価することとされていますが、特定非常災害により被災した建築中の家屋につき工事のやり直しを要する場合の家屋の価額は、財産評価基本通達91《建築中の家屋の評価》に定める「その家屋の費用現価」を次に掲げる額の合計額として計算した金額によって評価します（特定非常災害通達7）。

イ　特定非常災害の発生直前までに投下したその家屋の費用現価のうち、被災後においてなおその効用を有すると認められる金額に相当する額

ロ　特定非常災害の発生直後から課税時期までに投下したその家屋の費用現価

　上記による被災した建築中の家屋の価額の評価方法を算式で示せば、次のとおりです。

```
─（算式）─────────────────────────────

イ　課税時期において被災した現況のままにある場合の建築中の家屋の価額

　特定非常災害の発生直前までに投下したその家
　屋の費用現価のうち、被災後においてなおその　×  70   ＝  被災した建築中
　効用を有すると認められる金額に相当する額　　   100      の家屋の価額

ロ　特定非常災害の発生直後から課税時期までに工事を再開している場合の建築
　中の家屋の価額

　　　　　　　　　　┌ 特定非常災害の発生直後　　　　　 ┐
　　上記イの金額　＋ │ から課税時期までに投下  ×  70   │ ＝  被災した建築中
　　　　　　　　　　│ したその家屋の費用現価      100   │    の家屋の価額
　　　　　　　　　　└　　　　　　　　　　　　　　　　 ┘
```

— 630 —

第2　課税時期が特定非常災害発生日以降である場合の取扱い

⑸　被災した構築物の評価

　　構築物の価額は、その構築物の再建築価額から、建築の時から課税時期までの期間の償却費の額の合計額又は減価の額を控除した金額の100分の70に相当する金額によって評価することとされていますが、特定非常災害により被害を受けた構築物を評価する場合の再建築価額は、被災後においてなおその効用を有すると認められる部分に係る再建築価額によることとして差し支えありません。

　　また、その構築物について、課税時期までの間に修理、改良等が行われている場合には、上記により計算した金額に特定非常災害の発生直後から課税時期までに投下した修理、改良等に係る費用現価の100分の70に相当する金額を加算して評価します。

　　これを算式で示せば、次のとおりです。

```
──（算式）────────────────────────────────

イ　課税時期において被災した現況のままにある場合

   ⎡ 被災後においてなお効用      （A）に係る取得の時期から課税 ⎤     70
   ⎢ を有すると認められる部  －  時期までの期間に応ずる償却費 ⎥ ×  ───
   ⎣ 分に係る再建築価額（A）     の額の合計額又は減価の額      ⎦    100

   ＝ 課税時期において被災した現況のままにある場合の構築物の価額

ロ　課税時期までに修理、改良等が行われている場合

               ⎡ 特定非常災害の発生直後から           ⎤
   上記イの金額 ＋ ⎢ 課税時期までに投下した修理、 × ─── ⎥
               ⎣ 改良等に係る費用現価        100      ⎦

   ＝ 課税時期までに修理、改良等が行われている場合の構築物の価額
```

4　特定地域内に保有する資産の割合が高い法人の株式等

　　特定地域内に保有する資産の割合が高い法人の株式等とは、特定非常災害発生日において保有していた資産の特定非常災害の発生直前の価額（特定非常災害の発生直前における時価（相続税評価額））の合計額のうちに占める特定地域内にあった動産等の価額の合計額の割合が10分の3以上である法人の株式等をいいます。

⑴　特定地域内に保有する資産の割合が高い法人の株式等における類似業種比準価額の計算方法

　　特定地域内に保有する資産の割合が高い法人の株式等を、特定非常災害発生日か

── 631 ──

ら同日を含むその法人の事業年度末までの間に取得した場合において、その株式等の価額を類似業種比準方式で評価する場合には、財産評価基本通達183《評価会社の1株当たりの配当金額等の計算》に定める評価対象法人の「1株当たりの配当金額」、「1株当たりの利益金額」及び「1株当たりの純資産価額（帳簿価額によって計算した金額）」は次によることができます（特定非常災害通達8）。

イ 「1株当たりの配当金額」は、次のロにより計算した「1株当たりの利益金額」に次に掲げる割合（直前期末以前2年間の平均配当率）を乗じて計算した金額

財産評価基本通達183(1)に定めるところにより計算した直前期末以前2年間の
評価対象法人の剰余金の配当金額の合計額
───
財産評価基本通達183(2)に定めるところにより計算した直前期末以前2年間の
評価対象法人の法人税の課税所得金額を基として計算した利益金額の合計額

ロ 「1株当たりの利益金額」は、財産評価基本通達183(2)に定めるところにより計算した「1株当たりの利益金額」と特定非常災害の発生直後の状況に基づいて合理的に見積もった見積利益金額を直前期末における発行済株式数（1株当たりの資本金等の額が50円以外の金額である場合には、直前期末における資本金等の額を50円で除して計算した数によります。）で除して計算した金額との合計額（その金額が負数のときは0とします。）の2分の1に相当する金額

ハ 「1株当たりの純資産価額（帳簿価額によって計算した金額）」は、財産評価基本通達183(3)に定める「1株当たりの純資産価額（帳簿価額によって計算した金額）」。ただし、見積利益金額が欠損となる場合には、直前期末における資本金等の額及び利益積立金額の合計額からその見積利益金額（欠損額の絶対値）を控除することによる調整を行うことができます。

(注)1 この場合において、特定の評価会社の株式等に該当するかどうかの判定は、上記イからハの金額によらず、財産評価基本通達189《特定の評価会社の株式》の定めにより行います。

2 見積利益金額の具体的な計算方法については、618ページの「(ロ) 見積利益金額の具体的な計算方法」を参照してください。

(2) **純資産価額の計算における3年以内に取得又は新築した特定地域内の土地等及び家屋等の価額**

評価対象法人の株式等を純資産価額方式により評価する場合において、評価対象法人の各資産のうちに評価対象法人が課税時期前3年以内に取得又は新築した特定地域内の土地等並びに家屋及びその附属設備又は構築物（この(2)において、以下「家

屋等」といいます。）で、かつ、評価対象法人が特定非常災害発生日前に取得又は新築したものがあるときには、課税時期が特定非常災害発生日から起算して3年を経過する日までの間にあるときに限り、その土地等及び家屋等の価額については、財産評価基本通達185《純資産価額》のかっこ書の定めを適用しないことができます（特定非常災害通達9）。

(3) 配当還元価額の計算方法

　特定地域内に保有する資産の割合が高い法人の株式等を、特定非常災害発生日から同日を含むその法人の事業年度末までの間に取得した場合において、その株式等の価額を配当還元方式で評価する場合には、財産評価基本通達188-2《同族株主以外の株主等が取得した株式の評価》に定める評価対象法人の「その株式に係る年配当金額」を631ページの「(1)　特定地域内に保有する資産の割合が高い法人の株式等における類似業種比準価額の計算方法」の「1株当たりの配当金額」（その金額が2円50銭未満のものにあっては、2円50銭とします。）とすることができます（特定非常災害通達10）。

(4) 特定非常災害により休業している会社の判定

　財産評価基本通達189《特定の評価会社の株式》(5)に定める「休業中の会社」とは、課税時期において相当長期間にわたって休業中である会社をいいますので、特定非常災害により一時的に休業していても、近く事業が再開されるような場合はこれに該当しません。

通　達

　　　　　　　　　　　　　　　　　　　　　　　　課評2－1
　　　　　　　　　　　　　　　　　　　　　　　　令和4年1月7日

各国税局長
　　　　　　　　殿
沖縄国税事務所長

　　　　　　　　　　　　　　　　　　国　税　庁　長　官
　　　　　　　　　　　　　　　　　　（官　印　省　略）

　　　「令和3年分の基準年利率について」の一部改正について（法令解釈通達）

　　令和3年5月20日付課評2－20「令和3年分の基準年利率について」（法令解釈通達）について、
　令和3年10月分から12月分の基準年利率を定め、下記のとおり改正したから、これによられたい。

　　　　　　　　　　　　　　　　　　記

○　基準年利率

（単位：％）

区分	年数又は期間	令和3年1月	2月	3月	4月	5月	6月	7月	8月	9月	10月	11月	12月
短期	1年	0.01	0.01	0.01	0.01	0.01	0.01	0.01	0.01	0.01	0.01	0.01	0.01
	2年												
中期	3年	0.01	0.01	0.01	0.01	0.01	0.01	0.01	0.01	0.01	0.01	0.01	0.01
	4年												
	5年												
	6年												
長期	7年以上	0.1	0.25	0.25	0.25	0.25	0.25	0.1	0.1	0.1	0.25	0.25	0.25

（注）　課税時期の属する月の年数又は期間に応ずる基準年利率を用いることに留意する。

通　　達

〔参考１〕

複　利　表 （令和3年1月、7～9月分）

区分	年数	年0.01%の 複利年金現価率	年0.01%の 複利現価率	年0.01%の 年賦償還率	年1.5%の 複利終価率	区分	年数	年0.1%の 複利年金現価率	年0.1%の 複利現価率	年0.1%の 年賦償還率	年1.5%の 複利終価率
短期	1	1.000	1.000	1.000	1.015		36	35.342	0.965	0.028	1.709
	2	2.000	1.000	0.500	1.030		37	36.306	0.964	0.028	1.734
							38	37.269	0.963	0.027	1.760

区分	年数	年0.01%の 複利年金現価率	年0.01%の 複利現価率	年0.01%の 年賦償還率	年1.5%の 複利終価率		39	38.231	0.962	0.026	1.787
中期	3	2.999	1.000	0.333	1.045		40	39.191	0.961	0.026	1.814
	4	3.999	1.000	0.250	1.061		41	40.151	0.960	0.025	1.841
	5	4.999	1.000	0.200	1.077		42	41.110	0.959	0.024	1.868
	6	5.998	0.999	0.167	1.093		43	42.068	0.958	0.024	1.896
							44	43.025	0.957	0.023	1.925

区分	年数	年0.1%の 複利年金現価率	年0.1%の 複利現価率	年0.1%の 年賦償還率	年1.5%の 複利終価率		45	43.981	0.956	0.023	1.954
	7	6.972	0.993	0.143	1.109		46	44.936	0.955	0.022	1.983
	8	7.964	0.992	0.126	1.126		47	45.890	0.954	0.022	2.013
	9	8.955	0.991	0.112	1.143		48	46.843	0.953	0.021	2.043
	10	9.945	0.990	0.101	1.160		49	47.796	0.952	0.021	2.074
	11	10.934	0.989	0.091	1.177		50	48.747	0.951	0.021	2.105
	12	11.922	0.988	0.084	1.195		51	49.697	0.950	0.020	2.136
	13	12.909	0.987	0.077	1.213	長	52	50.646	0.949	0.020	2.168
	14	13.896	0.986	0.072	1.231		53	51.595	0.948	0.019	2.201
	15	14.881	0.985	0.067	1.250		54	52.542	0.947	0.019	2.234
	16	15.865	0.984	0.063	1.268		55	53.489	0.947	0.019	2.267
	17	16.848	0.983	0.059	1.288		56	54.434	0.946	0.018	2.301
長	18	17.830	0.982	0.056	1.307	期	57	55.379	0.945	0.018	2.336
	19	18.811	0.981	0.053	1.326		58	56.323	0.944	0.018	2.371
	20	19.792	0.980	0.051	1.346		59	57.265	0.943	0.017	2.407
	21	20.771	0.979	0.048	1.367		60	58.207	0.942	0.017	2.443
	22	21.749	0.978	0.046	1.387		61	59.148	0.941	0.017	2.479
期	23	22.726	0.977	0.044	1.408		62	60.088	0.940	0.017	2.517
	24	23.703	0.976	0.042	1.429		63	61.027	0.939	0.016	2.554
	25	24.678	0.975	0.041	1.450		64	61.965	0.938	0.016	2.593
	26	25.652	0.974	0.039	1.472		65	62.902	0.937	0.016	2.632
	27	26.626	0.973	0.038	1.494		66	63.838	0.936	0.016	2.671
	28	27.598	0.972	0.036	1.517		67	64.773	0.935	0.015	2.711
	29	28.569	0.971	0.035	1.539		68	65.708	0.934	0.015	2.752
	30	29.540	0.970	0.034	1.563		69	66.641	0.933	0.015	2.793
	31	30.509	0.969	0.033	1.586		70	67.574	0.932	0.015	2.835
	32	31.478	0.969	0.032	1.610						
	33	32.445	0.968	0.031	1.634						
	34	33.412	0.967	0.030	1.658						
	35	34.378	0.966	0.029	1.683						

（注）　1　複利年金現価率、複利現価率及び年賦償還率は小数点以下第４位を四捨五入により、複利終価率は小数点以下第４位
　　　　　を切捨てにより作成している。

　　　　2　複利年金現価率は、定期借地権等、著作権、営業権、鉱業権等の評価に使用する。

　　　　3　複利現価率は、定期借地権等の評価における経済的利益（保証金等によるもの）の計算並びに特許権、信託受益権、
　　　　　清算中の会社の株式及び無利息債務等の評価に使用する。

　　　　4　年賦償還率は、定期借地権等の評価における経済的利益（差額地代）の計算に使用する。

　　　　5　複利終価率は、標準伐期齢を超える立木の評価に使用する。

通　達

〔参考2〕

複　利　表 （令和3年2〜6月、10〜12月分）

区分	年数	年0.01%の複利年金現価率	年0.01%の複利現価率	年0.01%の年賦償還率	年1.5%の複利終価率
短期	1	1.000	1.000	1.000	1.015
	2	2.000	1.000	0.500	1.030

区分	年数	年0.01%の複利年金現価率	年0.01%の複利現価率	年0.01%の年賦償還率	年1.5%の複利終価率
中期	3	2.999	1.000	0.333	1.045
	4	3.999	1.000	0.250	1.061
	5	4.999	1.000	0.200	1.077
	6	5.998	0.999	0.167	1.093

区分	年数	年0.25%の複利年金現価率	年0.25%の複利現価率	年0.25%の年賦償還率	年1.5%の複利終価率
長期	7	6.931	0.983	0.144	1.109
	8	7.911	0.980	0.126	1.126
	9	8.889	0.978	0.113	1.143
	10	9.864	0.975	0.101	1.160
	11	10.837	0.973	0.092	1.177
	12	11.807	0.970	0.085	1.195
	13	12.775	0.968	0.078	1.213
	14	13.741	0.966	0.073	1.231
	15	14.704	0.963	0.068	1.250
	16	15.665	0.961	0.064	1.268
	17	16.623	0.958	0.060	1.288
	18	17.580	0.956	0.057	1.307
	19	18.533	0.954	0.054	1.326
	20	19.484	0.951	0.051	1.346
	21	20.433	0.949	0.049	1.367
	22	21.380	0.947	0.047	1.387
	23	22.324	0.944	0.045	1.408
	24	23.266	0.942	0.043	1.429
	25	24.205	0.939	0.041	1.450
	26	25.143	0.937	0.040	1.472
	27	26.077	0.935	0.038	1.494
	28	27.010	0.932	0.037	1.517
	29	27.940	0.930	0.036	1.539
	30	28.868	0.928	0.035	1.563
	31	29.793	0.926	0.034	1.586
	32	30.717	0.923	0.033	1.610
	33	31.638	0.921	0.032	1.634
	34	32.556	0.919	0.031	1.658
	35	33.472	0.916	0.030	1.683

区分	年数	年0.25%の複利年金現価率	年0.25%の複利現価率	年0.25%の年賦償還率	年1.5%の複利終価率
	36	34.386	0.914	0.029	1.709
	37	35.298	0.912	0.028	1.734
	38	36.208	0.909	0.028	1.760
	39	37.115	0.907	0.027	1.787
	40	38.020	0.905	0.026	1.814
	41	38.923	0.903	0.026	1.841
	42	39.823	0.900	0.025	1.868
	43	40.721	0.898	0.025	1.896
	44	41.617	0.896	0.024	1.925
	45	42.511	0.894	0.024	1.954
	46	43.402	0.891	0.023	1.983
	47	44.292	0.889	0.023	2.013
	48	45.179	0.887	0.022	2.043
	49	46.064	0.885	0.022	2.074
	50	46.946	0.883	0.021	2.105
長期	51	47.827	0.880	0.021	2.136
	52	48.705	0.878	0.021	2.168
	53	49.581	0.876	0.020	2.201
	54	50.455	0.874	0.020	2.234
	55	51.326	0.872	0.019	2.267
	56	52.196	0.870	0.019	2.301
	57	53.063	0.867	0.019	2.336
	58	53.928	0.865	0.019	2.371
	59	54.791	0.863	0.018	2.407
	60	55.652	0.861	0.018	2.443
	61	56.511	0.859	0.018	2.479
	62	57.368	0.857	0.017	2.517
	63	58.222	0.854	0.017	2.554
	64	59.074	0.852	0.017	2.593
	65	59.925	0.850	0.017	2.632
	66	60.773	0.848	0.016	2.671
	67	61.619	0.846	0.016	2.711
	68	62.462	0.844	0.016	2.752
	69	63.304	0.842	0.016	2.793
	70	64.144	0.840	0.016	2.835

(注)　1　複利年金現価率、複利現価率及び年賦償還率は小数点以下第4位を四捨五入により、複利終価率は小数点以下第4位を切捨てにより作成している。

　　　2　複利年金現価率は、定期借地権等、著作権、営業権、鉱業権等の評価に使用する。

　　　3　複利現価率は、定期借地権等の評価における経済的利益（保証金等によるもの）の計算並びに特許権、信託受益権、清算中の会社の株式及び無利息債務等の評価に使用する。

　　　4　年賦償還率は、定期借地権等の評価における経済的利益（差額地代）の計算に使用する。

　　　5　複利終価率は、標準伐期齢を超える立木の評価に使用する。

通　達

課評 2 － 2 8
令和 4 年 5 月 24 日

各 国 税 局 長
　　　　　　　　殿
沖縄国税事務所長

国 税 庁 長 官
（官 印 省 略）

令和4年分の基準年利率について（法令解釈通達）

令和4年中に相続、遺贈又は贈与により取得した財産を評価する場合における財産評価基本通達（昭和39年4月25日付直資56ほか1課共同）4-4に定める「基準年利率」を下記のとおり定めたから、これによられたい。

なお、令和4年4月分以降については、基準年利率を定めた都度通達する。

記

○　基準年利率

（単位：％）

区分	年数又は期間	令和4年1月	2月	3月	4月	5月	6月	7月	8月	9月	10月	11月	12月
短期	1年	0.01	0.01	0.01									
	2年												
中期	3年	0.01	0.01	0.01									
	4年												
	5年												
	6年												
長期	7年以上	0.25	0.25	0.25									

（注）　課税時期の属する月の年数又は期間に応ずる基準年利率を用いることに留意する。

— 639 —

通　達

〔参考〕

複　利　表（令和4年1月～3月分）

区分	年数	年0.01%の複利年金現価率	年0.01%の複利現価率	年0.01%の年賦償還率	年1.5%の複利終価率	区分	年数	年0.25%の複利年金現価率	年0.25%の複利現価率	年0.25%の年賦償還率	年1.5%の複利終価率
短期	1	1.000	1.000	1.000	1.015		36	34.386	0.914	0.029	1.709
	2	2.000	1.000	0.500	1.030		37	35.298	0.912	0.028	1.734
							38	36.208	0.909	0.028	1.760

区分	年数	年0.01%の複利年金現価率	年0.01%の複利現価率	年0.01%の年賦償還率	年1.5%の複利終価率		39	37.115	0.907	0.027	1.787
中期	3	2.999	1.000	0.333	1.045		40	38.020	0.905	0.026	1.814
	4	3.999	1.000	0.250	1.061		41	38.923	0.903	0.026	1.841
	5	4.999	1.000	0.200	1.077		42	39.823	0.900	0.025	1.868
	6	5.998	0.999	0.167	1.093		43	40.721	0.898	0.025	1.896

区分	年数	年0.25%の複利年金現価率	年0.25%の複利現価率	年0.25%の年賦償還率	年1.5%の複利終価率		44	41.617	0.896	0.024	1.925
	7	6.931	0.983	0.144	1.109		45	42.511	0.894	0.024	1.954
	8	7.911	0.980	0.126	1.126		46	43.402	0.891	0.023	1.983
	9	8.889	0.978	0.113	1.143		47	44.292	0.889	0.023	2.013
	10	9.864	0.975	0.101	1.160		48	45.179	0.887	0.022	2.043
	11	10.837	0.973	0.092	1.177		49	46.064	0.885	0.022	2.074
	12	11.807	0.970	0.085	1.195		50	46.946	0.883	0.021	2.105
	13	12.775	0.968	0.078	1.213	長	51	47.827	0.880	0.021	2.136
	14	13.741	0.966	0.073	1.231		52	48.705	0.878	0.021	2.168
	15	14.704	0.963	0.068	1.250		53	49.581	0.876	0.020	2.201
	16	15.665	0.961	0.064	1.268		54	50.455	0.874	0.020	2.234
	17	16.623	0.958	0.060	1.288		55	51.326	0.872	0.019	2.267
長	18	17.580	0.956	0.057	1.307		56	52.196	0.870	0.019	2.301
	19	18.533	0.954	0.054	1.326	期	57	53.063	0.867	0.019	2.336
	20	19.484	0.951	0.051	1.346		58	53.928	0.865	0.019	2.371
	21	20.433	0.949	0.049	1.367		59	54.791	0.863	0.018	2.407
	22	21.380	0.947	0.047	1.387		60	55.652	0.861	0.018	2.443
期	23	22.324	0.944	0.045	1.408		61	56.511	0.859	0.018	2.479
	24	23.266	0.942	0.043	1.429		62	57.368	0.857	0.017	2.517
	25	24.205	0.939	0.041	1.450		63	58.222	0.854	0.017	2.554
	26	25.143	0.937	0.040	1.472		64	59.074	0.852	0.017	2.593
	27	26.077	0.935	0.038	1.494		65	59.925	0.850	0.017	2.632
	28	27.010	0.932	0.037	1.517		66	60.773	0.848	0.016	2.671
	29	27.940	0.930	0.036	1.539		67	61.619	0.846	0.016	2.711
	30	28.868	0.928	0.035	1.563		68	62.462	0.844	0.016	2.752
	31	29.793	0.926	0.034	1.586		69	63.304	0.842	0.016	2.793
	32	30.717	0.923	0.033	1.610		70	64.144	0.840	0.016	2.835
	33	31.638	0.921	0.032	1.634						
	34	32.556	0.919	0.031	1.658						
	35	33.472	0.916	0.030	1.683						

(注)　1　複利年金現価率、複利現価率及び年賦償還率は小数点以下第4位を四捨五入により、複利終価率は小数点以下第4位
を切捨てにより作成している。

　　　2　複利年金現価率は、定期借地権等、著作権、営業権、鉱業権等の評価に使用する。

　　　3　複利現価率は、定期借地権等の評価における経済的利益（保証金等によるもの）の計算並びに特許権、信託受益権、
清算中の会社の株式及び無利息債務等の評価に使用する。

　　　4　年賦償還率は、定期借地権等の評価における経済的利益（差額地代）の計算に使用する。

　　　5　複利終価率は、標準伐期齢を超える立木の評価に使用する。

通　達

課評2－3
令和4年1月14日

各　国　税　局　長
　　　　　　　　　　殿
沖縄国税事務所長

国　税　庁　長　官
（官　印　省　略）

「令和3年分の類似業種比準価額計算上の業種目及び業種目別株価等について」
の一部改正について（法令解釈通達）

　令和3年6月7日付課評2－28「令和3年分の類似業種比準価額計算上の業種目及び業種目別株価等について」（法令解釈通達）の別紙「類似業種比準価額計算上の業種目及び業種目別株価等（令和3年分）」について、「A（株価）」欄の11月分及び12月分を定め、別紙のとおり改正したから、これによられたい。

通　達

別　紙

類似業種比準価額計算上の業種目及び業種目別株価等(令和3年分)

(単位:円)

業　　種　　目				B 配当金額	C 利益金額	D 簿価純資産価額	A（株価）		
大　分　類	中　分　類	小　分　類	番号				令和2年平均	2年11月分	2年12月分
建　設　業			1	6.9	45	357	275	294	296
	総　合　工　事　業		2	5.9	42	315	230	250	249
		建築工事業（木造建築工事業を除く）	3	7.0	52	306	281	352	343
		その他の総合工事業	4	5.6	39	317	217	223	224
	職　別　工　事　業		5	7.6	36	365	331	365	377
	設　備　工　事　業		6	9.1	58	457	360	374	381
		電　気　工　事　業	7	7.3	49	486	305	316	317
		電気通信・信号装置工事業	8	4.3	27	189	236	242	240
		その他の設備工事業	9	11.2	69	495	418	434	447

内容欄:
- 番号3：鉄骨鉄筋コンクリート造建築物、鉄筋コンクリート造建築物、無筋コンクリート造建築物及び鉄骨造建築物等の完成を請け負うもの
- 番号4：総合工事業のうち、3に該当するもの以外のもの
- 番号5：下請として工事現場において建築物又は土木施設等の工事目的物の一部を構成するための建設工事を行うもの
- 番号7：一般電気工事業及び電気配線工事業を営むもの
- 番号8：電気通信工事業、有線テレビジョン放送設備設置工事業及び信号装置工事業を営むもの
- 番号9：設備工事業のうち、7及び8に該当するもの以外のもの

(注)　「A（株価）」は、業種目ごとに令和3年分の標本会社の株価を基に計算しているので、標本会社が令和2年分のものと異なる業種目などについては、令和2年11月分及び12月分の金額は、令和2年分の評価に適用する令和2年11月分及び12月分の金額とは異なることに留意してください。また、令和2年平均及び課税時期の属する月以前2年間の平均株価についても、令和3年分の標本会社を基に計算しています。

通　達

類似業種比準価額計算上の業種目及び業種目別株価等(令和3年分)

(単位：円)

業　種　目			番号	Ａ（株価）【上段：各月の株価、下段：課税時期の属する月以前2年間の平均株価】											
大　分　類				令和3年1月分	2月分	3月分	4月分	5月分	6月分	7月分	8月分	9月分	10月分	11月分	12月分
	中　分　類														
		小　分　類														
建　　　設　　　業			1	301 271	307 272	319 275	318 277	313 280	315 282	317 285	312 287	324 290	318 292	312 293	307 294
	総　合　工　事　業		2	248 228	253 229	265 231	267 233	264 235	264 237	265 239	262 241	274 244	271 245	266 246	261 246
		建築工事業（木造建築工事業を除く）	3	334 265	340 270	351 275	361 280	361 286	369 292	361 298	359 303	383 310	383 315	375 319	361 321
		その他の総合工事業	4	225 218	231 219	243 220	242 221	238 222	236 223	240 224	237 225	246 227	241 227	238 228	235 227
	職　別　工　事　業		5	400 329	402 332	423 336	424 340	401 343	403 347	398 350	390 354	392 357	385 360	383 362	369 364
	設　備　工　事　業		6	392 352	399 354	410 357	405 360	401 363	406 367	411 370	405 373	420 377	407 379	398 381	397 382
		電　気　工　事　業	7	333 301	330 302	336 304	326 305	314 306	313 308	314 309	312 310	326 311	308 312	293 311	293 310
		電気通信・信号装置工事業	8	247 221	250 224	251 227	253 229	261 232	256 234	257 237	263 240	276 243	266 245	251 246	238 245
		その他の設備工事業	9	457 408	470 412	487 416	482 420	480 424	492 429	500 433	489 438	504 443	495 447	490 450	492 452

— 643 —

通　達

類似業種比準価額計算上の業種目及び業種目別株価等(令和3年分)

(単位:円)

業　　種　　目				B 配当金額	C 利益金額	D 簿価純資産価額	A（株価）		
大分類／中分類／小分類	番号	内　　容					令和2年平均	2年11月分	2年12月分
製　造　業	10			*6.4*	*29*	*306*	*324*	*345*	*359*
食料品製造業	11			6.7	32	361	483	496	496
畜産食料品製造業	12	部分肉・冷凍肉、肉加工品、処理牛乳・乳飲料及び乳製品等の製造を行うもの		6.9	37	321	529	529	534
パン・菓子製造業	13	パン、生菓子、ビスケット類・干菓子及び米菓等の製造を行うもの		7.4	34	521	673	690	679
その他の食料品製造業	14	食料品製造業のうち、12及び13に該当するもの以外のもの		6.4	30	332	421	437	437
飲料・たばこ・飼料製造業	15	清涼飲料、酒類、茶、コーヒー、氷、たばこ、飼料及び有機質肥料の製造を行うもの		7.2	21	370	418	450	445
繊　維　工　業	16	製糸、紡績糸、織物、ニット生地、網地、フェルト、染色整理及び衣服の縫製など繊維製品の製造を行うもの		6.7	31	332	360	381	371
パルプ・紙・紙加工品製造業	17	木材、その他の植物原料及び古繊維からパルプ及び紙の製造を行うもの並びにこれらの紙から紙加工品の製造を行うもの		3.1	22	247	155	152	152
印刷・同関連業	18	印刷業、製版業、製本業、印刷物加工業及び印刷関連サービス業を営むもの		4.3	19	274	170	166	168

(注)　「A（株価）」は、業種目ごとに令和3年分の標本会社の株価を基に計算しているので、標本会社が令和2年分のものと異なる業種目などについては、令和2年11月分及び12月分の金額は、令和2年分の評価に適用する令和2年11月分及び12月分の金額とは異なることに留意してください。また、令和2年平均及び課税時期の属する月以前2年間の平均株価についても、令和3年分の標本会社を基に計算しています。

通　達

類似業種比準価額計算上の業種目及び業種目別株価等(令和3年分)

(単位：円)

業　種　目			番号	A（株価）【上段：各月の株価、下段：課税時期の属する月以前2年間の平均株価】											
大　分　類				令和3年1月分	2月分	3月分	4月分	5月分	6月分	7月分	8月分	9月分	10月分	11月分	12月分
	中　分　類														
		小　分　類													
製　　造　　業			10	*371*	*377*	*379*	*381*	*370*	*377*	*375*	*376*	*397*	*379*	*383*	*374*
				324	327	329	331	333	336	339	342	346	348	350	351
	食　料　品　製　造　業		11	505	522	532	514	505	515	515	514	543	532	523	504
				490	491	492	493	493	495	496	497	499	501	501	501
		畜産食料品製造業	12	540	542	557	552	552	565	562	563	558	548	546	543
				535	534	533	533	533	534	535	537	539	540	540	540
		パン・菓子製造業	13	681	751	780	736	713	753	746	737	793	778	760	698
				688	692	698	702	704	708	710	710	712	713	712	708
		その他の食料品製造業	14	450	457	461	446	438	440	442	443	475	465	456	442
				426	427	427	428	428	429	429	431	433	435	436	436
	飲料・たばこ・飼料製造業		15	437	447	458	447	444	452	448	446	469	461	450	421
				419	419	421	421	423	424	426	427	430	432	433	433
	繊　　維　　工　　業		16	357	373	380	377	362	374	373	373	391	371	378	371
				369	369	368	366	365	366	366	368	368	368	368	367
	パルプ・紙・紙加工品製造業		17	151	155	161	161	157	155	154	154	158	152	149	146
				159	159	158	158	158	157	157	157	157	157	156	155
	印　刷・同　関　連　業		18	173	192	204	206	201	199	197	203	215	207	207	205
				182	181	180	180	180	180	180	181	183	184	185	185

— 645 —

通　達

類似業種比準価額計算上の業種目及び業種目別株価等(令和3年分)

(単位:円)

業　種　目				B 配当金額	C 利益金額	D 簿価純資産価額	A（株価）		
大分類 / 中分類 / 小分類	番号	内　　　容					令和2年平均	2年11月分	2年12月分
(製造業)									
化　学　工　業	19			8.4	37	336	532	557	574
有機化学工業製品製造業	20	工業原料として用いられる有機化学工業製品の製造を行うもの		6.4	26	282	289	333	362
油脂加工製品・石けん・合成洗剤・界面活性剤・塗料製造業	21	脂肪酸・硬化油・グリセリン、石けん・合成洗剤、界面活性剤、塗料、印刷インキ、洗浄剤・磨用剤及びろうそくの製造を行うもの		5.9	25	337	287	316	328
医　薬　品　製　造　業	22	医薬品原薬、医薬品製剤、生物学的製剤、生薬・漢方製剤及び動物用医薬品の製造を行うもの		12.5	55	437	912	883	853
その他の化学工業	23	化学工業のうち、20から22に該当するもの以外のもの		8.0	35	308	513	554	588
プラスチック製品製造業	24	プラスチックを用い、押出成形機、射出成形機等の各種成形機により成形された押出成形品、射出成形品等の成形製品の製造を行うもの及び同製品に切断、接合、塗装、蒸着めっき、バフ加工等の加工を行うもの並びにプラスチックを用いて成形のために配合、混和を行うもの及び再生プラスチックの製造を行うもの		5.8	28	273	244	273	279
ゴ　ム　製　品　製　造　業	25	天然ゴム類、合成ゴムなどから作られたゴム製品、すなわち、タイヤ、チューブ、ゴム製履物、ゴム引布、ゴムベルト、ゴムホース、工業用ゴム製品、更生タイヤ、再生ゴム、その他のゴム製品の製造を行うもの		6.4	32	352	222	215	215

(注)　「A（株価）」は、業種目ごとに令和3年分の標本会社の株価を基に計算しているので、標本会社が令和2年分のものと異なる業種目などについては、令和2年11月分及び12月分の金額は、令和2年分の評価に適用する令和2年11月分及び12月分の金額とは異なることに留意してください。また、令和2年平均及び課税時期の属する月以前2年間の平均株価についても、令和3年分の標本会社を基に計算しています。

— 646 —

通　達

類似業種比準価額計算上の業種目及び業種目別株価等(令和3年分)

(単位:円)

業　種　目			番号	A (株価)【上段：各月の株価、下段：課税時期の属する月以前2年間の平均株価】											
大　分　類				令和3年1月分	2月分	3月分	4月分	5月分	6月分	7月分	8月分	9月分	10月分	11月分	12月分
	中　分　類														
		小　分　類													
(製 造 業)															
化　学　工　業			19	588 521	597 526	594 529	592 533	568 536	586 540	581 543	586 548	624 554	589 557	583 559	559 559
	有機化学工業製品製造業		20	392 272	392 278	400 285	416 292	395 299	400 306	399 313	415 321	471 331	445 339	468 347	452 355
	油脂加工製品・石けん・合成洗剤・界面活性剤・塗料製造業		21	316 278	313 280	312 282	310 284	307 286	307 289	299 290	299 292	313 294	294 295	296 295	287 295
	医 薬 品 製 造 業		22	876 879	907 882	919 884	903 887	860 889	909 893	900 896	905 901	941 906	888 908	864 906	813 901
	その他の化学工業		23	602 511	608 517	597 521	596 524	572 527	587 531	584 534	589 539	630 545	596 549	588 551	568 553
プラスチック製品製造業			24	284 249	288 250	295 251	297 253	284 254	290 256	284 258	270 259	286 261	274 262	272 263	264 263
ゴ ム 製 品 製 造 業			25	212 242	219 239	228 237	228 235	231 234	237 233	236 232	239 232	248 231	241 231	238 229	236 227

通　達

類似業種比準価額計算上の業種目及び業種目別株価等(令和3年分)

(単位:円)

業　　　種　　　目					B 配当金額	C 利益金額	D 簿価純資産価額	A（株価）		
大　分　類								令和2年平均	2年11月分	2年12月分
	中　分　類		番号	内　　　　　　容						
		小　分　類								
(製 造 業)										
窯業・土石製品製造業			26		4.6	23	256	190	238	258
	セメント・同製品製造業		27	セメント、生コンクリート及びコンクリート製品等の製造を行うもの	2.8	16	180	116	117	118
	その他の窯業・土石製品製造業		28	窯業・土石製品製造業のうち、27に該当するもの以外のもの	5.3	26	289	222	291	319
鉄　　鋼　　業			29	鉱石、鉄くずなどから鉄及び鋼の製造を行うもの並びに鉄及び鋼の鋳造品、鍛造品、圧延鋼材、表面処理鋼材等の製造を行うもの	3.9	20	288	127	128	138
非 鉄 金 属 製 造 業			30	鉱石（粗鉱、精鉱）、金属くずなどを処理し、非鉄金属の製錬及び精製を行うもの、非鉄金属の合金製造、圧延、抽伸、押出しを行うもの並びに非鉄金属の鋳造、鍛造、その他の基礎製品の製造を行うもの	4.9	25	270	197	208	233
金 属 製 品 製 造 業			31		5.7	36	354	245	253	267
	建設用・建築用金属製品製造業		32	鉄骨、建設用金属製品、金属製サッシ・ドア、鉄骨系プレハブ住宅及び建築用金属製品の製造を行うもの並びに製缶板金業を営むもの	4.0	49	275	187	187	204
	その他の金属製品製造業		33	金属製品製造業のうち、32に該当するもの以外のもの	6.5	30	390	272	283	295
はん用機械器具製造業			34	はん用的に各種機械に組み込まれ、あるいは取付けをすることで用いられる機械器具の製造を行うもの。例えば、ボイラ・原動機、ポンプ・圧縮機器、一般産業用機械・装置の製造など	7.1	30	322	340	371	392

(注)　「A（株価）」は、業種目ごとに令和3年分の標本会社の株価を基に計算しているので、標本会社が令和2年分のものと異なる業種目などについては、令和2年11月分及び12月分の金額は、令和2年分の評価に適用する令和2年11月分及び12月分の金額とは異なることに留意してください。また、令和2年平均及び課税時期の属する月以前2年間の平均株価についても、令和3年分の標本会社を基に計算しています。

— 648 —

通　達

類似業種比準価額計算上の業種目及び業種目別株価等(令和3年分)

(単位:円)

業　種　目			番号	Ａ（株価）【上段：各月の株価、下段：課税時期の属する月以前２年間の平均株価】											
大　分　類				令和3年1月分	2月分	3月分	4月分	5月分	6月分	7月分	8月分	9月分	10月分	11月分	12月分
	中　分　類														
		小　分　類													
(製造業)															
窯業・土石製品製造業			26	260	258	248	247	249	250	243	254	264	256	258	268
				190	193	195	198	201	204	206	210	214	217	219	222
	セメント・同製品製造業		27	120	125	133	134	134	132	133	129	129	126	126	121
				116	116	117	118	119	120	121	122	123	123	123	122
	その他の窯業・土石製品製造業		28	321	315	297	296	299	301	291	307	322	312	315	331
				221	225	229	232	236	240	243	248	253	257	261	265
鉄　　鋼　　業			29	144	151	165	166	171	173	170	175	178	173	170	166
				138	138	138	139	140	141	141	143	144	145	146	147
非 鉄 金 属 製 造 業			30	252	250	257	263	261	251	246	254	274	268	260	250
				204	205	207	209	212	214	215	218	221	224	226	227
金 属 製 品 製 造 業			31	279	282	280	283	280	278	280	286	304	295	297	283
				247	248	250	251	253	255	256	259	262	264	265	265
	建設用・建築用金属製品製造業		32	233	234	222	214	204	204	205	219	240	234	229	220
				186	189	191	193	195	196	198	200	203	205	205	204
	その他の金属製品製造業		33	300	303	307	315	314	312	314	316	332	322	328	311
				274	275	276	277	279	281	283	285	288	291	292	293
はん用機械器具製造業			34	398	392	387	390	376	373	368	370	388	362	368	365
				334	337	340	342	345	348	350	353	356	357	358	359

— 649 —

通　達

類似業種比準価額計算上の業種目及び業種目別株価等(令和3年分)

(単位:円)

業　種　目				B 配当金額	C 利益金額	D 簿価純資産価額	A（株価）		
大　分　類		番号	内　　容				令和2年平均	2年11月分	2年12月分
中　分　類 小　分　類									
(製 造 業)									
生産用機械器具製造業		35		6.1	29	247	300	323	353
	金属加工機械製造業	36	金属工作機械、金属加工機械、金属工作機械用・金属加工機械用部分品・附属品（金型を除く）及び機械工具（粉末や金業を除く）の製造を行うもの	5.8	28	230	238	255	269
	その他の生産用機械器具製造業	37	生産用機械器具製造業のうち、36に該当するもの以外のもの	6.2	29	252	319	343	378
業務用機械器具製造業		38	業務用及びサービスの生産に供される機械器具の製造を行うもの	7.6	28	295	375	392	411
電子部品・デバイス・電子回路製造業		39		5.0	21	242	278	311	336
	電子部品製造業	40	抵抗器、コンデンサ、変成器及び複合部品の製造、音響部品、磁気ヘッド及び小形モータの製造並びにコネクタ、スイッチ及びリレーの製造を行うもの	5.8	22	270	313	357	384
	電子回路製造業	41	電子回路基板及び電子回路実装基板の製造を行うもの	2.0	9	120	110	121	128
	その他の電子部品・デバイス・電子回路製造業	42	電子部品・デバイス・電子回路製造業のうち、40及び41に該当するもの以外のもの	5.4	24	263	311	344	374

(注)　「A（株価）」は、業種目ごとに令和3年分の標本会社の株価を基に計算しているので、標本会社が令和2年分のものと異なる業種目などについては、令和2年11月分及び12月分の金額は、令和2年分の評価に適用する令和2年11月分及び12月分の金額とは異なることに留意してください。また、令和2年平均及び課税時期の属する月以前2年間の平均株価についても、令和3年分の標本会社を基に計算しています。

通　達

類似業種比準価額計算上の業種目及び業種目別株価等(令和3年分)

(単位：円)

業　種　目			番号	A（株価）【上段：各月の株価、下段：課税時期の属する月以前2年間の平均株価】											
大　分　類				令和3年1月分	2月分	3月分	4月分	5月分	6月分	7月分	8月分	9月分	10月分	11月分	12月分
	中　分　類														
		小　分　類														
(製造業)															
生産用機械器具製造業			35	380	380	379	403	387	399	392	383	409	392	422	423
				295	299	303	308	313	318	323	329	334	339	344	348
	金属加工機械製造業		36	272	272	280	288	278	288	295	290	307	284	288	282
				242	242	244	245	246	249	251	254	258	259	261	261
	その他の生産用機械器具製造業		37	412	412	408	438	419	431	422	411	440	425	463	466
				311	316	321	327	332	339	345	351	357	362	368	374
業務用機械器具製造業			38	427	425	420	427	411	421	420	427	455	431	432	425
				380	382	384	385	387	389	391	394	398	400	401	401
電子部品・デバイス・電子回路製造業			39	364	369	363	370	356	364	368	351	376	352	382	383
				259	264	270	275	282	288	295	301	307	312	317	322
	電子部品製造業		40	429	420	409	415	384	387	384	356	375	350	395	392
				310	316	321	325	330	335	340	344	347	348	351	352
	電子回路製造業		41	133	129	133	134	131	136	136	132	144	143	165	171
				110	110	111	112	113	115	116	118	120	121	123	125
	その他の電子部品・デバイス・電子回路製造業		42	398	414	409	419	412	424	432	419	452	421	444	447
				275	283	290	297	306	315	324	333	343	351	360	367

— 651 —

通　達

類似業種比準価額計算上の業種目及び業種目別株価等(令和3年分)

(単位:円)

業　種　目					B 配当金額	C 利益金額	D 簿価純資産価額	A（株価）		
大分類／中分類／小分類		番号	内　　容					令和2年平均	2年11月分	2年12月分
(製　造　業)										
電気機械器具製造業		43			5.4	25	258	329	375	397
	発電用・送電用・配電用電気機械器具製造業	44	発電機・電動機・その他の回転電気機械、変圧器類（電子機器用を除く）、電力開閉装置、配電盤・電力制御装置及び配線器具・配線附属品の製造を行うもの		7.6	40	433	434	509	525
	電気計測器製造業	45	電気計測器、工業計器及び医療用計測器の製造を行うもの		4.1	16	161	260	257	264
	その他の電気機械器具製造業	46	電気機械器具製造業のうち、44及び45に該当するもの以外のもの		5.0	23	231	320	381	413
情報通信機械器具製造業		47	通信機械器具及び関連機器、映像・音響機械器具並びに電子計算機及び附属装置の製造を行うもの		4.2	24	238	224	234	247
輸送用機械器具製造業		48			7.7	28	392	212	216	228
	自動車・同附属品製造業	49	自動車（二輪自動車を含む）、自動車車体・附随車及び自動車部分品・附属品の製造を行うもの		8.6	29	419	202	201	213
	その他の輸送用機械器具製造業	50	輸送用機械器具製造業のうち、49に該当するもの以外のもの		3.7	21	273	259	283	295
その他の製造業		51	製造業のうち、11から50に該当するもの以外のもの		7.1	28	304	332	357	373

(注)　「A（株価）」は、業種目ごとに令和3年分の標本会社の株価を基に計算しているので、標本会社が令和2年分のものと異なる業種目などについては、令和2年11月分及び12月分の金額は、令和2年分の評価に適用する令和2年11月分及び12月分の金額とは異なることに留意してください。また、令和2年平均及び課税時期の属する月以前2年間の平均株価についても、令和3年分の標本会社を基に計算しています。

通　達

類似業種比準価額計算上の業種目及び業種目別株価等(令和3年分)

(単位：円)

業　　種　　目			番号	A（株価）【上段：各月の株価、下段：課税時期の属する月以前2年間の平均株価】											
大　　分　　類				令和3年1月分	2月分	3月分	4月分	5月分	6月分	7月分	8月分	9月分	10月分	11月分	12月分
	中　　分　　類														
		小　　分　　類														
(製造業)															
電気機械器具製造業			43	409 321	417 326	412 330	414 335	396 339	402 344	403 348	408 354	433 359	405 363	412 366	401 369
	発電用・送電用・配電用電気機械器具製造業		44	555 423	564 431	549 438	548 445	522 451	527 457	530 463	521 469	548 475	513 479	514 481	513 484
	電気計測器製造業		45	272 255	270 256	272 256	283 257	273 259	275 260	282 262	288 264	314 267	296 269	303 271	291 272
	その他の電気機械器具製造業		46	419 311	432 317	428 323	427 328	409 334	417 340	413 345	423 351	448 358	417 363	427 368	412 371
情報通信機械器具製造業			47	257 220	258 222	261 225	257 227	251 229	254 231	251 233	244 234	254 236	244 237	246 238	242 237
輸送用機械器具製造業			48	231 225	244 225	255 225	254 225	251 226	262 228	262 229	259 231	267 232	261 233	260 233	252 233
	自動車・同附属品製造業		49	214 218	228 217	240 217	238 216	238 217	249 218	247 218	240 220	243 220	240 221	238 220	231 219
	その他の輸送用機械器具製造業		50	305 261	315 263	323 265	327 267	310 270	319 272	332 275	349 280	376 285	354 289	359 293	351 297
その他の製造業			51	388 338	392 340	399 343	404 345	388 347	394 350	396 352	403 356	428 360	403 362	405 364	392 366

— 653 —

通　達

類似業種比準価額計算上の業種目及び業種目別株価等（令和3年分）

（単位：円）

業　　　　種　　　　目				B [配当金額]	C [利益金額]	D [簿価純資産価額]	A（株価）		
大　分　類 中　分　類 小　分　類		番号	内　　　　　　　容				令和2年平均	2年11月分	2年12月分
電気・ガス・熱供給・水道業		52		4.6	34	334	361	477	485
情　報　通　信　業		53		7.3	40	252	768	873	871
	情　報　サ　ー　ビ　ス　業	54		8.2	42	254	720	795	795
		ソフトウェア業 55	受託開発ソフトウェア業、組込みソフトウェア業、パッケージソフトウェア業及びゲームソフトウェア業を営むもの	7.9	41	244	702	770	771
		情報処理・提供サービス業 56	受託計算サービス業、計算センター、タイムシェアリングサービス業、マシンタイムサービス業、データエントリー業、パンチサービス業、データベースサービス業、市場調査業及び世論調査業を営むもの	8.8	38	219	774	856	852
	インターネット附随サービス業	57	インターネットを通じて、情報の提供や、サーバ等の機能を利用させるサービスを提供するもの、音楽、映像等を配信する事業を行うもの及びインターネットを利用する上で必要なサポートサービスを提供するもの	5.1	37	207	1,014	1,196	1,182
	映像・音声・文字情報制作業	58	映画、ビデオ又はテレビジョン番組の制作・配給を行うもの、レコード又はラジオ番組の制作を行うもの、新聞の発行又は書籍、定期刊行物等の出版を行うもの並びにこれらに附帯するサービスの提供を行うもの	5.4	34	325	607	777	767
	その他の情報通信業	59	情報通信業のうち、54から58に該当するもの以外のもの	9.0	43	325	446	490	513

（注）　「A（株価）」は、業種目ごとに令和3年分の標本会社の株価を基に計算しているので、標本会社が令和2年分のものと異なる業種目などについては、令和2年11月分及び12月分の金額は、令和2年分の評価に適用する令和2年11月分及び12月分の金額とは異なることに留意してください。また、令和2年平均及び課税時期の属する月以前2年間の平均株価についても、令和3年分の標本会社を基に計算しています。

通　達

類似業種比準価額計算上の業種目及び業種目別株価等(令和3年分)

(単位：円)

業　種　目			番号	A（株価）【上段：各月の株価、下段：課税時期の属する月以前2年間の平均株価】											
大　分　類				令和3年1月分	2月分	3月分	4月分	5月分	6月分	7月分	8月分	9月分	10月分	11月分	12月分
	中　分　類														
		小　分　類														
電気・ガス・熱供給・水道業			52	488	437	425	410	396	411	449	427	461	418	438	397
				323	330	337	343	350	357	365	372	381	387	392	395
情　報　通　信　業			53	874	880	866	892	839	855	845	820	886	847	849	773
				743	751	758	766	772	778	782	788	796	803	808	810
	情　報　サ　ー　ビ　ス　業		54	796	796	790	817	769	768	762	747	807	769	780	725
				690	698	705	713	719	724	727	732	739	744	748	749
		ソ　フ　ト　ウ　ェ　ア　業	55	772	772	768	794	749	748	740	729	787	745	757	706
				678	685	691	698	703	707	710	714	720	725	728	728
		情報処理・提供サービス業	56	861	873	850	874	822	817	795	761	824	811	806	736
				711	724	736	748	757	763	769	774	782	789	794	796
	インターネット附随サービス業		57	1,162	1,183	1,148	1,178	1,103	1,154	1,121	1,063	1,133	1,075	1,065	934
				994	1,002	1,008	1,014	1,019	1,026	1,032	1,038	1,048	1,056	1,062	1,062
	映像・音声・文字情報制作業		58	864	862	837	889	841	883	907	890	1,027	1,027	1,013	905
				608	621	633	646	656	668	680	692	710	728	746	759
	その他の情報通信業		59	529	535	534	521	493	507	514	507	549	526	509	482
				433	438	444	449	452	456	460	465	471	476	479	481

— 655 —

通　達

類似業種比準価額計算上の業種目及び業種目別株価等(令和3年分)

(単位:円)

業　　　種　　　目					B (配当 金額)	C (利益 金額)	D (簿価 純資 産価 額)	A（株価）		
大　分　類	中　分　類	小　分　類	番号	内　　　　　容				令和 2年 平均	2年 11月分	2年 12月分
運輸業，郵便業			60		5.2	36	394	299	321	324
	道路貨物運送業		61	自動車等により貨物の運送を行うもの	5.8	46	369	390	446	448
	水　　運　　業		62	海洋、沿海、港湾、河川、湖沼において船舶により旅客又は貨物の運送を行うもの （港湾において、はしけによって貨物の運送を行うものを除く）	3.1	28	346	133	143	148
	運輸に附帯するサービス業		63	港湾運送業、貨物運送取扱業（集配利用運送業を除く）、運送代理店、こん包業及び運輸施設提供業等を営むもの	6.7	40	487	330	342	347
	その他の運輸業，郵便業		64	運輸業，郵便業のうち、61から63に該当するもの以外のもの	4.4	27	377	250	247	248

(注)　「A（株価）」は、業種目ごとに令和3年分の標本会社の株価を基に計算しているので、標本会社が令和2年分のものと異なる業種目などについては、令和2年11月分及び12月分の金額は、令和2年分の評価に適用する令和2年11月分及び12月分の金額とは異なることに留意してください。また、令和2年平均及び課税時期の属する月以前2年間の平均株価についても、令和3年分の標本会社を基に計算しています。

通　　達

類似業種比準価額計算上の業種目及び業種目別株価等(令和3年分)

(単位:円)

業　　種　　目			A（株価）【上段：各月の株価、下段：課税時期の属する月以前2年間の平均株価】											
大　　分　　類		番号	令和3年1月分	2月分	3月分	4月分	5月分	6月分	7月分	8月分	9月分	10月分	11月分	12月分
中　　分　　類														
小　　分　　類														
運 輸 業 ， 郵 便 業		60	*327*	*332*	*338*	*333*	*330*	*336*	*341*	*347*	*370*	*353*	*343*	*344*
			299	*300*	*302*	*303*	*305*	*307*	*309*	*312*	*315*	*317*	*319*	*320*
	道 路 貨 物 運 送 業	61	456	455	449	443	438	452	460	454	481	461	441	441
			372	377	382	386	390	395	400	404	410	415	418	421
	水　　　運　　　業	62	149	153	178	182	182	193	196	258	317	286	271	285
			138	139	140	141	143	146	148	153	161	166	171	177
	運輸に附帯するサービス業	63	346	348	360	357	354	349	358	362	372	357	353	357
			335	335	337	337	338	339	340	341	343	343	343	343
	その他の運輸業，郵便業	64	251	265	271	260	259	263	262	258	269	261	259	255
			263	262	261	261	260	260	260	259	259	258	257	255

— 657 —

通　達

類似業種比準価額計算上の業種目及び業種目別株価等(令和3年分)

(単位:円)

業　　種　　目				B [配当金額]	C [利益金額]	D [簿価純資産価額]	A (株価)		
大分類 / 中分類 / 小分類	番号	内　　　　容					令和2年平均	2年11月分	2年12月分
卸　　　売　　　業	65			6.9	33	337	284	302	309
各種商品卸売業	66	各種商品の仕入卸売を行うもの。例えば、総合商社、貿易商社など		17.9	68	524	394	415	431
繊維・衣服等卸売業	67	繊維品及び衣服・身の回り品の仕入卸売を行うもの		3.3	6	172	116	117	124
飲食料品卸売業	68			3.7	20	264	204	205	203
農畜産物・水産物卸売業	69	米麦、雑穀・豆類、野菜、果実、食肉及び生鮮魚介等の卸売を行うもの		2.8	14	200	138	144	145
食料・飲料卸売業	70	砂糖・味そ・しょう油、酒類、乾物、菓子・パン類、飲料、茶類及び牛乳・乳製品等の卸売を行うもの		4.8	27	340	281	276	272
建築材料, 鉱物・金属材料等卸売業	71			7.1	41	415	278	290	300
化学製品卸売業	72	塗料、プラスチック及びその他の化学製品の卸売を行うもの		9.3	46	504	300	298	302
その他の建築材料, 鉱物・金属材料等卸売業	73	建築材料, 鉱物・金属材料等卸売業のうち、72に該当するもの以外のもの		6.6	40	393	273	288	300

(注)　「A（株価）」は、業種目ごとに令和3年分の標本会社の株価を基に計算しているので、標本会社が令和2年分のものと異なる業種目などについては、令和2年11月分及び12月分の金額は、令和2年分の評価に適用する令和2年11月分及び12月分の金額とは異なることに留意してください。また、令和2年平均及び課税時期の属する月以前2年間の平均株価についても、令和3年分の標本会社を基に計算しています。

— 658 —

類似業種比準価額計算上の業種目及び業種目別株価等（令和3年分）

(単位：円)

業種目（大分類／中分類／小分類）	番号	A（株価）【上段：各月の株価、下段：課税時期の属する月以前2年間の平均株価】 令和3年1月分	2月分	3月分	4月分	5月分	6月分	7月分	8月分	9月分	10月分	11月分	12月分
卸売業	65	314 284	317 286	325 288	327 289	323 291	329 294	333 296	332 299	346 302	338 304	338 306	331 307
各種商品卸売業	66	451 395	464 398	500 402	494 406	481 410	487 415	481 419	486 424	506 430	496 434	495 437	498 440
繊維・衣服等卸売業	67	126 118	128 119	128 119	125 119	121 119	125 120	130 120	133 121	129 121	128 121	126 122	124 121
飲食料品卸売業	68	202 207	206 206	216 206	211 206	207 206	210 206	210 206	209 206	219 207	213 207	208 207	202 206
農畜産物・水産物卸売業	69	146 139	148 140	153 140	153 141	152 141	155 142	155 142	155 143	162 144	156 144	151 145	148 145
食料・飲料卸売業	70	268 286	275 285	289 284	279 283	271 282	275 281	273 281	274 281	286 281	280 281	275 280	265 278
建築材料, 鉱物・金属材料等卸売業	71	305 277	312 279	329 281	320 283	320 286	330 288	330 291	328 294	344 297	339 300	329 301	319 302
化学製品卸売業	72	308 313	326 313	346 314	340 314	348 316	360 317	354 318	351 320	384 322	365 324	350 324	349 324
その他の建築材料, 鉱物・金属材料等卸売業	73	305 268	309 271	325 273	315 276	313 278	322 281	325 284	323 288	335 291	333 294	323 295	312 296

通　達

類似業種比準価額計算上の業種目及び業種目別株価等(令和3年分)

(単位:円)

業種目					B 配当金額	C 利益金額	D 簿価純資産価額	A (株価)		
大分類	中分類	小分類	番号	内容				令和2年平均	2年11月分	2年12月分
(卸 売 業)										
機械器具卸売業			74		7.7	38	353	334	353	364
	産業機械器具卸売業		75	農業用機械器具、建設機械・鉱山機械、金属加工機械及び事務用機械器具等の卸売を行うもの	8.3	47	377	343	352	360
	電気機械器具卸売業		76		6.6	28	334	280	293	307
	その他の機械器具卸売業		77	機械器具卸売業のうち、75及び76に該当するもの以外のもの	9.7	44	346	468	530	543
その他の卸売業			78	卸売業のうち、66から77に該当するもの以外のもの	5.7	27	280	276	311	311

(注)　「A（株価）」は、業種目ごとに令和3年分の標本会社の株価を基に計算しているので、標本会社が令和2年分のものと異なる業種目などについては、令和2年11月分及び12月分の金額は、令和2年分の評価に適用する令和2年11月分及び12月分の金額とは異なることに留意してください。また、令和2年平均及び課税時期の属する月以前2年間の平均株価についても、令和3年分の標本会社を基に計算しています。

— 660 —

通　達

類似業種比準価額計算上の業種目及び業種目別株価等(令和3年分)

(単位：円)

業　　種　　目			番号	A（株価）【上段：各月の株価、下段：課税時期の属する月以前２年間の平均株価】											
大　　分　　類				令和3年1月分	2月分	3月分	4月分	5月分	6月分	7月分	8月分	9月分	10月分	11月分	12月分
	中　　分　　類														
		小　　分　　類													
(卸　売　業)															
機 械 器 具 卸 売 業			74	373	377	381	389	385	396	406	401	420	406	416	407
				335	337	339	341	344	347	350	354	358	361	363	365
	産業機械器具卸売業		75	359	365	372	369	367	376	379	382	401	389	392	386
				350	350	351	351	352	353	354	356	358	360	360	360
	電気機械器具卸売業		76	322	330	340	352	352	362	371	355	369	360	386	375
				283	285	287	290	293	297	301	305	309	312	316	318
	その他の機械器具卸売業		77	560	545	523	548	529	545	576	581	621	582	564	557
				452	458	463	468	473	478	485	491	500	506	511	514
そ の 他 の 卸 売 業			78	309	307	306	318	311	309	308	311	323	319	317	311
				272	273	275	277	279	281	283	286	288	291	293	294

通　達

類似業種比準価額計算上の業種目及び業種目別株価等(令和3年分)

(単位:円)

業　　　種　　　目				B	C	D	A（株価）		
大　分　類 中　分　類 小　分　類	番号	内　　　　容		配当金額	利益金額	簿価純資産価額	令和2年平均	2 年11月分	2 年12月分
小　　売　　業	79			5.9	32	259	434	472	465
各種商品小売業	80	百貨店、デパートメントストア、総合スーパーなど、衣・食・住にわたる各種の商品の小売を行うもの		2.9	18	192	260	278	279
織物・衣服・身の回り品小売業	81	呉服、服地、衣服、靴、帽子、洋品雑貨及び小間物等の商品の小売を行うもの		7.2	24	221	245	243	251
飲食料品小売業	82			4.9	30	254	386	419	413
機械器具小売業	83	自動車、自転車、電気機械器具など（それぞれの中古品を含む）及びその部分品、附属品の小売を行うもの		6.5	38	251	282	301	302
その他の小売業	84			7.4	38	300	629	691	670
医薬品・化粧品小売業	85	医薬品小売業、調剤薬局及び化粧品小売業等を営むもの		7.3	54	330	824	880	870
その他の小売業	86	小売業（無店舗小売業を除く）のうち、80から83及び85に該当するもの以外のもの		7.4	32	290	561	624	600
無店舗小売業	87	店舗を持たず、カタログや新聞・雑誌・テレビジョン・ラジオ・インターネット等で広告を行い、通信手段によって個人からの注文を受け商品を販売するもの、家庭等を訪問し個人への物品販売又は販売契約をするもの、自動販売機によって物品を販売するもの及びその他の店舗を持たないで小売を行うもの		2.8	27	230	449	509	508

(注)　「Ａ（株価）」は、業種目ごとに令和3年分の標本会社の株価を基に計算しているので、標本会社が令和2年分のものと異なる業種目などについては、令和2年11月分及び12月分の金額は、令和2年分の評価に適用する令和2年11月分及び12月分の金額とは異なることに留意してください。また、令和2年平均及び課税時期の属する月以前2年間の平均株価についても、令和3年分の標本会社を基に計算しています。

— 662 —

通　　達

類似業種比準価額計算上の業種目及び業種目別株価等(令和3年分)

(単位:円)

業　種　目			番号	A（株価）【上段：各月の株価、下段：課税時期の属する月以前2年間の平均株価】											
大　分　類				令和3年1月分	2月分	3月分	4月分	5月分	6月分	7月分	8月分	9月分	10月分	11月分	12月分
	中　分　類														
		小　分　類													
小　　　売　　　業			79	471 427	481 429	493 432	497 435	476 438	481 442	481 445	481 449	503 453	479 455	464 456	433 456
	各種商品小売業		80	276 258	293 259	305 261	298 263	280 264	285 266	282 267	270 269	273 270	281 270	274 271	246 270
	織物・衣服・身の回り品小売業		81	252 312	297 308	314 303	304 299	296 294	315 291	305 288	283 284	297 281	313 278	316 275	282 271
	飲食料品小売業		82	411 363	403 365	412 368	418 371	406 374	405 377	398 380	404 384	425 388	398 390	388 393	371 395
	機械器具小売業		83	314 280	324 283	332 285	343 288	331 291	334 294	352 298	366 302	381 306	362 309	344 312	331 312
	その他の小売業		84	682 608	692 612	712 617	712 622	678 628	682 634	681 639	686 645	721 651	676 655	657 656	612 655
		医薬品・化粧品小売業	85	850 755	852 762	864 771	841 780	794 787	818 795	805 801	842 809	871 816	820 821	809 824	757 825
		その他の小売業	86	623 557	636 560	659 563	666 567	637 572	634 578	638 583	631 588	669 593	625 596	604 598	561 596
	無店舗小売業		87	507 425	509 430	503 433	524 438	502 443	503 449	503 454	490 460	497 465	478 468	454 470	413 470

— 663 —

通　達

類似業種比準価額計算上の業種目及び業種目別株価等(令和3年分)

(単位：円)

業　　　　　種　　　　　目				B 配当金額	C 利益金額	D 簿価純資産価額	A （株価）		
大　分　類		番号	内　　　　容				令和2年平均	2年11月分	2年12月分
中　分　類									
小　分　類									
金融業，保険業		88		*5.2*	*21*	*241*	*202*	*221*	*222*
	銀　　行　　業	89		3.1	15	273	84	85	81
	金融商品取引業，商品先物取引業	90	金融商品取引業、商品先物取引業及び商品投資顧問業等を営むもの（金融商品取引所及び商品取引所を除く）	7.3	23	184	187	197	203
	その他の金融業，保険業	91	金融業，保険業のうち、89及び90に該当するもの以外のもの	8.4	33	220	504	572	581
不動産業，物品賃貸業		92		*7.5*	*42*	*285*	*336*	*361*	*366*
	不　動　産　取　引　業	93	不動産の売買、交換又は不動産の売買、貸借、交換の代理若しくは仲介を行うもの	6.9	50	253	263	297	302
	不動産賃貸業・管理業	94	不動産の賃貸又は管理を行うもの	6.1	30	256	321	331	332
	物　品　賃　貸　業	95	産業用機械器具、事務用機械器具、自動車、スポーツ・娯楽用品及び映画・演劇用品等の物品の賃貸を行うもの	11.6	50	401	540	573	582

(注)　「A（株価）」は、業種目ごとに令和3年分の標本会社の株価を基に計算しているので、標本会社が令和2年分のものと異なる業種目などについては、令和2年11月分及び12月分の金額は、令和2年分の評価に適用する令和2年11月分及び12月分の金額とは異なることに留意してください。また、令和2年平均及び課税時期の属する月以前2年間の平均株価についても、令和3年分の標本会社を基に計算しています。

— 664 —

通　達

類似業種比準価額計算上の業種目及び業種目別株価等(令和3年分)

(単位:円)

業種目			番号	A (株価) 【上段：各月の株価、下段：課税時期の属する月以前2年間の平均株価】											
大分類				令和3年1月分	2月分	3月分	4月分	5月分	6月分	7月分	8月分	9月分	10月分	11月分	12月分
	中分類														
		小分類													
金融業，保険業			88	229 / 200	237 / 201	242 / 203	239 / 205	232 / 207	237 / 209	236 / 210	234 / 213	252 / 215	248 / 217	250 / 219	242 / 221
	銀行業		89	81 / 89	84 / 88	93 / 88	88 / 87	86 / 87	83 / 86	81 / 86	82 / 86	87 / 86	85 / 85	83 / 85	84 / 84
	金融商品取引業，商品先物取引業		90	216 / 193	234 / 193	252 / 195	248 / 197	238 / 199	240 / 201	237 / 202	232 / 205	245 / 207	242 / 209	247 / 211	243 / 213
	その他の金融業，保険業		91	601 / 474	609 / 483	590 / 490	596 / 497	576 / 503	606 / 511	611 / 519	604 / 526	660 / 536	649 / 545	657 / 553	623 / 559
不動産業，物品賃貸業			92	363 / 348	375 / 349	389 / 350	391 / 352	384 / 353	388 / 355	387 / 356	380 / 358	399 / 360	392 / 361	397 / 361	385 / 361
	不動産取引業		93	296 / 264	307 / 266	323 / 269	331 / 273	326 / 276	331 / 280	338 / 283	336 / 287	355 / 290	350 / 293	360 / 296	350 / 298
	不動産賃貸業・管理業		94	335 / 322	343 / 323	353 / 324	354 / 325	351 / 327	356 / 329	352 / 331	347 / 332	355 / 334	344 / 334	350 / 335	346 / 335
	物品賃貸業		95	583 / 584	597 / 585	612 / 585	608 / 583	591 / 580	592 / 578	575 / 576	560 / 574	597 / 573	589 / 571	585 / 567	561 / 564

通　達

類似業種比準価額計算上の業種目及び業種目別株価等(令和3年分)

(単位：円)

業　　種　　目				B 配当金額	C 利益金額	D 簿価純資産価額	A（株価）		
大分類 中分類 小分類	番号	内　　　容					令和2年平均	2年11月分	2年12月分
専門・技術サービス業 96				*4.7*	*32*	*194*	*471*	*531*	*538*
専門サービス業 97		法務に関する事務、助言、相談、その他の法律的サービス、財務及び会計に関する監査、調査、相談のサービス、税務に関する書類の作成、相談のサービス及び他に分類されない自由業的、専門的なサービスを提供するもの（純粋持株会社を除く）		6.5	42	187	750	855	862
広　告　業 98		依頼人のために広告に係る総合的なサービスを提供するもの及び広告媒体のスペース又は時間を当該広告媒体企業と契約し、依頼人のために広告を行うもの		4.3	30	183	460	549	551
宿泊業，飲食サービス業 99				*4.9*	*19*	*194*	*432*	*424*	*420*
飲　食　店 100				5.1	17	188	430	420	418
食堂，レストラン（専門料理店を除く） 101		主食となる各種の料理品をその場所で提供するもの（専門料理店、そば・うどん店、すし店など特定の料理をその場所で飲食させるものを除く）		2.4	8	80	244	242	241
専門料理店 102		日本料理店（そば・うどん店、すし店を除く）、料亭、中華料理店、ラーメン店及び焼肉店等を営むもの		5.8	18	217	514	524	514
その他の飲食店 103		飲食店のうち、101及び102に該当するもの以外のもの。例えば、そば・うどん店、すし店、酒場・ビヤホール、バー、キャバレー、ナイトクラブ、喫茶店など		5.7	21	213	445	414	418
その他の宿泊業，飲食サービス業 104		宿泊業，飲食サービス業のうち、100から103に該当するもの以外のもの		4.2	29	230	443	442	434

(注)　「Ａ（株価）」は、業種目ごとに令和3年分の標本会社の株価を基に計算しているので、標本会社が令和2年分のものと異なる業種目などについては、令和2年11月分及び12月分の金額は、令和2年分の評価に適用する令和2年11月分及び12月分の金額とは異なることに留意してください。また、令和2年平均及び課税時期の属する月以前2年間の平均株価についても、令和3年分の標本会社を基に計算しています。

— 666 —

通　達

類似業種比準価額計算上の業種目及び業種目別株価等(令和3年分)

(単位:円)

業種目 大分類 中分類 小分類			番号	A (株価) 【上段:各月の株価、下段:課税時期の属する月以前2年間の平均株価】											
				令和3年1月分	2月分	3月分	4月分	5月分	6月分	7月分	8月分	9月分	10月分	11月分	12月分
専門・技術サービス業			96	527 460	537 465	541 470	554 475	531 478	545 483	545 487	525 491	581 497	579 502	599 508	552 511
	専門サービス業		97	804 688	816 701	822 712	848 723	796 732	818 742	826 751	791 759	882 771	897 781	958 791	880 797
	広告業		98	541 463	560 467	585 471	600 476	573 481	593 486	599 491	587 497	683 508	690 518	714 529	647 537
宿泊業,飲食サービス業			99	420 465	452 463	462 461	454 460	446 458	467 457	463 456	449 453	470 452	466 449	456 446	438 443
	飲食店		100	418 461	454 460	466 458	456 457	447 455	470 455	470 454	455 453	478 451	474 450	463 447	445 444
		食堂,レストラン(専門料理店を除く)	101	230 257	241 257	246 256	241 254	240 253	244 252	243 251	244 250	250 250	249 248	248 246	240 243
		専門料理店	102	507 545	532 543	539 541	528 539	519 537	542 537	541 535	525 533	549 531	546 529	549 527	535 524
		その他の飲食店	103	428 483	484 482	504 480	493 479	479 478	511 478	513 478	492 477	522 476	515 474	488 471	462 467
	その他の宿泊業,飲食サービス業		104	432 484	446 482	443 479	440 476	441 472	453 468	424 463	414 458	423 453	416 448	414 442	398 436

— 667 —

通 達

類似業種比準価額計算上の業種目及び業種目別株価等(令和3年分)

(単位:円)

業 種 目					B 配当金額	C 利益金額	D 簿価純資産価額	A (株価)		
大 分 類			番号	内 容				令和2年平均	2 年11月分	2 年12月分
	中 分 類									
		小 分 類								
生活関連サービス業, 娯楽業			105		6.4	23	260	540	545	535
	生活関連サービス業		106	個人に対して身の回りの清潔を保持するためのサービスを提供するもの及び個人を対象としてサービスを提供するもののうち他に分類されないもの。例えば、洗濯業、理容業、美容業及び浴場業並びに旅行業、家事サービス業、衣服裁縫修理業など	6.7	17	240	519	515	491
	娯 楽 業		107	映画、演劇その他の興行及び娯楽を提供し、又は休養を与えるもの並びにこれに附帯するサービスを提供するもの	5.8	32	294	574	596	611
教育, 学習支援業			108		9.7	27	201	643	733	727
医 療 , 福 祉			109	保健衛生、社会保険、社会福祉及び介護に関するサービスを提供するもの（医療法人を除く）	4.7	34	189	440	488	470
サービス業(他に分類されないもの)			110		10.7	55	259	827	928	962
	職業紹介・労働者派遣業		111	労働者に職業をあっせんするもの及び労働者派遣業を営むもの	14.0	77	273	1,006	1,137	1,197
	その他の事業サービス業		112	サービス業（他に分類されないもの）のうち、111に該当するもの以外のもの	8.6	40	249	709	791	807
そ の 他 の 産 業			113	1から112に該当するもの以外のもの	6.5	33	288	402	438	445

(注) 「A（株価）」は、業種目ごとに令和3年分の標本会社の株価を基に計算しているので、標本会社が令和2年分のものと異なる業種目などについては、令和2年11月分及び12月分の金額は、令和2年分の評価に適用する令和2年11月分及び12月分の金額とは異なることに留意してください。また、令和2年平均及び課税時期の属する月以前2年間の平均株価についても、令和3年分の標本会社を基に計算しています。

類似業種比準価額計算上の業種目及び業種目別株価等(令和3年分)

(単位:円)

業種目 大分類 / 中分類 / 小分類	番号	A（株価）【上段：各月の株価、下段：課税時期の属する月以前2年間の平均株価】											
		令和3年1月分	2月分	3月分	4月分	5月分	6月分	7月分	8月分	9月分	10月分	11月分	12月分
生活関連サービス業, 娯楽業	105	520	580	601	586	590	635	618	586	625	646	655	598
		591	587	584	580	578	578	577	575	575	574	575	571
生活関連サービス業	106	481	549	573	569	583	634	619	580	620	645	649	572
		574	569	564	560	558	558	558	557	557	558	559	554
娯楽業	107	586	634	649	616	603	637	616	596	632	646	665	642
		620	618	617	616	613	613	610	607	605	603	602	600
教育, 学習支援業	108	750	786	774	794	744	724	738	670	722	736	762	770
		626	634	642	650	658	665	672	675	681	687	691	695
医療, 福祉	109	484	522	522	554	525	513	506	497	538	525	514	467
		448	451	455	459	462	465	466	468	472	475	477	476
サービス業(他に分類されないもの)	110	964	995	970	982	938	989	1,008	986	1,067	1,059	1,068	994
		846	853	858	863	866	872	878	885	895	904	911	914
職業紹介・労働者派遣業	111	1,230	1,298	1,269	1,286	1,211	1,258	1,295	1,287	1,442	1,471	1,530	1,435
		1,050	1,060	1,068	1,074	1,079	1,087	1,095	1,108	1,125	1,142	1,159	1,170
その他の事業サービス業	112	788	794	772	781	758	811	818	787	819	786	763	702
		711	716	719	723	725	730	734	738	743	747	748	745
その他の産業	113	451	460	462	467	450	460	459	453	483	466	468	445
		400	403	406	409	411	415	417	421	425	428	430	431

通　達

課評2－35
令和4年6月6日

各 国 税 局 長
　　　　　　　　　殿
沖縄国税事務所長

国 税 庁 長 官
（官 印 省 略）

令和4年分の類似業種比準価額計算上の業種目
及び業種目別株価等について（法令解釈通達）

　令和4年中に相続、遺贈又は贈与により取得した取引相場のない株式について、財産評価基本通達（昭和39年4月25日付直資56ほか1課共同）180の定めにより類似業種比準価額を計算する場合の業種目、業種目別株価等を別紙のとおり定めたから、これによられたい。
　なお、令和4年3月分以降については、業種目別の株価を定めた都度通達する。

— 671 —

通　達

別　紙

類似業種比準価額計算上の業種目及び業種目別株価等(令和4年分)

業　種　目			番号	内　　　　　容	B〔配当金額〕	C〔利益金額〕	D〔簿価純資産価額〕	A（株価）		
大分類	中分類	小分類						令和3年平均	3年11月分	3年12月分
建　設　業			1		*7.7*	*47*	*387*	*304*	*303*	*299*
	総　合　工　事　業		2		6.5	43	337	239	243	238
		建築工事業（木造建築工事業を除く）	3	鉄骨鉄筋コンクリート造建築物、鉄筋コンクリート造建築物、無筋コンクリート造建築物及び鉄骨造建築物等の完成を請け負うもの	8.5	56	363	298	311	297
		その他の総合工事業	4	総合工事業のうち、3に該当するもの以外のもの	6.0	39	330	223	224	221
	職　別　工　事　業		5	下請として工事現場において建築物又は土木施設等の工事目的物の一部を構成するための建設工事を行うもの	8.7	46	418	423	409	395
	設　備　工　事　業		6		10.1	58	490	407	401	400
		電　気　工　事　業	7	一般電気工事業及び電気配線工事業を営むもの	7.7	40	487	305	282	281
		電気通信・信号装置工事業	8	電気通信工事業、有線テレビジョン放送設備設置工事業及び信号装置工事業を営むもの	5.2	36	215	260	255	242
		その他の設備工事業	9	設備工事業のうち、7及び8に該当するもの以外のもの	12.6	74	552	501	505	506

— 672 —

通　達

(単位:円)

業　　種　　目			番号	A（株価）【上段：各月の株価、下段：課税時期の属する月以前2年間の平均株価】											
大　　分　　類				令和4年1月分	2月分	3月分	4月分	5月分	6月分	7月分	8月分	9月分	10月分	11月分	12月分
	中　　分　　類														
		小　分　類														
建　　設　　業			1	**295** **285**	**291** **286**										
	総　合　工　事　業		2	237 225	236 225										
		建築工事業（木造建築工事業を除く）	3	295 272	296 273										
		その他の総合工事業	4	220 211	219 211										
	職　別　工　事　業		5	392 390	384 391										
	設　備　工　事　業		6	392 384	382 384										
		電　気　工　事　業	7	277 298	271 297										
		電気通信・信号装置工事業	8	237 249	231 249										
		その他の設備工事業	9	496 465	481 466										

通　達

類似業種比準価額計算上の業種目及び業種目別株価等(令和4年分)

業　　　種　　　目					B 〔配当金額〕	C 〔利益金額〕	D 〔簿価純資産価額〕	A （株価）		
大　分　類		番号	内　　　　容					令和3年平均	3年11月分	3年12月分
	中　分　類									
		小　分　類								
製　　　造　　　業		10			**6.3**	**28**	**318**	**379**	**386**	**377**
食 料 品 製 造 業		11			6.7	38	390	598	604	586
	畜産食料品製造業	12	部分肉・冷凍肉、肉加工品、処理牛乳・乳飲料及び乳製品等の製造を行うもの		6.7	41	323	514	507	504
	パン・菓子製造業	13	パン、生菓子、ビスケット類・干菓子及び米菓等の製造を行うもの		8.7	54	639	1,285	1,307	1,252
	その他の食料品製造業	14	食料品製造業のうち、12及び13に該当するもの以外のもの		6.2	33	343	439	445	433
飲料・たばこ・飼料製造業		15	清涼飲料、酒類、茶、コーヒー、氷、たばこ、飼料及び有機質肥料の製造を行うもの		6.9	30	348	419	421	394
繊　　維　　工　　業		16	製糸、紡績糸、織物、ニット生地、網地、フェルト、染色整理及び衣服の縫製など繊維製品の製造を行うもの		5.5	25	262	357	370	359
パルプ・紙・紙加工品製造業		17	木材、その他の植物原料及び古繊維からパルプ及び紙の製造を行うもの並びにこれらの紙から紙加工品の製造を行うもの		3.4	17	264	153	148	145
印　刷・同　関　連　業		18	印刷業、製版業、製本業、印刷物加工業及び印刷関連サービス業を営むもの		4.1	17	279	198	198	192

— 674 —

通　達

(単位：円)

業　種　目			A（株価）【上段：各月の株価、下段：課税時期の属する月以前2年間の平均株価】												
大　分　類		番号	令和4年1月分	2月分	3月分	4月分	5月分	6月分	7月分	8月分	9月分	10月分	11月分	12月分
中　分　類														
小　分　類														
製　　造　　業		10	*365*	*355*										
			352	*352*										
食 料 品 製 造 業		11	579	585										
			577	577										
	畜産食料品製造業	12	502	505										
			503	504										
	パン・菓子製造業	13	1,230	1,262										
			1,229	1,229										
	その他の食料品製造業	14	426	427										
			423	424										
飲料・たばこ・飼料製造業		15	389	393										
			405	405										
繊　維　工　業		16	345	336										
			351	351										
パルプ・紙・紙加工品製造業		17	144	144										
			153	152										
印 刷 ・ 同 関 連 業		18	193	188										
			183	183										

— 675 —

通　達

類似業種比準価額計算上の業種目及び業種目別株価等(令和4年分)

業　　種　　目				B	C	D	A（株価）		
大　分　類 中　分　類 小　分　類	番号	内　　　容		配当金額	利益金額	簿価純資産価額	令和3年平均	3年11月分	3年12月分
(製　造　業)									
化　学　工　業	19			8.0	32	340	568	580	552
	有機化学工業製品製造業	20	工業原料として用いられる有機化学工業製品の製造を行うもの	7.5	27	304	468	525	510
	油脂加工製品・石けん・合成洗剤・界面活性剤・塗料製造業	21	脂肪酸・硬化油・グリセリン、石けん・合成洗剤、界面活性剤、塗料、印刷インキ、洗浄剤・磨用剤及びろうそくの製造を行うもの	6.3	27	364	313	304	295
	医 薬 品 製 造 業	22	医薬品原薬、医薬品製剤、生物学的製剤、生薬・漢方製剤及び動物用医薬品の製造を行うもの	11.0	47	381	910	945	864
	その他の化学工業	23	化学工業のうち、20から22に該当するもの以外のもの	7.5	30	324	541	541	524
プラスチック製品製造業	24	プラスチックを用い、押出成形機、射出成形機等の各種成形機により成形された押出成形品、射出成形品等の成形製品の製造を行うもの及び同製品に切断、接合、塗装、蒸着めっき、バフ加工等の加工を行うもの並びにプラスチックを用いて成形のために配合、混和を行うもの及び再生プラスチックの製造を行うもの		5.2	23	275	248	247	243
ゴ ム 製 品 製 造 業	25	天然ゴム類、合成ゴムなどから作られたゴム製品、すなわち、タイヤ、チューブ、ゴム製履物、ゴム引布、ゴムベルト、ゴムホース、工業用ゴム製品、更生タイヤ、再生ゴム、その他のゴム製品の製造を行うもの		7.0	23	375	263	271	269

— 676 —

通　達

(単位：円)

業　種　目 大　分　類 中　分　類 小　分　類	番号	A（株価）【上段：各月の株価、下段：課税時期の属する月以前2年間の平均株価】											
		令和 4年 1月分	2月分	3月分	4月分	5月分	6月分	7月分	8月分	9月分	10月分	11月分	12月分
（製造業）													
化　学　工　業	19	514 534	498 534										
有機化学工業製品製造業	20	475 402	442 408										
油脂加工製品・石けん・合成洗剤・界面活性剤・塗料製造業	21	283 303	281 302										
医 薬 品 製 造 業	22	806 882	786 879										
その他の化学工業	23	486 504	470 504										
プラスチック製品製造業	24	247 226	238 227										
ゴ ム 製 品 製 造 業	25	267 252	260 251										

— 677 —

通　達

類似業種比準価額計算上の業種目及び業種目別株価等(令和4年分)

業　　　種　　　目				B 配当金額	C 利益金額	D 簿価純資産価額	A（株価）		
大　分　類							令和3年平均	3年11月分	3年12月分
中　分　類	番号	内　　　　容							
小　分　類									
(製 造 業)									
窯業・土石製品製造業	26			4.6	21	272	258	260	269
	セメント・同製品製造業	27	セメント、生コンクリート及びコンクリート製品等の製造を行うもの	2.9	22	197	131	128	124
	その他の窯業・土石製品製造業	28	窯業・土石製品製造業のうち、27に該当するもの以外のもの	5.2	21	303	312	315	329
鉄　　　鋼　　　業	29	鉱石、鉄くずなどから鉄及び鋼の製造を行うもの並びに鉄及び鋼の鋳造品、鍛造品、圧延鋼材、表面処理鋼材等の製造を行うもの		4.3	14	328	188	193	190
非 鉄 金 属 製 造 業	30	鉱石（粗鉱、精鉱）、金属くずなどを処理し、非鉄金属の製錬及び精製を行うもの、非鉄金属の合金製造、圧延、抽伸、押出しを行うもの並びに非鉄金属の鋳造、鍛造、その他の基礎製品の製造を行うもの		4.5	26	281	245	250	240
金 属 製 品 製 造 業	31			5.6	28	349	266	272	263
	建設用・建築用金属製品製造業	32	鉄骨、建設用金属製品、金属製サッシ・ドア、鉄骨系プレハブ住宅及び建築用金属製品の製造を行うもの並びに製缶板金業を営むもの	4.2	26	293	223	231	223
	その他の金属製品製造業	33	金属製品製造業のうち、32に該当するもの以外のもの	6.3	29	375	285	291	282
はん用機械器具製造業	34	はん用的に各種機械に組み込まれ、あるいは取付けをすることで用いられる機械器具の製造を行うもの。例えば、ボイラ・原動機、ポンプ・圧縮機器、一般産業用機械・装置の製造など		7.3	27	333	380	370	366

— 678 —

通　達

(単位：円)

業　種　目			番号	A（株価）【上段：各月の株価、下段：課税時期の属する月以前2年間の平均株価】											
大　分　類				令和4年1月分	2月分	3月分	4月分	5月分	6月分	7月分	8月分	9月分	10月分	11月分	12月分
	中　分　類														
		小　分　類													
(製 造 業)															
窯業・土石製品製造業			26	253 229	250 231										
	セメント・同製品製造業		27	125 124	125 124										
	その他の窯業・土石製品製造業		28	306 272	303 276										
鉄　　　鋼　　　業			29	188 166	187 167										
非 鉄 金 属 製 造 業			30	242 217	243 218										
金 属 製 品 製 造 業			31	259 251	251 250										
	建設用・建築用金属製品製造業		32	223 206	218 205										
	その他の金属製品製造業		33	275 271	266 271										
はん用機械器具製造業			34	351 360	340 360										

通　達

類似業種比準価額計算上の業種目及び業種目別株価等(令和4年分)

業　　　種　　　目				B	C	D	A　(株価)		
大　分　類	中　分　類	番号	内　　　　　容	配当金額	利益金額	簿価純資産価額	令和3年平均	3年11月分	3年12月分
小　分　類									
(製　造　業)									
生産用機械器具製造業		35		5.9	26	254	395	417	421
	金属加工機械製造業	36	金属工作機械、金属加工機械、金属工作機械用・金属加工機械用部分品・附属品(金型を除く)及び機械工具(粉末や金業を除く)の製造を行うもの	5.5	19	247	289	292	286
	その他の生産用機械器具製造業	37	生産用機械器具製造業のうち、36に該当するもの以外のもの	6.1	29	257	427	455	462
業務用機械器具製造業		38	業務用及びサービスの生産に供される機械器具の製造を行うもの	7.7	27	320	410	420	414
電子部品・デバイス・電子回路製造業		39		4.2	22	214	314	336	342
	電子部品製造業	40	抵抗器、コンデンサ、変成器及び複合部品の製造、音響部品、磁気ヘッド及び小形モータの製造並びにコネクタ、スイッチ及びリレーの製造を行うもの	5.5	26	283	374	377	374
	電子回路製造業	41	電子回路基板及び電子回路実装基板の製造を行うもの	1.9	12	120	147	172	177
	その他の電子部品・デバイス・電子回路製造業	42	電子部品・デバイス・電子回路製造業のうち、40及び41に該当するもの以外のもの	4.2	24	202	335	368	381

— 680 —

通　達

(単位：円)

業　種　目			番号	A（株価）【上段：各月の株価、下段：課税時期の属する月以前2年間の平均株価】											
大　分　類				令和4年1月分	2月分	3月分	4月分	5月分	6月分	7月分	8月分	9月分	10月分	11月分	12月分
	中　分　類														
		小　分　類													
(製 造 業)															
	生産用機械器具製造業		35	414 353	388 356										
		金属加工機械製造業	36	277 265	261 265										
		その他の生産用機械器具製造業	37	456 379	427 383										
	業務用機械器具製造業		38	402 382	384 382										
	電子部品・デバイス・電子回路製造業		39	329 276	315 279										
		電子部品製造業	40	358 337	367 339										
		電子回路製造業	41	174 130	160 132										
		その他の電子部品・デバイス・電子回路製造業	42	367 289	337 293										

— 681 —

通　達

類似業種比準価額計算上の業種目及び業種目別株価等(令和4年分)

業　種　目 大　分　類					B〔配当金額〕	C〔利益金額〕	D〔簿価純資産価額〕	A（株価）		
	中　分　類	番号	内　　容					令和3年平均	3年11月分	3年12月分
		小　分　類								
(製 造 業)										
電気機械器具製造業		43			6.3	34	337	450	453	440
	発電用・送電用・配電用電気機械器具製造業	44	発電機・電動機・その他の回転電気機械、変圧器類（電子機器用を除く）、電力開閉装置、配電盤・電力制御装置及び配線器具・配線附属品の製造を行うもの		11.8	63	678	676	653	647
	電気計測器製造業	45	電気計測器、工業計器及び医療用計測器の製造を行うもの		4.2	20	169	277	296	284
	その他の電気機械器具製造業	46	電気機械器具製造業のうち、44及び45に該当するもの以外のもの		4.7	26	260	436	441	426
情報通信機械器具製造業		47	通信機械器具及び関連機器、映像・音響機械器具並びに電子計算機及び附属装置の製造を行うもの		4.3	28	262	241	236	232
輸送用機械器具製造業		48			7.5	29	424	277	286	277
	自動車・同附属品製造業	49	自動車（二輪自動車を含む）、自動車車体・附随車及び自動車部分品・附属品の製造を行うもの		8.2	31	450	261	266	257
	その他の輸送用機械器具製造業	50	輸送用機械器具製造業のうち、49に該当するもの以外のもの		4.1	19	303	354	380	371
そ の 他 の 製 造 業		51	製造業のうち、11から50に該当するもの以外のもの		7.5	30	325	399	400	388

— 682 —

通　達

(単位:円)

業　　種　　目			番号	A（株価）【上段：各月の株価、下段：課税時期の属する月以前2年間の平均株価】											
大　分　類				令和4年1月分	2月分	3月分	4月分	5月分	6月分	7月分	8月分	9月分	10月分	11月分	12月分
	中　分　類														
		小　分　類														
（製造業）															
	電気機械器具製造業		43	417 413	393 414										
		発電用・送電用・配電用電気機械器具製造業	44	617 638	579 637										
		電気計測器製造業	45	269 265	256 264										
		その他の電気機械器具製造業	46	401 385	378 387										
	情報通信機械器具製造業		47	226 227	229 227										
	輸送用機械器具製造業		48	278 252	270 253										
		自動車・同附属品製造業	49	263 238	256 239										
		その他の輸送用機械器具製造業	50	346 316	334 319										
その他の製造業			51	374 369	364 369										

通　達

類似業種比準価額計算上の業種目及び業種目別株価等(令和4年分)

業　　　種　　　目				B〔配当金額〕	C〔利益金額〕	D〔簿価純資産価額〕	A（株価）		
大分類／中分類／小分類	番号	内　　　容					令和3年平均	3年11月分	3年12月分
電気・ガス・熱供給・水道業	52			5.1	36	362	444	488	440
情　報　通　信　業	53			7.0	44	250	835	824	742
情　報　サ　ー　ビ　ス　業	54			8.4	45	262	798	788	726
ソ　フ　ト　ウ　ェ　ア　業	55	受託開発ソフトウェア業、組込みソフトウェア業、パッケージソフトウェア業及びゲームソフトウェア業を営むもの		8.6	46	260	802	795	734
情報処理・提供サービス業	56	受託計算サービス業、計算センター、タイムシェアリングサービス業、マシンタイムサービス業、データエントリー業、パンチサービス業、データベースサービス業、市場調査業及び世論調査業を営むもの		6.8	37	197	755	714	647
インターネット附随サービス業	57	インターネットを通じて、情報の提供や、サーバ等の機能を利用させるサービスを提供するもの、音楽、映像等を配信する事業を行うもの及びインターネットを利用する上で必要なサポートサービスを提供するもの		4.4	41	198	987	950	818
映像・音声・文字情報制作業	58	映画、ビデオ又はテレビジョン番組の制作・配給を行うもの、レコード又はラジオ番組の制作を行うもの、新聞の発行又は書籍、定期刊行物等の出版を行うもの並びにこれらに附帯するサービスの提供を行うもの		4.6	40	280	832	911	805
その他の情報通信業	59	情報通信業のうち、54から58に該当するもの以外のもの		6.5	46	331	533	545	502

— 684 —

通　達

(単位：円)

業　種　目			番号	A（株価）【上段：各月の株価、下段：課税時期の属する月以前2年間の平均株価】											
大　分　類				令和4年1月分	2月分	3月分	4月分	5月分	6月分	7月分	8月分	9月分	10月分	11月分	12月分
	中　分　類														
		小　分　類													
電気・ガス・熱供給・水道業			52	282 363	265 363										
情　報　通　信　業			53	662 792	642 790										
	情　報　サ　ー　ビ　ス　業		54	662 774	645 771										
		ソ　フ　ト　ウ　ェ　ア　業	55	673 777	657 775										
		情報処理・提供サービス業	56	578 744	556 739										
	インターネット附随サービス業		57	703 924	665 920										
	映像・音声・文字情報制作業		58	683 678	698 689										
	その他の情報通信業		59	455 498	452 498										

— 685 —

通　達

類似業種比準価額計算上の業種目及び業種目別株価等(令和4年分)

業　　　種　　　目					B [配当金額]	C [利益金額]	D [簿価純資産価額]	A（株価）		
大　分　類		番号	内　　　　　　　　容					令和3年平均	3年11月分	3年12月分
中　分　類										
小　分　類										
運　輸　業，郵　便　業		60			*5.8*	*35*	*421*	*383*	*385*	*382*
	道 路 貨 物 運 送 業	61	自動車等により貨物の運送を行うもの		7.1	53	409	562	549	537
	水　　　運　　　業	62	海洋、沿海、港湾、河川、湖沼において船舶により旅客又は貨物の運送を行うもの（港湾において、はしけによって貨物の運送を行うものを除く）		2.8	25	312	195	239	253
	運輸に附帯するサービス業	63	港湾運送業、貨物運送取扱業（集配利用運送業を除く）、運送代理店、こん包業及び運輸施設提供業等を営むもの		7.0	36	511	354	351	354
	その他の運輸業，郵便業	64	運輸業，郵便業のうち、61から63に該当するもの以外のもの		5.1	20	417	326	328	319

— 686 —

通　達

(単位：円)

業　　種　　目			番号	Ａ（株価）【上段：各月の株価、下段：課税時期の属する月以前２年間の平均株価】											
大　分　類				令　和 4　年 1月分	2月分	3月分	4月分	5月分	6月分	7月分	8月分	9月分	10月分	11月分	12月分
	中　分　類														
		小　分　類													
運　輸　業，郵　便　業			60	376 355	374 357										
	道 路 貨 物 運 送 業		61	523 508	511 515										
	水　　　運　　　業		62	266 161	288 168										
	運輸に附帯するサービス業		63	348 340	331 339										
	その他の運輸業，郵便業		64	311 316	322 315										

通　達

類似業種比準価額計算上の業種目及び業種目別株価等(令和4年分)

業　種　目				B 配当金額	C 利益金額	D 簿価純資産価額	A（株価）		
大　分　類							令和3年平均	3年11月分	3年12月分
中　分　類	番号	内　　　　容							
小　分　類									
卸　　売　　業	65			7.4	34	366	354	363	356
各 種 商 品 卸 売 業	66	各種商品の仕入卸売を行うもの。例えば、総合商社、貿易商社など		9.4	33	344	255	256	253
繊 維・衣 服 等 卸 売 業	67	繊維品及び衣服・身の回り品の仕入卸売を行うもの		3.6	7	184	158	156	150
飲 食 料 品 卸 売 業	68			3.7	20	273	221	218	213
農畜産物・水産物卸売業	69	米麦、雑穀・豆類、野菜、果実、食肉及び生鮮魚介等の卸売を行うもの		2.8	15	223	161	159	156
食料・飲料卸売業	70	砂糖・味そ・しょう油、酒類、乾物、菓子・パン類、飲料、茶類及び牛乳・乳製品等の卸売を行うもの		4.7	25	330	287	285	277
建築材料, 鉱物・金属材料等卸売業	71			7.5	42	449	325	329	319
化学製品卸売業	72	塗料、プラスチック及びその他の化学製品の卸売を行うもの		9.8	55	558	362	364	363
その他の建築材料, 鉱物・金属材料等卸売業	73	建築材料, 鉱物・金属材料等卸売業のうち、72に該当するもの以外のもの		6.9	38	422	316	321	309

— 688 —

通　達

(単位：円)

業　種　目			番号	A（株価）【上段：各月の株価、下段：課税時期の属する月以前2年間の平均株価】											
大　分　類				令和4年1月分	2月分	3月分	4月分	5月分	6月分	7月分	8月分	9月分	10月分	11月分	12月分
	中　分　類														
		小　分　類													
卸　　売　　業			65	**348** **332**	**342** **333**										
	各種商品卸売業		66	260 234	267 236										
	繊維・衣服等卸売業		67	146 152	142 152										
	飲食料品卸売業		68	211 217	212 217										
		農畜産物・水産物卸売業	69	156 154	156 154										
		食料・飲料卸売業	70	273 289	274 287										
	建築材料, 鉱物・金属材料等卸売業		71	322 303	324 304										
		化学製品卸売業	72	369 337	387 339										
		その他の建築材料, 鉱物・金属材料等卸売業	73	311 295	309 296										

— 689 —

通　達

類似業種比準価額計算上の業種目及び業種目別株価等(令和4年分)

業　　種　　目				B 〔配当金額〕	C 〔利益金額〕	D 〔簿価純資産価額〕	A（株価）		
大　分　類	中　分　類	番号	内　　　　容				令和3年平均	3年11月分	3年12月分
	小　分　類								
(卸　売　業)									
機 械 器 具 卸 売 業		74		10.0	40	426	481	501	494
	産業機械器具卸売業	75	農業用機械器具、建設機械・鉱山機械、金属加工機械及び事務用機械器具等の卸売を行うもの	8.8	35	427	448	461	455
	電気機械器具卸売業	76		9.7	36	398	425	455	446
	その他の機械器具卸売業	77	機械器具卸売業のうち、75及び76に該当するもの以外のもの	13.1	59	493	681	694	685
そ の 他 の 卸 売 業		78	卸売業のうち、66から77に該当するもの以外のもの	5.7	32	285	305	311	308

― 690 ―

通　達

(単位：円)

業　　種　　目			番号	A（株価）【上段：各月の株価、下段：課税時期の属する月以前2年間の平均株価】											
大　分　類				令和4年1月分	2月分	3月分	4月分	5月分	6月分	7月分	8月分	9月分	10月分	11月分	12月分
	中　分　類														
		小　分　類														
(卸　売　業)															
	機 械 器 具 卸 売 業		74	477 449	464 450										
		産業機械器具卸売業	75	447 428	442 427										
		電気機械器具卸売業	76	434 390	407 391										
		その他の機械器具卸売業	77	640 631	646 635										
	そ の 他 の 卸 売 業		78	295 287	287 287										

通　達

類似業種比準価額計算上の業種目及び業種目別株価等（令和4年分）

業　種　目				番号	内　　容	B 配当金額	C 利益金額	D 簿価純資産価額	A（株価）		
大分類	中分類	小分類							令和3年平均	3年11月分	3年12月分
小　　売　　業				79		*5.9*	*41*	*268*	*474*	*460*	*429*
	各種商品小売業			80	百貨店、デパートメントストア、総合スーパーなど、衣・食・住にわたる各種の商品の小売を行うもの	3.3	18	217	314	307	275
	織物・衣服・身の回り品小売業			81	呉服、服地、衣服、靴、帽子、洋品雑貨及び小間物等の商品の小売を行うもの	7.9	7	210	272	281	257
	飲食料品小売業			82		5.0	37	254	361	355	340
	機械器具小売業			83	自動車、自転車、電気機械器具など（それぞれの中古品を含む）及びその部分品、附属品の小売を行うもの	6.7	51	281	351	352	340
	その他の小売業			84		7.1	52	322	683	657	611
		医薬品・化粧品小売業		85	医薬品小売業、調剤薬局及び化粧品小売業等を営むもの	7.4	65	365	835	820	768
		その他の小売業		86	小売業（無店舗小売業を除く）のうち、80から83及び85に該当するもの以外のもの	7.1	48	311	637	607	563
	無店舗小売業			87	店舗を持たず、カタログや新聞・雑誌・テレビジョン・ラジオ・インターネット等で広告を行い、通信手段によって個人からの注文を受け商品を販売するもの、家庭等を訪問し個人への物品販売又は販売契約をするもの、自動販売機によって物品を販売するもの及びその他の店舗を持たないで小売を行うもの	2.4	37	187	482	449	402

通　達

(単位：円)

業　種　目			番号	A（株価）【上段：各月の株価、下段：課税時期の属する月以前2年間の平均株価】											
大　分　類				令和4年1月分	2月分	3月分	4月分	5月分	6月分	7月分	8月分	9月分	10月分	11月分	12月分
	中　分　類														
		小　分　類													
小　売　業			79	**410** **452**	**411** **451**										
	各種商品小売業		80	262 302	277 302										
	織物・衣服・身の回り品小売業		81	249 257	254 254										
	飲食料品小売業		82	327 352	331 353										
	機械器具小売業		83	335 321	335 322										
	その他の小売業		84	580 660	580 659										
		医薬品・化粧品小売業	85	716 826	713 826										
		その他の小売業	86	539 609	540 608										
	無店舗小売業		87	365 444	360 443										

通　達

類似業種比準価額計算上の業種目及び業種目別株価等(令和4年分)

業　　種　　目			B [配当金額]	C [利益金額]	D [簿価純資産価額]	A （株価）		
大分類／中分類／小分類	番号	内　　　容				令和3年平均	3年11月分	3年12月分
金融業，保険業	88		*4.6*	*28*	*265*	*205*	*215*	*207*
銀　行　業	89		2.8	13	288	78	77	78
金融商品取引業，商品先物取引業	90	金融商品取引業、商品先物取引業及び商品投資顧問業等を営むもの（金融商品取引所及び商品取引所を除く）	4.5	52	221	193	203	200
その他の金融業，保険業	91	金融業，保険業のうち、89及び90に該当するもの以外のもの	9.0	39	250	515	552	517
不動産業，物品賃貸業	92		*8.2*	*48*	*323*	*425*	*436*	*422*
不　動　産　取　引　業	93	不動産の売買、交換又は不動産の売買、貸借、交換の代理若しくは仲介を行うもの	8.5	64	310	375	407	393
不動産賃貸業・管理業	94	不動産の賃貸又は管理を行うもの	6.2	26	272	378	380	375
物　品　賃　貸　業	95	産業用機械器具、事務用機械器具、自動車、スポーツ・娯楽用品及び映画・演劇用品等の物品の賃貸を行うもの	11.7	55	443	665	645	620

— 694 —

通　達

(単位：円)

業　種　目			番号	A（株価）【上段：各月の株価、下段：課税時期の属する月以前2年間の平均株価】											
大　分　類	中　分　類	小　分　類		令和4年1月分	2月分	3月分	4月分	5月分	6月分	7月分	8月分	9月分	10月分	11月分	12月分
金　融　業，保　険　業			88	**207** **191**	**205** **192**										
	銀　　行　　業		89	84 77	88 78										
	金融商品取引業，商品先物取引業		90	207 175	203 176										
	その他の金融業，保険業		91	494 473	482 475										
不動産業，物品賃貸業			92	**411** **398**	**404** **398**										
	不　動　産　取　引　業		93	388 334	381 337										
	不動産賃貸業・管理業		94	365 364	358 361										
	物　品　賃　貸　業		95	589 644	576 640										

— 695 —

通　達

類似業種比準価額計算上の業種目及び業種目別株価等(令和4年分)

業　種　目				B 配当金額	C 利益金額	D 簿価純資産価額	A（株価）		
大分類　中分類　小分類	番号	内　　容					令和3年平均	3年11月分	3年12月分
専門・技術サービス業	96			**5.0**	**26**	**179**	**565**	**627**	**574**
専門サービス業	97	法務に関する事務、助言、相談、その他の法律的サービス、財務及び会計に関する監査、調査、相談のサービス、税務に関する書類の作成、相談のサービス及び他に分類されない自由業的、専門的なサービスを提供するもの（純粋持株会社を除く）		6.4	35	187	834	949	869
広　告　業	98	依頼人のために広告に係る総合的なサービスを提供するもの及び広告媒体のスペース又は時間を当該広告媒体企業と契約し、依頼人のために広告を行うもの		5.9	24	183	635	761	687
宿泊業, 飲食サービス業	99			**4.5**	**9**	**160**	**441**	**448**	**429**
飲　食　店	100			4.6	9	156	450	461	442
食堂, レストラン（専門料理店を除く）	101	主食となる各種の料理品をその場所で提供するもの（専門料理店、そば・うどん店、すし店など特定の料理をその場所で飲食させるものを除く）		1.9	4	52	224	228	218
専　門　料　理　店	102	日本料理店（そば・うどん店、すし店を除く）、料亭、中華料理店、ラーメン店及び焼肉店等を営むもの		5.4	14	180	532	549	534
その他の飲食店	103	飲食店のうち、101及び102に該当するもの以外のもの。例えば、そば・うどん店、すし店、酒場・ビヤホール、バー、キャバレー、ナイトクラブ、喫茶店など		5.1	6	181	468	477	449
その他の宿泊業, 飲食サービス業	104	宿泊業,飲食サービス業のうち、100から103に該当するもの以外のもの		3.7	9	179	402	388	371

— 696 —

通　達

(単位：円)

業　　種　　目		番号	A（株価）【上段：各月の株価、下段：課税時期の属する月以前2年間の平均株価】											
大　分　類 中　分　類 小　分　類			令和 4年 1月分	2月分	3月分	4月分	5月分	6月分	7月分	8月分	9月分	10月分	11月分	12月分
専門・技術サービス業		96	511 519	495 519										
	専門サービス業	97	766 785	740 786										
	広　　告　　業	98	605 555	583 558										
宿泊業，飲食サービス業		99	416 426	426 423										
	飲　　食　　店	100	430 431	441 429										
	食堂，レストラン （専門料理店を除く）	101	208 222	212 220										
	専　門　料　理　店	102	521 516	529 514										
	その他の飲食店	103	435 438	453 436										
	その他の宿泊業，飲食 サービス業	104	355 401	356 397										

— 697 —

通　達

類似業種比準価額計算上の業種目及び業種目別株価等(令和4年分)

業　種　目					B 配当金額	C 利益金額	D 簿価純資産価額	A（株価）		
大　分　類			番号	内　　容				令和3年平均	3年11月分	3年12月分
	中　分　類									
		小　分　類								
生活関連サービス業, 娯楽業			105		5.8	13	239	609	673	617
	生活関連サービス業		106	個人に対して身の回りの清潔を保持するためのサービスを提供するもの及び個人を対象としてサービスを提供するもののうち他に分類されないもの。例えば、洗濯業、理容業、美容業及び浴場業並びに旅行業、家事サービス業、衣服裁縫修理業など	6.7	16	225	630	714	634
	娯　楽　業		107	映画、演劇その他の興行及び娯楽を提供し、又は休養を与えるもの並びにこれに附帯するサービスを提供するもの	4.5	8	259	579	614	593
教　育，学　習　支　援　業			108		8.6	22	190	634	635	632
医　療　，　福　祉			109	保健衛生、社会保険、社会福祉及び介護に関するサービスを提供するもの（医療法人を除く）	5.4	53	225	572	575	539
サービス業（他に分類されないもの）			110		12.0	67	304	1,045	1,121	1,047
	職業紹介・労働者派遣業		111	労働者に職業をあっせんするもの及び労働者派遣業を営むもの	15.1	93	337	1,491	1,642	1,533
	その他の事業サービス業		112	サービス業（他に分類されないもの）のうち、111に該当するもの以外のもの	10.1	50	283	757	785	734
そ　の　他　の　産　業			113	1から112に該当するもの以外のもの	6.6	34	301	468	477	452

(注)　「A（株価）」は、業種目ごとに令和4年分の標本会社の株価を基に計算しているので、標本会社が令和3年分のものと異なる業種目などについては、令和3年11月分及び12月分の金額は、令和3年分の評価に適用する令和3年11月分及び12月分の金額とは異なることに留意してください。また、令和3年平均及び課税時期の属する月以前2年間の平均株価についても、令和4年分の標本会社を基に計算しています。

通　達

(単位：円)

業　種　目			A（株価）【上段：各月の株価、下段：課税時期の属する月以前2年間の平均株価】											
大　分　類		番号	令和4年1月分	2月分	3月分	4月分	5月分	6月分	7月分	8月分	9月分	10月分	11月分	12月分
中　分　類														
小　分　類														
生活関連サービス業, 娯楽業		105	562 563	595 563										
	生活関連サービス業	106	550 572	570 570										
	娯楽業	107	580 551	632 553										
教育, 学習支援業		108	560 599	542 598										
医療, 福祉		109	507 530	501 528										
サービス業（他に分類されないもの）		110	953 936	916 937										
	職業紹介・労働者派遣業	111	1,383 1,299	1,350 1,307										
	その他の事業サービス業	112	676 701	636 698										
その他の産業		113	425 437	416 437										

通　達

「一般定期借地権の目的となっている宅地の評価に関する取扱いについて」の一部改正について（法令解釈通達）（平成11年7月26日付）

　標題のことについては、下記に掲げるものの評価について、課税上弊害がない限り、昭和39年4月25日付直資56、直審（資）17「財産評価基本通達」（以下「評価基本通達」という。）25《貸宅地の評価》の(2)の定めにかかわらず、評価基本通達27《借地権の評価》に定める借地権割合（以下「借地権割合」という。）の地域区分に応じて、当分の間、下記により取り扱うこととしたから、平成10年1月1日以後に相続、遺贈又は贈与により取得したものの評価については、これによられたい。（平成10年8月25日付課評2－8、課資1－13、平成11年7月26日付課評2－14・課資1－11改）

（趣旨）

　評価基本通達9《土地の上に存する権利の評価上の区分》の(6)に定める定期借地権等の目的となっている宅地の評価については、平成6年2月15日付課評2－2、課資1－2「財産評価基本通達の一部改正について」により、その評価方法を定めているところであるが、借地借家法（平成3年、法律第90号）第2条第1号に規定する借地権で同法第22条《定期借地権》の規定の適用を受けるもの（以下「一般定期借地権」という。）の目的となっている宅地の評価については、最近における一般定期借地権の設定の実態等を勘案するとともに、納税者の便宜に資するため、所要の措置を講じたものである。

記

1　一般定期借地権の目的となっている宅地の評価

　　借地権割合の地域区分のうち、次の2に定める地域区分に存する一般定期借地権の目的となっている宅地の価額は、課税時期における評価基本通達25《貸宅地の評価》の(1)に定める自用地としての価額（以下「自用地としての価額」という。）から「一般定期借地権の価額に相当する金額」を控除した金額によって評価する。

　　この場合の「一般定期借地権の価額に相当する金額」とは、課税時期における自用地としての価額に、次の算式により計算した数値を乗じて計算した金額とする。

（算式）

$$（1－底地割合）\times \frac{課税時期におけるその一般定期借地権の残存期間年数に応ずる基準年利率による複利年金現価率}{一般定期借地権の設定期間年数に応ずる基準年利率による複利年金現価率}$$

通　達

（注）　基準年利率は、評価基本通達４－４に定める基準年利率をいう。

2　底地割合

1の算式中の「底地割合」は、一般定期借地権の目的となっている宅地のその設定の時における価額が、その宅地の自用地としての価額に占める割合をいうものとし、借地権割合の地域区分に応じ、次に定める割合によるものとする。

（底地割合）

	借　地　権　割　合		底　地　割　合
	路　線　価　図	評価倍率表	
地域区分	C	70%	55%
	D	60%	60%
	E	50%	65%
	F	40%	70%
	G	30%	75%

（注）1　借地権割合及びその地域区分は、各国税局長が定める「財産評価基準書」において、各路線価図についてはAからGの表示により、評価倍率表については数値により表示されている。

　　　2　借地権割合の地域区分がA地域、B地域及び評価基本通達27《借地権の評価》ただし書に定める「借地権の設定に際しその設定の対価として通常権利金その他の一時金を支払うなど借地権の取引慣行があると認められる地域以外の地域」に存する一般定期借地権の目的となっている宅地の価額は、評価基本通達25の(2)に定める評価方法により評価することに留意する。

3　「課税上弊害がない」場合とは、一般定期借地権の設定等の行為が専ら税負担回避を目的としたものでない場合をいうほか、この通達の定めによって評価することが著しく不適当と認められることのない場合をいい、個々の設定等についての事情、取引当事者間の関係等を総合勘案してその有無を判定することに留意する。

なお、一般定期借地権の借地権者が次に掲げる者に該当する場合には、「課税上弊害がある」ものとする。

(1)　一般定期借地権の借地権設定者（以下「借地権設定者」という。）の親族

(2)　借地権設定者とまだ婚姻の届出をしないが事実上婚姻関係と同様の事情にある者及びその親族でその者と生計を一にしているもの

(3)　借地権設定者の使用人及び使用人以外の者で借地権設定者から受ける金銭その他の財産によって生計を維持しているもの並びにこれらの者の親族でこれらの者

— 702 —

通　達

　と生計を一にしているもの

⑷　借地権設定者が法人税法（昭和40年法律第34号）第2条第15号《定義》に規定
　する役員（以下「会社役員」という。）となっている会社

⑸　借地権設定者、その親族、上記⑵及び⑶に掲げる者並びにこれらの者と法人税
　法第2条第10号《定義》に規定する政令で定める特殊の関係にある法人を判定の
　基礎とした場合に同号に規定する同族会社に該当する法人

⑹　上記⑷又は⑸に掲げる法人の会社役員又は使用人

⑺　借地権設定者が、借地借家法第15条《自己借地権》の規定により、自ら一般定
　期借地権を有することとなる場合の借地権設定者

通　達

課評 2 −10

課資 2 − 4

平成29年 4 月12日

（一部改正　平成29年10月30日課評 2 −55外）

各 国 税 局 長

　　　　　　　　　殿

沖縄国税事務所長

国 税 庁 長 官

特定非常災害発生日以後に相続等により取得した財産の評価について

（法令解釈通達）

　標題のことについては、昭和39年 4 月25日付直資56、直審（資）17「財産評価基本通達」（法令解釈通達）によるほか、下記のとおり定めたから、これにより取り扱われたい。

（趣旨）

　特定非常災害発生日以後に相続、遺贈（贈与をした者の死亡により効力を生ずる贈与を含む。以下同じ。）又は贈与（贈与をした者の死亡により効力を生ずる贈与を除く。以下同じ。）により取得した財産の評価方法を定めたものである。

記

（用語の意義）

1　この通達において、次に掲げる用語の意義は、それぞれ次に定めるところによる。

(1)　措置法　　租税特別措置法（昭和32年法律第26号）をいう。

(2)　措置法施行令　　租税特別措置法施行令（昭和32年政令第43号）をいう。

(3)　特定非常災害　　措置法第69条の 6 第 1 項に規定する特定非常災害をいう。

(4)　特定非常災害発生日　　措置法第69条の 6 第 1 項に規定する特定非常災害発生日をいう。

(5)　措置法通達　　昭和50年11月 4 日付直資 2 −224ほか 2 課共同「租税特別措置法（相続税法の特例関係）の取扱いについて」（法令解釈通達）をいう。

(6)　評価通達　　昭和39年 4 月25日付直資56、直審（資）17「財産評価基本通達」（法令

— 705 —

解釈通達）をいう。

(7)　特定地域　　措置法第69条の6第1項に規定する特定地域をいう。

(8)　特定地域内に保有する資産の割合が高い法人の株式等　　特定非常災害発生日において保有していた資産の特定非常災害の発生直前の価額（特定非常災害の発生直前における時価をいう。）の合計額のうちに占める特定地域内にあった動産（金銭及び有価証券を除く。）、不動産、不動産の上に存する権利及び立木の価額の合計額の割合が10分の3以上である法人の株式又は出資をいう。

(9)　応急仮設住宅　　災害救助法（昭和22年法律第118号）第2条《救助の対象》の規定に基づく救助として災害の被災者に対し供与される同法第4条《救助の種類等》第1項第1号の応急仮設住宅をいう。

(10)　評価対象法人　　評価しようとする株式の発行法人又は出資に係る出資のされている法人をいう。

(11)　課税時期　　相続、遺贈若しくは贈与により財産を取得した日又は相続税法（昭和25年法律第73号）の規定により相続、遺贈若しくは贈与により取得したものとみなされた財産のその取得の日をいう。

（特定地域内にある土地等の評価）

2　特定非常災害発生日以後同日の属する年の12月31日までの間に相続、遺贈又は贈与（以下「相続等」という。）により取得した特定地域内にある土地及び土地の上に存する権利（以下「土地等」という。）の価額は、措置法施行令第40条の2の3《特定土地等及び特定株式等に係る相続税の課税価格の計算の特例等》第3項第1号に規定する特定土地等の特定非常災害の発生直後の価額（以下「特定非常災害発生直後の価額」という。）に準じて評価することができるものとする。この場合において、その土地等の状況は、課税時期の現況によることに留意する。

　　なお、当該土地等が、特定非常災害により物理的な損失（地割れ等土地そのものの形状が変わったことによる損失をいう。以下同じ。）を受けた場合には、特定非常災害発生直後の価額に準じて評価した価額から、その原状回復費用相当額を控除した価額により評価することができるものとする。

(注)　特定非常災害発生日以後同日の属する年の12月31日までの間に相続等により取得した特定地域外にある土地等の価額は、課税時期の現況に応じ評価通達の定めるところにより評価することに留意する。

　　なお、当該土地等が、特定非常災害により物理的な損失を受けた場合には、課税時期の現況に応じ評価通達の定めるところにより評価した価額から、その原状回復費用相当額を控除した価額により評価することができるものとする。

通　達

（海面下に没した土地等の評価）

3　特定非常災害により土地等が海面下に没した場合（その状態が一時的なものである場合を除く。）には、その土地等の価額は評価しない。

（被災した造成中の宅地の評価）

4　被災した造成中の宅地の価額は、評価通達24-3《造成中の宅地の評価》に定める「その宅地の造成に係る費用現価」を次に掲げる額の合計額として計算した金額によって評価する。

(1)　特定非常災害の発生直前までに投下したその宅地の造成に係る費用現価のうち、被災後においてなおその効用を有すると認められる金額に相当する額

(2)　特定非常災害の発生直後から課税時期までに投下したその宅地の造成に係る費用現価

（応急仮設住宅の敷地の用に供するため使用貸借により貸し付けられている土地の評価）

5　応急仮設住宅の敷地の用に供するため関係都道府県知事又は関係市町村（特別区を含む。）の長に使用貸借により貸し付けられている土地の価額は、その土地の自用地としての価額（評価通達25《貸宅地の評価》に定める自用地としての価額をいう。）から、その価額にその使用貸借に係る使用権の残存期間が評価通達25(2)のイからニまでの残存期間のいずれに該当するかに応じてそれぞれに定める割合を乗じて計算した金額を控除した金額によって評価する。

（被災した家屋の評価）

6　被災した家屋（被災後の現況に応じた固定資産税評価額が付されていないものに限る。以下同じ。）の価額は、次に掲げる金額の合計額によって評価することができるものとする。

(1)　評価通達89《家屋の評価》の定めにより評価した特定非常災害の発生直前の家屋の価額から、その価額に地方税法（昭和25年法律第226号）第367条《固定資産税の減免》の規定に基づき条例に定めるところによりその被災した家屋に適用された固定資産税の軽減又は免除の割合を乗じて計算した金額を控除した金額

(注)　特定非常災害の発生に伴い地方税法等において固定資産税の課税の免除等の規定が別途定められた場合についても同様に取り扱うものとする。

(2)　特定非常災害の発生直後から課税時期までに投下したその被災した家屋の修理、改良等に係る費用現価の100分の70に相当する金額

（被災した建築中の家屋の評価）

7　被災した建築中の家屋の価額は、評価通達91《建築中の家屋の評価》に定める「その

— 707 —

通 達

家屋の費用現価」を次に掲げる額の合計額として計算した金額によって評価する。

(1) 特定非常災害の発生直前までに投下したその家屋の費用現価のうち、被災後においてなおその効用を有すると認められる金額に相当する額

(2) 特定非常災害の発生直後から課税時期までに投下したその家屋の費用現価

(特定地域内に保有する資産の割合が高い法人の株式等に係る類似業種比準価額の計算)

8 特定地域内に保有する資産の割合が高い法人の株式等につき、評価通達180《類似業種比準価額》に定める類似業種比準価額により評価することとなる場合において、課税時期が特定非常災害発生日から同日の属する事業年度の末日までの間にあるときには、措置法通達69の6・69の7共-4《特定株式等の特定非常災害の発生直後の価額》(1)の定めを準用することができるものとする。

(純資産価額の計算)

9 評価対象法人の株式又は出資につき、評価通達185《純資産価額》に定める「1株当たりの純資産価額（相続税評価額によって計算した金額)」により評価することとなる場合において、評価対象法人の各資産のうちに、評価対象法人が課税時期前3年以内に取得又は新築した特定地域内の土地等並びに家屋及びその附属設備又は構築物（以下「家屋等」という。）で、かつ、評価対象法人が特定非常災害発生日前に取得又は新築したものがあるときには、課税時期が特定非常災害発生日から起算して3年を経過する日までの間にあるときに限り、その土地等及び家屋等の価額については、評価通達185の括弧書の定めを適用しないことができるものとする。

(同族株主以外の株主等が取得した特定地域内に保有する資産の割合が高い法人の株式等の価額の計算)

10 特定地域内に保有する資産の割合が高い法人の株式等につき、評価通達188-2《同族株主以外の株主等が取得した株式の評価》により評価することとなる場合において、課税時期が特定非常災害発生日から同日の属する事業年度の末日までの間にあるときには、措置法通達69の6・69の7共-4(3)の定めを準用することができるものとする。

附 則

(適用時期)

この法令解釈通達は、平成28年4月14日以後に相続等により取得した財産の評価について適用する。

参　考

類似業種比準価額計算上の業種目及び類似業種の株価等の計算方法等について（情報）抜粋

※平成29年6月13日付資産評価企画官情報第4号

○　類似業種株価等通達の業種目分類等

> 類似業種株価等通達の業種目及び標本会社の業種目は、原則として、日本標準産業分類に基づいて区分している。

1　類似業種株価等通達の業種目及び標本会社の業種目の分類

　　類似業種株価等通達の業種目及び標本会社の業種目は、原則として、日本標準産業分類（注）に基づいて区分している。

（注）　日本標準産業分類は、統計調査の結果を産業別に表示する場合の統計基準として、事業所において行われる財及びサービスの生産又は提供に係る全ての経済活動を分類するものであり、統計の正確性と客観性を保持し、統計の相互比較性と利用の向上を図ることを目的として、総務大臣が公示している。

　　　なお、日本標準産業分類は、以下の総務省統計局のホームページで閲覧することができる。

【www.soumu.go.jp/toukei_toukatsu/index/seido/sangyo/H 25 index.htm（平成29年6月現在）】

2　評価通達の改正に伴う業種目の判定等

　　標本会社の事業が該当する業種目は、これまで単体決算による取引金額に基づいて判定していた。

　　平成29年4月27日付評価通達改正により、類似業種の比準要素については、財務諸表の数値を基に計算することとした上で、連結決算を行っている会社については、その数値を反映させることとしたことから、標本会社の事業が該当する業種目についても、連結決算を行っている会社については、連結決算による取引金額に基づいて判定することとした。

　　また、業種目の判定を行った結果、標本会社が少数となる業種目については、特定の標本会社の個性が業種目の株価等に強く反映されることとなることから、このような影響を排除するため、業種目の統合を行った。

－ 709 －

参　　考

3　平成29年分以降の類似業種比準価額計算上の業種目分類

　　上記(2)の結果、平成29年分の類似業種比準価額計算上の業種目は、別表「日本標準産業分類の分類項目と類似業種比準価額計算上の業種目との対比表（平成29年分）」のとおりとなり、評価会社の類似業種の業種目については、別表に基づき判定することとなる。

(注)　評価会社の類似業種の業種目については、「直前期末以前１年間における取引金額」により判定することとなるが、当該取引金額のうちに２以上の業種目に係る取引金額が含まれている場合には、取引金額全体のうちに占める業種目別の取引金額の割合が50％を超える業種目とし、その割合が50％を超える業種目がない場合には、次に掲げる場合に応じたそれぞれの業種目となる（評価通達181－２）。

①　評価会社の事業が一つの中分類の業種目中の２以上の類似する小分類の業種目に属し、それらの業種目別の割合の合計が50％を超える場合

　　その中分類の中にある類似する小分類の「その他の○○業」

②　評価会社の事業が一つの中分類の業種目中の２以上の類似しない小分類の業種目に属し、それらの業種目別の割合の合計が50％を超える場合（①に該当する場合を除く。）

　　その中分類の業種目

③　評価会社の事業が一つの大分類の業種目中の２以上の類似する中分類の業種目に属し、それらの業種目別の割合の合計が50％を超える場合

　　その大分類の中にある類似する中分類の「その他の○○業」

④　評価会社の事業が一つの大分類の業種目中の２以上の類似しない中分類の業種目に属し、それらの業種目別の割合の合計が50％を超える場合（③に該当する場合を除く。）

　　その大分類の業種目

⑤　①から④のいずれにも該当しない場合

　　大分類の業種目の中の「その他の産業」

※　上記判定の際、小分類又は中分類の業種目中「その他の○○業」が存在する場合には、原則として、同一の上位業種目に属する業種目はそれぞれ類似する業種目となる。ただし、「無店舗小売業」（中分類）については、「小売業」（大分類）に属する他の中分類の業種目とは類似しない業種目であることから、他の中分類の業種目の割合と合計することにより50％を超える場合は、④により「小売業」となる。

参　考

（参考）　評価会社の規模区分を判定する場合の業種の分類

　取引相場のない株式は、会社の規模に応じて区分し、原則として、大会社の株式は類似業種比準方式により、小会社の株式は純資産価額方式により、中会社の株式はこれらの併用方式により、それぞれ評価することとしている。

　この場合における会社の規模の判定要素（「従業員数」、「総資産価額（帳簿価額によって計算した金額）」及び「直前期末以前１年間における取引金額」）の数値基準については、「卸売業」、「小売・サービス業」及び「卸売業、小売・サービス業以外」の三つの業種ごとに定めている。

　なお、評価会社がどの業種に該当するかについては、別表のとおりとなる。

— 711 —

参　考

（別表）日本標準産業分類の分類項目と類似業種比準価額計算上の業種目との対比表（平成29年分）

日本標準産業分類の分類項目			類似業種比準価額計算上の業種目			規模区分を判定する場合の業種
大　分　類			大　分　類			
	中　分　類			中　分　類	番　号	
		小　分　類			小　分　類		
A　農業，林業			その他の産業		113	卸売業、小売・サービス業以外
	01　農業					
		011　耕種農業				
		012　畜産農業				
		013　農業サービス業（園芸サービス業を除く）				
		014　園芸サービス業				
	02　林業					
		021　育林業				
		022　素材生産業				
		023　特用林産物生産業（きのこ類の栽培を除く）				
		024　林業サービス業				
		029　その他の林業				
B　漁業			その他の産業		113	卸売業、小売・サービス業以外
	03　漁業（水産養殖業を除く）					
		031　海面漁業				
		032　内水面漁業				
	04　水産養殖業					
		041　海面養殖業				
		042　内水面養殖業				
C　鉱業，採石業，砂利採取業			その他の産業		113	卸売業、小売・サービス業以外
	05　鉱業，採石業，砂利採取業					
		051　金属鉱業				
		052　石炭・亜炭鉱業				
		053　原油・天然ガス鉱業				
		054　採石業，砂・砂利・玉石採取業				
		055　窯業原料用鉱物鉱業（耐火物・陶磁器・ガラス・セメント原料用に限る）				
		059　その他の鉱業				
D　建設業			建設業		1	卸売業、小売・サービス業以外
	06　総合工事業			総合工事業		2	
		061　一般土木建築工事業			その他の総合工事業	4	
		062　土木工事業（舗装工事業を除く）					
		063　舗装工事業					
		064　建築工事業（木造建築工事業を除く）			建築工事業（木造建築工事業を除く）	3	
		065　木造建築工事業			その他の総合工事業	4	
		066　建築リフォーム工事業					
	07　職別工事業（設備工事業を除く）			職別工事業		5	
		071　大工工事業					
		072　とび・土工・コンクリート工事業					
		073　鉄骨・鉄筋工事業					
		074　石工・れんが・タイル・ブロック工事業					
		075　左官工事業					
		076　板金・金物工事業					
		077　塗装工事業					
		078　床・内装工事業					
		079　その他の職別工事業					

－ 712 －

参　　考

日本標準産業分類の分類項目			類似業種比準価額計算上の業種目			規模区分を判定する場合の業種
大　分　類			大　分　類		番　号	
	中　分　類			中　分　類		
		小　分　類			小　分　類	
（D　建設業）			（建設業）			
	08　設備工事業		設備工事業		6	
		081　電気工事業		電気工事業	7	卸売業、小売・サービス業以外
		082　電気通信・信号装置工事業		電気通信・信号装置工事業	8	
		083　管工事業（さく井工事業を除く）				
		084　機械器具設置工事業		その他の設備工事業	9	
		089　その他の設備工事業				
E　製造業			製造業		10	
	09　食料品製造業			食料品製造業	11	
		091　畜産食料品製造業			畜産食料品製造業	12	
		092　水産食料品製造業				
		093　野菜缶詰・果実缶詰・農産保存食料品製造業				
		094　調味料製造業			その他の食料品製造業	14	
		095　糖類製造業				
		096　精穀・製粉業				
		097　パン・菓子製造業			パン・菓子製造業	13	
		098　動植物油脂製造業			その他の食料品製造業	14	
		099　その他の食料品製造業				
	10　飲料・たばこ・飼料製造業					
		101　清涼飲料製造業					
		102　酒類製造業					
		103　茶・コーヒー製造業（清涼飲料を除く）		飲料・たばこ・飼料製造業	15	
		104　製氷業				
		105　たばこ製造業				
		106　飼料・有機質肥料製造業				
	11　繊維工業					卸売業、小売・サービス業以外
		111　製糸業，紡績業，化学繊維・ねん糸等製造業				
		112　織物業				
		113　ニット生地製造業				
		114　染色整理業				
		115　綱・網・レース・繊維粗製品製造業		繊維工業	16	
		116　外衣・シャツ製造業（和式を除く）				
		117　下着類製造業				
		118　和装製品・その他の衣服・繊維製身の回り品製造業				
		119　その他の繊維製品製造業				
	12　木材・木製品製造業（家具を除く）					
		121　製材業，木製品製造業				
		122　造作材・合板・建築用組立材料製造業		その他の製造業	51	
		123　木製容器製造業（竹，とうを含む）				
		129　その他の木製品製造業（竹，とうを含む）				
	13　家具・装備品製造業					
		131　家具製造業				
		132　宗教用具製造業		その他の製造業	51	
		133　建具製造業				
		139　その他の家具・装備品製造業				

— 713 —

参　考

日本標準産業分類の分類項目			類似業種比準価額計算上の業種目			規模区分を判定する場合の業種
大　分　類			大　分　類			
中　分　類			中　分　類		番　号	
	小　分　類			小　分　類		
（E　製造業）			（製造業）			
14　パルプ・紙・紙加工品製造業						
	141	パルプ製造業				
	142	紙製造業				
	143	加工紙製造業	パルプ・紙・紙加工品製造業		17	
	144	紙製品製造業				
	145	紙製容器製造業				
	149	その他のパルプ・紙・紙加工品製造業				
15　印刷・同関連業						
	151	印刷業				
	152	製版業	印刷・同関連業		18	
	153	製本業，印刷物加工業				
	159	印刷関連サービス業				
16　化学工業			化学工業		19	
	161	化学肥料製造業		その他の化学工業	23	
	162	無機化学工業製品製造業		その他の化学工業	23	
	163	有機化学工業製品製造業		有機化学工業製品製造業	20	
	164	油脂加工製品・石けん・合成洗剤・界面活性剤・塗料製造業		油脂加工製品・石けん・合成洗剤・界面活性剤・塗料製造業	21	
	165	医薬品製造業		医薬品製造業	22	
	166	化粧品・歯磨・その他の化粧用調整品製造業		その他の化学工業	23	卸売業、小売・サービス業以外
	169	その他の化学工業		その他の化学工業	23	
17　石油製品・石炭製品製造業						
	171	石油精製業				
	172	潤滑油・グリース製造業（石油精製業によらないもの）				
	173	コークス製造業	その他の製造業		51	
	174	舗装材料製造業				
	179	その他の石油製品・石炭製品製造業				
18　プラスチック製品製造業（別掲を除く）						
	181	プラスチック板・棒・管・継手・異形押出製品製造業				
	182	プラスチックフィルム・シート・床材・合成皮革製造業				
	183	工業用プラスチック製品製造業	プラスチック製品製造業		24	
	184	発泡・強化プラスチック製品製造業				
	185	プラスチック成形材料製造業（廃プラスチックを含む）				
	189	その他のプラスチック製品製造業				
19　ゴム製品製造業						
	191	タイヤ・チューブ製造業				
	192	ゴム製・プラスチック製履物・同附属品製造業	ゴム製品製造業		25	
	193	ゴムベルト・ゴムホース・工業用ゴム製品製造業				
	199	その他のゴム製品製造業				

参　　考

日本標準産業分類の分類項目			類似業種比準価額計算上の業種目			規模区分を判定する場合の業種
大　分　類			大　分　類		番　号	
	中　分　類			中　分　類		
		小　分　類			小　分　類	
（E　製造業）			（製造業）			
	20　なめし革・同製品・毛皮製造業					
		201　なめし革製造業				
		202　工業用革製品製造業（手袋を除く）				
		203　革製履物用材料・同附属品製造業				
		204　革製履物製造業	その他の製造業		51	
		205　革製手袋製造業				
		206　かばん製造業				
		207　袋物製造業				
		208　毛皮製造業				
		209　その他のなめし革製品製造業				
	21　窯業・土石製品製造業		窯業・土石製品製造業		26	
		211　ガラス・同製品製造業		その他の窯業・土石製品製造業	28	
		212　セメント・同製品製造業		セメント・同製品製造業	27	
		213　建設用粘土製品製造業（陶磁器製を除く）				
		214　陶磁器・同関連製品製造業				
		215　耐火物製造業				
		216　炭素・黒鉛製品製造業		その他の窯業・土石製品製造業	28	
		217　研磨材・同製品製造業				
		218　骨材・石工品等製造業				
		219　その他の窯業・土石製品製造業				
	22　鉄鋼業					
		221　製鉄業				卸売業、小売・サービス業以外
		222　製鋼・製鋼圧延業				
		223　製鋼を行わない鋼材製造業（表面処理鋼材を除く）	鉄鋼業		29	
		224　表面処理鋼材製造業				
		225　鉄素形材製造業				
		229　その他の鉄鋼業				
	23　非鉄金属製造業					
		231　非鉄金属第1次製錬・精製業				
		232　非鉄金属第2次製錬・精製業（非鉄金属合金製造業を含む）				
		233　非鉄金属・同合金圧延業（抽伸，押出しを含む）	非鉄金属製造業		30	
		234　電線・ケーブル製造業				
		235　非鉄金属素形材製造業				
		239　その他の非鉄金属製造業				
	24　金属製品製造業		金属製品製造業		31	
		241　ブリキ缶・その他のめっき板等製品製造業				
		242　洋食器・刃物・手道具・金物類製造業		その他の金属製品製造業	33	
		243　暖房・調理等装置、配管工事用付属品製造業				
		244　建設用・建築用金属製品製造業（製缶板金業を含む）		建設用・建築用金属製品製造業	32	
		245　金属素形材製品製造業				
		246　金属被覆・彫刻業，熱処理業（ほうろう鉄器を除く）				
		247　金属線製品製造業（ねじ類を除く）		その他の金属製品製造業	33	
		248　ボルト・ナット・リベット・小ねじ・木ねじ等製造業				
		249　その他の金属製品製造業				

— 715 —

参 考

日本標準産業分類の分類項目	類似業種比準価額計算上の業種目		規模区分を判定する場合の業種
（E　製造業）	（製造業）		
25　はん用機械器具製造業			
251　ボイラ・原動機製造業			
252　ポンプ・圧縮機器製造業	はん用機械器具製造業	34	
253　一般産業用機械・装置製造業			
259　その他のはん用機械・同部分品製造業			
26　生産用機械器具製造業	生産用機械器具製造業	35	
261　農業用機械製造業（農業用器具を除く）			
262　建設機械・鉱山機械製造業			
263　繊維機械製造業	その他の生産用機械器具製造業	37	
264　生活関連産業用機械製造業			
265　基礎素材産業用機械製造業			
266　金属加工機械製造業	金属加工機械製造業	36	
267　半導体・フラットパネルディスプレイ製造装置製造業	その他の生産用機械器具製造業	37	
269　その他の生産用機械・同部分品製造業			
27　業務用機械器具製造業			
271　事務用機械器具製造業			
272　サービス用・娯楽用機械器具製造業			
273　計量器・測定器・分析機器・試験機・測量機械器具・理化学機械器具製造業	業務用機械器具製造業	38	
274　医療用機械器具・医療用品製造業			
275　光学機械器具・レンズ製造業			
276　武器製造業			卸売業、小売・サービス業以外
28　電子部品・デバイス・電子回路製造業	電子部品・デバイス・電子回路製造業	39	
281　電子デバイス製造業	その他の電子部品・デバイス・電子回路製造業	42	
282　電子部品製造業	電子部品製造業	40	
283　記録メディア製造業	その他の電子部品・デバイス・電子回路製造業	42	
284　電子回路製造業	電子回路製造業	41	
285　ユニット部品製造業	その他の電子部品・デバイス・電子回路製造業	42	
289　その他の電子部品・デバイス・電子回路製造業			
29　電気機械器具製造業	電気機械器具製造業	43	
291　発電用・送電用・配電用電気機械器具製造業	発電用・送電用・配電用電気機械器具製造業	44	
292　産業用電気機械器具製造業			
293　民生用電気機械器具製造業			
294　電球・電気照明器具製造業	その他の電気機械器具製造業	46	
295　電池製造業			
296　電子応用装置製造業			
297　電気計測器製造業	電気計測器製造業	45	
299　その他の電気機械器具製造業	その他の電気機械器具製造業	46	
30　情報通信機械器具製造業			
301　通信機械器具・同関連機械器具製造業	情報通信機械器具製造業	47	
302　映像・音響機械器具製造業			
303　電子計算機・同附属装置製造業			

— 716 —

参　考

日本標準産業分類の分類項目		類似業種比準価額計算上の業種目		番　号	規模区分を判定する場合の業種
大　分　類		大　分　類			
中　分　類		中　分　類			
小　分　類		小　分　類			
(E　製造業)		(製造業)			
31	輸送用機器器具製造業	輸送用機器器具製造業		48	
	311 自動車・同附属品製造業		自動車・同附属品製造業	49	
	312 鉄道車両・同部分品製造業				
	313 船舶製造・修理業，舶用機関製造業		その他の輸送用機器器具製造業	50	
	314 航空機・同附属品製造業				
	315 産業用運搬車両・同部分品・附属品製造業				
	319 その他の輸送用機器器具製造業				
32	その他の製造業				卸売業、小売・サービス業以外
	321 貴金属・宝石製品製造業				
	322 装身具・装飾品・ボタン・同関連品製造業（貴金属・宝石製を除く）				
	323 時計・同部分品製造業				
	324 楽器製造業	その他の製造業		51	
	325 がん具・運動用具製造業				
	326 ペン・鉛筆・絵画用品・その他の事務用品製造業				
	327 漆器製造業				
	328 畳等生活雑貨製品製造業				
	329 他に分類されない製造業				
F	電気・ガス・熱供給・水道業				
	33 電気業				
	331 電気業				
	34 ガス業				
	341 ガス業				
	35 熱供給業	電気・ガス・熱供給・水道業		52	卸売業、小売・サービス業以外
	351 熱供給業				
	36 水道業				
	361 上水道業				
	362 工業用水道業				
	363 下水道業				
G	情報通信業	情報通信業		53	
	37 通信業				
	371 固定電気通信業	その他の情報通信業		59	
	372 移動電気通信業				
	373 電気通信に附帯するサービス業				
	38 放送業				
	381 公共放送業（有線放送業を除く）				
	382 民間放送業（有線放送業を除く）	その他の情報通信業		59	小売・サービス業
	383 有線放送業				
	39 情報サービス業	情報サービス業		54	
	391 ソフトウェア業		ソフトウェア業	55	
	392 情報処理・提供サービス業		情報処理・提供サービス業	56	
	40 インターネット附随サービス業	インターネット附随サービス業		57	
	401 インターネット附随サービス業				

— 717 —

参　考

日本標準産業分類の分類項目		類似業種比準価額計算上の業種目		規模区分を判定する場合の業種
大　分　類		**大　分　類**	番号	
中　分　類		**中　分　類**		
小　分　類		**小　分　類**		
（G　情報通信業）		（情報通信業）		
41　映像・音声・文字情報制作業				小売・サービス業
	411　映像情報制作・配給業			
	412　音声情報制作業	映像・音声・文字情報制作業	58	
	413　新聞業			
	414　出版業			
	415　広告制作業			
	416　映像・音声・文字情報制作に附帯するサービス業			
H　運輸業，郵便業		運輸業，郵便業	60	
42　鉄道業		その他の運輸業，郵便業	64	
	421　鉄道業			
43　道路旅客運送業				
	431　一般乗合旅客自動車運送業			
	432　一般乗用旅客自動車運送業	その他の運輸業，郵便業	64	
	433　一般貸切旅客自動車運送業			
	439　その他の道路旅客運送業			
44　道路貨物運送業				
	441　一般貨物自動車運送業			
	442　特定貨物自動車運送業			
	443　貨物軽自動車運送業	道路貨物運送業	61	
	444　集配利用運送業			
	449　その他の道路貨物運送業			
45　水運業				卸売業、小売・サービス業以外
	451　外航海運業			
	452　沿海海運業	水運業	62	
	453　内陸水運業			
	454　船舶貸渡業			
46　航空運輸業				
	461　航空運送業	その他の運輸業，郵便業	64	
	462　航空機使用業（航空運送業を除く）			
47　倉庫業				
	471　倉庫業（冷蔵倉庫業を除く）	その他の運輸業，郵便業	64	
	472　冷蔵倉庫業			
48　運輸に附帯するサービス業				
	481　港湾運送業			
	482　貨物運送取扱業（集配利用運送業を除く）			
	483　運送代理店	運輸に附帯するサービス業	63	
	484　こん包業			
	485　運輸施設提供業			
	489　その他の運輸に附帯するサービス業			
49　郵便業（信書便事業を含む）		その他の運輸業，郵便業	64	
	491　郵便業（信書便事業を含む）			
I　卸売業，小売業		卸売業	65	
50　各種商品卸売業		各種商品卸売業	66	卸売業
	501　各種商品卸売業			

— 718 —

参　考

日本標準産業分類の分類項目			類似業種比準価額計算上の業種目			規模区分を判定する場合の業種
大　分　類			**大　分　類**		番　号	
	中　分　類			**中　分　類**		
		小　分　類			**小　分　類**	
（Ⅰ　卸売業，小売業）			（卸売業）			
51	繊維・衣服等卸売業		繊維・衣服等卸売業			
		511　繊維品卸売業（衣服，身の回り品を除く）			67	
		512　衣服卸売業				
		513　身の回り品卸売業				
52	飲食料品卸売業		飲食料品卸売業		68	
		521　農畜産物・水産物卸売業	農畜産物・水産物卸売業		69	
		522　食料・飲料卸売業	食料・飲料卸売業		70	
53	建築材料，鉱物・金属材料等卸売業		建築材料，鉱物・金属材料等卸売業		71	
		531　建築材料卸売業	その他の建築材料，鉱物・金属材料等卸売業		73	
		532　化学製品卸売業	化学製品卸売業		72	卸売業
		533　石油・鉱物卸売業	その他の建築材料，鉱物・金属材料等卸売業		73	
		534　鉄鋼製品卸売業				
		535　非鉄金属卸売業				
		536　再生資源卸売業				
54	機械器具卸売業		機器具卸売業		74	
		541　産業機械器具卸売業	産業機器具卸売業		75	
		542　自動車卸売業	その他の機械器具卸売業		77	
		543　電気機械器具卸売業	電気機器具卸売業		76	
		549　その他の機械器具卸売業	その他の機械器具卸売業		77	
55	その他の卸売業					
		551　家具・建具・じゅう器等卸売業	その他の卸売業		78	
		552　医薬品・化粧品等卸売業				
		553　紙・紙製品卸売業				
		559　他に分類されない卸売業				
			小売業		79	
56	各種商品小売業					
		561　百貨店，総合スーパー	各種商品小売業		80	
		569　その他の各種商品小売業（従業者が常時50人未満のもの）				
57	織物・衣服・身の回り品小売業					
		571　呉服・服地・寝具小売業	織物・衣服・身の回り品小売業		81	
		572　男子服小売業				
		573　婦人・子供服小売業				小売・サービス業
		574　靴・履物小売業				
		579　その他の織物・衣服・身の回り品小売業				
58	飲食料品小売業					
		581　各種食料品小売業				
		582　野菜・果実小売業				
		583　食肉小売業	飲食料品小売業		82	
		584　鮮魚小売業				
		585　酒小売業				
		586　菓子・パン小売業				
		589　その他の飲食料品小売業				

参　考

日本標準産業分類の分類項目			類似業種比準価額計算上の業種目				規模区分を判定する場合の業種
大　分　類			大　分　類				
	中　分　類			中　分　類		番　号	
		小　分　類			小　分　類		
（I　卸売業，小売業）			（小売業）				
	59　機械器具小売業						
		591　自動車小売業		機械器具小売業		83	
		592　自転車小売業					
		593　機械器具小売業（自動車，自転車を除く）					
	60　その他の小売業			その他の小売業		84	
		601　家具・建具・畳小売業			その他の小売業	86	
		602　じゅう器小売業					
		603　医薬品・化粧品小売業			医薬品・化粧品小売業	85	小売・サービス業
		604　農耕用品小売業					
		605　燃料小売業					
		606　書籍・文房具小売業			その他の小売業	86	
		607　スポーツ用品・がん具・娯楽用品・楽器小売業					
		608　写真機・時計・眼鏡小売業					
		609　他に分類されない小売業					
	61　無店舗小売業						
		611　通信販売・訪問販売小売業		無店舗小売業		87	
		612　自動販売機による小売業					
		619　その他の無店舗小売業					
J　金融業，保険業			金融業，保険業			88	
	62　銀行業			銀行業		89	
		621　中央銀行					
		622　銀行（中央銀行を除く）		銀行業		89	
	63　協同組織金融業						
		631　中小企業等金融業		その他の金融業，保険業		91	
		632　農林水産金融業					
	64　貸金業，クレジットカード業等非預金信用機関						
		641　貸金業					
		642　質屋		その他の金融業，保険業		91	
		643　クレジットカード業，割賦金融業					卸売業、小売・サービス業以外
		649　その他の非預金信用機関					
	65　金融商品取引業，商品先物取引業						
		651　金融商品取引業		金融商品取引業，商品先物取引業		90	
		652　商品先物取引業，商品投資顧問業					
	66　補助的金融業等						
		661　補助的金融業，金融附帯業		その他の金融業，保険業		91	
		662　信託業					
		663　金融代理業					
	67　保険業（保険媒介代理業，保険サービス業を含む）						
		671　生命保険業					
		672　損害保険業		その他の金融業，保険業		91	
		673　共済事業・少額短期保険業					
		674　保険媒介代理業					
		675　保険サービス業					

参　考

日本標準産業分類の分類項目			類似業種比準価額計算上の業種目		番号	規模区分を判定する場合の業種
大分類			大分類			
	中分類			中分類		
		小分類			小分類	
K 不動産業, 物品賃貸業			不動産業, 物品賃貸業		92	卸売業、小売・サービス業以外
	68 不動産取引業		不動産取引業		93	
		681 建物売買業, 土地売買業				
		682 不動産代理業・仲介業				
	69 不動産賃貸業・管理業		不動産賃貸業・管理業		94	
		691 不動産賃貸業（貸家業, 貸間業を除く）				
		692 貸家業, 貸間業				
		693 駐車場業				
		694 不動産管理業				
	70 物品賃貸業		物品賃貸業		95	
		701 各種物品賃貸業				
		702 産業用機械器具賃貸業				
		703 事務用機械器具賃貸業				
		704 自動車賃貸業				
		705 スポーツ・娯楽用品賃貸業				
		709 その他の物品賃貸業				
L 学術研究, 専門・技術サービス業						小売・サービス業
	71 学術・開発研究機関		専門・技術サービス業		96	
		711 自然科学研究所				
		712 人文・社会科学研究所				
	72 専門サービス業（他に分類されないもの）		専門サービス業（純粋持株会社を除く）		97	
		721 法律事務所, 特許事務所				
		722 公証人役場, 司法書士事務所, 土地家屋調査士事務所				
		723 行政書士事務所				
		724 公認会計士事務所, 税理士事務所				
		725 社会保険労務士事務所				
		726 デザイン業				
		727 著述・芸術家業				
		728 経営コンサルタント業, 純粋持株会社				
		729 その他の専門サービス業				
	73 広告業		広告業		98	
		731 広告業				
	74 技術サービス業（他に分類されないもの）		専門・技術サービス業		96	
		741 獣医業				
		742 土木建築サービス業				
		743 機械設計業				
		744 商品・非破壊検査業				
		745 計量証明業				
		746 写真業				
		749 その他の技術サービス業				
M 宿泊業, 飲食サービス業			宿泊業, 飲食サービス業		99	小売・サービス業
	75 宿泊業		その他の宿泊業, 飲食サービス業		104	
		751 旅館, ホテル				
		752 簡易宿所				
		753 下宿業				
		759 その他の宿泊業				

— 721 —

参　考

日本標準産業分類の分類項目			類似業種比準価額計算上の業種目			番号	規模区分を判定する場合の業種
大分類			大分類				
	中分類			中分類			
		小分類			小分類		
（M　宿泊業，飲食サービス業)			（宿泊業，飲食サービス業）				
	76　飲食店		飲食店			100	
		761　食堂，レストラン（専門料理店を除く）		食堂，レストラン（専門料理店を除く）		101	
		762　専門料理店		専門料理店		102	
		763　そば・うどん店			その他の飲食店	103	小売・サービス業
		764　すし店					
		765　酒場，ビヤホール					
		766　バー，キャバレー，ナイトクラブ					
		767　喫茶店					
		769　その他の飲食店					
	77　持ち帰り・配達飲食サービス業						
		771　持ち帰り飲食サービス業		その他の宿泊業，飲食サービス業		104	
		772　配達飲食サービス業					
N　生活関連サービス業，娯楽業			生活関連サービス業，娯楽業			105	
	78　洗濯・理容・美容・浴場業						
		781　洗濯業					
		782　理容業					
		783　美容業		生活関連サービス業		106	
		784　一般公衆浴場業					
		785　その他の公衆浴場業					
		789　その他の洗濯・理容・美容・浴場業					
	79　その他の生活関連サービス業						
		791　旅行業					
		792　家事サービス業					
		793　衣服裁縫修理業		生活関連サービス業		106	小売・サービス業
		794　物品預り業					
		795　火葬・墓地管理業					
		796　冠婚葬祭業					
		799　他に分類されない生活関連サービス業					
	80　娯楽業						
		801　映画館					
		802　興行場（別掲を除く），興行団					
		803　競輪・競馬等の競走場，競技団					
		804　スポーツ施設提供業		娯楽業		107	
		805　公園，遊園地					
		806　遊戯場					
		809　その他の娯楽業					
O　教育，学習支援業							
	81　学校教育						
		811　幼稚園					
		812　小学校					
		813　中学校					
		814　高等学校，中等教育学校					
		815　特別支援学校		教育，学習支援業		108	小売・サービス業
		816　高等教育機関					
		817　専修学校，各種学校					
		818　学校教育支援機関					
		819　幼保連携型認定こども園					

参　考

日本標準産業分類の分類項目		類似業種比準価額計算上の業種目		規模区分を判定する場合の業種
大　分　類		大　分　類	番　号	
中　分　類		中　分　類		
小　分　類		小　分　類		
（O　教育，学習支援業）		（教育，学習支援業）		
	82　その他の教育，学習支援業	教育，学習支援業	108	小売・サービス業
	821　社会教育			
	822　職業・教育支援施設			
	823　学習塾			
	824　教養・技能教授業			
	829　他に分類されない教育，学習支援業			
P　医療，福祉				
	83　医療業	医療，福祉（医療法人を除く）	109	小売・サービス業
	831　病院			
	832　一般診療所			
	833　歯科診療所			
	834　助産・看護業			
	835　療術業			
	836　医療に附帯するサービス業			
	84　保健衛生			
	841　保健所			
	842　健康相談施設			
	849　その他の保健衛生			
	85　社会保険・社会福祉・介護事業			
	851　社会保険事業団体			
	852　福祉事務所			
	853　児童福祉事業			
	854　老人福祉・介護事業			
	855　障害者福祉事業			
	859　その他の社会保険・社会福祉・介護事業			
Q　複合サービス事業				
	86　郵便局			
	861　郵便局			
	862　郵便局受託業			
	87　協同組合（他に分類されないもの）			
	871　農林水産業協同組合（他に分類されないもの）			
	872　事業協同組合（他に分類されないもの）			
R　サービス業（他に分類されないもの）		サービス業（他に分類されないもの）	110	小売・サービス業
	88　廃棄物処理業	その他の事業サービス業	112	
	881　一般廃棄物処理業			
	882　産業廃棄物処理業			
	889　その他の廃棄物処理業			
	89　自動車整備業	その他の事業サービス業	112	
	891　自動車整備業			
	90　機械等修理業（別掲を除く）	その他の事業サービス業	112	
	901　機械修理業（電気機械器具を除く）			
	902　電気機械器具修理業			
	903　表具業			
	909　その他の修理業			
	91　職業紹介・労働者派遣業	職業紹介・労働者派遣業	111	
	911　職業紹介業			
	912　労働者派遣業			

— 723 —

参　考

日本標準産業分類の分類項目			類似業種比準価額計算上の業種目			規模区分を判定する場合の業種
大　分　類			大　分　類			
	中　分　類			中　分　類	番　号	
		小　分　類			小　分　類	
（R　サービス業（他に分類されないもの））			（サービス業（他に分類されないもの））			
	92　その他の事業サービス業					
		921　速記・ワープロ入力・複写業		その他の事業サービス業	112	
		922　建物サービス業				
		923　警備業				
		929　他に分類されない事業サービス業				
	93　政治・経済・文化団体					小売・サービス業
	94　宗教					
	95　その他のサービス業					
		951　集会場		その他の事業サービス業	112	
		952　と畜場				
		959　他に分類されないサービス業				
	96　外国公務					
S　公務（他に分類されるものを除く）						
	97　国家公務					
	98　地方公務					
T　分類不能の産業						卸売業、小売・サービス業以外
	99　分類不能の産業		その他の産業		113	
		999　分類不能の産業				

参　考

資産評価企画官情報	第5号	平成29年10月3日	国　税　庁
資産課税課情報	第17号		資産評価企画官
			資産課税課

「財産評価基本通達の一部改正について」通達等のあらましについて（情報）

　平成29年9月20日付課評2－46ほか2課共同「財産評価基本通達の一部改正について」（法令解釈通達）及び平成29年9月29日付課評2－48ほか2課共同「『相続税及び贈与税における取引相場のない株式等の評価明細書の様式及び記載方法等について』の一部改正について」（法令解釈通達）により、地積規模の大きな宅地の評価について定めるほか、取引相場のない株式等の評価等について所要の改正を行ったところであるが、そのあらましは別添のとおりであるので、参考のため送付する。

```
---------------------------- （凡　例）----------------------------
本情報において使用した法令及び通達の略称は、次のとおりである。

　　　　　　　　　　（法令・通達）　　　　　　　　　　　　　　　　　　　（略称）
○　昭和39年4月25日付直資56、直審（資）17「財産評価基本通達」（法令解釈通達）……　評価通達

○　平成29年9月20日付課評2－46ほか2課共同「財産評価基本通達の一部改正について」による改

　　正前の評価通達 ……………………………………………………………　旧評価通達

○　平成2年12月27日付直評23、直資2－293「相続税及び贈与税における取引相場のない株式等の評

　　価明細書の様式及び記載方法等について」（法令解釈通達）……………………　明細書通達

○　都市計画法（昭和43年法律第100号）……………………………………　都市計画法

○　建築基準法（昭和25年法律第201号）……………………………………　建築基準法

○　首都圏整備法（昭和31年法律第83号）……………………………………　首都圏整備法

○　近畿圏整備法（昭和38年法律第129号）…………………………………　近畿圏整備法

○　中部圏開発整備法（昭和41年法律第102号）……………………………　中部圏開発整備法

○　集落地域整備法（昭和62年法律第63号）…………………………………　集落地域整備法

○　会社法（平成17年法律第86号）……………………………………………　会社法
```

— 725 —

参　考

1　地積規模の大きな宅地の評価

> 　平成29年度税制改正の大綱（平成28年12月22日閣議決定）において、相続税等の財産評価の適正化を図るため、相続税法の時価主義の下、実態を踏まえて、広大地の評価について、現行の面積に比例的に減額する評価方法から、各土地の個性に応じて形状・面積に基づき評価する方法に見直すとともに、適用要件を明確化することとされた。
>
> 　このことを踏まえ、「地積規模の大きな宅地の評価」を新設し、その適用要件については、地区区分や都市計画法の区域区分等を基にすることにより明確化を図った。
>
> 　なお、これに伴い「広大地の評価」を廃止した。
>
> 　（評価通達7、7－2、13、20－2〜20－6、21－2、22、24－6、25、付表1、40、41、
> 　　49、50、50－2、58－3、58－5＝改正、24－4、40－2、49－2、58－4＝廃止）

1　従来の取扱い

(1)　従来の取扱いの概要

　従来、その地域における標準的な宅地の地積に比して著しく地積が広大な宅地で都市計画法第4条第12項に規定する開発行為（以下「開発行為」という。）を行うとした場合に公共公益的施設用地の負担が必要と認められるもの（以下「広大地」という。）の価額は、道路や公園等のいわゆる「潰れ地」が生じることから、原則として、正面路線価に広大地補正率及び地積を乗じて評価することとしていた（旧評価通達24－4）。

　なお、広大地の評価の適用要件及び評価方法は次のとおりとしていた。

【広大地の評価の適用要件】

①　その地域における標準的な宅地の地積に比して著しく地積が広大な宅地であること

②　開発行為を行うとした場合に公共公益的施設用地（道路、公園等）の負担が必要（潰れ地が生じる）と認められるものであること

③　大規模工場用地に該当するものではないこと及び中高層の集合住宅等の敷地用地に適しているもの（その宅地について、経済的に最も合理的であると認められる開発行為が中高層の集合住宅等を建築することを目的とするものであると認められるもの）ではないこと

【評価方法（算式）】

　広大地の評価額　＝　正面路線価　×　広大地補正率$^{(注)}$　×　地積

$$（注）広大地補正率 ＝ 0.6 － 0.05 × \frac{地積}{1,000\ ㎡}$$

　※　広大地補正率は0.35を下限とする。

---

(2)　従来の広大地の評価に係る広大地補正率と各種補正率の適用関係

　従来の広大地の評価に係る広大地補正率は、土地の個別的要因に基づいて最も経済的・合理的な使用の観点から算定された鑑定評価額を基に統計学の手法を用いて設定し

参　考

ており、土地の個別的要因に係る補正が全て考慮されたものとなっていることから、土地の形状、道路との位置関係等に基づく個別的要因に係る補正、すなわち評価通達15（（奥行価格補正））から20（（不整形地の評価））まで及び20−3（（無道路地の評価））から20−6（（容積率の異なる2以上の地域にわたる宅地の評価））までの定めを適用せず、正面路線価、広大地補正率及び地積の3要素を用いて評価することとしていた。

　また、鑑定評価における開発法では、広大地にセットバック部分がある場合、セットバック部分を潰れ地として有効宅地化率を計算していることから、広大地補正率にはセットバック部分のしんしゃくは織り込み済みであるため、広大地補正率を適用する土地については、評価通達24−6（（セットバックを必要とする宅地の評価））の定めは適用しないこととしていた。

(3)　**広大な市街地農地等の評価について**

　市街地農地等（市街地農地、市街地周辺農地、市街地山林及び市街地原野をいう。以下同じ。）が宅地であるとした場合において、旧評価通達24−4に定める広大地に該当するときは、旧評価通達40−2（（広大な市街地農地等の評価））、49−2（（広大な市街地山林の評価））及び58−4（（広大な市街地原野の評価））の定めにより、旧評価通達24−4の定めに準じて評価することとしていた。

　なお、市街地農地等を広大地として評価する場合には、広大地補正率の中で農地等（農地、山林及び原野をいう。以下同じ。）を宅地に転用するための宅地造成費相当額を考慮していることから、宅地造成費相当額を控除せずに評価することとしていた。

2　通達改正の趣旨

　従来の広大地の評価に係る広大地補正率は、個別の土地の形状等とは関係なく面積に応じて比例的に減額するものであるため、社会経済情勢の変化に伴い、広大地の形状によっては、それを加味して決まる取引価額と相続税評価額が乖離する場合が生じていた。

　また、従来の広大地の評価の適用要件は、上記1(1)のとおり「定性的（相対的）」なものであったことから、広大地に該当するか否かの判断に苦慮するなどの問題が生じていた。

　このような状況の下、平成29年度税制改正の大綱（平成28年12月22日閣議決定）において、相続税等の財産評価の適正化を図るため、相続税法の時価主義の下、実態を踏まえて、広大地の評価について、現行の面積に比例的に減額する評価方法から、各土地の個性に応じて形状・面積に基づき評価する方法に見直すとともに、適用要件を明確化する旨明記された。このことを踏まえ、「地積規模の大きな宅地の評価」を新設し、その適用要件については、地区区分や都市計画法の区域区分等を基にすることにより「定量的（絶対的）」なものとし、明確化を図った。

　なお、これに伴い「広大地の評価」を廃止した。

（参考）平成29年度税制改正の大綱（抄）

　二　資産課税

　　6　その他

　　　(6)　相続税等の財産評価の適正化

— 727 —

参　考

相続税法の時価主義の下、実態を踏まえて、次の見直しを行う。

①、②　（省略）

③　広大地の評価について、現行の面積に比例的に減額する評価方法から、各土地の個性に応じて形状・面積に基づき評価する方法に見直すとともに、適用要件を明確化する。

④　（省略）

3　通達改正の概要等

(1)　「地積規模の大きな宅地の評価」の概要

イ　「地積規模の大きな宅地の評価」の趣旨

「地積規模の大きな宅地の評価」では、新たに「規模格差補正率」を設け、「地積規模の大きな宅地」を戸建住宅用地として分割分譲する場合に発生する減価のうち、主に地積に依拠する次の①から③の減価を反映させることとした。

①　戸建住宅用地としての分割分譲に伴う潰れ地の負担による減価 (注)

地積規模の大きな宅地を戸建住宅用地として分割分譲する場合には、一定の場合を除き、道路、公園等の公共公益的施設用地の負担を要することとなる。この負担により、戸建住宅用地として有効に利用できる部分の面積が減少することになるため、このようないわゆる「潰れ地」部分の負担が減価要因となる。

（注）この潰れ地の負担による減価は、主に地積に依拠する一方、奥行距離にも依拠することから、当該減価の一部は普通商業・併用住宅地区及び普通住宅地区の奥行価格補正率に反映させた。具体的には、改正前の数値では潰れ地の負担による減価を反映しきれていない奥行距離に係る奥行価格補正率の数値について、当該減価を適正に反映させるために見直すこととした。

②　戸建住宅用地としての分割分譲に伴う工事・整備費用等の負担による減価

地積規模の大きな宅地を戸建住宅用地として分割分譲する場合には、住宅として利用するために必要な上下水道等の供給処理施設の工事費用の負担を要するとともに、開設した道路等の公共公益的施設の整備費用等の負担が必要となる。

また、開発分譲地の販売・広告費等の負担を要する。

開発分譲業者は、これらの費用負担を考慮して宅地の仕入れ値（購入価格）を決定することになるため、これらの工事・整備費用等の負担が減価要因となる。

③　開発分譲業者の事業収益・事業リスク等の負担による減価

地積規模の大きな宅地を戸建住宅用地として分割分譲する場合には、開発分譲業者は、開発利益を確保する必要がある。

また、開発する面積が大きくなるにつれ販売区画数が多くなることから、開発分譲業者は、完売までに長期間を要したり、売れ残りが生じるというリスクを負う。

さらに、開発分譲業者は、通常、開発費用を借入金で賄うことから、開発の準備・工事期間を通じた借入金の金利の負担を要する。

開発分譲業者は、これらを踏まえて宅地の仕入れ値（購入価格）を決定するため、これらが減価要因となる。

— 728 —

参　　考

ロ　「地積規模の大きな宅地」の意義

　　上記イのとおり、「地積規模の大きな宅地の評価」は、戸建住宅用地として分割分譲する場合に発生する減価を反映させることを趣旨とするものであることから、戸建住宅用地としての分割分譲が法的に可能であり、かつ、戸建住宅用地として利用されるのが標準的である地域に所在する宅地が対象となる。したがって、三大都市圏では500㎡以上の地積の宅地、それ以外の地域では1,000㎡以上の地積の宅地であって、次の①から④に該当するもの以外のものを「地積規模の大きな宅地」とした[注1,2]。

　　次の①から④に該当するものを「地積規模の大きな宅地」から除くこととしているのは、法的規制やその標準的な利用方法に照らすと「地積規模の大きな宅地の評価」の趣旨にそぐわないことを理由とするものである。

　　なお、「地積規模の大きな宅地の評価」では、社会経済情勢の変化等を踏まえ、原則として、開発行為に係る要件を設けないこととした。

（注1）　「三大都市圏」とは、次の地域をいう。

　　　　イ　首都圏整備法第2条第3項に規定する既成市街地又は同条第4項に規定する近郊整備地帯

　　　　ロ　近畿圏整備法第2条第3項に規定する既成都市区域又は同条第4項に規定する近郊整備区域

　　　　ハ　中部圏開発整備法第2条第3項に規定する都市整備区域

（注2）　三大都市圏では500㎡以上、それ以外の地域では1,000㎡以上という地積規模は、専門機関の実態調査等の結果に基づき設定した。したがって、三大都市圏では500㎡未満、それ以外の地域では1,000㎡未満の地積の宅地については、「地積規模の大きな宅地の評価」の適用はないことに留意する。

①　市街化調整区域（都市計画法第34条第10号又は第11号の規定に基づき宅地分譲に係る開発行為を行うことができる区域を除く。）に所在する宅地

　　市街化調整区域は、「市街化を抑制すべき区域」（都市計画法7③）であり、原則として宅地開発を行うことができない地域である（都市計画法29、33、34）。このことからすると、市街化調整区域内に所在する宅地については、戸建住宅用地としての分割分譲に伴う減価が発生する余地がないことから、原則として、「地積規模の大きな宅地」に該当しないものとした。

　　しかしながら、市街化調整区域であっても、都市計画法第34条第10号の規定により、同法第12条の4第1項第1号に規定する地区計画の区域（地区整備計画が定められている区域に限る。）内又は集落地域整備法第5条第1項の規定による集落地区計画の区域（集落地区整備計画が定められている区域に限る。）内においては、当該地区計画又は集落地区計画に適合する開発行為を行うことができることとされている。また、都市計画法第34条第11号の規定により、いわゆる条例指定区域内においても、同様に開発行為を行うことができることとされている。

　　これらのことを踏まえると、市街化調整区域であっても、都市計画法第34条第10号又は第11号の規定に基づき宅地分譲に係る開発行為を行うことができる区域については、戸建住宅用地としての分割分譲が法的に可能であることから、これら

— 729 —

参　　考

の区域内に所在する宅地について、地積規模を満たす場合には「地積規模の大きな宅地」に該当するものとした[注]。

　（注）都市計画法第34条第10号又は第11号の規定に基づき開発許可の対象とされる建築物の用途等は、地区計画、集落地区計画又は条例により定められるため、それぞれの地域によってその内容が異なることになる。したがって、地区計画又は集落地区計画の区域（地区整備計画又は集落地区整備計画が定められている区域に限る。）内、及び条例指定区域内に所在する宅地であっても、例えば、一定規模以上の店舗等の開発は認められるが、宅地分譲に係る開発は認められていないような場合には、「地積規模の大きな宅地の評価」の適用対象とならないことに留意する必要がある。

② 都市計画法の用途地域が工業専用地域に指定されている地域に所在する宅地

　工業専用地域は、工業の利便を増進する地域（都市計画法9⑫）であり、同地域内においては、原則として、工業系の用途となじまない用途の建築物の建築が禁止され、住宅の建築はできないこととされている（建築基準法48⑫、別表第二）。

　このことを踏まえると、工業専用地域に所在する宅地については、地積規模が大きいものであっても、基本的に戸建住宅用地としての分割分譲に伴う減価が発生する余地がないことから、「地積規模の大きな宅地」に該当しないものとした[注]。

　（注）　評価対象となる宅地が2以上の用途地域にわたる場合には、建築基準法上、2以上の用途地域にわたる建築物の敷地については、その全部についてその過半の属する用途地域の制限が適用されることを踏まえ、当該宅地の全部が当該宅地の過半の属する用途地域に所在するものとする。

③ 指定容積率が 400%（東京都の特別区内においては 300%）以上の地域に所在する宅地

　指定容積率[注1]が 400%（東京都の特別区内においては 300%）以上の地域に所在する宅地については、マンション敷地等として一体的に利用されることが標準的であり、戸建住宅用地として分割分譲が行われる蓋然性が乏しいと考えられることから、「地積規模の大きな宅地」に該当しないものとした[注2]。

　（注1）　指定容積率とは、建築基準法第52条第1項に規定する建築物の延べ面積の敷地面積に対する割合をいう。

　　　なお、評価対象となる宅地が指定容積率の異なる2以上の地域にわたる場合には、建築基準法の考え方に基づき、各地域の指定容積率に、その宅地の当該地域内にある各部分の面積の敷地面積に対する割合を乗じて得たものの合計により容積率を判定する。

　（注2）　専門機関の実態調査等の結果に基づき、指定容積率を基準とすることとした。

④ 倍率地域に所在する評価通達 22－2((大規模工場用地))に定める大規模工場用地

　大規模工場用地に該当する場合には、別途、評価通達 22((大規模工場用地の評価))から 22－3((大規模工場用地の路線価及び倍率))までに定めるところにより、大規模な土地であることを前提として評価することとしており、また、大規模工場用地は、大規模な工場用地として利用されることが標準的であると考えられる。

　このことを踏まえると、戸建住宅用地としての分割分譲が行われる蓋然性が乏し

参　　考

いと考えられることから、大規模工場用地については、「地積規模の大きな宅地」に該当しないものとした。

　なお、大規模工場用地は、路線価地域においては、評価通達14-2((地区))に定める大工場地区に所在するものに限られるところ、路線価地域の場合、下記ハ(イ)のとおり、「地積規模の大きな宅地の評価」は、普通商業・併用住宅地区及び普通住宅地区に所在する宅地が適用対象となることから、路線価地域に所在する大規模工場用地は、「地積規模の大きな宅地の評価」の適用対象から除かれることになる。

ハ　「地積規模の大きな宅地の評価」の適用対象

　(イ)　路線価地域の場合

　　　路線価地域においては、上記ロの「地積規模の大きな宅地」であって、評価通達14-2((地区))に定める普通商業・併用住宅地区及び普通住宅地区に所在するものを、「地積規模の大きな宅地の評価」の適用対象とした。

　　　普通商業・併用住宅地区及び普通住宅地区に所在する「地積規模の大きな宅地」を適用対象としているのは、これらの地区に所在する宅地は、指定容積率が400％（東京都の特別区内においては300％）以上の地域に所在するものを除けば、戸建住宅用地として利用されることが標準的であると考えられるため、戸建住宅用地として分割分譲する場合に発生する減価を考慮して評価する必要があることを理由とするものである^(注1、2)。

　(注1)　ビル街地区は、大規模な商業用地として利用されることを前提とした地区であり、当該地区内の宅地については、戸建住宅用地として分割分譲されることは想定されず、それに伴う減価が発生する余地がないことから、「地積規模の大きな宅地の評価」の適用対象とならない。

　　　　高度商業地区及び繁華街地区は、主として商業用地として利用されることを前提とした、通常繁華性の高い地区である。これらの地区内の宅地については、中高層の建物の敷地として利用されるのが標準的であり、戸建住宅用地としての分割分譲が行われる蓋然性が乏しいことから、「地積規模の大きな宅地の評価」の適用対象とならない。

　　　　中小工場地区は、主として中小規模の工場用地として利用されることを前提とした地区であり、当該地区内の宅地は、中小規模の工場用地として利用されることが標準的であることから、「地積規模の大きな宅地の評価」の適用対象とならない。

　　　　大工場地区は、大規模な工場用地として利用されることを前提とした地区である。当該地区内の土地は、大規模な工場用地として利用されることが標準的であり、戸建住宅用地としての分割分譲が行われる蓋然性が乏しいことから、「地積規模の大きな宅地の評価」の適用対象とならない。

　(注2)　評価対象となる宅地の正面路線が2以上の地区にわたる場合には、地区について都市計画法の用途地域を判断要素の一つとして設定していることから、建築基準法における用途地域の判定の考え方を踏まえ、当該宅地の過半の属する地区をもって、当該宅地の全部が所在する地区とする。

－ 731 －

参　考

　(ロ)　倍率地域の場合

　　　倍率地域においては、上記ロの「地積規模の大きな宅地」に該当すれば、「地積規模の大きな宅地の評価」の適用対象となる。

二　「地積規模の大きな宅地の評価」に係る具体的評価方法等

　(イ)　路線価地域の場合

　　　普通商業・併用住宅地区及び普通住宅地区に所在する「地積規模の大きな宅地」については、正面路線価を基に、その形状・奥行距離に応じて評価通達15((奥行価格補正))から20((不整形地の評価))までの定めにより計算した価額に、その宅地の地積に応じた「規模格差補正率」を乗じて計算した価額によって評価する。

　　　これを具体的な算式で表すと、次のとおりである。

　　　【算式】

　　　地積規模の大きな宅地（一方のみが路線に接するもの）の相続税評価額

$$= 正面路線価 \times 奥行価格補正率 \times 地積 \times \begin{array}{l}不整形地補正率など\\の各種画地補正率\end{array}$$

$$\times 規模格差補正率$$

　(ロ)　倍率地域の場合

　　　倍率地域に所在する「地積規模の大きな宅地」については、評価通達21－2((倍率方式による評価))本文の定めにより評価した価額が、その宅地が標準的な間口距離及び奥行距離を有する宅地であるとした場合の1平方メートル当たりの価額[注]を評価通達14((路線価))に定める路線価とし、かつ、その宅地が評価通達14－2((地区))に定める普通住宅地区に所在するものとして「地積規模の大きな宅地の評価」（評価通達20－2）の定めに準じて計算した価額を上回る場合には、当該「地積規模の大きな宅地」については、「地積規模の大きな宅地の評価」（評価通達20－2）の定めに準じて計算した価額により評価する。

　　　(注)　「その宅地が標準的な間口距離及び奥行距離を有する宅地であるとした場合の1平方メートル当たりの価額」は、付近にある標準的な画地規模を有する宅地の価額との均衡を考慮して算定する必要がある。具体的には、評価対象となる宅地の近傍の固定資産税評価に係る標準宅地の1平方メートル当たりの価額を基に計算することが考えられるが、当該標準宅地が固定資産税評価に係る各種補正の適用を受ける場合には、その適用がないものとしたときの1平方メートル当たりの価額に基づき計算することに留意する。

ホ　「地積規模の大きな宅地の評価」に係る規模格差補正率と各種補正率の適用関係

　　　従来の広大地の評価に係る広大地補正率では、上記1⑵のとおり、土地の個別的要因に係る補正が全て考慮されているが、「地積規模の大きな宅地の評価」に係る規模格差補正率は、上記イのとおり、地積規模の大きな宅地を戸建住宅用地として分割分譲する場合に発生する減価のうち、主に地積に依拠するものを反映しているものであり、

参　　考

それ以外の土地の個別的要因に係る補正については考慮していない。

　したがって、地積規模の大きな宅地を戸建住宅用地として分割分譲する場合に発生する減価のうち、主に地積に依拠するもの以外の土地の形状、道路との位置関係等に基づく個別的要因に係る補正については、別途、評価通達 15((奥行価格補正))から20((不整形地の評価))まで及び 20−3((無道路地の評価))から 20−6((容積率の異なる 2 以上の地域にわたる宅地の評価))までの定めを適用して評価上考慮することとなる。また、セットバック部分がある場合には、別途、評価通達 24−6((セットバックを必要とする宅地の評価))の定めを適用して評価することとなる。

ヘ　規模格差補正率の計算方法等

（イ）規模格差補正率の計算方法

　「規模格差補正率」は、下記の算式により計算する。

【算式】

$$規模格差補正率 = \frac{Ⓐ \times Ⓑ + Ⓒ}{地積規模の大きな宅地の地積（Ⓐ）} \times 0.8$$

　(注) 上記算式により計算した規模格差補正率は、小数点以下第 2 位未満を切り捨てる。

　上の算式中の「Ⓑ」及び「Ⓒ」は、地積規模の大きな宅地の所在する地域に応じて、それぞれ下表のとおりとする。

① 三大都市圏に所在する宅地

地積㎡	地区区分 記号	普通商業・併用住宅地区、普通住宅地区	
		Ⓑ	Ⓒ
500 以上　1,000 未満		0.95	25
1,000 〃　3,000 〃		0.90	75
3,000 〃　5,000 〃		0.85	225
5,000 〃		0.80	475

② 三大都市圏以外の地域に所在する宅地

地積㎡	地区区分 記号	普通商業・併用住宅地区、普通住宅地区	
		Ⓑ	Ⓒ
1,000 以上　3,000 未満		0.90	100
3,000 〃　5,000 〃		0.85	250
5,000 〃		0.80	500

参　　考

（参考）奥行価格補正率表（抜粋）

地区区分 奥行距離 (メートル)	普通商業・ 併用住宅地区		普通住宅地区	
	改正前	改正後	改正前	改正後
24以上 28 未満	1.00	1.00	0.99	0.97
28 〃 32 〃			0.98	0.95
32 〃 36 〃	0.98	0.97	0.96	0.93
36 〃 40 〃	0.96	0.95	0.94	0.92
40 〃 44 〃	0.94	0.93	0.92	0.91
44 〃 48 〃	0.92	0.91	0.91	0.90
48 〃 52 〃	0.90	0.89	0.90	0.89

《規模格差補正率の具体的計算例》

　※三大都市圏に所在する地積1,500㎡の宅地の場合

$$規模格差補正率 = \frac{1,500 ㎡ \times 0.90 + 75}{1,500 ㎡} \times 0.8$$

$$= 0.76$$

㈹　規模格差補正率の算式の考え方

　「規模格差補正率」が適用される宅地の地積は、三大都市圏では500㎡以上、それ以外の地域では1,000㎡以上であるが、専門機関の分析結果によると、地積規模の大きな宅地を戸建住宅用地として分割分譲する場合に発生する減価は、当初は地積の増加に正比例的に増加するものの、一定の地積規模を超えると、その増加幅は緩やかとなる傾向にある。上記(イ)の算式により計算した「規模格差補正率」は、この傾向を適正に反映したものとして計算される。

　また、当該減価の割合は、地積区分ごとに異なる（例えば、上記(イ)の表のとおり、三大都市圏に所在する1,500㎡の宅地の場合、当該宅地の500㎡以上1,000㎡未満の部分の減価の割合（0.95（上記(イ)の表のⒷの数値））と1,000㎡以上1,500㎡までの部分の減価の割合（0.90（上記(イ)の表のⒷの数値））は異なる。）ため、当該宅地に係る「規模格差補正率」は、本来的には、当該宅地を①500㎡未満の部分、②500㎡以上1,000㎡未満の部分及び③1,000㎡以上1,500㎡までの部分に分割し、それぞれの部分に対応する減価の割合を乗じて合算したものに基づき計算することとなる。しかしながら、このような計算方法によると、地積の規模が特に大きくなった場合には「規模格差補正率」の計算過程が複雑なものとなってしまうため、上記(イ)のとおり、簡便に「規模格差補正率」を計算できるようにした。具体的には、例えば、上記と同様の三大都市圏に所在する1,500㎡の宅地の場合、全体の面積を基に1,000

参　考

㎡以上3,000㎡未満の0.90（上記(イ)の表のⒷの数値）を乗じた上で75（上記(イ)の表のⒸの数値）を加算する方法により、当該宅地の「規模格差補正率」（0.76）を計算できるようにしている。

⑵　市街地農地等への「地積規模の大きな宅地の評価」の適用について

　従来の広大な市街地農地等については、上記1⑶のとおり、旧評価通達24−4の定めに準じて評価することとしていたが、今般の改正により、旧評価通達24−4の定めの廃止に伴い、旧評価通達40−2、49−2及び58−4の定めも併せて廃止し、今後は、通常の市街地農地等と同様、評価通達39（（市街地周辺農地の評価）)、40（（市街地農地の評価）)、49（（市街地山林の評価））及び58−3（（市街地原野の評価））の定めにより評価することとした。

　市街地農地等については、評価通達39、40、49及び58−3の定めにおいて、その農地等が宅地であるとした場合を前提として評価（宅地比準方式により評価）することとしているところ、開発分譲業者が、地積規模の大きな市街地農地等を造成し、戸建住宅用地として分割分譲する場合には、地積規模の大きな宅地の場合と同様に、それに伴う減価が発生することになる。

　したがって、市街地農地等については、「地積規模の大きな宅地の評価」の適用要件を満たせば、その適用対象となる（ただし、路線価地域にあっては、宅地の場合と同様に、普通商業・併用住宅地区及び普通住宅地区に所在するものに限られる。）(注)。評価通達40注書、49注書及び58−3注書において、このことを留意的に明らかにした。

　(注)　市街地農地等について、宅地への転用が見込めないと認められる場合には、戸建住宅用地としての分割分譲が想定されないことから、「地積規模の大きな宅地の評価」の適用対象とならないことに留意する。

　なお、上記1⑶のとおり、従来の広大地評価に係る広大地補正率では、宅地造成費相当額が考慮されていたが、「地積規模の大きな宅地の評価」に係る規模格差補正率は、上記⑴イのとおり、地積規模の大きな宅地を戸建住宅用地として分割分譲する場合に発生する減価のうち、主に地積に依拠するものを反映しているものであり、宅地造成費相当額は反映していない。

　したがって、「地積規模の大きな宅地の評価」の適用対象となる市街地農地等については、「地積規模の大きな宅地の評価」を適用した後、個々の農地等の状況に応じた宅地造成費相当額を別途控除して評価することとなる。

⑶　雑種地への「地積規模の大きな宅地の評価」の適用について

　雑種地の価額は、近傍にある状況が類似する土地に比準した価額により評価する（評価通達82）ところ、評価対象となる雑種地の状況が宅地に類似する場合には宅地に比準して評価することとなり、農地等に類似する場合には農地等に比準して評価することとなる。このとき、市街化区域内の農地等の価額は宅地比準方式により評価することとしていることから、市街化区域内の雑種地についても、宅地比準方式により評価することとなる。

　このような宅地に状況が類似する雑種地又は市街地農地等に類似する雑種地について、「地積規模の大きな宅地の評価」の適用要件を満たす場合には、宅地と同様に、戸建

— 735 —

参　考

住宅用地としての分割分譲に伴い発生する減価を評価額に反映させる必要がある。
　したがって、状況が宅地に類似する雑種地又は市街地農地等に類似する雑種地については、「地積規模の大きな宅地の評価」の適用要件を満たせば、その適用対象となる（ただし、路線価地域にあっては、宅地の場合と同様に、普通商業・併用住宅地区及び普通住宅地区に所在するものに限られる。）。

⑷　具体的な計算例
　「地積規模の大きな宅地の評価」の具体的な計算例を示せば、次のとおりである。

（設例１）宅地の場合
　　三大都市圏内に所在する面積750㎡の宅地
　※　他の地積規模の大きな宅地の評価の適用要件は満たしている。

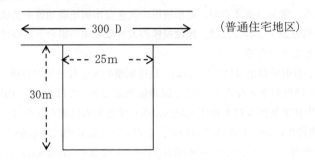

【計算】
　１　規模格差補正率
$$\frac{750㎡ \times 0.95 + 25}{750㎡} \times 0.8 = 0.78$$

　２　評価額
　　　　（路線価）　（奥行価格補正率）　（面積）　（規模格差補正率）
　　　300,000円 × 0.95 × 750㎡ × 0.78 ＝ 166,725,000円

　（注）規模格差補正率は、小数点以下第２位未満を切り捨てて求める。

参　考

（設例２）市街地農地の場合
　　三大都市圏以外の地域内に所在する面積1,500㎡の畑
　※１　他の地積規模の大きな宅地の評価の適用要件は満たしている。
　　２　宅地造成費として、整地（１㎡当たり600円）を要する。

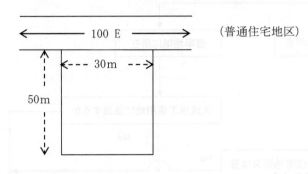

【計算】
　１　規模格差補正率
$$\frac{1,500㎡ \times 0.90 + 100}{1,500㎡} \times 0.8 = 0.77$$

　２　１㎡当たりの価額
　　　　（路線価）　（奥行価格補正率）（規模格差補正率）　（整地費）
　　　（100,000円 × 0.89 × 0.77） － 600円 ＝ 67,930円

　３　市街地農地の評価額
　　　67,930円 × 1,500㎡ ＝ 101,895,000円

（注１）　規模格差補正率は、小数点以下第２位未満を切り捨てて求める。
（注２）　市街地農地等については、「地積規模の大きな宅地の評価」を適用した後、宅地造成費相当額を別途控除して評価する。

(5)　適用時期
　　平成30年１月１日以後に相続、遺贈又は贈与により取得した財産の評価に適用することとした。

参 考

「地積規模の大きな宅地の評価」の適用対象の判定のためのフローチャート

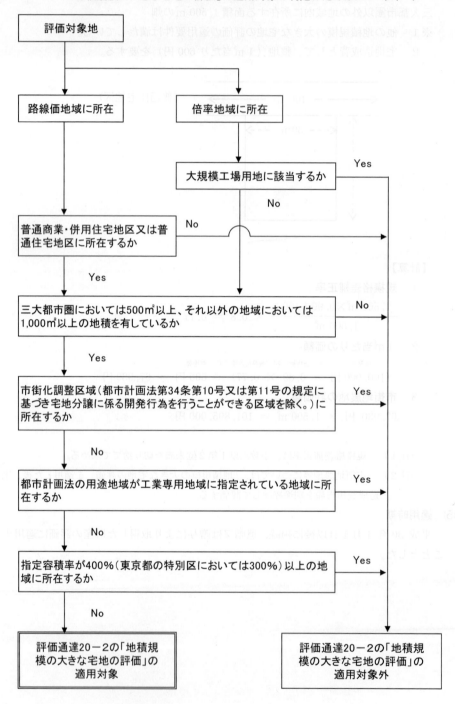

参　　考

2　取引相場のない株式等の評価（株式保有特定会社の判定基準の見直し）

> 評価会社が株式保有特定会社に該当するか否かについて、現行の「株式及び出資」に「新株予約権付社債」を加えて、株式等保有特定会社の判定基準とすることとした。
>
> また、これに伴い、「Ｓ1＋Ｓ2」方式による評価における計算方法等についても、所要の改正を行った。
>
> （評価通達 189、189－2、189－3、194－2、明細書通達＝改正）

1　従来の取扱い

　課税時期において、評価会社の有する各資産の価額の合計額（相続税評価額ベース）のうちに占める「株式及び出資」の価額の合計額（相続税評価額ベース）の割合が 50％以上である評価会社については、株式保有特定会社として、その株式の価額を、原則として純資産価額方式より評価することとしていた。

2　通達改正の概要

(1)　株式保有特定会社の判定基準

　株式会社に対して行使することにより当該株式会社の株式の交付を受ける権利（新株予約権）が付された社債を「新株予約権付社債」という（会社法2二十一、二十二）。この新株予約権付社債は「株式及び出資」には該当しないが、株式に転換することのできる権利を有しており、市場では予約権を行使して取得される株式の価格と連動して、その価格が形成されていること及び金融商品取引法等において株式と同等に取り扱われる規定があること等を踏まえると、株式保有特定会社に該当するか否かの判定においては、「株式及び出資」と同等に取り扱うことが相当と考えられる。

　そこで、現行の「株式及び出資」に「新株予約権付社債」を加えて、株式等保有特定会社の判定基準とすることとした。

(2)　「Ｓ1＋Ｓ2」方式による評価

　株式保有特定会社の株式は、原則として純資産価額方式により評価することとし、納税義務者の選択により、「Ｓ1＋Ｓ2」方式により評価することができることとしているところ、上記(1)の見直しに伴い、「Ｓ1＋Ｓ2」方式による評価における計算方法等について以下のとおり改正した。

イ　株式及び出資の価額

　Ｓ1の金額を求める際の類似業種比準価額の修正計算における「株式及び出資の帳簿価額の合計額」及び純資産価額（相続税評価額）の修正計算において各資産から除かれる「株式及び出資」並びにＳ2の金額を求める際の「株式等の価額の合計額（相続税評価額によって計算した金額）」及び「株式等の帳簿価額の合計額」について、それぞれ新株予約権付社債の価額を加えて計算することとした。

ロ　受取配当金収受割合の計算

　Ｓ1の金額を求める場合における受取配当金収受割合について、「直前期末以前2年間の受取配当金額（法人から受ける剰余金の配当（株式又は出資に係るものに限るものとし、資本金等の額の減少によるものを除く。）、利益の配当及び剰余金の分配（出資に係るもの

— 739 —

参　　考

に限る。）をいう。以下同じ。）の合計額」に「新株予約権付社債に係る利息の額」を加え
て、受取配当金等収受割合を計算することとした。

3　明細書通達の改正

　「株式保有特定会社の判定基準の見直し」に伴い、明細書通達における次の欄について改正
した。

・　「第2表　特定の評価会社の判定の明細書」における「2.株式保有特定会社」欄及び「7.
　特定の評価会社の判定結果」欄

・　「第5表　1株当たりの純資産価額（相続税評価額）の計算明細書」における「1.資産
　及び負債の金額（課税時期現在）」欄

・「第6表　特定の評価会社の株式及び株式に関する権利の価額の計算明細書」における「1.
　純資産価額方式等による価額」欄

・　「第7表　株式保有特定会社の株式の価額の計算明細書」における「1.S1の金額（類
　似業種比準価額の修正計算）」欄

・　「第8表　株式保有特定会社の株式の価額の計算明細書（続）」における各欄

参　考

資 産 評 価 企 画 官 情 報 資 産 課 税 課 情 報	第 4 号 第19号	平成30年12月13日	国　税　庁 資 産 評 価 企 画 官 資 産 課 税 課

「財産評価基本通達の一部改正について」通達のあらましについて（情報）

　平成30年12月10日付課評 2 - 49ほか 2 課共同「財産評価基本通達の一部改正について」（法令解釈通達）により、土砂災害特別警戒区域内にある宅地の評価について定めたところであるが、そのあらましは別添のとおりであるので、参考のため送付する。

```
------------------- （凡　例） -------------------

本情報において使用した法令及び通達の略称は、次のとおりである。

　　　　　　　　　　　（法令・通達）　　　　　　　　　　　　　　　　　　　（略称）

○　昭和39年 4 月25日付直資56、直審（資）17「財産評価基本通達」（法令解釈通達） …… 評価通達

○　土砂災害警戒区域等における土砂災害防止対策の推進に関する法律（平成12年法律第57号）

　　…………………………………………………………………………………… 土砂災害防止法
```

— 741 —

参　考

土砂災害特別警戒区域内にある宅地の評価

　　近年、土砂災害特別警戒区域の指定件数が増加していることを踏まえ、土砂災害特別警戒区域内にある宅地の評価に当たり、その宅地に占める土砂災害特別警戒区域内となる部分の地積の割合に応じて一定の減額補正を行うこととした。

（評価通達20－6＝新設、13、20－5、20－7、付表9＝改正）

1　通達制定の趣旨

　　土砂災害防止法では、都道府県知事は、急傾斜地の崩壊等が発生した場合に、住民等の生命又は身体に危害が生ずるおそれがあると認められる区域で一定のものを土砂災害警戒区域（以下「警戒区域」という。）として指定することができ、この警戒区域のうち、急傾斜地の崩壊等が発生した場合に、建築物に損壊が生じ住民等の生命又は身体に著しい危害が生ずるおそれがあると認められる区域で一定のものを土砂災害特別警戒区域（以下「特別警戒区域」という。）として指定することができる（土砂災害防止法7、9）。

　　このうち、特別警戒区域内にある宅地については、建築物の構造規制（土砂災害防止法24、25）が課せられ、宅地としての通常の用途に供するとした場合に利用の制限があると認められることから、特別警戒区域内に存しない宅地の価額に比して、一定の減価が生ずるものと考えられる。

　　そして、近年、特別警戒区域の指定件数が増加しており、また、土砂災害防止法第4条に基づく特別警戒区域の指定等に係る基礎調査が平成31年度を目途に完了することが見込まれていることから、今後、更なる指定件数の増加が想定される。

　　このような状況を踏まえ、今般、特別警戒区域内にある宅地の評価方法を定めることとした。

2　通達改正の概要等

(1)　「土砂災害特別警戒区域内にある宅地の評価」の適用対象

　　「土砂災害特別警戒区域内にある宅地の評価」の適用対象となる宅地は、課税時期において、土砂災害防止法の規定により指定された特別警戒区域内にある宅地である[注]。したがって、従前、特別警戒区域内にあったが、土砂災害の防止に関する工事の実施等により、特別警戒区域の指定の事由がなくなったと認められ、課税時期前に特別警戒区域の指定が解除された場合には、「土砂災害特別警戒区域内にある宅地の評価」の適用対象とはならない。

　[注]　特別警戒区域の指定及び解除は、公示によってその効力を生ずることとされている（土砂災害防止法9⑥、⑨）ことから、当該公示の有無により特別警戒区域の指定及び解除を判断することとなる。

　　なお、警戒区域については、市町村地域防災計画による警戒避難体制の整備、土砂災害ハザードマップによる周知など、市町村長等に義務は課せられているが、特別警戒区域に指定されない限り、宅地としての利用は法的に制限されない。さらに、警戒区域に指定されることにより、当該区域について一定の土砂災害発生の危険性の存在が公表されるが、一般に、警戒区域内にある宅地は、背後にがけ地が控える場合や谷・渓流の近くに存する

— 742 —

参　考

場合など、区域指定以前から当該危険性の存在は認識されている場合が多く、また、土砂災害発生の危険性は警戒区域内外にわたり比較的広範囲に及んでいることから、土地価格の水準に既に織り込まれているとも考えられる。

　したがって、警戒区域内にあるとしても、特別警戒区域内に存しない宅地については、「土砂災害特別警戒区域内にある宅地の評価」の適用対象としていない。

⑵　「土砂災害特別警戒区域内にある宅地の評価」の評価方法

　特別警戒区域内にある宅地における建築物の構造規制に伴う減価としては、①構造強化等に係る対策費用の負担による減価及び②建築物の敷地として利用できないことによる減価が考えられる。ただし、経済合理性の観点からは、多額の対策費用を要する場合には、その費用を投じてまで建築物の敷地として利用することは通常考えられず、駐車場等として利用すると考えられることから、当該規制に伴う減価は、②の減価が下限値となる。これに加えて、①の減価については、汎用性のある対策費用の負担による減価の見積もりが困難であることや評価の簡便性を考慮すると、②の減価を反映した評価方法とすることが相当である。

　そこで、特別警戒区域内となる部分を有する宅地の価額については、その宅地のうちの特別警戒区域内となる部分が特別警戒区域内となる部分でないものとした場合の価額に、その宅地の総地積に対する特別警戒区域内となる部分の地積の割合に応じて、次の「特別警戒区域補正率表」に定める補正率を乗じて計算した価額によって評価することとした。

　なお、特別警戒区域は、基本的には地勢が傾斜する地域に指定されることから、特別警戒区域内にある宅地にはがけ地を含む場合もあると考えられるところ、評価通達20－5（（がけ地等を有する宅地の評価））における付表8に定めるがけ地補正率の適用がある場合においては、次の「特別警戒区域補正率表」により求めた補正率にがけ地補正率を乗じて得た数値を特別警戒区域補正率とすることとし、その最小値は0.50とした。

○　特別警戒区域補正率表

特別警戒区域の地積 / 総地積	補正率
0.10 以上	0.90
0.40 〃	0.80
0.70 〃	0.70

⑶　倍率地域に所在する特別警戒区域内にある宅地

　倍率方式により評価する地域（以下「倍率地域」という。）に所在する宅地の価額は、その宅地の固定資産税評価額に倍率を乗じて評価することとしている（評価通達21－2）。

　特別警戒区域内の宅地の固定資産税評価額の算定については、特別警戒区域の指定による土地の利用制限等が土地の価格に影響を与える場合には、当該影響を適正に反映させることとされており、特別警戒区域に指定されたことに伴う宅地としての利用制限等により生ずる減価は、既に固定資産税評価額において考慮されていると考えられる。

　したがって、倍率地域に所在する特別警戒区域内にある宅地については、「土砂災害特別警戒区域内にある宅地の評価」の適用対象としていない。

— 743 —

参　考

(4) 市街地農地等への適用関係

　市街地農地、市街地周辺農地、市街地山林及び市街地原野（以下、これらを併せて「市街地農地等」という。）については、評価通達39（(市街地周辺農地の評価)）、40（(市街地農地の評価)）、49（(市街地山林の評価)）及び58－3（(市街地原野の評価)）の定めにおいて、その農地等が宅地であるとした場合を前提として評価（宅地比準方式により評価）することとしているところ、市街地農地等が特別警戒区域内にある場合、その農地等を宅地に転用するときには、宅地としての利用が制限され、これによる減価が生ずることになる。

　したがって、市街地農地等が特別警戒区域内にある場合には、「土砂災害特別警戒区域内にある宅地の評価」の適用対象となる。

　また、雑種地の価額は、近傍にある状況が類似する土地に比準した価額により評価する（評価通達82）ところ、評価対象となる雑種地の状況が宅地に類似する場合には宅地に比準して評価することとなり、農地等に類似する場合には農地等に比準して評価することとなる。このとき、市街化区域内の農地等の価額は宅地比準方式により評価することとしていることから、市街化区域内の雑種地についても、宅地比準方式により評価することとなる。

　このような宅地に状況が類似する雑種地又は市街地農地等に類似する雑種地が特別警戒区域内にある場合、その雑種地を宅地として使用するときには、その利用が制限され、これによる減価が生ずることになる。

　したがって、宅地に状況が類似する雑種地又は市街地農地等に類似する雑種地が特別警戒区域内にある場合には、「土砂災害特別警戒区域内にある宅地の評価」の適用対象となる。

(5) 具体的な計算例

　「土砂災害特別警戒区域内にある宅地の評価」の具体的な計算例を示せば、次のとおりである。

（設例1）特別警戒区域内にある宅地の場合

① 総地積：400 ㎡
② 特別警戒区域内となる部分の地積：100 ㎡

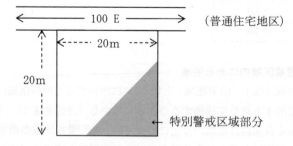

【計算】

1　総地積に対する特別警戒区域となる部分の地積の割合

$$\frac{100 \text{ ㎡}}{400 \text{ ㎡}} = 0.25$$

― 744 ―

参　考

2　評価額

(路線価)　　　(奥行価格補正率)　(特別警戒区域補正率)　(地積)
100,000 円　×　1.00　×　0.90　×　400 ㎡　＝　36,000,000 円

（設例2）特別警戒区域内にある宅地でがけ地等を有する場合

① 総地積：400 ㎡
② 特別警戒区域内となる部分の地積：300 ㎡
③ がけ地（南方位）の地積：200 ㎡

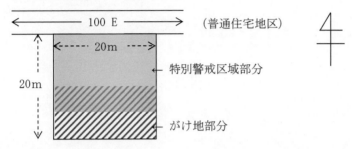

【計算】

1　総地積に対する特別警戒区域となる部分の地積の割合

$$\frac{300 ㎡}{400 ㎡} = 0.75$$

2　総地積に対するがけ地部分の地積の割合

$$\frac{200 ㎡}{400 ㎡} = 0.5$$

3　特別警戒区域補正率

(特別警戒区域補正率表の補正率)　(南方位のがけ地補正率)　(特別警戒区域補正率)
0.70　×　0.82　＝　0.57 (※)　(小数点以下2位未満を切捨て)

※　0.50未満の場合は、0.50となる。

4　評価額

(路線価)　　　(奥行価格補正率)　(特別警戒区域補正率)　(地積)
100,000 円　×　1.00　×　0.57　×　400 ㎡　＝　22,800,000 円

(6)　適用時期

　平成31年1月1日以後に相続、遺贈又は贈与により取得した財産の評価に適用することとした。

参　考

資産評価企画官情報 資産課税課情報 管理運営課情報	第1号 第6号 第1号	令和2年2月21日	国　税　庁 資産評価企画官 資　産　課　税　課 管　理　運　営　課

相続税法基本通達の一部改正について（法令解釈通達）のあらまし（情報）

　所得税法等の一部を改正する法律（平成31年法律第6号）の施行等に伴い、「相続税法基本通達」（法令解釈通達）については、令和2年2月12日付課評2－5ほか3課共同「相続税法基本通達の一部改正について」（法令解釈通達）により、所要の整備を行ったところであるが、そのあらましについて別添のとおり送付するので、執務の参考とされたい。

参 考

別 添

目 次

【第 23 条の２((配偶者居住権等の評価))関係】

23 の２－１　一時的な空室がある場合の「賃貸の用に供されている部分」の範囲‥‥‥‥‥‥　2

23 の２－２　「配偶者居住権が設定された時」の意義‥‥‥‥‥‥‥‥‥‥‥‥‥‥‥‥‥‥　6

23 の２－３　相続開始前に増改築がされた場合の「建築後の経過年数」の取扱い‥‥‥‥‥‥　7

23 の２－４　法定利率‥‥‥‥‥‥‥‥‥‥‥‥‥‥‥‥‥‥‥‥‥‥‥‥‥‥‥‥‥‥‥　10

23 の２－５　完全生命表‥‥‥‥‥‥‥‥‥‥‥‥‥‥‥‥‥‥‥‥‥‥‥‥‥‥‥‥‥‥　11

23 の２－６　配偶者居住権の設定後に相続若しくは遺贈又は贈与により取得した当該配偶者居住権の目
的となっている建物及び当該建物の敷地の用に供される土地の当該取得の時の価額‥‥　12

【第 43 条((物納財産の収納価額等))関係】

43－3　「収納の時までに当該財産の状況に著しい変化を生じたとき」の意義‥‥‥‥‥‥‥‥　15

【設例（イメージ）】

○事実関係‥‥‥‥‥‥‥‥‥‥‥‥‥‥‥‥‥‥‥‥‥‥‥‥‥‥‥‥‥‥‥‥‥‥‥‥‥　16

○相続時の評価‥‥‥‥‥‥‥‥‥‥‥‥‥‥‥‥‥‥‥‥‥‥‥‥‥‥‥‥‥‥‥‥‥‥‥　17

○贈与時の評価‥‥‥‥‥‥‥‥‥‥‥‥‥‥‥‥‥‥‥‥‥‥‥‥‥‥‥‥‥‥‥‥‥‥‥　19

《省略用語例等》
1　この情報において使用した省略用語は、それぞれ次に掲げる法令等を示す。
　　相法‥‥‥‥‥相続税法（昭和 25 年法律第 73 号）
　　相令‥‥‥‥‥相続税法施行令（昭和 25 年政令第 71 号）
　　相規‥‥‥‥‥相続税法施行規則（昭和 25 年大蔵省令第 17 号）
　　評価基本通達‥‥財産評価基本通達（昭和 39 年４月 25 日付直資 56、直審（資）17）

2　この情報における次の表の左欄の用語の意義は、それぞれ同表の右欄に記載するところによる。

用語	意義
配偶者居住権	民法第 1028 条の配偶者居住権
居住建物	配偶者居住権の目的となっている建物
敷地利用権	居住建物の敷地の用に供される土地（土地の上に存する権利を含む。）を当該配偶者居住権に基づき使用する権利
配偶者居住権者	被相続人から配偶者居住権を取得した当該被相続人の配偶者
一次相続	配偶者居住権の設定に係る相続又は遺贈
二次相続等	一次相続に係る配偶者居住権が設定されている居住建物等の所有者から当該居住建物等を相続、遺贈又は贈与により取得した場合における当該相続、遺贈又は贈与
居住建物等	居住建物又はその敷地の用に供される土地（土地の上に存する権利を含む。）

1

参　考

【第 23 条の 2（（配偶者居住権等の評価））関係】

> （一時的な空室がある場合の「賃貸の用に供されている部分」の範囲）
> 23の2－1　法第23条の2に規定する「時価」は、評価基本通達の定めにより算定した価額によるのであるが、同条第2項及び第4項に規定する「時価」を算定する場合において、評価基本通達26（（貸家建付地の評価））(2)(注)2の定めにより、継続的に賃貸されていた各独立部分で、課税時期において一時的に賃貸されていなかったと認められるものを「賃貸されている各独立部分」に含むこととしたときは、法施行令第5条の8第1項第1号ロ及び第4項第1号ロに規定する「当該居住建物の床面積のうちに当該賃貸の用に供されている部分以外の部分の床面積の占める割合」についても、当該各独立部分は「賃貸の用に供されている部分」に含めて算定することに留意する。

（新設）

（説明）

1　民法及び家事事件手続法の一部を改正する法律（平成 30 年法律第 72 号）第 2 条の規定による民法（明治 29 年法律第 89 号）の改正により、被相続人の配偶者は、被相続人の財産に属した建物に相続開始の時に居住していた場合において、遺産の分割（遺産の分割の協議、調停及び審判を含む。以下同じ。）によって配偶者居住権を取得するものとされたとき等は、その居住していた建物の全部について無償で使用及び収益をする権利（配偶者居住権）を取得することとされ、配偶者の終身の間又は遺産の分割若しくは遺言に別段の定めがあるとき等においてはその定めるところまで存続することとされた（民法 1028 等）。

2　この配偶者居住権については、取得した相続財産の分割行為である遺産の分割等により定められ、具体的相続分を構成することから、相続等により取得した財産として相続税の課税対象となる。この場合の財産評価については、以下の理由から相続税法第 22 条の「時価」によるのではなく、相続税法で別途評価方法を規定することとされた（相法 23 の 2）。

① 相続税法の「時価」とは、それぞれの財産の現況に応じ、不特定多数の当事者間で自由な取引が行われる場合に通常成立すると認められる価額、すなわち、客観的な交換価値をいうものと解されており、取引可能な財産を前提としているが、配偶者居住権は譲渡することが禁止されているため、この「時価」の解釈を前提とする限り、解釈に委ねるには馴染まないと考えられること。

② まだ制度が開始しておらず、配偶者居住権の評価額について解釈が確立されているとは言えない現状において解釈に委ねると、どのように評価すれば良いのか納税者が判断するのは困難であると考えられ、また、納税者によって評価方法が区々となり、課税の公平性が確保できなくなるおそれがあること。

③ 配偶者の余命年数を大幅に超える存続期間を設定して配偶者居住権を過大に評価し、相続税の配偶者に対する税額軽減の適用を受ける等の租税回避的な行為を防止するためには、法令の定めによることが適切であると考えられること。

　なお、配偶者居住権のほか、居住建物、敷地利用権及び居住建物の敷地の用に供される土地（土地の上に存する権利を含む。以下同じ。）についても評価方法が法定化された。このうち、敷地利用権については上記①から③までと同様の理由により、居住建物及び居住建物の敷地の用に供される土地については上記②及び③と同様の理由により、法定評価とされた（財務省ホームページ「令和元年度税制改正の解説」496 頁参照）。

2

参　考

【配偶者居住権】

居住建物の時価^(注) － 居住建物の時価^(注) × $\dfrac{耐用年数 － 経過年数 － 存続年数}{耐用年数 － 経過年数}$ × 存続年数に応じた法定利率による複利現価率

(注)　ここでいう「時価」は、相続税法第22条に規定する時価をいう。
　　　ただし、居住建物の一部が賃貸の用に供されている場合又は被相続人が相続開始の直前において居住建物をその配偶者と共有していた場合には、次の算式により計算した金額となる（相法23の2①一）。

居住建物が賃貸の用に供されておらず、かつ、共有でないものとした場合の時価 × $\dfrac{賃貸の用に供されている部分以外の部分の床面積}{居住建物の床面積}$ × 被相続人が有していた持分割合

【居住建物】

居住建物の時価^(注) － 配偶者居住権の価額

(注)　ここでいう「時価」は、相続税法第22条に規定する時価をいう。

【配偶者居住権に基づく敷地利用権】

居住建物の敷地の時価^(注) － 居住建物の敷地の時価^(注) × 存続年数に応じた法定利率による複利現価率

(注)　ここでいう「時価」は、相続税法第22条に規定する時価をいう。
　　　ただし、居住建物の一部が賃貸の用に供されている場合又は被相続人が相続開始の直前において居住建物の敷地を他の者と共有し、若しくは居住建物をその配偶者と共有していた場合には、次の算式により計算した金額となる（相法23の2③一）。

居住建物が賃貸の用に供されておらず、かつ、居住建物の敷地が共有でないものとした場合の居住建物の敷地の時価 × $\dfrac{居住建物の賃貸の用に供されている部分以外の部分の床面積}{居住建物の床面積}$ × 被相続人が有していた居住建物の敷地の持分割合と当該建物の持分割合のうちいずれか低い割合

【居住建物の敷地の用に供される土地】

土地の時価^(注) － 敷地利用権の価額

(注)　ここでいう「時価」は、相続税法第22条に規定する時価をいう。

4　居住建物の一部が貸し付けられている場合には、配偶者居住権者は相続開始前からその居住建物を賃借している賃借人に権利を主張することができない（対抗できない）ことから、配偶者居住権及び敷地利用権は、上記算式のとおり、実質的に配偶者居住権に基づく使用及び収益をすることができない部分を除外して評価することとされている（相法23の2①③、相令5の8①④）。したがって、専ら賃貸の用に供されている部分であったとしても、相続開始の時において現実に貸し付けられていない部分については、配偶者居住権者が当該配偶者居住権に基づき使用及び収益をすることができるため、当該部分を居住建物の賃貸の用に供されている部分以外の部分に含めて（換言すると、賃貸の用に供されている部分から除外して）評価する必要がある。
　一方、貸家建付地を評価する場合には、評価基本通達26(2)(注)2において、「賃貸されている各独立部分」の意義として、相続開始の時において一時的に空室となったにすぎないと認められるものについては、相続開始の時においても賃貸されていたものとして取り扱って差し支えないこととしている。
　そうすると、専ら賃貸の用に供されている部分のうち、相続開始の時において現実に貸し付けられていない部分について、評価基本通達上は当該部分を賃貸の用に供されている部分として取り扱うこととした場合でも、配偶者居住権等の評価上は当該部分を賃貸の用に供されている部分から除外する必要があるため、評価上の取扱いに差異が生じることとなり、適当ではない。

3

参　　考

　そこで、本通達では、相続開始の時において一時的に空室となったにすぎないと認められる部分について、評価基本通達上、当該部分を賃貸の用に供されている部分として取り扱うこととした場合には、配偶者居住権等の評価においても同様に賃貸されている部分として取り扱うことを留意的に明らかにした。

《参考通達等》
　○評価基本通達（抄）
　　（貸家建付地の評価）
26　貸家（94（（借家権の評価））に定める借家権の目的となっている家屋をいう。以下同じ。）の敷地の用に供されている宅地（以下「貸家建付地」という。）の価額は、次の算式により計算した価額によって評価する。

　　　　その宅地の　　その宅地の　　　　　　　　　94（（借家権の
　　　　自用地とし　－　自用地とし　×　借地権割合　×　評価））に定め　×　賃貸割合
　　　　ての価額　　　ての価額　　　　　　　　　る借家権割合

　　この算式における「借地権割合」及び「賃貸割合」は、それぞれ次による。
　⑴　「借地権割合」は、27（（借地権の評価））の定めによるその宅地に係る借地権割合（同項のただし書に定める地域にある宅地については100分の20とする。次項において同じ。）による。
　⑵　「賃貸割合」は、その貸家に係る各独立部分（構造上区分された数個の部分の各部分をいう。以下同じ。）がある場合に、その各独立部分の賃貸の状況に基づいて、次の算式により計算した割合による。

$$\frac{\text{A のうち課税時期において賃貸されている各独立部分の床面積の合計}}{\text{当該家屋の各独立部分の床面積の合計（A）}}$$

　　（注）1　上記算式の「各独立部分」とは、建物の構成部分である隔壁、扉、階層（天井及び床）等によって他の部分と完全に遮断されている部分で、独立した出入口を有するなど独立して賃貸その他の用に供することができるものをいう。したがって、例えば、ふすま、障子又はベニヤ板等の堅固でないものによって仕切られている部分及び階層で区分されていても、独立した出入口を有しない部分は「各独立部分」には該当しない。
　　　　　　なお、外部に接する出入口を有しない部分であっても、共同で使用すべき廊下、階段、エレベーター等の共用部分のみを通って外部と出入りすることができる構造となっているものは、上記の「独立した出入口を有するもの」に該当する。
　　　　2　上記算式の「賃貸されている各独立部分」には、継続的に賃貸されていた各独立部分で、課税時期において、一時的に賃貸されていなかったと認められるものを含むこととして差し支えない。

　　（貸家の評価）
93　貸家の価額は、次の算式により計算した価額によって評価する。

　　　　89（（家屋の評価））、89－2（（文化　　　　　94（（借家権　　　　26（（貸家建付地の
　　　　財建造物である家屋の評価））又は　　　　　の評価））に　　　　評価））の⑵の定め
　　　　前項の定めにより評価したその家　－　A　×　定める借家　×　によるその家屋に
　　　　屋の価額（A）　　　　　　　　　　　　　権割合　　　　　係る賃貸割合

4
－ 751 －

参　考

〇財務省ホームページ「令和元年度税制改正の解説」499頁（抄）

　　このような按分計算をするのは、次の理由によるものです。

・　居住建物の一部が貸し付けられている場合には、配偶者は相続開始前からその居住建物を賃借している賃借人に権利を主張することができない（対抗できない）ため、実質的に配偶者居住権に基づく使用・収益をすることができない部分を除外して評価する必要があること。

・　被相続人の所有権が共有持分である場合には、その所有権の評価額は建物全体の評価額を共有持分で按分した価額となるので、配偶者居住権の評価額についても、被相続人の共有持分に応じた価額をベースとして算定するのが妥当であると考えられること。

参　　考

（「配偶者居住権が設定された時」の意義）
23の2－2　法第23条の2第1項第2号及び第3号並びに法施行令第5条の8第3項第1号及び第2
　号に規定する「配偶者居住権が設定された時」とは、民法第1028条第1項各号（（配偶者居住権））に
　掲げる場合の区分に応じ、それぞれ次に定める時をいうことに留意する。
　(1)　民法第1028条第1項第1号の規定に該当する場合　遺産の分割が行われた時
　(2)　民法第1028条第1項第2号の規定に該当する場合　相続開始の時

（新設）

（説明）
　　民法第1028条（（配偶者居住権））では、被相続人の配偶者が被相続人の財産に属した建物に相続開始
　の時に居住していた場合において、
　①　遺産の分割によって配偶者居住権を取得するものとされたとき
　②　配偶者居住権が遺贈の目的とされたとき
　には、配偶者居住権を取得すると規定されているが、遺産の分割により配偶者居住権が設定される場
　合には、配偶者居住権の効力が生じるのは相続開始の時よりも後の時点であり、その時点を起算点と
　して配偶者居住権の「存続年数」が定まると考えられることから、居住建物の「経過年数」について
　も、相続開始の時ではなく、「配偶者居住権が設定された時」までの年数で計算することとされている
　（相法23の2①ニイ、相令5の8③）。
　　この「配偶者居住権が設定された時」については、それぞれ次に掲げる時によることとなる。
　(1)　遺産の分割によって配偶者居住権を取得するものとされたとき（民法1028①一）
　　　遺産の分割が行われた時
　(2)　配偶者居住権が遺贈の目的とされたとき（民法1028①ニ）
　　　相続開始の時
　　本通達では、このことを留意的に明らかにした。
　　なお、遺産の分割が複数回に渡って行われることも考えられるが、そのような場合における「遺産
　の分割が行われた時」とは、配偶者居住権の設定に係る遺産の分割が行われた時となる。

《参考条文等》
　○民法（抄）
　　　（配偶者居住権）
　　第千二十八条　被相続人の配偶者（以下この章において単に「配偶者」という。）は、被相続人の
　　　財産に属した建物に相続開始の時に居住していた場合において、次の各号のいずれかに該当す
　　　るときは、その居住していた建物（以下この節において「居住建物」という。）の全部について
　　　無償で使用及び収益をする権利（以下この章において「配偶者居住権」という。）を取得する。
　　　ただし、被相続人が相続開始の時に居住建物を配偶者以外の者と共有していた場合にあっては、
　　　この限りでない。
　　　一　遺産の分割によって配偶者居住権を取得するものとされたとき。
　　　二　配偶者居住権が遺贈の目的とされたとき。
　　2・3　省略

　○財務省ホームページ「令和元年度税制改正の解説」499頁（抄）
　　　遺産分割の協議又は審判により配偶者居住権が設定される場合には、配偶者居住権の効力が生じ
　　るのは相続開始時よりも後の時点であり、その時点を起算点として配偶者居住権の存続年数が定ま
　　ると考えられることから、居住建物の経過年数についても、相続開始時ではなく、配偶者居住権の
　　設定時までの年数でカウントすることとされています。

6

参　考

（相続開始前に増改築がされた場合の「建築後の経過年数」の取扱い）

23の２－３　法第23条の２第１項第２号イ及びロに規定する「経過年数」は、相続開始前に増改築がされた場合であっても、増改築部分を区分することなく、新築時からの経過年数によるのであるから留意する。

（新設）

（説明）

　　配偶者居住権の価額は、次の算式で求めることとされている。

$$
\text{居住建物}\atop\text{の時価} \quad - \quad {\text{居住建物}\atop\text{の時価}} \times \frac{\text{耐用}\atop\text{年数} - \text{経過}\atop\text{年数} - \text{存続}\atop\text{年数}}{\text{耐用年数} - \text{経過年数}} \times {\text{存続年数に応じ}\atop\text{た法定利率によ}\atop\text{る複利現価率}}
$$

　　この場合における「居住建物の時価」は、評価基本通達89（（家屋の評価））の定めにより、固定資産税評価額に基づき計算することとなる。また、建物の増改築がされた場合についても、基本的にその増改築後の建物の状況に応じた固定資産税評価額が付されるため、居住建物の時価は当該固定資産税評価額に基づき計算することとなる。

　　ところで、仮に、相続開始前に居住建物の増改築がされた場合に、当該増改築部分を区分して配偶者居住権及び居住建物を評価することとすると、固定資産税評価額を増改築部分とそれ以外の部分に按分して計算する必要があり、評価の簡便性の観点からも適当ではない。

　　したがって、相続開始前に居住建物の増改築がされた場合であっても、当該増改築部分を区分することなく、新築時からの経過年数によるのが相当である。

　　本通達では、このことを留意的に明らかにした。

　　なお、上記算式の「耐用年数」及び「存続年数に応じた法定利率による複利現価率」並びに「存続年数」の判定に必要となる配偶者の平均余命（相規12の３）については、「配偶者居住権等の評価明細書」（８、９頁参照）の裏面に掲載している。

《参考》

　　○財務省ホームページ「令和元年度税制改正の解説」499頁（抄）

　　　被相続人が生前に増改築をした場合には、増改築部分を区分することなく、新築時からの経過年数によることとなります。

7

参　考

○配偶者居住権等の評価明細書

配偶者居住権等の評価明細書

所有者	建　物	（被相続人氏名）	① 持分割合 ＿＿＿	（配偶者氏名）	持分割合 ＿＿＿	所在地番（住居表示）（　　　　）		（令和二年四月一日以降用）
	土　地	（被相続人氏名）	② 持分割合 ＿＿＿	（共有者氏名）	持分割合 ＿＿＿	（共有者氏名）	持分割合 ＿＿＿	

居住建物の内容	建物の耐用年数	（建物の構造）※裏面《参考1》参照	年 ③
	建築後の経過年数	（建築年月日）＿＿＿年＿＿月＿＿日 から （配偶者居住権が設定された日）＿＿＿年＿＿月＿＿日 … ＿＿＿年 〔6月以上の端数は1年 6月未満の端数は切捨て〕	年 ④
	建物の利用状況等	建物のうち賃貸の用に供されている部分以外の部分の床面積の合計	㎡ ⑤
		建物の床面積の合計	㎡ ⑥

配偶者居住権の存続年数等	〔存続期間が終身以外の場合の存続年数〕 （配偶者居住権が設定された日）＿＿＿年＿＿月＿＿日 から （存続期間満了日）＿＿＿年＿＿月＿＿日 …Ⓐ ＿＿＿年 〔6月以上の端数は1年 6月未満の端数は切捨て〕	存続年数（Ⓒ） 年 ⑦
	〔存続期間が終身の場合の存続年数〕 （配偶者居住権が設定された日における配偶者の満年齢）＿＿＿歳（生年月日＿＿＿年＿＿月＿＿日、性別＿＿＿） （平均余命）Ⓑ ※裏面《参考2》参照 … ＿＿＿年 〔Ⓒ Ⓐ と Ⓑ のいずれか短い年数とし、Ⓐ がない場合は Ⓑ の年数〕 ＿＿＿年	複利現価率 ※裏面《参考3》参照 0. ⑧

評価の基礎となる価額	建　物	賃貸の用に供されておらず、かつ、共有でないものとした場合の相続税評価額	円 ⑨
		共有でないものとした場合の相続税評価額	円 ⑩
		相続税評価額 （⑩の相続税評価額）＿＿＿＿＿＿＿円 × （①持分割合）＿＿＿＿＿＿＿	円 ⑪ （円未満切捨て）
	土　地	建物が賃貸の用に供されておらず、かつ、土地が共有でないものとした場合の相続税評価額	円 ⑫
		共有でないものとした場合の相続税評価額	円 ⑬
		相続税評価額 （⑬の相続税評価額）＿＿＿＿＿＿＿円 × （②持分割合）＿＿＿＿＿＿＿	円 ⑭ （円未満切捨て）

○配偶者居住権の価額

（⑪の相続税評価額）　円 × 〔⑤賃貸以外の床面積 ⑥居住建物の床面積〕 ＿＿＿㎡／＿＿＿㎡ × （①持分割合）＿＿＿＿＿	円 ⑮ （円未満四捨五入）
（⑪の金額）　円 － （⑮の金額）　円 × 〔③耐用年数－④経過年数－⑦存続年数 ③耐用年数－④経過年数〕（注）分子又は分母が零以下の場合は零。＿＿＿－＿＿＿／＿＿＿－＿＿＿ × （⑧複利現価率）0.	（配偶者居住権の価額）円 ⑯ （円未満四捨五入）

○居住建物の価額

（⑪の相続税評価額）　円 － （⑯配偶者居住権の価額）　円	円 ⑰

○配偶者居住権に基づく敷地利用権の価額

（⑭の相続税評価額）　円 × 〔⑤賃貸以外の床面積 ⑥居住建物の床面積〕 ＿＿＿㎡／＿＿＿㎡ × 〔①と②のいずれか低い持分割合〕＿＿＿＿＿	円 ⑱ （円未満四捨五入）
（⑱の金額）　円 － （⑱の金額）　円 × （⑧複利現価率）0.	（敷地利用権の価額）円 ⑲ （円未満四捨五入）

○居住建物の敷地の用に供される土地の価額

（⑭の相続税評価額）　円 － （⑲敷地利用権の価額）　円	円 ⑳

備　考	

（注）土地には、土地の上に存する権利を含みます。

8

参　考

（裏）
記載方法等

この評価明細書は、「配偶者居住権」、「居住建物（配偶者居住権の目的となっている建物をいいます。）」、「配偶者居住権に基づく敷地利用権」及び「居住建物の敷地の用に供される土地」を評価する場合に使用してください。

1　⑨「賃貸の用に供されておらず、かつ、共有でないものとした場合の相続税評価額」とは、相続開始時において、配偶者居住権が設定されておらず、かつ、建物全てが自用であるとした場合において、建物を単独所有しているとしたときの建物の時価です。したがって、当該建物については、財産評価基本通達第3章（（家屋及び家屋の上に存する権利））の定めに基づき評価しますが、同通達93（（貸家の評価））の定めは適用しませんので、⑨の価額は、原則として、建物の固定資産税評価額となります。

2　⑩「共有でないものとした場合の相続税評価額」とは、相続開始時において、配偶者居住権が設定されておらず、かつ、建物を単独所有しているとした場合の建物の時価です。したがって、当該建物については、財産評価基本通達第3章（（家屋及び家屋の上に存する権利））の定めに基づき評価しますので、被相続人の持分を乗ずる前の相続税評価額（居住建物の一部を賃貸の用に供していない場合には⑨と同額、居住建物の一部を賃貸の用に供している場合には、同通達93の定めを適用して評価した価額）となります。

3　⑫「建物が賃貸の用に供されておらず、かつ、土地が共有でないものとした場合の相続税評価額」とは、相続開始時において、配偶者居住権が設定されておらず、かつ、建物全てが自用であるとした場合において、土地を単独所有しているとしたときの土地の時価です。したがって、当該土地については、財産評価基本通達第2章（（土地及び土地の上に存する権利））の定めに基づき評価しますが、同通達26（（貸家建付地の評価））、26－2（（区分地上権等の目的となっている貸家建付地の評価））、28（（貸家建付借地権等の評価））、30（（転借権の評価））ただし書及び87－7（（占用の許可に基づき所有する家屋を貸家とした場合の占用権の評価））（以下「貸家建付地の評価等」といいます。）の定めは適用しません（「土地及び土地の上に存する権利の評価明細書」等で計算してください。）。

4　⑬「共有でないものとした場合の相続税評価額」とは、相続開始時において、配偶者居住権が設定されておらず、かつ、土地を単独所有しているとした場合の土地の時価です。したがって、当該土地については、財産評価基本通達第2章（（土地及び土地の上に存する権利））の定めに基づき評価しますので、被相続人の持分を乗ずる前の相続税評価額（居住建物の一部を賃貸の用に供していない場合には⑫と同額、居住建物の一部を賃貸の用に供している場合には、貸家建付地の評価等の定めを適用して評価した価額）となります（「土地及び土地の上に存する権利の評価明細書」等で計算してください。）。

《参考1》配偶者居住権等の評価で用いる建物の構造別の耐用年数（「居住建物の内容」の③）

構　造	耐用年数	構　造	耐用年数
鉄骨鉄筋コンクリート造又は鉄筋コンクリート造	71	金属造（骨格材の肉厚3mm以下）	29
れんが造、石造又はブロック造	57	木造又は合成樹脂造	33
金属造（骨格材の肉厚4mm超）	51	木骨モルタル造	30
金属造（骨格材の肉厚3mm超～4mm以下）	41		

《参考2》第22回生命表（完全生命表）に基づく平均余命（「配偶者居住権の存続年数等」の®）　※平成29年3月1日公表（厚生労働省）

満年齢	平均余命 男	平均余命 女	満年齢	平均余命 男	平均余命 女	満年齢	平均余命 男	平均余命 女	満年齢	平均余命 男	平均余命 女	満年齢	平均余命 男	平均余命 女
16	—	71	36	46	52	56	27	32	76	11	15	96	3	3
17	—	70	37	45	51	57	26	32	77	11	14	97	3	3
18	63	69	38	44	50	58	25	31	78	10	13	98	2	3
19	62	68	39	43	49	59	24	30	79	9	12	99	2	3
20	61	67	40	42	48	60	24	29	80	9	12	100	2	3
21	60	66	41	41	47	61	23	28	81	8	11	101	2	2
22	59	65	42	40	46	62	22	27	82	8	10	102	2	2
23	58	64	43	39	45	63	21	26	83	7	10	103	2	2
24	57	63	44	38	44	64	20	25	84	7	9	104	2	2
25	56	62	45	37	43	65	19	24	85	6	8	105	2	2
26	55	61	46	36	42	66	19	23	86	6	8	106	2	2
27	54	60	47	35	41	67	18	22	87	5	7	107	1	2
28	53	59	48	34	40	68	17	22	88	5	7	108	1	1
29	52	58	49	33	39	69	16	21	89	5	6	109	1	1
30	51	57	50	32	38	70	16	20	90	4	6	110	1	1
31	50	56	51	31	37	71	15	19	91	4	5	111	1	1
32	49	55	52	31	36	72	14	18	92	4	5	112	1	1
33	49	55	53	30	35	73	13	17	93	3	4	113	—	1
34	48	54	54	29	34	74	13	16	94	3	4	114	—	1
35	47	53	55	28	33	75	12	16	95	3	4	115	—	1

《参考3》複利現価表（法定利率3%）（「配偶者居住権の存続年数等」の⑧）

存続年数	複利現価率	存続年数	複利現価率	存続年数	複利現価率	存続年数	複利現価率	存続年数	複利現価率	存続年数	複利現価率	存続年数	複利現価率
1	0.971	11	0.722	21	0.538	31	0.400	41	0.298	51	0.221	61	0.165
2	0.943	12	0.701	22	0.522	32	0.388	42	0.289	52	0.215	62	0.160
3	0.915	13	0.681	23	0.507	33	0.377	43	0.281	53	0.209	63	0.155
4	0.888	14	0.661	24	0.492	34	0.366	44	0.272	54	0.203	64	0.151
5	0.863	15	0.642	25	0.478	35	0.355	45	0.264	55	0.197	65	0.146
6	0.837	16	0.623	26	0.464	36	0.345	46	0.257	56	0.191	66	0.142
7	0.813	17	0.605	27	0.451	37	0.335	47	0.249	57	0.185	67	0.138
8	0.789	18	0.587	28	0.437	38	0.325	48	0.242	58	0.180	68	0.134
9	0.766	19	0.570	29	0.424	39	0.316	49	0.235	59	0.175	69	0.130
10	0.744	20	0.554	30	0.412	40	0.307	50	0.228	60	0.170	70	0.126

（令和二年四月一日以降用）

参　考

（法定利率）

23の2－4　法第23条の2第1項第3号の「法定利率」は、配偶者居住権が設定された時における民
　法第404条（（法定利率））の規定に基づく利率をいうのであるから留意する。

（新設）

（説明）

　　配偶者居住権の価額は、次の算式で求めることとされている。

$$
\text{居住建物}\atop\text{の時価} - {\text{居住建物}\atop\text{の時価}} \times \frac{\text{耐用年数} - \text{経過年数} - \text{存続年数}}{\text{耐用年数} - \text{経過年数}} \times {\text{存続年数に応じ}\atop\text{た法定利率による複利現価率}}
$$

　　ここで、相続税法第23条の2第1項第3号の「法定利率」は、民法第404条（（法定利率））の規定
に基づく利率をいう。また、法定利率については、3年ごとに見直されることとされているが、配偶
者居住権等の評価においては、配偶者居住権が設定された時における法定利率、すなわち、配偶者居
住権が設定された日に適用される法定利率を用いることとなる。

　　本通達では、これらのことを留意的に明らかにした。

　　なお、上記算式の「耐用年数」及び「存続年数に応じた法定利率による複利現価率」並びに「存続年
数」の判定に必要となる配偶者の平均余命（相規12の3）については、「配偶者居住権等の評価明細
書」（8、9頁参照）の裏面に掲載している。

《参考条文》

　○民法（抄）

　　（法定利率）

　第四百四条　利息を生ずべき債権について別段の意思表示がないときは、その利率は、その利息
　　が生じた最初の時点における法定利率による。

　2　法定利率は、年三パーセントとする。

　3　前項の規定にかかわらず、法定利率は、法務省令で定めるところにより、三年を一期とし、
　　一期ごとに、次項の規定により変動するものとする。

　4　各期における法定利率は、この項の規定により法定利率に変動があった期のうち直近のもの
　　（以下この項において「直近変動期」という。）における基準割合と当期における基準割合との
　　差に相当する割合（その割合に一パーセント未満の端数があるときは、これを切り捨てる。）を
　　直近変動期における法定利率に加算し、又は減算した割合とする。

　5　前項に規定する「基準割合」とは、法務省令で定めるところにより、各期の初日の属する年
　　の六年前の年の一月から前々年の十二月までの各月における短期貸付けの平均利率（当該各月
　　において銀行が新たに行った貸付け（貸付期間が一年未満のものに限る。）に係る利率の平均を
　　いう。）の合計を六十で除して計算した割合（その割合に〇・一パーセント未満の端数があると
　　きは、これを切り捨てる。）として法務大臣が告示するものをいう。

　○民法第四百四条第三項に規定する期及び同条第五項の規定による基準割合の告示に関する省令
　　（抄）

　　（最初の期）

　第一条　民法の一部を改正する法律（平成二十九年法律第四十四号）の施行後最初の期（民法第
　　四百四条第三項に規定する期をいう。以下同じ。）は、令和二年四月一日から令和五年三月三十
　　一日までとする。

参　考

（完全生命表）
23の２－５　法施行規則第12条の３に規定する「完全生命表」は、配偶者居住権が設定された時の属する年の１月１日現在において公表されている最新のものによる。

（新設）

（説明）
　　配偶者居住権等を評価する場合における「平均余命」は、「完全生命表」に掲げる年齢及び性別に応じた平均余命（６月以上の端数は切り上げ、６月未満の端数は切り捨てた年数）となる（相令５の８③、相規12の３）。この「完全生命表」は、厚生労働省が、男女別に作成し公表しているものであり、国勢調査及び人口動態統計を基に５年ごとに改訂されている。
　　配偶者居住権等の評価に当たっては、配偶者居住権が設定された時の属する年の１月１日現在において公表されている「完全生命表」のうち、最新のものによることを本通達で明らかにした。
　　なお、「平均余命」については、「当該配偶者居住権が設定された時における当該配偶者の平均余命」（相令５の８③一）と規定されており、「完全生命表に掲げる年齢」は、配偶者居住権が設定された時における満年齢となる。

11
— 758 —

参　考

（配偶者居住権の設定後に相続若しくは遺贈又は贈与により取得した当該配偶者居住権の目的となっている建物及び当該建物の敷地の用に供される土地の当該取得の時の価額）

23の2－6　配偶者居住権の設定後に相続若しくは遺贈又は贈与により取得した当該配偶者居住権の目的となっている建物及び当該建物の敷地の用に供される土地（土地の上に存する権利を含む。以下この項において同じ。）の当該取得の時の価額は、法第23条の2の規定に準じて計算することに留意する。この場合において、法第23条の2第2項に規定する「当該配偶者居住権の価額」又は同条第4項に規定する「権利の価額」は、当該配偶者居住権の目的となっている建物又は当該建物の敷地の用に供される土地を相続若しくは遺贈又は贈与により取得した時に配偶者居住権の設定があったものとして計算する。

（新設）

（説明）

1　相続税法第23条の2は、配偶者居住権者が一次相続により配偶者居住権を取得した場合の「配偶者居住権の価額」、「居住建物の価額」、「居住建物の敷地の用に供される土地を配偶者居住権に基づき使用する権利の価額」及び「居住建物の敷地の用に供される土地の価額」についての評価方法を具体的に規定している。

　一方、二次相続等により居住建物等を取得した場合の評価方法は法令に規定されていないため、どのように評価すべきかが問題となる。

2　一次相続により居住建物を取得した場合の評価方法の基本的な考え方は、以下のとおりである（右図参照）。

① 配偶者居住権の存続期間満了時点における居住建物の所有権の価額を算定する。

② ①の価額を一定の利率により現在価値に割り戻すことにより、一次相続に係る相続開始時点における（配偶者居住権付の）居住建物の所有権の評価額を算定する。

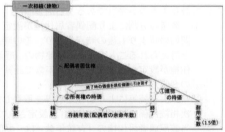

　この評価方法は、居住建物を一次相続により取得した相続人等が、配偶者居住権が存続する期間中は、配偶者居住権者による当該居住建物の無償の使用・収益を受忍する負担を負い、配偶者居住権の存続期間満了時点でその居住建物が自由に使用・収益することが可能な完全所有権に復帰する点に着目したものである（居住建物の敷地の用に供される土地の価額についても同様。）。

　二次相続等により居住建物等を取得した場合についても、上記と同様に、当該二次相続等に係る相続人等が、一次相続に係る配偶者居住権が存続する期間中は、当該一次相続に係る配偶者居住権者による当該居住建物等の無償の使用・収益を受忍する負担を負い、当該配偶者居住権の存続期間満了時点でその居住建物等が自由に使用・収益することが可能な完全所有権に復帰することとなる。したがって、二次相続等により居住建物等を取得した場合も、一次相続により配偶者居住権者が配偶者居住権を取得した場合と同様に評価するのが妥当である。

3　また、この配偶者居住権の存続期間満了時の価額を現在価値に割り戻して居住建物等の価額を求める考え方については、配偶者居住権設定時の鑑定評価のみならず、配偶者居住権設定後の鑑定評価においても採り入れられており[注]、適切な財産評価の観点から首肯されるものである。

　更に、二次相続等により居住建物等を取得した場合において、当該居住建物等の価額を、法定評価とは異なる方法で評価すると、例えば、一次相続と二次相続等が同一年中に発生した場合であっても評価額に大きな差が生じ得るといった問題がある。

　以上のことを踏まえると、二次相続等により居住建物等を取得した場合の当該居住建物等の価額については、法定評価に準じて計算した金額によるのが妥当である。

参 考

（注）公益社団法人日本不動産鑑定士協会連合会が配偶者居住権並びに配偶者居住権が付着した建物及びその敷地について、不動産鑑定士が鑑定評価を行う場合の実務の参考としてとりまとめた「令和元年12月『配偶者居住権等の鑑定評価に関する研究報告』」においても、配偶者居住権が付着した建物及びその敷地については、配偶者居住権が消滅して対象建物及びその敷地を使用収益することが可能な状態に復帰した時点における当該建物及びその敷地の価格の現在価値として求めることができる（権利消滅時現価法）と示されているほか、配偶者居住権の設定後における鑑定評価は、遺産分割等における配偶者居住権が付着した建物及びその敷地の鑑定評価手法等に準じて行うことが示されている。

4 そこで、本通達では、二次相続等により居住建物等を取得した場合の当該居住建物等の価額は、相続税法第23条の2の規定に準じて計算することを留意的に明らかにした。

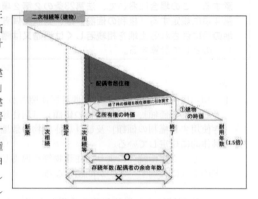

そのため、二次相続等により取得した居住建物等の価額は、「一次相続に係る配偶者居住権」が設定されていないものとした場合の居住建物等の価額から、既に設定されている配偶者居住権又は敷地利用権の価額を控除して計算することとなる。なお、この場合の配偶者居住権又は敷地利用権の価額については、以下の理由により、二次相続等により居住建物等を取得した時に配偶者居住権の設定があったものとして計算するのが妥当である（右図参照）。

① 遺産の分割により配偶者居住権が設定される場合には、配偶者居住権の効力が生じるのは相続開始の時よりも後の時点であり、その時点を起算点として配偶者居住権の「存続年数」が定まると考えられることから、居住建物の「経過年数」についても、相続開始の時ではなく、「配偶者居住権が設定された時」までの年数で計算することとされていること（相法23の2①二イ、相令5の8③）。

② 二次相続等により居住建物等を取得した場合には、その取得の時において当該居住建物に「一次相続に係る配偶者居住権」が設定されており、既に当該配偶者居住権の効力が生じているため、当該配偶者居住権の「存続年数」は「配偶者居住権が設定された時」における年数でなく、「二次相続等による居住建物等の取得の時」における年数により計算し、当該居住建物の「経過年数」についても、「配偶者居住権が設定された時」までの年数でなく、「二次相続等による居住建物等の取得の時」までの年数により計算するのが妥当であること。

そこで、本通達では、配偶者居住権の設定後に二次相続等により取得した居住建物等の価額を相続税法第23条の2の規定に準じて計算する場合において、「一次相続に係る配偶者居住権」が設定されていないものとしたときの居住建物等の価額から控除する配偶者居住権又は敷地利用権の価額は、二次相続等により居住建物等を取得した時に配偶者居住権の設定があったものとして計算することを明らかにした。

参　　考

《参考》
　○財務省ホームページ「令和元年度税制改正の解説」（抄）
　一　民法（相続法）の改正に伴う見直し
　２　配偶者居住権の創設に伴う改正
　⑵　財産評価
　③　具体的な評価方法
　イ　配偶者居住権
　（ハ）　経過年数
　　　　遺産分割の協議又は審判により配偶者居住権が設定される場合には、配偶者居住権
　　　の効力が生じるのは相続開始時よりも後の時点であり、その時点を起算点として配偶
　　　者居住権の存続年数が定まると考えられることから、居住建物の経過年数についても、
　　　相続開始時ではなく、配偶者居住権の設定時までの年数でカウントすることとされて
　　　います。

　ロ　居住建物の所有権
　　　居住建物の相続開始時における配偶者居住権が設定されていないものとした場合の時
　　価から、上記イにより計算した配偶者居住権の価額を控除した残額によって評価します
　　（相法23の2②）。
　　　なお、この場合の居住建物の時価は、賃貸の用に供されていた部分がある場合であっ
　　ても、上記イ（イ）のような按分計算を行いません。

　⑷　配偶者居住権に関するその他の取扱い
　①　関係者が死亡した場合（二次相続）
　ロ　配偶者より先に所有者が死亡した場合
　　　配偶者より先に居住建物の所有者が死亡した場合には、居住建物の所有権部分につい
　　て所有者の相続人に相続税が課されます。この場合、配偶者居住権は存続中ですので、
　　所有者の相続開始時において上記⑵③ロの所有権部分と同様に評価することが考えられ
　　ます（居住建物の敷地についても同様です。）。
　　　なお、居住建物の所有者から所有権部分の贈与があった場合も同様に贈与税が課税さ
　　れ、その課税価格は贈与時点における居住建物の評価額から配偶者居住権部分の評価額
　　を控除した金額とすることが考えられます。

　○公益社団法人日本不動産鑑定士協会連合会「配偶者居住権等の鑑定評価に関する研究報告」（抄）
　Ⅲ　遺産分割等における鑑定評価にあたっての実務上の留意事項
　　３.鑑定評価手法の適用
　　⑵　配偶者居住権が付着した建物及びその敷地
　　　　配偶者居住権が付着した建物及びその敷地の所有者は、配偶者居住権が消滅するまでは当
　　　該建物及びその敷地を使用収益することができず、処分権のみを保持することになるため、
　　　その経済価値については、配偶者居住権が消滅して対象建物及びその敷地を使用収益するこ
　　　とが可能な状態に復帰した時点における当該建物及びその敷地の価格の現在価値として下記
　　　の計算式のとおり求めることができる。この方法を「権利消滅時現価法」という。

$$\left[\begin{array}{c}\text{配偶者居住権が付着した建物}\\\text{及びその敷地の経済価値}\end{array}\right] = \left[\begin{array}{c}\text{配偶者居住権消滅時の建物}\\\text{及びその敷地の価格}\end{array}\right] \times \text{（複利現価率）}$$

　Ⅳ　配偶者居住権の設定後における鑑定評価にあたっての実務上の留意事項
　　　配偶者居住権が設定された後、配偶者居住権が付着した建物及びその敷地を第三者又は配偶
　　者に譲渡する場合、並びに配偶者居住権を合意により消滅させる場合における配偶者居住権等の
　　鑑定評価については、上記ⅠからⅢに準じて行う。

14

参　　考

【第43条（（物納財産の収納価額等））関係】

（「収納の時までに当該財産の状況に著しい変化を生じたとき」の意義）
43－3　法第43条第1項ただし書に規定する「収納の時までに当該財産の状況に著しい変化を生じた
　　とき」とは、例えば、次に掲げるような場合をいうものとする。
　(1)　土地の地目変換があった場合（地目変換があったかどうかは土地台帳面の地目のいかんにかか
　　わらない。）
　(2)　荒地となった場合
　(3)　竹木の植付け又は伐採をした場合
　(4)　所有権以外の物権又は借地権の設定、変更又は消滅があった場合
　(5)　配偶者居住権の設定、変更又は消滅があった場合
　(6)　家屋の損壊（単なる日時の経過によるものは含まない。）又は増築があった場合
　(7)　自家用家屋が貸家となった場合
　(8)　引き続き居住の用に供する土地又は家屋を物納する場合
　(9)　震災、風水害、落雷、火災その他天災により法人の財産が甚大な被害を受けたことその他の事
　　由により当該法人の株式又は出資証券の価額が評価額より著しく低下したような場合
　（注）　証券取引所に上場されている株式の価額が証券市場の推移による経済界の一般的事由に基づ
　　　き低落したような場合には、この「その他の事由」に該当しないものとして取り扱うことに留
　　　意する。
　(10)　相続開始の時において清算中の法人又は相続開始後解散した法人がその財産の一部を株主又は
　　出資者に分配した場合（この場合において、当該法人の株式又は出資証券については、課税価格
　　計算の基礎となった評価額からその分配した金額を控除した金額を収納価額として物納に充て
　　ることができる。）
　(11)　(1)から(10)まで掲げる場合のほか、その財産の使用、収益又は処分について制限が付けられた場
　　合

※下線部分が改正部分である。

（改正）

（説明）
　　物納財産の収納価額は、原則として、課税価格計算の基礎となった相続開始時のその財産の価額に
　よることになっているが、収納の時までにその財産の状況に著しい変化を生じたときは、収納時の現
　況におけるその財産の価額によることになっている。この「収納の時までにその財産の状況に著しい
　変化を生じたとき」とは、どのような場合をいうのか法律上明らかでない。
　　そこで、本通達は、これについてその価額の増減を来す原因を態様別に例示として示し、その取扱
　いを明らかにしている。
　　今般創設された配偶者居住権についても、価額の増減を来す原因の態様の例示として追記し、その
　取扱いを明らかにした。

15

参　考

【設例（イメージ）】
○事実関係

2010年12月1日	被相続人が居住建物（1階（100㎡）を居住用、2階（100㎡）を賃貸用とする賃貸併用住宅）を新築し、2階2室※のうち1室を第三者Aへ賃貸
2020年10月1日	相続開始
2021年3月20日	遺産分割協議が成立し、配偶者が配偶者居住権を取得
2021年10月1日	配偶者は、老人ホームへの入居のため、居住建物の所有者である長男の承諾を得て第三者Bへ居住建物の一部（配偶者が居住していた1階部分）を賃貸
2022年10月1日	長男が孫へ居住建物（持分全部）を贈与（居住建物の敷地は、孫が長男から使用貸借により借り受ける。）

	事実関係の詳細
相続開始前	建物所有者：被相続人 土地所有者：被相続人 賃貸の状況：第三者Aへ賃貸（2階2室※のうち1室） 2階の賃貸割合：50％
相続開始時 (2020年10月1日)	相続税評価額：建物2,000万円（自用）、土地6,000万円（自用） 借家権割合：30％ 借地権割合：40％ 賃貸の状況：第三者Aへ賃貸（2階2室※のうち1室） 2階の賃貸割合：50％ 建物建築日：2010年12月1日 建物構造：木造
遺産分割時 (2021年3月20日)	建物相続人：長男 土地相続人：長男 賃貸の状況：第三者Aへ賃貸（2階2室※のうち1室） 2階の賃貸割合：50％ 配偶者の年齢：80歳10ヶ月 平均余命：11.71年 配偶者居住権の存続期間：終身 法定利率：3％
遺産分割後 〜 2021年9月30日	建物所有者：長男 土地所有者：長男 賃貸の状況：第三者Aへ賃貸（2階2室※のうち1室） 2階の賃貸割合：50％
贈与時 (2022年10月1日)	相続税評価額：建物1,400万円（自用） 借家権割合：30％ 賃貸の状況：第三者Aへ賃貸（2階2室※のうち1室） 　　　　　　第三者Bへ賃貸（1階部分） 2階の賃貸割合：50％ 配偶者の年齢：82歳4ヶ月 平均余命：10.28年 配偶者居住権の存続期間：終身 法定利率：3％

※　2階2室は各室とも同一床面積である。

16

参　　考

〇相続時の評価

【配偶者居住権の価額】

$$\underset{\substack{\text{自用・単独所有} \\ \text{居住建物の時価}}}{2,000\,万円} \times \underset{\substack{\text{賃貸以外の床面積} \\ \text{／居住建物の床面積}}}{150\,m^2/200\,m^2\,(注)} = \underset{\substack{\text{配偶者居住権の} \\ \text{評価の基礎となる} \\ \text{居住建物の時価}}}{1,500\,万円}$$

（注）　2階2室のうち賃貸されていない1室については、配偶者が配偶者居住権に基づき使用・収益することができ、賃借人に権利を主張できないということはないため、当該部分は「賃貸以外の床面積」に含めて評価する。具体的には次のとおり計算する。

$$\underset{\text{(1階)}}{100\,m^2} + (\underset{\text{(2階)}}{100\,m^2} \times (1-50\%)) = 150\,m^2$$

$$\underset{\substack{\text{配偶者居住権の} \\ \text{評価の基礎となる} \\ \text{居住建物の時価}}}{1,500\,万円} - \underset{\substack{\text{配偶者居住権の} \\ \text{評価の基礎となる} \\ \text{居住建物の時価}}}{1,500\,万円} \times \frac{\overset{\text{(耐用年数)}}{33\,年} - \overset{\text{(経過年数)}}{10\,年} - \overset{\text{(存続年数)}}{12\,年}}{\underset{\text{(経過年数)}}{33\,年} - \underset{\text{}}{10\,年}} \times \underset{\text{(複利現価率)}}{0.701} = \underset{\text{(配偶者居住権の価額)}}{9,971,087\,円}$$

（参考）耐　用　年　数：33年（22年×1.5）
　　　　経　過　年　数：10年（2010年12月1日～2021年3月20日：10年3ヶ月）
　　　　存　続　年　数：12年（第22回生命表に基づく平均余命11.71年）
　　　　複　利　現　価　率：0.701（端数処理前0.7014）

【居住建物の価額】

$$\underset{\text{(居住建物の時価)}}{1,850\,万円\,(注)} - \underset{\text{(配偶者居住権の価額)}}{9,971,087\,円} = \underset{\text{(居住建物の価額)}}{8,528,913\,円}$$

（注）　居住建物の時価は、相続税法第22条に規定する時価をいう。
　　　　自用家屋部分：2,000万円×100㎡/200㎡＝1,000万円
　　　　貸家部分：2,000万円×100㎡/200㎡＝1,000万円
　　　　居住建物の時価：1,000万円＋（1,000万円－1,000万円×0.3×50%）＝1,850万円

【敷地利用権の価額】

$$\underset{\substack{\text{自用・単独所有} \\ \text{居住建物の} \\ \text{敷地の時価}}}{6,000\,万円} \times \underset{\substack{\text{賃貸以外の床面積} \\ \text{／居住建物の床面積}}}{150\,m^2/200\,m^2\,(注)} = \underset{\substack{\text{敷地利用権の} \\ \text{評価の基礎と} \\ \text{なる居住建物の} \\ \text{敷地の時価}}}{4,500\,万円}$$

（注）　2階2室のうち賃貸されていない1室については、配偶者が配偶者居住権に基づき使用・収益することができ、賃借人に権利を主張できないということはないため、当該部分は「賃貸以外の床面積」に含めて評価する。具体的には次のとおり計算する。

$$\underset{\text{(1階)}}{100\,m^2} + (\underset{\text{(2階)}}{100\,m^2} \times (1-50\%)) = 150\,m^2$$

$$\underset{\substack{\text{敷地利用権の} \\ \text{評価の基礎と} \\ \text{なる居住建物の} \\ \text{敷地の時価}}}{4,500\,万円} - \underset{\substack{\text{敷地利用権の} \\ \text{評価の基礎と} \\ \text{なる居住建物の} \\ \text{敷地の時価}}}{4,500\,万円} \times \underset{\text{(複利現価率)}}{0.701} = \underset{\text{(敷地利用権の価額)}}{13,455,000\,円}$$

【居住建物の敷地の価額】

$$\underset{\text{(居住建物の敷地の時価)}}{5,820\,万円\,(注)} - \underset{\text{(敷地利用権の価額)}}{13,455,000\,円} = \underset{\text{(居住建物の敷地の価額)}}{44,745,000\,円}$$

（注）　居住建物の敷地の時価は、相続税法第22条に規定する時価をいう。
　　　　自用地部分：6,000万円×100㎡/200㎡＝3,000万円
　　　　貸家建付地部分：6,000万円×100㎡/200㎡＝3,000万円
　　　　居住建物の敷地の時価：3,000万円＋（3,000万円－3,000万円×0.4×0.3×50%）＝5,820万円

17

参　考

配偶者居住権等の評価明細書

<table>
<tr>
<td rowspan="2">所有者</td>
<td>建物</td>
<td>（被相続人氏名）
○○　○○</td>
<td>①</td>
<td>持分
割合   1／1</td>
<td>（配偶者氏名）</td>
<td>持分
割合 _____</td>
<td rowspan="2">所在地番
（住居表示）</td>
<td colspan="2">○○市○○町1－1
（　○○市○○町1－1　）</td>
<td rowspan="2">（令和二年四月一日以降用）</td>
</tr>
<tr>
<td>土地</td>
<td>（被相続人氏名）
○○　○○</td>
<td>②</td>
<td>持分
割合   1／1</td>
<td>（共有者氏名）</td>
<td>持分
割合 _____</td>
<td>（共有者氏名）</td>
<td>持分
割合 _____</td>
</tr>
</table>

居住建物の内容	建物の耐用年数	（建物の構造）※裏面《参考1》参照　　木造	33 年	③
	建築後の経過年数	（建築年月日）　　　　　　（配偶者居住権が設定された日） 2010 年 12 月 1 日　から　2021 年 3 月 20 日　…　10 年　[6月以上の端数は1年 6月未満の端数は切捨て]	10 年	④
	建物の利用状況等	建物のうち賃貸の用に供されている部分以外の部分の床面積の合計	150.00 ㎡	⑤
		建物の床面積の合計	200.00 ㎡	⑥

<table>
<tr>
<td rowspan="2">配偶者居住権の存続年数等</td>
<td colspan="3">〔存続期間が終身以外の場合の存続年数〕
（配偶者居住権が設定された日）　　　　　　（存続期間満了日）　　　　A
____年__月__日　から　____年__月__日　…　___年　[6月以上の端数は1年
6月未満の端数は切捨て]</td>
<td rowspan="2">存続年数（Ⓒ）
12 年</td>
<td rowspan="2">⑦</td>
</tr>
<tr><td></td><td></td><td></td></tr>
<tr>
<td></td>
<td colspan="2">〔存続期間が終身の場合の存続年数〕
（配偶者居住権が設定された日における配偶者の満年齢）
80 歳（生年月日 1940 年 5 月 20 日、性別 女）</td>
<td>（平均余命）B
※裏面《参考2》参照
… 12 年</td>
<td>Ⓒ [AとBのいずれか短い年数とし、
　Aがない場合はBの年数]
12 年</td>
<td>複利現価率
※裏面《参考3》参照
0．701</td>
<td>⑧</td>
</tr>
</table>

<table>
<tr>
<td rowspan="6">評価の基礎となる価額</td>
<td rowspan="3">建物</td>
<td colspan="2">賃貸の用に供されておらず、かつ、共有でないものとした場合の相続税評価額</td>
<td>20,000,000 円</td>
<td>⑨</td>
</tr>
<tr>
<td colspan="2">共有でないものとした場合の相続税評価額</td>
<td>18,500,000 円</td>
<td>⑩</td>
</tr>
<tr>
<td>相続税評価額</td>
<td>（⑩の相続税評価額）　　　　　　　（①持分割合）
18,500,000 円　×　1／1</td>
<td>18,500,000 円
（円未満切捨て）</td>
<td>⑪</td>
</tr>
<tr>
<td rowspan="3">土地</td>
<td colspan="2">建物が賃貸の用に供されておらず、かつ、土地が共有でないものとした場合の相続税評価額</td>
<td>60,000,000 円</td>
<td>⑫</td>
</tr>
<tr>
<td colspan="2">共有でないものとした場合の相続税評価額</td>
<td>58,200,000 円</td>
<td>⑬</td>
</tr>
<tr>
<td>相続税評価額</td>
<td>（⑬の相続税評価額）　　　　　　　（②持分割合）
58,200,000 円　×　1／1</td>
<td>58,200,000 円
（円未満切捨て）</td>
<td>⑭</td>
</tr>
</table>

○配偶者居住権の価額

（⑨の相続税評価額） 20,000,000 円	×	⑤賃貸以外の床面積／⑥居住建物の床面積 150.00 ㎡／200.00 ㎡	×	（①持分割合） 1／1	15,000,000 円 （円未満四捨五入）	⑮
（⑮の金額） 15,000,000 円	（⑮の金額） − 15,000,000 円	×	③耐用年数−④経過年数−⑦存続年数／③耐用年数−④経過年数 （注）分子又は分母が零以下の場合は零。 33 − 10 − 12／33 − 10	（⑧複利現価率） × 0．701	（配偶者居住権の価額） 9,971,087 円 （円未満四捨五入）	⑯

○居住建物の価額

（⑪の相続税評価額） 18,500,000 円	（⑯配偶者居住権の価額） − 9,971,087 円	8,528,913 円	⑰

○配偶者居住権に基づく敷地利用権の価額

（⑫の相続税評価額） 60,000,000 円	×	⑤賃貸以外の床面積／⑥居住建物の床面積 150.00 ㎡／200.00 ㎡	×	①と②のいずれか低い持分割合 1／1	45,000,000 円 （円未満四捨五入）	⑱
（⑱の金額） 45,000,000 円	（⑱の金額） − 45,000,000 円	×	（⑧複利現価率） 0．701		（敷地利用権の価額） 13,455,000 円 （円未満四捨五入）	⑲

○居住建物の敷地の用に供される土地の価額

（⑭の相続税評価額） 58,200,000 円	（⑲敷地利用権の価額） − 13,455,000 円	44,745,000 円	⑳

備　考	

（注）土地には、土地の上に存する権利を含みます。

18

<u>参　考</u>

○贈与時の評価

┌───┐
【居住建物の価額】

（居住建物の時価）　　　　　　（配偶者居住権の価額）　　　　　（居住建物の価額）
12,950,000 円^(注1)　－　　6,408,000 円^(注2)　＝　6,542,000 円

（注1）　居住建物の時価は、相続税法第 22 条に規定する時価をいう。
　　　　　自用家屋部分：1,400 万円×100 ㎡/200 ㎡＝700 万円 ※
　　　　　貸家部分：1,400 万円×100 ㎡/200 ㎡＝700 万円
　　　　　居住建物の時価：700 万円＋（700 万円－700 万円×0.3×50％）＝12,950,000 円

　　　※　居住建物の時価は、贈与により当該居住建物を取得した時における「配偶者居住権が設定されていないものとした場合の
　　　　時価」である。
　　　　　設例の場合、第三者Bの有する賃借権は、基本となる配偶者居住権の存在を前提として、配偶者居住権者が有する権利の
　　　　範囲内で成立していると考えられることから、当該配偶者居住権が設定されていなければ、当該賃借権も存し得ないものと
　　　　考えられる。
　　　　　したがって、「配偶者居住権が設定されていないものとした場合の時価」を求める場合には、配偶者居住権の上に存する
　　　　第三者Bの賃借権も、配偶者居住権と同様に設定されていないものとして（自用家屋として）評価するのが妥当である。

（注2）　配偶者居住権の価額は次のとおり計算する。

　　　　⎡自用・単独所有⎤　　⎡賃貸以外の床面積⎤　　　　⎡配偶者居住権の⎤
　　　　⎢居住建物の時価⎥　　⎢／居住建物の床面積⎥　　　⎢評価の基礎となる⎥
　　　　⎣　　　　　　⎦　　⎣　　　　　　⎦　　　　⎣居住建物の時価⎦
　　　　1,400 万円　　×　150 ㎡/200 ㎡[※]　＝　　1,050 万円

　　　※　2階2室のうち賃貸されていない1室については、配偶者が配偶者居住権に基づき使用・収益することができ、賃借人に
　　　　権利を主張できないということはないため、当該部分は「賃貸以外の床面積」に含めて評価する。
　　　　　また、配偶者が居住していた1階部分については、配偶者居住権の設定後に配偶者が老人ホームへ入居のため、居住建物
　　　　の所有者である長男の承諾を得て第三者Bに賃貸しているところ、当該賃貸は配偶者居住権に基づく使用・収益であるた
　　　　め、当該賃貸部分は「賃貸以外の床面積」に含めて評価する。
　　　　　具体的には次のとおり計算する。
　　　　（1階）　　　　（2階）
　　　　100 ㎡＋（100 ㎡×（1－50％））＝150 ㎡

　　　⎡配偶者居住権の⎤　⎡配偶者居住権の⎤　　　　（耐用年数）（経過年数）（存続年数）
　　　⎢評価の基礎となる⎥　⎢評価の基礎となる⎥　　　　33 年－12 年－10 年　　　（複利現価率）　　（配偶者居住権の価額）
　　　⎣居住建物の時価⎦　⎣居住建物の時価⎦　　────────────　×　0.744　＝　6,408,000 円
　　　1,050 万円　－　1,050 万円　×　　33 年－12 年

　　　　　　　　　　　　　　　　　（耐用年数）（経過年数）

　　（参考）耐　用　年　数：33 年（22 年×1.5）
　　　　　　経　過　年　数：12 年（2010 年 12 月 1 日～2022 年 10 月 1 日：11 年 10 ヶ月）
　　　　　　存　続　年　数：10 年（第 22 回生命表に基づく平均余命 10.28 年）
　　　　　　複　利　現　価　率：0.744（端数処理前 0.7441）
└───┘

参　考

配偶者居住権等の評価明細書

（令和二年四月一日以降用）

<table>
<tr>
<td rowspan="2">所有者</td>
<td>建物</td>
<td>（被相続人氏名）
贈与者
〇〇　〇〇</td>
<td>① 持分
割合 1/1</td>
<td>（配偶者氏名）</td>
<td>持分
割合 ＿＿＿</td>
<td colspan="2">所在地番
（住居表示）</td>
<td colspan="2">〇〇市〇〇町1-1
（　〇〇市〇〇町1-1　）</td>
</tr>
<tr>
<td>土地</td>
<td>（被相続人氏名）</td>
<td>② 持分
割合 ＿＿＿</td>
<td>（共有者氏名）</td>
<td>持分
割合 ＿＿＿</td>
<td colspan="2">（共有者氏名）</td>
<td colspan="2">持分
割合 ＿＿＿</td>
</tr>
</table>

<table>
<tr>
<td rowspan="4">居住建物の内容</td>
<td>建物の耐用年数</td>
<td>（建物の構造）※裏面《参考1》参照</td>
<td colspan="2" align="center">木　造</td>
<td>33 年</td>
<td>③</td>
</tr>
<tr>
<td>建築後の経過年数</td>
<td>（建築年月日）
2010 年 12 月 1 日　から</td>
<td>（配偶者居住権が設定された日）
財産を取得した日
2022 年 10 月 1 日 … 12 年</td>
<td>6月以上の端数は1年
6月未満の端数は切捨て</td>
<td>12 年</td>
<td>④</td>
</tr>
<tr>
<td rowspan="2">建物の利用状況等</td>
<td colspan="3">建物のうち賃貸の用に供されている部分以外の部分の床面積の合計</td>
<td>150.00 ㎡</td>
<td>⑤</td>
</tr>
<tr>
<td colspan="3">建物の床面積の合計</td>
<td>200.00 ㎡</td>
<td>⑥</td>
</tr>
</table>

<table>
<tr>
<td rowspan="2">配偶者居住権の存続年数等</td>
<td>〔存続期間が終身以外の場合の存続年数〕
（配偶者居住権が設定された日）　　（存続期間満了日）　　　Ⓐ
＿＿年＿＿月＿＿日　から　＿＿年＿＿月＿＿日 … ＿＿年
［6月以上の端数は1年　6月未満の端数は切捨て］</td>
<td>存続年数（Ⓒ）
10 年</td>
<td>⑦</td>
</tr>
<tr>
<td>〔存続期間が終身の場合の存続年数〕
（配偶者居住権が設定された日における配偶者の満年齢）　（平均余命）Ⓑ ※裏面《参考2》参照
財産を取得した日
82歳（生年月日 1940 年 5 月 20 日、性別 女 … 10 年　　Ⓒ 10 年
［ⒶとⒷのいずれか短い年とし、Ⓐがない場合はⒷの年数］</td>
<td>複利現価率
※裏面《参考3》参照
0．744</td>
<td>⑧</td>
</tr>
</table>

<table>
<tr>
<td rowspan="6">評価の基礎となる価額</td>
<td rowspan="3">建物</td>
<td colspan="2">賃貸の用に供されておらず、かつ、共有でないものとした場合の相続税評価額</td>
<td>14,000,000 円</td>
<td>⑨</td>
</tr>
<tr>
<td colspan="2">共有でないものとした場合の相続税評価額</td>
<td>12,950,000 円</td>
<td>⑩</td>
</tr>
<tr>
<td>相続税評価額</td>
<td>（⑩の相続税評価額）　　　　　　　（①持分割合）
12,950,000 円　　×　　1/1</td>
<td>12,950,000 円
（円未満切捨て）</td>
<td>⑪</td>
</tr>
<tr>
<td rowspan="3">土地</td>
<td colspan="2">建物が賃貸の用に供されておらず、かつ、土地が共有でないものとした場合の相続税評価額</td>
<td>円</td>
<td>⑫</td>
</tr>
<tr>
<td colspan="2">共有でないものとした場合の相続税評価額</td>
<td>円</td>
<td>⑬</td>
</tr>
<tr>
<td>相続税評価額</td>
<td>（⑬の相続税評価額）　　　　　　　（②持分割合）
＿＿＿＿円　　×　　＿＿＿</td>
<td>円
（円未満切捨て）</td>
<td>⑭</td>
</tr>
</table>

〇配偶者居住権の価額

<table>
<tr>
<td>（⑨の相続税評価額）

14,000,000 円</td>
<td>×</td>
<td>⑤賃貸以外の床面積／⑥居住建物の床面積
150.00 ㎡／200.00 ㎡</td>
<td>×</td>
<td>（①持分割合）
1/1</td>
<td>10,500,000 円
（円未満四捨五入）</td>
<td>⑮</td>
</tr>
<tr>
<td>（⑮の金額）
10,500,000 円</td>
<td>－</td>
<td>（⑮の金額）
10,500,000 円</td>
<td colspan="2">×　③耐用年数－④経過年数－⑦存続年数／③耐用年数－④経過年数
（注）分子又は分母が零以下の場合は零。
（33 － 12 － 10）／（33 － 12）　× 0．744</td>
<td>（配偶者居住権の価額）
6,408,000 円
（円未満四捨五入）</td>
<td>⑯</td>
</tr>
</table>

〇居住建物の価額

<table>
<tr>
<td>（⑪の相続税評価額）
12,950,000 円</td>
<td>－</td>
<td>（⑯配偶者居住権の価額）
6,408,000 円</td>
<td>6,542,000 円</td>
<td>⑰</td>
</tr>
</table>

〇配偶者居住権に基づく敷地利用権の価額

<table>
<tr>
<td>（⑫の相続税評価額）

円</td>
<td>×</td>
<td>⑤賃貸以外の床面積／⑥居住建物の床面積
㎡／㎡</td>
<td>×</td>
<td>①と②のいずれか低い持分割合
</td>
<td>円
（円未満四捨五入）</td>
<td>⑱</td>
</tr>
<tr>
<td>（⑱の金額）
円</td>
<td>－</td>
<td>（⑱の金額）
円</td>
<td colspan="2">（⑧複利現価率）
× 0．</td>
<td>（敷地利用権の価額）
円
（円未満四捨五入）</td>
<td>⑲</td>
</tr>
</table>

〇居住建物の敷地の用に供される土地の価額

<table>
<tr>
<td>（⑭の相続税評価額）
円</td>
<td>－</td>
<td>（⑲敷地利用権の価額）
円</td>
<td>円</td>
<td>⑳</td>
</tr>
</table>

<table>
<tr>
<td>備　考</td>
<td>配偶者が配偶者居住権に基づき居住の用に供していた100㎡部分については、2021年10月1日以降、配偶者が配偶者居住権に基づきBへ賃貸していることから、当該部分については、⑤に含めて計算した。</td>
</tr>
</table>

（注）土地には、土地の上に存する権利を含みます。

参　考

資産評価企画官情報 資 産 課 税 課 情 報	第 2 号 第11号	令和 2 年 6 月30日	国 税 庁 課 税 部 資 産 評 価 企 画 官 資 産 課 税 課

「財産評価基本通達等の一部改正について」通達のあらましについて（情報）

　令和 2 年 6 月22日付課評 2 −21ほか 2 課共同「財産評価基本通達等の一部改正について」
（法令解釈通達）により、生産緑地の評価について所要の改正を行ったところであるが、
そのあらましは別添のとおりであるので、参考のため送付する。

参　考

省略用語

　この情報において使用した次の省略用語の意義は、それぞれ次に掲げるとおりである。

評価通達	昭和39年4月25日付直資56ほか1課共同「財産評価基本通達」
生産緑地法	生産緑地法（昭和49年法律第68号）
生産緑地	生産緑地法第3条第1項の規定により定められた生産緑地地区の区域内の土地又は森林（生産緑地法第2条第3号）
特定生産緑地	生産緑地法第10条の2第1項の特定生産緑地の指定がなされた生産緑地（特定生産緑地の指定の期限の延長がなされないで指定期限日を経過した生産緑地を除く。）
一般生産緑地	特定生産緑地以外の生産緑地
申出基準日	生産緑地に係る生産緑地地区に関する都市計画についての都市計画法（昭和43年法律第100号）第20条第1項の規定による告示の日から起算して30年を経過する日（生産緑地法第10条第1項）
指定期限日	特定生産緑地について、申出基準日から起算して10年を経過する日（特定生産緑地の指定の期限を延長したときは、その延長後の期限が経過する日）（生産緑地法第10条の3第2項）

参　考

別　添

生産緑地の評価

　特定生産緑地のうち、時価で買い取るべき旨の申出を行った日から起算して3月を経過しているものについては、行為制限が解除され、一般の農地等と同様の評価方法により評価する必要がある。

　このため、特定生産緑地を時価で買い取るべき旨の申出を行った日から起算して3月を経過しているものについては、評価通達40－3（（生産緑地の評価））の定めの適用対象ではないことを明らかにした。

　また、旧第二種生産緑地地区に係る旧生産緑地については、その都市計画が全て失効していることを踏まえ、関係する記述を削除した。

（評価通達40－3＝改正）

1　通達改正の趣旨

　都市緑地法等の一部を改正する法律（平成29年法律第26号）第4条の規定による生産緑地法（昭和49年法律第68号）の改正により、市町村長は、申出基準日が近く到来することとなる一定の生産緑地を特定生産緑地として指定することができることとされた。

　この特定生産緑地のうち、時価で買い取るべき旨の申出を行った日から起算して3月を経過しているものについては、生産緑地法第8条（（生産緑地地区内における行為の制限））等の制限が解除されることから（生産緑地法10、10の5、14）、一般の農地等と同様の評価方法により評価するため、評価通達40－3（（生産緑地の評価））の定めの適用対象から除く必要がある。

　このため、特定生産緑地を時価で買い取るべき旨の申出を行った日から起算して3月を経過しているものについては、評価通達40－3（（生産緑地の評価））の定めの適用対象ではないことを明らかにした。

　また、旧第二種生産緑地地区に係る旧生産緑地については、その都市計画が全て失効していることを踏まえ、関係する記述を削除した。

（注）　特定生産緑地については、生産緑地法第2条第3号の生産緑地に含まれるため、評価通達40－3（（生産緑地の評価））の改正を行わなくとも、同項の適用対象となる。

2　特定生産緑地の概要

　特定生産緑地とは、申出基準日が近く到来することとなる生産緑地のうち、その周辺の地域における公園、緑地その他の公共空地の整備の状況及び土地利用の状況を勘案して、当該申出基準日以後においてもその保全を確実に行うことが良好な都市環境の形成を図る上で特に有効であると認められるものとして、市町村長が生産緑地の所有者等の同意を得る等して指定するものをいう（生産緑地法10の2①③）。

　この特定生産緑地の指定がされた生産緑地の所有者は、指定期限日以後において、市町村長に対し、当該生産緑地を時価で買い取るべき旨を申し出ることができる（生産緑地法10、10の5）。

　また、一般生産緑地として指定期限を30年延長することはできないが（都市計画上の

— 770 —

参　　考

生産緑地地区から除かれた後に、再度、生産緑地法第３条第１項の要件を満たすこととなった場合には、改めて、一般生産緑地として指定を受けることが可能。）、申出基準日までに特定生産緑地の指定を受けた場合には、指定期限日までに改めて当該生産緑地の所有者等の同意を得る等して、繰り返し指定期限を10年延長することができる（指定期限を延長しない場合、特定生産緑地として再度指定を受けることは不可能。）（生産緑地法10の３①②）。

　なお、特定生産緑地に係る行為の制限と一般生産緑地に係る行為の制限に差異はない（生産緑地法８）。

3　特定生産緑地の評価の概要等
⑴　現行の生産緑地の評価方法
　　生産緑地法第10条（（生産緑地の買取りの申出））の規定による買取りの申出を行った生産緑地については、買取りの申出の日から起算して３月以内にその生産緑地の所有権が移転しない場合には、建築物の新築、宅地造成などの生産緑地に係る行為の制限（同法８）が解除されることとなっている（同法14）。

　　したがって、生産緑地には、行為の制限が付されているものとその付された制限が解除されているものとがあることになる。

　　行為の制限が解除されている生産緑地については、一般の農地等と同じく、その農地等は使用収益について何らの制限も受けないことになるので、一般の市街化区域内の農地等と同様の方法により評価すればよいことになる。

　　一方、行為の制限が付されている生産緑地については、

　　①　生産緑地は、その存する地域が狭く生産緑地そのものの売買実例もほとんどないのが実情であり、生産緑地の売買実例価額を基として評価することは難しい現状にあること

　　②　生産緑地に指定されると、農地等としてしか利用できないこととなるが、一定期間を経過すれば、利用制限がないものとした場合における時価で、市町村に対し買取りの申出ができることになっており、時価で買い取られる場合には価格面での不利益は受けないことになること

　　から、その評価する生産緑地を生産緑地としての利用制限がないものとして評価し、その価額から利用制限の程度に応じて一定の評価減を行うこととしている。

⑵　特定生産緑地の評価の概要
　　特定生産緑地は、その行為の制限について、一般生産緑地と異なるところがなく、生産緑地法第10条の５（（特定生産緑地の買取りの申出））の規定による買取りの申出を行ったものについては、買取りの申出の日から起算して３月以内にその生産緑地の所有権が移転しない場合には、同法第８条（（生産緑地地区内における行為の制限））等の制限が解除されることとなっている（同法14）。そのため、特定生産緑地の評価方法について、上記⑴と異なる考え方を採用すべき理由はないことから、現行の生産緑地と同様の評価方法により評価するのが合理的である。

　　したがって、特定生産緑地（時価で買い取るべき旨の申出を行った日から起算して３月を経過しているものを除く。）については、一般生産緑地と同様に、それぞれ次に

参　　考

掲げる割合を評価通達第2章の定めにより評価した価額から、その価額に次に掲げる生産緑地の別にそれぞれ次に掲げる割合を乗じて計算した価額を控除した金額によって評価することとなる。

(1)　課税時期において市町村長に対し買取りの申出をすることができない生産緑地

課税時期から買取りの申出をすることができることとなる日までの期間	割　　合
5年以下のもの	100分の10
5年を超え10年以下のもの	100分の15
10年を超え15年以下のもの	100分の20
15年を超え20年以下のもの	100分の25
20年を超え25年以下のもの	100分の30
25年を超え30年以下のもの	100分の35

(2)　課税時期において市町村長に対し買取りの申出が行われていた生産緑地又は買取りの申出をすることができる生産緑地

　　　100分の5

(注)1　特定生産緑地の指定を受けた生産緑地については、課税時期から指定期限日までの期間に応じ、上記(1)の割合を適用することに留意する。

　　 2　評価通達40-3((生産緑地の評価))に定める生産緑地の評価方法については、生産緑地(生産緑地法第3条第1項の規定により定められた生産緑地地区の区域内の土地又は森林(生産緑地法2三))に適用される。

　　　　生産緑地地区は、市街化区域(都市計画法(昭和43年法律第100号)第7条第1項の規定による市街化区域をいう。)内にある農地等で、一定の条件に該当する一団のものの区域について都市計画で定められるところ(生産緑地法3①)、当該農地等とは、現に農業の用に供されている農地若しくは採草放牧地、現に林業の用に供されている森林又は現に漁業の用に供されている池沼(これらに隣接し、かつ、これらと一体となって農林漁業の用に供されている農業用道路その他の土地を含む。)をいうこととされている(生産緑地法2一)。このように、生産緑地には、農地以外の地目の土地も含まれ、これらについても、生産緑地法第8条((生産緑地地区内における行為の制限))の規定による行為の制限を受けることとなる。

　　　　したがって、山林・池沼などの農地以外の地目の生産緑地についても、評価通達40-3((生産緑地の評価))に定める生産緑地の評価方法に準じて評価するのが相当である。

4　適用時期

　　令和2年1月1日以後に相続、遺贈又は贈与により取得した財産の評価及び令和2年分以後の地価税の課税価格の計算の基礎となる土地等の評価に適用することとした。

参　考

資産評価企画官情報	第 1 号	令和 3 年 6 月24日	国　税　庁
資 産 課 税 課 情 報	第13号		資 産 評 価 企 画 官
			資 産 課 税 課

「財産評価基本通達の一部改正について」通達のあらましについて（情報）

　令和 3 年 5 月31日付課評 2 －26ほか 2 課共同「財産評価基本通達の一部改正について」（法令解釈通達）により、都市計画道路予定地の区域内にある宅地の評価及び電話加入権の評価について所要の改正を行ったところであるが、そのあらましは別添のとおりであるので、参考のため送付する。

省略用語

　この情報において使用した次の省略用語の意義は、それぞれ次に掲げるとおりである。

評価通達	昭和 39 年 4 月 25 日付直資 56 ほか 1 課共同「財産評価基本通達」（法令解釈通達）
都市計画法	都市計画法（昭和 43 年法律第 100 号）
事業法	電気通信事業法（昭和 59 年法律第 86 号）
旧公衆法	公衆電気通信法（昭和 28 年法律第 97 号）

― 773 ―

参　考

別　添
1　都市計画道路予定地の区域内にある宅地の評価

> 都市計画道路予定地の区域内にある宅地の価額を評価する場合において、その宅地の
> うちの都市計画道路予定地の区域内となる部分が都市計画道路予定地の区域内となる部
> 分でないものとしたときの価額に乗じる補正率を定める表について、容積率の区分の整
> 理及びこれに伴う補正率の見直しを行った。
>
> （評価通達 24－7＝改正）

1　従来の取扱い

　都市計画道路予定地の区域内にある宅地については、いずれは、道路用地として時価で買
収されることから、宅地としての通常の用途に供する場合に利用の制限があるとしても、買
収までの期間が短期間であれば、土地価格に及ぼす影響は小さい。しかし、一般的には、道
路用地として買収されるまでの期間は相当長期間であることから、その土地の利用用途（商
業地、住宅地等の地区区分の別）、高度利用度（容積率の別）及び地積の関係によって土地価
格に影響を及ぼすこととなる。

　したがって、都市計画道路予定地の区域内にある宅地の価額は、地区区分、容積率、地積
割合の別によって定めた補正率を乗じて計算した価額により評価することとしていた。

2　通達改正の概要

　評価通達 24－7（（都市計画道路予定地の区域内にある宅地の評価））の補正率について、平
成 14 年6月に制定してから 20 年近くが経過し、土地取引等の実態の変化もみられることか
ら、現在の実態に即したものとなるよう見直すこととした。

　具体的には、ビル街地区及び高度商業地区以外の地区における土地の高度利用に対する指
向が強まっており、補正率に係る容積率の区分を見直す必要があると考えられたため、容積
率の区分の整理及びこれに伴う補正率の見直しを行うこととした。

　なお、ビル街地区及び高度商業地区については、容積率 600％未満の地域がほとんど存在せ
ず、あえて分類する必要性に乏しいことからこれを削除することとした。

参　考

2　電話加入権の評価

電話加入権の価額については、売買実例価額、精通者意見価格等を参酌して評価することとした。

(評価通達 161＝改正、162＝廃止)

1　従来の取扱い

電話加入権とは、加入電話契約者が東日本電信電話株式会社又は西日本電信電話株式会社との間で締結した加入電話契約に基づいて加入電話の提供を受ける権利をいう（電話サービス契約約款 21）。電話加入権は、同社の承認を得て譲渡することができるところ（事業法附則 9、旧公衆法 38）、取引相場のある電話加入権の価額は、課税時期における通常の取引価額に相当する金額として評価し、取引相場のない電話加入権の価額は、売買実例価額等を基として、電話取扱局ごとに国税局長の定める標準価額（以下「標準価額」という。）によって評価することとしていた。

2　通達改正の概要

現下の社会経済情勢においては、電話加入権の取引相場が存在していない。また、標準価額も平成 26 年以降、一回線当たり「1,500 円」と非常に低位な金額となっていることやインターネット等の情報通信技術の発達等により、納税者において容易に売買実例価額を調べることも可能となっていること等を踏まえると、標準価額を定める必要性が乏しくなっていると考えられる。

したがって、電話加入権の評価額については、評価通達 129（（一般動産の評価））の評価方法と同様、売買実例価額、精通者意見価格等を参酌して評価することとした。また、これに伴い、評価通達 162（（特殊番号の電話加入権の評価））の取扱いを廃止することとした。

(注)　相続税等の申告に当たっては、評価通達 128（（評価単位））の定めに基づき一括して評価する家庭用動産等に、電話加入権を含めることとして差し支えない。

参　　考

資産評価企画官情報	第 3 号	令和 3 年 7 月 6 日	国　税　庁
資産課税課情報	第15号		資産評価企画官
			資産課税課

「財産評価基本通達の一部改正について」通達等のあらましについて（情報）

　令和 3 年 6 月23日付課評 2 −43ほか 2 課共同「財産評価基本通達の一部改正について」（法令解釈通達）及び令和 3 年 6 月23日付課評 2 −45ほか 2 課共同「『相続税及び贈与税における取引相場のない株式等の評価明細書の様式及び記載方法等について』の一部改正について」（法令解釈通達）により、指定漁業を営むことのできる権利等の評価及び取引相場のない株式等の評価等について所要の改正を行ったところであるが、そのあらましは別添のとおりであるので、参考のため送付する。

別添

目次

1　指定漁業を営むことのできる権利等の評価）
2　取引相場のない株式の評価（株式交付があった場合の評価）

（省略用語）

　本情報において使用した次の省略用語の意義は、次のとおりである。

評価通達	昭和39年 4 月25日付直資56ほか 1 課共同「財産評価基本通達」（法令解釈通達）
明細書通達	平成 2 年12月27日付直評23ほか 1 課共同「相続税及び贈与税における取引相場のない株式等の評価明細書の様式及び記載方法等について」（法令解釈通達）
漁業法	漁業法（昭和24年法律第267号）
会社法	会社法（平成17年法律第86号）
会社法施行規則	会社法施行規則（平成18年法務省令第12号）
株式交換完全親会社	会社法第767条に規定する株式交換完全親会社
株式交換完全子会社	会社法第768条第 1 項第 1 号に規定する株式交換完全子会社
株式交付親会社	会社法第774条の 3 第 1 項第 1 号に規定する株式交付親会社
株式交付子会社	会社法第774条の 3 第 1 項第 1 号に規定する株式交付子会社

参　考

別　添

1　指定漁業を営むことのできる権利等の評価

> 　漁業法第 36 条((農林水産大臣による漁業の許可))に規定する漁業及び同法第 57 条((都道府県知事による漁業の許可))に規定する漁業等を営むことのできる権利の価額は、営業権の価額に含めて評価することとした。
>
> (評価通達 164＝改正)

1　従来の取扱い

　漁業許可制度は、漁業法等に基づき、漁業調整等のため、特定の漁業を営むに当たって、農林水産大臣又は都道府県知事の許可を受けなければ、当該漁業を営んではならない制度である。

　これらの許可を受けることにより、当該許可に基づき排他的に漁業を営むことができることから、評価通達上、これを「指定漁業を営むことのできる権利等」として、その価額を営業権の価額に含めて評価している(評価通達 164)。

2　通達改正の概要等

⑴　漁業許可制度における許可体系の見直し

　漁業法等の一部を改正する等の法律(平成 30 年法律第 95 号)による漁業法の改正により、漁業許可制度における許可体系について、次表のとおり見直しが行われた。

許可者	改正前	改正後
農林水産大臣	**指定漁業** 　政府間の取決め、漁場の位置などにより国が統一して漁業者やその使用する船舶について制限を行うことが適当な漁業(漁業法 52) 　　(沖合底びき漁業、大中型まき網漁業等) **特定大臣許可漁業** 　国が統一的規制を行う漁業として、毎年、船舶ごとに農林水産大臣の許可を受けなければ営めない漁業(漁業法 65 等) 　　(ずわいがに漁業、東シナ海はえ縄漁業等)	**大臣許可漁業** 　政府間の取決め、漁場の区域の広さなどにより国が措置を統一して漁業者やその使用する船舶について制限措置を講ずることが適当な漁業(漁業法 36) 沖合底びき漁業、大中型まき網漁業、ずわいがに漁業、東シナ海はえ縄漁業等
都道府県知事	**法定知事許可漁業** 　農林水産大臣が設定する許可隻数等の枠内で都道府県知事の許可を受けなければ営めない漁業(漁業法 66) 　　(中型まき網漁業、小型機船底びき網漁業等) **知事許可漁業** 　法定知事許可漁業以外で都道府県知事の許可を受けなければ営めない漁業(漁業法 65 等) 　　(小型まき網漁業、機船船びき網漁業等)	**知事許可漁業** 　農林水産大臣や都道府県知事が設定する許可隻数等の枠内で都道府県知事の許可を受けなければ営めない漁業(漁業法 57) 中型まき網漁業、小型機船底びき網漁業、小型まき網漁業、機船船びき網漁業等 ※　都道府県知事が許可隻数等を設定しない場合は、漁業法第 119 条に基づき許可。

参　　考

⑵　大臣許可漁業を営むことのできる権利等の評価方法

　　上記⑴の改正後の漁業法第36条（（農林水産大臣による漁業の許可））に規定する漁業及び同法第57条（（都道府県知事による漁業の許可））に規定する漁業等を営むことのできる権利は、農林水産大臣又は都道府県知事の許可を受けて排他的に漁業を営むことができるものであり、これらの評価方法について、上記1と異なる考え方を採用すべき理由はないことから、従来の取扱いと同様に、営業権の価額に含めて評価することとした。

⑶　適用時期

　　令和3年1月1日以後に相続、遺贈又は贈与により取得した財産の評価に適用することとした。

参　考

2　取引相場のない株式の評価（株式交付があった場合の評価）

> 評価会社が有する資産の中に、現物出資若しくは合併により著しく低い価額で受け入れた資産又は株式交換若しくは株式移転により著しく低い価額で受け入れた株式（現物出資等受入れ資産）がある場合には、その現物出資、合併、株式交換又は株式移転（現物出資等）の時のその資産の価額（相続税評価額）とその現物出資等による受入れ価額（帳簿価額）との差額（現物出資等受入れ差額）に対する法人税額等相当額は、純資産価額の計算上控除しないこととしているが、株式交付により著しく低い価額で受け入れた株式がある場合も同様とすることとした。

（評価通達186－2(2)関係＝改正）

1　従来の取扱い

　評価会社の株式を純資産価額方式により評価する場合において、評価会社の有する資産の中に、現物出資若しくは合併により著しく低い価額で受け入れた資産又は株式交換（会社法2三十一）若しくは株式移転（会社法2三十二）により著しく低い価額で受け入れた株式（以下、これらの資産又は株式を「現物出資等受入れ資産」という。）があるときは、原則として、その現物出資、合併、株式交換又は株式移転（以下「現物出資等」という。）の時のその現物出資等受入れ資産の価額（相続税評価額）とその現物出資等による受入れ価額（帳簿価額）との差額（以下「現物出資等受入れ差額」という。）に対する法人税額等相当額は、純資産価額の計算上控除しないこととしている。

　この現物出資等受入れ差額に対する法人税額等相当額の控除ができない場合の具体例を示すと、次のとおりである。

【現物出資の場合】

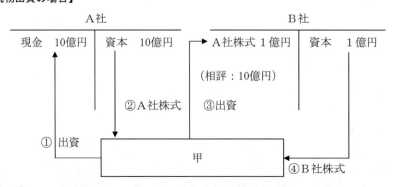

①、②・・・金融機関からの借入れによる現金10億円を出資してA社を設立。
③、④・・・次に、A社株式の全部を現物出資してB社を設立。
　　　　　　B社はA社の株式を著しく低い価額で受入れ。
　(注)1　甲の相続財産は、現金10億円からB社株式になり、B社株式の評価は、現物出資等受入れ差額に対する法人税額等相当額の控除ができるとしたならば、
　　　　　　10億円－（10億円－1億円）×37％＝6.67億円
　　　　となる。
　　　2　B社株式を純資産価額方式で評価する場合、評価差額に対する法人税額等に相当する37％相当額が控除されるため、A社株式を現物出資により備忘価額で受け入れたときは、A社株式がB社株式に振り替わっただけで評価額が低減するという極めて不合理な結果となる。

参　考

なお、取引相場のない株式だけでなく、出資や転換社債型新株予約権付社債を使用する例も見受けられる。

【株式交換の場合】

①、②・・・金融機関からの借入れによる現金10億円を出資してB社を設立。
③、④・・・次に、B社株式の全部を株式交換によりA社に移転し、A社株式を取得。
　　　　　A社は、B社株式を著しく低い価額で受入れ。
　(注)　甲の相続財産は、現金10億円からA社株式になり、A社株式の評価額は、現物出資等受入れ差額に対する法人税額等相当額の控除ができるとしたならば、
　　　　　10億円－（10億円－1億円）×37％＝6.67億円
　　　　となる。

　この取扱いは、現物出資等により受け入れた資産の帳簿価額を低く抑えることにより、意図的に作られた現物出資等受入れ差額を利用して引き下げられた株式の価額は、適正な時価とは言い難いことから、これを是正するために設けたものである。

2　通達改正の概要等

(1)　株式交付

　会社法等の一部を改正する法律（令和元年法律第70号）等による会社法の改正により、企業買収に関する手続の合理化を図るための株式交付制度が導入され、令和3年3月1日より施行されることとなった。
　株式交付とは、株式会社が他の株式会社をその子会社（法務省令で定めるものに限る。）[注1]とするために当該他の株式会社の株式を譲り受け、当該株式の譲渡人に対して当該株式会社の株式を対価として当該株式会社の株式を交付することをいう[注2]（会社法2三十二の二）。
　　(注)　1　法務省令で定める子会社とは、会社法施行規則第3条第3項第1号に掲げる場合に
　　　　　　該当するもの（株式交付子会社の議決権総数に対する株式交付親会社（その子会社及
　　　　　　び子法人等を含む。）の計算において所有している議決権の数の割合が100分の50を超
　　　　　　えている場合の子会社）をいう（会社法2三、会社法施行規則3③一、4の2）。
　　　　　2　株式交換との主な違いは、「（参考）株式交付制度の概要等」（6ページ）を参照。

(2)　株式交付により著しく低い価額により株式を取得した場合の取扱い

　評価会社の株式を純資産価額方式により評価する場合において、評価会社の有する資産の中に、株式交付により著しく低い価額で受け入れた株式があるときは、上記1の取扱いと同様の趣旨から、原則として、その株式交付の時の受入れ株式の価額（相続税評価額）とその株式交付による受入れ価額（帳簿価額）との差額（以下「評価差額」という。）に対する法人税額等相当額は、純資産価額の計算上控除しないこととした。

参　考

　　この評価差額に対する法人税額等相当額の控除ができない場合の具体例を示すと、次のとおりである。

【株式交付の場合】

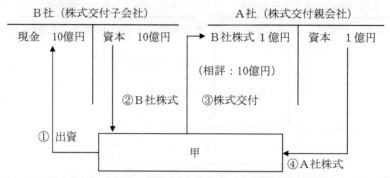

　①、②・・・金融機関からの借入れによる現金10億円を出資してB社を設立。
　③、④・・・次に、B社株式の全部を株式交付によりA社に移転し、A社株式を取得。
　　　　　　A社は、B社株式を著しく低い価額で受入れ。
　（注）甲の相続財産は、現金10億円からA社株式になり、A社株式の評価額は、評価差額に対する法人税額等相当額の控除ができるとしたならば、
　　　　10億円－（10億円－1億円）×37％＝6.67億円
　　　となる。

　なお、この評価差額は、株式交付の時における受入れ株式の価額（相続税評価額）よりも課税時期における受入れ株式の価額（相続税評価額）が低い場合には、現物出資等と同様に、受入れ後の価値の下落を考慮して、その課税時期における受入れ株式の価額（相続税評価額）からその株式交付による受入れ価額（帳簿価額）を控除した金額によることとした。

(3)　明細書通達の改正

　　本改正に伴い、次の評価明細書記載方法等における「現物出資等受入れ資産の価額の合計額」欄について改正した。

　　「第5表　1株当たりの純資産価額（相続税評価額）の計算明細書」

(4)　適用時期

　　令和3年3月1日以後に相続、遺贈又は贈与により取得した取引相場のない株式等の評価に適用することとした。

参　考

(参考)

株式交付制度の概要等

1 概要

株式交付制度は、他の株式会社を買収しようとする株式会社(買収会社)がその株式を対価とする手法により円滑に当該他の株式会社(被買収会社)を子会社とすることができるように、買収会社が被買収会社をその子会社とするために被買収会社の株式を譲り受け、当該株式の譲渡人に対して当該株式の対価として買収会社の株式を交付することができる制度である。

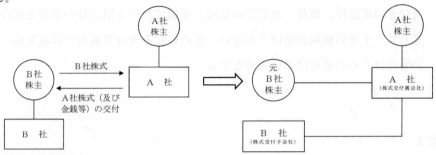

2 株式交換との違い

株式交換と株式交付との主な違いは、次表のとおりである。

	株式交換	株式交付
親会社となる会社の種類	株式会社又は合同会社(会社法2三十一、767)	株式会社(会社法2三十二の二、774の3①一)
株式の取得	株式交換完全親会社と株式交換完全子会社の株式交換契約(会社法767)に基づき、株式交換完全親会社が株式交換完全子会社の発行済株式の全部を取得する。	株式交付親会社が、株式交付子会社の株式を有する者の譲渡しの申込み等(会社法774の4、774の6)に基づき、申込み等があった数の当該株式を譲り受ける。
対価	株式交換完全親会社の株式を全く交付せず、それ以外の金銭等のみを交付することができる(会社法768①二)。	株式交付親会社の株式を全く交付しないことはできず、株式交付計画において、株式交付親会社が株式交付に際して株式交付子会社の株式譲渡人に対して当該株式の対価として交付する株式交付親会社の株式の数等に関する事項を必ず定めなければならない(会社法774の3①三)。

参　考

公共用地の取得に伴う損失補償基準細則（抜粋）

第12　基準第25条（空間又は地下の使用に係る補償）は、次により処理する。

1　本条に規定する空間又は地下の使用に係る補償額は、別記２土地利用制限率算定要領の定めるところにより算定するものとする。

2　土地の最有効使用の方法、周辺地域を含めた公的規制の状況、将来の利用構想及びその可能性、地盤・地質等の状況、地域における慣行等の事情を総合的に勘案して、土地の利用が妨げられないと認められる場合等前項の算定要領により難い場合は、その適用はないものとする。

別記２

土地利用制限率算定要領

（土地利用制限率）

第１条　基準第25条に掲げる「土地の利用が妨げられる程度に応じて適正に定めた割合」（以下「土地利用制限率」という。）を算定するため、本要領を定める。

（土地の利用価値）

第２条　土地の利用価値は、地上及び地下に立体的に分布しているものとし、次の各号に掲げる使用する土地の種別に応じ、当該各号に掲げる利用価値の合計とすることを基本とし、それぞれの利用価値の割合は、別表第１「土地の立体利用率配分表」に定める率を標準として適正に定めるものとする。

一　高度市街地内の宅地

建物による利用価値及びその他の利用価値（上空における通信用施設、広告用施設、煙突等の施設による利用及び地下における特殊物の埋設、窄井による地下水の利用等をいう。以下同じ。）

二　高度市街地以外の市街地及びこれに準ずる地域（概ね、市街化区域内又は用途地域が指定されている高度市街地以外の区域をいう。）内の宅地又は宅地見込地

建物による利用価値、地下の利用価値及びその他の利用価値

参　　考

　三　農地又は林地

　　　地上の利用価値、地下の利用価値及びその他の利用価値

（土地利用制限率の算定方法）

第3条　土地の利用制限率は、次式により算定するものとする。

　一　前条第1号の土地の場合

　　　建物による利用価値の割合 $\times \dfrac{B}{A}$ ＋その他の利用価値の割合 $\times \alpha$

　　　　A　建物利用における各階層の利用率の和

　　　　B　空間又は地下の使用により建物利用が制限される各階層の利用率の和

　　　　α　空間又は地下の使用によりその他利用が制限される部分の高さ又は深さによる補正率（0～1の間で定める。）

　二　前条第2号の土地の場合

　　　建物による利用価値の割合 $\times \dfrac{B}{A}$ ＋地下の利用価値の割合 $\times p$ ＋その他の利用価値の割合 $\times \alpha$

　　　　A、B　それぞれ前号に定めるところによる。

　　　　p　　　地下の利用がなされる深度における深度別地下制限率

　　　　α　　　前号に定めるところによる。

　三　前条第3号の土地の場合

　　　地上の利用価値の割合 $\times q$ ＋地下の利用価値の割合 $\times p$ ＋その他の利用価値の割合 $\times \alpha$

　　　　q　空間又は地下の使用により地上利用が制限される部分の利用率の割合

　　　　p　第2号に定めるところによる。

　　　　α　第1号に定めるところによる。

（建物利用における各階層の利用率）

第4条　前条に規定する建物利用における各階層の利用率を求める際の建物の階数及び用途は、原則として、使用する土地を最も有効に使用する場合における階数及び用途とするものとし、当該階数及び用途は、次の各号に掲げる事項を総合的に勘案

参　考

して判定するものとする。

一　当該地域に現存する建物の階数及び用途

二　当該地域において近年建築された建物の標準的な階数及び用途

三　土地の容積率を当該土地の建ぺい率で除して得た値の階数

四　当該地域における都市計画上の建ぺい率に対する標準的な実際使用建ぺい率の状況

五　当該地域における用途的地域

六　当該地域の将来の動向等

2　建物の各階層の利用率は、当該地域及び類似地域において近年建築された建物の階層別の賃借料又は分譲価格等を多数収集の上これを分析して求めるものとする。この場合において、高度市街地内の宅地にあっては、別表第2「建物階層別利用率表」を参考として用いることができるものとする。

（深度別地下制限率）

第5条　第3条に規定する深度別地下制限率は、地域の状況等を勘案して定めた一定の深度までの間に、1〜10メートルの単位で設ける深度階層毎に求めるものとし、原則として当該深度階層毎に一定の割合をもって低下するとともに、最も浅い深度階層に係る深度別地下制限率を1として算定するものとする。

（農地等の地上利用）

第6条　第3条に規定する地上利用が制限される部分の利用率は、農地及び林地における農業施設の所要高、立木の樹高の最大値等を考慮の上、地域の状況に応じて、地上利用の高さ及び高度別の利用率を決定することにより適正に定めるものとする。

（空間又は地下の使用による残地補償）

第7条　同一の土地所有者に属する土地の一部の空間又は地下を使用することによって残地の利用が妨げられる場合の当該残地に関する損失の補償額の算定は、次式によるものとする。

　　土地価格×建物利用制限率×残地補償対象面積

　　　残地補償対象面積＝残地面積－建築可能面積

参　考

建 築 可 能 面 積　当該残地の建ぺい率、画地条件、周辺の環境及び直接利用
制限部分との関係等を考慮して適正に定める。

建 物 利 用 制 限 率　使用する土地の土地利用制限率（その他の利用価値に係る
制限率が含まれる場合は、これを除く。）

参　考

別表第1　土地の立体利用率配分表

土地の種別／利用率等区分	宅地 容積率等 900%を超えるとき	600%を超え900%以内	400%を超え600%以内	300%を超え500%以内	150%を超え300%以内	150%以内	宅地見込地
最有効使用　建物等利用率	0.9	0.8	0.7	0.7	0.6	0.6	0.6
その他使用　地下利用率				0.2	0.3	0.3	0.3
その他使用　その他利用率(δ)	0.1	0.2	0.3	0.1	0.1	0.1	0.1
(δ)の上下配分割合	1：1				2：1	3：1	4：1

土地の種別／利用率等区分	農地 林地
地上利用率	0.9
地下利用率	
その他利用率(δ)	0.1
(δ)の上下配分割合	5：1

(注)　1　建築基準法等で定める用途地域の指定のない区域内の土地については、当該地の属する地域の状況等を考慮のうえ、土地の種別のいずれか照応するものによるものとする。

　　　2　土地の種別のうち、宅地の同一容積率での地下利用率については、原則として当該地の指定用途地域又は用途的地域が商業地域以外の場合等に適用するものとする。

　　　3　土地の種別のうち、宅地中、当該地の指定用途地域又は用途的地域が商業地域の場合の建物等利用率については、当該地の属する地域の状況等を考慮して、上表の率を基礎に加算することができるものとする。

　　　4　土地の種別のうち、農地・林地についての地上利用率と地下利用率との配分は、宅地見込地を参考として、それぞれ適正に配分するものとする。

参　考

別表第2　建物階層別利用率表

階　層	A　群	B　群	C　群			D　群
9	32.8		30.0	30.0	30.0	
8	32.9		30.0	30.0	30.0	
7	33.0		30.0	30.0	30.0	
6	36.9	67.4	30.0	30.0	30.0	
5	40.1	70.0	30.0	30.0	30.0	
4	42.8	72.7	30.0	30.0	30.0	
3	44.1	75.4	60.0	30.0	30.0	
2	61.5	79.4	70.0	70.0	30.0	
1	100.0	100.0	100.0			100.0
地下1	55.7	52.9	60.0			
地下2	33.1		40.0			

A群　下階が店舗で上階にゆくに従い事務所（例外的に更に上階にゆくと住宅となる場合
　　　もある。）使用となる建物

B群　全階事務所使用となる建物

C群　下階が事務所（又は店舗）で大部分の上階が住宅使用となる建物

D群　全階住宅使用となる建物

注1　本表の指数は土地価格の立体分布と建物価格の立体分布とが同一であると推定した
　　　ことが前提となっている。

　2　本表の指数は各群の一応の標準を示すものであるから、実情に応じ補正は妨げない。
　　　特に各群間の中間的性格を有する地域にあっては、その実情を反映させるものとする。

　3　本表にない階層の指数は本表の傾向及び実情を勘案のうえ補足するものとする。

　4　本表は各階層の単位面積当たりの指数であるから、各階層の床面積が異なるときは、
　　　それぞれの指数と当該階層の床面積との積が当該階層の有効指数になる。

　5　　C群の　　　内の指数は当該階層の用途が住宅以外であるときの指数である。

〔索　　引〕

〔い〕

意匠権 ･･････････････････････････････････ 580

一時使用のための借地権 ･･･････････････ 251

一般定期借地権の目的となっている宅地
　の評価に関する取扱いについて ･････････ 701

一般動産 ･･･････････････････････････････ 590

医療法人の出資 ･････････････････････････ 542

〔え〕

営業権 ･･････････････････････････････････ 582

「S₁＋S₂」方式 ････････････････････････ 480

〔お〕

奥行価格補正率 ･････････････････････････ 24

奥行距離 ･･･････････････････････････････ 42

奥行長大 ･･･････････････････････････････ 102

奥行長大補正率 ･････････････････････････ 25

卸売業 ･･････････････････････････････････ 434

卸売業、小売・サービス業以外 ･･･････････ 434

〔か〕

開業後3年未満の会社 ･･･････････ 387, 487, 492

開業前、休業中又は清算中の会社の株式 ･･････ 488

開業前又は休業中の会社 ･･･････････ 387, 492

がけ地 ･･････････････････････････････････ 194

がけ地補正率 ･･･････････････････････････ 25

かげ地割合 ･･････････････････････････ 24, 118

貸宅地 ･･････････････････････････････････ 283

貸付金債権 ･････････････････････････････ 567

貸付信託受益証券 ･･･････････････････････ 563

貸家建付地 ･････････････････････････････ 277

〔か〕

果樹等 ･･････････････････････････････････ 572

割賦販売引当金 ･････････････････････････ 470

角地 ･････････････････････････････････ 40, 52

株式等保有特定会社 ････････････ 387, 479, 492

株式の割当て等 ･････････････････････････ 394

株式の割当てを受ける権利 ･････････････ 545

株式無償交付期待権 ････････････････････ 546

株主となる権利 ･････････････････････････ 545

〔き〕

基準年利率 ･･････････････････ 255, 635, 639

基準容積率 ･････････････････････････････ 219

規模格差補正率 ･･･････････････････････ 25, 150

牛馬等 ･･････････････････････････････････ 592

業種の判定 ･････････････････････････････ 448

拒否権付株式の評価 ････････････････････ 511

近似整形地 ･････････････････････････････ 45

金融商品取引所に上場されている利付公
　社債 ･･････････････････････････････････ 554

近隣純山林比準方式 ････････････････････ 354

〔け〕

傾斜地の宅地造成費 ････････････････････ 321

月中終値平均 ･･･････････････････････････ 400

月中平均 ･･･････････････････････････････ 390

気配相場等のある株式 ･･･････････････ 387, 403

現物出資 ･･･････････････････････････････ 458

原野 ･･････････････････････････････････ 9, 341

原野の上に存する権利 ･･････････････････ 341

権利落等 ･･･････････････････････････････ 394

— 791 —

索　引

〔こ〕

高圧線下の宅地 …………………………… 301
公開途上にある株式 ………………… 387, 407
公共用地の取得に伴う損失補償基準細則 … 784
鉱泉地 ……………………………………… 9
構築物の賃借人の権利の評価 …………… 381
小売・サービス業 ………………………… 434
個人向け国債の評価 ……………………… 556
固定資産（土地・家屋）評価証明書 …… 243
ゴルフ会員権 ……………………………… 568
ゴルフ場用地等の評価倍率表 …………… 369

〔さ〕

雑種地 ………………………………… 9, 359
山林 ……………………………………… 9

〔し〕

市街地原野 ………………………………… 9
市街地山林 …………………………… 9, 341
市街地周辺農地 …………………………… 314
市街地農地 …………………………… 9, 314
実用新案権 ………………………………… 580
指定容積率 ………………………………… 219
私道 ……………………………………… 174
地盤改良費 ………………………………… 321
借地人に帰属する経済的利益の総額 …… 255
借家権 ……………………………………… 381
社債類似株式の評価 ……………………… 504
従業員数 …………………………………… 432
出資の評価 ………………………………… 541
種類株式 ……………………………… 428, 496
準角地 ……………………………………… 60
純山林 ……………………………………… 341
純資産価額 ………………………………… 454

〔す〕以降

純資産価額の算定 ………………………… 459
純資産価額方式 …………………………… 454
純農地 ……………………………………… 314
証券投資信託受益証券 …………………… 564
上場株式 ……………………………… 387, 390
上場されている割引発行の公社債 ……… 553
上場不動産投資信託証券 ………………… 565
使用貸借 …………………………………… 28
自用の家屋 ………………………………… 379
商標権 ……………………………………… 580
正面路線 …………………………………… 54
正面路線の判定 ……………………… 55, 78
書画骨とう品 ……………………………… 592
親族の範囲 ………………………………… 412
森林の主要樹種の立木 …………………… 574

〔せ〕

清算中の会社 ………………………… 387, 492
清算中の会社の株式 ……………………… 489
整地費 ……………………………………… 321
生命保険の権利 …………………………… 571
接道義務 …………………………………… 190
セットバックを必要とする宅地 ………… 226
船舶 ……………………………………… 592

〔そ〕

増改築等に係る家屋の状況に応じた固定
　資産税評価額が付されていない家屋
　の評価 …………………………………… 382
総資産価額 ………………………………… 433
想定整形地 ………………………………… 112
相当の地代 ………………………………… 252
側方路線影響加算率 ……………………… 24
側方路線に宅地の一部が接している場合
　の評価 …………………………………… 149

— 792 —

索　引

底地割合 ……………………………… 702

〔た〕

宅地 ……………………………………… 9
たな卸商品 …………………………… 590
単元株制度 …………………………… 426

〔ち〕

地区 …………………………………… 80
池沼 ……………………………………… 9
地積規模の大きな宅地 ………… 150, 245
地味級 ………………………………… 577
中間山林 ……………………………… 341
中間農地 ……………………………… 314
中心的な株主 ………………………… 416
中心的な同族株主 …………………… 414
著作権 ………………………………… 581
地利級 ………………………………… 578
賃貸割合 ……………………………… 279

〔て〕

定期金 ………………………………… 584
抵当証券 ……………………………… 571
転換社債型新株予約権付社債 ……… 561

〔と〕

同族株主 ……………………………… 409
同族関係者 …………………………… 409
登録銘柄・店頭管理銘柄 ……… 387, 403
特定株式等 …………………………… 601
特定土地等 …………………………… 601
特定土地等及び特定株式等に係る相続税
　　及び贈与税の課税価格の計算の特例 …… 601
特定の評価会社 ……………………… 473
特定の評価会社の株式の判定 ……… 388

特定非常災害 ………………………… 602
特定路線価 …………………………… 166
特定路線価設定申出書 ……………… 170
特別警戒区域補正率 ………… 25, 204, 208
都市計画道路予定地の区域内にある宅地 … 234
土地及び土地の上に存する権利の評価に
　　ついての調整率表 ………………… 24
土地及び土地の上に存する権利の評価明
　　細書 ………………………………… 50
土地保有特定会社 ………… 387, 486, 492
土地利用制限率 ……………………… 784
特許権 ………………………………… 580
土止費 ………………………………… 321
土盛費 ………………………………… 321
取引金額 ……………………………… 433
取引相場のない株式 …………… 387, 408
取引相場のない株式（出資）の評価明細書 … 512

〔に〕

二方路線影響加算率 ………………… 24

〔ね〕

年平均配当金額 ……………………… 493

〔の〕

農地（田・畑） ………………………… 9

〔は〕

配偶者居住権 ………………………… 593
配当落 ………………………………… 402
配当還元方式 ………………………… 493
配当期待権 …………………………… 547
配当優先株式の評価 ………………… 496
倍率方式 …………………………… 17, 242
伐採・抜根費 ………………………… 321

— 793 —

索　引

〔ひ〕

比準要素数1の会社 ……………… 387, 492
比準要素数1の会社の株式 …………… 473
比準要素数0の会社 …………………… 492
筆頭株主グループ ……………………… 417
1株当たりの純資産価額 ……………… 435
1株当たりの配当金額 …………… 435, 445
1株当たりの利益金額 …………… 435, 445
評価対象地 ……………………………… 116
評価単位 …………………………………… 9
評価倍率表 ……………………………… 22
標準立木材積表 ………………………… 575

〔ふ〕

不合理分割 ……………………………… 36
不整形地補正率 ………………………… 24
不整形な宅地 …………………………… 114
負担付贈与 ……………………… 394, 404
不特定多数の者の通行の用に供されてい
　る私道 ………………………………… 181

〔へ〕

平坦地の宅地造成費 …………………… 321

〔ほ〕

保安林等の立木 ………………………… 575
牧場 ……………………………………… 9

〔ま〕

間口狭小 ………………………………… 100
間口狭小補正率 ………………………… 25
間口距離 ………………………………… 40

〔む〕

無議決権株式の評価 …………………… 500
無議決権株式の評価の取扱いに係る選択
　届出書 ………………………………… 502
無償返還届出書 ………………………… 471
無道路地 ………………………………… 182

〔も〕

持分会社の出資 ………………………… 541

〔や〕

役員 ……………………………………… 414

〔よ〕

容積率の異なる2以上の地域にわたる宅
　地 ……………………………………… 214
預貯金 …………………………………… 567

〔り〕

利付公社債 ……………………………… 554
裏面路線 ………………………………… 80
立竹木 …………………………………… 573
利用の単位 ……………………………… 26

〔る〕

類似業種の1株当たりの純資産価額 ……… 435
類似業種の1株当たりの年利益金額 ……… 435
類似業種の1株当たりの配当金額 ………… 435
類似業種比準価額計算上の業種目及び業
　種目別株価等 ………………… 641, 671
類似業種比準価額の修正 ……………… 453
類似業種比準方式 ……………………… 439

索　引

〔ろ〕

路地状部分を含む宅地 ……………………… 104

路線価図 …………………………………… 20

路線価方式 ………………………………… 17

〔わ〕

割引発行の公社債 …………………………… 555

（編 者）

吉瀬 唯史
きち せ ただ ふみ

（執 筆 者）

鈴 木 勝 幸

鳥 居 貴 将

平 山 奈都子

谷 尚 嗣

植 松 大 樹

山 中 耕 治

末 吉 真由美

池 尻 一 宜

令和4年版
図 解 財 産 評 価

令和4年7月4日　初版印刷
令和4年7月22日　初版発行

不 許
複 製

編 者　吉 瀬 唯 史

（一財）大蔵財務協会 理事長
発行者　木 村 幸 俊

発行所　一般財団法人　大 蔵 財 務 協 会

〔郵便番号　130-8585〕
東京都墨田区東駒形1丁目14番1号
（販 売 部）TEL 03（3829）4141・FAX 03（3829）4001
（出版編集部）TEL 03（3829）4142・FAX 03（3829）4005
http://www.zaikyo.or.jp

乱丁、落丁の場合は、お取替えいたします。　　　　　印刷・恵 友 社
ISBN978-4-7547-3014-7